Organisationale Gestaltung

Georg Siedenbiedel

Organisationale Gestaltung

Einführung in Grundelemente und charakteristische Ausgestaltungen

2., vollständig überarbeitete Auflage

Georg Siedenbiedel
Fachhochschule Münster
Münster, Deutschland

ISBN 978-3-658-31710-2   ISBN 978-3-658-31711-9 (eBook)
https://doi.org/10.1007/978-3-658-31711-9

Die Deutsche Nationalbibliothek verzeichnet diese Publikation in der Deutschen Nationalbibliografie; detaillierte bibliografische Daten sind im Internet über http://dnb.d-nb.de abrufbar.

Springer Gabler
© Der/die Herausgeber bzw. der/die Autor(en), exklusiv lizenziert durch Springer Fachmedien Wiesbaden GmbH, ein Teil von Springer Nature 2010, 2020
Die erste Auflage ist unter dem Titel „Organisation … leicht verständlich" bei UTB Stuttgart 2010 erschienen
Das Werk einschließlich aller seiner Teile ist urheberrechtlich geschützt. Jede Verwertung, die nicht ausdrücklich vom Urheberrechtsgesetz zugelassen ist, bedarf der vorherigen Zustimmung des Verlags. Das gilt insbesondere für Vervielfältigungen, Bearbeitungen, Übersetzungen, Mikroverfilmungen und die Einspeicherung und Verarbeitung in elektronischen Systemen.
Die Wiedergabe von allgemein beschreibenden Bezeichnungen, Marken, Unternehmensnamen etc. in diesem Werk bedeutet nicht, dass diese frei durch jedermann benutzt werden dürfen. Die Berechtigung zur Benutzung unterliegt, auch ohne gesonderten Hinweis hierzu, den Regeln des Markenrechts. Die Rechte des jeweiligen Zeicheninhabers sind zu beachten.
Der Verlag, die Autoren und die Herausgeber gehen davon aus, dass die Angaben und Informationen in diesem Werk zum Zeitpunkt der Veröffentlichung vollständig und korrekt sind. Weder der Verlag, noch die Autoren oder die Herausgeber übernehmen, ausdrücklich oder implizit, Gewähr für den Inhalt des Werkes, etwaige Fehler oder Äußerungen. Der Verlag bleibt im Hinblick auf geografische Zuordnungen und Gebietsbezeichnungen in veröffentlichten Karten und Institutionsadressen neutral.

Springer Gabler ist ein Imprint der eingetragenen Gesellschaft Springer Fachmedien Wiesbaden GmbH und ist ein Teil von Springer Nature.
Die Anschrift der Gesellschaft ist: Abraham-Lincoln-Str. 46, 65189 Wiesbaden, Germany

Vorwort

Die Organisationstheorie gehört zu den ganz traditionellen Teildisziplinen der Betriebswirtschaftslehre. Entsprechend umfassend und unübersichtlich stellt sich der Vorrat gesammelter wissenschaftlicher Erkenntnisse auf dem Gebiet der Organisation dar. Das macht die Didaktik eines Grundlagenlehrbuchs zur organisationalen Gestaltung per se zu einer nur im Wege sinnvoller Selektion zu bewältigenden Herausforderung. Folglich ist das vorliegende Lehrbuch zur organisationalen Gestaltung durch das Bestreben um Darstellung der charakteristischen Konturen von Organisationstheorie und Organisationslehre geprägt, wobei aus Sicht des Verfassers begründete Prioritäten gesetzt werden und gleichzeitig eine fachliche Selektion zugunsten der Kernelemente organisationaler Gestaltung erfolgt. Auf diesem Hintergrund wird im ersten Kapitel des Buches zunächst der Gegenstandsbereich der Organisationslehre abgegrenzt. Zum Gegenstandsbereich gehören differente Interpretationen des Organisationsphänomens, der Zusammenhang von Organisation und Management sowie die traditionelle Unterscheidung der strukturellen Teilbereiche Aufbau und Ablauf. Darauf basierend wird im zweiten Kapitel die Dogmengeschichte der Organisationstheorie behandelt. Das erfasste Spektrum reicht von der Bürokratietheorie nach Max Weber bis hin zum modernen situativen Ansatz, welcher die Erfolgsüberlegenheit struktureller Problemlösungen der adäquaten Berücksichtigung jeweils maßgeblicher situativer Bedingungen zuweist.

Das dritte Kapitel ist der systematischen Behandlung formaler Organisationsstrukturen gewidmet. Umfassende Erörterung finden die Strukturdimensionen Arbeitsteilung, Koordination, Leitungsbeziehungen, Delegation sowie Standardisierung. Die horizontale Dimension organisationaler Gestaltung bildet hingegen das Bezugsobjekt des vierten Kapitels. In diesem Abschnitt geht es um das Prozessmanagement als anspruchsvolle konzeptionelle Variante organisationalen Handelns. Neben der grundsätzlichen Klärung der theoretischen Hintergründe prozessorientierter Organisation wird der Fokus auf Ansätze der betrieblichen Prozessgestaltung, die Implementierung des Prozessmanagements und das Prozess-Controlling gerichtet. Ausgewählte Partialkonzepte struktureller Unternehmensführung sind Gegenstand des fünften Kapitels. Aufgegriffen werden ganz verschiedenartige Modelle, denen allerdings die enorme empirische Relevanz gemein ist. Im Einzelnen stehen das Konzept des Handlungsspielraums, das Projektmanagement sowie die Shared Service Organisation in diesem Kontext zur Debatte.

Den stark ausgeprägten Zusammenhang von Informations- und Kommunikationstechnologie (IuK) einerseits und Entscheidungen über organisatorische Strukturen auf der anderen Seite greift das sechste Kapitel auf. Analytisch betrachtet wird die Organisation im Informationszeitalter, d. h. die virtuelle Organisation. Dazu gehört die Diskussion des Phänomens der Virtualisierung von Objekten und Organisationen ebenso wie die Erörterung der prägenden Komponenten und der Anwendungsfelder dieses managementbezogenen Denkansatzes. Die in der betrieblichen Praxis ausgesprochen nachhaltig wahrgenommene Kategorie der Organisationsdynamik ist das Erkenntnisobjekt des umfangreichen siebenten Kapitels. In diesem Teil des Lehrbuches wird, ausgehend von den in den Kapiteln eins bis sechs vermittelten Basics, der Versuch der Herleitung einer anwendungsbezogenen Theorie der Dynamisierung von Organisation unternommen. Diese theoretische Betrachtung mit klar intendiertem empirischen Bezug soll insbesondere den Entscheidungsträgern in der Unternehmenspraxis brauchbare Anstöße zur rationalen Einflussnahme auf Prozesse des Wandels sozio-technischer Systeme vermitteln.

In diese Publikation sind viele Erkenntnisse aus betriebspraktischen Forschungsprojekten eingeflossen. Der Dank des Autors gilt den beteiligten Unternehmen für die Bereitschaft und die konstruktive Durchführung der so schwierigen und gleichzeitig so fruchtbaren Praxis-Theorie-Kooperationen. Rückkopplungen, Anregungen, Kritik und andere Kommentare werden freundlich erbeten an: georg.siedenbiedel@fh-muenster.de

Münster, Deutschland Georg Siedenbiedel
September 2020

Inhaltsverzeichnis

1 **Zum Gegenstandsbereich der Organisationslehre**.................... 1
   1.1 Interpretation des Organisationsphänomens 1
        1.1.1 Organisation als Instrumentarium 2
        1.1.2 Funktionale Perspektive................................ 2
        1.1.3 Organisation als Institution 3
   1.2 Organisation und Unternehmensführung......................... 7
        1.2.1 Faktoranalytischer Ansatz der BWL 8
        1.2.2 Managementtheorie.................................... 10
   1.3 Grundlagen und Ziele organisationaler Gestaltung 12
        1.3.1 Aufbauorganisation 13
        1.3.2 Ablauforganisation.................................... 33
        1.3.3 Formale Organisationsstruktur........................... 39

2 **Organisationstheoretische Ansätze und Entwicklungen**................ 45
   2.1 Klassische Organisationstheorie 46
        2.1.1 Bürokratieansatz 46
        2.1.2 Traditionelle Managementlehre.......................... 52
   2.2 Neoklassische Organisationstheorie 60
        2.2.1 Human-Relations-Ansatz............................... 61
        2.2.2 Betriebswirtschaftliche Organisationslehre 67
   2.3 Moderne Organisationstheorie.................................. 73
        2.3.1 Entscheidungsorientierter Ansatz......................... 73
        2.3.2 Systemorientierter Ansatz 80
        2.3.3 Situativer Ansatz 89

3 **Gestaltung organisationaler Strukturen**............................. 97
   3.1 Arbeitsteilung.. 97
        3.1.1 Strukturelles Grundprinzip.............................. 97
        3.1.2 Spezialisierung und Wirtschaftlichkeit 100
        3.1.3 Basisentscheidungen 102
        3.1.4 Situative Einflüsse 107

	3.1.5	Ebenen der Spezialisierung	110
	3.1.6	Vorgehen bei Abteilungsbildung	116
3.2	Koordination		119
	3.2.1	Strukturelles Grundprinzip	119
	3.2.2	Determinanten des Koordinationsbedarfs	120
	3.2.3	Reduktion des Koordinationsbedarfs	121
	3.2.4	Instrumente der Koordination	124
3.3	Leitungsbeziehungen		131
	3.3.1	Strukturkomponente	131
	3.3.2	Ausprägungen	132
	3.3.3	Besonderheiten	138
	3.3.4	Zentrale Gestaltungsaspekte	142
3.4	Delegation		146
	3.4.1	Strukturkomponente	146
	3.4.2	Autonomieaspekt von Delegation	149
	3.4.3	Lernaspekt von Delegation	151
	3.4.4	Verantwortungsaspekt von Delegation	154
3.5	Standardisierung		158
	3.5.1	Strukturkomponente	158
	3.5.2	Standardisierung von Prozessen	159
	3.5.3	Standardisierung von Ergebnissen	163
	3.5.4	Standardisierung von Rollen	164
	3.5.5	Exkurs: Umsetzung von Rollenstandards	168

4 Prozessorientierte Organisation 179

4.1	Sicht des Organisationsproblems		179
	4.1.1	Traditionelles Vorgehen	179
	4.1.2	Fokussierung auf wertschöpfende Aktivitäten	182
	4.1.3	Kennzeichen von Geschäftsprozessen	184
4.2	Relevante Prozessarten		185
	4.2.1	Prozesstypologie	185
	4.2.2	Beispiele und Auswirkungen	188
	4.2.3	Entwicklung von Prozessketten	189
4.3	Ansätze der Prozessgestaltung		190
	4.3.1	Vorgehensmodell	190
	4.3.2	Ebenen der Strukturierung	192
4.4	Implementierung des Prozessmanagements		192
	4.4.1	Erwartungsparameter Kundenzufriedenheit	192
	4.4.2	Teamorientiertes Prozessmanagement	194
	4.4.3	Strukturelle Integration	197
4.5	Aspekte von Prozess-Controlling		201
	4.5.1	Messung des Prozesserfolges	201

		4.5.2	Instrumente zur Evaluation von Prozessen 203

| | | 4.5.2 | Instrumente zur Evaluation von Prozessen .... 203 |
| | | 4.5.3 | Sonderfall: Prozessorientiertes Compliance-Management .... 210 |

5 Partialkonzepte struktureller Führung 217
    5.1 Konzept des Handlungsspielraums 218
          5.1.1 Charakteristische Kennzeichen 218
          5.1.2 Module 220
    5.2 Projektmanagement 223
          5.2.1 Interpretation 223
          5.2.2 Betriebliche Allokation 226
          5.2.3 Allgemeine Zielbezüge 229
          5.2.4 Phasen der Projektarbeit 231
          5.2.5 Strukturelle Integration 244
          5.2.6 Projektcontrolling 253
          5.2.7 Multiprojektmanagement 262
    5.3 Shared Service Organisation 272
          5.3.1 Konstitutive Elemente 272
          5.3.2 Anwendung 275
          5.3.3 Instrumente 279
          5.3.4 Erfolgspotenziale 290
          5.3.5 Risiken 298

6 Virtuelle Organisation 309
    6.1 Prägende Konturen 309
    6.2 Das Merkmal der Virtualität 310
          6.2.1 Objektbezug 310
          6.2.2 Eigenschaft von Organisationen 311
          6.2.3 Graduelle Differenzierung 312
    6.3 IuK-Basiertheit 313
          6.3.1 Genese von Virtualitätskonzepten 313
          6.3.2 Einzelwirtschaftliche Ebene 315
    6.4 Konzeptionelle Basiselemente 317
          6.4.1 Grenzenlosigkeit 317
          6.4.2 Modularität 318
          6.4.3 Heterogenität 319
          6.4.4 Räumliche und zeitliche Verteiltheit 319
    6.5 Anwendungsfelder 320
          6.5.1 Virtuelle Teams 321
          6.5.2 Virtuelle Netzwerke 322
          6.5.3 Cyberbusiness 324

7 Dynamik von Organisation 329
    7.1 Stabilität und Flexibilität als Systembedürfnisse 330

7.2		Determinanten des Reorganisationsbedarfs	331
	7.2.1	Strategische Planung	331
	7.2.2	Externe Einflüsse	334
	7.2.3	Degeneration sozio-technischer Systeme	342
	7.2.4	Diskontinuitäten im Supersystem	351
7.3		Basisentscheidungen struktureller Anpassung	354
	7.3.1	Bestimmen der Frequenz	354
	7.3.2	Akteure in Reorganisationsprozessen	362
	7.3.3	Situationale Günstigkeit	368
	7.3.4	Herleitung des Bedarfs	376
	7.3.5	Auswahl der Objektbereiche	378
7.4		Evolutionäre Konzepte	385
	7.4.1	Begründungszusammenhang evolutionären Wandels	385
	7.4.2	Organisationsentwicklung	387
	7.4.3	Organisationales Lernen	391
	7.4.4	Geplante Evolution	399
7.5		Revolutionäre Konzepte	408
	7.5.1	Quantensprung-Metapher	408
	7.5.2	Bombenwurf-Strategie	409
	7.5.3	Business Process Reengineering	411
	7.5.4	Krisenmanagement	421
7.6		Nicht-geplante Dynamik	426
	7.6.1	Hybride Formen des Wandel	427
	7.6.2	Informelle Organisation	427
	7.6.3	Effekte von Selbstorganisation	434
	7.6.4	Mikropolitik	444
	7.6.5	Funktionalität von Regelverletzungen	448

Literatur 455

Abkürzungsverzeichnis

ADAC	Allgemeiner Deutscher Automobilclub
AG	Aktiengesellschaft
AT & T	American Telephone and Telegraph Company
BetrVG	Betriebsverfassungsgesetz
BGB	Bürgerliches Gesetzbuch
BPR	Business Process Reegineering
B-to-B	Business-to-Business(-Geschäftsbeziehung)
B-to-C	Business-to-consumer(-Geschäftsbeziehung)
BVW	Betriebliches Vorschlagswesen
CRM	Customer Relationship Management
DIN	Deutsche Industrienorm
DMS	Dokumenten-Management-System
DV	Datenverarbeitung
EFQM	European Foundation for Quality Management
EN	Europäische Normen
EU	Europäische Union
FAZ	Frankfurter Allgemeine Zeitung
F&B	Food and Beverage (Speisen und Getränke)
F&E	Forschung und Entwicklung
GM	General Management
GP	Geschäftsprozess
HGB	Handelsgesetzbuch
HM	Harzburger Modell
HP	Hewlett Packard
HR	Human Relations
IR	Investor Relations
ISO	International Organization for Standardization
IT	Informationstechnologie
IuK	Informations- und Kommunikationstechnologie
JIT	Just in Time(-Konzept)

KG	Kommanditgesellschaft
KMU	Kleine und mittlere Unternehmen
KPI	Key Performance Indicators
KVP	Kontinuierlicher Verbesserungsprozess
LKW	Lastkraftwagen
LPC	Least Preferred Coworker
M & A	Mergers and Acquisitions
MbE	Management by Exception
MbO	Management by Objectives
MIS	Management-Informationssystem
MTM	Methods-Time-Measurement
NBO	Non-Governmental-Organization
NIH	Not invented here
O. V.	Ohne Verfasser
OE	Organisationsentwicklung
PE	Personalentwicklung
PKW	Personenkraftwagen
PPI	Process Performance Indicators
QM	Qualitätsmanagement
REFA	**Re**ichsausschuss **f**ür **A**rbeitszeitermittlung
ROI	Return on Investment
SE	Societas Europaea (Rechtsform für Aktiengesellschaften in EU)
SECI	Socialisation – Externalization – Combination – Internalization
SLA	Service Level Agreement
SSC	Shared Service Center
TK	Tiefkühlkost
TMT	Top Management Team
TQM	Total Quality Management
UFG	Unternehmens- und Führungsgrundsätze
VDA	Verband der Automobilindustrie
VK	Verkauf
VKF	Verkaufsförderung
VKI	Verkaufsinnendienst

Zum Gegenstandsbereich der Organisationslehre

Zusammenfassung

Die Inhalte der betriebswirtschaftlichen Teildisziplin *Organisationslehre* sind in hohem Maße komplex. In der vorliegenden äußerst umfassenden Fachliteratur auf diesem Gebiet wird ein weites Spektrum unterschiedlicher Sachverhalte behandelt. Weiterhin sind in den publizierten Fachbeiträgen zum Thema Organisation recht unterschiedliche Standpunkte und Ansätze bei den verschiedenen Autoren zu verzeichnen. Insgesamt wird fachliterarisch ein enorm umfangreicher, schwer überschaubarer Erkenntnisvorrat der Organisationslehre dargeboten. Auf diesem Hintergrund erscheint es sinnvoll, zu Beginn des vorliegenden Fachbuchs den Gegenstandsbereich der Organisationslehre auszuleuchten und seine wesentlichen Merkmale herauszuarbeiten. Damit soll zum einen die zu wählende Schwerpunktsetzung deutlich gemacht und zum anderen die grundsätzliche Orientierung im heterogenen betriebswirtschaftlichen Teilbereich der Organisationslehre erleichtert werden.

1.1 Interpretation des Organisationsphänomens

Das vielschichtige Phänomen *Organisation* eröffnet zahlreiche Möglichkeiten der Interpretation. Als Folge davon existieren voneinander abweichende, für sich jeweils wohlbegründete Antworten auf die Grundsatzfrage, was genau den Wesensgehalt von Organisation ausmacht. In Abhängigkeit von der gewählten Perspektive des Betrachters oder, anders ausgedrückt, in Abhängigkeit von dem verfolgten Erkenntnisinteresse treten unterschiedliche Aspekte in den Vordergrund. Dies hat nachhaltigen Niederschlag in der betrieblichen Praxis, in der Theorie und in der Fachliteratur gefunden. Demzufolge ist ein uneinheitlicher Gebrauch des Organisationsbegriffs konstatierbar. Dabei handelt es sich keineswegs um sprachliche Nuancen. Vielmehr impliziert der jeweilige Begriffsgebrauch ein bestimmtes Verständnis, eine bestimmte Vorstellung von Organisation. Mit anderen Worten: Die gewählte Begriffsintension signalisiert eine bestimmte Interpretation dessen, was den Kern von Organisation ausmacht. Zur Verdeutlichung dieses Zusammenhanges werden im Folgenden die wesentlichen Varianten des Organisationsbegriffs erörtert.

1.1.1 Organisation als Instrumentarium

Das so genannte instrumentale Verständnis basiert auf der Deutung von Organisation als Werkzeug des Unternehmens oder seines Managements. In dieser Perspektive bezeichnet Organisation ein komplexes Tool der Unternehmensführung. Das findet Ausdruck in der These:

Die Unternehmung *hat* eine Organisation.

Folglich gehört die Organisation zu den immateriellen Assets erwerbswirtschaftlicher Institutionen. Daraus folgt eine spezifische Definition des Organisationsbegriffs:

▶ **Organisation** Dauerhaft angelegtes System von Regeln zur Erfüllung der betrieblichen Aufgaben sowie zur Realisierung der betrieblichen Ziele

Die Organisation soll ein (möglichst) geeignetes Bündel von Mitteln (Instrumenten) zur rationalen Verfolgung der ausgewiesenen Zwecke (Aufgaben, Ziele) darstellen. In diesem Sinne stellt Organisation den personellen betrieblichen Entscheidungs- und Aufgabenträgern sinnvolle Hilfen zur erfolgreichen Bewältigung der bestehenden Leistungsanforderungen zur Verfügung. Das verbessert die Optionen zur Erreichung der angestrebten Ziele. In marktwirtschaftlichen Ordnungen erhält in diesem Zusammenhang das Ziel der Gewinnerwirtschaftung (Gewinnmaximierung) herausgehobene Bedeutung. Die Erfolgswirksamkeit der getroffenen organisatorischen Regeln wird folglich im Besonderen in ihren Beiträgen zur Steigerung des Unternehmensgewinns zu messen sein.

1.1.2 Funktionale Perspektive

Im Rahmen des funktionalen Verständnisses wird
Organisation als Tätigkeit *im* Unternehmen
gedeutet. Organisation ist in diesem Fall identisch mit der Vorstellung vom *Organisieren*. Aus der funktionalen Betrachtung resultiert eine entsprechend fokussierte Interpretation des Organisationsbegriffs:

▶ **Organisation** Prozess rationaler, zielorientierter Gestaltung sozio-technischer Systeme

1.1 Interpretation des Organisationsphänomens

In dieser Sicht tritt Organisation neben andere betriebliche Funktionsbereiche, wie etwa Planung, Marketing, Controlling oder Fertigung. Das Spezifische an Organisation oder am *Organisieren* besteht gerade im

- Entwerfen,
- Implementieren und
- Modifizieren (Anpassen)

sinnvoller Formen von Ordnung in sozio-technischen Systemen (vgl. Bea und Göbel 2019, S. 26 f.).

Ein bedeutsamer Gestaltungsaspekt betrifft die Zuordnung der Tätigkeit des Organisierens zu Aufgabenträgern. Nach dem Kriterium des **Zentralisierungsrades** lassen sich die idealtypischen Ausprägungen der Zentralisierung und der Dezentralisierung der Organisationsfunktion differenzieren. Zum Beispiel liegt eine Zentralisierung der Organisationsfunktion vor, wenn alle organisationalen Tätigkeiten des Unternehmens in einer Organisationsabteilung zusammengefasst sind. Dagegen bedeutet Dezentralisation die Verteilung der organisationalen Tätigkeiten auf die verschiedenen Fachressorts des Unternehmens. In jedem dieser Subsysteme sind im Falle der Dezentralisation bereichsspezifische Organisationsaufgaben verankert. Den dargelegten Entscheidungszusammenhang verdeutlicht Abb. 1.1.

Ein anderer hervorstechender Gestaltungsaspekt in der funktionalen Perspektive bezieht sich auf die rechtliche **Stellung der personellen Aufgabenträger**. Danach lassen sich die externe und die interne Wahrnehmung organisatorischer Aufgaben voneinander abgrenzen. Externe Wahrnehmung bedeutet die Zusammenarbeit mit Unternehmensberatern im Prozess der Systemgestaltung, die interne Wahrnehmung geschieht durch Mitarbeiter des Unternehmens. Dies kommt im Kontinuum gemäß Abb. 1.2 zum Ausdruck.

Aus den angesprochenen Idealtypen der Aufgabenzuordnung werden in der betrieblichen Realität oft Mischformen hergeleitet und implementiert.

1.1.3 Organisation als Institution

Nach dem institutionellen Verständnis gilt die Auffassung:
    Das Unternehmen *ist* eine Organisation.

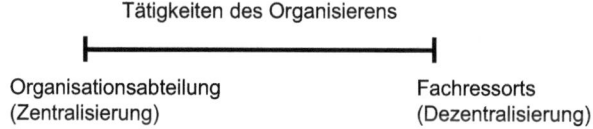

Abb. 1.1 Zuordnung der Aufgaben

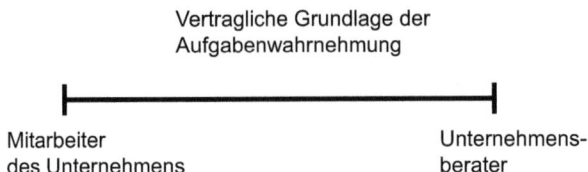

Abb. 1.2 Rechtliche Stellung der Aufgabenträger

Der Organisationsbegriff steht für die Institution. Das findet markanten Ausdruck in der Definition dieser Kategorie.

▶ **Organisation** Soziales Gebilde, das dauerhaft ein Ziel verfolgt und eine formale Struktur aufweist, mit deren Hilfe die Aktivitäten der Mitglieder auf das verfolgte Ziel hin ausgerichtet werden sollen

In dieser Hinsicht können die Begriffe Unternehmen und Organisation synonym gebraucht werden. Das Unternehmen als soziales Gesamtsystem entspricht in diesem Fall dem Bedeutungsgehalt der Kategorie *Organisation*. Umgekehrt ist die Gesamtheit der Organisationen deckungsgleich mit der Gesamtheit der Unternehmen. Jede Organisation hat erwerbswirtschaftlichen Charakter, ist folglich ein Unternehmen. Dieser synonyme Begriffsgebrauch findet sich (regelmäßig implizit) recht häufig in der modernen Betriebswirtschaftslehre.

Ein dazu differentes Verständnis liegt vor, wenn *Organisation* die übergeordnete und *Unternehmen* die untergeordnete Kategorie bezeichnet. In wissenschaftlicher Hinsicht lässt sich daraus folgern, dass der Erkenntnisgegenstand von Organisationslehre in diesem Falle weiter gefasst ist, als es das analytische Aufarbeiten struktureller Wirkungszusammenhänge in *erwerbswirtschaftlichen* Institutionen zum Ausdruck bringt. Das zeigt Abb. 1.3.

Nach Maßgabe des erweiterten Gegenstandsbereichs von Organisation ist die Gesamtheit der Unternehmen eine Teilmenge der Gesamtheit der Organisationen. Außer Unternehmen gibt es noch andere Organisationen mit nicht erwerbswirtschaftlichem Charakter. Solche *anderen Organisationen* werden gelegentlich mit dem Begriff **Non-Profit-Organisation** bezeichnet. Damit erfolgt die kontrastierende Abgrenzung derartiger Systeme von der *For-Profit-Organisation* (vgl. Theuvsen 2004, S. 948), deren Zweck gerade auf das Erzielen und Ausschütten von Gewinnen gerichtet ist. Für Non-Profit-Organisationen gilt insoweit zunächst eine Negativdefinition, dergestalt, dass für diese sozialen Gebilde die fehlende Absicht der Gewinnerwirtschaftung konstitutiven Charakter bekommt (vgl. Meyer 2007, S. 1249 ff.).

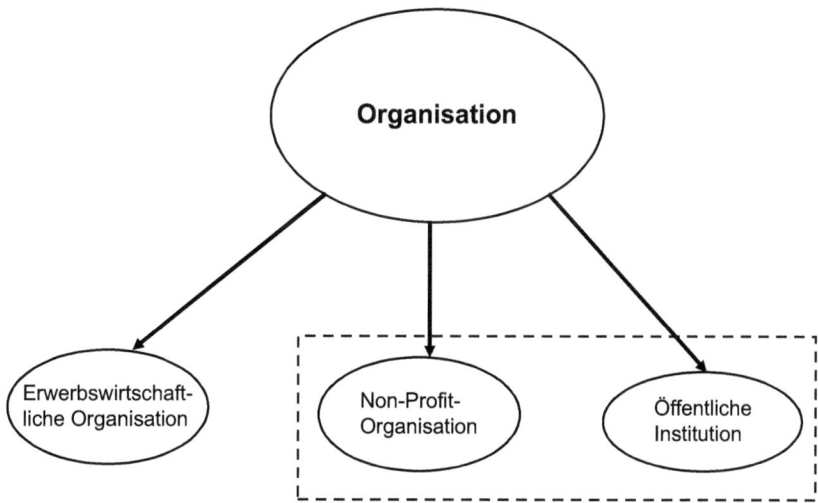

Abb. 1.3 Erweiterter Gegenstandsbereich von Organisation

> **Beispiele**
>
> soziale Einrichtungen, wie Wohlfahrtsverbände, Sportvereine oder freiwillige Feuerwehren. ◄

Eine weitere Differenzierung der Non-Profit-Organisationen kann nach den Aktivitätsbereichen dieser Institutionen erfolgen.

> **Beispiele**
>
> für solche Aktivitätsbereiche sind:
>
> - Soziale Leistungen für Benachteiligte im Sinne von Fürsorge,
> - Umweltschutz,
> - Kultur,
> - Politik,
> - Katastrophenschutz,
> - Rettung aus Notsituationen,
> - Denkmalschutz oder
> - Entwicklungszusammenarbeit. ◄

Das Spektrum realtypischer Non-Profit-Organisationen reicht von amnesty international über Greenpeace, Misereor, die Arbeiterwohlfahrt, das Diakonische Werk, die Bürgerinitiative gegen den Autobahnbau in Wanne-Eickel bis hin zum Allgemeinen Deutschen Automobilclub (ADAC).

Zu diesem Segment der Non-Profit-Organisationen lassen sich in einer erweiterten Interpretation und als Gegenstück zu den erwerbswirtschaftlichen Organisationen ebenfalls öffentliche Institutionen, wie beispielsweise Krankenhäuser, Universitäten, Schulen, Theater oder (öffentliche) Verkehrsbetriebe subsumieren. Prägendes Merkmal dieser öffentlichen Institutionen ist das fehlende Motiv der Gewinnerwirtschaftung. An seine Stelle tritt vielmehr der Zweck der Erfüllung definierter Bedürfnisse sozialer Gruppen oder der Allgemeinheit (bedarfswirtschaftliche Orientierung). Es gilt das gemeinwirtschaftliche Prinzip. Danach sollen die Kosten der Leistungserstellung angemessen sein und die festgelegten Preise diese Kosten grundsätzlich decken. Insofern erscheint es durchaus begründet, öffentliche Institutionen als Non-Profit-Organisationen zu deuten und diese Einrichtungen in den Gegenstandsbereich der Organisationslehre im Sinne des institutionalen Verständnisses von Organisation einzugliedern.

Besonders bemerkenswert erscheint in diesem Zusammenhang das empirisch konstatierbare institutionelle Überschreiten traditioneller Grenzen: Im Zuge so genannter *Privatisierung* können öffentliche Institutionen zu Unternehmen (For-Profit-Organisationen) umgewandelt werden.

Beispiele

Telekom, Deutsche Post, Postbank, Deutsche Bahn, Kliniken.

Eine dazu differente Perspektive verortet die Non-Profit-Organisationen als *Dritten Sektor*, der von den Sektoren Markt (Profit-Organisationen) und Staat (hoheitliche Funktionen) abzugrenzen ist (vgl. Seibel 1992). Im amerikanischen Sprachgebrauch ist in diesem Zusammenhang auch von *Non-Governmental-Organizations (NGO)* die Rede. Betont wird also gerade das Merkmal der Nicht-Staatlichkeit (vgl. Reese 1987). Eine Relativierung dieser Einordnung bringt die Anwendung des Kriteriums der Selbstverwaltung. Danach ist es für Non-Profit-Organisationen konstitutiv, mehrheitlich außerhalb der unmittelbaren staatlichen Kontrolle institutionell angesiedelt zu sein. Dies findet Ausdruck in der rechtlich eigenständigen Gesellschaftsform des öffentlichen oder privaten Rechts (vgl. Anheier und Salomon 1992, S. 45). Zu nennen sind in diesem Zusammenhang öffentlich-rechtliche Anstalten. ◄

Beispiele

Rundfunk- und Fernsehanstalten, Studentenwerke und Sparkassen.

Bereits die knappe vorstehende Skizze verdeutlicht die Schwierigkeit der sinnvollen Abgrenzung von Non-Profit-Organisationen. Im vorliegenden Zusammenhang soll daher ein weitgefasstes Verständnis zugrunde gelegt werden, welches der Kategorie der Non-Profit-Organisation alle sozialen Gebilde zuweist, die dauerhaft ein Ziel verfolgen und eine formale Struktur aufweisen, welche die Zielerreichung sicherstellen soll. Dabei ist das verfolgte Ziel gerade nicht auf Gewinnerwirtschaftung ausgerichtet (Non-Profit). ◄

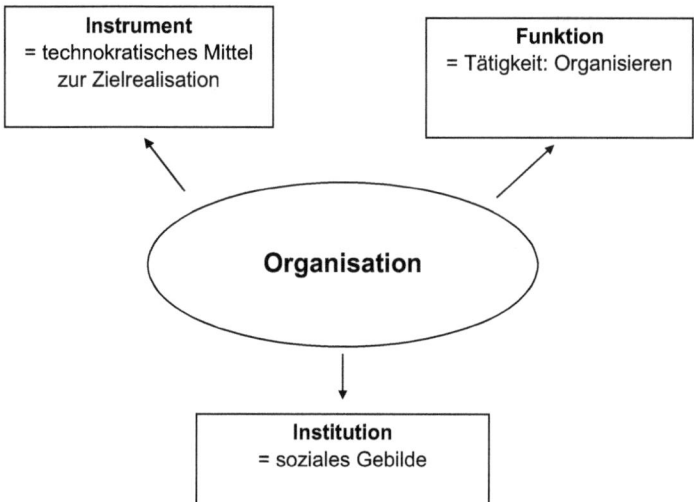

Abb. 1.4 Paradigmen in der Organisationslehre

Eine zusammenfassende Darstellung der verschiedenen grundlegenden Deutungen des sachlich-inhaltlichen Bezugs des Organisationsphänomens enthält Abb. 1.4.

In Abhängigkeit vom jeweiligen Paradigma steht entweder

- der technokratische Charakter von Organisation im Sinne eines konsequent anzuwendenden (harten, personenunabhängigen) Instrumentes zur Zielerreichung,
- der fortlaufende Prozess des Organisierens oder
- das soziale Gebilde

im Fokus. Das prägt die Auswahl der zu erforschenden Aspekte auf wissenschaftlicher Ebene einerseits und die Schwerpunkte struktureller Intervention auf der Ebene betriebspraktischer Anwendung auf der anderen Seite.

1.2 Organisation und Unternehmensführung

Die Form der Verortung von Organisation im Kontext von Management bringt eine Reihe wichtiger Aufschlüsse. Aus der Art der Einordnung von Organisation in den Gesamtzusammenhang der Unternehmensführung resultieren interessante Denkanstöße. Daran werden ganz elementare Merkmale der betriebswirtschaftlichen Teildisziplin Organisation deutlich. Exemplarisch seien im Folgenden zwei gegeneinander stark kontrastierende Konzepte des Zusammenhangs von Organisation und Unternehmensführung erörtert. Behandelt werden zum einen der *Faktoranalytische Ansatz* der Betriebswirtschaftslehre und die darin vertretene Auffassung von Organisation. Zum anderen wird Bezug auf die Bedeutung der Organisation im Rahmen verhaltenswissenschaftlich geprägter Managementtheorie genommen.

1.2.1 Faktoranalytischer Ansatz der BWL

Der so genannte Faktoranalytische Ansatz der Betriebswirtschaftslehre geht zurück auf die grundlegenden Arbeiten von Erich Gutenberg (vgl. Gutenberg 1975). Als weiterer bedeutender Vertreter faktoranalytischer Betriebswirtschaftslehre ist Günter Wöhe (vgl. Wöhe 2000) zu nennen. Die Basis der Betrachtung bildet das System der betrieblichen Produktionsfaktoren. Im Einzelnen werden in diesem Modell die Produktionsfaktoren grundsätzlich wie folgt abgegrenzt:

- **Arbeit**
  Der Produktionsfaktor Arbeit umfasst die Summe menschlicher Arbeitsleistungen.

Beispiele

Beladen eines LKW; Durchführen von Buchungen; Leiten der Marketing-Abteilung. ◄

- **Betriebsmittel**
  Betriebsmittel sind die langlebigen, wiederholt in Fertigungsprozessen nutzbaren sachlichen Ressourcen.

Beispiele

Grundstücke, Gebäude, Maschinen sowie Betriebs- und Geschäftsausstattung. ◄

- **Werkstoffe**
  Der Faktor Werkstoffe bezeichnet jene Einsatzgüter, die im Produktionsprozess verarbeitet oder verbraucht werden. Es handelt sich folglich um die Rohstoffe, die Hilfsstoffe und die Betriebsstoffe.

Beispiele

Im Falle der Fertigung von PKW-Reifen ist Kautschuk wichtiger Rohstoff; Schmiermittel für die Wickelstation Hilfsstoff und Strom für die Reifenpresse Betriebsstoff. ◄

Zum Zwecke der Beschreibung und der Erklärung der Managementfunktion erfolgt eine Differenzierung des Produktionsfaktors Arbeit. Die menschlichen Arbeitsleistungen werden untergliedert in *ausführende Arbeit* auf der einen und in *dispositive Arbeit* auf der anderen Seite. Dadurch erfährt das System der Produktionsfaktoren eine Erweiterung. Das entsprechend ausgeformte System betrieblicher Produktionsfaktoren zeigt Abb. 1.5.

1.2 Organisation und Unternehmensführung

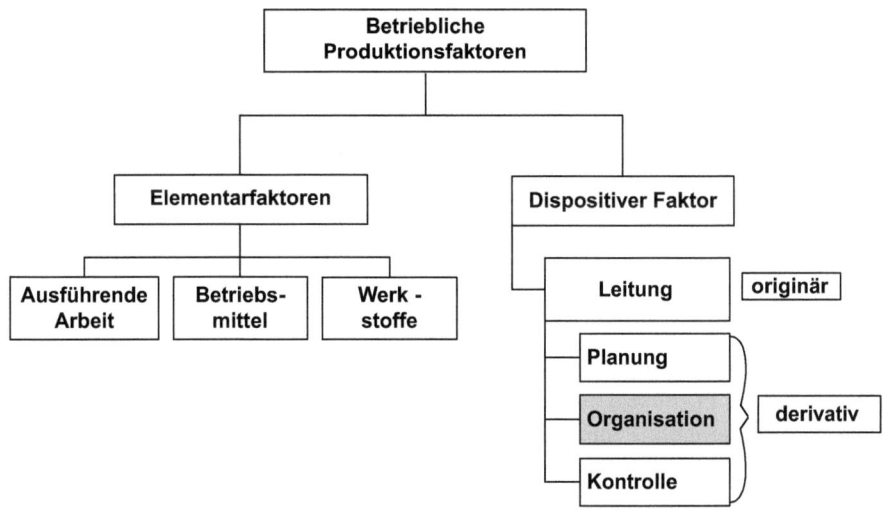

Abb. 1.5 System betrieblicher Produktionsfaktoren. (Quelle: nach Wöhe 2000, S. 103)

Nach Maßgabe der obigen Modelldarstellung sind Produktionsprozesse in Betrieben gekennzeichnet durch die Kombination der Elementarfaktoren *ausführende Arbeit, Betriebsmittel und Werkstoffe*. Die Elementarfaktoren gehen unmittelbar in den Herstellungsprozess ein. Hingegen bezieht sich die Aufgabe des dispositiven Faktors darauf, die rationale Durchführung der Faktorkombination zu gewährleisten. Dies erfordert insbesondere die Anwendung des ökonomischen Prinzips. Danach soll

- ein bestimmter Güterertrag mit geringstmöglichem Aufwand an Produktionsfaktoren erstellt werden (**Minimalprinzip**) oder
- mit einem gegebenen Aufwand von Produktionsfaktoren der größtmögliche Güterertrag (**Maximalprinzip**)

erzielt werden.

Im faktoranalytischen Modell erfolgt schließlich eine weitere qualitativ gestufte Unterteilung des dispositiven Faktors. Seine originäre Komponente besteht aus der Leitung oder Betriebsführung. Das Recht zur Wahrnehmung dieser Aufgabe resultiert in marktwirtschaftlichen Ordnungen aus dem **Privateigentum an den Produktionsmitteln**. Die so verstandene Betriebsführung obliegt folglich den an der Spitze des Unternehmens angesiedelten Eigentümern oder den von ihnen eingesetzten Top-Managern, Vorständen oder Geschäftsführern.

Darüber hinaus erfordert die Lenkung von Unternehmen jedoch weitere dispositive Elemente. Sie werden als so genannte **derivative Faktoren** aus der Betriebsführung, dem originären Gehalt des dispositiven Faktors, abgeleitet. Diese derivativen Faktoren oder, präziser formuliert, die derivativen Komponenten des dispositiven Faktors bestehen aus

- Planung,
- Organisation und
- Kontrolle.

Die Ausübung und Wahrnehmung der derivativen Komponenten können in einem von der **Betriebsführung (= originäre Komponente des dispositiven Faktors)** zu bestimmenden Ausmaß und nach klaren Vorgaben an Führungskräfte nachgeordneter Hierarchieebenen delegiert werden. Im Hinblick auf die Organisation interessieren dabei vor allem die folgenden **Gestaltungsaspekte:**

- Auf welche Positionen wird delegiert?
- Wie sind diese Positionen hierarchisch angesiedelt?
- Wo sind die Befugnisse zum Treffen organisatorischer Entscheidungen zugeordnet?
- Welche Positionen wirken an der Vorbereitung, der Durchführung und der Evaluation organisatorischer Entscheidungen mit?

1.2.2 Managementtheorie

In der verhaltenswissenschaftlich ausgerichteten Managementtheorie stehen zwei große Teilbereiche oder Dimensionen von Unternehmensführung im Mittelpunkt der Betrachtung. Danach umfasst betriebliche Führung notwendigerweise eine personelle Dimension sowie eine strukturelle Dimension. Diese Dimensionen decken zueinander ganz unterschiedliche Gestaltungsfelder der Unternehmensführung ab. Das soll Abb. 1.6 veranschaulichen.

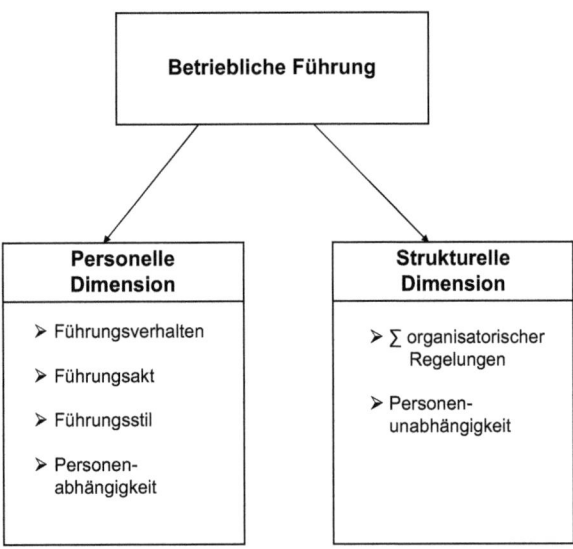

Abb. 1.6 Dimensionale Differenzierung betrieblicher Führung

1.2 Organisation und Unternehmensführung

(1) Gegenstand der **personellen Dimension betrieblicher Führung** sind die Verhaltensweisen der Akteure in Managementprozessen. Besondere Betonung erfahren deshalb die Kategorien Führungsverhalten und Führungsstil. In diesem Kontext spielen die Eigenschaften der Vorgesetzten und Mitarbeiter eine wichtige Rolle. Die Art und Weise personeller Führung wird folglich nachhaltig durch die jeweiligen Eigenschaften der agierenden Personen geprägt. Hinsichtlich der konkreten Gestaltung der personellen Führung in einem Unternehmen gilt daher, dass in hohem Maße eine Abhängigkeit der realisierten Vorgehensweisen von den spezifischen Dispositionen der handelnden Individuen besteht.

Beispiel

Der bisherige Fertigungsleiter verlässt aus Altersgründen (Ruhestand) das Unternehmen. Mit Unterstützung einer Personalberatung wird vom externen Arbeitsmarkt ein neuer Stelleninhaber für Ressortleiterposition *Fertigungswirtschaft* rekrutiert. Daraus ergeben sich zwingend mehr oder weniger ausgeprägte Veränderungen auf der personellen Management-Dimension in der Fertigung, da der neue Ressortleiter gegenüber seinem Vorgänger andere Eigenschaften, Erfahrungen und Präferenzen in den Betrieb einbringt. Der Personenwechsel bedeutet daher auch eine (partielle) Variation im Konzept betrieblicher Führung innerhalb des betrachteten Subsystems. ◄

Personelle Führung vollzieht sich in der unmittelbaren Interaktion zwischen Vorgesetzten und Mitarbeitern (*Live-Situationen*). Konstitutiv für **personelle Führungsakte** sind folgende Merkmale:

- Versuch der sozialen Einflussnahme.
- Asymmetrische Verteilung der Einflusschancen zwischen Führer und Geführten.
- Zielrelevanz des Einflussversuchs für das sozio-technische System.
- Direkte soziale Beziehung (keine zwischengeschalteten Medien).

(2) Die **strukturelle Dimension von Unternehmensführung** signalisiert hingegen a priori das Bestreben um personenunabhängige Gestaltung. Es sollen rationale Regeln und Verfahrensweisen entwickelt und implementiert werden, die den sinnvollen Ablauf des Unternehmensgeschehens unabhängig von den besonderen Merkmalen, Neigungen und Eigenschaften einzelner Stelleninhaber gewährleisten. Die strukturelle Dimension umfasst die **Summe der organisatorischen Regelungen** im Unternehmen.

> **Beispiele**
>
> Differenzierung der Buchhaltung in Kreditorenbuchhaltung, Debitorenbuchhaltung, Bilanzbuchhaltung und Finanzbuchhaltung; Handbuch Qualitätsmanagement; Arbeitszeitmodell, Verfahren zur Beantragung von Investitionen. ◄

In dieser Sicht repräsentiert Organisation den

- formalen,
- technokratischen,
- prinzipiell personenunabhängigen

Teilbereich von Unternehmensführung, der zielorientiertes wirtschaftliches Handeln sicherstellen soll. Organisationale Regeln binden individuelles Verhalten und geben somit Rahmenbedingungen für die Wahrnehmung personeller Führung vor. Im Mittelpunkt struktureller Gestaltung stehen die Art und der Umfang der Arbeitsteilung im Unternehmen sowie die Qualität und das Ausmaß von Richtlinien und Vorgaben zur Durchführung der betrieblichen Leistungs-, Informations- und Managementprozesse.

Je intensiver die strukturelle Dimension verbindlich ausgeformt ist, umso geringer werden ceteris paribus die Freiheitsgrade auf dem Gebiet personeller Führung. Umgekehrt resultiert die strukturelle Dimension aus Handlungen und Entscheidungen der personellen Aufgaben- und Verantwortungsträger im Unternehmen. Das gilt insbesondere auch für die überlebensnotwendigen Modifikationen auf dem Gebiet struktureller Führung im Zeitablauf. Es bestehen folglich ausgeprägte

Interdependenzen zwischen den beiden Management-Dimensionen.

Ein erfolgversprechendes Konzept der Unternehmensführung bedarf insoweit der sorgfältigen Abstimmung zwischen der personellen Dimension betrieblicher Führung auf der einen Seite und dem Bereich der Organisation (personenunabhängige Regelungen) auf der anderen Seite.

1.3 Grundlagen und Ziele organisationaler Gestaltung

Wesentliche Grundelemente der organisationalen Gestaltung vermittelt die populäre traditionelle Darstellung in Form der Teilgebiete Aufbauorganisation und Ablauforganisation. Dabei wird der Gegenstandsbereich von Organisation nach den zentralen Aspekten *Aufbau* und *Ablauf* analytisch differenziert. Die Größe Aufbau steht für das Gefüge oder das Gerüst des zu strukturierenden Objekts, während die Größe Ablauf die Prozesse in diesem Objekt kennzeichnet.

Im Gegensatz zur Dualisierung des Gegenstandsbereichs von Organisation im Sinne der Darstellung gemäß Abb. 1.7 hebt das Konzept der *formalen Organisationsstruktur* die Trennung von Aufbauorganisation und Ablauforganisation auf. Stattdessen geht es um die integrierte Deskription und Gestaltung von Organisation. Strukturelle Parameter sollen in

1.3 Grundlagen und Ziele organisationaler Gestaltung

Abb. 1.7 Traditionelle Dualisierung des Gegenstandsbereichs von Organisation

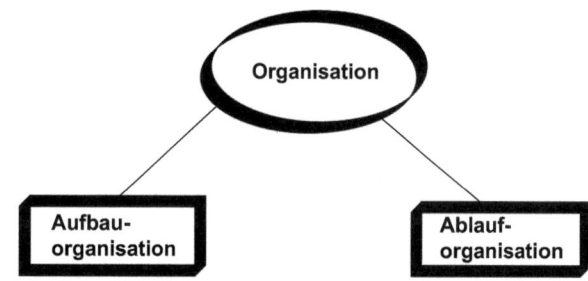

diesem Konzept nach Maßgabe der jeweils relevanten Bedingungen abgegrenzt, analysiert und evaluiert werden.

1.3.1 Aufbauorganisation

Die Aufbauorganisation beinhaltet die Bildung von Subsystemen des Unternehmens. Auf diese Weise entsteht ein grundlegender struktureller Bezugsrahmen.

▶ **Aufbauorganisation** Differenzierung des Systems Unternehmung in arbeitsteilige Subsysteme und deren Integration zu einem zielorientiert handelnden Ganzen

Das komplexe Gebilde Unternehmung erhält durch Maßnahmen der Aufbauorganisation eine klare, differenziert darstellbare und operationale Gestalt. Dabei sollen die einzelnen Teileinheiten so angelegt und miteinander verknüpft sein, dass das Handeln des Gesamtsystems strikt auf die unternehmensseitig angestrebten Ziele hin ausgerichtet wird.

1.3.1.1 Gestaltungsziele der Aufbauorganisation

Im Einzelnen resultiert aus der gezeigten Positionierung ein Bündel potenzieller Gestaltungsziele der Aufbauorganisation. Derartige durch aufbauorganisatorische Maßnahmen realisierbare Zielbezüge können ökonomischen und technologischen Charakter aufweisen, aber auch an sozialen Kriterien oder individuellen Bedürfnissen ausgerichtet sein. Eine weitere wesentliche Zielkategorie aufbauorganisatorischer Gestaltung bezieht sich auf die Gewährleistung und darüber hinaus auf die Förderung systemseitiger Flexibilität. Im Folgenden werden exemplarisch wesentliche Gestaltungsziele der Aufbauorganisation nach dem Kriterium des Zielbezugs erörtert.

a) **Technisch-ökonomische Ziele**
- Eine herausgehobene Zielgröße der Aufbauorganisation besteht in der **Steigerung der Produktivität**. Die wirtschaftliche Kenngröße Produktivität bringt die mengenmäßige Ergiebigkeit betrieblicher Leistungsprozesse zum Ausdruck.

▶ Produktivität = Outputmenge / Inputmenge

Das Ausmaß der Produktivität ist eine Funktion des Rationalitätsniveaus des Prozesses der Kombination betrieblicher Produktionsfaktoren. Gerade dieses Rationalitätsniveau hängt jedoch – wie im faktoranalytischen Ansatz der Betriebswirtschaftslehre klar aufgezeigt – nachhaltig von der Organisation ab. Eine hohe Produktivität kann folglich als Indikator überdurchschnittlich zweckrationaler und leistungsfähiger Organisation gewertet werden. Umgekehrt sind Produktivitätsdefizite als Indikator für Organisationsmängel deutbar.

- Das aufbauorganisatorische Gestaltungsziel der **Kostenminimierung** stellt auf die Wertkomponente der Inputfaktoren ab. Organisationale Gestaltung soll darauf ausgerichtet werden, die Kosten einer definierten betrieblichen Leistung zu minimieren oder zumindest signifikant zu reduzieren. Folglich stehen kostenintensive Inputfaktoren, wie beispielsweise hochwertige maschinelle Anlagen oder Arbeitsleistungen, weit stärker im Vordergrund der Betrachtung als weniger kostenträchtige Faktoren, wie etwa geringwertige Wirtschaftsgüter. Im Sinne des rationalen Einsatzes knapper verfügbarer Kapazitäten soll sich Aufbauorganisation in erster Linie mit den kostenkritischen betrieblichen Segmenten und Zusammenhängen beschäftigen.
- Beim Ziel der **Reduktion des Zeitaufwandes für die Erstellung betrieblicher Leistungen** wird auf materielle Beziehungen innerhalb des Systems Unternehmen abgestellt. Es kommt darauf an, die betrieblichen Strukturen so auszulegen, dass das Erbringen definierter Leistungen schnellstmöglich durchgeführt werden kann.
- Die Zielgröße **Routinisierung von Arbeits- und Informationsprozessen** betont die Notwendigkeit des Förderns von Trainings- und Lerneffekten. Entscheidungen über die Aufbauorganisation sollen etwa durch das Einschränken von Vielfalt der Handlungsalternativen sowie durch das Festlegen planmäßiger Wiederholungen im Zuge der Aufgabenbearbeitung die Routine der Aufgabenträger und damit die Sicherheit der Vorgänge unterstützen.

b) **Mitarbeiterbezogen-soziale Ziele**

Individuelle Ebene
Im Hinblick auf die Entwicklung der Aufbauorganisation ist die Frage der Berücksichtigung von mitarbeiterbezogen-sozialen Zielen umstritten. Schließlich sind Unternehmen primär durch ihren erwerbswirtschaftlichen Charakter (Gewinnerwirtschaftung) geprägt. Da die Organisation als Instrumentarium struktureller Führung das Verhalten von Individuen zielorientiert beeinflussen soll, erscheint es allerdings per se konstruktiv und zweckmäßig, die Belange dieser Individuen in den Kalkül einzubeziehen. Danach geht es zunächst darum, auf individueller Ebene wesentliche Bedürfnisse der Mitarbeiter als Zielgrößen organisatorischer Maßnahmen zu erfassen und auszuweisen.

Das Gestaltungsziel der Aufbauorganisation lautet dann:
Schaffen ansprechender, herausfordernder Aufgabenbereiche.

1.3 Grundlagen und Ziele organisationaler Gestaltung

- Bereits die viel beachtete Zweifaktoren-Theorie von Herzberg identifiziert den Arbeitsinhalt des Individuums als einen der bedeutsamsten so genannten *Motivatoren*. Solche Motivatoren sind Einflussgrößen der Arbeitssituation, welche die Zufriedenheit des Individuums determinieren. Die in der subjektiven Wahrnehmung des Mitarbeiters positive Ausprägung der Motivatoren bewirkt Arbeitszufriedenheit.
- Die zweite Gruppe von Einflussgrößen sind die so genannten **Hygienefaktoren**. Ihre Berücksichtigung verhindert Unzufriedenheit des Mitarbeiters, kann jedoch keine Zufriedenheit hervorrufen. Die Resultate der empirischen Untersuchungen, auf denen die Zweifaktoren-Theorie basiert, zeigt Abb. 1.8.

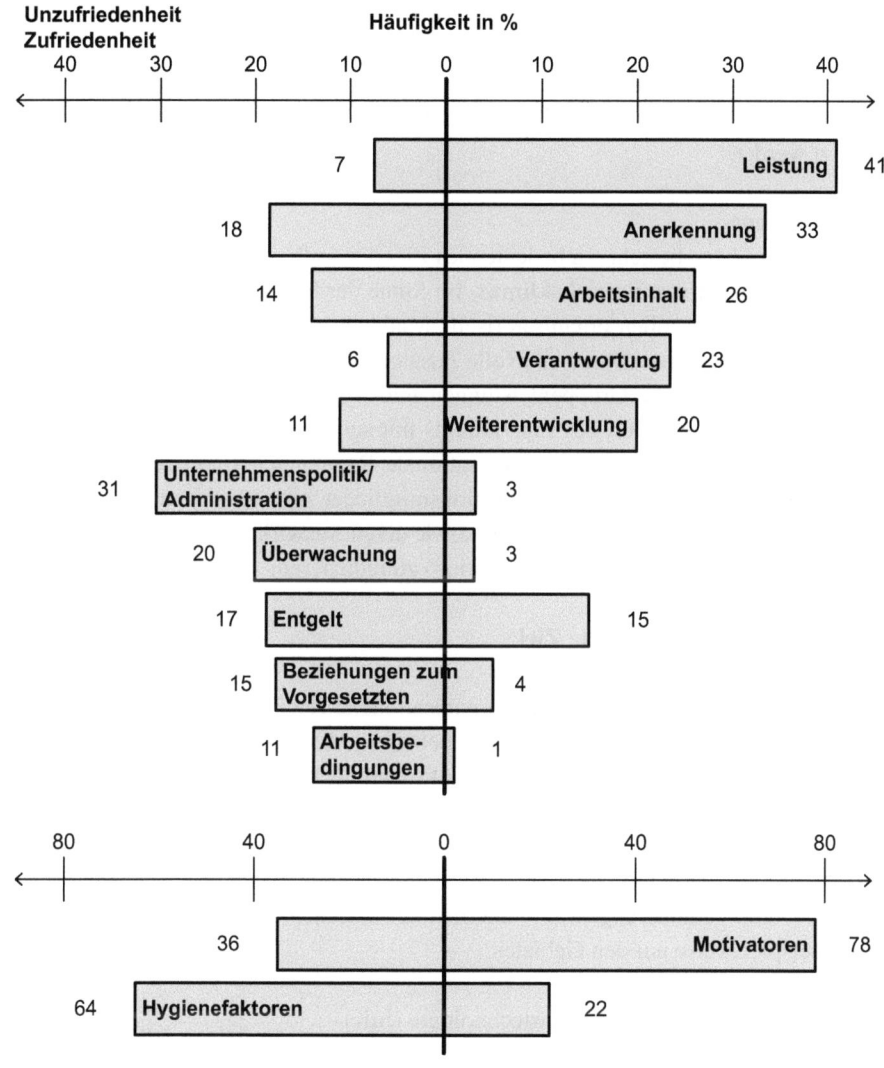

Abb. 1.8 Subjektive Bedeutung des Arbeitsinhalts im Rahmen der Zweifaktoren-Theorie. (Quelle: nach Herzberg et al. 1959, S. 72 ff.)

Neben den Arbeitsinhalten hängen auch die übrigen von Herzberg et al. identifizierten Motivatoren, wie Leistung, Verantwortung und berufliche Weiterentwicklung (Aufstieg, persönliches Wachstum), stark mit der Arbeitsaufgabe des Individuums zusammen. Organisatorische Entscheidungen über den Zuschnitt der Aufgabenbereiche der Mitarbeiter sind danach hochrelevant im Hinblick auf die positive Beeinflussung von

- Motivation,
- Zufriedenheit
- und Leistung.

Dagegen zählt beispielsweise die Unternehmenspolitik, aber auch das Arbeitsentgelt, zu den Hygienefaktoren. Sie können lediglich Arbeitsunzufriedenheit und Demotivation verhindern oder begrenzen, nicht aber Arbeitszufriedenheit und Motivation auslösen. Diese wichtigen Erkenntnisse sollen im Zuge der aufbauorganisatorischen Gestaltung sinnvoll umgesetzt werden.

Kollektive Ebene
Auf kollektiver Ebene besteht ein bedeutendes Ziel der Aufbauorganisation in der **Förderung eines kooperativen Betriebsklimas**. Im Sinne der Entfaltung von Leistungspotenzialen der Mitarbeiter sollen organisatorische Maßnahmen planmäßige Kooperationsbeziehungen implementieren. Durch sinnvolle Zusammenarbeit der Organisationsmitglieder sind überdurchschnittliche Gruppenleistungen und Synergieeffekte realisierbar. Außerdem hängt die **Identifikation** des Individuums mit seinem Arbeitsumfeld stark von den Interaktionsbeziehungen ab. Klare organisationale Regelungen sind geeignet, die **konstruktive Zusammenarbeit** der Organisationsmitglieder zu unterstützen und destruktive informelle betriebliche Sozialbeziehungen sowie deren Auswirkungen auf das Betriebsgeschehen (z. B. Mobbing, Sabotage, Korruption) zu reduzieren.

a) c) **Flexibilitätsorientierte Ziele**

Die Anforderung der Dynamisierung organisationaler Regeln findet in den flexibilitätsorientierten Zielen ihren Niederschlag. Dies betrifft die **Entwicklung und Implementierung anpassungsfähiger Unternehmensstrukturen**. Es kommt darauf an, die Aufbauorganisation elastisch relativ zur Entwicklung der maßgeblichen Rahmenbedingungen zu gestalten. Dabei muss die Gesamtheit formeller organisatorischer Regelungen keineswegs hochsensibel auf jede marginale Kontextänderung reagieren. Im Falle gravierender Entwicklungen und Veränderungen im unternehmensinternen und unternehmensexternen Umfeld, beispielsweise auf den Gebieten

- Information und Kommunikationstechnologie (IuK),
- Wettbewerbsbedingungen oder
- Kundenpräferenzen, Konsumtrends, Angebotsprogramm,

1.3 Grundlagen und Ziele organisationaler Gestaltung

Abb. 1.9 Beispiel zur Anwendung der Aufgabenanalyse

ist die rechtzeitige adäquate Anpassung der Aufbauorganisation jedoch für die Unternehmung überlebensnotwendig.

Ein ebenfalls sehr wichtiges Zielkriterium der Aufbauorganisation stellt das Gewährleisten **angemessener Reaktionsgeschwindigkeit bei Veränderungen** dar. Die aufbauorganisatorischen Konstruktionen sollen nicht dogmatisch Reaktionen unterdrücken oder blockieren, sondern sorgfältige, konzentrierte und hinreichend schnelle Reaktionen unterstützen und absichern. Andererseits kommt es jedoch darauf an, die Stabilität und Kontinuität des strukturellen Gerüsts der Unternehmung zu betonen. Häufige und kurzzyklische Modifikationen dieses Gerüsts gefährden dessen stabilisierende sowie Orientierung vermittelnde Funktionen und reduzieren die Akzeptanz der organisationalen Regelungen seitens der betroffenen Organisationsmitglieder.

1.3.1.2 Instrumente

Zur Realisierung der aufgezeigten Gestaltungsziele stehen die Aufgabenanalyse sowie die Aufgabensynthese als Instrumente der Aufbauorganisation zur Verfügung. Der planmäßige, systematische Einsatz dieser Instrumente ermöglicht das Entwickeln tragfähiger und konsequent zweckrationaler aufbauorganisatorischer Strukturen.

a) Aufgabenanalyse

Im Rahmen der Aufgabenanalyse geschieht die Zerlegung der unternehmerischen Gesamtaufgabe in ihre einzelnen Komponenten.

▶ **Aufgabenanalyse** Schrittweise Aufspaltung der unternehmerischen Gesamtaufgabe in ihre einzelnen Bestandteile

Es erfolgt die Deduktion immer konkreterer, enger definierter und detaillierterer Aufgabenstufen. Dies sei im Folgenden anhand eines Beispiels demonstriert. Das Vorgehen im Rahmen der Aufgabenanalyse ist in Abb. 1.9 verdeutlicht.

Vorgehensweise:

1. Die Basis der Aufgabenanalyse bildet im vorstehenden Beispiel das übergeordnete Unternehmensziel oder das Zielsystem der Unternehmung. Im betrachteten Beispiel sei die **Erwirtschaftung angemessener Gewinne** als dominierendes Unternehmensziel ausgewiesen. Das Ansteuern dieser Zielgröße erfordert die Definition von Aufgaben. Es geht um Antworten auf die Frage, welches konkrete Handeln des Unternehmens bzw. im Unternehmen im Hinblick auf die Zielerreichung zweckmäßig erscheint.
2. Danach lässt sich als erste globale Stufe die **Gesamtaufgabe** *Realisieren von Umsätzen* bestimmen. Notwendige Bedingung des Erwirtschaftens angemessener Gewinne ist das Vereinnahmen von Erlösen aus Verkäufen der betrieblich erbrachten Leistungen (Wertschöpfung).
3. In der nächsten Stufe der Aufgabenanalyse erfolgt die Aufspaltung der Gesamtaufgabe in Hauptaufgaben. Aus der Gesamtaufgabe *Realisieren von Umsätzen* sind auf der Folgestufe die **Hauptaufgaben** *Beschaffung – Fertigung – Vertrieb* deduzierbar. Anders ausgedrückt: Die Gesamtaufgabe der Realisierung von Umsätzen wird analytisch aufgeteilt in die wesentlichen Komponenten Beschaffung, Fertigung und Vertrieb.
4. Im anschließenden Analyseschritt wird die Aufgliederung der Hauptaufgaben in noch konkretere Teilaufgaben vollzogen. So kann im betrachteten Beispiel die Hauptaufgabe *Vertrieb* differenziert werden in die **Teilaufgaben** *Marketing – Verkauf – Absatzlogistik.* Nach dem zugrunde liegenden Verständnis sind Marketing, Verkauf und Absatzlogistik die prägenden Komponenten der Vertriebsaufgabe.
5. Die konkreteste Aufgabendefinition bilden schließlich die aus den Teilaufgaben herzuleitenden Elementaraufgaben. Solche Elementaraufgaben verkörpern die kleinsten Aufgabeneinheiten, die aufbauorganisatorisch bearbeitet werden sollen. Im Beispiel ist die Teilaufgabe *Verkauf* in die **Elementaraufgaben** *Akquisition – Verhandlung – Vertragsabschluss* differenzierbar. Danach wird die Teilaufgabe Verkauf wesentlich durch die Elemente
   - Aktivierung von Kundenbedürfnissen,
   - Erörtern der konkreten Inhalte und Modalitäten der Transaktion
   - sowie formeller Abschluss des Kaufvertrages

geprägt. Die Resultate der Aufgabenanalyse, d. h. die Elementaraufgaben, stellen wichtige *Zwischenprodukte* im Zuge aufbauorganisatorischer Gestaltung bereit.

b) Aufgabensynthese

Basierend auf den im Wege der Aufgabenanalyse hergeleiteten Aufgabenelementen wird im nächsten Schritt der Aufbauorganisation die Aufgabensynthese durchgeführt. Gegenstand der Aufgabensynthese ist es, die analytisch hergeleiteten Elementaraufgaben zu Aufgabenkomplexen zu bündeln und den Aufgabenträgern zuzuordnen.

1.3 Grundlagen und Ziele organisationaler Gestaltung

▶ **Aufgabensynthese** Bündelung der analytisch hergeleiteten Elementaufgaben zu Aufgabenkomplexen und deren Zuordnung zu Aufgabenträgern

Damit erfüllt die Aufgabensynthese verschiedene **grundlegende aufbauorganisatorische Funktionen**. Im Folgenden werden die Stellenbildung, die Instanzenbildung sowie die Abteilungsbildung als Funktionen der Aufgabensynthese erläutert.

Stellenbildung

Im Zuge der Aufgabensynthese werden die Stellen innerhalb der Organisation abgegrenzt. Diese Stellen entstehen durch das Zusammenfassen von Elementaraufgaben zu Aufgabenkomplexen für jeweils eine (fiktive) Person. Innerhalb der Aufbauorganisation werden durch die Stellenbildung die kleinsten organisatorischen Einheiten (= Stellen) definiert.

▶ **Stelle** Aufgabenkomplex für eine fiktive Person; kleinste aufbauorganisatorische Einheit

Dabei ist das Problem zu lösen, das vorhandene Arbeitsvolumen in der Weise auf Personen und sachliche Ressourcen zu verteilen, dass die menschlichen und technischen Leistungspotenziale im Unternehmen sinnvoll genutzt werden. Idealtypisch formuliert geht es darum, die Stellenbildung so zu gestalten, dass sowohl die personellen Aufgabenträger als auch die eingesetzten sachlichen Ressourcen eine **optimale Ergiebigkeit** entfalten. Zu beachten ist dabei die Interaktion zwischen humanen und sachlichen Ressourcen, d. h. der Wirkungszusammenhang von Mensch-Maschine-Systemen. Wesentliche Aspekte dazu verdeutlicht Abb. 1.10.

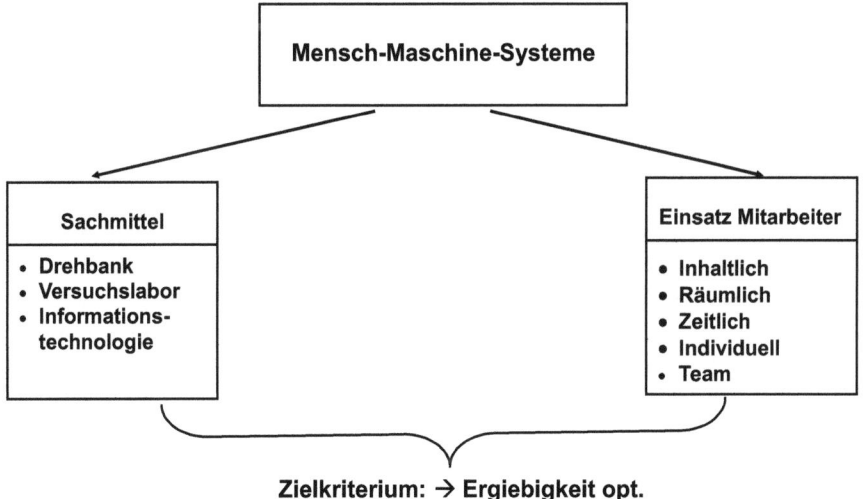

Abb. 1.10 Systemoptimierung als Anforderung im Zuge der Stellenbildung

Durch das Zusammenfassen von Aufgabenelementen zu Aufgabengebieten wird der Einsatz der Aufgabenträger inhaltlich, räumlich, zeitlich und ebenfalls im Hinblick auf das Erledigen von Individualarbeit sowie die Teilnahme der Organisationsmitglieder an Teamarbeit determiniert. Außerdem sind Entscheidungen über die Verknüpfung von Personen (Stelleninhabern) und Sachmitteln grundsätzlich und dauerhaft (per se unbefristet) zu treffen. Daran wird die Komplexität der organisatorischen Funktion der Stellenbildung deutlich. Als Entscheidungskriterium für die Maßnahmen zur Stellenbildung gilt die Anforderung der Realisierung **optimaler Ergiebigkeit** der eingesetzten personellen und sachlichen Ressourcen.

Instanzenbildung
Die Bildung von Instanzen betrifft die vertikale Komponente von Aufgabenerfüllung in sozio-technischen Systemen. Die Instanzen repräsentieren einen besonderen Stellentyp, nämlich solche Stellen, die Leitungsbefugnisse umfassen. Den Bezugsrahmen zur Bildung von Instanzen markieren die nachstehend erläuterten Grundelemente von Leitungsaufgaben:

- Initiative
  Die Träger von Leitungsaufgaben sollen Anstöße zur konstruktiven Beeinflussung des betrieblichen Geschehens vermitteln. Initiative ist der Motor für Innovationen und für die Weiterentwicklung des gesamten Systems.
- Entscheidung
  Das notwendige Treffen der Auswahl zwischen den verschiedenen verfügbaren Handlungsalternativen kennzeichnet in besonderer Weise die Leitungsfunktion. Solche Wahlhandlungen sind für sozio-technische Systeme überlebensnotwendig. Die Instanzen sollen sicherstellen, dass die betrieblichen Entscheidungen in der erforderlichen Qualität, Quantität, Häufigkeit und Fristigkeit realisiert werden.
- Anordnung
  Seitens der Inhaber von Instanzen werden Weisungen an die Inhaber anderer Stellen im Unternehmen gegeben. Die Weisungsbefugnis eröffnet der Instanz die Möglichkeit, das betriebliche Handeln anderer Systemmitglieder zu disponieren und zu steuern.
- Kontrolle
  Im zeitlichen Längsschnitt erhalten Anordnungen oder Weisungen erst in Verbindung mit systematischer Kontrolle ökonomische Rationalität. Auf der Grundlage von Soll-/Ist-Vergleichen prüfen die Instanzen die Durchführung und den Erfolg der angeordneten Maßnahmen. Weisungen ohne Kontrolle erlangen schnell den Charakter unverbindlicher Empfehlungen. Dies schlägt sich in geringer Effizienz des betrieblichen Handelns nieder.
- Koordination
  In arbeitsteiligen Gebilden bedarf es der zielorientierten Abstimmung der Teilaktivitäten. Darin besteht der Gegenstandsbereich der Koordination. Die so verstandene Koordination ist im Hinblick auf den reibungslosen Ablauf der Prozesse erforderlich.

1.3 Grundlagen und Ziele organisationaler Gestaltung

Das Bilden von Instanzen als Funktion der Aufgabensynthese geschieht auf der Grundlage der analytisch hergeleiteten Leitungsaufgaben (Output der Aufgabenanalyse). Die Instanzenbildung vollzieht sich gerade im Wege der Zusammenfassung der Leitungsaufgaben in Stellen. Damit werden die **Kompetenzbereiche** innerhalb des Unternehmens bestimmt und zugeordnet. Dies kennzeichnet eine dispositive Entscheidung von erheblicher Tragweite in Bezug auf das Unternehmensgeschehen. Art und Umfang der Zuordnung von Leitungsaufgaben zu definierten Stellen begründen einander unter- und übergeordnete Instanzen. In einer verbreiteten Unterteilung wird grob zwischen Top-Management, Middle-Management und Lower-Management differenziert. Das verdeutlicht Abb. 1.11.

Die Art der Instanzenbildung determiniert das hierarchische Unternehmensgefüge. In Abhängigkeit vom Ausmaß der Stufungen bei der Instanzenbildung entsteht eine mehr oder weniger steile **Unternehmenshierarchie**. Je weniger kompetenzdifferente Instanzen gebildet werden, umso flacher ist ceteris paribus die zu realisierende Hierarchie.

Abteilungsbildung

Abteilungen verkörpern größere Einheiten oder Subsysteme einer Unternehmung. Konstitutiv für die Abteilungsbildung ist das **Zusammenfassen mehrerer Stellen unter einer Instanz.** Damit beinhalten Abteilungen definierte Führungsbeziehungen zwischen den in ihnen angesiedelten Stellen. Auch zwischen den Abteilungen innerhalb eines soziotechnischen Systems sind Differenzierungen möglich. Organisatorisch kommt dies zum Ausdruck in der Unterscheidung von Abteilungen erster Ordnung und Abteilungen höherer Ordnung:

- Die Abteilungen erster Ordnung werden auch als **Primärabteilungen** bezeichnet. Solche Primärabteilungen bestehen ausschließlich aus operativen Stellen, die einer betrachteten Instanz zugeordnet sind.

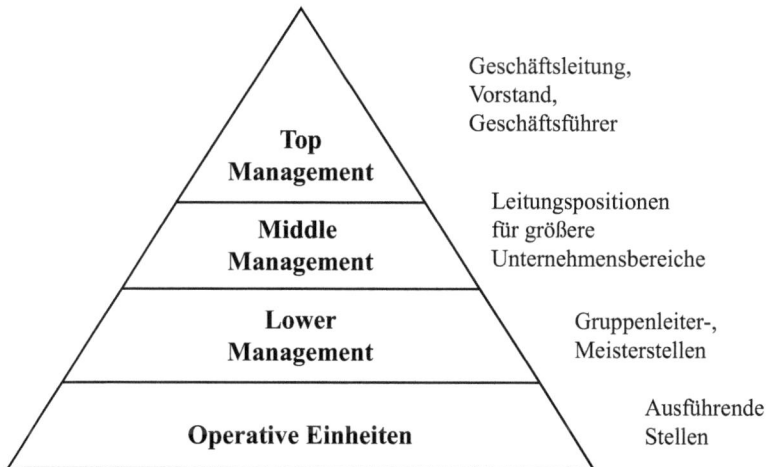

Abb. 1.11 Differenzierte Wahrnehmung der betrieblichen Leitungsaufgaben

- Dagegen werden die Abteilungen höherer Ordnung auch als **Sekundärabteilungen** bezeichnet. Konstitutiv für diese Art von Abteilungen ist es, dass in ihnen mehrere Primärabteilungen integriert und unter die einheitliche Leitung einer Instanz gestellt werden. Durch das Zusammenfassen mehrerer Sekundärabteilungen unter einheitlicher Leistung entsteht ebenfalls eine (übergeordnete) Sekundärabteilung. In der betrieblichen Praxis werden die Sekundärabteilungen beispielsweise als Hauptabteilungen, Bereiche oder Ressorts bezeichnet.

▶ **Ressort** Empirisch gebräuchliche Bezeichnung für eine Sekundärabteilung, d. h. die Zusammenfassung mehrerer untergeordneter Abteilungen (Primärabteilungen oder Sekundärabteilungen) unter einheitlicher Leitung (ähnlich: Hauptabteilung, Bereich)

Im Hinblick auf die Entwicklung des Abteilungssystems stehen alternative Verfahrensweisen zur Auswahl. Das so genannte **Top down-Verfahren** basiert auf dem Kriterium der Delegation. Aus Abteilungen höherer Ordnung werden dabei Abteilungen niederer Ordnung deduziert. Es erfolgt eine Delegation abgegrenzter Aufgaben auf neu zu bildende untergeordnete Abteilungen. Das Grundprinzip der Entwicklung des Abteilungssystems nach dem Top down-Verfahren zeigt Abb. 1.12.

Das Top down-Verfahren wird auch als **Delegationsmodell** bezeichnet. Die Entwicklung des Abteilungssystems verläuft dabei von der Unternehmensspitze ausgehend. Im Wege der Verlagerung oder der Delegation von Aufgaben und Kompetenzen entstehen nachgeordnete organisatorische Einheiten und Ebenen im Unternehmen.

Dagegen wird das Bottom up-Verfahren als **Kombinationsmodell** bezeichnet. Die Entwicklungsrichtung für das Abteilungssystem ist der des Delegationsmodells genau gegenläufig. Durch das Zusammenlegen von Primärabteilungen werden im ersten Schritt – soweit entsprechende Sacherfordernisse vorliegen – Sekundärabteilungen gebildet. Im Wege der Bottom up-Integration können die Hierarchie aufwärts ebenfalls Sekundärabteilungen zusammengefasst werden zu übergeordneten Sekundärabteilungen. Das Grundschema des Kombinationsmodells ist in Abb. 1.13 dargestellt.

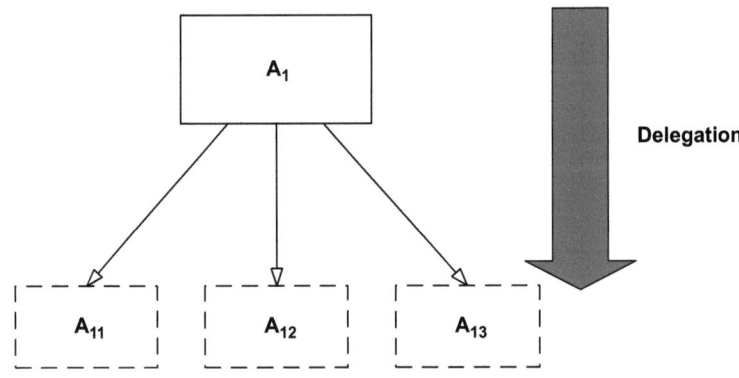

Abb. 1.12 Top down-Verfahren der Abteilungsbildung

1.3 Grundlagen und Ziele organisationaler Gestaltung

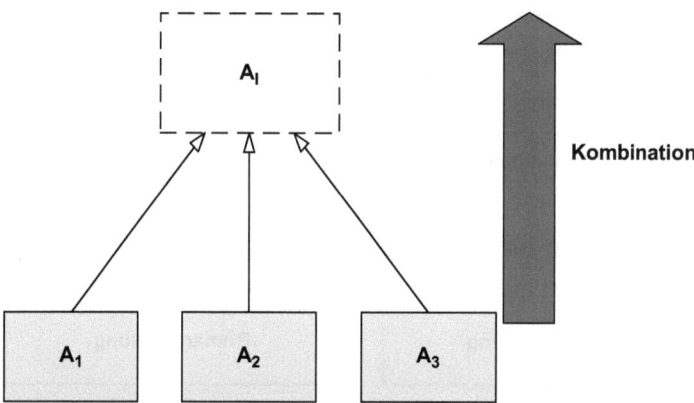

Abb. 1.13 Bottom up-Verfahren der Abteilungsbildung

Wie die Skizze zeigt, entstehen durch Kombination vorhandener Abteilungen übergeordnete neue Abteilungen, nämlich die Sekundärabteilungen. Das Abteilungswachstum im Unternehmen wird nach diesem Modell von der Basis aus stimuliert. Prinzipiell erfolgt erst dann die Bildung übergeordneter Abteilungen, wenn eine hierarchisch differenzierte Ausweitung des aufbauorganisatorischen Gerüsts sachlich erforderlich erscheint.

Im Hinblick auf die Wahl des Verfahrens für die Entwicklung des Abteilungssystems im einzelnen Anwendungsfall ist die Berücksichtigung situativer Einflussgrößen von erheblicher Bedeutung. Besonders hervorzuheben sind in diesem Zusammenhang die nachstehenden Situationsvariablen:

- Die Branche oder
- das Angebotsprogramm des Unternehmens,
- die Unternehmensphilosophie,
- die betriebliche Entwicklungsgeschichte,
- die Unternehmenskultur.

Eine zusammenfassende Darstellung der Funktionen der Aufgabensynthese enthält Abb. 1.14.

Das vorstehende Beispiel richtet sich auf den fiktiven Vertriebsbereich einer Unternehmung. Ausgehend von den Resultaten der Aufgabenanalyse (Elementaraufgaben) wird eine Reihe von Stellen definiert. Bei den Stellen vom Typ VKI handelt es sich um *Sachbearbeiter Verkaufsinnendienst*. Im Wege der Aufgabensynthese werden insgesamt n Stellen Sachbearbeiter Verkaufsinnendienst gebildet. Eine andere Gruppe von Stellen sind Positionen *Sachbearbeiter Verkaufsförderung*. Auch von diesem Stellentyp wurden n Positionen gebildet. Durch das Zusammenfassen der Sachbearbeiter-Stellen auf dem Gebiet der Verkaufsförderung unter der Instanz *Leiter Verkaufsförderung* (Leiter VKF) entsteht eine Primärabteilung. Analog wird im Bereich Verkaufsinnendienst vorgegangen. Auch hier erfolgt die Integration der Stellen Sachbearbeiter Verkaufsinnendienst unter einer Instanz,

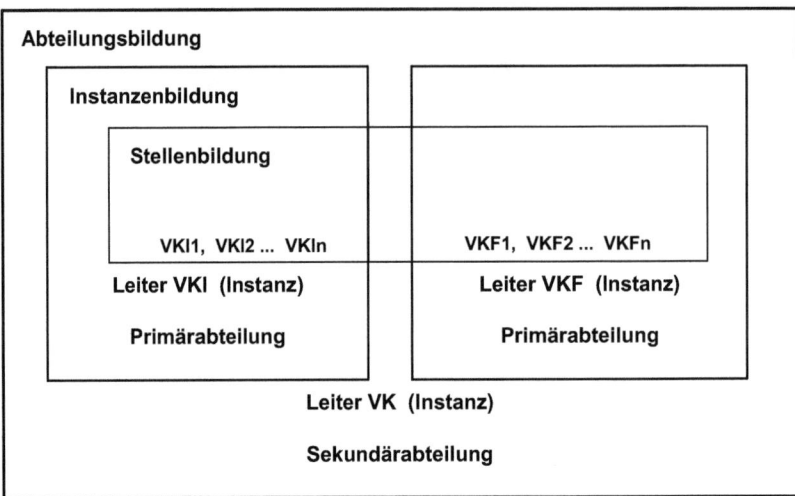

Abb. 1.14 Funktionen der Aufgabensynthese

nämlich der Stelle *Leiter Verkaufsinnendienst* (Leiter VKI). Damit sind die Stellenbildung, die Instanzenbildung sowie die Abteilungsbildung als Funktionen der Aufgabensynthese exemplarisch dargelegt. Das betrachtete Beispiel zeigt außerdem das Bilden einer Sekundärabteilung. Diese Sekundärabteilung entsteht, indem die Primärabteilungen Verkaufsinnendienst und Verkaufsförderung unter der einheitlichen Leitung seitens der Instanz *Leiter Verkauf* (Leiter VK) integriert werden.

Das Zielkriterium für die Durchführung der Aufgabensynthese besteht im Schaffen funktionierender sowie anpassungsfähiger Teileinheiten innerhalb des Gesamtsystems. Außerdem ist die Koordination der Aktivitäten zu bildender Teileinheiten enorm erfolgsrelevant. Daher markiert die effiziente Koordinierbarkeit der Aktivitäten der unterschiedlichen handelnden Einheiten in Bezug auf das unternehmerische Gesamtziel ein weiteres zentrales Zielkriterium der Aufgabensynthese.

1.3.1.3 Grundsysteme

Die aufbauorganisatorischen Instrumente der Aufgabenanalyse und der Aufgabensynthese sind logisch miteinander verknüpft:

- Im **ersten Schritt** der Organisationsgestaltung wird die sorgfältige Aufgliederung der im Unternehmen zu bearbeitenden Aufgaben vorgenommen.
- Daran anschließend erfolgt im **zweiten Schritt** der Einsatz des Instruments der Aufgabensynthese.

Dieser Zusammenhang wird in Abb. 1.15 demonstriert.

Aus der Aufgabenanalyse resultiert als Output die Herleitung von **Elementaraufgaben**. Genau an dieser Stelle setzt die Aufgabensynthese ein. Dabei werden zunächst die

1.3 Grundlagen und Ziele organisationaler Gestaltung

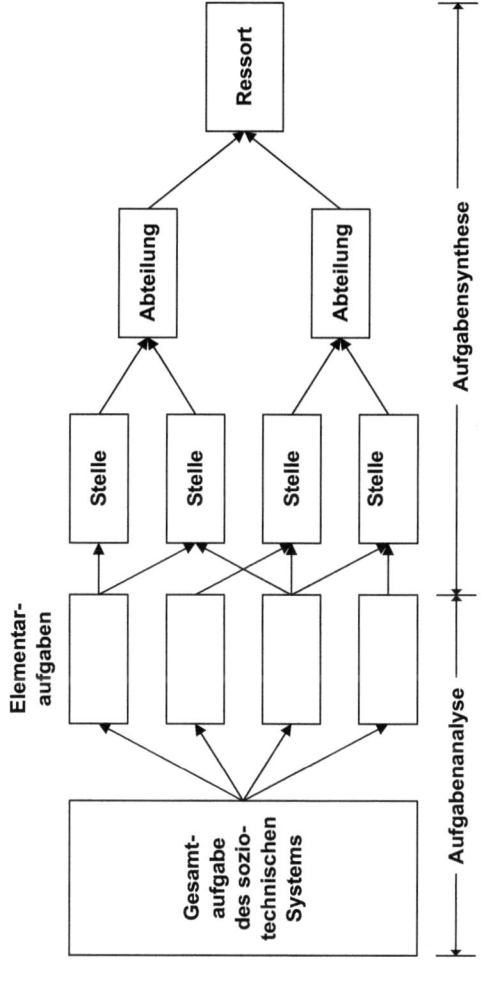

Abb. 1.15 Zusammenhang von Aufgabenanalyse und Aufgabensynthese. (Quelle: nach Schreyögg und Geiger 2016, S. 41)

analytisch hergeleiteten Aufgabenelemente zu Stellen verknüpft. Die organisatorischen Einheiten *Stelle* ihrerseits werden in Abteilungen erster Ordnung (Primärabteilungen) zusammengefasst. Durch Integration von Primärabteilungen unter einheitlicher Leitung entstehen schließlich Sekundärabteilungen. Im Beispiel wird eine solche Sekundärabteilung als Ressort bezeichnet. Vor allem mit steigender Unternehmensgröße können mehrstufige Konstrukte auf dem Gebiet der Sekundärabteilungen sinnvoll sein oder sogar im Hinblick auf die rationale Steuerung des Unternehmensgeschehens zwingend notwendig werden.

Das Ergebnis des erfolgreichen Einsatzes des Instrumentariums von Aufgabenanalyse und Aufgabensynthese ist das Konzept der aufbauorganisatorischen Gestaltung des betrachteten sozio-technischen Systems. Prinzipiell sind vielfältige Varianten der Aufbauorganisation von Unternehmen basierend auf Analyse-Synthese-Prozessen darstellbar. In der betrieblichen Praxis und ebenso in der betriebswirtschaftlichen Theorie haben sich allerdings einige markante Grundmuster der Aufbauorganisation herausgebildet. Die bedeutendsten Basisvarianten aufbauorganisatorischer Gestaltung seien im Folgenden erläutert.

a) Einliniensystem

Das Einliniensystem repräsentiert einen traditionellen aufbauorganisatorischen Idealtyp. Eine exemplarische Darstellung dieser Strukturvariante enthält Abb. 1.16.

Kennzeichnend für diesen Typ der Aufbauorganisation ist die **Verknüpfung sämtlicher Stellen des Systems mit einer Linie.** Im Beispiel ist die hierarchisch höchste Position *Geschäftsleitung* über eine einzige Linie mit der Stelle *Sachbearbeiter Einkauf* verbunden. Zwischen allen anderen Stellen des Systems existiert ebenfalls lediglich ein Verbindungsweg. Im Verlauf von der Unternehmensspitze hin zur operativen Ebene kennzeichnet die Linie den Weg der Anweisungen (Weisungsweg). Es gilt das von Henri Fayol (1916) begründetet Prinzip der

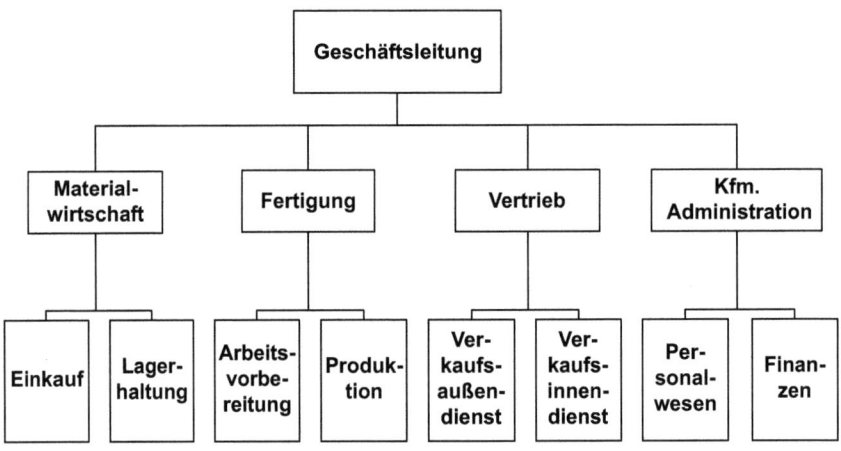

Abb. 1.16 Beispiel Einliniensystem

1.3 Grundlagen und Ziele organisationaler Gestaltung

Einheit der Auftragserteilung
(„Un agent ne doit recevoir des ordres que d'un chef.")
Danach darf jede Stelle im Unternehmen (und damit jeder Stelleninhaber) von nur *einer* anderen Stelle (konkreter: durch den auf dieser definierten Stelle positionierten Vorgesetzten) Aufträge (= Weisungen) erhalten. Das Prinzip der Einheit der Auftragserteilung soll zur Vermeidung von Unklarheiten, Irritationen und Konflikten beitragen. In umgekehrter Richtung von der operativen Ebene hin zur Geschäftsleitung wird durch die Linie der Berichtsweg markiert. Die Weisungs- und Berichtsbeziehungen sind damit eindeutig und unmissverständlich definiert. Aus der Verbindung von Weisungsweg und Berichtsweg resultiert der **Dienstweg**.

So erhält im Beispiel gemäß Abb. 1.16 etwa der Leiter Arbeitsvorbereitung Weisungen ausschließlich vom Leiter des gesamten Fertigungsbereichs. Umgekehrt laufen sämtliche Berichte des Leiters Arbeitsvorbereitung über dessen vorgesetzte Stelle, nämlich die Fertigungsleitung. Von dort werden die Inhalte – sofern erforderlich – weitergegeben an die Geschäftsleitung, von wo aus bei Bedarf Teile des Berichts des Leiters Arbeitsvorbereitung beispielsweise an die Materialwirtschaft weiterkommuniziert werden. Das strukturell angelegte Kommunikationsprinzip wirkt folglich recht umständlich. **Lange Informationswege und Informationslaufzeiten** sind die Folge. Außerdem werden im turbulenten Unternehmensgeschehen die Instanzen in der *Linie* (Materialwirtschaft, Fertigung, Vertrieb, kaufmännische Administration) schnell überlastet.

▶ **Linie** In der aufbauorganisatorischen Terminologie die Bezeichnung für die Verbindungen zwischen den Instanzen und Stellen, aber auch für die entscheidungsbefugten Organisationseinheiten

Diese Überlastung zeigt sich zunächst in erheblicher mengenmäßiger Beanspruchung der involvierten Führungskräfte. Darüber hinaus wird aber auch eine qualitative Komponente von Überbeanspruchung wirksam. Häufig sind die Inhaber der Instanzen inhaltlich mit der Vielgestaltigkeit, der fachlichen Spezifität sowie der Kompliziertheit der an sie herangetragenen Informationsinhalte und Entscheidungstatbestände nahezu unausweichlich überfordert. Daraus resultieren Bottleneck-Effekte. Der Informationsfluss staut sich bei den tendenziell überforderten Instanzen. Dagegen implizieren die konstatierbaren langen Informationswege das Risiko von Stille-Post-Effekten. Solche Effekte beschreiben Veränderungen der Informationen im Falle ihrer Weitergabe über viele Stationen.

b) Mehrlinien-Organisation

Das Konzept der Mehrlinien-Organisation soll wesentliche Nachteile des Einliniensystems beseitigen. Dies geschieht, indem (partiell) die Verknüpfung der organisatorischen Einheiten mittels *einer Linie* durch eine *Mehrlinien-Verbindung* ersetzt wird. Abb. 1.17 veranschaulicht das anhand eines Beispiels.

Betrachtet wird eine fiktive Unternehmung der Baubranche. Der Auszug aus dem Organigramm zeigt eine Kombination aufbauorganisatorischer Prinzipien. Bis zur Ebene des

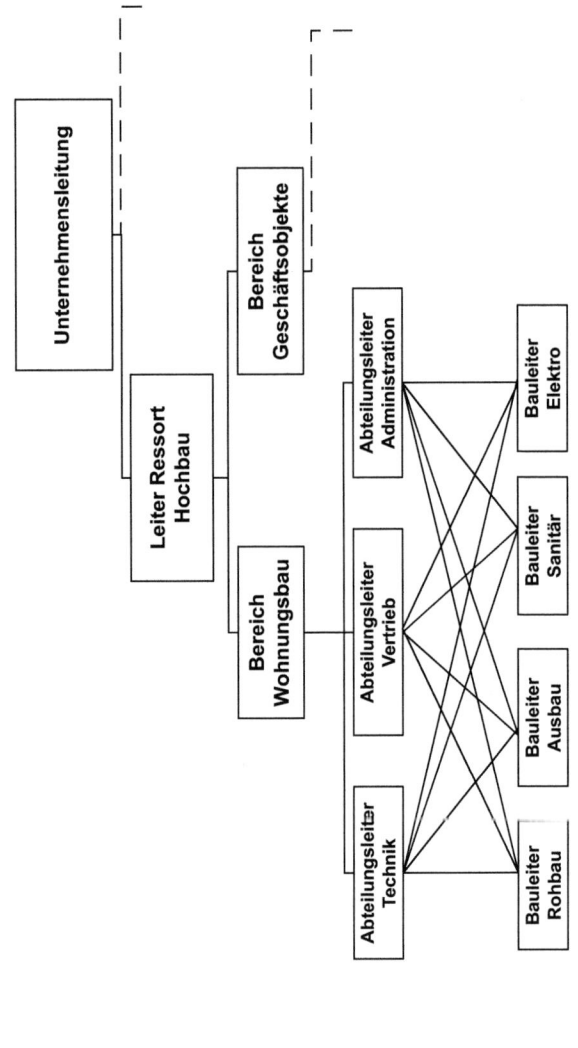

Abb. 1.17 Beispiel einer Mehrlinien-Organisation

Bereichs wird das Einliniensystem angewandt. Im Interesse der Effizienzsteigerung findet dann allerdings im Unternehmensbereich Wohnungsbau auf der Abteilungsebene das Prinzip der Mehrlinien-Organisation Anwendung. Der Bereich Wohnungsbau ist zunächst aufgegliedert in die Abteilungen Technik, Vertrieb und Administration. Diese Abteilungen umfassen inhaltlich sehr unterschiedliche Teilaufgaben im Rahmen erwerbswirtschaftlichen Wohnungsbaus. Das findet organisatorisch Berücksichtigung in einer Mehrlinien-Konstruktion. Die der Abteilungsebene folgende Stufe der Bauleiter ist durch mehrere Linien in die Struktur eingebunden. So berichtet etwa der Bauleiter Sanitär sowohl an den Abteilungsleiter Technik als auch an den Abteilungsleiter Vertrieb und den Abteilungsleiter Administration. Jeder vorgesetzte Abteilungsleiter trägt fachliche Führungsverantwortung in seinem Spezialgebiet. Daher stehen den Bauleitern innerhalb der hierarchischen Arbeitsbeziehungen jeweils fachlich hochkompetente Ansprechpartner auf der Vorgesetztenebene zur Verfügung. Die Informationen werden von vornherein dorthin gegeben, wo sie sachlich zuzuordnen sind. Dadurch entstehen **kurze, schnelle Informations- und Reaktionswege.**

An die Stelle des **einen Vorgesetzten** im Einliniensystem treten in der Mehrlinien-Organisation **mehrere Führungskräfte** mit fachlich eingegrenztem Zuständigkeitsbereich. Das Grundprinzip der *Einheit der Auftragserteilung* nach Fayol wird aufgegeben. Daraus resultiert das Erfordernis sorgfältiger, umfangreicher und stabiler Koordination der Aktivitäten der vorgesetzten Abteilungsleiter. Eben hierin besteht eine der Hauptschwierigkeiten des Mehrlinien-Systems. In kritischen Fällen kann geradezu eine Konkurrenz der vorgesetzten Abteilungsleiter, etwa um die Kapazitäten des Bauleiters Rohbau, eintreten. Ein mikropolitisch geschickt agierender Inhaber der Stelle *Bauleiter Rohbau* kann es schaffen, faktisch die Führungsbeziehungen umzukehren und seinerseits die Abteilungsleiter zu lenken. Das entspricht allerdings nicht der Intention des aufbauorganisatorischen Gestaltungsmusters und der darin angelegten Verantwortlichkeiten.

c) Stab-Linien-Organisation

Das Stab-Linien-Konzept folgt dem Ziel der problembezogenen Weiterentwicklung des Einliniensystems. Der Kernaspekt beruht auf der Intention der quantitativen und insbesondere der qualitativen **Entlastung der Linieninstanzen** durch Zuordnung so genannter *Stabseinheiten*. In Abb. 1.18 wird dies am Beispiel des Personalbereichs einer Unternehmung veranschaulicht.

Der übergeordneten Linieninstanz *Personalmanager* sind die Instanzen *Leiter Entgeltabrechnung, Leiter Personalentwicklung* und *Leiter Personalmarketing* unterstellt. Alle genannten Instanzen verfügen über gestufte und klar definierte Entscheidungsbefugnisse. Das Merkmal der Zuordnung und der Wahrnehmung von Entscheidungsbefugnissen ist konstitutiv für Linienpositionen.

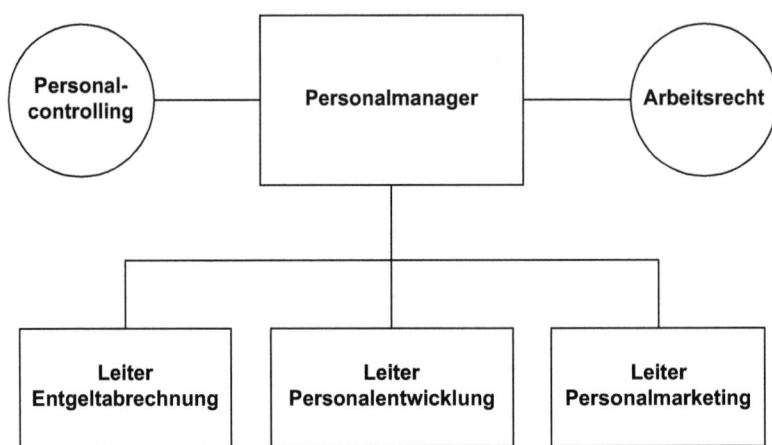

Abb. 1.18 Beispiel einer Stab-Linien-Organisation

▶ Linienpositionen umfassen Entscheidungsbefugnisse (= Kompetenzen)!

In der Stab-Linien-Organisation wird im betrieblichen Stellengefüge zusätzlich zur Gruppe der Linienpositionen die Stellenart der Stabspositionen eingezogen. Die Stabsstellen nehmen reine Beratungsfunktion wahr, sie umfassen weder Entscheidungsbefugnisse noch Weisungsrechte. Vielmehr besteht die Aufgabe der Stäbe in der sachgerechten, fachlich qualifizierten Vorbereitung jener Entscheidungen, die von der jeweils übergeordneten Linienposition getroffen werden sollen.

▶ Stabspositionen haben ausschließlich beratende Funktion!

Im Beispiel sind der Position Personalmanager (Linie) die beiden Stabseinheiten Arbeitsrecht und Personalcontrolling zugeordnet. Die entsprechenden Stelleninhaber auf den Stabspositionen sollen den Personalmanager in Bezug auf arbeitsrechtliche Problemstellungen bzw. in Bezug auf die Anwendung des Controlling-Instrumentariums im betrieblichen Personalwesen entlasten, unterstützen und beraten. Sämtliche Entscheidungen obliegen dem Inhaber der Stelle Personalmanager. Der Stabscharakter der organisatorischen Einheiten Arbeitsrecht und Personalcontrolling wird durch die kreisförmige Darstellung im Organigramm zum Ausdruck gebracht. Die Linienstellen sind hingegen als Kästchen grafisch dargestellt.

Durch die Stab-Linien-Organisation werden strukturelle Lösungen hinsichtlich des Problems der Überbeanspruchung der Inhaber von Management-Positionen bereitgestellt. Schwierigkeiten ergeben sich allerdings häufig in der praktizierten Umsetzung von Stabsarbeit. Hochqualifizierte Inhaber von Stabsstellen werden frustriert, weil aus der Sicht dieser Personen fachlich weniger kompetente Systemmitglieder über die Annahme oder die Ablehnung der von ihrem Stab erarbeiteten Vorschläge und Konzepte entscheiden. Eine dominant ausgerichtete Wahrnehmung der Linienfunktion kann die Effektivität der eingerichteten Stäbe stark reduzieren. Umgekehrt besteht die Möglichkeit, dass fachlich versierte Stabseinheiten faktisch den Inhabern von Linienpositionen die Entscheidungen vorgeben. Die auf diese Weise praktizierte

Führung durch Informationsvorsprünge

von Seiten der Stäbe erscheint beispielsweise im durch rasantes Entwicklungstempo geprägten betrieblichen Funktionssegment der Informationstechnologie durchaus naheliegend. Als Konsequenz resultiert in derartigen Fällen die Dekomposition faktischer Entscheidungsfindung (Stäbe) und dafür wahrzunehmender Verantwortung (Linie).

d) Matrix-Organisation

Die Variante der Matrix-Organisation vermeidet das Kompetenzgefälle in der Stab-Linien-Organisation. Dies geschieht durch eine zweidimensional ausgerichtete Aufbaustruktur der Unternehmung. Einzelheiten dazu vermittelt Abb. 1.19.

Das Beispiel zeigt eine Unternehmung, die auf der zweiten Leitungsebene, also der Ebene direkt unterhalb der Unternehmensleitung, nach den Kriterien *Produkt* und *Funktion* zweidimensional gegliedert ist. Die organisatorischen Einheiten (Instanzen) auf der zweiten Management-Ebene werden als Ressorts bezeichnet. Zunächst sind die von der Unternehmung bereitgestellten Produkte oder Produktgruppen A, B und C durch entsprechende Ressorts aufbauorganisatorisch verankert. Diese Ressorts bilden das **produktorientierte Leitungssystem**. Parallel dazu finden die Funktionsbereiche Materialwirtschaft, Fertigung und Vertrieb gleichwertig in der Unternehmensstruktur Berücksichtigung. Damit entsteht das **funktionsorientierte Leitungssystem**. Sowohl die produktorientierten

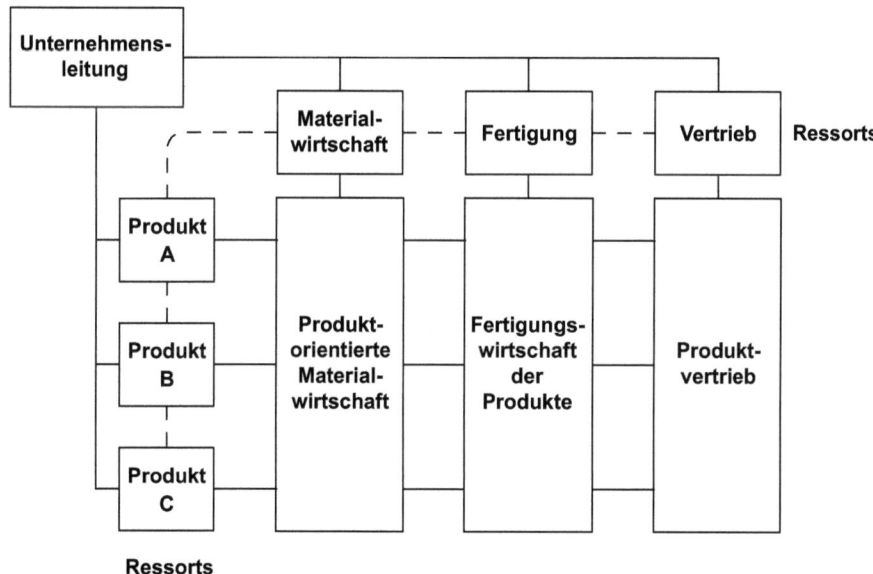

Abb. 1.19 Beispiel Matrix-Organisation

als auch die funktionsorientierten Ressorts sind mit Weisungs- und Entscheidungsbefugnissen (Kompetenzen) ausgestattet.

Da etwa das Produkt B im Sinne erfolgreicher erwerbswirtschaftlicher Vermarktung sowohl materialwirtschaftliche als auch fertigungswirtschaftliche und vertriebliche Leistungen benötigt, resultieren in der Matrix notwendigerweise vollkommen intendierte Kompetenzüberschneidungen, welche mit Ressourcen-Interdependenzen (Entscheidungen über den Einsatz knapper Ressourcen) einhergehen (vgl. Frese et al. 2019, S. 170 ff.). Solche **überlappenden Kompetenzen** zwischen den produktorientierten und den funktionsorientierten Ressorts bzw. den dort agierenden Führungskräften und Mitarbeitern determinieren Konfliktstoff.

▶ Die Matrix-Organisation schafft folglich gezielt und bewusst den **institutionalisierten Konflikt.**

Von solchen Divergenzen wird eine vitalisierende Wirkung für das Gesamtsystem erwartet. Außerdem soll der kritische Diskurs zwischen Fachleuten aus verschiedenen Ressorts die Entscheidungsqualität verbessern, da sehr heterogene Perspektiven und Qualifikationen in die Entscheidungsfindung einfließen. Das erfordert allerdings eine ausgeprägte Kooperationsbereitschaft sowie eine gut entwickelte Teamfähigkeit der personellen Akteure in Matrix-Strukturen. Eben hier liegt das Risikopotenzial der Matrix-Organisation. Es besteht die Gefahr destruktiver Konflikte zwischen den Inhabern überlappender Kompetenzen. Die Folgen sind in solchen Situationen Blockaden, Entscheidungsunfähigkeit und Ineffizienz des Gesamtsystems.

e) Tensororganisation

Der Begriff *Tensor* stammt aus der Medizin und bedeutet Spannmuskel. In Übernahme dieses Bedeutungsgehaltes bezeichnet das Konzept der Tensororganisation eine strukturelle Variante, welche das System Unternehmung in den Zustand erheblicher Spannung versetzen soll. Inhaltlich geschieht dies, indem die Kernsubstanz der Matrix-Organisation in die Richtung dreidimensionaler Strukturierung erweitert wird. Das soll die Abb. 1.20 exemplarisch veranschaulichen.

Die in der Abbildung gezeigte fiktive Unternehmung ist auf der zweiten Ebene unterteilt nach den Kriterien Produkt, Funktion und Region. Organisatorisch resultieren daraus zum einen die **produktorientierten Geschäftsbereiche** Autobatterien, Haushaltsbatterien und Industriebatterien. Außerdem sind die **funktionsbezogenen Zentralbereiche** Controlling, Finanzen und Personal strukturell ausgewiesen. Die dritte Gruppe von Unternehmensbereichen ist dagegen nach **regionalen Aspekten** gebildet. Sie unterteilt sich in die Segmente Inland, Europa und Übersee.

Alle abgegrenzten Leitungsdimensionen sind mit Entscheidungsbefugnissen ausgestattet. In der einzelnen Entscheidungssituation müssen demzufolge die Vertreter aus drei unterschiedlichen Bereichen einen Konsens finden. Das kann beispielsweise der Fall sein im Zuge der Erstellung der Unternehmensplanung (Controlling) für Haushaltsbatterien in

1.3 Grundlagen und Ziele organisationaler Gestaltung

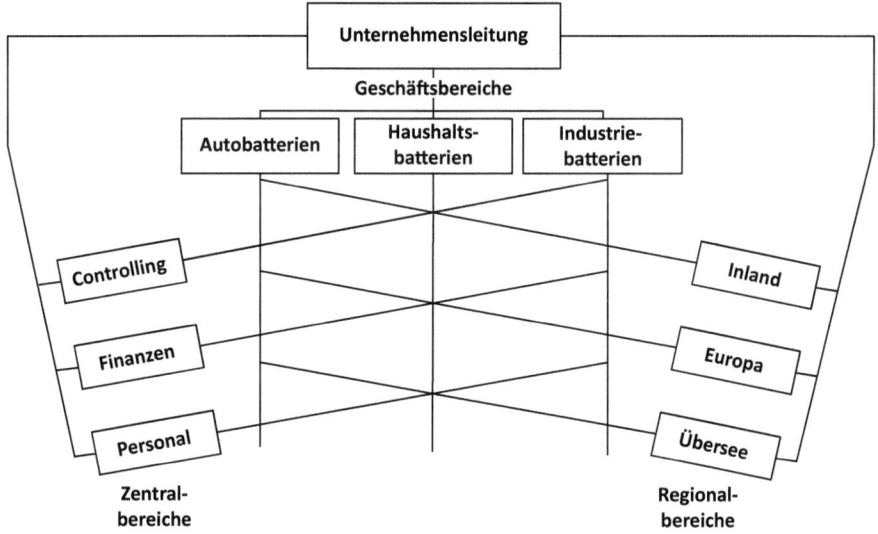

Abb. 1.20 Beispiel Tensororganisation. (Quelle: nach Bleicher 1991, S. 594)

Europa. Wie die Abbildung klar verdeutlicht, erfordert die Implementierung der Tensororganisation einen erheblichen Aufwand. Sie kommt schon allein deshalb nur für große Unternehmen als aufbauorganisatorische Variante in Betracht. Die Schwierigkeiten der Steuerung sowie die Gefahr destruktiver Konflikte gelten gegenüber der Matrix-Organisation in noch verstärkter Weise. Andererseits bietet die Tensororganisation die Chance, Inhalte ganz unterschiedlicher Art prinzipiell gleichgewichtig in die Unternehmensführung zu integrieren. Dies macht das sozio-technische System sensibel für kreative und innovative Impulse. Darüber hinaus wird in arbeitsteiliger Weise hoch qualifiziertes Know-how sehr unterschiedlicher Qualität auf der zweiten Managementebene angesiedelt. In Großunternehmen korrespondiert dies in hohem Maße mit den Anforderungen rationaler, differenzierter und systematischer Unternehmensführung.

1.3.2 Ablauforganisation

Den Gegenstand der Ablauforganisation bilden die Prozesse im sozio-technischen System Unternehmung. Auf diesem Hintergrund erweist es sich als zweckmäßig, zwischen Leistungsprozessen und Informationsprozessen zu differenzieren.

▶ **Ablauforganisation** Strukturierung der betrieblichen Leistungs- und Informationsprozesse in sachlicher, räumlicher und zeitlicher Hinsicht

Die Maßnahmen der Ablauforganisation erfordern im Interesse der rationalen Prozess-Strukturierung das Anwenden handlungsleitender Bezugskriterien. Ein solches System

Abb. 1.21 Zusammenhang Aufbauorganisation und Ablauforganisation

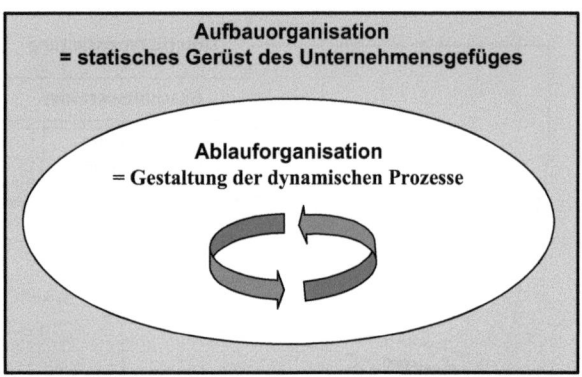

von Bezugskriterien stellen die Ergebnisse der Aufbauorganisation bereit. Die Ablauforganisation vollzieht sich folglich innerhalb des durch die vorgängig realisierte Aufbauorganisation gegebenen Rahmens. Diesen grundsätzlichen Zusammenhang veranschaulicht Abb. 1.21.

In der ersten Phase der Organisationsgestaltung erfolgt im Rahmen der **Aufbauorganisation** die systematische Herleitung des grundsätzlichen Unternehmensgefüges. Dieses Unternehmensgefüge hat tendenziell statischen Charakter, d. h., es bietet ein Gerüst oder ein Bezugssystem, welches die Grundvoraussetzungen für weitere organisationaler Maßnahmen definiert. Mit der **Ablauforganisation** wird dagegen verstärkt auf die dynamische Komponente des Unternehmensgeschehens abgestellt. Es geht um die sinnvolle Gestaltung der vielfältigen dynamischen Prozesse innerhalb des Unternehmens. Die Ablauforganisation bildet damit die zweite, auf den Ergebnissen der Aufbauorganisation basierende, Phase der organisationalen Gestaltung. Regelmäßig ist es darüber hinaus erforderlich, Erkenntnisse aus der Durchführung der Ablauforganisation **rückzukoppeln** mit der vorgängigen Phase der Aufbauorganisation und dort unter Umständen solche Änderungen vorzunehmen, deren Zweckrationalität erst im Zuge der Ablauforganisation hervortritt.

1.3.2.1 Gestaltungsziele der Ablauforganisation

Im Hinblick auf die mit ablauflauforganisatorischen Maßnahmen angestrebten Effekte erweist sich die oben dargelegte Differenzierung zwischen Leistungsprozessen und Informationsprozessen als sinnvoll. Daher werden nachstehend zunächst wesentliche Ziele der Strukturierung von Leistungsprozessen und anschließend herausragende Gestaltungsziele im Zuge der Strukturierung von Informationsprozessen erörtert.

Ziele der Gestaltung von Leistungsprozessen

Als Leistungsprozesse werden solche Abläufe bezeichnet, die unmittelbar auf die Bereitstellung der unternehmensseitig erzeugten Güter oder Dienstleistungen gerichtet sind. Für die Strukturierung dieser Prozesse gelten insbesondere folgende Zielkriterien:

1.3 Grundlagen und Ziele organisationaler Gestaltung

- **Wirtschaftliche Auslastung der betrieblichen Kapazitäten**
  Organisatorische Maßnahmen sollen die systematische Nutzung der vorhandenen kapazitativen Potenziale gewährleisten. Dies bedeutet einerseits die Realisierung eines möglichst hohen Beschäftigungsgrades im Sinne der Reduktion von Leerkosten. Andererseits ist auch die Überlastung der Kapazitäten problematisch. Ressourcenverschleiß, lange Lieferzeiten und Unzufriedenheit bei den Abnehmern sind mögliche Folgen der permanenten Überbeanspruchung betrieblich bereitgestellter Kapazitäten. Im Sinne des reibungslosen Funktionierens der betrieblichen Prozesse gilt es darüber hinaus, **Engpässe** in Teilbereichen zu vermeiden. Dies erfordert die sorgfältige, bereichsübergreifende Abstimmung der maßgeblichen Abläufe.
- **Minimierung der Lagerbestände**
  Das Vorhalten von Lagerbeständen bindet knappes Betriebskapital. Daher gilt es, die Bestände auf das notwendige Maß zu begrenzen. Effiziente Prozesse sind eine wesentliche Voraussetzung für die Reduzierung von Lagerbeständen. Dies kommt in besonderer Weise im **Just-In-Time-Konzept (JIT)** zum Ausdruck, welches die *vorratslose Faktorbeschaffung* oder zumindest die radikale Verringerung der Lagerhaltung auf der Grundlage der Synchronisation von Beschaffung und Produktion als Erwartungsparameter organisationaler Gestaltung ausweist (vgl. Takeda 2012; Wildemann 2001).
- **Kurze Produkt-Durchlaufzeiten**
  Die immer anspruchsvollere Optimierung der Abläufe soll die Fertigungsgeschwindigkeit erhöhen. Geringerer Zeitbedarf bedeutet ceteris paribus Reduktion von **Fertigungskosten**. Außerdem stellt die **Flexibilität** ein hochgradig erfolgsrelevantes Kriterium für die Gestaltung von Produktionsprozessen dar. Kürzere Durchlaufzeiten bedeuten mehr Freiheitsgrade im Sinne flexibler Gestaltung sowie reibungsloser Anpassung des Fertigungsprogramms. Dabei spielen insbesondere die Anforderungen des Marktes, d. h. auch sehr kurzfristig geäußerte Kundenpräferenzen, eine herausragende Rolle.
- **Fähigkeit zu termingerechter Lieferung**
  Die Abläufe sollen zuverlässig und stabil ausgelegt sein, damit die Unternehmung ihre eingegangenen Lieferverpflichtungen möglichst in vollem Umfang termingerecht einhalten kann. Ein entsprechendes Maß bietet der so genannte Servicegrad.

▶ **Servicegrad** Anzahl termingerechter Lieferungen x $100/\Sigma$ Lieferungen

Sofern der Servicegrad deutlich unter 100 % liegt, signalisiert dies die Notwendigkeit einer sorgfältigen Überprüfung und Anpassung der damit zusammenhängenden organisatorischen Prozesse.

- **Kundenadäquate Problemlösungen**
  Ein bedeutsamer Wettbewerbsfaktor besteht in der Fähigkeit des Unternehmens zur Berücksichtigung der individuellen Kundenwünsche. Ablauforganisatorische Kon-

zepte sollen deshalb insbesondere in Richtung der Abnehmer offen angelegt sein. Der am Absatzmarkt konstatierbare Trend zur **Individualisierung der Kundenpräferenzen** erfordert die betriebsinterne Reflexion in organisatorischer Hinsicht. Die Abläufe sollen in diesem Zusammenhang die Möglichkeit zur Verankerung spezifischer Wünsche der Abnehmer der Erzeugnisse beinhalten. Dem gegenüber steht eine ebenfalls beobachtbare Tendenz zur **Standardisierung betrieblicher Leistungsprozesse**. Eine solche Standardisierung bietet Kostenvorteile und Prozess-Sicherheit. Allerdings wird auch deutlich, dass prinzipiell ein Spannungsfeld zwischen dem Bestreben um Berücksichtigung individueller Kundenwünsche auf der einen und der Standardisierung auf der anderen Seite besteht. Intelligente Organisationsmaßnahmen leisten maßgebliche Beiträge zur Herstellung eines Gleichgewichts zwischen den genannten divergierenden Anforderungen. Ein Modell in zur konstruktiven Handhabung des aufgezeigten Spannungsfeldes bietet das **Mass Customization.** Dieses Modell ist darauf ausgerichtet, gerade die Kostenvorteile der Massenfertigung (Skaleneffekte, Erfahrungskurve, Prozess-Sicherheit) mit den Anforderungen und Chancen der Individualisierung der Kundenwünsche (Differenzierung) sinnvoll und pragmatisch zu verknüpfen (vgl. Hug 2013; Piller 2006).

Ziele der Gestaltung von Informationsprozessen

Neben den oben dargelegten intendierten Effekten der Strukturierung von Leistungsprozessen gewinnen spezifische Ziele der Ablauforganisation auf dem Gebiet von Information und Kommunikation in Anbetracht der konstatierbaren dynamischen technologischen Entwicklung erheblich an Bedeutung. Zu berücksichtigen sind insbesondere die nachstehend erörterten Zielkategorien.

- **Beschleunigung des Informationsflusses**
  Prozesse der Information sollen die betrieblichen Entscheidungsträger rechtzeitig mit den benötigten Daten versorgen. Die kurzfristige Verfügbarkeit der relevanten Informationen ermöglicht eine schnellere und bessere **Entscheidungsfindung**. Es geht also um die Erhöhung der Entscheidungsgeschwindigkeit sowie um die Steigerung der Qualität betrieblicher Entscheidungen. Insofern muss die Verbesserung des Flusses der Informationen innerhalb des sozio-technischen Systems ganz prinzipiell einen herausragenden Zielbezug der Ablauforganisation darstellen.
- **Permanente Erreichbarkeit der Kommunikationsadressaten**
  Die Nicht-Erreichbarkeit betrieblicher Aufgabenträger ist ein Indikator für strukturellen Handlungsbedarf. Sinnvolle Maßnahmen der Ablauforganisation sollen nachhaltig dazu beitragen, dass unternehmensinterner und unternehmensexterner (insbesondere seitens der Kunden) Kommunikationsbedarf möglichst jederzeit *zuständige Kommunikationsadressaten* findet. Gerade öffentlichen Organisationen wird zugeschrieben, dass die von einem Interessenten gefundenen Kommunikationspartner sich als in der Sache nicht zuständig erklären. In einer Wettbewerbssituation kann dieses

Nichtzuständigkeits-Syndrom verheerende wirtschaftliche Folgen auslösen. Der Kunde oder Kaufinteressent, welcher mehrfach von nicht zuständigen Organisationsmitgliedern weiterverwiesen wurde, wird wahrscheinlich seinen Bedarf einem besser organisierten Wettbewerber anvertrauen. Ebenfalls sollte der interne oder externe Kommunikationsinteressent nicht mit der Information, der verantwortliche Mitarbeiter sei gerade nicht am Platz, bedient werden. Vielmehr kommt es darauf an, eine möglichst lückenlose Erreichbarkeit der gesuchten Kommunikationsadressaten sicherzustellen.

Das Nichtzuständigkeits-Syndrom bleibt allerdings keine Domäne öffentlicher Organisationen und Institutionen. Großbetriebliche Bürokratien sind in dieser Hinsicht ebenfalls gefährdet. Als Beispiele für moderne Ausprägungen der Organisationspathologie des Nichtzuständigkeits-Syndroms seien empirisch vorfindliche Systeme automatischer Spracherkennung, die den Anrufer zunächst durch langwierige Selektionsprozeduren schicken, benannt. Ähnliches gilt häufig für Call-Center oder so genannte Hotlines: Die vom Anrufer erreichten Kommunikationspartner melden sich zwar freundlich und korrekt, sind aber in der Sache völlig inkompetent. All das sind Indikatoren fehlgeschlagener Ablauforganisation. Die Strukturierung betrieblicher Informationsprozesse muss sich daran messen lassen, inwieweit es gelingt, die angefragten fachkundigen Kommunikationspartner tatsächlich permanent erreichbar zu machen. Das betrifft zum einen den adäquaten Technologieeinsatz, zum anderen aber auch die sinnvolle Integration kompetenter Stellvertretung in die Informationsprozesse.

- **Entlastung von Routinetätigkeiten**
Die Art der Ablaufgestaltung soll die Kapazitäten der involvierten Mitarbeiter auf die wesentlichen Arbeitselemente konzentrieren. Dazu gehört es vor allem, die betrieblichen Kernprozesse von Verfahrensroutinen zu entlasten. Dies betrifft insbesondere den entsprechend ausgerichteten Einsatz informations- und kommunikationstechnologischer Instrumente. Darüber hinaus sind sorgfältig angepasste Supportprozesse geeignet, eine entsprechende Entlastung der Aufgabenträger herbeizuführen.

▶ Eine praxeologische Maxime fordert die Priorisierung des Wesentlichen im jeweiligen Prozess anstelle der fortwährenden Erledigung des Dringlichen (aber Unwesentlichen).

- **Erleichterung der Dokumentation**
Die Dokumentation repräsentiert quasi das organisationale Gedächtnis. Insofern kommt es darauf an, die Archivierungssysteme in hohem Maße nutzerfreundlich zu gestalten. Dies gilt sowohl im Hinblick auf Systemmitglieder, die Inputs in das Archivierungssystem geben, als auch in Bezug auf Systemmitglieder, die Inhalte aus dem *Organisationsgedächtnis* abrufen wollen, also Bedarf an Dokumentationsoutput haben. Wichtige Gestaltungsaspekte betreffen den Technologieeinsatz, die strikte Gewährleistung rechtlicher Aufbewahrungsvorschriften, die Indizierung (*Verschlagwortung*) der archivierten Dokumente sowie die Geschwindigkeit der Durchführung und der Nut-

zung der Dokumentation. Komplexe Lösungsansätze bieten beispielsweise IT-gestützte **Dokumenten-Management-Systeme** (vgl. Götzer et al. 2013; Kremer 2008).
- **Integration der Informationsverarbeitung**
  Die verschiedenen Bereiche und Stufen der Aufnahme sowie der Verarbeitung von Informationen sollen im Zuge der Ablauforganisation sinnvoll miteinander verknüpft werden. Statt der dezentral-mehrfach durchgeführten Speicherung und Pflege informationeller Ressourcen (so genannte *Doppelarbeiten*), ist aus Gründen der Effizienz und der Effektivität die Konsolidierung der Outputs verschiedener Einzel-Informationsprozesse anzustreben.

> **Beispiel**
>
> Es erscheint sinnvoll, im Informationssystem eines Konsumgüter produzierenden Unternehmens die Inhalte aus den Berichten der Mitarbeiter im Vertriebsaußendienst mit den Ergebnissen der Primärerhebungen des Marketingressorts über den wichtigen Großkunden *MeyerGroup* zu verbinden. Außerdem gilt es, sekundärstatistisches Material zu diesem Kunden auszuwerten, zu verarbeiten und mit den anderen vorliegenden Kundeninformationen zu integrieren. ◄

Technologisch steht in diesem Zusammenhang die Implementierung von Datenbanksystemen zur Debatte (vgl. Kemper und Eickler 2006). Die Gestaltung der Informationsprozesse sollte die skizzierten Anforderungen der Integration von Wissenselementen im Interesse solider informatorischer Fundierung der betrieblichen Entscheidungen möglichst weitgehend erfüllen.

1.3.2.2 Methoden und Techniken

Im Hinblick auf das Erreichen der erörterten Ziele sowie die Bewältigung der damit verbundenen Aufgaben steht ein umfangreiches Repertoire von Methoden und Techniken der Ablauforganisation zur Verfügung. Dazu gehören **Arbeitsstudien**, bei denen insbesondere

- REFA-Verfahren,
- Multimoment-Aufnahmen,
- Methods-Time-Measurement (MTM) und
- Netzplantechnik

häufig Anwendung finden. Die Arbeitsstudien dienen zunächst dem Zweck der Erhebung und Evaluation der konstatierbaren ablauforganisatorischen **Ist-Situation (Ist-Analyse)**. Basierend auf den Resultaten der Ist-Analyse geht es im nächsten Schritt um die Entwicklung rationaler Soll-Abläufe.

Als ein wichtiger Beitrag zur Erreichung der ausgewiesenen Ziele ist schließlich die **Definition optimierter Soll-Abläufe** zu leisten. Diese Soll-Abläufe können beispielsweise im Wege von **Arbeitsanweisungen** oder als **Richtlinien** im Betrieb implementiert werden. Dabei haben Arbeitsanweisungen den Charakter von *Muss-Erwartungen*, d. h. ihre Einhaltung wird den personellen Aufgabenträgern im Betrieb zwingend vorgeschrieben. Die Nicht-Einhaltung der Regelungen aus Arbeitsanweisungen kann gegenüber dem dafür verantwortlichen Organisationsmitglied negativ sanktioniert werden. Dagegen besitzen Richtlinien den Status von *Kann-Erwartungen*. Diese sollen dem Aufgabenträger Hilfestellungen und Anregungen bereitstellen. Es liegt jedoch im Ermessen des betreffenden Stelleninhabers, von den Richtlinien abzuweichen. Negative Sanktionen hat ein solches Ignorieren der Richtlinien nicht zwingend zur Folge.

Weiterhin bedient sich die Ablauforganisation diverser **Instrumentarien der Dokumentation**. Typisch in dieser Hinsicht erscheint die wiederkehrende Verwendung einheitlicher Symbole. Teilweise sind solche Zeichen sogar nach DIN normiert. Ein Beispiel für die Dokumentation mittels definierter Symbole enthält Abb. 1.22.

Das Beispiel zeigt die Dokumentation einer gewünschten, logisch sinnvollen Folge von Aktivitäten. Dafür werden den verwandten Symbolen eindeutig definierte Inhalte zugeordnet (Abb. 1.23).

Die Dokumentation des Ablaufs anhand solcher eindeutig definierten Kriterien schafft in erheblichem Maße Klarheit und Transparenz im Unternehmen. Allerdings besteht die Gefahr weitreichender und damit flexibilitätshemmender Bürokratisierung durch Überdokumentation. Im Rahmen organisationaler Gestaltung gilt es deshalb, ein ökonomisch und sozial sinnvolles Maß an Ablaufvorgaben und Dokumentation der Soll-Prozesse zu identifizieren und zu implementieren.

1.3.3 Formale Organisationsstruktur

Die traditionelle Differenzierung des Objektbereichs der Organisationslehre in die Teilgebiete Aufbauorganisation und Ablauforganisation ist sowohl in der betriebswirtschaftlichen Theorie als auch in der betrieblichen Praxis nach wie vor populär. Bei kritischer Betrachtung erweist sich der anwendungsorientierte Erkenntniswert dieses Konzeptes von Organisation jedoch als relativ eng limitiert (vgl. Vahs 2015, S. 55 ff.; Picot et al. 2015, S. 26 ff.; Bea und Göbel 2019, S. 276 ff.; Kieser und Kubicek 1992, S. 4 ff.). Offensichtlich liegt die heuristische Funktion dieser Unterscheidung zwischen den Komponenten *Aufbau* und *Ablauf* eher im didaktisch-analytischen Bereich begründet. In der realen Anwendung bestehen zwischen beiden Teilformen der Organisation **ausgeprägte Interdependenzen**, die zudem in erheblichem Umfange von externen Einflussgrößen geprägt werden. Daher fällt es schwer, in einer konkreten organisationsbezogenen Entscheidungssituation eine klare Grenze zwischen der Aufbau- und der Ablauforganisation zu ziehen. Letztlich eröffnen die Kriterien *Aufbau* und *Ablauf* lediglich verschiedene Perspektiven auf einen identischen Gegenstandsbereich. Es geht um die sachrationale, dauerhafte Gestaltung organisationaler Strukturen. Eben diesen zentralen, **ganzheitlichen Anspruch** reflektiert das Konzept der formalen Organisationsstruktur. Den integrativen Charakter des Konzeptes soll Abb. 1.24 veranschaulichen.

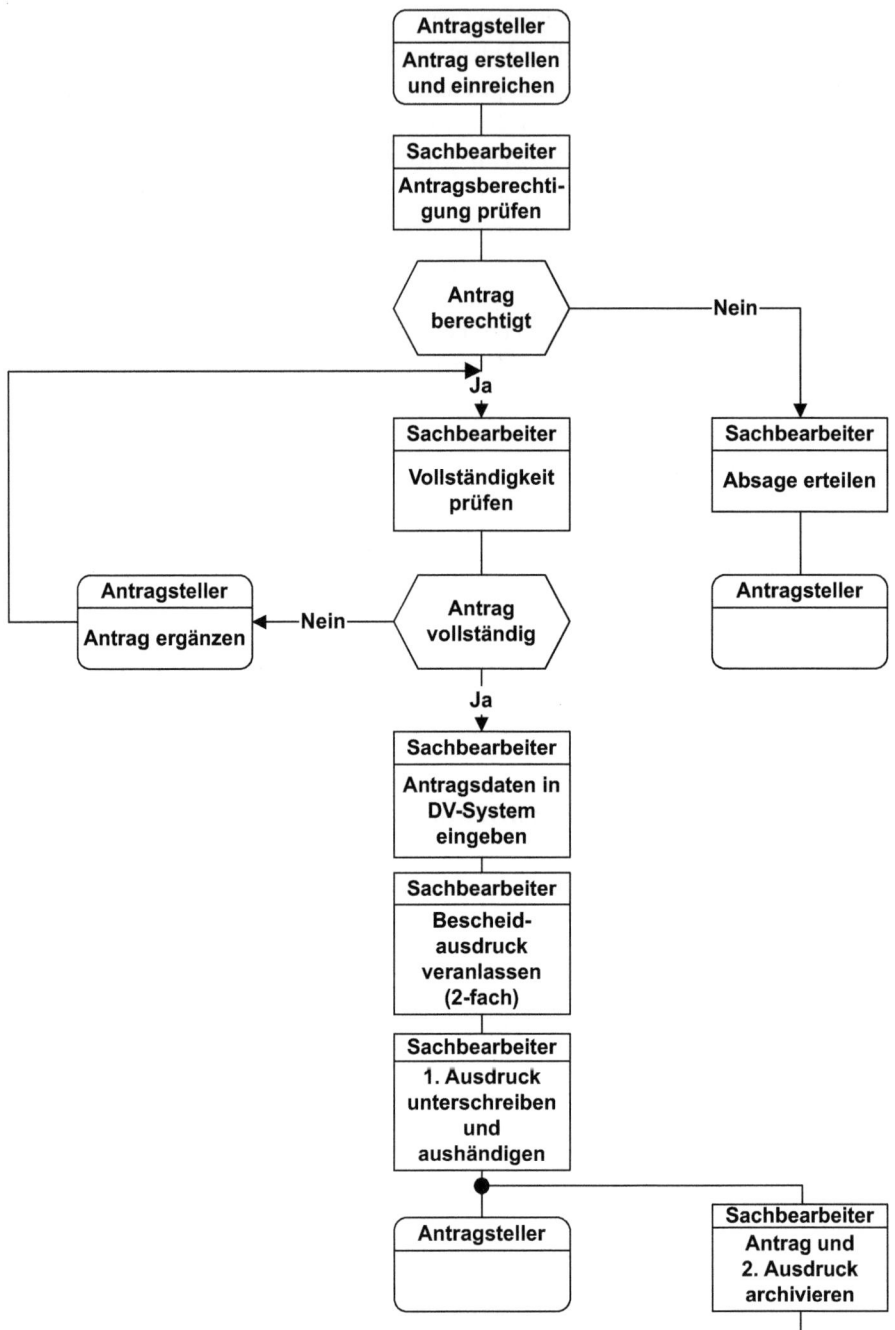

Abb. 1.22 Beispiel eines Aufgabenfolgeplans als Instrument der Ablauforganisation

1.3 Grundlagen und Ziele organisationaler Gestaltung

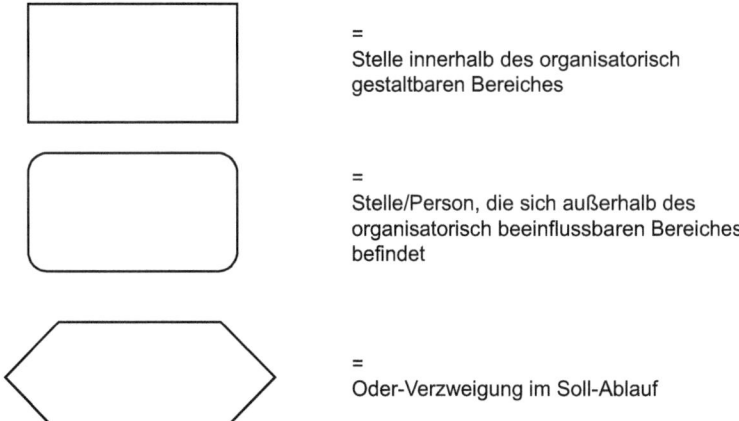

Abb. 1.23 Bedeutungsgehalt ausgewählter Symbole

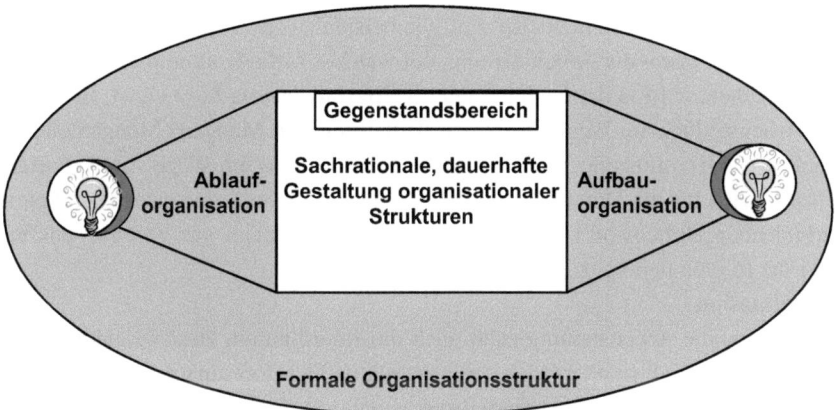

Abb. 1.24 Die formale Organisationsstruktur als Gegenstandsbereich der Organisationslehre

Zweck der Organisationslehre ist auf dem skizzierten Hintergrund zunächst das Beschreiben und das Erklären empirisch nachweisbarer formaler Organisationsstrukturen. Darüber hinaus steht das Herleiten von Gestaltungsempfehlungen für die wirtschaftliche Praxis zur Diskussion.

▶ **Formale Organisationsstruktur** Die Summe der bewusst geplanten und offiziell verbindlich vorgegebenen, d. h. vom Top-Management autorisierten, organisatorischen Regelungen in einem sozio-technischen System

Die daraus erwachsende Managementfunktion besteht in der sachrationalen, dauerhaften Gestaltung effizienter und effektiver organisatorischer Strukturen. Mit der Betonung dieser strukturellen Führungsfunktion korrespondiert die Integration von Aufbauorganisation und Ablauforganisation. Für das Konzept der formalen Organisationsstruktur ist vielmehr die Aufgliederung des ganzheitlich zu erfassenden Gegenstandsbereichs von Organisation in einzelne **Strukturdimensionen** charakteristisch. Im Folgenden werden wesentliche Dimensionen der formalen Organisationsstruktur kurz umrissen.

a) **Arbeitsteilung**

Eine konstitutive, unabdingbare Dimension der formalen Organisationsstruktur in sozialen Systemen bildet die Arbeitsteilung. Schon wenn zwei Personen in einem solchen System agieren, bedarf es der Entscheidung über die Aufteilung der anfallenden Tätigkeiten auf die Systemmitglieder. Im Rahmen der Strukturdimension Arbeitsteilung erfolgen grundsätzliche Entscheidungen hinsichtlich der Verteilung der Tätigkeiten im Unternehmen auf verschiedene Aufgabenträger. Bei der **Mengenteilung** werden gleichartige Tätigkeiten von den involvierten Personen ausgeübt. In Anbetracht der anfallenden großen Menge dieser Arbeiten bedarf es zu deren Bewältigung allerdings des Einsatzes einer Mehrzahl von Personen. Ein anderer Ansatz zur Arbeitsteilung besteht in der Bildung sachlich differenzierter Aufgabenkomplexe. Es entstehen dann Tätigkeitsfelder unterschiedlicher Art, wie beispielsweise Einkaufen, Verkaufen, Produzieren. Die Form der Arbeitsteilung, bei welcher Aufgabenkomplexe verschiedener Art entstehen, wird in der Fachliteratur als **Spezialisierung** bezeichnet. Im Gegensatz zur Arbeitsteilung im Wege der reinen Aufteilung von Mengen (Mengenteilung) bezeichnet der Terminus Spezialisierung die Arbeitsteilung im Wege von **Artenteilung**. Als Kriterien für die Durchführung der Arbeitsteilung im Sinne einer zentralen strukturbildenden Dimension können die Funktion, das Objekt, das Produkt, das Projekt oder die Region herangezogen werden.

b) **Koordination**

Ebenso wie die Arbeitsteilung zählt auch die Koordination zu den denknotwendigen Bestandteilen der formalen Organisationsstruktur. Die Koordination kann als organisationaler **Folgebedarf der Arbeitsteilung** gedeutet werden. Sachlich bezieht sich diese Strukturdimension auf die **wechselseitige Abstimmung arbeitsteilig angelegter Aktivitäten** in Bezug auf das definierte Zielsystem. Prinzipiell stehen zur Bewältigung des Koordinationsbedarfs die Instrumente persönliche Weisungen, Selbststeuerung, Programmierung und Planung zur Verfügung. Mit dem Einsatz dieser Koordinationsinstrumente soll gerade die auf die verfolgten Zielsetzungen hin ausgerichtete, sinnvolle Abstimmung arbeitsteiliger Handlungen der Organisationsmitglieder erreicht werden.

c) **Konfiguration**

Die Entscheidungen über die Strukturdimension Konfiguration prägen die äußere Form des betrieblichen Stellengefüges. Gleichzeitig erfolgt im Rahmen der Konfiguration die Festlegung des Geflechts der betrieblichen **Weisungsbeziehungen**. Konfigurative Regelungen beinhalten folglich Anordnungsrechte sowie Berichtspflichten der einzelnen Stellen im System und damit der Stelleninhaber. Die Konfiguration bildet das Leitungssystem ab.

d) **Delegation**

Im Rahmen der Delegation geschieht die Zuordnung von **Kompetenzen** auf die verschiedenen Ebenen und auf die einzelnen Stellen im Unternehmen. Mit den Regelungen bezüglich der Strukturvariablen Delegation wird der Grad der Zentralisation oder Dezentralisation der betrieblichen Entscheidungen bestimmt. Außerdem korrespondiert die Delegation mit der Wahrnehmung von Verantwortlichkeiten im Unternehmen.

e) **Standardisierung**

Die Standardisierung als Dimension der formalen Organisationsstruktur bezieht sich auf die **Vereinheitlichung von Vorgehensweisen und Ergebnissen** innerhalb des sozio-technischen Systems. Es geht insbesondere um die Fixierung klar definierter Aktivitätsfolgen zum Zwecke der rationalen Ausrichtung der Aufgabenbewältigung. Die Generalisierung wiederkehrender betrieblicher Prozesse ermöglicht das systematische Nutzen von Potenzialen zur Rationalisierung und zur Gewährleistung hoher Qualität der bereitzustellenden Güter und Dienstleistungen.

Das vorstehend umrissene Modell der formalen Organisationsstruktur wird in Abb. 1.25 zusammenfassend dargestellt.

Dieses Modell kennzeichnet *eine* mögliche Form der Abstraktion organisationaler Strukturen. Die Abgrenzung und die Anzahl der als wesentlich erachteten Dimensionen variieren sowohl in den fachliterarischen Abhandlungen als auch im Rahmen von Gestaltungsmaßnahmen in Unternehmen in Abhängigkeit vom jeweils verfolgten Erkenntnisin-

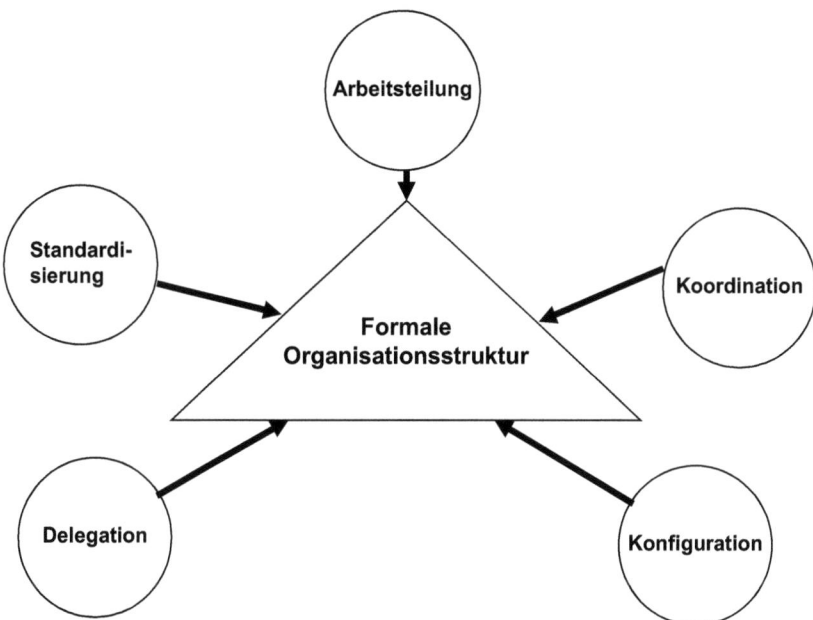

Abb. 1.25 Modell der formalen Organisationsstruktur

teresse und vom gegebenen Entscheidungszusammenhang (vgl. Klimmer 2016, S. 31 ff.; Kieser und Walgenbach 2010, S. 65 ff.). Konstitutiv und damit unabdingbar in der Modellbildung erscheinen allerdings die **Schlüssel-Dimensionen Arbeitsteilung und Koordination**. Nach diesem Verständnis bedeutet Organisation zwangsläufig immer und mit hoher Priorität das Treffen von Entscheidungen über das sinnvolle Verteilen der anstehenden Aufgaben auf die Organisationsmitglieder sowie über die Prozeduren der Abstimmung arbeitsteiliger Aktivitäten relativ zu den verfolgten Zielen.

Organisationstheoretische Ansätze und Entwicklungen

2

> **Zusammenfassung**
>
> In der betriebswirtschaftlichen Fachliteratur ist eine große Vielfalt organisationstheoretischer Auffassungen, Positionen und Konzepte dokumentiert (vgl. zum Beispiel Kieser und Ebers 2019; Weik und Lang 2003). Im Interesse des Herstellens einer gewissen Übersichtlichkeit innerhalb der betriebswirtschaftlichen Teildisziplin Organisation erscheint daher der Versuch des Sortierens und Ordnens des angesammelten Erkenntnisvorrats angezeigt. Auch solche *Ordnungsversuche* innerhalb der Literatur folgen differenten Kriterien. Recht verbreitet und außerdem sinnvoll sowie plausibel erscheint die von Scott eingeführte Gliederung der organisationstheoretischen Ansätze und Entwicklungen (vgl. Scott 1961). In diesem Konzept wird eine Zuordnung der organisationstheoretischen Varianten nach dem **Kriterium der historischen Entwicklung** vorgenommen. Die resultierende Phasengliederung hat folgende Gestalt:
>
> - **Klassische Organisationstheorie**
>   In diese Entstehungsphase werden die Ursprünge der Organisationslehre eingeordnet. Es geht um die absolut grundlegenden Denkrichtungen und Schulen im Rahmen der institutionalisierten Theorie.
> - **Neoklassische Organisationstheorie**
>   Diese zweite Phase der Gliederung ist inhaltlich durch die Erweiterung der Perspektive und des Gegenstandsbereichs der Organisationslehre gekennzeichnet. Das Fortführen der Theorieentwicklung steht im Vordergrund.
> - **Moderne Organisationstheorie**
>   Diese Rubrik enthält die aktuell dominierenden Vorstellungen von Organisation. In der modernen Organisationslehre kommt das vorläufig erreichte Erkenntnisniveau zum Ausdruck. Es wird der bisher realisierte Stand der Entwicklung abgebildet.

© Der/die Herausgeber bzw. der/die Autor(en), exklusiv lizenziert durch Springer Fachmedien Wiesbaden GmbH, ein Teil von Springer Nature 2020
G. Siedenbiedel, *Organisationale Gestaltung*,
https://doi.org/10.1007/978-3-658-31711-9_2

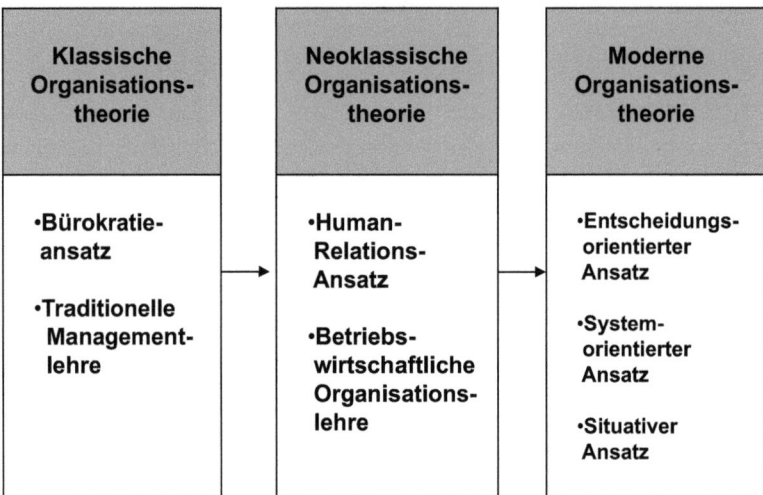

Abb. 2.1 Bedeutende organisationstheoretische Ansätze

Im Folgenden sollen einige ausgewählte und nach Einschätzung des Verfassers besonders bedeutsame organisationstheoretische Ansätze vertiefend betrachtet werden. Dabei erfolgt im Interesse der Übersichtlichkeit und Klarheit die Zuordnung in Anlehnung an die oben erläuterte Gliederung nach Scott. Einen so erstellten Überblick vermittelt Abb. 2.1.

Die in der Übersicht aufgezeigten Ansätze besitzen einen hohen Informationsgehalt. Sie haben im Hinblick auf das organisationale Denken und Handeln stark prägenden Charakter. Daher werden diese ausgewählten Konzepte von Organisation nachstehend ausführlicher behandelt.

2.1 Klassische Organisationstheorie

Das Fundament der Organisationslehre ist in der klassischen Organisationstheorie angelegt. Insbesondere durch den Bürokratieansatz sowie die traditionelle Managementlehre wurde die betriebswirtschaftliche Teildisziplin Organisationslehre ganz maßgeblich beeinflusst. Daher erscheinen diese beiden Varianten der klassischen Organisationstheorie elementar in Bezug auf das Verständnis organisationaler Problemstellungen im Rahmen der betriebswirtschaftlichen Theorie sowie in der betrieblichen Praxis.

2.1.1 Bürokratieansatz

Das Bürokratiekonzept von Organisation wurde Anfang des 20. Jahrhunderts von Max Weber (1864–1920) begründet. Sein erstmals 1921 veröffentlichtes Grundlagenwerk *Wirtschaft und Gesellschaft* beschreibt die Ergebnisse äußerst aufschlussreicher Untersuchungen zur bürokratischen Herrschaft in den wirtschaftlichen und in den staatlichen Institutionen. In Anbetracht der fundamentalen Bedeutung seiner Studien und ihrer Ergebnisse sowie des hohen wissenschaftlichen Erklärungsgehalts der Aussagen seiner Bürokratietheorie wird Max Weber auch als „Vater der Organisationstheorie" (Schreyögg und Geiger 2016, S. 440) eingestuft. Das macht den hohen Stellenwert des Bürokratieansatzes sehr deutlich.

2.1.1.1 Grundlagen

Die Bürokratietheorie sollte nicht in der Weise missverstanden werden, als enthalte sie **Empfehlungen** zur Anwendung bürokratischer Prinzipien der Organisation als optimale Variante der Problemlösung. Ein derartiges normatives Erkenntnisinteresse hat Max Weber in seinen Arbeiten nicht verfolgt. Sein Anliegen bezog sich gerade nicht auf das Erarbeiten von Gestaltungsempfehlungen, also den Entwurf von Prinzipien zur Optimierung organisatorischer Gestaltung in den realen Institutionen. Vielmehr hat die Bürokratietheorie **explikativen Charakter**, ihr Ziel ist die Erklärung von Macht- und Herrschaftsphänomenen.

Grundsätzlich werden Organisationen als Herrschaftsverbände gedeutet. Damit tritt das Prinzip von Befehl von Gehorsam in den Mittelpunkt der Betrachtung. Diese Sichtweise auf Organisationen bestimmt das Paradigma (Deutungsansatz) der Bürokratie-theorie.

▶ **Deutung** Organisationen = Herrschaftsverbände

Auf diesem Hintergrund sucht Weber nach Erklärungen dafür, **warum** Menschen in Institutionen und Organisationen bereit sind, den Anweisungen anderer Folge zu leisten. Damit sind Machtbeziehungen angesprochen. Dem Weberschen Machtverständnis liegt die nachstehend aufgeführte, in der Managementliteratur häufig zitierte Definition zugrunde:

▶ **Macht** „… jede Chance, innerhalb einer sozialen Beziehung den eigenen Willen auch gegen Widerstreben durchzusetzen, gleichviel worauf diese Chance beruht" (Weber 1972, S. 28)

Das skizzierte Verständnis von Macht setzt auf der individuellen Ebene an. Betrachtet wird die Konstellation von **Machtausübendem** und **Machtunterworfenem**. In dieser personalen Relation vollzieht sich die Machtausübung gerade in der Durchsetzung des eigenen Willens gegen Widerstand.

Die in der Bürokratietheorie ebenfalls grundlegende Kategorie **Herrschaft** stellt einen organisatorisch besonders interessanten Sonderfall von Macht dar. Als Herrschaft wird Macht mit einem kollektiven Bezug bezeichnet. Herrschaft ist damit ein auf kollektiver Ebene anzusiedelndes Phänomen. Dieses Verständnis reflektiert die folgende Definition:

▶ **Herrschaft** „... die Chance, für einen Befehl bestimmten Inhalts bei angebaren Personen Gehorsam zu finden" (Weber 1972, S. 28)

Die so verstandene Größe *Herrschaft* entspringt einem geordneten Gefüge, in welchem Befehle eine regelmäßige Chance haben, auf Gehorsam zu treffen. Das Bestehen eines **fundamentalen Gehorsamskonsenses** der Mitglieder der betrachteten Institution bildet die Voraussetzung des Ausübens von Herrschaft. Soweit sich ein solcher Gehorsamskonsens herausgebildet hat, ist er relativ stabil und wird von den betroffenen Individuen gerade nicht permanent kritisch hinterfragt.

„Der Tatbestand einer Herrschaft ist nur an das aktuelle Vorhandensein eines erfolgreich andern Befehlenden, aber weder unbedingt an die Existenz eines Verwaltungsstabes noch eines Verbandes geknüpft; dagegen allerdings – wenigstens in normalen Fällen – an eines von beiden. Ein Verband soll insoweit, als seine Mitglieder als solche kraft geltender Ordnung Herrschaftsbeziehungen unterworfen sind, Herrschaftsverband heißen." (Weber 1972, S. 29)

Aufschlussreich erscheint die Art der Entstehung kollektiven Gehorsams. Sie hängt zusammen mit der Legitimation von Herrschaft. In Abhängigkeit von der Form ihrer Legitimation identifiziert Weber grundlegende Typen der Herrschaft. Die von Max Weber hergeleitete Herrschaftstypologie ist in Abb. 2.2 dargestellt.

Ausschlaggebend für das Ausüben von Herrschaft ist die subjektive Wahrnehmung der diesem Phänomen unterworfenen Individuen. Die Bereitschaft, Befehle auszuführen bzw. Anweisungen zu befolgen, kann von unterschiedlichen Grundlagen der Legitimation ausgehen. *Traditionale Herrschaft* entspringt dem Glauben der Herrschaftsunterworfenen an die Legitimität von jeher geltender Autoritätsstrukturen (beispielsweise Feudalismus). Dagegen entsteht *charismatische Herrschaft* durch den Glauben an herausragende Fähigkei-

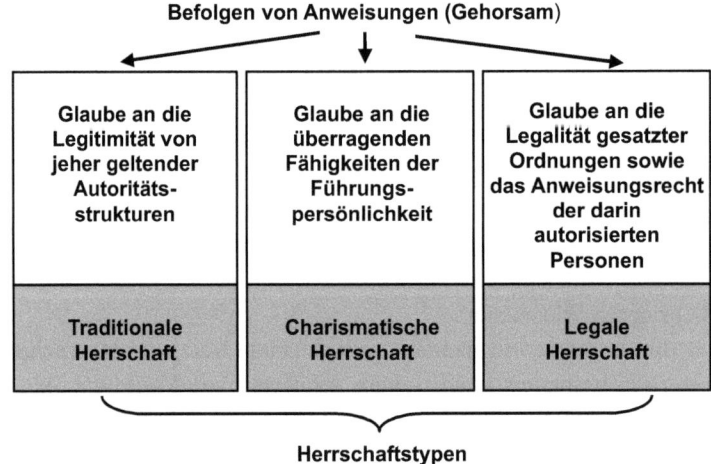

Abb. 2.2 Legitimation von Herrschaft – Herrschaftstypologie nach Max Weber

ten des Herrschaftsausübenden. Die *legale Herrschaft* leitet sich schließlich her aus dem Glauben an die Legalität gesatzter Ordnungen (Satzungen), welche bestimmte Personen zur Ausübung von Anweisungsrechten autorisieren. Weber charakterisiert die Bürokratie als den Idealtyp legaler Herrschaft.

▶ **Bürokratie** Idealtyp legaler Herrschaft

2.1.1.2 Charakteristische Kennzeichen

Im Einzelnen sind einige markante Merkmale konstitutiv für den Herrschaftstyp der Bürokratie. Diese Merkmale werden nachstehend erläutert.

- **Festgefügte Arbeitsteilung**
  Die kleinsten sachlichen Teileinheiten von Bürokratien sind die *Ämter* (Stellen). Jedes Amt umfasst klar abgegrenzte amtliche Pflichten und eindeutig ausgewiesene Befehlsgewalt zum Zwecke der sachgerechten Erfüllung derartiger Pflichten. Bei der Bildung der Ämter (Stellenbildung) wird strikt personenunabhängig vorgegangen. Im ersten Schritt erfolgt die sachbezogene Definition der Stellen, im zweiten werden schließlich geeignete Personen (Fachleute) zur Wahrnehmung der Stellenaufgaben rekrutiert. Dieser zweite Schritt ist Gegenstand der personellen Dimension von Führung. Die Stellenbildung ohne Berücksichtigung personenspezifischer Besonderheiten impliziert den Vorteil der Austauschbarkeit der Amtsträger (Stelleninhaber) ohne die Notwendigkeit der Veränderung struktureller Regelungen. Durch den Personenwechsel innerhalb der Institution wird die Stabilität der Organisationsstruktur prinzipiell nicht gefährdet.
- **Amtshierarchie**
  Kennzeichnend für Bürokratie ist außerdem die starke Betonung der hierarchischen Komponente. Die Amtshierarchie besteht aus einem klar definierten System der Über- und Unterordnung von Stellen (Ämtern). Damit wird eine abgestufte vertikale Differenzierung der Entscheidungs-, Weisungs- und Kontrollbefugnisse realisiert. Im Sinne der Implementierung von Herrschaft geschieht das legale Festlegen der Befehls- und Gehorsamspflichten in der betrachteten Institution. Eben dieser Akt hat entscheidende Bedeutung in Bezug auf die Legitimation von Herrschaftsbeziehungen.
- **Regelgebundenheit der Amtsführung**
  Im Hinblick auf die Durchführung der Tätigkeiten sowie die Entscheidungsfindung gelten für die Stelleninhaber eindeutige Vorgaben (Regeln). Solche Regeln gewährleisten die interne und externe Berechenbarkeit der Entscheidungen in Bürokratien. Der subjektive Ermessensspielraum des Aufgaben- oder Entscheidungsträgers wird durch die Regeln weitgehend eingeschränkt. Die gewollten und zugelassenen Kommunikationsbeziehungen werden durch den *Dienstweg* ausgewiesen.
- **Aktenmäßigkeit der Verwaltung**
  In Bürokratien basiert die Aufgabenerfüllung auf Schriftstücken. Die ausgeprägte Tendenz zur schriftlichen Fixierung von Entscheidungsprozessen und zur Dokumentation der Ergebnisse solcher Prozesse (z. B. in Protokollen) ist typisch für die bürokratischen

Vorgehensweisen. Das Aufbewahren der Schriftstücke geschieht in Akten. Die Rationalität der in dieser Weise aktenmäßig geprägten Verwaltung äußert sich im Wesentlichen in zwei Effekten: Zum einen gewährleistet die Aktenmäßigkeit die Kontrollierbarkeit von Maßnahmen und Aktivitäten im sozio-technischen System; zum anderen begünstigt die Dokumentation der Vorgänge die anzustrebende Kontinuität beim Wechsel von Stelleninhabern.

2.1.1.3 Zweckrationalität

Im Zeitraum der Durchführung der Weber'schen Untersuchungen Ende des 19., Anfang des 20. Jahrhunderts war eine starke Ausbreitung von Bürokratien in den Bereichen Staat und Wirtschaft konstatierbar. Aufgrund der Ergebnisse seiner Untersuchungen kam Weber zu der Erklärung, dass diese Entwicklung auf die Erfolgsüberlegenheit der legalen Herrschaft gegenüber den alternativen Herrschaftstypen zurückzuführen ist. Die Erfolgsüberlegenheit von Bürokratie im Vergleich zur traditionalen Herrschaft sowie zur charismatischen Herrschaft bezieht sich auf die **Effizienz und die Effektivität des Handelns** in Institutionen sowie auf die **Herrschaftssicherung**. Wesentliche Determinanten dieser Zweckrationalität von Bürokratie bestehen in

- Präzision,
- Stetigkeit,
- Disziplin,
- Straffheit,
- Verlässlichkeit und
- Berechenbarkeit.

Die genannten Faktoren begründen **institutionelle Stabilität**. Gerade diese Stabilität definiert ein entscheidendes **funktionales Erfordernis** für das Überleben von Organisationen im Kontext arbeitsteiliger Prozesse sowie variierender Einflussversuche innerhalb und außerhalb des Systems. Abb. 2.3 vermittelt den Zusammenhang der Begründung von Zweckrationalität in Bürokratien.

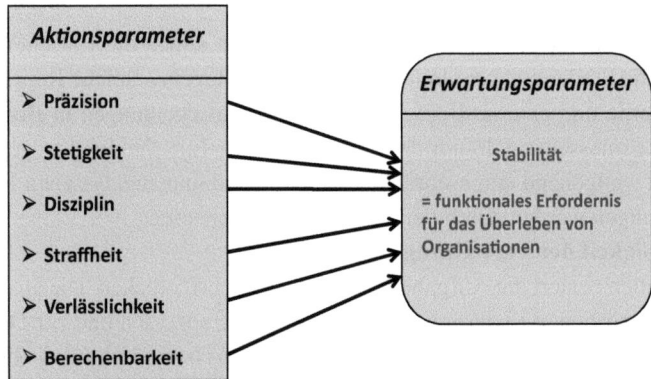

Abb. 2.3 Determinanten der Zweckrationalität legaler Herrschaft (= Bürokratie)

2.1.1.4 Dysfunktionen

Im Verlaufe der organisationstheoretischen Entwicklung im Anschluss an die Publikation der Bürokratietheorie ist allerdings eine Reihe problematischer Auswirkungen legaler Herrschaft deutlich geworden. Der Begriff *Bürokratie* ist im aktuellen Sprachgebrauch allgemein und in Debatten über Organisation im Besonderen regelmäßig negativ besetzt. Dies hängt zusammen mit einem Bündel nachgewiesener ineffizienter Effekte von Bürokratie. Solche negativen Effekte oder Dysfunktionen beeinträchtigen die organisationale Zielerreichung. Nachstehend werden exemplarisch einige **markante Dysfunktionen bürokratischer Organisation** dargelegt.

- **Unzureichende Anpassungsfähigkeit**

   Die starren Aufgaben- und Kompetenzabgrenzungen in Bürokratien fördern eine Tendenz zur Erhaltung des Status quo. Damit geht jedoch die zwingend erforderliche Fähigkeit der Organisation zur Anpassung an sich dynamisch wandelnde Umweltbedingungen verloren.

- **Ressortegoismen**

   Charakteristisch für bürokratische Gebilde erscheint das Denken in engen Abteilungsgrenzen. Als Folge davon überidentifizieren sich die Systemmitglieder mit ihren Abteilungen und den dort verfolgten Partialzielen. Bei Konflikten relativ zu den übergeordneten Gesamtzielen der Organisation wird versucht, die partikularen Abteilungsziele durchzusetzen. Auf der Ebene der Gesamtunternehmung oder der Gesamtinstitution resultieren daraus Beeinträchtigungen der Zielerreichungsgrade.

- **Überbetonung der Regelhaftigkeit der Aufgabenerfüllung**

   Bürokratische Ordnungen stellen die Verfahrensorientierung zu Lasten des Zielbezugs in den Vordergrund. Die Akteure schützen sich vor negativen Sanktionen, indem sie die Aufgaben vorschriftsmäßig erledigen. Eben diese Vorschriften können aufgrund geänderter Bedingungen jedoch ihre Rationalität verlieren. Die Regeln sind in solchen Fällen nicht mehr Mittel zum Zweck der Zielerreichung, sondern werden selbstzweckhaft befolgt, obwohl sie längst in sachlicher Hinsicht ihre Existenzberechtigung verloren haben.

- **Schwerfälligkeit und Langsamkeit**

   Aufgrund des Merkmals der Aktenmäßigkeit entstehen in bürokratischen Organisationen schnell *Aktenberge*, welche schwerlich sinnvoll und zeitnah bearbeitbar sind. So kommt es häufig vor, dass Informationen zum Zeitpunkt ihrer schriftlichen Fixierung bereits ihre Aktualität und ihre Relevanz verloren haben. Außerdem verursacht die umfassende Dokumentation der Vorgänge erhebliche Kosten.

- **Tendenz zur Aufblähung des Stellenapparates**

Offensichtlich ist den Bürokratien eine Tendenz zum kontinuierlichen Wachstum immanent, und zwar relativ losgelöst von der Entwicklung der Menge der zu erledigenden Aufgaben. Jedenfalls wird dies im populären sogenannten *Parkinson'schen Gesetz* behauptet:

„Work expands so as to fill the time available for its completion" (vgl. Parkinson 1966).

Als Erklärung dieses Phänomens sei darauf hingewiesen, dass in Bürokratien Machtpotenzial und Einkommen der Abteilungsleiter mit zunehmender Größe des eigenen Bereichs regelmäßig zunehmen.

- **Langsamer Informationsfluss**

Als Folge der durch die Amtshierarchie vorgegebenen langen Dienstwege benötigen Informationen viel Zeit, bis sie alle Adressaten erreichen. Dadurch entsteht die Gefahr unzulänglich fundierter Handlungen und Entscheidungen. Sowohl die Entscheidungsgeschwindigkeit als auch Qualität der Entscheidungen innerhalb der betrachteten Institution nehmen als Folge der langen, reglementierenden und blockierenden Dienstwege ab.

- **Bildung destruktiver Gegenmacht**

In Bürokratien erfolgt in großem Umfang die Allokation formeller Macht. Nach der Gegenmacht-These (*countervailing power*) provoziert stark asymmetrisch zugeordnete formelle Macht die Bildung erheblicher informeller Gegenmacht (vgl. Galbraith 1952). Bei Störungen innerhalb der bürokratischen Institution können mittels des Einsatzes solcher Gegenmacht subjektiv-egoistisch Gelegenheiten zur Verbesserung partikularer Positionen genutzt werden. Daraus resultieren destruktive Impulse für das Erreichen der übergeordneten Gesamtziele.

2.1.2 Traditionelle Managementlehre

Die traditionelle Managementlehre geht zurück auf die grundlegenden Arbeiten von Frederick Winslow Taylor (1856–1915) und Henri Fayol (1841–1925). Der Zielbezug dieses Ansatzes ist in hohem Maße auf die Belange der betrieblichen Praxis ausgerichtet. Im Einzelnen stehen die folgenden **Zielorientierungen** im Vordergrund:

- Erarbeiten von Kriterien und Richtlinien zur Gestaltung effizienter Organisationsstrukturen.
- Bereitstellen operationaler sowie erfolgversprechender Instrumente für die organisationale Praxis.

2.1 Klassische Organisationstheorie   53

Den Studien und Aussagen im Rahmen der traditionellen Managementlehre liegt ein **normatives Erkenntnisinteresse** zugrunde. Als Ergebnisse von Forschungsprozessen werden begründete Werturteile über die rationale Gestaltung von Organisation in der realen Anwendung angestrebt und abgegeben. Dies unterscheidet die traditionelle Managementlehre wesentlich vom Bürokratieansatz, der einem **explikativen Erkenntnisinteresse** verpflichtet ist, d. h. konkret, das Ziel der Erklärung von Macht- und Herrschaftsphänomenen anstrebt.

2.1.2.1 Scientific Management

Das Scientific Management als eine der Grundlagen traditioneller Managementlehre wurde von F. W. Taylor entwickelt. In seinem 1911 erschienenen Werk

„The Principles of Scientific Management"

beschreibt Taylor die auf der Basis von ihm durchgeführter Studien identifizierten Grundprinzipien rationaler, wissenschaftlicher Betriebsführung. Die Taylorschen Doktrinen folgen der Prämisse, dass der

one best way

der Ausführung von Arbeitsgängen existiert. Diese bestmögliche Vorgehensweise kann in jedem Betrieb durch qualifizierte, wissenschaftlich ausgelegte Arbeitsstudien ermittelt werden. Den Untersuchungsgegenstand des Scientific Management bildet schwerpunktmäßig der operative (produktionsbezogen-gewerbliche) Unternehmensbereich. Auf diesem Hintergrund postuliert Taylor die im Folgenden dargelegten erfolgsbezogenen Managementprinzipien:

(1) **Differenzierung von Arbeitsplanung und Arbeitsausführung**

Es wird die strikte Dekomposition der Arbeitsplanung und der Arbeitsausführung empfohlen. Danach soll in Organisationen die systematische Trennung von *Kopf- und Handarbeit* im Interesse der Effizienzverbesserung erfolgen.

(2) **Wissenschaftliche Arbeitsmethodik**

Ein weiteres Managementprinzip besteht in der Aufforderung zur konsequenten Anwendung wissenschaftlicher Methoden. Insoweit werden die Tätigkeitszusammenhänge planmäßig im Wege analytischer Arbeitsstudien erfasst und untersucht. Darauf aufbauend soll die Entwicklung optimaler Verrichtungsabläufe erfolgen, d. h. der *one best way* der Arbeitsausführung ist herzuleiten. Die so identifizierten optimierten Soll-Abläufe werden den Aufgabenträgern verbindlich vorgegeben. In der praktischen Anwendung geht dies regelmäßig einher mit extremer Arbeitsteilung.

Zum Zwecke der stark anwendungsbezogenen Begründung und Fundierung der Anwendung wissenschaftlicher Arbeitsmethodik berichtet Taylor von den Erfahrungen mit dem strukturierten Einsatz des deutschstämmigen Roheisen-Verladearbeiters Schmidt in den Stahlwerken der Bethlehem Steel Company. Dazu sei auf die nachstehenden Original-Darlegungen von Taylor hingewiesen:

> Schmidt started to work, and all day long, and at regular intervals, was told by the man who stood over him with a watch, „Now pick up a pig and walk. Now sit down and rest. Now walk – now rest," etc. He worked when he was told to work, and rested when he was told to rest, and at half-past five in the afternoon had his 47 % tons loaded on the car. And he practically never failed to work at this pace and do the task that was set him during the three years that the writer was at Bethlehem. And throughout this time he averaged a little more than $1.85 per day, whereas before he had never received over $1.15 per day, which was the ruling rate of wages at that time in Bethlehem. That is, he received 60 per cent. higher wages than were paid to other men who were not working on task work. One man after another was picked out and trained to handle pig iron at the rate of 47 ½ tons per day until all of the pig iron was handled at this rate, and the men were receiving 60 per cent. more wages than other workmen around them.
>
> „The writer has given above a brief description of three of the four elements which constitute the essence of scientific management: first, the careful selection of the workman, and, second and third, the method of first inducing and then training and helping the workman to work according to the scientific method. Nothing has as yet been said about the science of handling pig iron. The writer trusts, however, that before leaving this illustration the reader will be thoroughly convinced that there is a science of handling pig iron, and further that this science amounts to so much that the man who is suited to handle pig iron cannot possibly understand it, nor even work in accordance with the laws of this science, without the help of those who are over him."
>
> (Taylor 1911, S. 21 f.)

(3) Systematische Zeitstudien

Zu den Prinzipien erfolgreicher Betriebsführung nach Taylor zählt weiterhin die Durchführung **systematische Zeitstudien**. Das Ermitteln realistischer Vorgabezeiten ist im Scientific Management in hohem Maße erfolgsrelevant. Rational gewonnene zeitliche Orientierungsgrößen bilden die Grundlage hinsichtlich der effizienten Steuerung produktiver Prozesse.

(4) Differenzial-Lohnsystem

Die Motivation der beschäftigten Arbeitnehmer soll durch die Differenzierung der Akkordsätze (Differenzial-Lohnsystem) entscheidend gefördert werden. Den Akkordlohn hält Taylor im Hinblick auf das Schaffen wirksamer Anreize zum Erbringen maximaler Arbeitsleistung, insbesondere in quantitativer Hinsicht, für angezeigt.

(5) Kontrolle durch das Management

Zu den Prinzipien der wissenschaftlichen Betriebsführung gehört schließlich die Doktrin, dass die Kontrolle seitens des Managements erfolgen soll (Fremdkontrolle). Geeignete Kontrollmaßnahmen durch die Inhaber von Vorgesetztenpositionen dienen der Sicherung der qualitativen Komponente des Outputs in Produktionsprozessen.

(6) Funktionale Organisationsstruktur

In Bezug auf die Gliederung des Unternehmensgefüges wird die Implementierung funktionaler Organisationsstrukturen empfohlen. Danach werden gleichartige Tätigkeiten zu Aufgabenkomplexen integriert. Dies umfasst im Scientific Management ebenfalls die Spezialisierung der Leitungsfunktionen.

Als charakteristisch für die Doktrinen von Taylor gilt das sogenannte Funktionsmeistersystem, dessen Grundzüge in Abb. 2.4 dargestellt sind.

Im gezeigten Mehrliniensystem (vgl. oben, Abschnitt *Aufbauorganisation/Grundsysteme*) wird der herkömmliche Universalmeister durch insgesamt acht Funktionsmeister substituiert. Die Position des Universalmeisters steht für die **Einheit der Auftragserteilung**, d. h. die Meisterposition umfasst die ganzheitliche und uneingeschränkte Führung der unterstellten Mitarbeiter. Dagegen erfolgt im Funktionsmeistersystem eine

Entmischung der Vorgesetztenfunktion.

Statt eines vorgesetzten Meisters nehmen jetzt acht unterschiedlich spezialisierte Meister die Führung wahr. Das damit korrespondierende Konstrukt der Mehrfachunterstellung

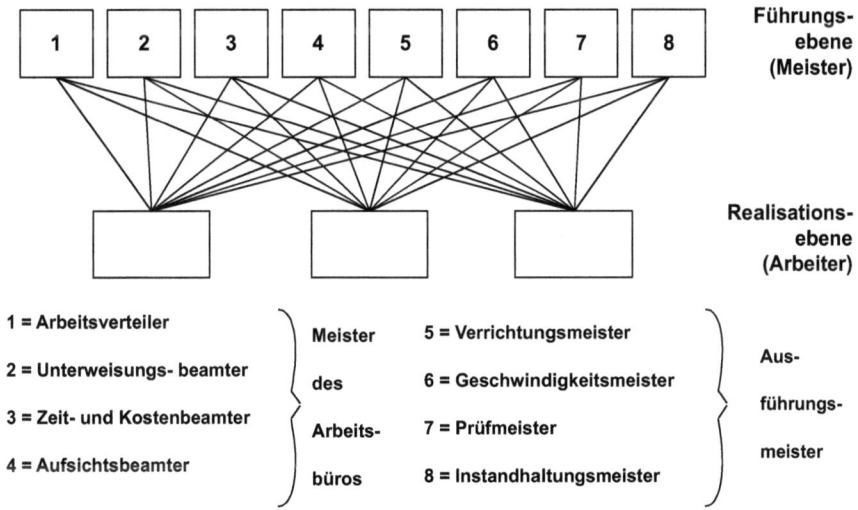

Abb. 2.4 Grundzüge des Funktionsmeistersystems nach Taylor

der Arbeiter auf der Realisationsebene findet gerade im Mehrliniensystem seinen Ausdruck. Jeder Arbeiter ist durch acht Linien mit der übergeordneten Ebene verbunden. Damit impliziert das Funktionsmeistersystem die bewusste Abkehr vom Gestaltungsprinzip der Einheit der Auftragserteilung, welches von Fayol begründet wurde (vgl. Fayol 1916).

Die Lehre Taylors von der wissenschaftlichen Betriebsführung hat die betriebliche Realität umfassend geprägt. Aufschlussreich erscheint der Zusammenhang der großen empirischen Resonanz dieses Konzepts mit einer Reihe signifikanter Effekte der betrieblichen Umsetzung und Anwendung des Scientific Management. Das betrifft im Einzelnen die nachstehend erläuterten Auswirkungen:

(1) **Nachhaltige Steigerung der Arbeitsproduktivität**
Die Anwendung der Taylorschen Managementprinzipien bewirkte enorme Verbesserungen der Produktivität in den Betrieben. Dies wird insbesondere auf die hochgradige Spezialisierung zurückgeführt.

(2) **Verkürzung der Arbeitszeiten**
Infolge der Produktivitätszuwächse, aber auch aufgrund fundierter wissenschaftlicher Erkenntnisse über ökonomisch sinnvolle Arbeitszeitintervalle induzierte das Scientific Management maßgebliche Reduzierungen der individuellen Arbeitszeiten. Nach dem hergeleiteten Rationalitätskalkül entspricht die **optimale Arbeitszeit** der im Betrieb eingesetzten Mitarbeiter gerade nicht der maximalen individuellen Arbeitszeit.

(3) **Enorme Lohnerhöhungen**
Aufgrund des Differenzial-Lohnsystems und der diesem Instrument zugeordneten Bedeutung für die Motivation der Beschäftigten war es den Arbeitern möglich, auf Akkordbasis das eigene Einkommen in großem Umfang zu steigern. Auf diese Weise partizipierten die Arbeitnehmer an den Produktivitätsfortschritten.

(4) **Dequalifikation der Beschäftigten**
In Anbetracht der ausgeprägten Arbeitsteilung wurden in tayloristisch strukturierten Betrieben vom einzelnen Arbeiter lediglich geringe arbeitsbezogene Fähigkeiten und Fertigkeiten benötigt. Der Aktionsradius des Einzelnen umfasste nur eine kleine Zahl einfach zu erlernender Tätigkeiten. Die damit einhergehende qualitative Unterforderung bewirkt im Zeitablauf die Rückentwicklung sowie die Dequalifikation der Mitarbeiter.

(5) **Sinnentleerung der Arbeit**
Für die Beschäftigten in tayloristischen Arbeitssystemen war der Sinnzusammenhang der eigenen Tätigkeit im Gesamtprozess nicht zu erkennen. Die eigene Tätigkeit vermittelte deshalb keine Sinnerfüllung. Ein solcher Zustand bedeutet für das Individuum das Erleben *entfremdeter Arbeit*. Im Sinne der Doktrinen von Karl Marx liegt entfremdete Arbeit vor, wenn der Zweck der Ausübung von Arbeitstätigkeiten für den arbeitenden Menschen in dessen subjektiver Wahrnehmung ausschließlich in der Erzielung des Arbeitslohnes besteht (vgl. Marx 1978). Entfremdet ist die Arbeit dem Einzelnen in diesem Fall insofern, als das Individuum das sachliche Ergebnis seiner

Tätigkeiten und dessen Sinnzusammenhang in Anbetracht der Partikularisierung des Arbeitsprozesses nicht begreifen und verstehen kann.

(6) **Steigerung der Arbeitsintensität**

Aufgrund des planmäßigen Einsatzes der Managementinstrumente erhielten die Beschäftigten knapp disponierte Vorgaben zur Art und zum angemessenen Zeitvolumen der Aufgabenerfüllung. Dies bedeutete eine starke Zunahme der dauerhaften individuellen Beanspruchung. Möglichkeiten der variablen Bestimmung der Arbeitsintensität sowie der Verteilung von Phasen starker Beanspruchung und Phasen der Regeneration über den Arbeitstag standen nicht mehr im Ermessen des Einzelnen. Ebenso bedeutete der Einsatz wissenschaftlicher Instrumente zur Arbeitsorganisation die Reduzierung von Chancen zur Leistungszurückhaltung auf individueller Ebene.

(7) **Freisetzung von Mitarbeitern**

Die konsequente Implementierung der wissenschaftlichen Betriebsführung bewirkte erhebliche Rationalisierungen und senkte daher ceteris paribus den betrieblichen Personalbedarf. Als Folge resultierten Freisetzungen von Mitarbeitern. Auf volkswirtschaftlicher Ebene entstanden dadurch Kosten der so ausgelösten Arbeitslosigkeit.

Die Erfolgswirkungen des Scientific Management waren und sind demnach ambivalent. In seinen Untersuchungen gelang es Taylor zunächst, die nachhaltigen funktionalen Konsequenzen seines Organisationskonzeptes eindrucksvoll zu belegen. Auch dazu sei auf die Originalversion der Principles of Scientific Management im Folgenden verwiesen:

„The question which naturally presents itself is whether an elaborate organization of this sort can be made to pay for itself; whether such an organization is not top-heavy. This question will best be answered by a statement of the results of the third year of working under this plan.

	Old Plan	New Plan Task Work
The number of yard laborers was reduced from between	400 & 600 down to about	140
Average number of tons per man per day	16	59
Average earnings per man per day	$1.15	$1.88
Average cost of handling a ton of 2240 lbs	$0.072	$0.033

And in computing the low cost of $0.033 per ton, the office and tool-room expenses, and the wages of all labor superintendents, foremen, clerks, time-study men, etc., are included.

During this year the total saving of the new plan over the old amounted to $36,417.69, and during the six months following, when all of the work of the yard was on task work, the saving was at the rate of between $75,000 and $80,000 per year."

(Taylor 1911, S. 35)

Bereits im dritten Jahr nach der Implementierung des neuen Systems (= Scientific Management) konnte im untersuchten Arbeitsumfeld die Zahl der Arbeiter von 400 bis 600 auf 140 Personen reduziert werden. Die durchschnittliche Tagesleistung je Mitarbeiter wurde von 16 Tonnen auf 59 Tonnen gesteigert, der Lohn je Tag und Mann stieg von

1,15 $ auf 1,88 $. Trotz dieser Lohnsteigerungen und der zusätzlichen Overheadaufwendungen sanken die Selbstkosten um über 50 % auf 0,033 $ je Tonne. Die mittelfristige Reduzierung der Gesamtkosten durch den Einsatz des Scientific Management (New Plan) wird schließlich mit 75.000 bis 80.000 $ im Jahr angegeben.

Während jedoch zur Zeit der Entstehung des Scientific Management zu Beginn des 20. Jahrhunderts die positiv bewerteten Effekte im Vordergrund standen, rückten im Zuge der weiteren wirtschaftsgeschichtlichen Entwicklung verstärkt die Problembezüge, insbesondere die Auswirkungen der tayloristischen Managementprinzipien hinsichtlich der individuellen Arbeitssituation, in den Kalkül analytischer Bewertung.

In hohem Maße fördernd für die Verbreitung der Prinzipien wissenschaftlicher Betriebsführung war die Übertragung dieser Konzeption auf die Automobilfertigung durch Henry Ford. Diese spezifische Anwendung des Scientific Management wird in der Literatur auch als **Fordismus** bezeichnet (Ford 1923).

2.1.2.2 System rationaler Administration

Etwa gleichzeitig mit Taylor beschäftigte sich der Franzose Henri Fayol umfassend mit grundlegenden Kriterien organisationaler Gestaltung. Allerdings richtete sich das Erkenntnisinteresse Fayols auf die Grundlagen der Organisation des **Verwaltungsbereiches**, während sich die Studien von Taylor auf den gewerblich-operativen Bereich konzentrierten. Aus den Ergebnissen seiner Untersuchungen leitete Fayol eine Administrationslehre her. Im Zentrum dieser Doktrinen steht das *System zur rationalen Administration* (Fayol 1916).

Die Fayolsche Administrationslehre enthält Konstruktionsanleitungen für erfolgversprechende Managementstrukturen. Pointierten Ausdruck finden diese Anleitungen in insgesamt 14 allgemeinen Prinzipien rationaler Administration. Die meisten dieser Administrations- und Managementprinzipien haben unmittelbar organisatorischen Charakter. Sie werden nachstehend kurz skizziert (vgl. Fayol 1916, S. 19 ff.):

(1) **Arbeitsteilung**

Analog zu den Maximen des Scientific Management gilt die Annahme, dass weitreichende Spezialisierung nachhaltige Verbesserungen der ökonomischen Resultate erbringt. Darauf basierend sind die grundlegenden Entscheidungen über die Aufgabenzuordnung in der Administration zu treffen.

(2) **Autorität und Verantwortung**

Das Recht zum Erteilen von Anweisungen sowie die Macht zur Durchsetzung solcher Weisungen verleihen dem Stelleninhaber Autorität. Der damit etablierte Status von Autorität der Person ist verknüpft mit deren Verantwortung für die Ausübung und Wahrnehmung des Autoritätsstatus. In dieser Perspektive resultiert die Verantwortung als das logische Gegenstück zur verliehenen Autorität. Beides, Autorität und Verantwortung, konzentriert sich in der organisatorischen Einheit *Stelle* und wird mit dem Akt der **Stellenbesetzung** auf den jeweiligen Positionsinhaber übertragen.

(3) **Disziplin**

Mit dem Prinzip *Disziplin* ist die Verpflichtung aller Beschäftigten zur konsequenten Einhaltung der offiziellen betrieblichen Regelungen gemeint. Außerdem kommt Disziplin zum Ausdruck, indem die Mitarbeiter auf den verschiedenen betrieblichen Ebenen die Anweisungen des jeweiligen Vorgesetzten mit großer Sorgfalt und hohem Einsatz ausführen (Gehorsam).

(4) **Einheit der Auftragserteilung**

Das Postulat der *Einheit der Auftragserteilung* markiert ein Kernelement der Managementlehre nach Fayol. Danach soll jeder Beschäftigte im Unternehmen ausschließlich von **einem** Vorgesetzten Anweisungen erhalten.

(5) **Einheit der Leitung**

Sämtliche betrieblichen Aktivitäten, die gesamte Koordination und alle persönlichen Anweisungen müssen auf ein übergeordnetes Ziel und eine oberste Leitungsinstanz (Direktion) ausgerichtet sein. Diese Grundorientierung findet Ausdruck im Prinzip der Einheit der Leitung der betrachteten Institution.

(6) **Gerechte Entlohnung**

Die Entlohnung der Tätigkeit der Beschäftigten soll in Abhängigkeit vom Wert ihrer Beiträge für das Unternehmen gerecht bemessen werden. Daraus folgt unter anderem als Bemessungskriterium für die Entlohnung, dass ungleiche Leistungsbeiträge der Beschäftigten different entlohnt werden sollen, während für gleiche Leistungsbeiträge der handelnden Akteure diese auch gleich zu entlohnen sind.

(7) **Zentralisation**

Alle Entscheidungen im Unternehmen laufen letztlich an einem Ort in der Spitze des Systems zusammen. In diesem Sinne ist Zentralisation nach Fayol notwendiger und logischer Bestandteil einer jeden Organisation.

(8) **Hierarchie**

Der Instanzenzug im Unternehmen bildet die Hierarchie. Sie beginnt mit der höchsten Autorität und reicht bis zur untersten Führungsebene. Damit ist der Dienstweg definiert.

Auf ihm läuft jede offizielle Kommunikation im Unternehmen. Nur in klar abgegrenzten Ausnahmefällen ist die unmittelbare horizontale Kommunikation zugelassen (Passerelle, Fayolsche Brücke).

(9) **Ordnung**

Für jeden Mitarbeiter und für jede Sachressource wird ein bestimmter Platz benötigt. Dieser Platz muss bereitstehen, und Personen sowie Sachen haben auf ihrem zugewiesenen Platz zu sein.

Die weiteren allgemeinen Administrationsprinzipien nach Fayol beziehen sich auf übergeordnete Zusammenhänge im Unternehmen oder stellen schwerpunktmäßig auf die personelle Dimension von Management ab. Es handelt sich um die Prinzipien

(10) Unterordnung des Einzelinteresses unter das allgemeine Interesse,
(11) ausgleichende Gerechtigkeit,
(12) Firmentreue der Mitarbeiter,
(13) Initiative und
(14) Gemeinschaftsgeist.

Die Fayolschen Lehren wurden in den 1930er- und 1940er-Jahren in den Vereinigten Staaten und in England weitergeführt. Herausragende Bedeutung haben in diesem Zusammenhang die Arbeiten von Urwick (1943) und Gulick (1947) erlangt. Anknüpfend an die Fayolschen Doktrinen arbeitete Gulick insgesamt sieben Prinzipien heraus, welche nach seiner Einschätzung die Hauptfunktionen des Managements kennzeichnen. Diese Prinzipien sind in Abb. 2.5 dargestellt.

Aus den Anfangsbuchstaben der sieben hauptsächlichen Managementfunktionen entsteht das *Initialwort Posdcorb*. Es soll die Einprägsamkeit dieser Funktionen verbessern und es Lernenden erleichtern, sich die Teilbereiche zu merken.

2.2 Neoklassische Organisationstheorie

Basierend auf den durch die Bürokratietheorie sowie die traditionelle Managementlehre bereitgestellten Grundlagen und Erkenntnissen entwickelte sich die neoklassische Organisationstheorie. Sie findet besonders markanten Ausdruck im Human-Relations-Ansatz sowie in der Betriebswirtschaftlichen Organisationslehre. Diese beiden theoretischen Konzeptionen werden im Folgenden behandelt.

2.2 Neoklassische Organisationstheorie

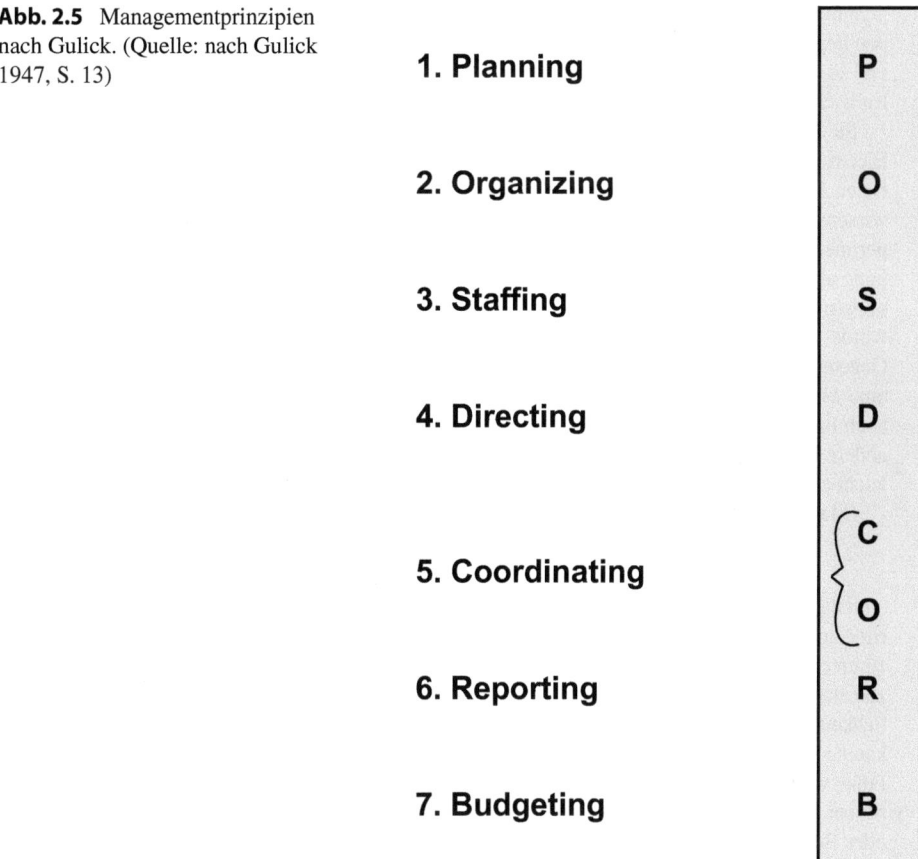

Abb. 2.5 Managementprinzipien nach Gulick. (Quelle: nach Gulick 1947, S. 13)

2.2.1 Human-Relations-Ansatz

Als Ausgangspunkt des Human-Relations-Ansatzes der Organisationstheorie gelten die viel diskutierten **Hawthorne-Experimente**. Dabei handelt es sich um ein von Elton Mayo geleitetes Forschungsprojekt, welches von 1927 bis 1932 in den Hawthorne-Werken der Western Electric Company (Tochter der American Telephone and Telegraph Company, kurz: AT & T) durchgeführt wurde (vgl. Roethlisberger und Dickson 1975).

2.2.1.1 Bedürfnisse der Organisationsmitglieder

Die in den Hawthorne-Experimenten registrierten Befunde konnten mit den bis dahin dominierenden Theorieelementen, insbesondere aus der traditionellen Managementlehre, zunächst nicht erklärt werden. Im Zuge der sehr umfangreichen Studien traten mehrdeutige, nicht erwartete Effekte ein. Das stellte die beteiligten Wissenschaftler und die involvierten Führungskräfte der Western Electric Company vor völlig neue Herausforderungen. Im Folgenden sei dies exemplarisch anhand einiger originärer Darlegungen von Elton Mayo illustriert:

„Ich meine damit die Probleme, die in der Bildung und Weiterentwicklung von Arbeitsgruppen liegen, deren Wichtigkeit gerade für die Zusammenarbeit in den Nachkriegsjahren noch viel zu wenig erkannt wird. Ich habe mich hier auf einige Ausführungen über den allgemeinen Entwicklungsgang der Versuchsreihen beschränkt.

Sie begannen damit, daß sich eine sehr erfahrene Gruppe von Ingenieuren der Western Electric nicht geschlagen geben wollte, als die Experimente, die die Wirkung einer besseren Beleuchtung bei der Arbeit zeigen sollten, zu keinem Ergebnis führten. Die Bedingungen des wissenschaftlichen Experiments waren offensichtlich eingehalten worden: es gab einen Experimentierraum und einen Kontrollraum; es wurde jeweils nur eine ‚einzige Arbeitsbedingung abgeändert; alle übrigen Bedingungen blieben unverändert. Und die Ergebnisse waren verwirrend. Roethlisberger gibt zwei Beispiele: die Beleuchtung im Experimentierraum wurde verbessert, und die Erzeugung stieg; aber sie stieg auch im Kontrollraum. Und das Gegenteil davon: die Beleuchtung im Experimentierraum wurde von drei Meterkerzen auf eine Meterkerze herabgesetzt, und wieder stieg die Erzeugung; gleichzeitig stieg sie aber auch im Kontrollraum, in dem die Beleuchtung gleichgeblieben war. Es wurden noch viele andere Experimente gemacht, aber keins lieferte eindeutige Ergebnisse; und doch hatte es so leicht ausgesehen, die Wirkung der Beleuchtung bei der Arbeit zu bestimmen."
(Mayo 1945, S. 109 f.)

„Ich habe meinen Kollegen Roethlisberger oft sagen hören, daß man die entscheidende experimentelle Veränderung in dem Augenblick einführte, als die Versuchsleiter (im Interesse der zu untersuchenden kritischen Veränderungen) die menschlichen Bedingungen dadurch stetig zu halten suchten, daß sie sich um die Zusammenarbeit der Arbeiterinnen bemühten. In Wirklichkeit war aus sechs Einzelnen eine Gemeinschaft geworden, und diese Gemeinschaft bekannte sich vorbehaltlos und spontan zur Zusammenarbeit im Rahmen des Experiments. Die Folge war, daß sie ihrem Gefühl nach ungezwungen und ohne Hintergedanken an dem Experiment teilnahmen, und daß sie voller Befriedigung darüber waren, ohne Zwang von oben oder Begrenzung von unten arbeiten zu können. Sie waren selbst über die Folgen erstaunt, denn sie hatten das Gefühl, daß sie unter geringerem Druck als je zuvor arbeiteten; und darin entsprachen ihre Auffassung und ihre Leistungen genau dem Verhalten der Spinner.

Hier sind wir also nun auf zwei Themen gestoßen, die die äußerste Aufmerksamkeit aller Verwaltungsleute verdienen: die Organisation von Arbeitsgruppen und die freiwillige Anteilnahme solcher Gruppen an den Aufgaben und Zielen einer Organisation, soweit sie bei ihrer täglichen Arbeit direkt mit ihr in Berührung kommen."
(Mayo 1945, S. 114 f.)

Neben einer Fülle anderer Erkenntnisse erbrachten die Hawthorne-Studien schließlich den Nachweis signifikant positiver Korrelationen zwischen dem Ausmaß der Partizipation der Mitarbeiter an den sie betreffenden betrieblichen Entscheidungen auf der einen Seite und der Arbeitsproduktivität der entsprechenden Gruppen auf der anderen Seite.

Diese Erkenntnis sollte die gesamte Managementlehre revolutionieren. Auch auf dem Gebiet der Organisation entwickelte sich eine spezifische an den Human Relations orientierte Denkrichtung (vgl. insbesondere Argyris 1957; Likert 1967; Porter et al. 1975). Kennzeichnend für den Human-Relations-Ansatz ist es, dass der Zusammenhang von

Zufriedenheit, Motivation und Leistung

2.2 Neoklassische Organisationstheorie

der Individuen und Gruppen in den Mittelpunkt der Betrachtung sowie des Erkenntnisinteresses gestellt wird. Dabei gilt die Prämisse, dass die Bedürfnisse der Organisationsmitglieder **den** entscheidenden Einflussfaktor organisationaler Gestaltung ausmachen.

Auf dem dargelegten Hintergrund postuliert das Human-Relations-Konzept folgende Gestaltungskriterien für die organisationale Praxis:

- Minimierung der Bürokratie.
- Schaffen von Partizipationschancen nachgeordneter Stellen in den betrieblichen Entscheidungsprozessen.
- Herleiten und Implementieren herausfordernder, anspruchsvoller Arbeitsinhalte für die Organisationsmitglieder.
- Primat der Koordination durch direkte Abstimmung zwischen den betroffenen Mitarbeitern (Selbststeuerung).
- Realisierung möglichst weitreichender Optionen zur Selbstbestimmung der Individuen im Betrieb.
- Nachhaltige Berücksichtigung der interindividuell differierenden Bedürfnisse der Organisationsmitglieder. Dies bedeutet beispielsweise Individualität in Bezug auf die Bestimmung der Arbeitszeit, die Gestaltung des Arbeitsplatzes, aber auch die Arbeitsplanung und die Ausführung der Arbeit.

2.2.1.2 Individualität der Bedürfnisstrukturen

Die hergeleiteten Gestaltungsempfehlungen reflektieren die komplexe, ganzheitliche Sichtweise des Organisationsproblems im Human-Relations-Ansatz. In abstrahierender Form vermittelt Abb. 2.6 den damit angesprochenen Zusammenhang organisationaler Gestaltung.

Die Individualität der Bedürfnisstruktur des Organisationsmitglieds resultiert aus den besonderen Merkmalen seiner Persönlichkeit. Maßgebliche Determinante der Bedürfnisstruktur des Einzelnen ist nämlich sein vor allem durch die Schichtzugehörigkeit, die Ausbildung und die gesammelten Arbeitserfahrungen geprägtes Persönlichkeitsprofil. Auf die Gesamtheit der Bedürfnisse des einzelnen Mitarbeiters wirken neben der in der vorliegenden Betrachtung besonders interessierenden Organisationsstruktur noch drei andere Gruppen innerbetrieblicher Variablen ein. In Abhängigkeit von der Realisierung oder der Chance zur Realisierung individueller Bedürfnisse im Unternehmen entstehen auf der Ebene des Mitarbeiters Leistungsmotivation und Arbeitszufriedenheit. Diese beiden Größen werden als Indikatoren für ökonomische und soziale Effizienz gedeutet. In dem Maße, in welchem es gelingt, die Organisationsstruktur adäquat zu den individuellen Bedürfnisstrukturen der Organisationsmitglieder zu gestalten, werden Leistungsmotivation und Arbeitszufriedenheit positiv beeinflusst. Beide Größen korrelieren ihrerseits wiederum positiv mit wirtschaftlicher sowie mit sozialer Effizienz.

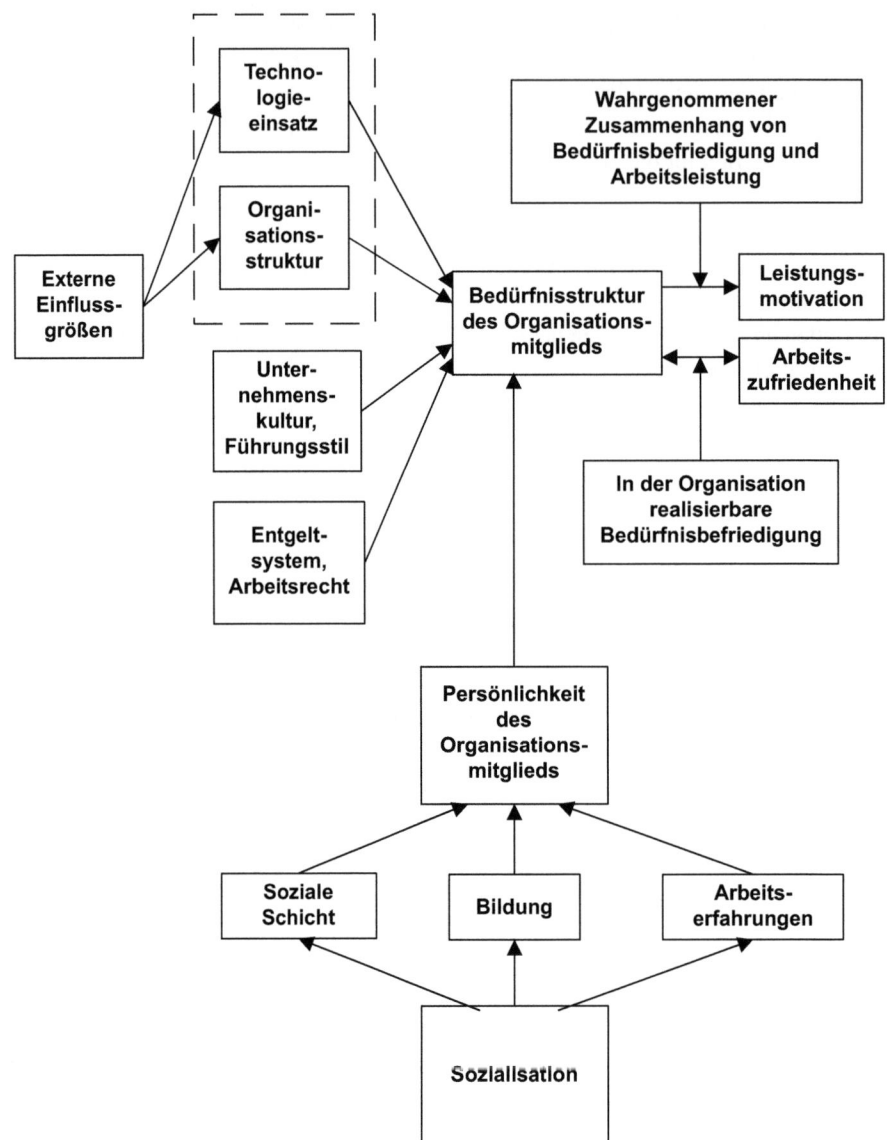

(Quelle: nach Kieser / Kubicek 1978, S. 23)

Abb. 2.6 Sichtweise des Organisationsproblems im Human-Relations-Ansatz. (Quelle: nach Kieser und Kubicek 1978, S. 23)

2.2.1.3 Partizipation als Organisationsparameter

Im sachlichen Kontext des Human-Relations-Ansatzes ist im Zuge der weiteren Entwicklung unter anderem das heuristisch-utopische Konzept der

Individualisierten Organisation

entstanden (vgl. Schanz 1994, S. 94 ff.). Es soll der **Individualisierung der Arbeitsorientierung** in der Gesellschaft angemessen Rechnung tragen. Danach sind die Mitarbeiter als Folge des Wertewandels zunehmend auf Individualität am Arbeitsplatz bedacht. Analog zum Megatrend der **Individualisierung der Kundenwünsche** am Absatzmarkt wird eine Individualisierung der arbeitsbezogenen Bedürfnisse für den Arbeitsmarkt angenommen. Davon ausgehend kommt es in motivationstheoretischer Sicht entscheidend darauf an, dass die Gestaltung der Organisationsstruktur im Sinne der Förderung eines konstruktiven Leistungsklimas angemessene Freiräume für die Entfaltung von Individualität schafft. Solche Individualität erhält insbesondere Ausdruck in den Chancen der Mitarbeiter, an wichtigen betrieblichen Belangen und Entscheidungen zu partizipieren. Den angenommenen Wirkungszusammenhang zeigt Abb. 2.7.

Von den Partizipationsbereichen gehen Impulse in Bezug auf die psychologische Befindlichkeit der Organisationsmitglieder aus. Die Art dieser Einflüsse wird jedoch überformt durch Merkmale des Unternehmens sowie Persönlichkeitsmerkmale der Mitarbeiter. Aus den psychologischen Zuständen der Individuen, wie Autonomie und Sinnerfüllung, erwachsen mitarbeiterbezogene Ergebnisse. Solche Ergebnisse können Akzeptanz, En-

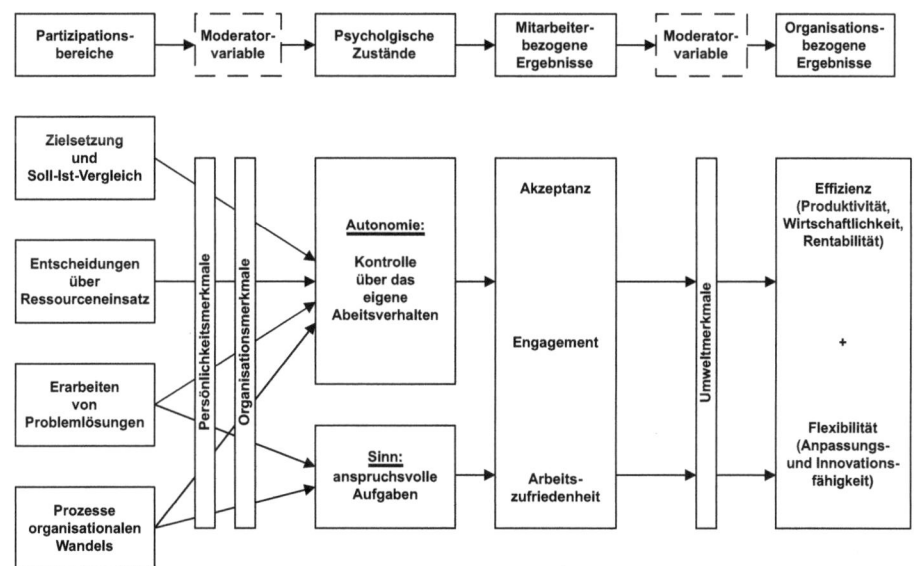

Abb. 2.7 Partizipation und organisationale Effektivität. (Quelle: nach Schanz 1992, S. 1911)

gagement oder Arbeitszufriedenheit sein. In der nächsten Stufe des Prozesses wirken als Moderatorvariablen wichtige Merkmale der relevanten Umwelt auf den Beziehungszusammenhang ein, in welchem schließlich als organisationsbezogene Ergebnisse messbare Ausprägungen von Effizienz und Flexibilität zu konstatieren sind.

▶ Es gilt die Annahme, wonach hohe Partizipation und damit die ausgeprägte Berücksichtigung individueller Bedürfnisse ceteris paribus auf kollektiver Ebene gesteigerte Effizienz und gesteigerte Flexibilität determiniert.

Die in der betrieblichen Praxis konstatierbaren Gestaltungsformen reflektieren immer wieder die erhebliche empirische Relevanz der Aussagen und der Empfehlungen des Human-Relations-Ansatzes. Zweifellos findet im Zuge der organisationalen Entscheidungsfindung in den Unternehmen in erheblichem Umfang die Auseinandersetzung mit den Erkenntnissen der Human-Relations-Schule statt. Dies sei exemplarisch durch den nachstehend zitierten Auszug aus der Unternehmenskultur des Unternehmens Hewlett Packard dokumentiert.

Beispiel

Auszug aus der Unternehmenskultur von Hewlett-Packard
Engagierte MitarbeiterInnen
Wir wollen MitarbeiterInnen von HP am Erfolg des Unternehmens beteiligen, der durch sie erst möglich wird. Wir bieten unseren MitarbeiterInnen leistungsorientierte Beschäftigungsmöglichkeiten und schaffen mit ihnen eine sichere und kreative Arbeitsumgebung, in der sowohl die Vielseitigkeit als auch die Individualität jedes Einzelnen geschätzt wird. Außerdem möchten wir dazu beitragen, dass unsere MitarbeiterInnen Zufriedenheit und Erfüllung bei ihrer Arbeit finden.
Führungskompetenz
Erfolg im Geschäftsbereich durch gesellschaftliches Engagement. Wir fördern auf jeder Hierarchiestufe Führungskräfte, die Verantwortung für das Erreichen unserer Unternehmensziele übernehmen und sich mit unseren Grundwerten identifizieren.
(Quelle: Hewlett Packard 2008) ◂

Die dargestellten unternehmenspolitischen Leitsätze fixieren grundlegende strukturelle Vorgaben zur Partizipation der Mitarbeiter und zur Individualität der Arbeitsbedingungen im Hause Hewlett Packard. Damit werden Rahmenbedingungen geschaffen und Wertorientierungen vermittelt, die im hektischen Tagesgeschäft nicht zur Disposition stehen, sondern die Aktivitäten ökonomisch und sozial effizient lenken sollen. Die theoretische Verankerung dieser unternehmenskulturellen Standards im Human Relations Ansatz ist klar erkennbar.

2.2.2 Betriebswirtschaftliche Organisationslehre

2.2.2.1 Grundlagen

Der Ansatz der betriebswirtschaftlichen Organisationslehre steht im Kontext der Doktrinen aus der traditionellen Managementlehre. Daher ist die betriebswirtschaftliche Organisationslehre als Fortführung und Weiterentwicklung der Untersuchungen und Inhalte der traditionellen Managementlehre im deutschsprachigen Raum charakterisierbar. Als bedeutende Vertreter und Begründer dieser Variante neoklassischer Organisationstheorie seien Nordsieck (1934, 1968); Schramm (1936); Kosiol (1976) und Grochla (1972, 1982) benannt.

Ähnlich wie die traditionelle Managementlehre ist auch die betriebswirtschaftliche Organisationslehre durch ein **normatives Erkenntnisinteresse** geprägt:

> **Es geht um das Erarbeiten von Gestaltungsempfehlungen für die betriebliche Praxis!**

Der in der traditionellen Managementlehre verfolgte Anspruch auf Allgemeingültigkeit der Konzepte im Sinne von generell optimalen Problemlösungen wird allerdings in der betriebswirtschaftlichen Organisationslehre aufgegeben. Das Ziel von Forschungsprojekten und Theorienbildung besteht vielmehr im Bereitstellen **alternativer Gestaltungsprinzipien** als Angebot für die betriebliche Praxis. Die Auswahl unter diesen Prinzipien sowie ihre problemadäquate Anwendung obliegen den Entscheidungsträgern in den Unternehmen. Diesen Entscheidungsträgern will die Organisationslehre begründete, fundierte Gestaltungshilfen im Interesse der Verbesserung der Entscheidungsqualität anbieten.

2.2.2.2 Fokus Aufgabenbewältigung

Im Rahmen der betriebswirtschaftlichen Organisationslehre steht die Kategorie *Aufgabe* im Mittelpunkt der Betrachtung. Sie bildet den Ausgangspunkt der organisatorischen Tätigkeiten und Maßnahmen. Organisation wird als etwas gedeutet, das sich auf die rationale Bewältigung von Aufgaben im Unternehmen bezieht. In diesem Sinne konstituiert Organisation ein Aufgabenerfüllungssystem (vgl. Bea und Göbel 2019, S. 100). Den so verstandenen paradigmatischen Charakter der Aufgabe innerhalb der betriebswirtschaftlichen Organisationslehre verdeutlicht Abb. 2.8.

Abb. 2.8 Die Aufgabe als Paradigma der betriebswirtschaftlichen Organisationslehre

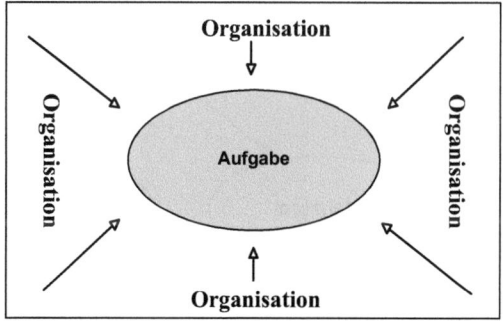

Die Organisation soll die sachgerechte, zweckrationale Erledigung der betrieblichen Aufgaben sicherstellen. Dazu bedarf es einer sinnvollen Aufgabenverteilung im Unternehmen. Den betrieblichen Entscheidungsträgern werden in diesem Zusammenhang alternative Prinzipien zur effektiven Bewältigung der Aufgabenverteilung bereitgestellt. Im Folgenden seien derartige Prinzipien exemplarisch erörtert:

- **Prinzip der Verrichtung**

Bei Anwendung des Verrichtungsprinzips im Zuge der Aufgabenverteilung erfolgt die **Zusammenfassung gleichartiger Tätigkeiten** (Verrichtungen) zu organisatorischen Einheiten. Ein Anwendungsbeispiel zeigt Abb. 2.9.

Im betrachteten Anwendungsfall steht die Aufgabenverteilung im Bereich Fertigung als Gestaltungsproblem zur Debatte. Nach dem Prinzip der Verrichtung wird das Gestaltungsproblem gelöst, indem das Bündeln der Tätigkeiten Stanzen, Lackieren und Montieren erfolgt. Dadurch entstehen eigenständige, voneinander abgegrenzte organisatorische Einheiten, denen jeweils die Durchführung der definierten Aufgaben obliegt. Der Bereich Fertigung wird damit untergliedert in die verrichtungsorientierten Teilbereiche Stanzerei, Lackierung sowie Montage.

- **Prinzip des Objekts**

Sofern die Aufgabenverteilung im betrachteten System nach dem Objektprinzip vorgenommen wird, führt dies zur Integration **verschiedenartiger Tätigkeiten** zu Aufgabenkomplexen. Als Bezugspunkte für die Zusammenfassung der Tätigkeiten dienen zu bestimmende Gegenstandsbereiche (= *Objekte*). In diesem organisatorischen Sinne können Objekte als Prinzipien der Aufgabenverteilung insbesondere Produkte, Produktgruppen, aber auch Kunden oder Kundengruppen (z. B. sogenannte Key-Accounts) sein. Die Abb. 2.10 zeigt exemplarisch die Anwendung des Objektprinzips.

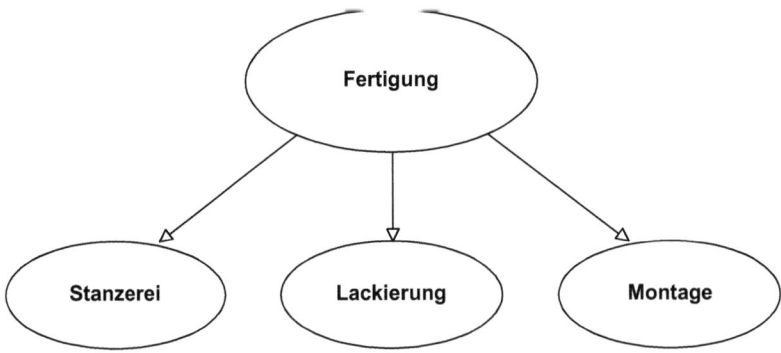

Abb. 2.9 Beispiel verrichtungsbezogener Aufgabenverteilung

2.2 Neoklassische Organisationstheorie

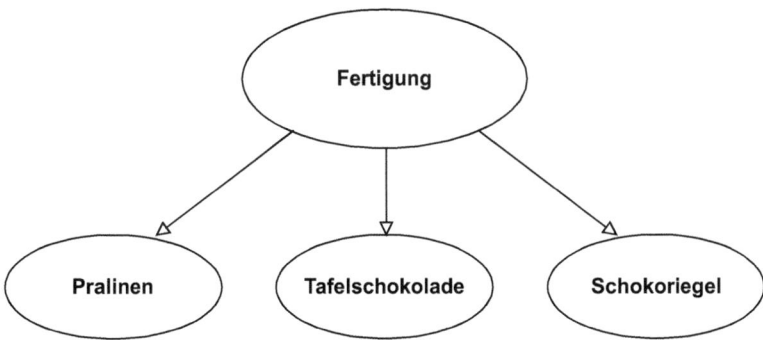

Abb. 2.10 Beispiel objektbezogener Aufgabenverteilung

Im Bereich Fertigung werden nach Maßgabe der Produktgruppen *Pralinen, Tafelschokolade und Schokoriegel* unterschiedliche Verrichtungen oder Tätigkeiten zu organisatorischen Einheiten gebündelt. So erfolgt etwa die Integration aller Aktivitäten zur Herstellung von Tafelschokolade in einer dafür abgegrenzten Abteilung.

- **Phasenprinzip**

Im Falle der Anwendung dieses Prinzips geschieht die Verteilung der Aufgaben nach Prozessabschnitten oder Phasen. Die logische Folge solcher Phasen verläuft von der Planung über die Durchführung bis hin zur Kontrolle. Abb. 2.11 enthält ein Beispiel phasenbezogener Aufgabenverteilung.

Im hier betrachteten Fall werden alle planenden Funktionen in der organisatorischen Einheit *Arbeitsvorbereitung* angesiedelt. Alle durchführenden Tätigkeiten hingegen konstituieren die Abteilung *Produktion*, während alle überwachenden Tätigkeiten in der organisatorischen Einheit Qualitätswesen zusammengefasst sind.

- **Prinzip des Ranges**

Das Rangprinzip betont die vertikale Differenzierung von Aufgaben. Folglich entstehen durch die organisatorischen Entscheidungen hinsichtlich der Aufgabenverteilung über- und untergeordnete Aufgabenkomplexe. Diesen Gestaltungseffekt soll Abb. 2.12 veranschaulichen.

Die Anwendung des Rangprinzips führt zur Bildung von organisatorischen Einheiten mit Entscheidungscharakter und solchen organisatorischen Einheiten, denen die Durchführung der Entscheidungsinhalte obliegt. Dies korrespondiert mit der prinzipiellen Abgrenzung dispositiver Arbeit und ausführender Arbeit im faktoranalytischen Ansatz der Betriebswirtschaftslehre (vgl. Gutenberg 1975; Wöhe 2000; auch oben, Abschnitt *Faktoranalytischer Ansatz der BWL*).

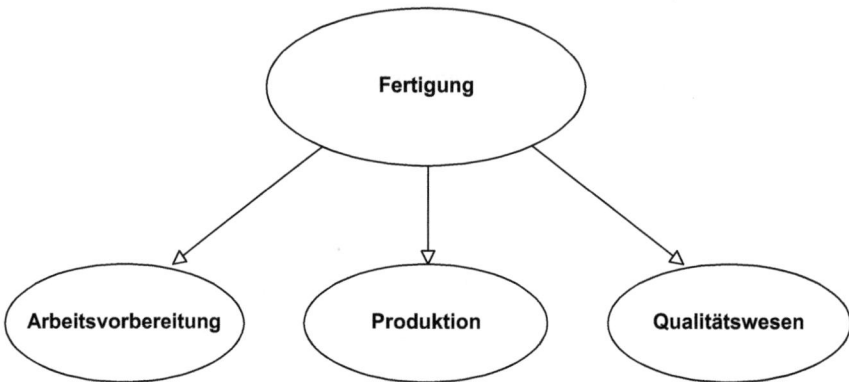

Abb. 2.11 Beispiel phasenbezogener Aufgabenverteilung

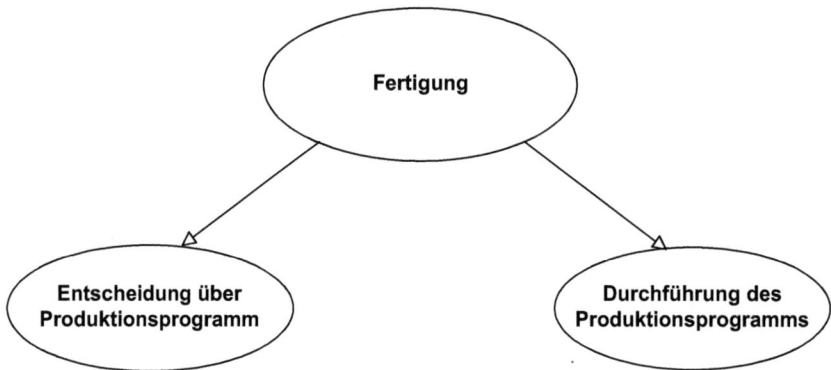

Abb. 2.12 Beispiel rangbezogener Aufgabenverteilung

- **Prinzip der Entscheidungszentralisation**

Aus der Berücksichtigung des Prinzips der Entscheidungszentralisation im Zuge der Aufgabenverteilung folgt die Konzentration der Kompetenzen im Top-Management und auf den oberen Leitungsebenen der Unternehmung. Die Steuerung des betrieblichen Geschehens geschieht in diesem Fall in hohem Maße aus dem Zentrum der betrieblichen Willensbildung (Eigentümer, Vorstände, Geschäftsführer) heraus. Handlungsleitend ist das Bestreben um möglichst weitreichende Bündelung der Kompetenzen im oberen Leitungssegment. Dies soll die Einheitlichkeit bei Entscheidungsfindung und Willensdurchsetzung gewährleisten. Die Wirkungen der Aufgabenverteilung nach dem Prinzip der Zentralisation von Entscheidungen vermittelt Abb. 2.13.

Als Folge der weitreichenden Konzentration der Managementaufgaben sowie der Kompetenzen in der Unternehmensspitze resultiert eine steile Hierarchie im Unternehmen. Die große sachliche Distanz zwischen Leitungsorgan und operativer Ebene aufgrund der ausgeprägten Aufgabendifferenzierung erfordert eine fein gliederte vertikale Transformation.

2.2 Neoklassische Organisationstheorie

Abb. 2.13 Aufgabenverteilung nach Maßgabe des Prinzips der Entscheidungszentralisation

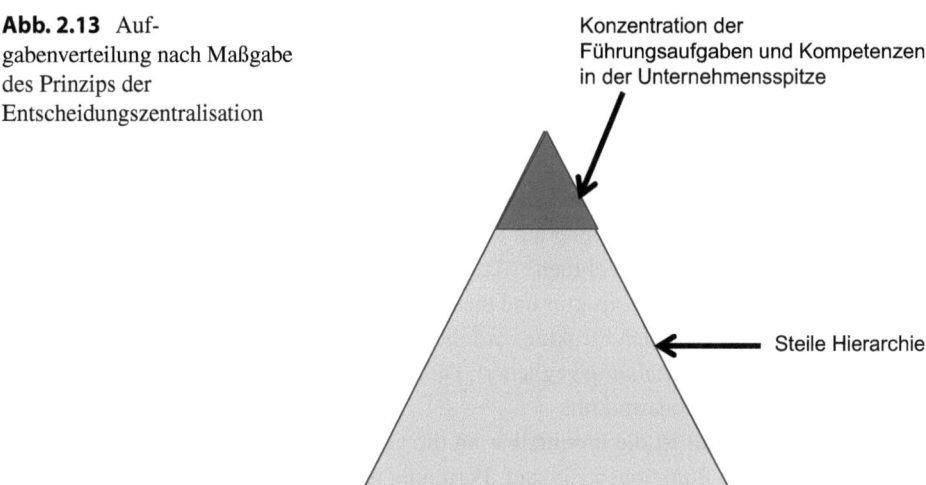

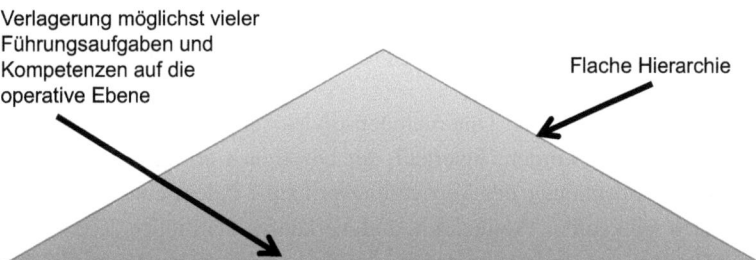

Abb. 2.14 Aufgabenverteilung nach Maßgabe des Prinzips der Dezentralisation von Entscheidungen

- **Prinzip der Dezentralisation von Entscheidungen**

Im Falle der Präferenz für das Dezentralisationsprinzip ist gerade das Bestreben um Verlagerung von möglichst vielen Entscheidungsbefugnissen auf mittlere und untere Ebenen in der Organisationshierarchie dominierend. Es wird eine erklärtermaßen ausgesprochen weitreichende Verlagerung von Kompetenzen und damit von Verantwortung für das Geschehen im Unternehmen sowie für die wirtschaftlichen Ergebnisse realisiert. Das Zuordnungskriterium besteht darin, Entscheidungen dort anzusiedeln, wo die korrespondierenden Aufgaben und Prozesse stattfinden. Das belässt Raum für differente Prozeduren der Entscheidungsfindung und Willensdurchsetzung in den verschiedenen Teilsystemen und auf den verschiedenen Handlungsebenen im Unternehmen. In Abb. 2.14 werden die Effekte der Anwendung des Prinzips der Dezentralisation von Entscheidungen aufgezeigt.

Die sachliche Distanz der Aufgabeninhalte zwischen Leitungsorgan und operativer Ebene wird im Falle der Dezentralisation erheblich verringert. Durch die Verlagerung von mehr Führungsaufgaben und Kompetenzen auf die operative Ebene entfällt in erheblichem Umfange der Bedarf an vertikaler Transformation. Dadurch tritt eine Verringerung der Anzahl hierarchischer Ebenen im Unternehmen ein. Die Hierarchie wird signifikant flacher.

2.2.2.3 Herleiten von Strukturtypen

Die Bildung von *Strukturtypen* generiert komplexe Gestaltungsprinzipien hinsichtlich der Aufgabenverteilung im Unternehmen. Als derartige grundlegenden Strukturtypen seien die funktionale Organisationsstruktur und die divisionale Organisationsstruktur ausgewiesen. Im Falle der funktionalen Struktur wird die zweite Leitungsebene des Unternehmens nach dem Prinzip der Verrichtung gegliedert. Die Abb. 2.15 zeigt ein Beispiel des Typs der funktionalen Organisationsstruktur.

Im betrachteten Fall ist die unmittelbar an die Geschäftsleitung berichtende Managementebene nach den Funktionen Einkauf, Fertigung und Vertrieb eingeteilt. Dadurch entsteht der Strukturtyp der funktionalen Organisation. Es werden gleichartige Tätigkeiten zu Aufgabenkomplexen integriert.

Ein alternatives komplexes Gestaltungsprinzip bildet der Typ der divisionalen Organisationsstruktur. Sie entsteht durch die Anwendung des Objektprinzips auf der zweiten Leitungsebene des Unternehmens. Ein Beispiel divisionaler Organisation ist in Abb. 2.16 dargestellt.

Das betrachtete Beispiel zeigt Unternehmensdivisionen, die nach dem Kriterium *Produkt* (= Objekt) gebildet wurden. Innerhalb der Divisionen erfolgt anschließend auf der dritten Ebene die Anwendung des Verrichtungsprinzips, indem eine Aufgliederung der Tätigkeiten nach Einkaufen, Produzieren und Verkaufen stattfindet. Konstitutiv für die divisionale Organisationsstruktur ist das Strukturierungskriterium der **zweiten** Leitungs-

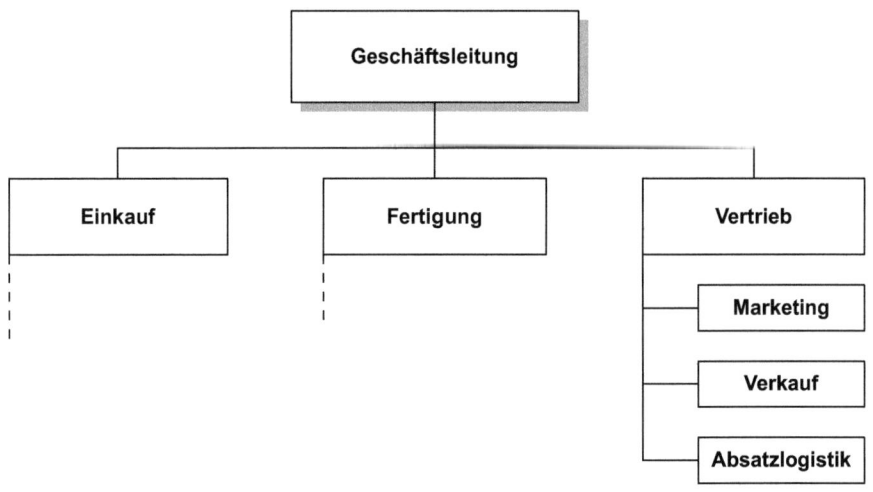

Abb. 2.15 Funktionale Organisationsstruktur

2.3 Moderne Organisationstheorie

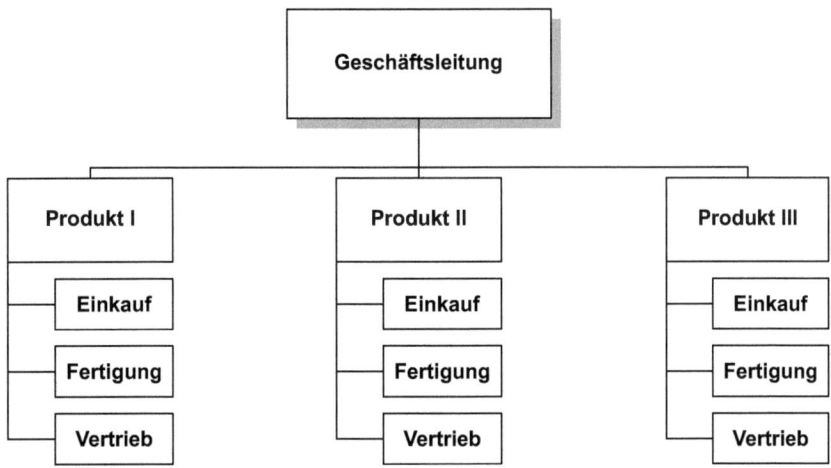

Abb. 2.16 Divisionale Organisationsstruktur

ebene. Auf den anderen Ebenen und in Teilbereichen können sehr wohl andere Kriterien für die Aufgabenteilung herangezogen werden. Für die divisionale Organisation sind in der betrieblichen Praxis und in der Fachliteratur synonym die Bezeichnungen Spartenorganisation oder Geschäftsbereichsorganisation gebräuchlich.

2.3 Moderne Organisationstheorie

Im Vergleich zu den vorgängigen Entwicklungsstufen der klassischen sowie der neoklassischen Organisationstheorie ist die moderne Organisationstheorie als Ausdruck des bisher realisierten Erkenntnisfortschritts am weitesten verzweigt und am schwierigsten repräsentativ zu fassen. Besonders bedeutsam erscheint allerdings die Bearbeitung der zentralen Größen *Entscheidung, System und Situation* als herausragende organisationale Kategorien. Davon ausgehend werden im Folgenden der entscheidungsorientierte, der systemorientierte und der situative Ansatz als maßgebliche Bestandteile der modernen Organisationstheorie dargestellt und erörtert.

2.3.1 Entscheidungsorientierter Ansatz

In der Fachliteratur sind unter der Bezeichnung *Entscheidungsorientierter Ansatz* recht unterschiedliche Konzepte zu finden, für die jedoch als gemeinsames Kennzeichen gilt, dass die betriebswirtschaftliche Kategorie der **Entscheidung** im Mittelpunkt der Betrachtung steht. Dieses Merkmal verdeutlicht Abb. 2.17.

Analog zur betriebswirtschaftlichen Organisationslehre, welche durch die Fokussierung der Aufgabe gekennzeichnet ist, wird im Falle entscheidungstheoretischer Organisa-

Abb. 2.17 Die Entscheidung als organisationstheoretischer Erkenntnisgegenstand

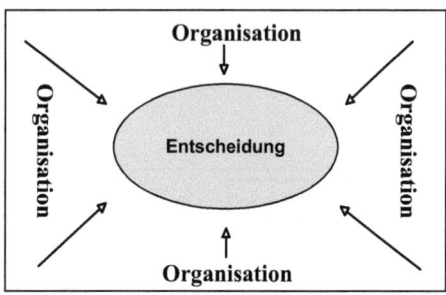

tionslehre die Kategorie der Entscheidung zum Ausgangspunkt jeglicher strukturellen Analyse und organisationalen Gestaltung erhoben. Organisation soll in dieser Perspektive das Finden sinnvoller Entscheidungen nachhaltig unterstützen.

Eine Variante des entscheidungsorientierten Ansatzes in der Organisationslehre repräsentiert der **Entscheidungslogische Ansatz.** Dieses Konzept betont mathematisch-logische Elemente von Organisation, wie sie etwa in Operations-Research-Verfahren angelegt sind. In Anbetracht seines stark modellhaften Charakters sowie seiner begrenzten anwendungsbezogenen Bedeutung soll der Entscheidungslogische Ansatz hier nicht vertiefend behandelt werden. Eine andere Ausprägung entscheidungsorientierter Organisationslehre bildet das Konzept der **Verhaltenswissenschaftlichen Entscheidungstheorie.** Aufgrund der hohen Aussagekraft dieses Konzepts sowie seiner realistischen Annahmen wird der Ansatz der verhaltenswissenschaftlichen Entscheidungstheorie hier exemplarisch für die entscheidungsorientierte Organisationstheorie vertiefend dargestellt.

2.3.1.1 Grundaspekte der verhaltenswissenschaftlichen Entscheidungstheorie

Die Grundlagen dieses Ansatzes werden auf die Arbeiten von Barnard (1938) zurückgeführt. Maßgebliche Bedeutung für die weitere Entwicklung der verhaltenswissenschaftlichen Entscheidungstheorie hin zu einer modernen Organisationstheorie haben insbesondere die Beiträge von Simon (1976); Cyert und March (1963); March (1994); Kirsch (1988); Denrell (2004) und Gavetti et al. (2012). Das Erkenntnisinteresse in der verhaltenswissenschaftlichen Entscheidungstheorie bezieht sich insbesondere auf die nachstehenden Aspekte:

- **Überleben der Organisation**

  Dieser Aspekt betrifft die Entwicklung der Fähigkeit des sozialen Gebildes, die eigene Existenz auch in kritischen Phasen zu sichern. Der Fortbestand der Organisation, insbesondere in Phasen der Turbulenz, steht zur Debatte.

- **Anpassung der Organisation**

  Hierbei geht es um die Fähigkeit des betrachteten Gebildes, adäquat auf Veränderungen im relevanten Kontext zu reagieren. In diesem Zusammenhang ist die Organisation gefordert, sich neuen Umweltbedingungen sinnvoll anzupassen.

2.3 Moderne Organisationstheorie

- **Zusammenhang von Organisationsstruktur und Verhalten der Organisationsteilnehmer**

Es wird untersucht, in welcher Weise und in welchem Ausmaß strukturelle Regelungen das Leistungs- und Entscheidungsverhalten der handelnden Akteure beeinflussen.

Die dargelegte Interpretation des Organisationsproblems findet Ausdruck in einer entsprechend spezifizierten Definition des Organisationsbegriffs (also im ganz grundsätzlichen Verständnis von Organisation):

▶ **Organisation** System bewusst koordinierter Handlungen

Im Einzelnen lässt sich das Organisationskonzept der verhaltenswissenschaftlichen Entscheidungstheorie anhand einiger markanter Merkmale charakterisieren. Danach besteht eine Organisation aus der Summe zweckgerichteter Verhaltensweisen (Handlungen) der Teilnehmer. Die Individuen (Personen) gehören nicht zur Organisation, sondern sind Bestandteil der organisationalen Umwelt. Lediglich ein Teil der Handlungen von Personen geht in das System Organisation ein. Die Personen sind im Regelfall Teilnehmer an mehreren Organisationen. Dies wird bei Betrachtung des gewählten **weiten Teilnehmerbegriffs** erkennbar. Organisationsteilnehmer sind nicht nur die Beschäftigten, also die Führungskräfte und Mitarbeiter des Unternehmens. Vielmehr bilden auch die Interessengruppen der Eigentümer, der Kreditgeber, der Kunden, der Lieferanten sowie der Öffentlichen Hand relevante Organisationsteilnehmer im Verständnis der verhaltenswissenschaftlichen Entscheidungstheorie.

▶ Die Organisationen sind unpersönliche Gebilde, sie haben Bestand, auch wenn die Teilnehmer im Zeitablauf wechseln. Dieser Aspekt betont das Merkmal der **Dauerhaftigkeit** von Organisation.

2.3.1.2 Anreiz-Beitrags-Theorem

Eine zentrale Anforderung in Bezug auf die organisationale Gestaltung besteht im Schaffen und Erhalten des **Gleichgewichts zwischen Anreizen und Beiträgen**. Zum Zwecke der Realisation der Organisationsziele sind geeignete Beiträge, d. h. Handlungen oder Leistungen der Teilnehmer erforderlich. Solche Beiträge werden die Organisationsteilnehmer bereitstellen, sofern und soweit ihnen dafür von Organisationsseite hinreichende Anreize geboten werden. Die Organisation benötigt Beiträge der Teilnehmer, um Anreize zur Verfügung stellen zu können, und umgekehrt sind gerade derartige Anreize Voraussetzung für das Einwerben von Teilnehmerbeiträgen. Eben dieser Zusammenhang konstituiert das Erfordernis von Gleichgewicht zwischen den organisatorischen Anreizen und den Beiträgen der Teilnehmer. Dies kommt in Abb. 2.18 zum Ausdruck.

Die Teilnehmergruppen leisten Beiträge unterschiedlichster Art, soweit ihnen dafür hinreichend attraktive Anreize geboten werden. Wichtige Beiträge seitens der Mitarbeiter bestehen im Erbringen der von der Organisation benötigten Arbeitsleistungen, in der Unternehmenszugehörigkeit sowie im Verbleib im Unternehmen. Als Anreize erhalten die

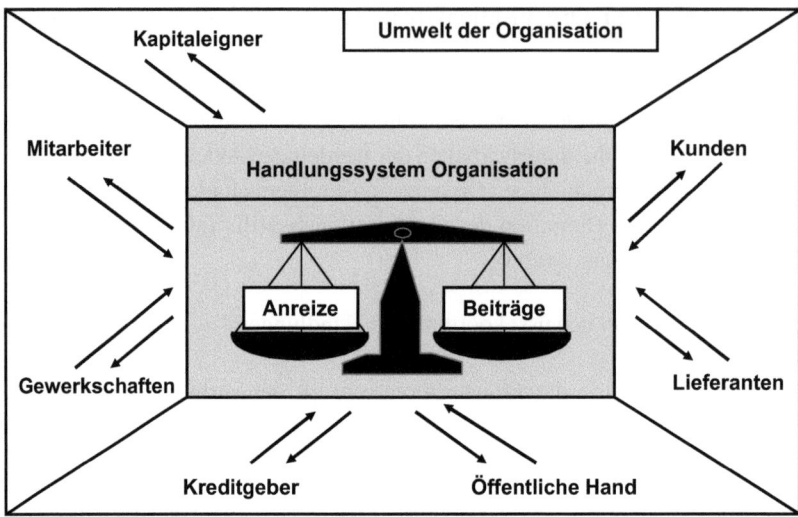

Abb. 2.18 Gleichgewicht organisationaler Anreize und Beiträge

Mitarbeiter Arbeitsentgelt, herausfordernde Aufgaben, Prestige, Karriereoptionen und den Zugang zu betrieblichen Sozialbeziehungen.

Dagegen sind Rendite, Kapitalsicherung und Shareholder Value maßgebliche Anreize für die Kapitaleigner, welche im Gegenzug das benötigte Eigenkapital bereitstellen und Risiken übernehmen. Für die übrigen angeführten Teilnehmergruppen gelten prinzipiell ähnliche Konstellationen.

Das verwirklichte Gleichgewicht von Anreizen und Beiträgen sichert das Überleben der Organisation, da bei Erfüllen dieser Bedingung die benötigten Handlungen zur Verfügung stehen. Darüber hinaus bedeutet die immer wieder neue Rückkehr zum Anreiz-Beitrags-Gleichgewicht die Anpassung der Organisation an Veränderungen in der Umwelt. Solche Kontextänderungen finden Niederschlag in der Variation der seitens der Teilnehmer aktualisierten Bedürfnisse, welche gerade darauf abgestimmte Anreizkonstellationen erfordern. Insbesondere muss das organisationale Leistungsangebot an den sich ändernden Konsumpräferenzen der Teilnehmergruppe Kunden orientiert sein.

2.3.1.3 Überlegungen zur Koordination

Aufschlussreich innerhalb der entscheidungsorientierten Organisationstheorie ist ebenfalls die Behandlung von Koordinationsaspekten. Da nach dem grundlegenden Verständnis Organisationen aus den Handlungen heterogener Teilnehmergruppen bestehen, resultiert die Notwendigkeit der Koordination eben dieser Handlungen. Dies verdeutlicht die hergeleitete Definition:

▶ **Koordination** Zielgerichtete Abstimmung heterogener Handlungen

2.3 Moderne Organisationstheorie

In Bezug auf die Umsetzung der so verstandenen Koordination sind unterschiedliche Formen der Abstimmung anwendbar. Die Koordination durch **Handlungsprogramme** basiert auf Vorgaben zum Handlungsvollzug. Es kommt dann darauf an, möglichst rationale und operationale Vorgaben zu erarbeiten, welche die verschiedenen Handlungen in der Organisation steuern und aufeinander sowie auf die verfolgten Ziele beziehen. Eine andere Option zur Lösung des Koordinationsproblems bietet das Instrument **Herrschaft**. In diesem Fall werden die Handlungen der verschiedenen Organisationsteilnehmer durch Weisungen autorisierter Personen (Vorgesetzte) aufeinander abgestimmt. Diese Koordinationsform stößt jedoch ebenso wie die Koordination durch Handlungsprogramme relativ schnell an Grenzen. Das wird besonders klar erkennbar, wenn es um die Abstimmung von Handlungen der Kunden geht.

Einen ganz anderen Zugang zur Koordination bieten **Verhandlungsprozesse**. Das Unternehmen lässt sich als Koalition von Individuen deuten. Diese Koalition besteht wiederum aus einer Reihe von Subkoalitionen, etwa den Subkoalitionen der Arbeiter, der Angestellten, der Manager und der Aktionäre. Notwendige Bedingung für das Überleben der Organisation ist ihre Fähigkeit zur Erfüllung der Teilnehmererwartungen. Die deshalb erforderliche Erfassung, Abstimmung und Integration dieser Erwartungen kann mit Hilfe von Verhandlungsprozessen geschehen. Das Prinzip der Koordination im Wege von Verhandlungen veranschaulicht die Abb. 2.19.

Die Erwartungen T_1 bis T_n der Teilnehmer finden Eingang in den Verhandlungsprozess. Dieser Prozess wirkt im Sinne eines Mechanismus zur Transformation. Der Output des Verhandlungsprozesses wird durch anzustrebende Zustände, nämlich die Ziele Z_1 bis Z_n definiert. Solche durch Verhandlungen gewonnenen Ziele besitzen den Vorteil, dass die relevanten Interessengruppen an der Erarbeitung mitgewirkt haben. Dies hat positive Wirkungen hinsichtlich der Akzeptanz der Ziele sowie hinsichtlich der Identifikation der Teilnehmer mit den seitens der Organisation verfolgten Zielkategorien. Problematisch erscheint der vergleichsweise hohe Zeitaufwand für die Lösung von Koordinationsproblemen im Verhandlungswege. Weiterhin kann es passieren, dass die Verhandlungsprozesse nicht

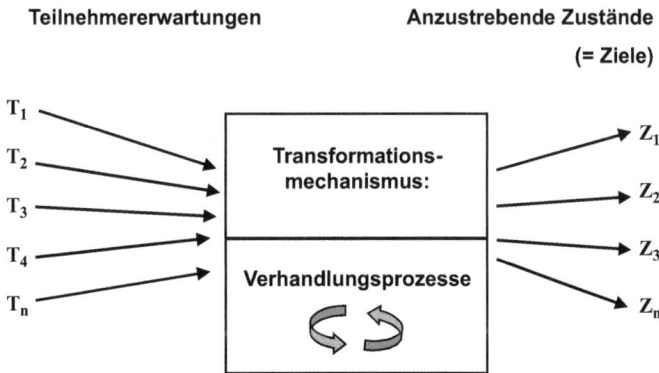

Abb. 2.19 Koordination durch Verhandlungen

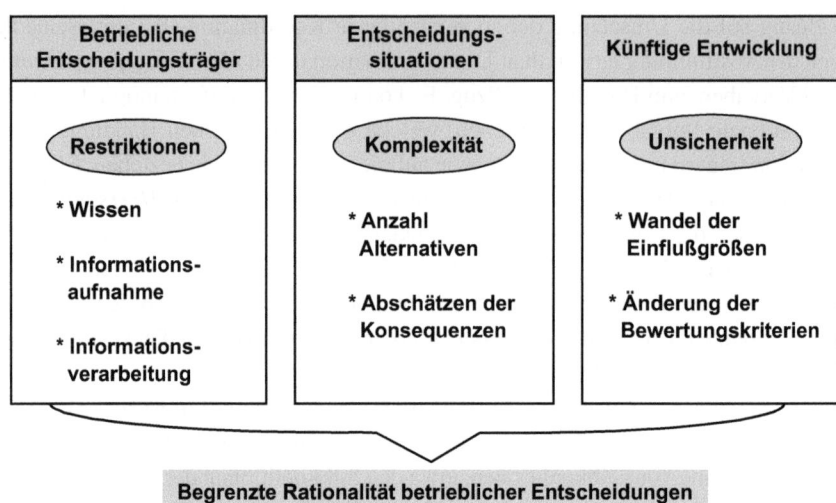

Abb. 2.20 Rationalität von Entscheidungen im Unternehmen. (Quelle: nach Simon 1976, S. 81 f.)

zum erfolgreichen Abschluss gebracht werden. In diesem Fall gerät der intendierte Mechanismus der Transformation von Teilnehmererwartungen in Organisationsziele außer Funktion. Das Koordinationsproblem bedarf in solchen Fällen anderweitiger Lösungsansätze.

2.3.1.4 Rationalität individuellen Entscheidungsverhaltens

Ein weiteres Feld entscheidungsorientierter Organisationsanalyse umfasst Fragen zur Rationalität des individuellen Entscheidungsverhaltens. Dafür gilt die **Prämisse begrenzter Rationalität betrieblicher Entscheidungen**. Zur Begründung dieser Prämisse sei auf den Inhalt der Abb. 2.20 verwiesen.

Die betrieblichen Entscheidungsfelder sind besetzt durch die Elemente Entscheidungsträger, Entscheidungssituation und künftige Entwicklung. Für die personellen Entscheidungsträger gelten Restriktionen im Hinblick auf die verfügbaren Wissenskomponenten, die Fähigkeit zur Aufnahme von Informationen sowie die Fähigkeit zur Verarbeitung solcher Informationen.

Die Entscheidungssituationen haben regelmäßig komplexen Charakter. Ihre Komplexität resultiert aus der nicht überschaubaren Anzahl prinzipieller Alternativen sowie aus der Schwierigkeit des Abschätzens der Konsequenzen solcher Entscheidungsalternativen. Darüber hinaus besteht in Entscheidungsfeldern Unsicherheit hinsichtlich der künftigen Entwicklung relevanter Bedingungen. Dies betrifft zum einen den künftigen Wandel von Einflussgrößen, beispielsweise auf dem Gebiet des Wettbewerbs. Zum anderen ist eine Änderung der Bewertungskriterien im Zeitablauf zu erwarten. In Anbetracht der grundsätzlichen Beschaffenheit betrieblicher Entscheidungsfelder können Entscheidungen in Organisationen per se nicht absolut rational ausfallen. Bestenfalls erscheint die Realisierung begrenzter Rationalität, also eine Annäherung an das Ideal totaler Rationalität, erreichbar.

2.3 Moderne Organisationstheorie

Ausgehend von der Prämisse begrenzter Rationalität betrieblicher Entscheidungen soll die Organisation als das strukturelle Instrumentarium der Unternehmensführung insbesondere die

- **Reduktion von Komplexität sowie die**
- **Absorption von Unsicherheit**

bewirken. Das Ergebnis erfolgreicher organisationaler Gestaltung besteht auf diesem Hintergrund im Schaffen vereinfachter und damit für die Entscheidungsträger handhabbarer Entscheidungssituationen. Die notwendige Komplexitätsreduktion wird organisatorisch durch die **Einengung der Anzahl zulässiger Entscheidungsalternativen** herbeigeführt.

▶ Eine derartige Einengung kann etwa in Vorgaben hinsichtlich der anzufragenden Lieferanten, der Art der zu beschaffenden Anlagegüter sowie des monetären Auftragsvolumens bei Investitionsentscheidungen bestehen.

Dagegen geschieht die ebenfalls erforderliche Absorption von Unsicherheit im Wege der **Herleitung eindeutiger Schlussfolgerungen aus mehrdeutigen Informationen**.

▶ So beispielsweise, wenn aus hohen Arbeitskosten im Stammland die Rationalität von Verlagerungen der Fertigung an ausländische Märkte gefolgert wird.

Im Einzelnen befasst sich die verhaltenswissenschaftliche Entscheidungstheorie insbesondere mit den im Folgenden dargestellten organisatorischen Instrumenten zum Zwecke der Vereinfachung von Entscheidungssituationen:

- **Arbeitsteilung**

Durch die Arbeitsteilung entstehen individuell überschaubare, verständliche und erlernbare Arbeitsinhalte (Stellen). Die Spezialisierung fördert Trainings- und Lerneffekte seitens der Mitarbeiter, was die signifikante Steigerung der Rationalität ihrer Handlungen ermöglicht. Im Falle von Professionalisierung gehen aus dem Prozess der Arbeitsteilung hoch qualifizierte Aufgabenkomplexe hervor. Die Bewältigung solcher Aufgaben setzt die fundierte, umfassende und anspruchsvolle Ausbildung der dafür einzusetzenden personellen Aufgabenträger voraus.

- **Standardisierte Verfahren**

Als Resultat der Standardisierung entsteht die Vereinheitlichung wiederkehrender Abläufe. Im einzelnen Arbeitsprozess braucht der Aufgabenträger die Sinnhaftigkeit des Verfahrens dann nicht mehr zu hinterfragen. Es reicht aus, wenn die Person die Standards sachgerecht anwendet. Ein weiterer vereinfachender Effekt des Einsatzes standardisierter Verfahren besteht im Aufbau von Routine seitens der in den Prozess einbezogenen Personen.

- **Herrschaft und Hierarchie**

Bei Anwendung der Instrumente Herrschaft und Hierarchie vereinfachen persönliche Weisungen des Vorgesetzten die subjektive Entscheidungssituation. Dazu gehört es auch, dass solche Weisungen vom Individuum prinzipiell nicht hinterfragt, sondern angenommen, d. h. dem eigenen Handeln als Daten unterlegt werden. Dies korreliert mit Asymmetrien in der Zuordnung formaler Macht.

- **Kommunikation**

Vitale Prozesse des Informationsaustausches definieren ein stärker emanzipatorisch orientiertes Instrument zum Zwecke der Vereinfachung von Entscheidungssituationen. Aufgrund des offenen, kritischen Diskurses der Akteure werden dem Einzelnen die Sachverhalte transparenter. Außerdem fördert die Kommunikation die Bündelung individuellen Wissens. Dies führt in subjektiver Perspektive zur Reduktion des Schwierigkeitsgrades der anstehenden Entscheidungen.

- **Indoktrination**

Im Falle der Indoktrination werden Entscheidungsprobleme durch die Verinnerlichung gemeinsamer Werte der involvierten Akteure auf ein handhabbares Ausmaß reduziert. Solche Werte, (z. B. Null-Fehler-Philosophie oder Service-Orientierung oder die Nummer 1 am Markt werden zu wollen) selektieren die Gesamtheit der Alternativen nach dem Kriterium der Wertekonformität.

2.3.2 Systemorientierter Ansatz

Ähnlich wie der entscheidungsorientierte Ansatz, beschreibt auch die systemorientierte Organisationstheorie eine Gesamtheit recht heterogener Forschungsrichtungen. Das gemeinsame Merkmal all dieser Forschungsvarianten besteht gerade in der Deutung von Organisation als System. In Abb. 2.21 kommt dies zum Ausdruck.

In der hier eingenommenen Perspektive dominiert im Zuge der organisationalen Deskription und Explikation sowie in Bezug auf das Herleiten von Gestaltungsempfehlungen der Systemcharakter des Organisationsphänomens. Die anstehenden Fragen werden ausgehend von der Vorstellung der Organisation als System bearbeitet.

Exemplarisch wird hier die betriebswirtschaftlich besonders bedeutende sogenannte *materialistische Systemtheorie* behandelt. Als Synonyme zur Bezeichnung dieses Konzep-

2.3 Moderne Organisationstheorie

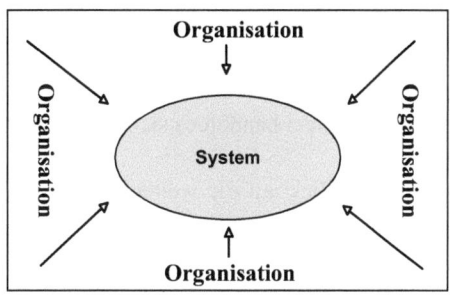

Abb. 2.21 Das System als Paradigma von Organisationstheorie

tes werden in der Literatur auch die Begriffe *allgemeine Systemtheorie* oder *technokybernetische Systemtheorie* verwendet. Grundlegende wissenschaftliche Beiträge zur Systemtheorie stammen von den Autoren Bertalanffy (1969); Emery (1969); Ulrich (1970); Malik (1984); Bleicher (1972, 1992); Luhmann (2006) und Willke (2016).

2.3.2.1 Merkmale materialistischer Systemtheorie

In systemtheoretischer Perspektive bestehen die dominanten Organisationsprobleme im Überleben von Systemen sowie im Herstellen systemischen Gleichgewichts. Die Erkenntnisziele beziehen sich auf den Nachweis von Funktionsprinzipien sowie auf die Gestaltung von Regelungsschemata. Darüber hinaus gelten für die systemtheoretische Organisationslehre die nachstehend erörterten charakteristischen Kennzeichen:

- **Denken in Analogien**

Systeme spielen in verschiedenen Wissenschaften eine wesentliche Rolle, z. B. in der Biologie, der Medizin, der Soziologie, den Ingenieurwissenschaften und der Betriebswirtschaftslehre. Die Systemtheorie soll nun den Transfer von Erkenntnissen zwischen den verschiedenen wissenschaftlichen Disziplinen unterstützen und fördern. Dazu wird der Systemcharakter der jeweiligen Inhalte herausgearbeitet. So ist die Biologie auf das Gewinnen von Erkenntnissen über Lebewesen, das sind organische Systeme, ausgerichtet. Den Gegenstandsbereich der Betriebswirtschaftslehre bilden dagegen Betriebe, das sind sozio-technische Systeme. Auf eben dieser abstrakten Systemebene gilt es, nach Gemeinsamkeiten in den Erkenntnisobjekten beider Disziplinen zu suchen und Analogieschlüsse herzuleiten.

- **Einheitliches Fachvokabular**

Die Verwendung abstrahierender gleicher Fachbegriffe soll die interdisziplinäre Kommunikation sowie den Transfer von Erkenntnissen zwischen den Disziplinen erleichtern. Auf diese Weise entwickelt sich eine wissenschaftliche Terminologie, welche das kommunikative Überschreiten enger fachbezogener Grenzen institutionalisiert.

- **Kybernetische Ausrichtung**

Zum Zwecke der Beeinflussung von Systemen werden kybernetische Verfahren herangezogen. Dabei handelt es sich um die Verfahren der Steuerung und der Regelung.

Im Hinblick auf die weitere Konkretisierung des betrachteten Ansatzes seien im Folgenden einige wesentliche systemtheoretische Grundbegriffe dargelegt.

▶ **Systemtheoretische Grundbegriffe System:** Geordnete Gesamtheit von Elementen, zwischen denen Beziehungen bestehen oder hergestellt werden können.

Supersystem:
Relevantes Umfeld eines Systems.
Subsystem:
Größere Teileinheit eines Systems (hat selbst Systemcharakter).
Element:
Kleinste interessierende Einheit eines Systems, die nicht weiter aufgegliedert werden kann oder soll.
Systemstruktur:
Netzwerk der Beziehungen zwischen den Elementen eines Systems.

Zur Veranschaulichung der betriebswirtschaftlichen Anwendung materialistischer Systemtheorie dient das Beispiel in Abb. 2.22.

In diesem Beispiel wird das System *Betrieb* betrachtet. Zu ihm gehören unter anderem die Subsysteme Logistik und Produktion. Innerhalb des Subsystems Logistik befinden sich die Elemente LKW, Monteur und Fahrer. Die Beziehungen zwischen diesen Elementen begründen die Systemstruktur. Auf der anderen Seite ist der Betrieb eingebettet in das Supersystem *Volkswirtschaft*. Relevante Bestandteile des Supersystems sind die Wettbewerber, die Kunden und die Lieferanten ebenso wie die Notenbank, die Infrastruktur, die staatliche Wirtschaftspolitik sowie die Rechtsordnung. Das Supersystem setzt dem betrachteten System die Rahmendaten.

2.3.2.2 Eigenschaften von Systemen

Anhand der jeweiligen Ausprägungen markanter Eigenschaften von Systemen erfolgt deren Charakterisierung und Differenzierung. Kennzeichnend sind insbesondere die nachstehend dargestellten Systemeigenschaften:

- **Offenheit**

Die Eigenschaft der Offenheit eines Systems wird durch das Ausmaß seiner Beziehungen zur Umwelt bestimmt. Gemeint ist damit die **relative Offenheit** oder Geschlossenheit eines betrachteten Systems gegenüber anderen Systemen. In diesem Sinne ist ein System (relativ) offen, sofern dieses System viele Beziehungen zur Umwelt aufweist. Ein (relativ) geschlossenes System besitzt dagegen keine oder nur wenige Beziehungen zu seiner Umwelt.

2.3 Moderne Organisationstheorie

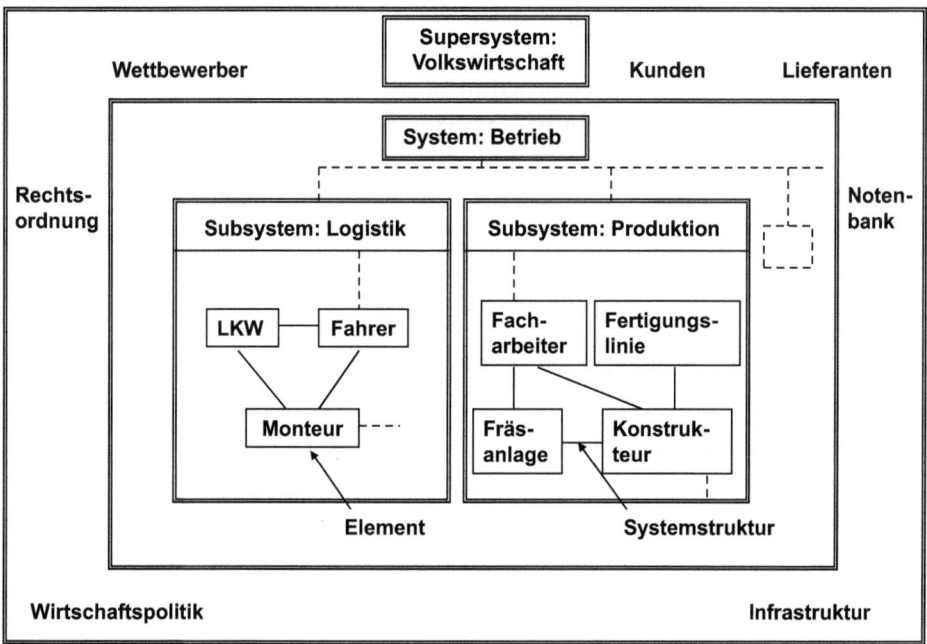

Abb. 2.22 Beispiel systemtheoretischer Beschreibung und Analyse

- **Dynamik**

Der Grad seiner Veränderung im Zeitablauf bestimmt die Ausprägung der Dynamik eines Systems. Dies bedeutet, dass Systeme mit hoher Veränderungsrate pro Zeiteinheit (relativ) dynamische Systeme sind. Als (relativ) statisch werden hingegen solche Systeme charakterisiert, welche keine Veränderungen oder lediglich geringe Veränderungsraten je Zeiteinheit aufweisen.

- **Komplexität**

Die Komplexität von Systemen resultiert aus der Anzahl der Beziehungen zwischen den Systemelementen. In komplexen Systemen bestehen viele Beziehungen zwischen den Elementen. Sofern die Elemente eines Systems nur durch wenige Beziehungen miteinander verbunden sind, handelt es sich um ein nicht komplexes System.

- **Zweck- und Zielorientiertheit**

Systeme sind zweck- und zielorientiert. Der Zweck eines Systems besteht in seiner von außen vorgegebenen Bestimmung. Dagegen drückt das Ziel den vom System selbst definierten Soll-Zustand aus.

- **Vorhersehbarkeit der Verhaltensweisen**

    In Abhängigkeit von der Prognostizierbarkeit der Verhaltensweisen lassen sich **determinierte Systeme und probabilistische Systeme** differenzieren. Im Falle determinierter Systeme sind die Verhaltensweisen eindeutig prognostizierbar. Bei probabilistischen Systemen bestehen **Freiheitsgrade** bezüglich des künftigen Verhaltens. Aufgrund dieser vorhandenen Alternativen können die Verhaltensweisen probabilistischer Systeme nicht eindeutig vorhergesagt werden.

> **Beispiel**
>
> Als Beispiel für solche Freiheitsgrade sei die Bewegungsfreiheit von Transportmitteln betrachtet:
> **Transportmittel Bahn,**
> Bewegungsalternative = vor oder zurück,
> Freiheitsgrad = 1
> **Transportmittel Schiff,**
> Bewegungsalternativen = vor oder zurück, nach links oder nach rechts,
> Freiheitsgrad = 2
> **Transportmittel Flugzeug,**
> Bewegungsalternativen = vor oder zurück, nach links oder nach rechts, nach oben oder nach unten,
> Freiheitsgrad = 3 ◄

Mit steigender Anzahl der Freiheitsgrade wächst die Unbestimmtheit (Probabilistik) eines Systems. Daher sind Systeme mit vielen Freiheitsgraden stark probabilistische Systeme.

Anhand der dargelegten Systemeigenschaften lässt sich eine systemtheoretisch geprägte Bestimmung des Begriffs *Betrieb* herleiten. Danach gilt folgende Definition:

▶ **Betrieb** Offenes, dynamisches, komplexes, probabilistisches, zweck- (Bedarfsdeckung) und zielorientiertes (Gewinnerwirtschaftung), sozio-technisches System

2.3.2.3 Lenkung von Systemen

Die Lenkung von Systemen geschieht mittels des Einsatzes **kybernetischer Verfahren**. Solche Verfahren gewährleisten im Falle von Störungen im Leistungsprozess (= Soll-/Ist-Abweichungen) die selbstständige Rückkehr des Systems in den Bereich zulässiger Abweichungen (Toleranzbereich). In kybernetischen Verfahren finden die Grundprinzipien der Steuerung sowie der Regelung Anwendung.

Die **Steuerung von Systemen** basiert auf dem Prinzip der Vorwärtskoppelung (Feedforward). Störungen werden vor dem Aktivitätsprozess des Systems identifiziert und ausgeräumt. Auf diese Weise soll erreicht werden, dass das Ergebnis des Leistungsprozesses, d. h. der System-Output, im zulässigen Toleranzbereich liegt. Eine schematische Darstellung des kybernetischen Grundprinzips der Steuerung zeigt Abb. 2.23.

2.3 Moderne Organisationstheorie

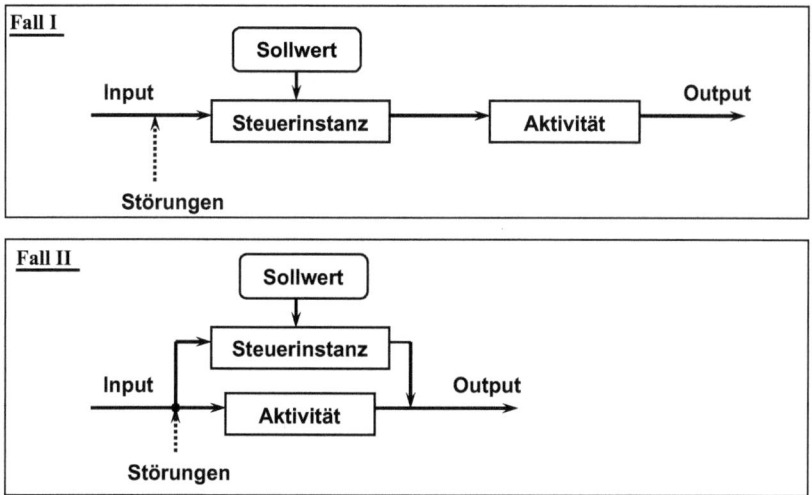

Abb. 2.23 Grundprinzip der Steuerung (Prinzip der Vorwärtskoppelung). (Quelle: nach Ulrich 1970, S. 124)

Der Input wird durch die Steuerinstanz erfasst und mit dem Sollwert abgeglichen. In der Fallgestaltung I besteht eine so genannte *Reihenschaltung*, d. h. der Soll-/Ist-Vergleich und der Aktivitätsprozess sind hintereinandergeschaltet. Dagegen zeigt die Fallgestaltung II eine sogenannte *Parallelschaltung*. Dabei verlaufen der Abgleich des Inputs mit den vorgegebenen Soll-Werten durch die Steuerungsinstanz einerseits und der Aktivitäts- bzw. Leistungsprozess andererseits parallel zueinander. Die ständige Prüfung des Inputs durch die Steuerinstanz, bei welcher die Ist-Werte auf der Strecke vor dem Aktivitätsprozess entnommen werden, soll sicherstellen, dass der Output stets im akzeptierten Toleranzbereich verbleibt.

Charakteristikum des Verfahrens der **Regelung von Systemen** ist das Prinzip der Rückkoppelung (Feedback). Störungen werden nach Beendigung des Leistungs- oder Aktivitätsprozesses des Systems erfasst und rückgemeldet. Soweit diese Rückmeldung Informationen bezüglich der Überschreitung des akzeptierten Toleranzbereichs durch die Ist-Werte beinhaltet, löst das die Eingabe von Korrekturentscheidungen in den Aktivitätsprozess aus. Der Aufbau eines solchen Regelsystems ist in Abb. 2.24 dargestellt.

Die übergeordnete Einheit des Regelsystems ist das zielsetzende System. Seine Funktion besteht in der Vorgabe des Soll-Wertes. Innerhalb des Regelsystems finden die Ist-Wert-Erfassung, der Soll-/Ist-Vergleich sowie das Auslösen von Korrekturmaßnahmen und die Promotion des Zielansteuerungsvorganges statt. Der Input gelangt in den Aktivitäts- oder Leistungsprozess, dessen Ergebnisse vom Ist-Wert-Erfasser registriert werden. Die Funktion des Reglers besteht im Durchführen von Soll-/Ist-Vergleichen. Bei Überschreiten des Toleranzbereichs veranlasst die Entscheidungsinstanz korrigierende Maßnahmen (Korrekturentscheide). Außerdem bewirkt die Entscheidungsinstanz das Auslösen und die ständige Wiederholung des Ziel-Ansteuerungsvorganges. Im Unterschied zur

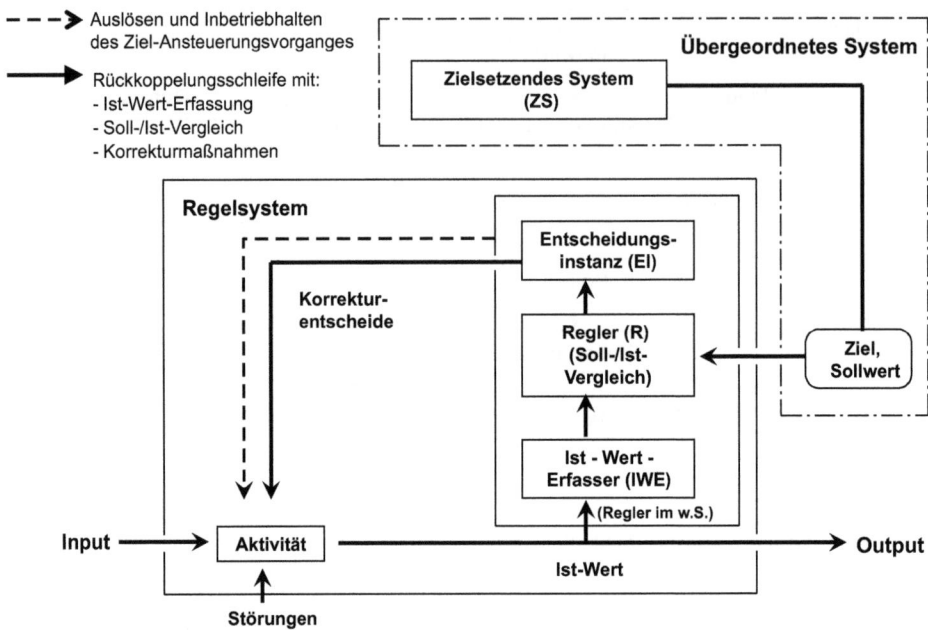

Abb. 2.24 Aufbau eines Regelsystems (Prinzip der Rückkoppelung). (Quelle: nach Ulrich 1970, S. 123)

Steuerung werden die Ist-Werte erst nach Abschluss des Aktivitätsprozesses erfasst, so dass sich etwa notwendige Änderungen in den nachfolgenden Aktivitäten positiv, d. h. im Sinne eines künftig störungsfreien Leistungsprozesses auswirken können.

Im Folgenden werden im Interesse des Aufzeigens grundsätzlicher Anwendungsbezüge einige Beispiele der kybernetischen Gestaltung von Arbeitsprozessen in Anlehnung an Ulrich (1970) vorgestellt. Die Abb. 2.25 zeigt ein Anwendungsbeispiel, in welchem die Regelung der Meisterposition obliegt.

Im betrachteten Fall gibt der Betriebsleiter die Ziele (Soll-Werte) vor. Das Regelungssystem wird durch den Meister ausgefüllt. Der Meister erfasst die Ist-Werte, führt Soll-/Ist-Vergleiche durch und trifft gegebenenfalls notwendige Korrekturentscheide. Den Arbeitern obliegt die Ausführung des Leistungsprozesses nach Maßgabe exakt vorgegebener und klar angewiesener Standards.

Das Anwendungsbeispiel in Abb. 2.26 zeigt einen kybernetisch gestalteten Arbeitsprozess nach Maßgabe des Modells *Management by Exception (MbE)*.

Der Unterschied des MbE gegenüber der Variante der Regelung durch den Meister (siehe Abb. 2.25) resultiert aus der besonderen Berücksichtigung von Ausnahmefällen. Nach dem Ausnahmeprinzip werden außergewöhnlich große Soll-/Ist-Abweichungen, wie sie etwa aufgrund gravierender unvorhergesehener Ereignisse auftreten können, identifiziert. Beim Auftreten derartiger gravierender Abweichungen ist der Meister verpflichtet, diesen Befund an den Betriebsleiter rückzukoppeln. Seitens des Betriebsleiters erfolgen

2.3 Moderne Organisationstheorie

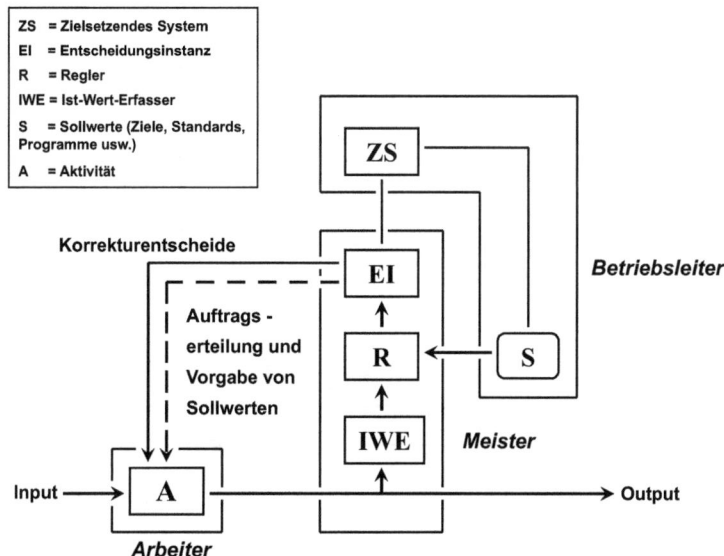

Abb. 2.25 Anwendungsbeispiel: Regelung durch den Meister

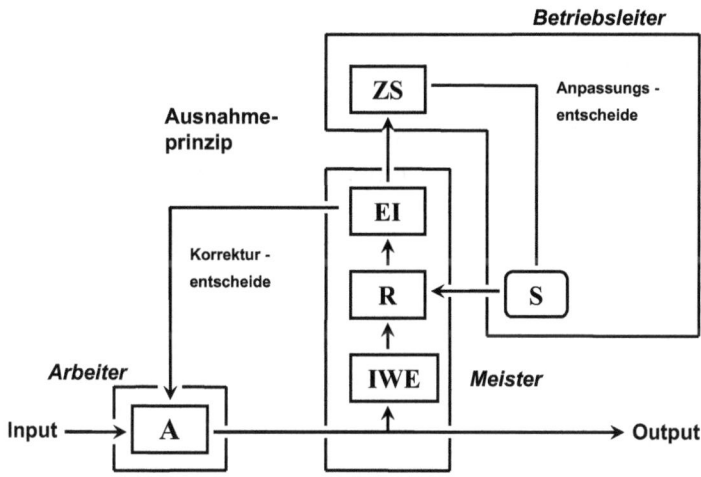

Abb. 2.26 Anwendungsbeispiel: Management by Exception

anschließend die Klärung der Ursachen für die Abweichungen und darauf basierend das Treffen von Anpassungsentscheidungen. Solche Anpassungsentscheide können die Änderung der Zielgröße (Soll-Wert) zum Gegenstand haben, sofern gewandelte Kontextbedingungen dies angezeigt erscheinen lassen. Andernfalls ist der Betriebsleiter gefordert, wirksame Maßnahmen zur Angleichung der Ist-Ergebnisse vorzunehmen. In allen gewöhnlichen Fällen hingegen, d. h. immer dann, wenn die Soll-/Ist-Abweichungen die de-

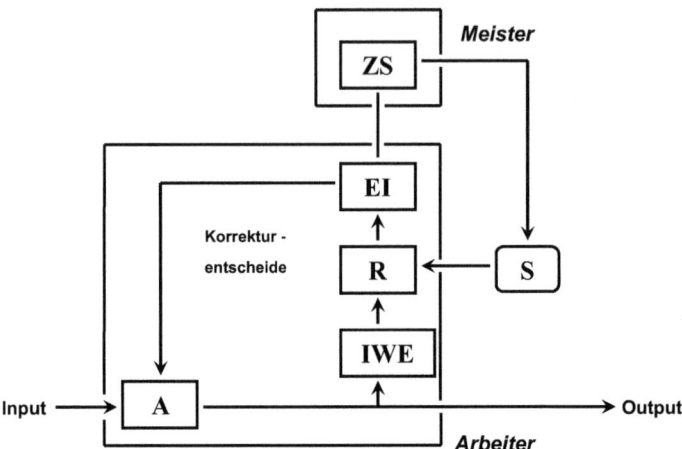

Abb. 2.27 Anwendungsbeispiel: Übertragung der Regelungsfunktion an die Arbeiter

finierte kritische Schwelle nicht überschreiten, trifft der Meister etwa notwendige Korrekturentscheide in Bezug auf den Leistungsprozess autonom und erteilt den Arbeitern entsprechende Weisungen.

In Abb. 2.27 wird die Fallgestaltung einer Übertragung der Regelungsfunktion an die Arbeiter dargestellt.

Das zielsetzende System wird durch den Meister ausgefüllt. Er gibt den Soll-Wert in das Regelsystem ein. Die Durchführung von Soll-/Ist-Vergleichen, das Auslösen von Korrekturentscheiden sowie die Realisierung des Aktivitätsprozesses übernehmen dagegen die Arbeiter. Diese Fallgestaltung der Übertragung der Regelungsfunktion an die Arbeiter entspricht dem *Konzept teilautonomer Gruppenarbeit*. Charakteristisch dafür ist die Integration von operativen und dispositiven Aufgabenelementen. Dies beginnt mit der Selbstkontrolle und mündet in Lernprozesse, welche sich im Zeitablauf immer präziser sowie qualifizierter in problemadäquaten, autonomen Korrekturentscheiden seitens der Arbeiter auswirken.

Zentrale Bedeutung innerhalb der systemorientierten Organisationslehre hat das

Gleichgewichtspostulat.

Danach ist der Zustand des Gleichgewichts eines Systems eine wesentliche Voraussetzung für das Überleben dieses Systems. Ein System, welches aus dem Gleichgewicht gerät und nicht die Fähigkeit besitzt, dieses Gleichgewicht zügig wiederherzustellen, befindet sich in einer Situation extremer Existenzgefährdung. Auf diesem Hintergrund besteht die Aufgabe von Organisation darin, die Bedingungen zur Herstellung und zum Erhalt des Gleichgewichts von Systemen zu schaffen. Zum Zwecke des Bereitstellens dieser existenznotwendigen Funktion nutzt die Organisation den Einsatz kybernetischer Verfahren.

2.3.3 Situativer Ansatz

2.3.3.1 Charakterisierung

Als situativer Ansatz wird eine umfassend angelegte und weit entwickelte organisationstheoretische Denkrichtung bezeichnet, deren wesentliche Intention darin besteht, den Kontext organisationaler Gestaltung maßgeblich in die Betrachtung einzubeziehen. Der Anspruch besteht im Überwinden der Defizite und einseitigen Schwerpunktbildungen vorgängiger organisationstheoretischer Ansätze. Dies wird angestrebt durch die Integration der vorliegenden Erkenntnisse auf dem Gebiet der Organisationstheorie unter dem Aspekt der situationsbezogenen Aufarbeitung und Nutzung solcher Erkenntnisse.

Die so verstandene situative Organisationstheorie wird ausgefüllt durch die Untersuchungen und Beiträge einer großen Zahl von Autoren. Exemplarisch sei hier für die deutschsprachige Fachliteratur auf die Arbeiten von Staehle (1973); Kieser und Kubicek (1992) und, in der Fortführung des Werkes von Kieser/Kubicek, auf Kieser und Walgenbach (2010) hingewiesen. Im englischsprachigen Raum finden die Bezeichnungen „Contingency Approach" (Kontingenzansatz) oder auch „Comparative Organizational Analysis" (vergleichende Organisationsforschung) Anwendung. Maßgebliche und die Theorieentwicklung prägende Beiträge stammen von Burns und Stalker (1961); Hall (1963); Woodward (1965); Lawrence und Lorsch (1967); Pugh und Hickson (1976); Shenhar (2001); McGrath (2006) und King et al. (2009).

Das gemeinsame Merkmal der Beiträge zur situativen Organisationstheorie besteht in der Prämisse, wonach der jeweiligen **Situation herausragende Bedeutung** zuzuordnen ist. Dies soll Abb. 2.28 zum Ausdruck bringen.

Dominierende Betonung findet die Erkenntnis, dass Aussagen über die organisationale Gestaltung besonders informativ sind, wenn sie mit den relevanten Parametern der jeweils maßgeblichen Situation in Verbindung gebracht werden. Aus Differenzen in den konstatierbaren Situationen lassen sich Rückschlüsse auf Unterschiede zwischen den realen Organisationsstrukturen herleiten. Danach sind Differenzen in den Strukturen real vorfindlicher Organisationen in differenten situativen Kontexten dieser Organisationen begründet. Ein weiteres kennzeichnendes Merkmal des Situationsansatzes besteht in seiner konsequent empirischen Ausrichtung. An die Stelle reiner Theorienbildung tritt die systemati-

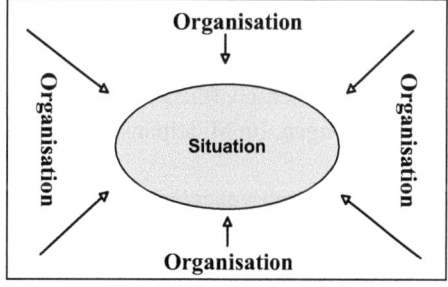

Abb. 2.28 Die Situation als zentrales Segment organisationaler Theorie

sche Untersuchung organisatorischer Problemstellungen durch das Erforschen der Gegebenheiten und Zusammenhänge in der betrieblichen Realität.

Im Einzelnen umfasst der situative Ansatz die nachstehend dargestellten konzeptionellen Schwerpunkte:

- **Konzept der Organisationsstruktur**
  Das Strukturkonzept soll das Abbilden der relevanten Eigenschaften von Organisationen modellhaft ermöglichen. Außerdem soll diese konzeptionelle Komponente den Bezugsrahmen für das Erfassen der graduellen Unterschiede in den Eigenschaften verschiedener Organisationen in der wirtschaftlichen Praxis bereitstellen.
- **Konzept der Situation**
  Ein wesentlicher Baustein der situativen Organisationstheorie besteht in der Identifikation und in der Operationalisierung der prägenden Einflussgrößen der Organisationsstruktur. Die wichtigsten derartigen Kontextfaktoren bilden das Konzept der Situation. Dadurch entstehen die Voraussetzungen für die Möglichkeit der Erklärung struktureller Unterschiede zwischen verschiedenen Organisationen in Abhängigkeit von den jeweiligen situativen Gegebenheiten.
- **Konzept der Verhaltenswirkungen und der Effektivität**
  Gegenstand dieses dritten konzeptionellen Schwerpunktes ist die Klärung des Zusammenhangs von Situation, Struktur, Verhalten und Zielerreichung (Effizienz, Effektivität, Erfolg). Damit wird das Verhalten der Organisationsteilnehmer als entscheidende Bezugsgröße struktureller Gestaltung herausgearbeitet.

Analog zu den anderen modernen Organisationstheorien umfassen auch die situativ ausgerichtete Organisationsforschung und die darauf basierende Organisationslehre aufschlussreiche Arbeiten, Studien und Beiträge mit recht unterschiedlichen Schwerpunktsetzungen. Informativ und hilfreich erscheint auf diesem Hintergrund die Differenzierung der *analytischen Variante* und der *pragmatischen Variante* des situativen Ansatzes. Darauf wird im Folgenden näher eingegangen.

2.3.3.2 Analytische Variante des situativen Ansatzes

Den Hintergrund der analytischen Variante bildet die Organisationssoziologie. Kennzeichnend ist das Bestreben um die Weiterführung des Bürokratiemodells sowie des Human-Relations-Konzepts der Organisationslehre. Das Forschungsprogramm ist am **theoretischen Wissenschaftsziel** orientiert. Dies bedeutet, dass es um das Gewinnen empirisch fundierter genereller **Erklärungen** für beobachtbare Organisationsphänomene geht. Das Bestreben wissenschaftlicher Forschung bezieht sich auf das Auffinden von Antworten auf *Warum-Fragen*. Im Mittelpunkt stehen insbesondere die nachstehenden Fragestellungen:

▶ Warum unterscheiden sich reale Organisationsstrukturen voneinander?
   Warum verhalten sich Organisationsmitglieder in verschiedenen Organisationen different?

2.3 Moderne Organisationstheorie

Als Ergebnis der Forschungsprozesse resultiert die Bildung von Theorien. Diese Theorien werden mit Hilfe empirisch-kognitiver Aussagen formuliert. Qualitätskriterien für die Bewertung der Theorien sind insbesondere der Erklärungsgehalt sowie das Ausmaß der empirischen Bestätigung der Inhalte. Je mehr Erklärungskraft eine Theorie vermittelt und je häufiger ihre empirische Bestätigung erreicht werden kann, umso höher ist die Qualität dieser Theorie einzustufen.

Im Zuge der **Modellbildung** wird den oben angeführten konzeptionellen Schwerpunkten situativer Theorie prinzipielle Bedeutung in Form von Annahmen über Ursache-/Wirkungszusammenhänge zugewiesen. Als **Aktionsparameter** gelten die Situationsdimensionen. Sie haben den Charakter unabhängiger Variablen. Dagegen sind die Dimensionen der Organisationsstruktur **Erwartungsparameter**, d. h., die Strukturdimensionen werden als abhängige Variablen gedeutet. Außerdem sind nach Maßgabe der analytischen Variante des situativen Ansatzes das Verhalten der Organisationsmitglieder und die Effizienz des organisationalen Geschehens weitere abhängige Variablen von hervorstechender Bedeutung. Den so hergeleiteten theoretischen Bezugsrahmen enthält Abb. 2.29.

Den Gegenstand empirischer Forschung bildet die Art der im obigen Modell aufgezeigten Beziehungen. Zunächst gilt es, den Einfluss maßgeblicher situativer Einflussgrößen (unabhängige Variablen) auf die formale Organisationsstruktur zu klären. Im nächsten Schritt interessieren dann die Auswirkungen der formalen Organisationsstruktur auf die Verhaltensweisen der Mitglieder des Systems. Außerdem wird angenommen, dass die Situation parallel in direkter Weise auf das Verhalten der Individuen und Gruppen einwirkt. Auch in Bezug auf die organisationale Effizienz gehen originäre Einflüsse von der Situation aus, die allerdings durch die Merkmale der Struktur überformt werden. Diesbezüglich hat die Struktur den Charakter einer Gruppe intervenierender Variablen. Im Wesentlichen gilt die Effizienz (Ausmaß der Zielerreichung) jedoch als Funktion des Verhaltens der Organisationsmitglieder.

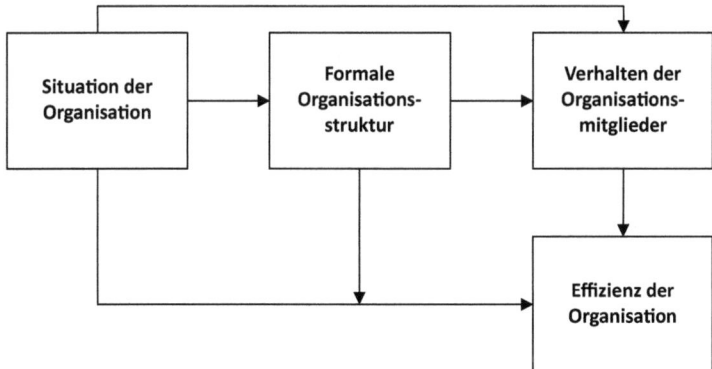

Abb. 2.29 Grundmodell der analytischen Variante des situativen Ansatzes. (Quelle: Kieser und Kubicek 1992, S. 57)

Nachhaltige Bedeutung haben die Forschungsarbeiten der sogenannten **Aston-Gruppe** erlangt (Pugh et al., Universität Aston, Birmingham, Großbritannien). In Abb. 2.30 sind die Komponenten des Konzepts dieser Gruppe schematisch dargestellt.

Das betrachtete Modell vermittelt die Hypothese stufenweiser Zusammenhänge. Der situative Kontext, bestehend aus den organisational relevanten Merkmalen des Betriebes sowie seiner Umwelt, beeinflusst die Gestaltung und die Ausprägung der formalen Organisationsstruktur. Die Struktur determiniert ihrerseits soziale Rollen im Sinne von Vorgaben (= Erwartungen) für das Arbeitsverhalten der Organisationsmitglieder. Solche Rollen prägen die Arbeitseinstellung und die tatsächlichen betrieblichen Verhaltensweisen der Akteure. Die Effizienz organisationalen Geschehens ist schließlich eine Funktion des Verhaltens der Organisationsmitglieder. Kriterien der Effizienz messen die Zielerreichung auf individueller und auf kollektiver Ebene.

Als Indikatoren wissenschaftlichen Fortschritts im Rahmen der analytischen Situationstheorie werden die Verfeinerung der angewandten Methoden sowie die Erhöhung des empirisch belegten Erklärungsgehalts der Aussagen herangezogen.

2.3.3.3 Pragmatische Variante des situativen Ansatzes

Die pragmatisch ausgerichtete situative Organisationstheorie basiert auf den historischen Grundlagen der traditionellen Managementlehre sowie der betriebswirtschaftlichen Organisationslehre. Eine pragmatische Orientierung findet insoweit Ausdruck, als Gestaltungsaspekte im Vordergrund stehen. Die Forschungsprogramme sind am **technologischen Wissenschaftsziel** ausgerichtet. Es geht dabei um das Erarbeiten und das Begründen von Gestaltungsempfehlungen für die betriebliche Praxis. Pragmatische Situationstheorie sucht daher Antworten auf *Wie-Fragen*. Kennzeichnend sind die folgenden Fragestellungen:

▶ Wie sollen gegebene Situationsbedingungen strukturell berücksichtigt werden?
  Wie wirken organisatorische Maßnahmen auf das Verhalten der Mitarbeiter?

Hinsichtlich der Resultate von Forschungsprozessen dominieren erfolgversprechende Gestaltungsalternativen für die Unternehmenspraxis gegenüber dem Anspruch auf ständige Verfeinerung der methodologischen Grundlagen. Eben darin aktualisiert sich wissenschaftlicher Pragmatismus.

Im Rahmen der **Modellbildung** wird beim pragmatischen Vorgehen den Variablengruppen im Vergleich zur analytischen Variante differente Deutung zugeordnet. Die Variablen der **Organisationsstruktur gelten im pragmatischen Modell als Aktionsparameter.** Sie sind die unabhängigen Variablen. Dagegen bilden die Verhaltensweisen der Organisationsmitglieder die Erwartungsparameter, also die abhängigen Variablen. Den Variablen der Situation wird die Qualität von Restriktionen der Strukturwahl beigemessen. Die jeweils konstatierbaren Ausprägungen der Situationsdimensionen oder Situationsvariablen schränken das Spektrum erfolgversprechender Optionen struktureller Gestaltung

2.3 Moderne Organisationstheorie

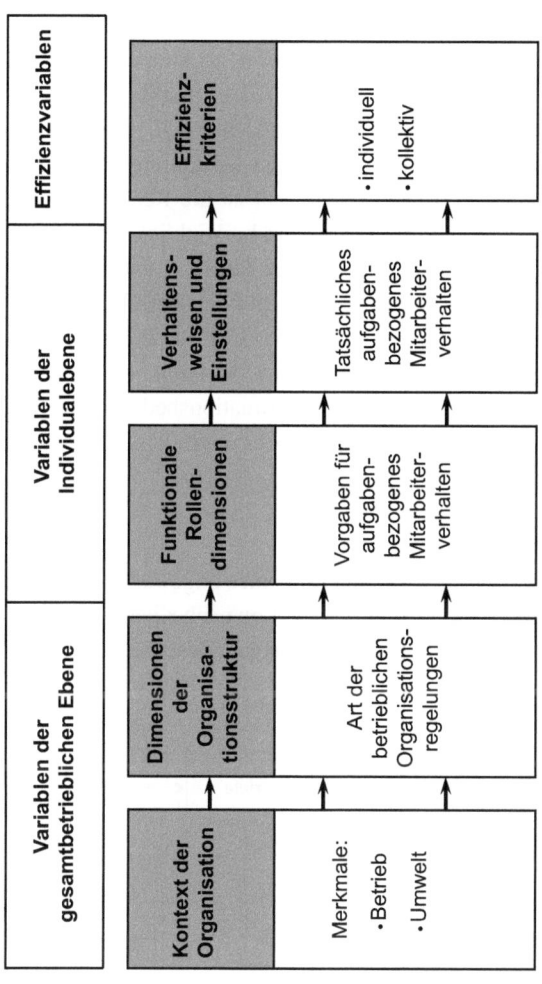

Abb. 2.30 Das Aston-Konzept. (Quelle: nach Kieser und Kubicek 1992, S. 58)

ein. Für effiziente Strukturalternativen gilt die Anforderung der Kompatibilität relativ zur Situation. Abb. 2.31 vermittelt eine schematische Darstellung der Modellkonstruktion.

Die einfach gezeichneten Pfeile signalisieren Aspekte der Deskription oder der organisationalen **Diagnose**. Ausgehend von den autorisierten Gestaltungszielen (Strategie) gilt es, die tragfähige Organisationsstruktur als Aktionsparameter der Unternehmensführung herzuleiten. Von dieser Organisationsstruktur gehen vielfältige Einflüsse auf das Verhalten der Organisationsmitglieder und in der Folge davon auf den Realisierungsgrad der angesteuerten Ziele aus. Als Gruppe intervenierender Variablen wirken die situativen Bedingungen überformend auf den Zusammenhang von Struktur einerseits sowie Verhalten und Effizienz andererseits ein. Außerdem gehen von den situativen Bedingungen unmittelbare Einflüsse auf das Verhalten und auf die Effizienz aus.

Den entscheidenden Bereich organisationaler Gestaltung oder der **Therapie** markiert der eingezeichnete Doppelpfeil. Erfolgsrelevant ist die Realisation von Kongruenz oder Kompatibilität zwischen Situation und Struktur. Im Hinblick auf das Erreichen der Gestaltungsziele ist das Herstellen eines *Fit* zwischen Situation und Struktur erforderlich. Prinzipiell kann ein solches Fit durch Anpassung in beiden Richtungen erzielt werden, also durch Anpassung der Struktur an die Situation oder durch Änderung der Situation nach Maßgabe der gegebenen Strukturausprägung. Im betrieblichen Normalfall wird allerdings die Anpassung der Struktur an die gegebenen Situationsbedingungen realistischer sein, da Variablen der Situation oft nicht oder nur schwer oder allenfalls in langfristiger Perspektive beeinflusst werden können.

2.3.3.4 Beispiel eines Gesamtkonzepts

Im Interesse der exemplarischen Darstellung eines angewandten Gesamtkonzepts sei auf die situative organisationstheoretische Konzeption nach Kieser und Kubicek (1992) hingewiesen. Sie ist stark von der analytischen Variante (Beschreibung/Erklärung) des Situati-

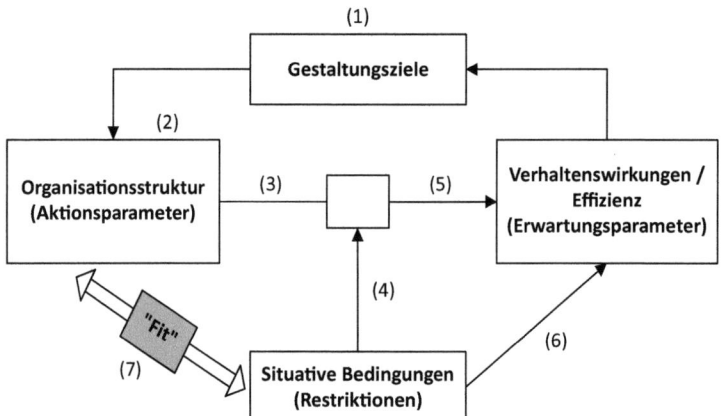

Abb. 2.31 Das pragmatische Grundmodell des situativen Ansatzes. (Quelle: nach Kieser und Kubicek 1992, S. 60)

2.3 Moderne Organisationstheorie

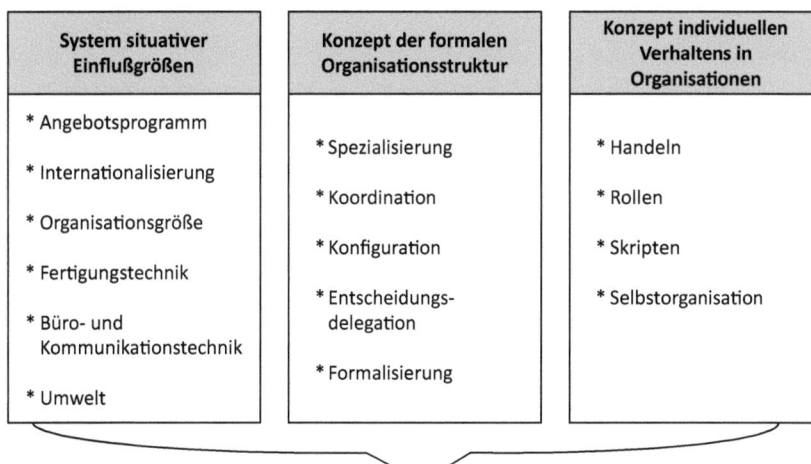

Abb. 2.32 Elemente der situativen Konzeption nach Kieser/Kubicek. (Quelle: Kieser und Kubicek 1992)

onsansatzes geprägt. Darüber hinaus werden jedoch auch Gestaltungsempfehlungen für die betriebliche Praxis (pragmatische Variante) hergeleitet. Die konkreten modellbildenden Elemente dieser Konzeption zeigt Abb. 2.32.

Zum Zwecke der Operationalisierung des relevanten Kontextes organisationaler Gestaltung werden fünf unternehmensinterne Einflussgrößen (Angebotsprogramm, Internationalisierung, Organisationsgröße, Fertigungstechnik sowie Büro- und Kommunikationstechnik) sowie die maßgebliche Umwelt der Organisation als Gesamtheit relevanter externer Einflüsse abgegrenzt. Der modellhaften Abbildung der formalen Organisationsstruktur dienen fünf Strukturdimensionen, die sich von der Spezialisierung bis zur Formalisierung erstrecken. Das Konzept individuellen Verhaltens ist geprägt durch die Kategorien Handeln, Rollen, Skripten und Selbstorganisation. Der Terminus *Skripten* bezeichnet verinnerlichte Verhaltensmuster von Individuen für die Bewältigung bestimmter wiederkehrender Situationen. Aufgrund von Erfahrungen haben sich situationsbezogene Verhaltensschemata herausgebildet. Aus dem Zusammenspiel von situativen Einflussgrößen mit den Dimensionen der Formalstruktur und dem individuellen Verhalten resultiert letztlich die Erfolgsgröße der organisationalen Effizienz.

Gestaltung organisationaler Strukturen 3

> **Zusammenfassung**
>
> In diesem Kapitel soll das Konzept der formalen Organisationsstruktur im Hinblick auf grundlegende Kriterien der Gestaltung vertiefend behandelt werden. Es geht dabei um die Analyse und die Fundierung von Entscheidungsfeldern im Hinblick auf die Implementierung organisationaler Strukturen. Dazu ist die dimensionale Differenzierung der Formalstruktur erforderlich. Diese Differenzierung geschieht in der vorliegenden Betrachtung durch das Abgrenzen der **Strukturdimensionen**
>
> - Arbeitsteilung,
> - Koordination,
> - Leitungsbeziehungen,
> - Delegation sowie
> - Standardisierung.
>
> Anhand dieser Dimensionen sollen die wesentlichen Strukturentscheidungen verdeutlicht und Hinweise zur praktischen Gestaltung aufgezeigt werden.

3.1 Arbeitsteilung

3.1.1 Strukturelles Grundprinzip

Als ein ganz maßgebliches Grundprinzip der Strukturgestaltung dient die Arbeitsteilung dem Zweck der Sicherung rationaler Zielerreichung im Unternehmen. Dies geschieht durch die Aufgliederung der zur Zielrealisation erforderlichen Aktivitäten und deren Verteilung auf die Organisationsmitglieder.

▶ **Arbeitsteilung** Aufgliederung der zur Erreichung der betrieblichen Ziele erforderlichen Aktivitäten und deren Verteilung auf die Organisationsmitglieder

Das Erfordernis von Arbeitsteilung resultiert aus dem Einsatz mehrerer Personen im Zuge der Aufgabenerfüllung. In Bezug auf die Umsetzung der Arbeitsteilung stehen alternative Ansatzpunkte zur Verfügung. Dies ist in Abb. 3.1 dargestellt.

Die Ausprägung der **Mengenteilung** bezeichnet eine Form von Arbeitsteilung, bei welcher die Aufgabenträger im betrachteten Arbeitssystem prinzipiell **gleichartige Aufgaben** verrichten. Verteilt wird die Gesamt*menge* gleicher Aufgaben auf eine Mehrzahl von Aufgabenträgern.

Beispiel

In einer Bäckereifiliale liegt Mengenteilung vor, wenn alle Verkaufspersonen für den Verkauf des gesamten Sortiments und für das Inkasso zuständig sind. Die eingesetzten Personen vollziehen alle prinzipiell gleichartige Tätigkeiten, teilen allerdings das Gesamtvolumen ihrer Arbeitskraft (= verfügbares Arbeitsvolumen) auf die Menge der eintreffenden Kunden auf. Eine Verkaufsperson würde nicht alle Kunden in angemessener Zeit bedienen können. Es gilt in diesem Fall organisatorisch also die Anforderung, das kundenseitig nachgefragte Arbeitsvolumen (Einkaufsabsichten) mit dem tatsächlich bereitgestellten Arbeitsvolumen (Anzahl Verkaufspersonen) möglichst weitgehend in Einklang zu bringen. ◀

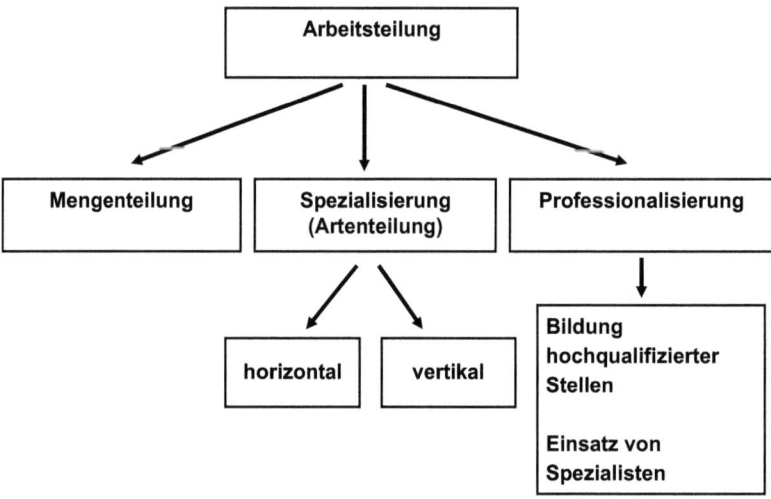

Abb. 3.1 Grundaspekte der Arbeitsteilung

Die Mengenteilung stellt die einfachste Form von Arbeitsteilung dar. Besondere Differenzierungen der Stellen im betrachteten Arbeitssystem stehen nicht zur Debatte. Die zu lösende Problematik bezieht sich insbesondere, wie gezeigt, auf die quantitativ unter Nutzen-Kosten-Aspekten rationale Bemessung des Personalbedarfs. Das ist in Anbetracht der über den Tag und über die Wochentage regelmäßig stark schwankenden Nachfrage in Bäckereifilialen durchaus in hohem Maße erfolgsrelevant, allerdings in organisatorischer Hinsicht mit begrenztem Aufwand lösbar.

Organisatorisch besonders bedeutsam ist die **Spezialisierung.** Dabei handelt es sich um jene Form von Arbeitsteilung, bei der **Teilaufgaben unterschiedlicher Art** entstehen. Die Aufteilung der Gesamtaufgabe auf verschiedene Aufgabenträger im betrachteten Arbeitssystem vollzieht sich im Falle von Spezialisierung in der Weise, dass inhaltliche Unterschiede zwischen den abgegrenzten Aufgabenkomplexen zu verzeichnen sind. Daher wird die Spezialisierung auch als **Artenteilung** bezeichnet. Soweit durch Entscheidungen über die Spezialisierung Aufgabenkomplexe mit ungefähr gleich hoch ausgeprägten Anforderungsmerkmalen resultieren, handelt es sich um horizontale Spezialisierung. Dies betrifft die Artenteilung auf **einer** betrachteten hierarchischen Ebene innerhalb des Unternehmens. Andererseits kann Spezialisierung zur Bildung von anforderungsdifferenten Aufgabenkomplexen führen. Eine solche Artenteilung ist vertikal angelegt, denn die zu bildenden Aufgabenkomplexe korrespondieren mit verschiedenen Anforderungsebenen.

Mit dem Terminus **Professionalisierung** wird eine spezifische Sonderform von Arbeitsteilung bezeichnet. Gemeint ist damit das Schaffen von Aufgabenkomplexen, zu deren erfolgreicher Bewältigung eine sehr anspruchsvolle Ausbildung die Voraussetzung darstellt. Das ist in der Regel ein akademisches Studium oder eine damit vergleichbare berufsbezogene Ausbildung. Die Konsequenzen bestehen in *professioneller* Aufgabenwahrnehmung auf der Grundlage ausgeprägter individueller Fachkompetenz. Eine so verstandene Professionalisierung induziert daher den Einsatz hoch qualifizierter Spezialisten im Unternehmen. Das sei nachstehend an einigen Beispielen verdeutlicht.

Stellentypen als Beispiele professionalisierter Aufgabenwahrnehmung
- Software-Entwickler
- IT-Trainer
- Marktforscher
- Financial Analyst
- Organisator
- Produktentwickler
- Personalmanager
- Inhouse-Consultant
- Qualitätsmanager
- Verfahrensentwickler
- Arbeitsrechtler
- Controller

Auch die Positionen eines **Chirurgen** im Krankenhaus, eines **Piloten** bei einer Airline oder eines **Englischlehrers** in einer Bildungseinrichtung sind markante Beispiele professionalisierter Aufgabenkomplexe. Solche Stellen erfordern in der Regel die **umfangreiche organisationsexterne Qualifizierung der Stelleninhaber**. Dadurch sind die Aufgabenträger in der Lage, quasi ohne Einarbeitung und in ganz unterschiedlichen betrieblichen oder nicht-erwerbswirtschaftlichen Umfeldern die zugeordneten Tätigkeiten hoch effizient zu erledigen.

3.1.2 Spezialisierung und Wirtschaftlichkeit

Jede Form von Spezialisierung wird mit dem Ziel durchgeführt, die **Produktivität** betrieblicher Prozesse zu steigern (Relation Outputmenge/Inputmenge) und damit die **Wirtschaftlichkeit** des Unternehmens zu verbessern (Relation Leistung/Kosten). Zur Verdeutlichung und Fundierung dieses Anspruchs sei auf einen wirtschaftswissenschaftlichen *Klassiker*, nämlich das berühmte *Stecknadelbeispiel* von Adam Smith, hingewiesen. Schon 1776 gelang Adam Smith in seinem epochalen Werk

> **„Inquiry into the Wealth of Nations"**

der Nachweis signifikant produktivitätssteigernder Wirkungen von Spezialisierung. Im angesprochenen Stecknadelbeispiel wird gezeigt, dass die Produktivität einer Arbeitsgruppe nachhaltig steigt, wenn nicht jeder Arbeiter sämtliche Arbeitsgänge ausführt, sondern stattdessen die Konzentration der Tätigkeit des einzelnen Arbeiters auf einen ganz bestimmten Arbeitsgang oder eine kleine Zahl von Arbeitsgängen gerichtet wird. Zum Beleg seien nachfolgend die (übersetzten) originären logischen und empirisch fundierten Darlegungen von Smith herangezogen:

> „Wir wollen daher als Beispiel die Herstellung von Stecknadeln wählen, ein recht unscheinbares Gewerbe, das aber schon häufig zur Erklärung der Arbeitsteilung diente. Ein Arbeiter, der noch niemals Stecknadeln gemacht hat und auch nicht dazu angelernt ist (erst die Arbeitsteilung hat daraus ein selbständiges Gewerbe gemacht), so daß er auch mit den dazu eingesetzten Maschinen nicht vertraut ist (auch zu deren Erfindung hat die Arbeitsteilung vermutlich Anlaß gegeben), könnte, selbst wenn er sehr fleißig ist, täglich höchstens eine, sicherlich aber keine zwanzig Nadeln herstellen. Aber so, wie die Herstellung von Stecknadeln heute betrieben wird, ist sie nicht nur als Ganzes ein selbständiges Gewerbe. Sie zerfällt vielmehr in eine Reihe getrennter Arbeitsgänge, die zumeist zur fachlichen Spezialisierung geführt haben. Der eine Arbeiter zieht den Draht, der andere streckt ihn, ein dritter schneidet ihn, ein vierter spitzt ihn zu, ein fünfter schleift das obere Ende, damit der Kopf aufgesetzt werden kann. Auch die Herstellung des Kopfes erfordert zwei oder drei getrennte Arbeitsgänge.
>   Das Ansetzen des Kopfes ist eine eigene Tätigkeit, ebenso das Weißglühen der Nadel, ja, selbst das Verpacken der Nadeln ist eine Arbeit für sich. Um eine Stecknadel anzufertigen, sind somit etwa 18 verschiedene Arbeitsgänge notwendig, die in einigen Fabriken jeweils verschiedene Arbeiter besorgen, während in anderen ein einzelner zwei oder drei davon ausführt. Ich selbst habe eine kleine Manufaktur dieser Art gesehen, in der nur 10 Leute beschäf-

tigt waren, so daß einige von ihnen zwei oder drei solcher Arbeiten übernehmen mußten. Obwohl sie nun sehr arm und nur recht und schlecht mit dem nötigen Werkzeug ausgerüstet waren, konnten sie zusammen am Tage doch etwa 12 Pfund Stecknadeln anfertigen, wenn sie sich einigermaßen anstrengten. Rechnet man für ein Pfund über 4000 Stecknadeln mittlerer Größe, so waren die 10 Arbeiter imstande, täglich etwa 48000 Nadeln herzustellen, jeder also ungefähr 4800 Stück. Hätten sie indes alle einzeln und unabhängig voneinander gearbeitet, noch dazu ohne besondere Ausbildung, so hätte der einzelne gewiß nicht einmal 20, vielleicht sogar keine einzige Nadel am Tag zustande gebracht. Mit anderen Worten, sie hätten mit Sicherheit nicht den zweihundertvierzigsten, vielleicht nicht einmal den vierhundertachtzigsten Teil von dem produziert, was sie nunmehr infolge einer sinnvollen Teilung und Verknüpfung der einzelnen Arbeitsgänge zu erzeugen imstande waren."
(Smith 1789/1978, S. 9 f.)

Das Stecknadelbeispiel demonstriert in ebenso einfacher wie überzeugender Form die gravierenden Vorteile der Spezialisierung. Die Produktivität (Mengengröße) und folglich auch die Wirtschaftlichkeit (Wertgröße) des Betriebes werden durch ausgefeilte und vorangetriebene Spezialisierung ganz enorm verbessert.

Als Voraussetzung für die nachgewiesenen Produktivitätseffekte im Zuge der Stecknadelproduktion ist in dieser sehr frühen Phase wissenschaftlicher Forschung und Analyse die Durchführung einer Aufgabenanalyse erfolgt, welche die wirtschaftlich sinnvolle Herleitung von Teilaufgaben ermöglichte. In abstrahierter Weise ist dies in Abb. 3.2 dargestellt.

Allerdings sind in der wirtschaftswissenschaftlichen Forschung *nach* Adam Smith im zeitlichen Verlauf des Erkenntnisprozesses nach und nach verschiedene problematische Effekte der Spezialisierung in den ökonomischen Kalkül gelangt. Derartige negative Auswirkungen schlagen sich insbesondere als **indirekte Kosten** aufgrund von

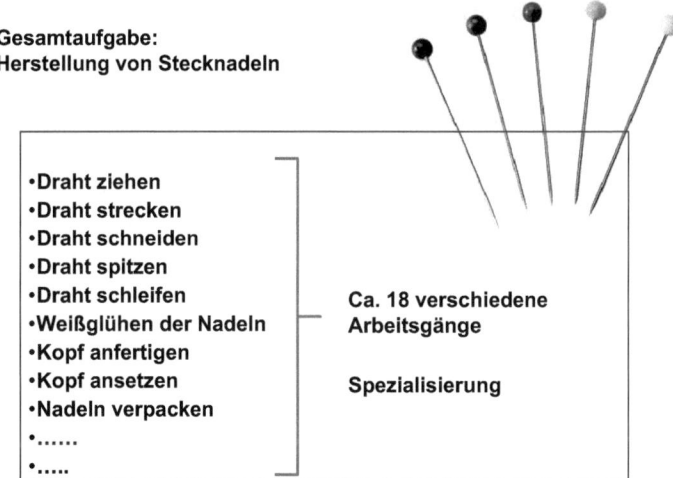

Abb. 3.2 Stecknadelbeispiel nach Adam Smith/Aufgabenanalyse – Herleitung von Teilaufgaben

- Fluktuation,
- Fehlzeiten,
- Koordinationsbedarf und
- Qualitätsmängeln

nieder. Da derartige Kosten die gesamtbetriebliche Effizienz schmälern, werden sie auch als **dysfunktionale Effekte** der Spezialisierung bezeichnet. Vor allem die durch *sehr stark ausgeprägte* Spezialisierung hervorgerufenen dysfunktionalen Effekte kompensieren die zunächst erkennbaren Spezialisierungsvorteile (= funktionale Effekte der Spezialisierung) in teilweise erheblichem Ausmaß. Problematisch erscheint es, dass der Kausalzusammenhang von Spezialisierung und indirekten Kosten in der betrieblichen Realität nicht immer klar identifizierbar ist.

> **Beispiel**
>
> Es kann in der betrieblichen Praxis durchaus vorkommen, dass weit getriebene Spezialisierung nicht als Ursache für konstatierbare Minderqualität erkannt wird, sondern stattdessen mit dem Ziel der Qualitätsverbesserung Maßnahmen personeller Führung Anwendung finden. Derartige Maßnahmen, etwa erhöhte Kontrollintensität oder besondere Entgeltanreize, können dauerhaft kaum Erfolg gewährleisten, da sie den relevanten Kausalzusammenhang nicht erfassen. ◄

Funktionale und dysfunktionale Effekte der Spezialisierung fallen regelmäßig zeitlich und räumlich verteilt an. Das macht im betrieblichen Alltag die Abgrenzung eines umfassenden und aussagefähigen Kalküls für Maßnahmen der Artenteilung recht schwierig.

3.1.3 Basisentscheidungen

Die im vorstehenden Abschnitt dargelegte Ambivalenz der organisationalen Kategorie Spezialisierung lässt sich auch auf dem Hintergrund zu treffender Basisentscheidungen über die Artenteilung verdeutlichen. Solche grundsätzlichen Entscheidungen beziehen sich zum einen auf die Art der Spezialisierung, zum anderen auf den Umgang der Spezialisierung. Prinzipiell hat die Spezialisierung als wichtigste Ausprägung der Strukturdimension Arbeitsteilung insbesondere in Bezug auf die Qualifikationsanforderungen der Stellen **ambivalenten Charakter**. In Abhängigkeit von den Entscheidungen über Art und Umfang der Spezialisierung können aus Sicht der Stelleninhaber einerseits inhaltlich weitgehend anspruchslose, sinnentleerte individuelle Aufgabengebiete und andererseits ausgesprochen herausfordernde, hochinteressante Stellen abgegrenzt werden. Das wird in Abb. 3.3 verdeutlicht.

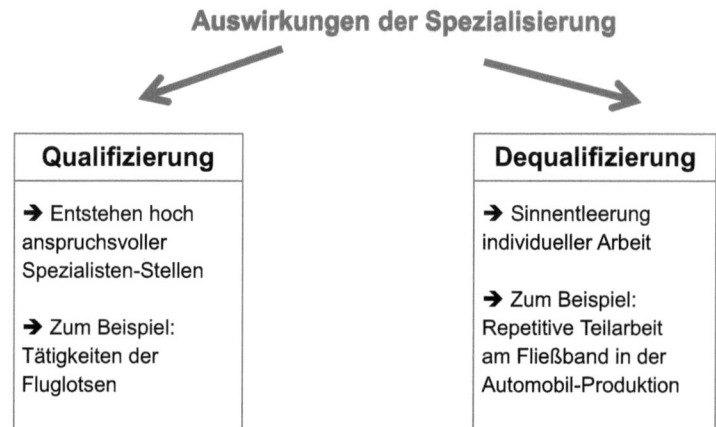

Abb. 3.3 Ambivalenter Charakter der Spezialisierung

3.1.3.1 Art der Spezialisierung

Eine Gruppe der zu fällenden Basisentscheidungen über die Arbeitsteilung bezieht sich auf die anzuwendende Art der Spezialisierung. Als Kriterien für solche Entscheidungen stehen die **Funktion** und das **Objekt** zur Verfügung. Sofern das Kriterium *Funktion* für Entscheidungen über die Art der Spezialisierung herangezogen wird, resultieren Aufgabenkomplexe, die jeweils durch das Zusammenfassen gleichartiger Tätigkeiten gekennzeichnet sind.

> **Beispiel**
>
> In einem fiktiven Industrieunternehmen werden im Zuge der Anwendung des Funktionskriteriums die Tätigkeiten *Transportieren, Montieren und Prüfen* jeweils separat in organisatorischen Einheiten konzentriert. Die Tätigkeiten innerhalb der festgelegten Aufgabenbereiche sind in diesem Fall homogen. Sie bestehen nur in Transportfunktionen, Montageaufgaben oder Prüftätigkeiten. Die verschiedenen organisatorischen Einheiten sind zueinander redundanzfrei abgegrenzt. Mehrfacharbeiten, etwa in der Form, dass in mehreren Organisationseinheiten Montagetätigkeiten wahrgenommen werden, sind nicht zu verzeichnen. ◄

Die Wirkungen der Präferierung des Funktionskriteriums sind vielfältig und lassen sich nicht abschließend und generell zusammenfassen. Maßgeblich für die Effekte funktionaler Spezialisierung sind vielmehr die jeweiligen konkreten Situationsbedingungen des einzelnen Anwendungsfalles. In Bezug auf die Qualifikationsanforderungen der Stellen sei jedoch mit der gebotenen situativen Relativierung und unter Ceteris-paribus-Bedingungen die Hypothese aufgestellt, dass zunehmende Spezialisierung nach dem Kriterium der Funktion die Reduktion der stellenbezogenen Qualifikationsanforderungen zur Folge hat.

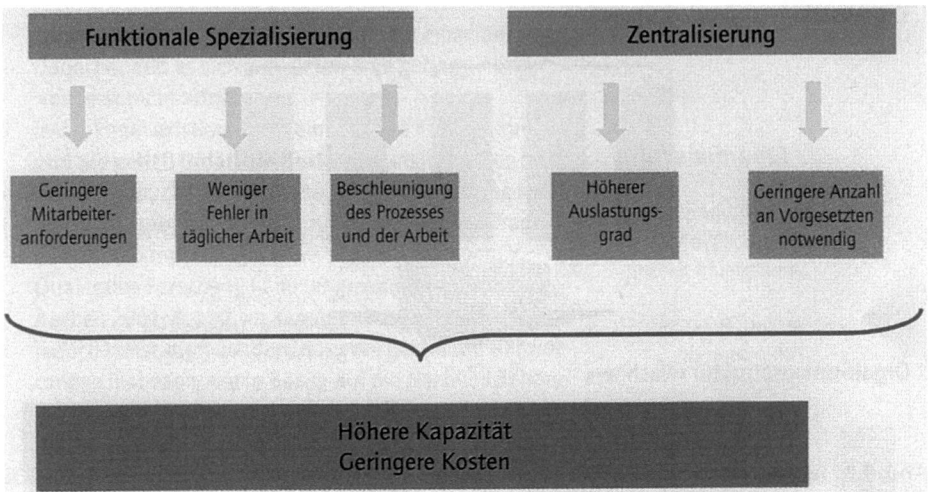

Abb. 3.4 Effekte funktionsbezogener Spezialisierung. (Quelle: Tietmeyer und Nienaber 2009, S. 185)

▶ **Hypothese** Zunehmende Spezialisierung nach dem Kriterium der Funktion determiniert die Reduktion der stellenbezogenen Qualifikationsanforderungen!

Als ein Beleg für diese Hypothese wird auf die Ergebnisse einer aufschlussreichen empirischen Untersuchung von Tietmeyer und Nienaber (2009, S. 180 f.) über den Zusammenhang von Struktur und Prozess verwiesen. Abb. 3.4 vermittelt die im hier betrachteten Zusammenhang interessierenden Befunde der Studie.

Aus der Darstellung geht eine Bestätigung der aufgestellten Hypothese sinkender Qualifikationsanforderungen hervor. Theoretisch ist dieser Effekt mit der Homogenität funktional spezialisierter Stellen erklärbar. Von den Stelleninhabern werden immer wieder gleichartige Tätigkeiten abgefordert. Das engt die Breite des stellenbezogen notwendigen Qualifikationsspektrums ein. Im untersuchten Fall sind die erhobenen geringeren Qualifikationsanforderungen an die Mitarbeiter verbunden mit der Wirkung des Entstehens höherer Kapazität (mehr Leistungspotenzial je Zeiteinheit) bei gleicher Ressourcenausstattung sowie mit einer Kostensenkung. Folglich sind wirtschaftlich positive Konsequenzen funktionaler Spezialisierung konstatierbar. Weitere ökonomisch konstruktive Effekte liegen in der Verringerung der Fehlerquote im Rahmen der Erledigung der fortlaufenden Prozesse sowie in der Steigerung der Prozessgeschwindigkeit und des Arbeitstempos. Nur am Rande sei darauf verwiesen, dass funktionale Spezialisierung der organisatorischen Einheiten im Verbund mit verstärkter Zentralisierung im Rahmen der zitierten Studie empirisch fundiert mit einem höheren Auslastungsgrad der gegebenen Kapazitäten sowie der Reduktion des benötigten Kontroll- und Führungspersonals kausal in Verbindung gebracht wird.

3.1 Arbeitsteilung

Wenn hingegen als Kriterium für die Entscheidung über die Art der Spezialisierung das **Objekt** Berücksichtigung findet, besteht das Ergebnis der organisationalen Entscheidungsprozesse in der Implementierung gegenstandsbezogener Aufgabenkomplexe. Derartige entscheidungsprägende *Objekte* können zum Beispiel

- die Produktgruppe Bürostühle,
- der Kunde Meyer AG oder
- die Region Süd

sein. Das Objekt konstituiert gerade den Aufgabenbereich. Innerhalb des dergestalt hergeleiteten Aufgabenbereichs sind **heterogene Tätigkeiten** zusammengefasst. Das können unter anderem alle Transportaufgaben, Montagetätigkeiten und Kontrollaktivitäten für Bürostühle sein. Im Falle objektbezogener Spezialisierung entstehen regelmäßig **Mehrfacharbeiten**. So werden beispielsweise Aktivitäten der Qualitätskontrolle innerhalb mehrerer objektbezogen abgegrenzter Organisationseinheiten anfallen. Hinsichtlich der Qualifikationsanforderungen der Stellen wirkt die objektbezogene Spezialisierung tendenziell gegenläufig zur Artenteilung nach dem Funktionskriterium. Das signalisiert Abb. 3.5.

Der Grund für die mit verstärkter Berücksichtigung des Objektkriteriums steigenden Qualifikationsanforderungen besteht im höheren Grad der Heterogenität hinsichtlich der einer organisatorische Einheit (Stelle) zugeordneten Tätigkeiten. Der Stelleninhaber ist in diesem Falle gefordert, ganz verschiedenartige Arbeiten für das jeweils handlungsleitende Objekt zu beherrschen und sachgerecht auszuführen. Eben dies induziert eine Erhöhung der qualifikatorischen Anforderungen der Position.

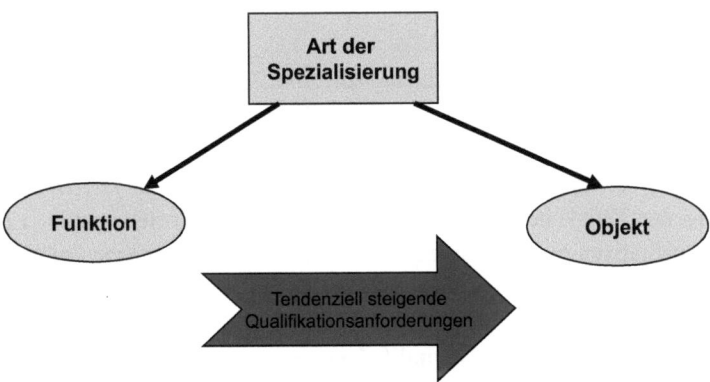

Abb. 3.5 Entwicklung der Qualifikationsanforderungen in Abhängigkeit vom Spezialisierungskriterium

3.1.3.2 Umfang der Spezialisierung

Eine andere Gruppe von Basisentscheidungen im Rahmen der betrieblichen Arbeitsteilung ist auf die Bestimmung des Umfangs der Spezialisierung gerichtet. Das Resultat derartiger grundsätzlicher Organisationsentscheidungen drückt sich in der Anzahl unterschiedlicher Stellen innerhalb eines betrachteten Arbeitssystems aus. Der Spezialisierungsgrad eines Arbeitssystems oder der Umfang der Spezialisierung ist umso höher, je mehr zueinander inhaltsdifferente Stellen in diesem System gebildet worden sind.

> **Beispiel**
>
> Betrachtet sei das betriebliche Subsystem *Buchhaltung*. Dieses Subsystem umfasst sieben Stellen. Es handelt sich ausnahmslos um Stellen des Typs *Buchhalter*. Damit ist der gewählte Spezialisierungsgrad oder der Umfang der Spezialisierung gerade 1. Es gibt nur einen Typus von Stellen. Alle beschäftigen Organisationsmitglieder im zur Debatte stehenden Arbeitssystem *Buchhaltung* vollziehen gleichartige, relativ ganzheitliche Aufgaben, welche sämtliche im Unternehmen anfallenden buchhalterischen Funktionen beinhalten. Nunmehr erfolgt eine strukturelle Entscheidung in der Weise, dass künftig in der Buchhaltung drei Stellen des Typs Debitorenbuchhalter, zwei Stellen des Typs Kreditorenbuchhalter, eine Stelle des Typs Finanzbuchhalter sowie eine Stelle des Typs Bilanzbuchhalter gebildet werden. Der Umfang der Spezialisierung ist durch die organisatorische Neuregelung von 1 auf 4 angestiegen. Im Arbeitssystem existieren jetzt vier unterschiedliche Stellentypen. Damit nimmt der Umfang sachlich differenter Aufgaben in jeder der sieben vorhandenen Stellen ab. Das bewirkt eine Reduzierung der Qualifikationsanforderungen an die Stelleninhaber. ◄

Aus dem skizzierten Beispiel sei, unter Ceteris-paribus-Bedingungen, folgende Hypothese hergeleitet:

▶ **Hypothese** Mit steigendem Umfang der Spezialisierung sinken die Qualifikationsanforderungen!

Diesen grundsätzlichen Zusammenhang soll Abb. 3.6 verdeutlichen.

Mit der Steigerung des Umfanges der Spezialisierung teilen sich mehr Stellen die zu bewältigenden inhaltsdifferenten Aufgaben in der Weise, dass die einzelnen Stellen künftig nur noch eine Teilmenge dieser Aufgaben zugeordnet erhalten. Die Heterogenität des stellenbezogenen Tätigkeitenprofils nimmt ab. Das bedeutet (ceteris paribus) eine Verringerung der qualitativen Anforderungen an den einzelnen Stelleninhaber im Arbeitssystem.

Die Entscheidungen über den Spezialisierungsgrad wirken, wie dargelegt, nachhaltig in Bezug auf die Qualifikationsanforderungen der Stellen. Bei Schaffung stark fragmentierter Arbeitsinhalte resultiert eine **Dequalifizierung** der Aufgabenbereiche, und damit entsteht eine Sinnentleerung der individuellen Arbeit. Soweit als Ergebnis der Spezialisierung jedoch ganzheitliche, anspruchsvolle Aufgabenkomplexe entstehen, erfolgt die **Qua-**

3.1 Arbeitsteilung

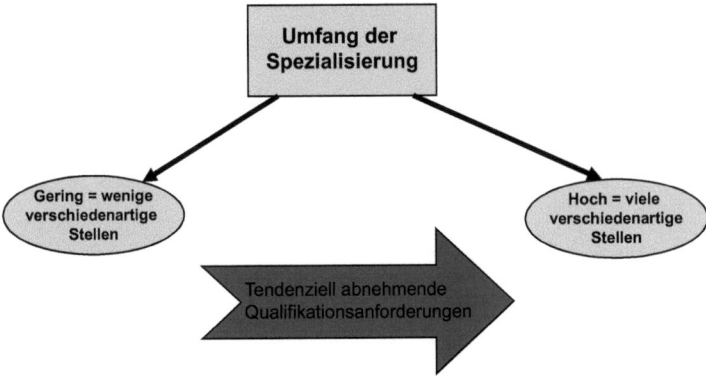

Abb. 3.6 Entwicklung der Qualifikationsanforderungen in Abhängigkeit vom Umfang der Spezialisierung

lifizierung der Stellen, so dass die individuellen Potenziale gleichzeitig sowohl gefordert als auch gefördert werden und die Stelleninhaber Chancen der persönlichen Weiterentwicklung durch die Wahrnehmung der ihnen übertragenen Aufgaben erhalten.

3.1.4 Situative Einflüsse

Nach den Annahmen der situativen Organisationstheorie ist eine generell erfolgsüberlegene Form der Spezialisierung nicht realisierbar. Die Rationalität von Spezialisierungsvarianten hängt vielmehr von den Ausprägungen der maßgeblichen situativen Einflussgrößen ab. Dies sei im Folgenden exemplarisch verdeutlicht.

3.1.4.1 Situationsvariable Organisationsgröße

Ein wesentlicher situativer Einflussfaktor der Spezialisierung besteht in der Unternehmens- oder Organisationsgröße. Danach müssten sich ceteris paribus Unternehmen im Strukturmerkmal Spezialisierung voneinander unterscheiden, wenn diese Unternehmen gemessen an der Anzahl der beschäftigten Mitarbeiter (organisationsrelevantes Größenmaß) unterschiedlichen Betriebsgrößenklassen zuzuordnen sind.

▶ **Hypothese** Signifikant größendifferente Unternehmen verfolgten unterschiedliche Konzepte der Spezialisierung!

Zu diesem Gestaltungsaspekt liegen Resultate verschiedener empirischer Studien vor. Die erhobenen Befunde sagen aus, dass die Stellenspezialisierung (Anzahl verschiedener Stellentypen) im Unternehmen mit steigender Organisationsgröße (Anzahl der beschäftigten Mitarbeiter) degressiv zunimmt. Abb. 3.7 zeigt die ermittelten Kurvenverläufe der angesprochenen insgesamt vier empirischen Untersuchungen.

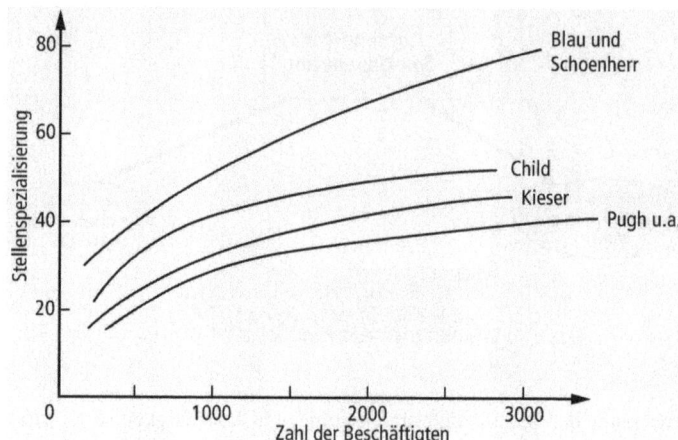

Abb. 3.7 Empirische Zusammenhänge zwischen Organisationsgröße und Stellenspezialisierung. (Quelle: Kieser und Kubicek 1992, S. 302)

Die dargestellten Untersuchungsergebnisse entstammen sehr unterschiedlichen Bereichen. So bezieht sich die Studie von Blau und Schoenherr (1971) auf öffentliche Betriebe. Dagegen wurden von Child (1972) Fertigungs- und Dienstleistungsunternehmen in Großbritannien untersucht. Die Kieser-Studie (1973) umfasste Fertigungsunternehmen in Deutschland, während Pugh et al. (1978) Industrie-, Dienstleistungs- und Verwaltungsbetriebe in Großbritannien untersuchten.

Interessant erscheint es, dass trotz unterschiedlicher Lagen der Kurven die grundsätzlichen erhobenen Zusammenhänge zwischen Stellenspezialisierung und Betriebsgröße einander sehr ähnlich sind. Wie gezeigt, besteht keinesfalls ein linearer Zusammenhang, sondern in allen Fällen ist ein degressiver Kurvenverlauf zu registrieren, d. h.:

▶ Die Stellenspezialisierung nimmt relativ zur Unternehmensgröße unterproportional zu.

Der erhobene Zusammenhang ist damit erklärbar, dass im Zuge des Wachstums von Unternehmen neben der Schaffung von Stellen mit neuer Spezialisierung die Multiplikation von Stellen mit bereits vorhandener Spezialisierung sinnvoll Anwendung findet.

Beispiel

So kann etwa im Marketingressort bei entsprechend erhöhtem Arbeitsvolumen im ersten Schritt eine weitere Stelle des (bereits vorhandenen) Typs ***Produktmanager*** eingerichtet werden, bevor aufgrund des neuerlich ansteigenden Arbeitsvolumens die im nächsten Schritt fällige Organisationsentscheidung die Implementierung des bislang nicht vorhandenen Stellentyps ***Marketingassistent*** auslöst. ◄

Im Zuge des Unternehmenswachstums wechseln die Spezialisierung und die Mengenteilung als Grundformen der betrieblichen Arbeitsteilung bei der strukturellen Bewältigung des ansteigenden Aufgabenvolumens einander ab. Das erklärt den degressiven Verlauf der Kurve in Abb. 3.7.

3.1.4.2 Situationsvariable *Fertigungstechnologie*

Hinsichtlich des Zusammenhangs zwischen der Situationsvariablen Fertigungstechnologie und der Strukturdimension Spezialisierung liegen vielfältige empirische Befunde vor. Die Inhalte der empirischen Resultate stellen sich jedoch uneinheitlich dar (vgl. Hill et al. 1994, S. 346 ff.). In einigen Untersuchungen wird ein **glockenförmiger Kurvenverlauf** für die Beziehung zwischen Technologieausprägung und Spezialisierung ermittelt. Hingewiesen sei in diesem Zusammenhang auf die Studien von Blauner (1964); Woodward (1965) und Fullan (1970). Die Art des in ihnen erhobenen Zusammenhangs zwischen Technologieausprägung und Spezialisierung soll Abb. 3.8 verdeutlichen.

Bei relativ geringem Technologieeinsatz sind die Aufgaben der Mitarbeiter breit angelegt, da ein großer Teil der heterogenen Verrichtungen durch menschliche Arbeitsleistung zu bewältigen ist. Dies bedeutet die eher zurückhaltende Verteilung der Arbeit nach dem Kriterium der Funktion. Die Spezialisierung ist demnach vergleichsweise niedrig. Mit steigender Technologisierung der Fertigung lassen die Quantität und die Gleichartigkeit der Ausbringung eine weitaus stärkere Aufgliederung der Tätigkeiten in repetitive Teilarbeiten zu. Folglich wächst die Spezialisierung steil an (konventionelle industriebetriebliche Massenproduktion).

Im Verlaufe weiter voranschreitender Technologisierung und des Überganges zur automatisierten Produktion werden repetitive Teilarbeiten mehr und mehr von technischen Aggregaten übernommen, so dass als Gegenstand menschlicher Arbeitsleistung tendenziell wiederum mehr ganzheitliche Aufgaben, wie Überwachung (Monitoring), Instandhaltung und Wartung, verbleiben. Damit tritt die Verringerung der Anzahl unterschiedlicher Stellen und folglich eine Reduktion der Spezialisierung ein.

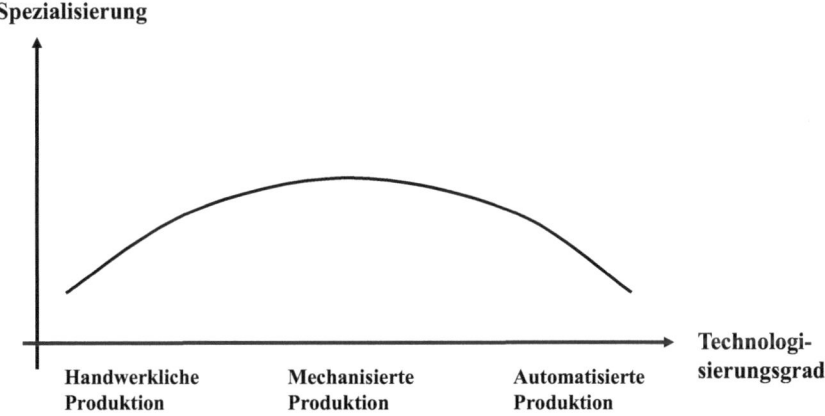

Abb. 3.8 Typische empirische Beziehung zwischen Fertigungstechnologie und Spezialisierung

Der glockenförmige Kurvenverlauf gemäß Abb. 3.8 konnte jedoch in den viel beachteten Untersuchungen von Kern und Schumann (1970) nicht bzw. nicht in vollem Umfang bestätigt werden. Ein wichtiges Resultat der Studien von Kern/Schumann ist die häufig debattierte **Polarisierungsthese**. Danach tritt mit fortschreitendem Automationsgrad der Fertigung eine Zweiteilung (Polarisierung) der Qualifikationsanforderungen der Stellen ein. Bei einem Teil der Stellen steigen die **Qualifikationsanforderungen**, d. h., der Spezialisierungsgrad geht zurück. Es handelt sich hierbei um

- Messwartentätigkeiten,
- Instandhaltungsfunktionen und
- Wartungsaufgaben.

Eine andere Gruppe von Stellen verbleibt jedoch auf dem Niveau geringer Qualifikationsanforderungen, was gleichbedeutend ist mit einem sehr weit getriebenen Ausmaß der Spezialisierung in Form der Zuordnung stark **repetitiv geprägter Teilarbeiten**. Das Ergebnis besteht folglich in einer Polarisierung der Qualifikationsanforderungen sowie der im Unternehmen zu besetzenden Stellen. Einerseits sind mäßig stark spezialisierte, anspruchsvolle Stellen konstatierbar, und andererseits ist die organisationale Struktur durch extrem spezialisierte, anforderungsrudimentäre Stellen gekennzeichnet. Den beschriebenen Effekt verdeutlicht Abb. 3.9.

Ganz offensichtlich haben die Einflüsse der Fertigungstechnologie auf die Spezialisierung sehr diffizilen Charakter. Im Interesse ökonomisch und sozial ausgewogener, sinnvoller organisatorischer Gestaltung kommt es daher darauf an, für das jeweilige Entscheidungsproblem den Gegebenheiten des Einzelfalles angepasste Lösungen der Arbeitsteilung zu entwickeln und zu implementieren. Dabei spielen die wirtschaftlichen Ziele der Kostenreduktion sowie der Gewährleistung hoher Qualität des Outputs eine ebenso zentrale Rolle wie der soziale Zielbezug des Schaffens humaner und individuell herausfordernder Stellen.

3.1.5 Ebenen der Spezialisierung

Die organisationale Strukturierung impliziert Bedarf an Entscheidungen über die Artenteilung auf den verschiedenen Unternehmensebenen. Dabei kann das Kriterium der Aufgabenverteilung prinzipiell durchaus von Ebene zu Ebene wechseln. Die Zweckmäßigkeit des Spezialisierungskriteriums ist für jede Unternehmensebene separat zu prüfen. Das damit angesprochene Gestaltungsanliegen lässt sich grundsätzlich durch die Kategorien

- Stellenspezialisierung und
- Abteilungsspezialisierung

erfassen.

3.1 Arbeitsteilung

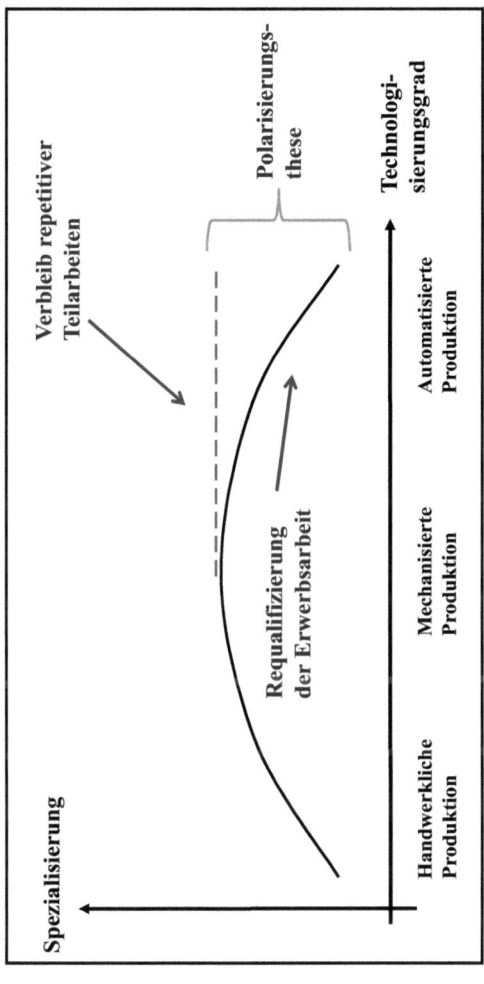

Abb. 3.9 Polarisierung des Spezialisierungspfades im Zuge der fertigungs-technologischen Entwicklung

Der Gegenstand von Stellenspezialisierung ist die Bildung von Aufgabenkomplexen für einzelne Organisationsmitglieder. Die Entscheidungen über die Stellenspezialisierung beziehen sich damit auf Art und Umfang der Arbeitsteilung zwischen den individuellen personellen Aufgabenträgern. Dagegen ist die Abteilungsspezialisierung auf die Aufgabenteilung zwischen größeren organisatorischen Einheiten innerhalb des Gesamtsystems gerichtet. Folglich regeln Entscheidungen über die Spezialisierung von Abteilungen Art und Umfang der Aufgabenverteilung auf verschiedene Stellenkomplexe.

Fallbeispiel
Zur Veranschaulichung des Zusammenhangs der Ebenen von Stellenspezialisierung und Abteilungsspezialisierung sei im Folgenden das Fallbeispiel eines fiktiven Schreinereibetriebes betrachtet (vgl. Kieser und Walgenbach 2010, S. 81 ff.). In der ersten Entwicklungsstufe dieses Betriebes besteht die Schreinerei in personeller Hinsicht aus dem Schreinermeister als Inhaber-Unternehmer sowie aus fünf von ihm eingestellten Gesellen. Die zum Zwecke der strukturellen Führung des Kleinbetriebes realisierte Form der Aufgabenverteilung auf Schreinermeister und Gesellen zeigt Abb. 3.10.

Im Hinblick auf die Strukturgestaltung ist die **Stellenspezialisierung** hinreichend. Dem Schreinermeister obliegen die Führung der Gesellen im Segment Fertigung sowie in vollem Umfange die Wahrnehmung der Funktionen des Einkaufs, des Vertriebs und der Verwaltung. Die Aufgabenverteilung zwischen den Gesellen geschieht nach dem Kriterium der Verrichtung (Funktion) in Sägen, Hobeln, Drechseln, Leimen sowie Lackieren und Beizen.

Es sei die Annahme getroffen, der betrachtete Schreinereibetrieb entwickle sich so expansiv, dass zur Bewältigung des anfallenden, ständig ansteigenden Arbeitsvolumens weitere personelle Aufgabenträger benötigt werden. Seitens des Schreinermeisters wird in diesem Zusammenhang (vorerst) entschieden, weiterhin das bisher bestens **bewährte Spezialisierungskonzept beizubehalten**. Der Inhaber-Unternehmer hält sich an die Maxime, die er im Rahmen eines Vortrags in der örtlichen Handwerkskammer von einem überaus erfolgreichen mittelständischen Unternehmer vermittelt bekommen hat:

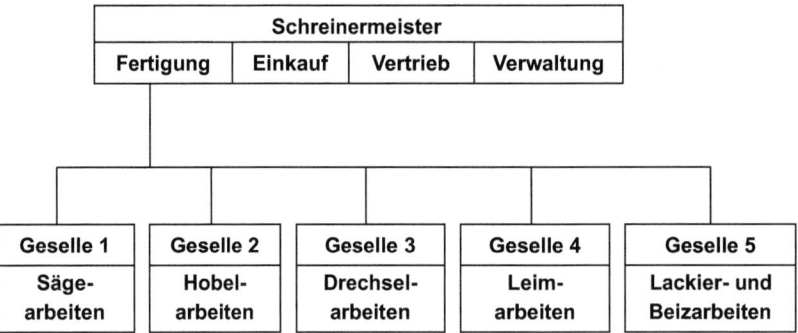

Abb. 3.10 Entwicklung eines Schreinereibetriebes – Erste Stufe: Spezialisierung auf der Grundlage von sechs Beschäftigten. (Quelle: Kieser und Walgenbach 2010, S. 82)

3.1 Arbeitsteilung

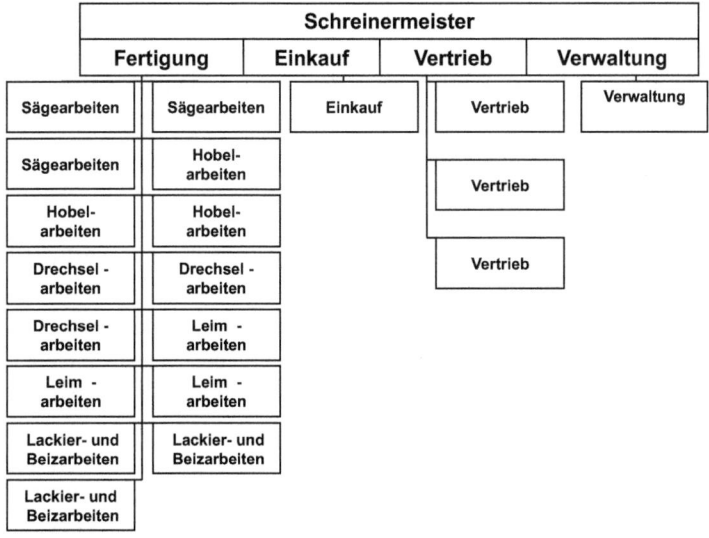

Abb. 3.11 Entwicklung eines Schreinereibetriebes – Zweite Stufe: Expansion im Rahmen des ursprünglichen Spezialisierungskonzepts. (Quelle: Kieser und Walgenbach 2010, S. 83)

Never change a running system!

Die daraus resultierende Struktur auf der zweiten Entwicklungsstufe ist in Abb. 3.11 dargestellt.

Auch nach der strukturellen Erweiterung infolge des Absatzwachstums wird im Betrieb ausschließlich die **Stellenspezialisierung** realisiert. Der Aufgabenzuschnitt der Inhaber- und Meisterstelle bleibt grundsätzlich unverändert. Auf dem Gebiet der Fertigung ist analog zum gestiegenen Arbeitsvolumen jedoch eine **Verdreifachung der Anzahl spezialisierter Stellen** erfolgt. Für die strukturbildenden Verrichtungsarten existieren jetzt jeweils drei Gesellen-Stellen. Im Aufgabenfeld Vertrieb wird die eingeschlagene **Wachstumsstrategie** deutlich. Der geschäftsführende Schreinermeister hat die Kapazität um drei neu geschaffene Vertriebsstellen erweitert. Auf den Gebieten Einkauf und Verwaltung agiert der Meister zurückhaltender: Mit jeweils einer spezialisierten neuen Stelle soll das gestiegene Arbeitsvolumen im *Overhead* bewältigt werden.

Für den Schreinermeister stellt sich das Führungsproblem in der neuen Struktur deutlich komplexer dar als bisher. Immerhin ist der Meister gefordert, eine **Subordinationsspanne** von 20 unterstellten Positionen zu bewältigen. Die Subordinationsspanne bezeichnet gerade die Anzahl der einer Instanz zugeordneten Stellen. Wahrscheinlich werden die fünf Altgesellen aus der ersten Entwicklungsstufe den früher engen persönlichen Kontakt zum Meister nunmehr vermissen. Die Zeit des Inhabers für die Wahrnehmung der personellen Führungsaufgaben – wie Information, Kommunikation, Kontrolle, Kritik und Anerkennung – wird aufgrund der relativ großen Zahl unterstellter Mitarbeiter knapp. Insgesamt ist zu befürchten, dass die **Kapazität des Inhabers zum Engpassfaktor im neuen**

strukturellen Konzept wird. Das führt auf Dauer zu zeitlicher und sachlicher Überforderung des Meisters sowie zu Ineffizienz in den betrieblichen Prozessen.

Sofern die eingeschlagene Wachstumsstrategie des Schreinereibetriebes erfolgreich verläuft, erfordert die interne Bewältigung des damit nochmals steigenden Aufgabenvolumens in der nächsten Entwicklungsstufe des Unternehmens die Implementierung einer Spezialisierung auf Abteilungsebene. Abb. 3.12 zeigt diese dritte Entwicklungsstufe mit der umgesetzten Variante einer Abteilungsspezialisierung.

In Anbetracht des anhaltenden Wachstums der Unternehmung wird die Einrichtung einer Instanzenebene erforderlich. Durch das Zusammenfassen von Stellen unter solchen Instanzen entstehen Abteilungen. Die **Spezialisierung der Abteilungen geschieht nach Verrichtungen.** In fünf Abteilungen sind Fertigungsaufgaben angesiedelt, die voneinander nach Sägerei, Hoblerei, Drechslerei, Montage und Lackiererei abgegrenzt sind. Daneben bestehen die Abteilung Vertrieb und die kaufmännische Abteilung.

Als Folge der durchgeführten Abteilungsspezialisierung wird die **Geschäftsleitung (Schreinermeister) signifikant entlastet.** Das zeigt sich in der Reduktion der Subordinationsspanne von vorher zwanzig Stellen auf nun sieben Positionen. Dadurch steht dem Inhaber hinreichend Zeit zur Verfügung, sich seinen personellen Führungsaufgaben mit der nötigen Sorgfalt und der wünschenswerten Intensität zu widmen. Allerdings verursacht die Abteilungsspezialisierung der dritten Stufe deutlich **gesteigerten Aufwand** im Vergleich zum Spezialisierungskonzept der zweiten Stufe.

Bei weiter anhaltendem Absatz- und Aufgabenwachstum des Schreinereibetriebes stößt die Abteilungsspezialisierung gemäß Abb. 3.12 ebenfalls irgendwann an Grenzen. Daraus resultiert das Erfordernis einer neuerlichen Strukturanpassung. Eine solche Möglichkeit bietet die Spezialisierung im Wege **mehrstufiger Abteilungsbildung.** Die in dieser Weise erweiterte Struktur des Schreinereibetriebes zeigt Abb. 3.13.

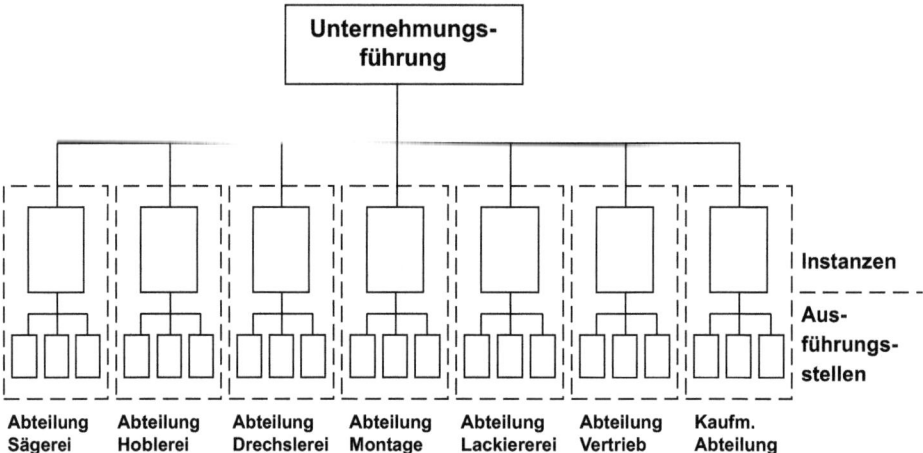

Abb. 3.12 Entwicklung eines Schreinereibetriebes – Dritte Stufe: Abteilungsspezialisierung. (Quelle: Kieser und Walgenbach 2010, S. 84)

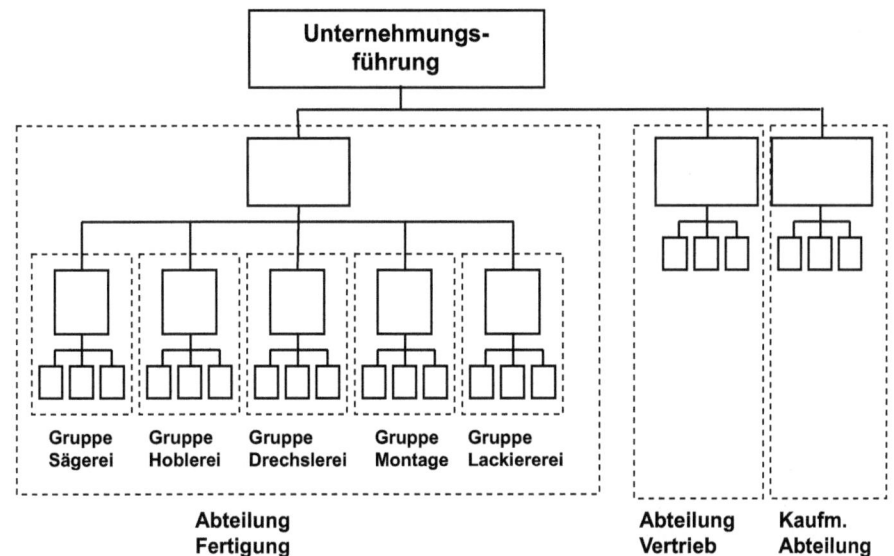

Abb. 3.13 Entwicklung eines Schreinereibetriebes – Vierte Stufe: Mehrstufige Abteilungsbildung. (Quelle: Kieser und Walgenbach 2010, S. 86)

Das Unternehmen ist im erreichten Entwicklungsstadium vertikal durch insgesamt vier Ebenen strukturiert. Allerdings bleibt die mehrstufige Abteilungsbildung auf den größten Unternehmensbereich, nämlich die Fertigung, beschränkt. Die Instanzen aus den Aufgabenkomplexen Sägen, Hobeln, Drechseln, Montieren und Lackieren werden unter einheitlicher Leitung zusammengefasst. Auf diese Weise entsteht eine **Sekundärabteilung**. Das neue Organigramm unterscheidet zwischen den Organisationseinheiten der funktional ausgerichteten Gruppen und der übergeordneten Abteilung Fertigung. Der Schreinermeister sieht im Fertigungsbereich die *treibende Kraft* seiner Unternehmung. Auf gleicher Ebene sind die Abteilung Vertrieb und die kaufmännische Abteilung angesiedelt.

Aufgrund der mehrstufigen Abteilungsspezialisierung wird die Unternehmensleitung weiter entlastet. Dies zeigt sich in einer auf drei unterstellte Positionen reduzierten Subordinationsspanne. Damit erhält der Inhaber-Unternehmer genügend Freiraum, um unter Einbeziehung der Führungskräfte der zweiten Ebene (Abteilungsleiter) die

strategische Ausrichtung des Unternehmens

voranzutreiben. In Anbetracht des hohen Aufwandes der mehrstufigen Abteilungsbildung steht eine solche Gestaltungsalternative jedoch erst bei Realisierung hinreichend großer Umsatzerlöse, korrespondierend mit einem entsprechend umfangreichen Aufgabenvolumen, zur Diskussion.

3.1.6 Vorgehen bei Abteilungsbildung

Die Gestaltung der Arbeitsteilung determiniert den betrieblich zu bewältigenden Koordinationsbedarf. Im Hinblick auf die Planung und die Durchführung der Abteilungsspezialisierung stellt deshalb die Minimierung des abteilungsübergreifenden Koordinationsaufwandes ein wichtiges Anforderungsmerkmal dar. Interessante Impulse in Bezug auf diesen Aspekt der Abteilungsspezialisierung vermittelt das so genannte

Interdependenzen-Modell

nach Thompson (vgl. Thompson 1967). Das Modell basiert auf der nachstehend spezifizierten Autonomie-Prämisse.

▶ **Prämisse** Der Koordinationsaufwand zwischen den Abteilungen eines soziotechnischen Systems ist umso geringer, je mehr Autonomie die Abteilungen im Verhältnis zueinander besitzen.

In dieser Sichtweise bedeutet mehr Autonomie der Abteilungen weniger wechselseitige Abhängigkeit (Interdependenzen) und damit weniger Koordinationsaufwand im Gesamtsystem.

3.1.6.1 Interdependenztypen
In seinem Modell differenziert Thompson drei verschiedene Typen von Interdependenzen. Diese modellhaft abstrahierten Interdependenztypen werden im Folgenden erläutert.

(1) **Gepoolte Interdependenzen**

Der erste Typ wechselseitiger Abhängigkeit ist durch das Vorliegen *gepoolter Interdependenzen* charakterisiert. In diesem Fall resultiert die wechselseitige Abhängigkeit aus einer begrenzten, knappen Menge gemeinsamer Ressourcen, auf deren Nutzung mehrere organisatorische Einheiten angewiesen sind. Durch den gemeinsamen **Ressourcenpool** entstehen Abhängigkeiten der tangierten Organisationseinheiten von den Dispositionen und Aktivitäten der anderen Ressourcennutzer. Die Abb. 3.14 vermittelt ein Beispiel des Typs gepoolter Interdependenzen.

Im betrachteten Beispiel werden die Ressourcen des betrieblichen Personalwesens von den Abteilungen Verkauf Inland, Verkauf Europa und Verkauf Übersee gemeinsam genutzt. Hinsichtlich der Inanspruchnahme dieses Ressourcenpools bedarf es daher der Abstimmung unter den Verkaufsabteilungen. Sofern das Personalwesen durch Projekte der Personalentwicklung für den Verkauf Übersee weitgehend ausgelastet ist, müssen die Anforderungen der Verkaufsabteilungen Inland und Europa zunächst zurückgestellt werden. Insgesamt wird dies jedoch normalerweise keine nachhaltige Beeinträchtigung der Handlungsfähigkeit der Verkaufsabteilungen bedeuten. Der Typus gepoolter Interdependenzen determiniert im Vergleich zu anderen Interdependenzarten in geringstem Umfang Einschränkungen der Autonomie der betroffenen organisatorischen Einheiten.

3.1 Arbeitsteilung

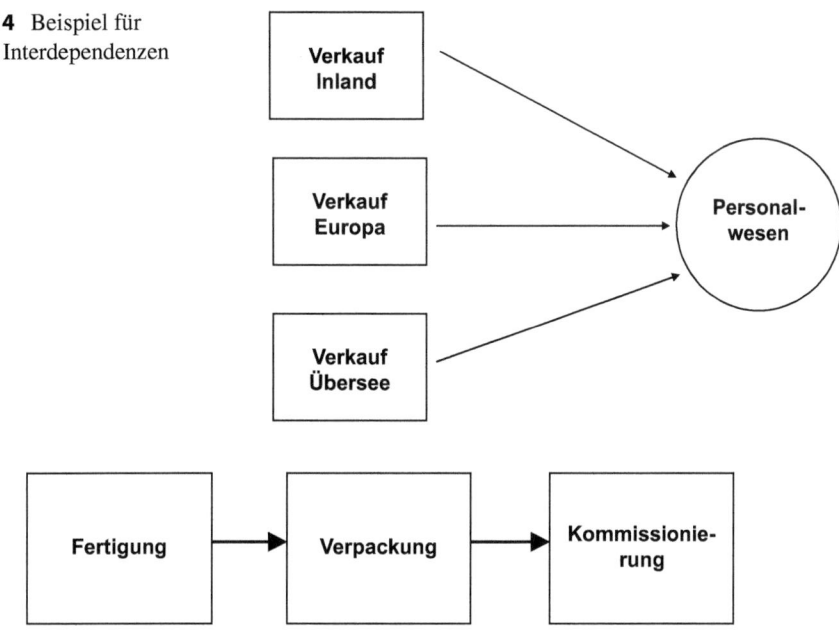

Abb. 3.14 Beispiel für gepoolte Interdependenzen

Abb. 3.15 Beispiel für sequenzielle Interdependenzen

(2) **Sequentielle Interdependenzen**

Der zweite Interdependenz-Typ wird durch das Vorliegen *sequenzieller Interdependenzen* definiert. Solche Abhängigkeiten treten auf, wenn organisatorische Einheiten im Leistungsprozess hintereinandergeschaltet sind. Es besteht in diesem Fall die Abhängigkeit der einzelnen Organisationseinheit von den Vorleistungen der Vorgängereinheit im Wertschöpfungsprozess. Dies verdeutlicht das Beispiel in Abb. 3.15.

Der Bereich Verpackung benötigt zur Durchführung seiner Aufgaben den Output des Fertigungsbereichs. Dagegen kann die Kommissionierung erst aktiv werden, wenn komplett verpackte Produkte bereitstehen. Soweit eine Vorgängereinheit ihre Leistungen nicht termingerecht zur Verfügung stellt, beeinträchtigt dies die Handlungsfähigkeit der im Prozess folgenden Organisationseinheit. Im Vergleich zu den gepoolten Interdependenzen repräsentiert der Typus sequenzieller Interdependenzen damit deutlich erhöhte Einschränkungen hinsichtlich der Autonomie der involvierten Organisationseinheiten.

(3) **Reziproke Interdependenzen**

Am stärksten ausgeprägt sind die wechselseitigen Abhängigkeiten zwischen den Abteilungen im Falle des dritten hergeleiteten Typus, nämlich den *reziproken Interdependenzen*. Derartige Abhängigkeiten resultieren aus dem gegenseitigen Leistungsaustausch zwischen organisatorischen Einheiten eines sozio-technischen Systems. Dies ist beispielhaft in Abb. 3.16 dargestellt.

Abb. 3.16 Beispiel für reziproke Interdependenzen

Die drei betrachteten Bereiche Produktentwicklung, Konstruktion und Prototypenbau kooperieren auf dem Gebiet der Innovation technischer Produkte. Neue Ideen werden in der Produktentwicklung generiert, in der Konstruktion herstellungsreif umgesetzt und im Prototypenbau modellhaft realisiert. In allen Prozessphasen bestehen jedoch permanente Rückkoppelungen. Im Verlaufe der Ideenfindung benötigt die Produktentwicklung Informationen zur Konstruierbarkeit der innovativen Produktvarianten. Andererseits erhält die Konstruktion aus dem Prototypenbau Ergebnisse zur Verfeinerung und Vervollständigung der Konstruktionspläne. Die betrachteten organisatorischen Bereiche müssen sich im Prozess der Produktinnovation ständig austauschen und können ihre eigene Wertschöpfung nur realisieren, wenn dafür Leistungen aus den anderen Bereichen zur Verfügung gestellt werden. Solche reziproken Interdependenzen bewirken im Vergleich zu den beiden anderen Typen von Interdependenzen die größte Einschränkung von Autonomie der betroffenen organisatorischen Einheiten.

3.1.6.2 Organisatorische Konsequenzen

Mit dem Ziel der Reduktion des Koordinationsaufwands gilt es, im Zuge der Abteilungsbildung einen möglichst hohen Grad an Autonomie der zu implementierenden Abteilungen herzustellen. Daher sollte nach Thompson die Abteilungsbildung unter Anwendung des Kriteriums stufenweisen Abbaus von Interdependenzen erfolgen. Die empfohlene Vorgehensweise wird in der Abb. 3.17 aufgezeigt.

Den größten Effekt in Bezug auf die Steigerung der Autonomie der organisatorischen Einheiten und damit hinsichtlich der Reduktion des Koordinationsaufwandes erbringt der **Abbau reziproker Interdependenzen**. Folglich ist darauf der primäre Fokus im Prozess der Abteilungsbildung zu richten.

Die Soll-Vorgehensweise ist im Einzelnen wie folgt angelegt:

- Die reziprok interdependenten Einheiten werden in der ersten Phase des Prozesses der Abteilungsbildung zu Abteilungen zusammengefasst.
- Im nächsten Schritt sind dann vorzugsweise sequenziell interdependente Einheiten zu Abteilungen zu integrieren. Dafür gilt jedoch bereits ein abnehmender Zuwachs an Autonomie in Folge der Abteilungsbildung.
- Erst im Anschluss daran ist zu überprüfen, inwieweit außerdem gepoolt interdependente Einheiten zu Abteilungen integriert werden sollen. Daraus lassen sich lediglich noch **Residualeffekte** bezüglich der Autonomiesteigerung erzielen. Prinzipiell erscheint das Vorliegen gepoolter Interdependenzen im Hinblick auf den zu bewältigenden Koordinationsaufwand vergleichsweise wenig kritisch.

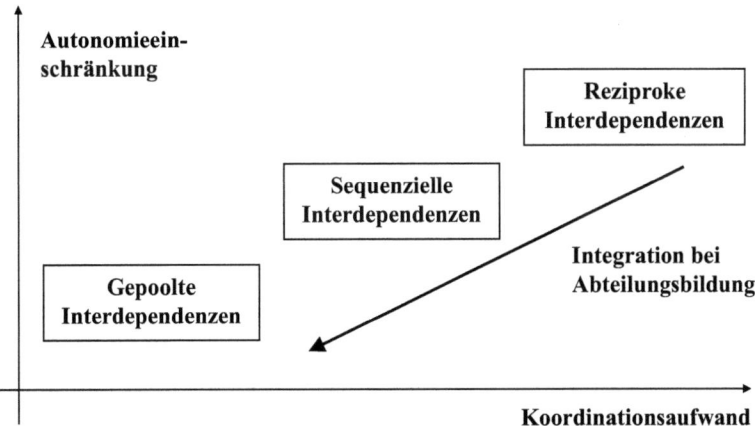

Abb. 3.17 Stufenweiser Abbau von Interdependenzen als Kriterium der Abteilungsbildung

3.2 Koordination

3.2.1 Strukturelles Grundprinzip

Ähnlich wie die Arbeitsteilung verkörpert die Koordination ein quasi denknotwendiges strukturelles Grundprinzip sozio-technischer Systeme. Im Mittelpunkt stehen die erfolgsnotwendige Abstimmung und die Harmonisierung der zahlreichen Einzelaktivitäten im Unternehmen.

▶ **Koordination** Die Abstimmung arbeitsteiliger Prozesse sowie das Ausrichten der Aktivitäten der Systemmitglieder auf die Systemziele

Die Erfüllung des skizzierten Systembedürfnisses kann prinzipiell mittels der im Folgenden skizzierten **Basisvarianten der Koordination** geschehen:

- Im Falle der **Vorauskoordination** (Feedforward) geht es um die antizipierende, zukunftsgerichtete Abstimmung der Aktivitäten einer Mehrzahl von Aufgabenträgern. Der Verlauf einer solchen Vorauskoordination ist tendenziell **top down** gerichtet. In unternehmenshierarchischer Hinsicht wird das Feedforward in der Unternehmensspitze ausgelöst und erhält im weiteren Verlauf auf den nachgeordneten hierarchischen Ebenen immer konkretere Inhalte.
- Dagegen verläuft die andere Basisvariante, nämlich die **Feedback-Koordination**, tendenziell in gegenläufiger Richtung zur Vorauskoordination. Als **bottom up** angelegter Prozess besteht die Feedback-Koordination insbesondere in der adäquaten Reaktion auf Störungen. Solche Störungen werden naturgemäß auf der Realisationsebene am frühesten wahrgenommen. Der Handlungsbedarf, welcher der Feedback-Koordination zugrunde liegt, ist insofern vergangenheitsbezogen, als ein bereits eingetretenes Ereig-

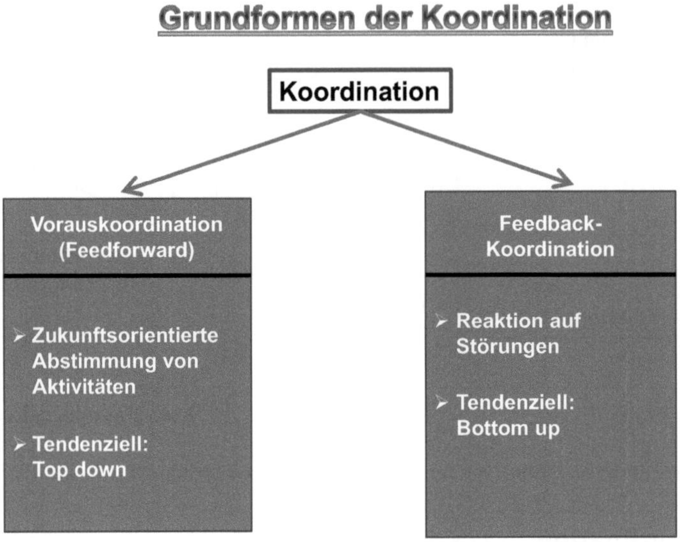

Grundformen der Koordination

Koordination

- **Vorauskoordination (Feedforward)**
  - Zukunftsorientierte Abstimmung von Aktivitäten
  - Tendenziell: Top down

- **Feedback-Koordination**
  - Reaktion auf Störungen
  - Tendenziell: Bottom up

Abb. 3.18 Abgrenzung der Basisvarianten betrieblicher Koordination

nis den Anlass für die Durchführung abstimmender Aktivitäten darstellt. Im Hinblick auf die Fehlerbeseitigung sowie zum Zwecke des Initiierens organisationaler Lernprozesse stellt das koordinative Feedback eine unbedingt erforderliche Ergänzung zur Vorauskoordination dar.

Der Zusammenhang der beiden erörterten Basisvarianten der Koordination ist in Abb. 3.18 zusammenfassend dargestellt.

3.2.2 Determinanten des Koordinationsbedarfs

Die Notwendigkeit von Maßnahmen zur Koordination resultiert zwingend aus jedweder Realisierung von Arbeitsteilung. Ceteris paribus gilt.

▶ Mehr betriebliche Arbeitsteilung determiniert höheren Koordinationsbedarf!

Auf diesem Hintergrund besteht für die betrieblichen Entscheidungsträger allerdings die Option, durch die Umsetzung geeigneter Maßnahmen den fortlaufenden Bedarf an Koordination dauerhaft zu reduzieren. Nach Implementierung derartiger Maßnahmen zur Reduktion des zu bewältigenden Abstimmungsvolumens verbleibt der organisational durch spezifische Tools permanent zu deckende Koordinationsbedarf.

Es gilt folgender Zusammenhang:

> **Koordinationsbedarf**
> (1) Ausmaß betrieblicher Arbeitsteilung (+)
>   (Brutto-Koordinationsvolumen)
> (2) Maßnahmen zur Reduktion des Koordinationsbedarfs (−)
> _____
> (3) Organisatorisch zu deckender Koordinationsbedarf (=)
>   (Netto-Koordinationsvolumen)

Zur Bewältigung des ermittelten Netto-Koordinationsvolumens bedarf es des **Einsatzes der betrieblichen Koordinationsinstrumente**. Welche Instrumente dafür im Einzelnen Anwendung finden sollen, ist Gegenstand grundsätzlicher Entscheidungen über die formale Organisationsstruktur. Der Bedingungsrahmen solcher Entscheidungen wird maßgeblich dadurch geprägt, inwieweit es gelingt, das Brutto-Koordinationsvolumen durch erfolgreiche Reduktionsmaßnahmen dauerhaft zu vermindern.

3.2.3 Reduktion des Koordinationsbedarfs

In diesem Abschnitt erfolgt die Darstellung wesentlicher Optionen zur dauerhaften Verringerung des betrieblichen Bedarfs an koordinativen Maßnahmen.

(1) **Abteilungsbildung**
Einen Zugang zur Reduktion des Koordinationsbedarfs bietet die Abteilungsbildung. Im Zuge der Schaffung von Abteilungen erfolgt das Bündeln der Abstimmungsprobleme auf der Ebene größerer Verantwortungsbereiche. Dies ermöglicht die rationelle Handhabung von Koordinationsaufgaben. Des Weiteren sollten die abzugrenzenden Abteilungen zueinander relativ autonom sein. Grundsätzlich gilt, je höher die Autonomie der Abteilungen, umso geringer ist der abzudeckende Bedarf an Koordination (siehe im obigen Abschn. 3.1 die Darlegungen zum Interdependenzen-Modell).

(2) **Entkopplungsmechanismen**
Eine andere Möglichkeit zur Senkung des Koordinationsbedarfs bietet der Einbau sogenannter Entkopplungsmechanismen. Derartige Mechanismen entstehen durch das Bilden von *Puffern*. Gemeint sind damit beispielsweise Zwischenläger im Wertschöpfungsprozess, durch welche die verschiedenen Glieder in der Wertschöpfungskette voneinander entkoppelt werden. Aufgrund der Möglichkeit des Zugriffs auf Lagerbestände kann eine betrachtete organisatorische Einheit störungsfrei agieren, ohne unmittelbar auf den friktionsfreien Outcome der Vorgängereinheit angewiesen zu sein. Die Anwendung von Entkoppelungsmechanismen steigert die Unabhängigkeit der Aktivitäten in den Funktionsgebieten Beschaffung, Fertigung, Verwaltung und Absatz. Der Preis dieser Steigerung von Unabhängigkeit und damit der Verringerung des

Koordinationsbedarfs wird gerade durch die Kosten der für das *Puffern* erforderlichen Lagerhaltung definiert.

(3) **Flexibel einsetzbare Ressourcen**

Als Alternative steht die forcierte Verwendung flexibel einsetzbarer Ressourcen zur Verfügung. Dies sind im Bereich der Sachressourcen universell verwendbare Maschinen, welche auch in geänderten Produktionsprozessen genutzt werden können. Auf dem Gebiet des Humankapitals erfüllen polyvalent qualifizierte Mitarbeiter das angesprochene Flexibilitätskriterium. Solche umfassend ausgebildeten Organisationsmitglieder sind in der Lage, im Bedarfsfall geänderte Arbeitsanforderungen zu erfüllen. Als Folge ist bei Prozessvariation der Einsatz anderer Personen nicht erforderlich. Insgesamt machen flexibel einsetzbare humane und sachliche Ressourcen die betrieblichen Prozesse weniger störanfällig und elastischer, so dass der Bedarf an zu leistender **Vorauskoordination** signifikant absinkt.

(4) **Überschussressourcen**

Den Effekt der erweiterten Reaktionsfähigkeit im Falle von Störungen können die betrieblichen Entscheidungsträger auch durch die Zuweisung von Überschussressourcen erreichen. Soweit Unternehmensbereiche mehr Ressourcen zugewiesen erhalten, als sie unmittelbar benötigen, d. h. mit Reserven oder *Slack* ausgestattet sind, besitzen sie Potenziale, welche zur Störungsbeseitigung genutzt werden können. So dient beispielsweise eine kalkulierte Personalreserve dem Ausgleich des Anstiegs von Fehlzeiten der Mitarbeiter. Dagegen kann ein überdimensionierter Maschinenpark im Zuge der Bewältigung unvorhergesehener Auftragseingänge oder erhöhter Ausschussquoten den Engpass überbrücken.

(5) **Bandbreiten**

Die nachhaltig wirksame Entwirrung des Gordischen Knotens der Koordination verspricht schließlich das **Einengen der Zahl abstimmungsrelevanter Größen** im Zuge der Ausführung arbeitsteiliger Aktivitäten. Dies lässt sich durch das Festlegen koordinationsneutraler **Bandbreiten** erreichen. Sofern die maßgeblichen Größen, beispielsweise

- Arbeitsergebnisse,
- Liefertermine oder
- Produkteigenschaften,

innerhalb des ausgewiesenen Toleranzbereichs (Bandbreite) liegen, besteht dann per definitionem kein Abstimmungsbedarf. Die Aufgabenträger können in diesem Fall mit ihren Aktivitäten fortfahren, ohne dass Koordinationsinstrumente Anwendung finden. In gleicher Richtung wirkt das **Management by Exception (MbE).** Danach werden Koordinationsprozesse als Führungsaufgabe lediglich in klar definierten *Ausnahmefällen* erforderlich. Das wird in Abb. 3.19 verdeutlicht.

Solange die betrieblichen Aktivitäten den Charakter von *Normalfällen* aufweisen, bleiben koordinierende Führungsimpulse per se in Anbetracht der getroffenen Grundsatzentscheidung über die Notwendigkeit von Abstimmungsprozessen entbehrlich. Das zielsetzende System wird ausschließlich zu koordinativen Entscheidungen aufgefordert, wenn

3.2 Koordination

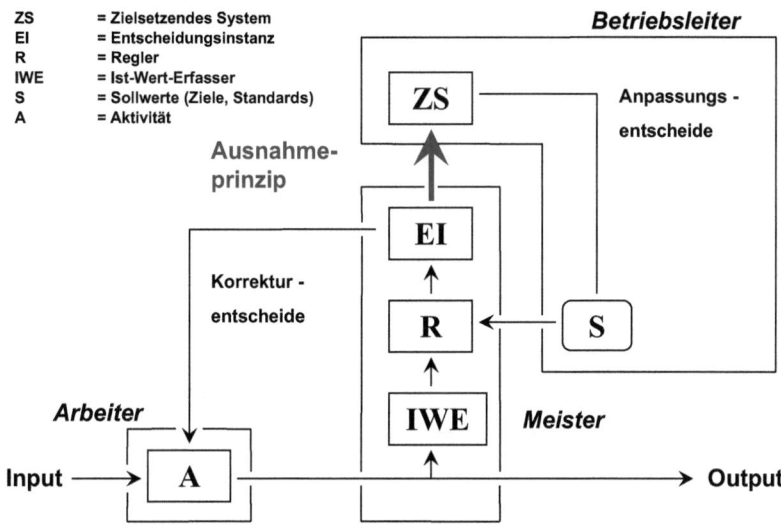

Abb. 3.19 Management by Exception (MBE): Reduktion des Koordinationsbedarfs

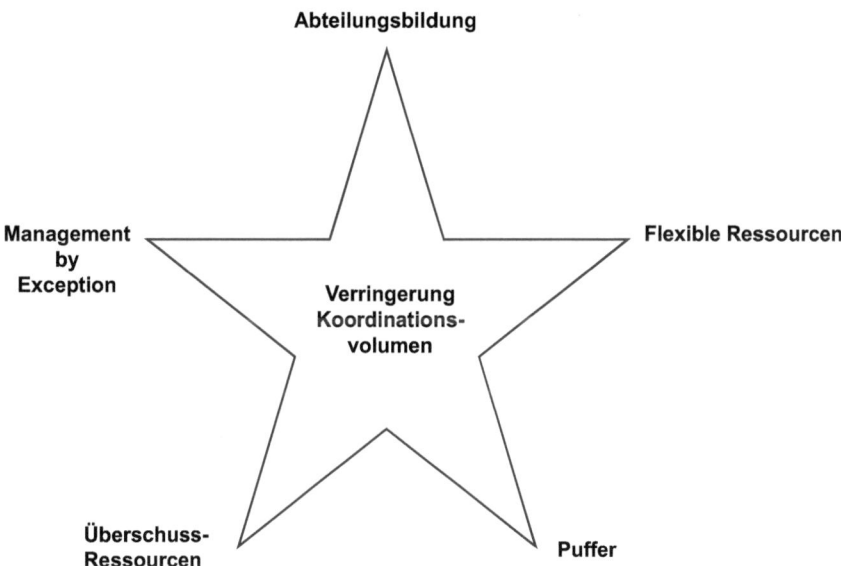

Abb. 3.20 Wesentliche Maßnahmen zur Reduktion des Koordinationsbedarfs im Überblick

eine Fallgestaltung nach Maßgabe es festgelegten Ausnahmenprinzips eintritt. Alle übrigen Leistungsprozesse bedingen keine koordinativen Eingriffe.

Einen zusammenfassenden Überblick hinsichtlich der wesentlichen Maßnahmen zur dauerhaften Verringerung des Koordinationsbedarfs im Unternehmen vermittelt Abb. 3.20.

Insgesamt sollten die betrieblichen Entscheidungsträger sehr sorgfältig die Potenziale zur Verringerung des Abstimmungsbedarfs prüfen und zieladäquat nutzen. Auf diese

Weise kann die notwendige Operationalisierung des prinzipiell äußerst komplexen Koordinationsproblems erheblich erleichtert werden.

3.2.4 Instrumente der Koordination

Zum Zwecke der Bewältigung des verbleibenden Netto-Koordinationsbedarfs stehen dem Management ganz unterschiedliche instrumentelle Zugänge zur Verfügung. Eines dieser Instrumente besteht in der **Unternehmenskultur** als sichtbar gelebtem Wertesystem des Unternehmens. Aus den von allen Organisationsmitgliedern geteilten Werten resultiert eine erhebliche koordinierende Wirkung. Allerdings ist die Unternehmenskultur kein organisatorisches Phänomen, sondern auf der übergeordneten Ebene des Selbstverständnisses der Organisation oder der Unternehmensphilosophie angesiedelt. Daher ist gelegentlich die Rede davon, die Unternehmenskultur repräsentiere ein hoch wirksames **nicht-strukturelles Instrumentarium der Koordination**. Im hier zu behandelnden Zusammenhang geht es jedoch um organisationale Belange. Daher stehen die empirisch besonders bedeutsamen **strukturellen Koordinationsinstrumente** gemäß Abb. 3.21 im Fokus.

Die in der Abbildung aufgezeigten strukturellen Koordinationsinstrumente werden im Folgenden vertiefend behandelt.

3.2.4.1 Persönliche Weisungen

Im Falle der *Koordination durch persönliche Weisungen* übernimmt der Vorgesetzte die erforderlichen Abstimmungsaufgaben. Die Anweisungen des Vorgesetzten regeln die Koordination der Aktivitäten der ihm unterstellten Mitarbeiter. Folglich kennzeichnet ein stark ausgeprägter

vertikaler Informationsfluss

dieses Koordinationsinstrument. Prinzipiell erscheint die Deckung des gesamten Koordinationsbedarfs mittels persönlicher Weisungen zumindest theoretisch möglich.

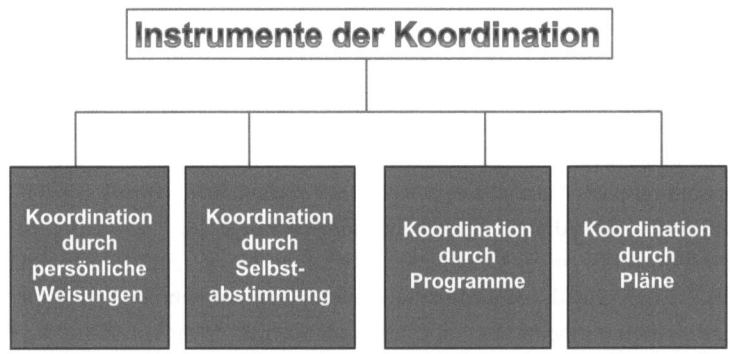

Abb. 3.21 Instrumentarium zur Bearbeitung des Netto-Koordinationsvolumens

▶ Die Koordination durch persönliche Weisungen erlaubt sowohl das Durchführen von Maßnahmen der **Vorauskoordination** als auch die Wahrnehmung der **Feedback-Koordination**.

In der betrieblichen Praxis stößt diese koordinative Universalität der persönlichen Weisungen allerdings an Grenzen der sinnvollen Machbarkeit. So bewirkt die fortschreitende Steigerung des Volumens koordinativer Weisungen die **Überlastung der Instanzen** und infolgedessen die Blockade der Dienstwege. Als Konsequenz treten Koordinationsmängel auf. Eine andere limitierende Größe bilden die kognitiven Potenziale der Führungskräfte. Ihre Fähigkeiten zur Aufnahme und Verarbeitung von Informationen sind grundsätzlich stark begrenzt. Daher ist die Vorauskoordination auf der Grundlage persönlicher Weisungen lediglich in vergleichsweise einfacher Form realisierbar. In qualitativer Hinsicht erfordern sinnvolle koordinierende Anweisungen von der verantwortlichen Führungskraft spezielles fachliches Know-how in den zu koordinierenden Aufgabenbereichen. Insoweit konfrontiert die Koordination durch persönliche Weisungen die Führungskräfte mit

hohen Qualifikationsanforderungen.

Auch in diesem Punkt werden in der Praxis notwendigerweise sehr bald Kapazitätsgrenzen erreicht, weil Führungskräfte nicht in der Lage sein können, alle relevanten fachlichen Details zu überblicken und zu beherrschen.

Aufgrund der dargelegten Restriktionen erscheint die Ergänzung der persönlichen Weisungen durch andere Instrumente der Koordination im Interesse effizienter und effektiver Problemlösungen angezeigt. Gleichwohl markieren die persönlichen Weisungen in der betrieblichen Praxis ein wichtiges, flexibel handhabbares und letztlich unentbehrliches Instrument zur Bewältigung des vielfältigen Koordinationsbedarfs.

3.2.4.2 Selbstabstimmung

Das Instrument der *Koordination durch Selbstabstimmung* bildet quasi das Gegenstück zur Koordination durch persönliche Weisungen. An die Stelle der Anweisungen seitens des Vorgesetzten treten **autonome Handlungen** und **Eigeninitiative** der tangierten Stelleninhaber. Sie regeln den abzudeckenden Koordinationsbedarf durch eigenständige Operationen. Statt der Fremdbestimmung wirkt die **Selbstbestimmung** als organisatorisches Prinzip. Der Institutionalisierung dieses Prinzips dient das Schaffen von Gremien zum Zwecke der Selbstkoordination der involvierten Akteure. In Abb. 3.22 wird dies anhand eines Beispiels zur Einrichtung von Ausschüssen demonstriert.

Im gezeigten Beispiel ist die Arbeitsteilung nach dem Kriterium der Verrichtung auf zwei betrachteten Ebenen unterhalb der Geschäftsleitung implementiert. Mit dem Ziel der Förderung koordinativer Maßnahmen im Wege der Selbstabstimmung sind basierend auf den umgesetzten Regelungen zur Arbeitsteilung zwei Ausschüsse geschaffen worden. Den fachlichen Bezugspunkt des ersten Ausschusses bilden Aufgaben der Produktinnovation. Dagegen befasst sich der zweite Ausschuss mit den unterschiedlichen Belangen der

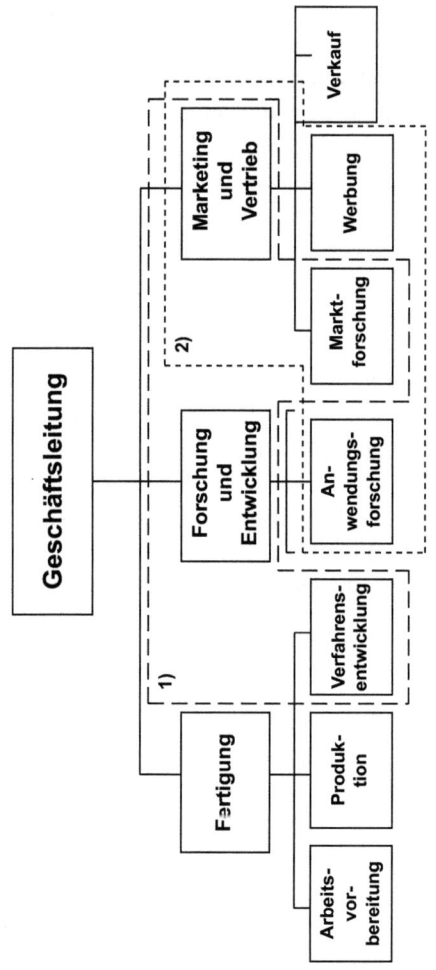

Abb. 3.22 Institutionalisierung der Selbstabstimmung durch Ausschüsse

Marktanalyse. Für beide Ausschüsse ist charakteristisch, dass sie sowohl hierarchie- als auch funktions- und abteilungsübergreifend personell besetzt sind. Im Hinblick auf die Arbeit in den Ausschüssen gilt die Teamprämisse, wonach Weisungsbeziehungen innerhalb der Ausschüsse nicht bestehen, sondern alle Mitglieder formal gleichberechtigt agieren.

▶ **Teamprämisse** Alle Mitglieder der Arbeitsgruppe haben formal gleiche Rechte und Pflichten

Dadurch entsteht die Basis zur selbstständigen und eigeninitiativen Lösung der mit den Belangen der Produktinnovation und den Anforderungen der Marktanalyse zusammenhängenden koordinativen Aufgaben. Die persönlichen Weisungen des Vorgesetzten werden insoweit überflüssig. Gleichzeitig nimmt die Institution des Ausschusses der intendierten Selbstabstimmung ihre subjektive Beliebigkeit. Die einzelnen Akteure werden durch ihre Mitgliedschaft in den Ausschüssen institutionell zur Selbstabstimmung systematisch animiert.

Eine andere Möglichkeit der wirksamen Unterstützung von Koordination durch Selbstabstimmung bietet die Implementation des Konzepts überlappender Gruppen nach Likert. Charakteristisch hierfür ist die Betonung des sogenannten *Linking pin-Prinzips* (vgl. Likert 1967). Dies wird in Abb. 3.23 verdeutlicht.

Die Linking pins sind Instanzen, welche **zwei interdependente Prozesse der Willensbildung** miteinander verknüpfen. So gehören die beiden Stellen auf der zweiten Ebene im betrachteten Beispiel sowohl der oberen Gruppe als auch jeweils einer der mittleren Gruppen an. Die Stelleninhaber kommunizieren miteinander und mit dem Inhaber der vorgesetzten Instanz. Dabei geschieht die Abstimmung der arbeitsteiligen Aktivitäten in vertikaler und in horizontaler Richtung. Der gleiche Prozess vollzieht sich auf der betrachteten mittleren Gruppenebene. Hier nehmen die unterstellten Funktionsträger aus der oberen

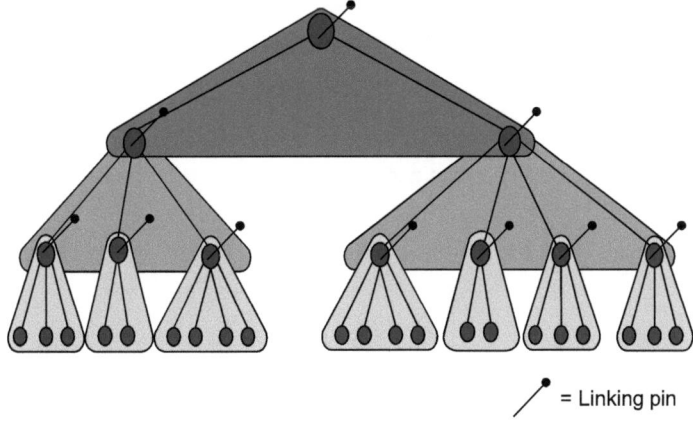

Abb. 3.23 Linking pin-Prinzip der Gruppenbildung. (Quelle: nach Likert 1967, S. 509)

Gruppe Führungsfunktionen wahr. Sie kommunizieren die relevanten Inhalte mit ihren Mitarbeitern. Auf diese Weise erhalten die involvierten Personen die Gelegenheit, ihre Aktivitäten miteinander abzustimmen.

Durch die Linking pins soll sichergestellt werden, dass die zur Koordination erforderlichen Informationen bereitstehen und die maßgeblichen Bedingungen hinreichende Beachtung finden. Außerdem schafft das Implementieren des Konzepts überlappender Gruppen eine dauerhafte und tragfähige organisationale Plattform zur Initiierung und Gewährleistung der erfolgsnotwendigen Prozesse der Selbstabstimmung zwischen den in das Geschehen eingebundenen Mitarbeitern und Führungskräften. Insbesondere soll dieses Gestaltungsmodell im Zuge der Koordination das Überwinden von Hierarchie-Barrieren und das Vermeiden von Tendenzen zur funktionalen Abschottung im System (Ressortegoismen, internes Konservieren belangvoller Informationen) forcieren.

Geradezu konstitutive Funktion hat die Selbstabstimmung der Individuen auf dem Gebiet der **teilautonomen Arbeitsgruppen**. Diese Organisationsform ist dadurch geprägt, dass eine Personenmehrheit (Gruppe) als Ganzes eine komplexe Aufgabenstellung übertragen bekommt. Die Arbeitsteilung in dieser teilautonomen Gruppe sowie ebenfalls die Art und das Ausmaß der Koordination der zu vollziehenden arbeitsteiligen Aktivitäten werden nicht von außen vorgegeben. Es obliegt vielmehr den Gruppenmitgliedern, eigenständig funktionsfähige Modalitäten zu finden und anzuwenden. Dies erfordert insbesondere die ständige Reflexion und die Abstimmung der Tätigkeiten sowie der Dispositionen der Gruppenmitglieder. Charakteristische Kennzeichen teilautonomer oder selbststeuernder Arbeitsgruppen nach dem Kriterium der Entscheidungsfindung kommen in Abb. 3.24 zum Ausdruck.

Das Erfolgspotenzial teilautonomer Arbeitsgruppen resultiert ganz wesentlich aus der schnellen, problemadäquaten und flexiblen Abstimmung des Arbeitseinsatzes durch Eigeninitiative der betroffenen Mitarbeiter. Der **Verzicht auf technokratische Instrumente der Koordination** soll die Motivation und die Leistungsfähigkeit der involvierten Individuen fördern sowie die Effektivität des Gesamtsystems steigern.

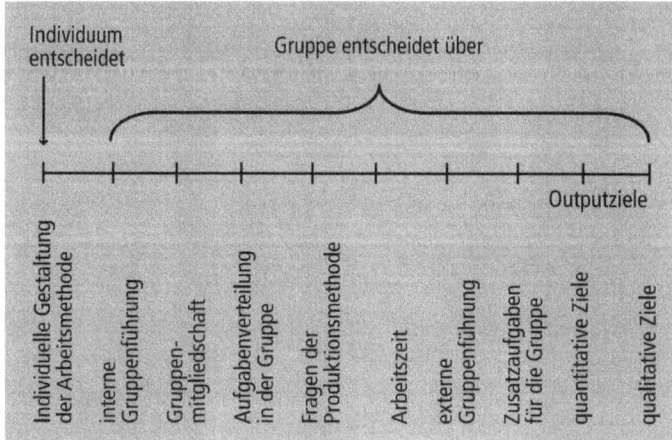

Abb. 3.24 Merkmale teilautonomer Arbeitsgruppen

▶ Die Koordination durch Selbstabstimmung eignet sich, analog zur Koordination durch persönliche Weisungen, sowohl für die Anwendung im Rahmen der **Vorauskoordination** als auch als Instrument der **Feedback-Koordination**.

3.2.4.3 Programme

Im Rahmen der Koordination durch Programme werden die Möglichkeiten der Stelleninhaber zur autonomen Problemhandhabung im Vergleich zur Koordination durch Selbstabstimmung eingeschränkt. Programme beinhalten **eindeutig fixierte Verfahrensabläufe**. Auf individueller Ebene entstehen derartige Programme als **Ergebnis von Lernprozessen**. Durch die fortlaufende Wahrnehmung einer Aufgabe erlernt der Aufgabenträger bestimmte Handlungsmuster zur sinnvollen Aufgabenbewältigung in Form von Erfahrungslernen. So gesehen entstehen Handlungsprogramme als Spezialisierungseffekt und als Wirkung des *Training-on-the-job*. Den Charakter formaler struktureller Instrumente erhalten die Programme durch Autorisierung im Unternehmen seitens des Leitungsorgans. Damit erfolgt die verbindliche Vorgabe vereinheitlichter Soll-Abläufe gegenüber den in die Aufgabenerledigung involvierten Organisationsmitgliedern.

▶ **Programm** Verbindliche Vorgabe eines einheitlichen Soll-Ablaufes für die Aufgabenträger

Derartige Regelungen werden regelmäßig schriftlich festgelegt, d. h. formalisiert. Die sachliche Integration von Programmen geschieht beispielsweise in Organisationshandbüchern. Ein Beispiel für den Einsatz von Programmen zum Zwecke der Koordination zeigt Abb. 3.25.

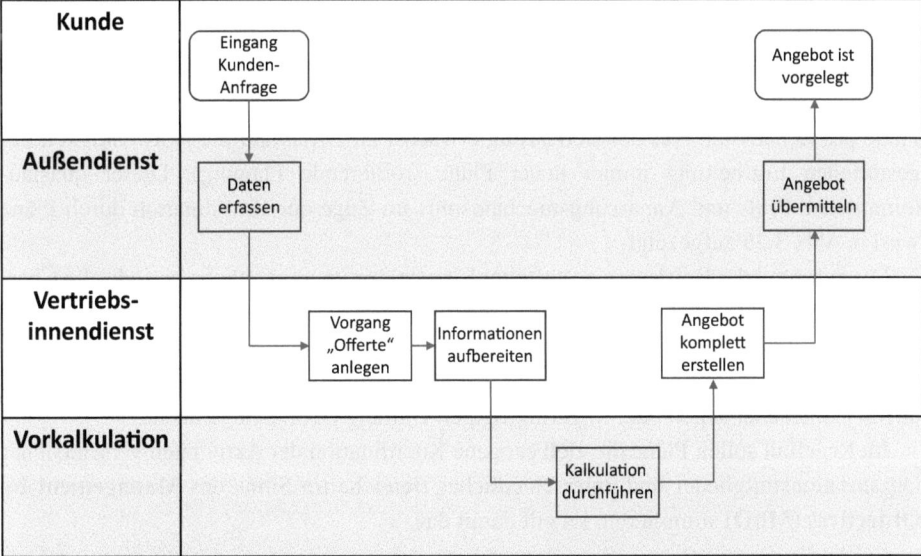

Abb. 3.25 Beispiel Koordination durch Programmierung. (Quelle: nach Träger 2018, S. 180)

Im angeführten Beispiel ist das Programm (Soll-Ablauf) durch ein sogenanntes Swimlane-Diagramm visualisiert. Die verschiedenen Swimlanes geben an, welcher Aufgabenträger in welcher Prozessphase welche Aufgaben im Teilprozess der Angebotserstellung wahrzunehmen hat. Damit erfolgt eine klare, intersubjektiv nachvollziehbare und verbindliche Koordination der verschiedenen Aktivitäten.

Aufgrund ihrer notwendigerweise starren Ausgestaltung eignen sich

> **Programme ausschließlich zum Zwecke der Vorauskoordination.**

Als Instrument der angepassten Reaktion auf Störungen können Programme keine sinnvolle Anwendung finden, da Störungen gerade Einflüsse umfassen, die nicht prognostizierbar waren oder zumindest nicht erfasst und damit nicht in den Programmen berücksichtigt werden konnten. Der Bedarf an Feedback-Koordination im sozio-technischen System muss daher mittels anderer Instrumente abgedeckt werden. Ein bedeutsamer konstruktiver Effekt der Programmierung besteht in der **Absorption von Unsicherheit**. Für die betroffenen Personen erfolgt die Aufhebung der zunächst bestehenden Unsicherheit bezüglich der Art der Problemlösung, da ein analytisch hergeleiteter, logisch fundierter und realisierbarer Weg des Aufgabenvollzugs offiziell autorisiert bereitgestellt wird. Dies birgt allerdings die Gefahr, dass seitens der Mitarbeiter das prinzipiell notwendige kritische Hinterfragen programmierter Vorgehensweisen im Zeitablauf unterbleibt. Als Folge werden Programme in der organisationalen Praxis nicht selten auf Sachverhalte und Situationen angewandt, auf die diese Programme nicht mehr oder nicht mehr vollständig passen. Daraus resultieren ineffiziente Prozesse sowie unbrauchbare Abstimmungsformen.

3.2.4.4 Pläne

Im Vergleich zur Programmierung bietet die Koordination durch Pläne mehr Flexibilität. Pläne unterscheiden sich von Programmen durch die Festlegung einer **Zielgröße**. Programme dagegen enthalten ausschließlich Verfahrensregelungen. Darüber hinaus sind Pläne per se befristet. Aus der **Befristung** erwächst im Zeitablauf die Notwendigkeit der gestaffelten Erarbeitung immer neuer Pläne (rollierende Planung). Dieser quasiautomatisierte Prüf- und Anpassungsmechanismus im Zuge der Koordination durch Pläne wird in Abb. 3.26 aufgezeigt.

Die aufgrund der Befristung gestaffelter Einzelpläne unumgängliche periodische Überprüfung und Neuausrichtung des gesamten Planungszusammenhangs gewährleistet die relativ kurzzyklische Berücksichtigung geänderter Umweltbedingungen. Prinzipiell können Pläne auch Verfahrensvorgaben zur Zielansteuerung beinhalten. In der Praxis wird davon jedoch eher selten oder in geringfügigen Umfang Gebrauch gemacht.

Im Regelfall sollen Pläne die zielbezogene Koordination der Aktivitäten verschiedener Organisationsmitglieder und unterschiedlicher Bereiche im Sinne des **Management by Objectives (MbO)** stimulieren. Es gilt damit das

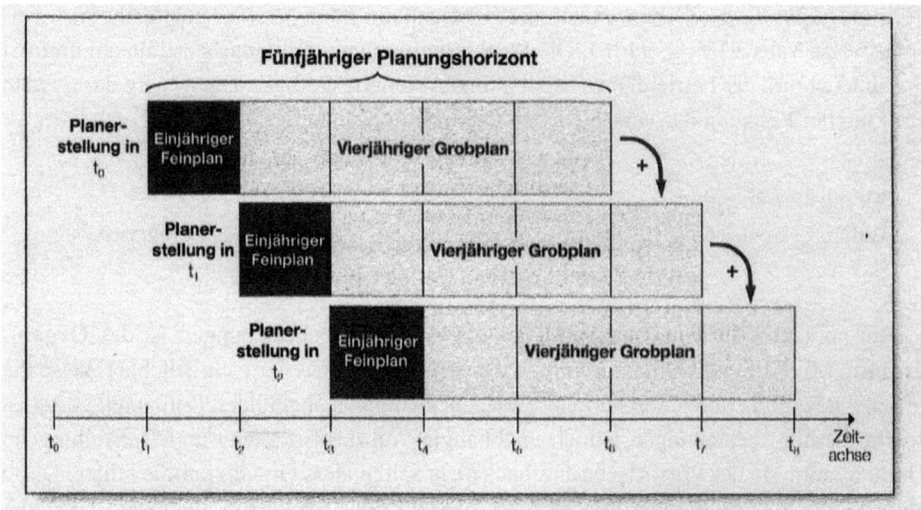

Abb. 3.26 Prinzip der rollierenden Planung (Quelle: Dillerup/Stoi 2013, S. 358)

Primat der Zielorientierung gegenüber der Verfahrensorientierung!

Dies belässt Freiräume zur Selbstabstimmung als ergänzendem Instrument zu einer Koordination durch Pläne. Konstitutiv für Planungen ist ihr in die Zukunft gerichteter Charakter. Pläne bestehen somit aus antizipativen Entscheidungen.

▶ Im Hinblick auf die Koordination folgt daraus, dass Pläne, ähnlich wie Programme, **ausschließlich als Instrumente der Vorauskoordination** verwendbar sind.

In den realen Gestaltungssituationen wird es entscheidend darauf ankommen, einen unternehmens- und situationsadäquaten Mix der unterschiedlichen instrumentellen Varianten von Koordination zu entwickeln und zu realisieren. Dabei werden zumindest in größeren sozio-technischen Systemen grundsätzlich koordinative Prozesse sinnvollerweise generell sowohl durch persönliche Weisungen als auch durch intendierte Selbstabstimmung sowie mittels Programmen und Plänen abzusichern sein. Erfolgreiche Koordination erfordert regelmäßig den adäquaten Einsatz des gesamten verfügbaren Instrumentariums.

3.3 Leitungsbeziehungen

3.3.1 Strukturkomponente

Die Entscheidungen über die Leitungsbeziehungen prägen die grundlegenden vertikalen strukturellen Zusammenhänge im Unternehmen. In der Fachliteratur wird synonym zum

Terminus *Leitungsbeziehungen* auch die Bezeichnung *Konfiguration* gebraucht (vgl. beispielsweise Vahs 2015, S. 94 ff.). Die Strukturkomponente Leitungsbeziehungen umfasst die äußere Form des betrieblichen Stellen- und Abteilungsgefüges. Damit wird das System struktureller Lenkung der verschiedenen Organisationseinheiten etabliert.

> **Leitungsbeziehungen**
> Äußere Form des Gefüges organisationaler Einheiten; strukturelles Lenkungssystem

Ein populäres Instrument zur Darstellung der Leitungsbeziehungen ist das **Organigramm**. Mit Hilfe von Organigrammen werden in formalisierter (schriftlicher) Weise die offiziell gewollten und autorisierten Leitungsbeziehungen abgebildet. Prinzipiell bestehen solche Leitungsbeziehungen jedoch unabhängig von der Erfassung und Darstellung im Organigramm. In der Praxis ist es durchaus nicht selten, dass Organigramme fehlen. Darin zeigen sich Entscheidungen über den als sinnvoll oder notwendig erachteten Grad der **Formalisierung**. Ein anderer Aspekt betrifft den Änderungsdienst für Organigramme. Es kommt vor, dass die tatsächlich realisierten Leitungsbeziehungen nicht mehr dem im Organigramm erfassten Stand entsprechen. Der damit angesprochene Anpassungs- und Änderungsaufwand kann im Einzelfall ein Grund dafür sein, dass Unternehmen (insbesondere kleine und mittlere Unternehmen) auf die Darstellung ihrer Konfiguration in Schaubildern verzichten. In Abb. 3.27 ist ein Beispiel zur Festlegung oder Bestimmung der Leitungsbeziehungen in einem Unternehmen dargestellt.

Im vorliegenden Fall umfasst die Konfiguration fünf Leitungsebenen. Unterhalb des **Top-Managements** (Geschäftsführer) ist die Ressort-Ebene etabliert. Zusammen mit den nachgeordneten Bereichsverantwortlichen und Hauptabteilungsleitern bilden die Ressort-Chefs das **Middle-Management**. Es folgt die Abteilungsebene, ihr zugeordnet sind die rein operativen organisatorischen Einheiten (Stellen). Die Abteilungsleiter bilden folglich das **Lower-Management**. In der betrieblichen Praxis ist oft unterhalb der Abteilungsebene noch die Führungsebene *Gruppe* angesiedelt. Die Gruppenleiter, die dann meist bezüglich der Führung einer vergleichsweise kleinen Anzahl von Mitarbeitern Verantwortung tragen, gehören ebenfalls zum Lower-Management.

3.3.2 Ausprägungen

Die empirisch konstatierbaren Ausprägungen der Leitungsbeziehungen sind ausgesprochen vielfältig. Dies resultiert aus der großen Heterogenität der situativen Kontexte von Unternehmen. Im Folgenden sollen die idealtypischen Alternativen der Unternehmenskonfiguration systematisch hergeleitet werden.

3.3 Leitungsbeziehungen

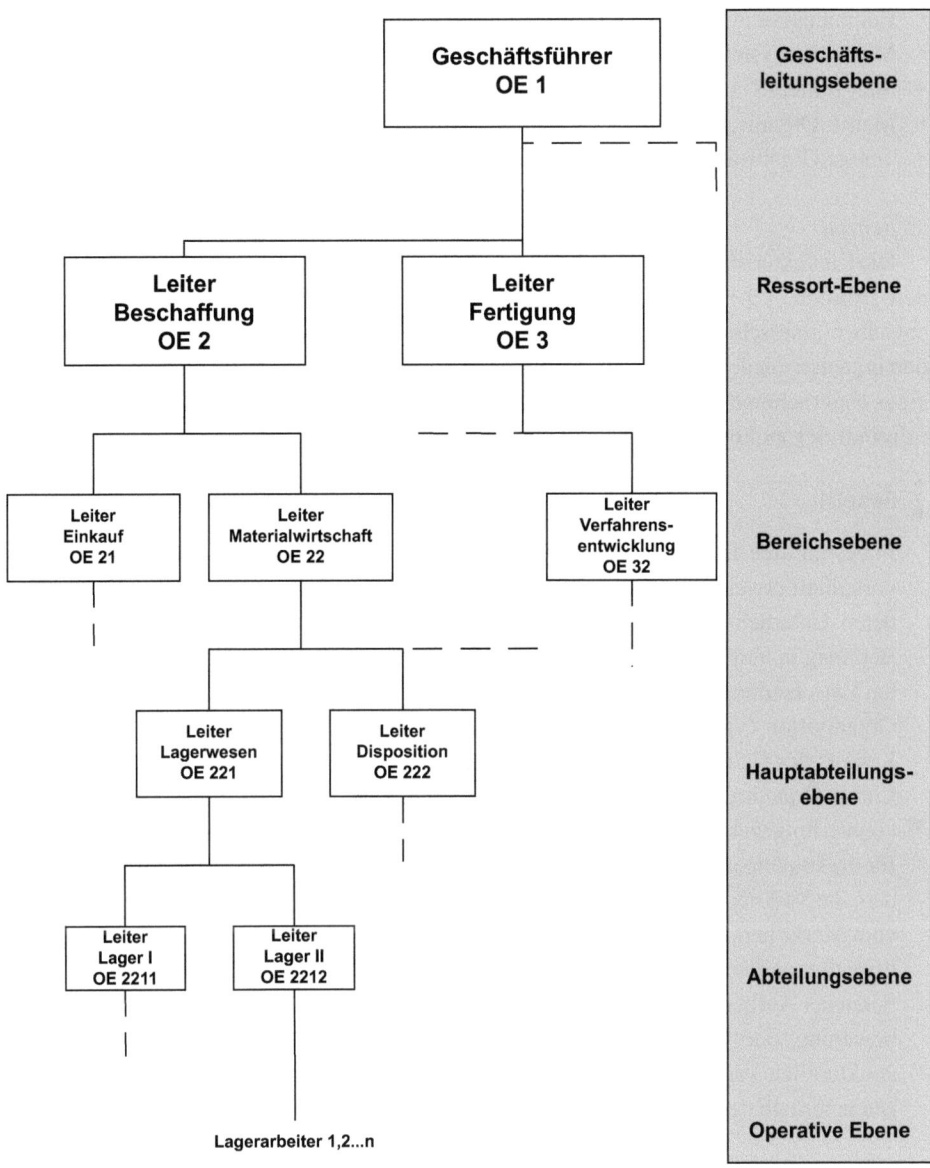

Abb. 3.27 Beispiel zur Bestimmung der Leitungsbeziehungen

3.3.2.1 Kriterium: Art der Verknüpfung

Eine Möglichkeit zur Systematisierung alternativer Konzepte der Leitungsbeziehungen bietet das Kriterium der Art der Verknüpfung organisatorischer Einheiten. In Abhängigkeit von diesem Kriterium lassen sich die grundsätzlichen Gestaltungsvarianten

- Einliniensystem,
- Mehrliniensystem,
- Stab-Linien-System,
- Matrix-Organisation und
- Tensor-Organisation

abgrenzen.

Die Charakteristika dieser Varianten von Leitungsbeziehungen sind weiter oben behandelt (Abschn. 1.3.1). Je nachdem, welche der genannten Varianten implementiert wird, entstehen unterschiedliche Beziehungen der Einflussnahme und Abhängigkeit zwischen den organisationalen Elementen und Einheiten. Dabei existiert die Möglichkeit, innerhalb eines Unternehmens **mehrere Varianten zur Verknüpfung der Organisationseinheiten miteinander zu kombinieren.**

> **Beispiel**
>
> In bestimmten Teilbereichen des Unternehmens kann sich das Stab-Linien-System als vorteilhaft erweisen. Das könnte etwa gelten für den Administrationsbereich einer größeren Unternehmung. Der dort regelmäßig anfallende Bedarf an hoch qualifizierter Beratung in Verbindung mit der Notwendigkeit des Treffens von schnellen und fundierten Entscheidungen korrespondiert in hohem Maße mit den Chancen der Stab-Linien-Organisation (vgl. oben, Kap. 1, Abschn. 1.3.1). Folgerichtig ist im administrativen Kontext des Unternehmens die Entscheidung zugunsten der Implementierung der Stab-Linien-Organisation zu erwarten. In anderen Bereichen derselben Unternehmung könnte hingegen die Matrix-Organisation effiziente Anwendung finden. Zur Debatte für die Implementierung eines derartigen konfigurativen Grundmusters steht insbesondere die Verknüpfung des gesamten Marketing-Segments (Führung der Unternehmung vom Markt her, Produktmanagement) mit dem Fertigungsbereich, dem Beschaffungsbereich und dem Entwicklungsbereich der betrachteten Unternehmung. Daraus resultieren der Aufbau konstruktiver Spannung (institutionalisierter Konflikt) sowie die Verbesserung der Entscheidungsqualität aufgrund der prinzipiell gleichberechtigten strukturellen Verankerung unterschiedlicher relevanter Kriterien und Wissensressourcen innerhalb der Wertschöpfungskette (vgl. oben, Kap. 1, Abschn. 1.3.1). ◄

3.3.2.2 Kriterium: Gliederungsprinzip

Eine weitere Determinante der Ausprägung betrieblicher Leitungsbeziehungen bildet das heranzuziehende Gliederungsprinzip. Grundsätzlich sind die Leitungsbeziehungen nach dem Merkmal der *Funktion* oder nach dem Merkmal des *Objekts* gliederbar. Als Ergebnis der Entscheidung über das Gliederungsprinzip entstehen entweder *funktionale* **Strukturen** oder *divisionale* **Strukturen**. Ein Beispiel für die Anwendung des Merkmals der Funktion als Gliederungsprinzip und einer damit hergeleiteten funktionalen Struktur zeigt Abb. 3.28. Im betrachteten Fall besteht eine funktionale Konfigurierung des betrieblichen Fertigungsbereichs.

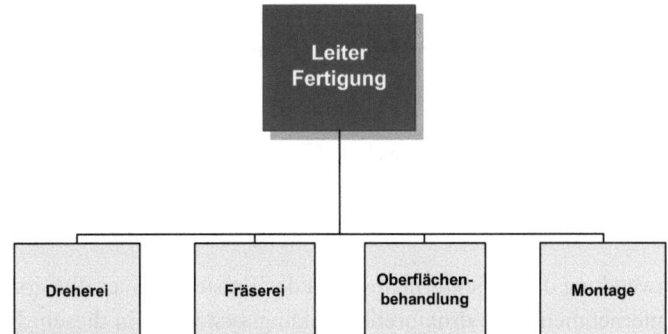

Abb. 3.28 Beispiel funktionaler Konfiguration der Fertigung

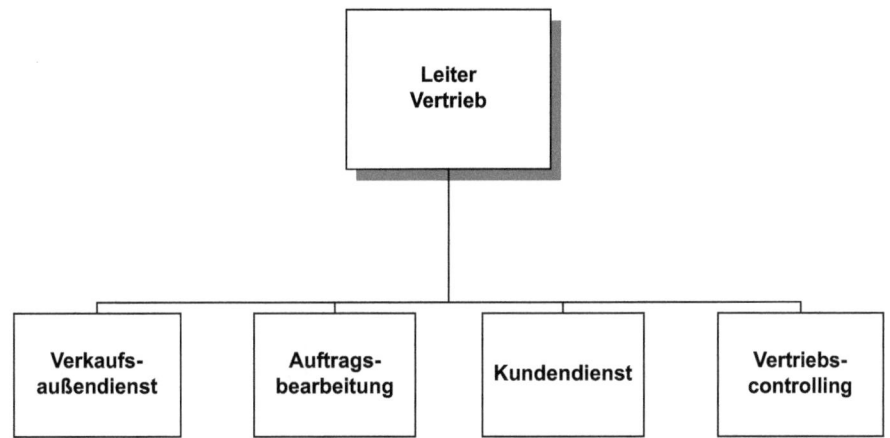

Abb. 3.29 Beispiel funktionaler Konfiguration des Vertriebs

Aus dem Anwenden des Gliederungsprinzips der Verrichtung resultiert ein funktional differenziertes Stellengefüge. Der Instanz *Leiter Fertigung* sind mit der Dreherei, der Fräserei, der Oberflächenbehandlung sowie der Montage Abteilungen zugeordnet, deren charakteristisches Merkmal in der **Konzentration gleichartiger Tätigkeiten** besteht. Dies gilt analog für den in Abb. 3.29 exemplarisch dargestellten Vertriebsbereich.

Das strukturelle Erscheinungsbild des Vertriebsbereichs wird durch das Zusammenfassen definierter Funktionen geprägt. Der Abteilung *Verkaufsaußendienst* obliegen die Akquisition durch direkte Kontaktaufnahme mit den Kunden an deren Standorten sowie die Pflege dieser Kundenkontakte. In der Abteilung *Auftragsbearbeitung* erfolgen die Disposition und Abwicklung der eingehenden Orders. Seitens der Abteilung *Kundendienst* werden für die Abnehmer Serviceleistungen bereitgestellt. Außerdem behandelt der Kundendienst Störungen und Probleme in den absatzmarktlichen Beziehungen, die sich insbesondere in Form von Reklamationen ausdrücken. Es geht dabei um ein konstruktives, entwicklungsorientiertes Beschwerdemanagement. Im *Vertriebscontrolling* sind hingegen die Tätigkeiten zur kritischen Evaluation sowie zur permanenten Optimierung der Absatzaktivitäten konzentriert.

Als Kontrast zu den betrachteten Beispielen funktionaler Konfiguration seien im Folgenden einige Anwendungsfälle der **Gestaltung von Leitungsbeziehungen nach dem Objektprinzip** behandelt.

▶ **Objekte** in diesem organisatorischen Sinne können etwa Produkte oder Produktgruppen, Kunden oder Kundengruppen, aber auch geografische Zonen (Regionen) sein!

Aus der Anwendung des Objektprinzips folgt das Entstehen eines divisionalen Stellengefüges im Unternehmen. Das strukturelle Lenkungssystem ist in diesem Fall durch die Bildung von *Divisionen* gekennzeichnet. In Abb. 3.30 wird dies anhand produktorientierter Gestaltung der Konfiguration exemplarisch dargestellt.

Auf der unmittelbar an die Geschäftsleitung berichtenden zweiten Leitungsebene ist die Unternehmung in Divisionen oder Sparten eingeteilt. Es handelt sich um ein Unternehmen aus der Kraftfahrzeug-Branche. In den Leitungsbeziehungen wird das Produktsortiment reflektiert. Im Einzelnen existieren Divisionen für die Produktgruppen *Personenkraftwagen, Lastkraftwagen, Kleintransporter* und *Busse*. In diesen Organisationseinheiten erfolgt die Integration sehr heterogener Tätigkeiten für die jeweiligen Produkte (Gliederungsprinzip des Objektes). Je mehr Verrichtungen den Divisionen in Bezug auf das ausgewiesene Objekt zugeordnet werden, umso höher ist ihre Autonomie und umso ausgeprägter ist ihre Fähigkeit, Verantwortung für wirtschaftliche Ergebnisse zu übernehmen.

Im Extremfall können etwa der Sparte *Kleintransporter* sämtliche betrieblichen Funktionen, bezogen auf das Herstellen und den Absatz dieser Fahrzeuge, übertragen werden. Die Division erhält damit quasi den Charakter eines ***Unternehmens im Unternehmen***. In der Praxis häufiger konstatierbar ist allerdings die Fallgestaltung, dass neben den produktbezogenen Divisionen wesentliche Zentralfunktionen, wie etwa die Informationstechnologie oder die strategische Unternehmensplanung, bereichsübergreifend angesiedelt werden.

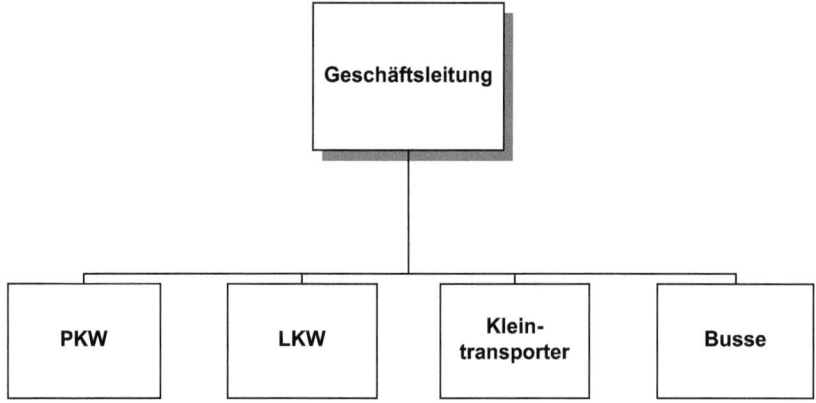

Abb. 3.30 Beispiel produktorientierter Divisionalisierung

3.3 Leitungsbeziehungen

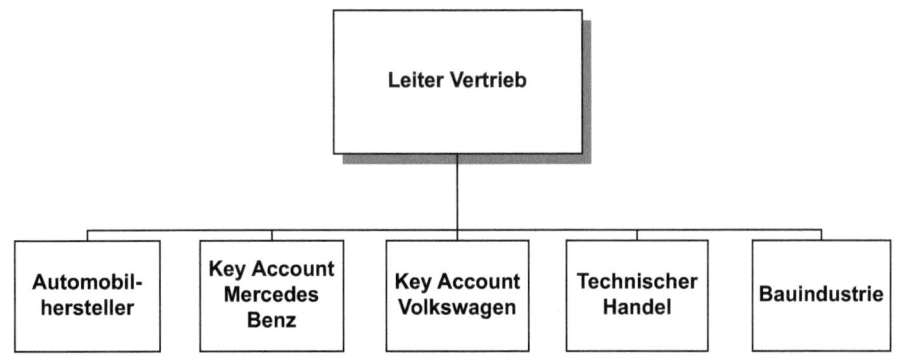

Abb. 3.31 Beispiel kundenorientierter Konfigurierung

Eine andere Ausprägung der betrieblichen Leitungsbeziehungen resultiert, wenn das Objektprinzip durch den Faktor *Kunde* oder *Kundengruppe* ausgefüllt wird. Die Abb. 3.31 zeigt die Option kundenorientierter Konfigurierung am Beispiel eines Teilbereichs aus einer Unternehmung der Gummi- und Kunststoffbranche.

Der dargestellte Auszug aus den Leitungsbeziehungen des Industrieunternehmens zeigt das Gefüge der Vertriebsabteilung. Die kundenbezogene Anwendung des Objektprinzips reflektiert die herausgehobene Bedeutung des Absatzsegments *Kraftfahrzeug-Industrie*. Besondere Wichtigkeit wird den Kunden Mercedes Benz und Volkswagen beigemessen. Für diese beiden Kunden sind jeweils Key Accounts etabliert. Dabei handelt es sich um eigenständige organisatorische Einheiten, in denen alle Vertriebstätigkeiten für die Kunden Mercedes Benz einerseits und Volkswagen andererseits integriert sind. Eine weitere Abteilung umfasst die Vertriebsaktivitäten bezogen auf andere (mit Ausnahme der Key-Kunden) Automobilhersteller.

Dagegen obliegt der Organisationseinheit *Technischer Handel* der Vertrieb im Segment des Ersatzbedarfes für Kraftfahrzeuge. Der Zweck dieser Organisationseinheit besteht im Verkauf von Kraftfahrzeugzubehör aus den Werkstoffen Gummi und Kunststoff an den technischen Fachhandel, der die Teile den Werkstätten und den Kraftfahrzeughaltern offeriert. Die Abteilung *Bauindustrie* zielt auf ein gegenüber den anderen Abteilungen deutlich differentes Absatzsegment. Es geht um den Vertrieb technischer Funktionsteile aus Gummi und Kunststoff für die Verwendung im Rahmen der Leistungserstellung im Sektor Hoch- und Tiefbau.

Alternativ zur Definition über Produkte oder Kunden ist das **Objektprinzip als Regionalprinzip** anwendbar. Die organisatorischen Einheiten werden bei Vorliegen dieser Fallgestaltung anhand geografischer Gesichtspunkte gebildet und angeordnet. Als Beispiel aus dem Dienstleistungssektor sei die fiktive Happy-Bank gemäß Abb. 3.32 betrachtet.

Der Tätigkeitsbereich der Happy-Bank umfasst ein großflächiges Ballungsgebiet. Die herausragende Anforderung besteht als maßgeblicher Effekt aus den Besonderheiten des Dienstleistungssektors in der Realisation von Kundennähe. Daher wird das Unternehmensgefüge so gestaltet, dass die Präsenz in den relevanten geografischen Zonen in beson-

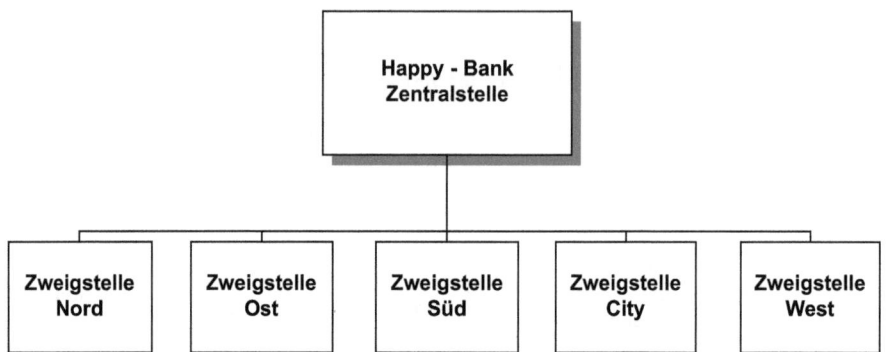

Abb. 3.32 Beispiel regionaler Konfigurierung

derem Maße gewährleistet ist. Durch insgesamt fünf regionale Zweigstellen schafft die Happy-Bank die notwendige und angestrebte Nähe zu ihren Kunden. Je mehr heterogene Tätigkeiten in die Zweigstellen verlagert werden (Passiv-/Aktivgeschäft; Privatkunden, Geschäftskunden; banknahe Dienstleistungen, wie Bausparen oder Versicherungen), umso handlungsfähiger sind die regionalen Organisationseinheiten und umso stärker ist die Kundennähe materiell ausgeprägt.

3.3.3 Besonderheiten

Die im obigen Abschnitt erörterten Ausprägungen von Leitungsbeziehungen haben idealtypischen Charakter. In der realen Umsetzung werden diese Idealtypen regelmäßig in recht unterschiedlichen Formen der Kombination angewandt. Darüber hinaus erfolgt häufig die Ergänzung der **primären Leitungsbeziehungen (= Primärorganisation)** durch das Implementieren zusätzlicher Sonderregelungen. Als Beispiele solcher Besonderheiten, die auch als **sekundärorganisatorische Maßnahmen (= Sekundärorganisation)** bezeichnet werden, seien im Folgenden die klassische sogenannte Fayolsche Brücke sowie das Konzept der funktionalen Weisungsbefugnisse erörtert.

3.3.3.1 Fayolsche Brücke

Zu den von Fayol (1916) postulierten Administrationsprinzipien gehören die Prinzipien der **Einheit der Auftragserteilung** sowie der **Einheit der Leitung**. Dies findet Niederschlag im Einliniensystem als konfigurative Organisationslösung. Allerdings wurde bereits von Fayol potenzieller Ergänzungsbedarf zum Einliniensystem gesehen. Auf diesem Hintergrund entstand das Instrument der Fayolschen Brücke. Ein solches Konstrukt entsteht durch das

> Festlegen direkter Kommunikationsbeziehungen zwischen zwei betrachteten Organisationseinheiten als strukturelle Erweiterung des primären Leitungsgefüges.

3.3 Leitungsbeziehungen

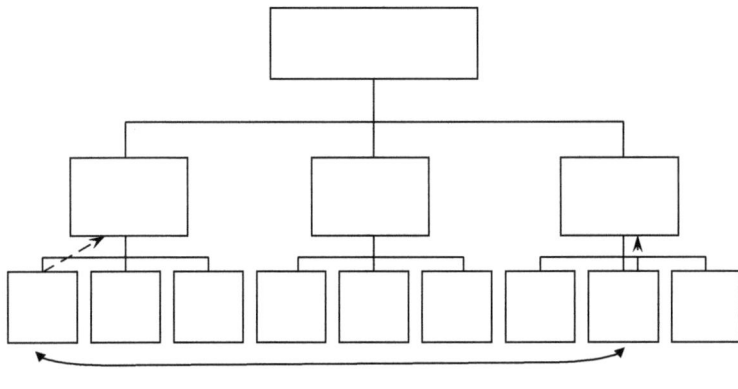

——— Direkte Kontaktaufnahme und Kommunikation
– – – Anschließende Unterrichtung der vorgesetzten Instanz

Abb. 3.33 Prinzip der Fayolschen Brücke

Durch die Implementierung einer Fayolschen Brücke werden zwei Stellen kommunikativ miteinander verknüpft, zwischen denen nach Maßgabe des regulären (primären) Dienstweges nur ein indirekter Informationsaustausch möglich wäre. Insoweit handelt es sich bei der Fayolschen Brücke um ein Gestaltungselement der Sekundärorganisation, welche gerade durch das Bestreben um eine sinnvolle Ergänzung zunächst getroffener, *primärorganisatorischer* Maßnahmen charakterisiert ist. Dieser Zusammenhang wird in Abb. 3.33 verdeutlicht.

Zwischen den beiden gekennzeichneten Organisationseinheiten der dritten Ebene besteht eine Verbindung in Form der Fayolschen Brücke. Danach sind die Stelleninhaber gehalten, in **klar definierten Belangen direkten Kontakt** miteinander aufzunehmen und die maßgeblichen Sachverhalte zu kommunizieren. Im Interesse der Information der übergeordneten Führungsebene ist jedoch die **anschließende Unterrichtung der jeweils vorgesetzten Instanz** über die Inhalte und die Ergebnisse der direkten Kommunikation vorzunehmen.

Die grundsätzliche Bedingung für das Implementieren Fayolscher Brücken besteht im Vorliegen sachlicher Schnittstellen, die in den primären Leitungsbeziehungen nur unzulänglich Berücksichtigung finden. In derartigen Fällen bietet die unmittelbare kommunikative Verknüpfung der tangierten Organisationseinheiten die Möglichkeit zügigen Informationsaustausches sowie schneller, fundierter Entscheidungen, ohne dass auf die grundlegenden Vorteile des primären Systems der Leitungsbeziehungen verzichtet werden muss. Zur Rationalität des Einliniensystems gehört es allerdings auch, dass Fayolsche Brücken auf eine überschaubare Anzahl besonders wichtiger sachlicher Schnittstellen beschränkt bleiben. Durch eine große Vielzahl Fayolscher Brücken würde die Grundintention des Einliniensystems, nämlich das Schaffen klar definierter, nachvollziehbarer und eindeutiger Verbindungen zwischen den organisatorischen Einheiten, beeinträchtigt, da es zur Überlagerung des Einliniensystems aufgrund des großen Ausmaßes an Sonderregelungen käme. Die Primärorganisation (Einliniensystem) würde durch sekundärorganisatorische Impulse (Fayolsche Brücken) zumindest partiell dominiert und könnte deshalb nur eingeschränkt die angestrebte Wirkung entfalten. Daran wird eine gewisse Spannung zwischen Primärorganisation und Sekundärorganisation erkennbar.

3.3.3.2 Funktionale Weisungsbefugnisse

Im Sinne von Sekundärorganisation eindeutig weiterreichend als das Prinzip der Fayolschen Brücke ist das Konzept der funktionalen Weisungsbefugnisse. Dabei greifen ergänzende Regelungen zu den primären Leitungsbeziehungen nicht nur in Bezug auf den Informationsaustausch, sondern auch in Bezug auf die Auftragserteilung.

▶ Die originären, ganzheitlichen Weisungsbefugnisse der übergeordneten Instanzen (fachlich und disziplinarisch) werden durch fachlich eingegrenzte Weisungsbefugnisse anderer Stellen ergänzt. Diese Art der Leitungskompetenz wird als funktionales Weisungsrecht bezeichnet.

Charakteristisch für das Vorliegen solcher sekundärorganisatorischen Koppelungen zwischen Organisationseinheiten ist die Abbildung der strukturellen Beziehungen durch deren Eintrag in das Organigramm mittels gestrichelter Linien (dotted lines). Eine realtypische Anwendung von **dotted lines** vermittelt Abb. 3.34.

Der gezeigte Organigramm-Ausschnitt bringt zum Ausdruck, dass im betrachteten Unternehmen auf der zweiten Leitungsebene nach dem Verrichtungsprinzip das Ressort *Administration* und das Ressort *Fertigung* etabliert sind. Während im Ressort Administration auch die nächste Ebene nach Verrichtungen in die Bereiche *Personal, Rechnungswesen* und *Finanzen* gegliedert wird, findet im Fertigungsressort auf der Folgeebene das Objektprinzip Anwendung. In den Werken A und B (= *Objekte*) sind heterogene Verrichtungen angesiedelt. Neben der unmittelbaren Produktion verfügen die Werke als komplexe Einheiten in sachlicher, technischer und räumlicher Hinsicht über dort in unmittelbarer Linie angesiedelte Personalabteilungen und Verwaltungsabteilungen. Die Aufgaben dieser Abteilungen bestehen in der Durchführung der für das jeweilige Werk spezifischen Personalarbeit sowie der auf die Belange des Werkes abgestimmten Administration.

Im Organigramm zeigt die durchgezogene Linie das primäre Unterstellungsverhältnis an. Danach berichten der Abteilungsleiter Personalwesen und der Leiter der Verwaltungsabteilung dem Werksleiter. Vom Werksleiter werden insoweit sämtliche Führungsfunktionen wahrgenommen. Dies betrifft die disziplinarischen Funktionen und – mit Einschränkungen – die fachlichen Führungsaufgaben. In fachlicher Hinsicht wird eine Einschränkung durch die gestrichelten Linien signalisiert. Bezogen auf einen definierten, materiell exakt eingegrenzten Bereich erhalten die Werkspersonalleiter und die Werksverwaltungsleiter Weisungen von den Entscheidungsträgern aus den entsprechenden Zentralbereichen im Ressort Administration. Die Leiter der Zentralbereiche Personal, Rechnungswesen und Finanzen sollen über die funktionale Weisungsbefugnis die Einhaltung der grundlegenden Standards im gesamten Unternehmen gewährleisten. Aus der funktionalen Weisungsbe-

3.3 Leitungsbeziehungen

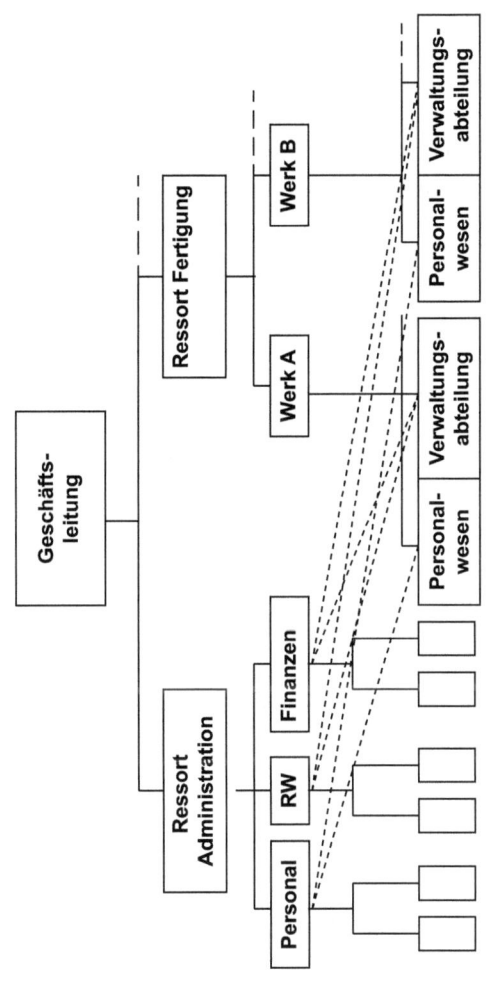

Abb. 3.34 Differenzierte Weisungsbeziehungen

fugnis resultiert folglich eine fachlich eingegrenzte Verantwortung der übergeordneten Instanzen. Das Einziehen solcher *dotted lines* erscheint sinnvoll im Hinblick auf das

> **Sicherstellen einheitlicher Aufgabenwahrnehmung in Teilbereichen,**

wie etwa Strategisches Personalmanagement, Finanzmanagement oder Informationstechnologie, bei gleichzeitiger operativer Dezentralisierung und Flexibilisierung in den primären Leitungsstrukturen. Insofern eignet sich das Instrument der funktionalen Weisungsbefugnis ebenfalls in Bezug auf die **Steuerung rechtlich selbstständiger Tochterunternehmen**, insbesondere im Falle der internationalen Geschäftstätigkeit. Andererseits enthält das Etablieren verschiedener Weisungsbefugnisse auf jeweils eine betrachtete Stelle erheblichen Konfliktstoff. Das gilt sowohl für den Stelleninhaber, welcher durch differenzierte, potenziell widersprüchliche Weisungen geführt wird, als auch für die Beziehungen zwischen den weisungsbefugten Führungskräften.

3.3.4 Zentrale Gestaltungsaspekte

In diesem Abschnitt geht es um die Darstellung grundsätzlicher Kriterien für Entscheidungen über betriebliche Leitungsbeziehungen. Gleichzeitig werden damit aussagefähige Maße für die Konfiguration herausgearbeitet, die eine quantitativ orientierte Analyse realisierter Leitungsbeziehungen sowie den zwischenbetrieblichen und den temporalen Vergleich (Benchmarking) auf dieser Strukturdimension unterstützen.

3.3.4.1 Gliederungstiefe

Eines der markanten Merkmale von Leitungsbeziehungen besteht in der *Gliederungstiefe*. Die Entscheidungen über die im Unternehmen zu realisierende Gliederungstiefe betreffen einen der ganz zentralen Aspekte organisatorischer Gestaltung. Das Ergebnis solcher Entscheidungen determiniert die *vertikale Spanne*, d. h. die Anzahl der hierarchischen Ebenen in einer Organisation.

▶ **Vertikale Spanne** Anzahl der hierarchischen Ebenen in einer Organisation

Es geht folglich um das Festlegen der Gestalt des hierarchischen Gefüges der Unternehmung. Diese Gestalt wird populär häufig als *Pyramide* bezeichnet. Sofern die grundlegende organisationale Entscheidung zugunsten relativ vieler Hierarchieebenen ausfällt, entsteht, bildlich formuliert, eine *steile Pyramide*. Werden hingegen lediglich relativ wenige Hierarchieebenen geschaffen, resultiert eine *flache Pyramide*, wie sie etwa im Kontext des Modells vom **Lean Management** postuliert wird.

3.3.4.2 Leitungsspanne

Ein weiterer zentraler Gestaltungsaspekt bezieht sich auf die *Leitungsspanne*. Als Leitungsspanne wird die Anzahl der einer Instanz direkt (unmittelbarer Berichtsweg) zugeordneten Stellen bezeichnet. Gebräuchliche Synonyme sind Subordinationsspanne oder Kontrollspanne.

▶ **Leitungsspanne = Subordinationsspanne = Kontrollspanne** Anzahl der einer betrachteten Instanz direkt zugeordneten Stellen

In der Literatur und in der Praxis gehen die Auffassungen über die sinnvolle Bemessung der Leitungsspanne stark auseinander. Einerseits werden überschaubare Leitungsspannen von maximal zehn direkt unterstellten Organisationseinheiten und damit maximal zehn fortlaufend berichtenden Stelleninhabern (***Management by Moses***) gefordert. Die Begründung solcher eher kleinen Subordinationsspannen basiert auf der Annahme, dass ein Vorgesetzter aufgrund kapazitativer Begrenzungen lediglich gegenüber relativ kleinen Mitarbeitergruppen in der Lage ist, alle Führungsfunktionen mit der nötigen Sorgfalt wahrzunehmen und für den einzelnen Mitarbeiter hinreichend präsent zu sein. Auf der anderen Seite werden aus Gründen der Wirtschaftlichkeit sowie der Autonomie der Inhaber der unterstellten Positionen deutlich größere Leitungsspannen diskutiert und realisiert.

Ein anderes Kriterium betrifft schließlich die maßgebliche Situation. Danach lässt sich eine *optimale* **Leitungsspanne** lediglich relativ zur gegebenen Situation ermitteln. So erscheint in stabilen Umweltkonstellationen eine größere Leitungsspanne eher möglich und sinnvoll als in hochdynamischen, turbulenten Kontexten.

Die Merkmale Leitungsspanne und Gliederungstiefe sind zueinander interdependent. Ceteris paribus gilt:

▶ Je größer die Leitungsspanne, umso geringer die Gliederungstiefe!

Diese Interdependenz vermittelt die Abb. 3.35.

Exemplarisch dargestellt werden die Konsequenzen alternativer Entscheidungen über die Leitungsspanne im Hinblick auf die Gliederungstiefe. Im angeführten Beispiel bedingt die Bemessung der Leitungsspanne mit 64 Stellen die Begründung gerade einer Managementebene. Die Folge ist eine extrem flache Hierarchie. Allerdings dürfte es dem Vorgesetzten schwerfallen, sich hinreichend auf die Wahrnehmung der Führungsaufgaben gegenüber jedem einzelnen Mitarbeiter zu konzentrieren.

Bei Reduktion der Leitungsspanne auf acht Stellen resultiert unter dem Aspekt der Gliederungstiefe das Erfordernis der Implementierung von zwei Managementebenen. Die Hierarchie wird dadurch erkennbar steiler. Andererseits bilden acht unterstellte Mitarbeiter eine überschaubare soziale Gruppe, die dem Vorgesetzten die Chance bietet, auf die einzelnen Mitarbeiter vermehrt einzugehen. Dieses Moment ist noch stärker verankert bei einer Leitungsspanne von vier Stellen. Das erfordert jedoch die Realisation einer Gliederungstiefe von drei Managementebenen. Die Konstellation einer Leitungsspanne von zwei

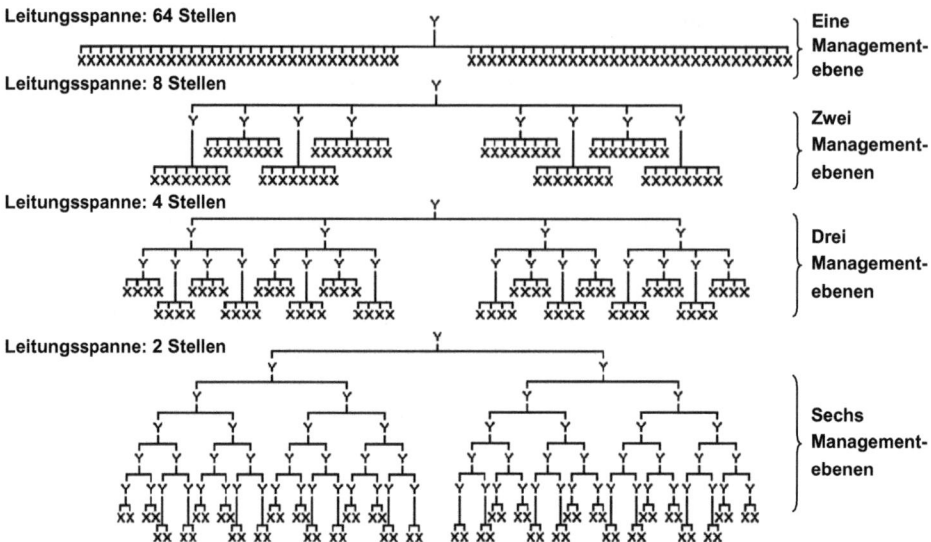

Abb. 3.35 Zusammenhang von Leitungsspanne und Gliederungstiefe. (Quelle: nach Kieser und Kubicek 1992, S. 152)

Stellen erlaubt dem Vorgesetzten sehr intensive Kontakte zu seinen Mitarbeitern. Gleichzeitig wird aber die Hierarchie aufgrund von insgesamt sechs zu etablierenden Managementebenen deutlich steiler.

3.3.4.3 Leitungsintensität

Mit der Bestimmung der *Leitungsintensität* ist ein weiterer zentraler Gestaltungsaspekt hinsichtlich der Strukturdimension *Konfiguration* angesprochen. Zur Messung dieser Leitungsintensität dient die nachstehende Relation:

▶   Leitungsintensität – Verwaltungsstellen/Ausführungsstellen

Dabei gilt die Prämisse, dass die Verwaltungsstellen dispositive Funktionen relativ zu den operativen Einheiten wahrnehmen. Im Hinblick auf die Effektivität der Tätigkeiten in den ausführenden Einheiten erscheint die zielorientierte Ausfüllung solcher dispositiven Funktionen hochgradig erfolgsrelevant. Das zu lösende Problem in organisatorischer Hinsicht besteht darin zu klären, wie viel Disposition in Gestalt von Verwaltungsstellen ökonomisch in Bezug auf eine definierte Anzahl von ausführenden Stellen sinnvoll ist. Eine große Zahl von Verwaltungsstellen erscheint nicht nur unter Kostenaspekten, sondern auch im Hinblick auf das Gewährleisten reibungsloser und flexibler Prozesse problematisch. Es stellt sich das *Bürokratieproblem*. Für seine Lösung gilt praxeologisch die heuristische Entscheidungsregel:

▶ So viel Bürokratie wie nötig, so wenig Bürokratie wie möglich!

Offensichtlich entstehen in Organisationen leicht Tendenzen zur Aufblähung des Verwaltungsapparates. Dies hat in populärer Weise in der vom englischen Marineadministrator Parkinson (vgl. Parkinson 1966) begründeten Doktrin Ausdruck gefunden. Das sogenannte *Parkinson'sche Gesetz* (vgl. oben, Abschn. 2.1.1) besagt, dass Verwaltungen sich gemessen in der Anzahl der dort angesiedelten Stellen ausdehnen, und zwar unabhängig davon, ob das zu erledigende Arbeitsvolumen ansteigt, gleichbleibt oder sogar abnimmt. Eine im Parkinson'schen Sinne aufgeblähte Verwaltung kann in Bezug auf die Erreichung der Unternehmensziele schwerlich funktionale Beiträge leisten, sondern wird im Gegenteil die betriebliche Leistungsfähigkeit einschränken. Daher sollten organisatorische Entscheidungen auf die Realisation einer zweckmäßigen und erfolgversprechenden Leitungsintensität, d. h. einer angemessenen Relation von Verwaltungsstellen zu Ausführungsstellen ausgerichtet sein.

3.3.4.4 Situativer Bezug

Recht aufschlussreich erscheinen vorliegende empirische Befunde zum Zusammenhang der Strukturdimension *Leitungsbeziehungen* mit der Situationsvariablen *Angebotsprogramm*. Betrachtet und analysiert wird die in Abb. 3.36 skizzierte Einflussbeziehung.

In theoretischer Perspektive erscheint die Annahme eines prinzipiell wechselseitigen Zusammenhanges zwischen die beiden Variablen begründet. Der dicke Pfeil soll allerdings signalisieren, dass die Situation in stärkerem Maße prägende Einflüsse auf die Struktur ausübt, als umgekehrt die Struktur die Situation beeinflusst (dünner Pfeil). Das bedeutet, dass das Angebotsprogramm starke Auswirkungen auf die Organisationsstruktur hat und die Struktur in sinnvoller Weise dem Angebotsprogramm angepasst wird. In der anderen Richtung beeinflusst die realisierte Organisationsstruktur im Zeitablauf jedoch auch Entscheidungen über das Angebotsprogramm.

Im Hinblick auf die empirische Forschung zum betrachteten Zusammenhang sei auf die Befunde in Bezug auf die strukturellen Auswirkungen betrieblicher Diversifikationsstrategien hingewiesen.

▶ **Strategie der Diversifikation** langfristige Unternehmensplanung, die auf die Aufnahme prinzipiell neuer Leistungen (Produkte) in das betriebliche Angebotsprogramm gerichtet ist.

Die Ausdehnung des Angebotsprogramms auf der Grundlage einer Strategie der Diversifikation findet nach Maßgabe der vorliegenden empirischen Befunde tendenziell organisationalen Niederschlag in Form der Implementierung divisionaler Strukturen. Dies bedeutet, dass die Steigerung des Diversifikationsgrades als situative Änderung sich auf dem Gebiet der Strukturkomponente *Leitungsbeziehungen* in der Anwendung des Objektprinzips und dadurch in der Bildung von Divisionen oder Sparten auswirkt (vgl. Rumelt 1974;

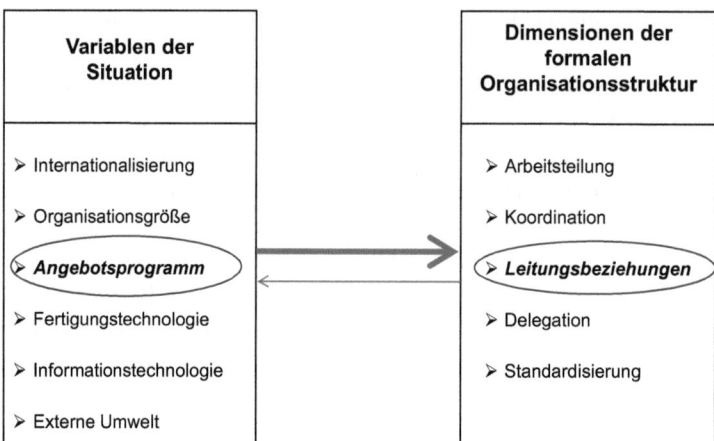

Abb. 3.36 Zusammenhang von Angebotsprogramm und Leitungsbeziehungen

Thanheiser 1972; Gaitanides 1985; Engels 1997; Mayer und Whittington 1999). Das entspricht der *klassischen* These von Chandler (1995), wonach gilt:

„Structure follows strategy!"

In Abb. 3.37 wird exemplarisch eine so determinierte divisionale Struktur dargestellt.

Allerdings lassen sich in der wirtschaftlichen Praxis durchaus diversifizierte Unternehmen nachweisen, die keine Divisionalisierung implementiert haben (vgl. Kieser und Walgenbach 2010, S. 229 ff.). Dies kann zum einen mit dem Tempo der strukturellen Anpassung erklärt werden. Danach benötigen Unternehmen einen gewissen Zeitraum, um die organisatorische Lücke zwischen Strategie und Struktur zu schließen. Die Divisionalisierung folgt in diesem Fall der Diversifikationsstrategie mit einem *time lag*. Eine andere Erklärung geht dahin, dass außer dem Verfolgen einer Diversifikationsstrategie noch zusätzliche situative Bedingungen (beispielsweise hinsichtlich der Organisationsgröße) erfüllt sein müssen, um die Management-Entscheidung zugunsten der Divisionalisierung zu animieren.

3.4 Delegation

3.4.1 Strukturkomponente

Die Delegation als Komponente der formalen Organisationsstruktur umfasst Regelungen bezüglich der Zuordnung von Entscheidungsbefugnissen in sozio-technischen Systemen.

3.4 Delegation

Abb. 3.37 Divisionale Struktur als Effekt der Diversifikationsstrategie. (Quelle: Kieser und Walgenbach 2010, S. 225)

3.4.1.1 Übertragung von Kompetenzen

Im Fokus von Delegation steht der für die innerbetriebliche Zusammenarbeit in hohem Maße prägende Aspekt der Übertragung von Kompetenzen auf die einzelnen personellen Akteure (Stelleninhaber). In Abhängigkeit von der Gestaltung dieser strukturellen Kategorie entstehen sehr unterschiedliche individuelle Arbeitssituationen, Anforderungsprofile und Entfaltungsmöglichkeiten. Das im Rahmen der Strukturkomponente Delegation zu lösende Managementproblem besteht in der Zuordnung von Entscheidungsbefugnissen auf die verschiedenen Ebenen und die gebildeten Stellen im Unternehmen.

▶ **Delegation** Zuordnung von Entscheidungsbefugnissen (=Kompetenzen) auf die verschiedenen Ebenen und Stellen im Unternehmen

Im Hinblick auf diese Zuordnung von Kompetenzen kann es im einzelnen Anwendungsfall sinnvoll sein, innerhalb des Systems Unternehmung bereichs- oder ressortspezifisch differente Kriterien anzuwenden. Folglich gilt es im Rahmen der Strukturdimension Delegation auch, Regelungen der Allokation von Entscheidungsbefugnissen auf die verschiedenen betrieblichen Subsysteme zu entwickeln und zu implementieren.

Ausdrücklich hinzuweisen ist auf den spezifischen Gebrauch des Delegationsbegriffs im Kontext der betriebswirtschaftlichen Teildisziplin Organisation. Im Gegensatz zum populären Begriffsgebrauch, der eine recht umfassende Verwendung des Begriffs Delegation für recht verschiedenartige Phänomene hervorbringt, bezieht sich innerhalb der Organisationstheorie der Terminus Delegation auf das Übertragen von Entscheidungsbefugnissen auf organisatorische Einheiten.

3.4.1.2 Graduelle Differenzierung

Der realisierte Delegationsgrad signalisiert das Ergebnis von Gestaltungsmaßnahmen auf dem Gebiet der Delegation. Dieser Indikator zeigt an, in welchem Umfang Kompetenzen aus der Unternehmensspitze auf die nachgeordneten Ebenen, Subsysteme und Stellen übertragen werden. Folglich ermöglicht es die Größe *Delegationsgrad*, im zwischenbetrieblichen und im innerbetrieblichen Vergleich (Benchmarking) sowie auch im intertemporalen Vergleich graduelle Differenzen in der Strukturdimension Delegation abzubilden. Die grundsätzliche Konzentration von Verfügungsrechten in der Spitze des Unternehmens resultiert aus der für marktwirtschaftliche Ordnungen konstitutiven

> **Legitimation von Entscheidungsbefugnissen durch das Privateigentum an den Produktionsmitteln.**

In dieser Perspektive beschreibt Delegation die Übertragung von Verfügungsrechten der Eigentümer auf Organisationsmitglieder, deren Zugehörigkeit auf arbeitsvertraglichen Vereinbarungen basiert. Im Sinne faktoranalytischer Betriebswirtschaftslehre geht es folglich um die Verlagerung dispositiver Funktionen aus dem originären Faktor *Unternehmensleitung* auf nachgeordnete Ebenen im sozio-technischen System.

Wie oben bereits dargelegt, kann der Delegationsgrad zwischen den verschiedenen organisatorischen Subsystemen und zwischen einzelnen Stellen variieren. Prinzipielle Anhaltspunkte hinsichtlich der Bestimmung des Delegationsgrades werden in Abb. 3.38 aufgezeigt.

Maßgebliche Bestimmungsfaktoren des Delegationsgrades sind

- die **Tragweite** der anstehenden Entscheidungen sowie
- die **Qualität** der übertragenen Kompetenz.

Ceteris paribus ist der Delegationsgrad bei Entscheidungen mit geringer Tragweite am niedrigsten und bei Entscheidungen mit großer Tragweite am höchsten. Bezüglich der Qualität der Entscheidungsbefugnis wird zwischen der schwächeren Mitsprachekompetenz und der stärker delegationswirksamen Kompetenz zur Alleinentscheidung differenziert.

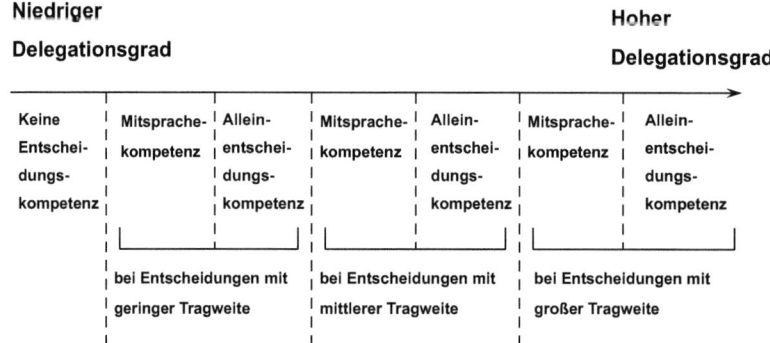

Abb. 3.38 Bestimmung des Delegationsgrades für Subsysteme und Stellen. (Quelle: Hill et al. 1994, S. 233)

3.4 Delegation

▶ Den höchsten Delegationsgrad definiert danach die Befugnis zum alleinigen Treffen von Entscheidungen mit großer Tragweite!

Dagegen bedeutet die Übertragung von Mitsprachekompetenz bei Entscheidungen mit geringer Tragweite die niedrigste Ausprägung des Delegationsgrades. Bei Einbeziehung der Option *Keine Entscheidungskompetenz* stehen in Bezug auf die Gestaltung der Strukturkomponente Delegation nach Maßgabe des obigen Bezugsrahmens sieben Grundvarianten zur Bestimmung des Delegationsgrades von Subsystemen und Stellen im Unternehmen zur Verfügung. Dies verdeutlicht die Vielgestaltigkeit der Strukturvariablen Delegation.

In Bezug auf das **Messen der Tragweite betrieblicher Entscheidungen** sind insbesondere die Kriterien

- Kostenkonsequenzen,
- personelle Auswirkungen,
- zeitliche Reichweite sowie
- Ausmaß der Unsicherheit (Prognoserisiko)

heranzuziehen. Je nachhaltigere Effekte auf den vorgenannten Gebieten zu erwarten sind, als umso größer ist die Tragweite der Entscheidungen für das Unternehmen einzustufen. Dieser Hintergrund bedarf der sorgfältigen analytischen Aufarbeitung im Zuge der Vorbereitung und der Realisation organisatorischer Maßnahmen auf dem Gebiet der Delegation.

3.4.2 Autonomieaspekt von Delegation

Die Entscheidungen im Rahmen der Gestaltung der Strukturvariablen Delegation prägen nachhaltig das Ausmaß von Autonomie der betrieblichen Subsysteme und der einzelnen Stellen. Das Festlegen des Delegationsgrades determiniert die formale Selbstständigkeit und die formale Unabhängigkeit der organisatorischen Einheiten. Dies hat unmittelbare Konsequenzen bezüglich der Arbeitssituation der Stelleninhaber. Die Delegation öffnet und umgrenzt den individuellen Ermessens- und Entfaltungsraum der Mitarbeiter innerhalb der Unternehmensbereiche und auf den verschiedenen hierarchischen Ebenen. Davon gehen vielfältige Wirkungen im Hinblick auf die Variablen personeller Führung aus, insbesondere auf die Motivation sowie die Qualifikation der Mitarbeiter.

In Abb. 3.39 wird der grundlegende Entstehungszusammenhang von Autonomie im Rahmen der Organisationsstruktur aufgezeigt.

Die gestrichelt eingezeichneten Felder markieren den Autonomieraum von Subsystemen oder Stellen. In der zweidimensionalen Betrachtung bilden die Delegation und die Dezentralisation die Determinanten der Autonomie. Je ausgeprägter Delegation und Dezentralisation im Zuge der Strukturgestaltung realisiert werden, umso größer ist die Autonomie der Organisationseinheiten.

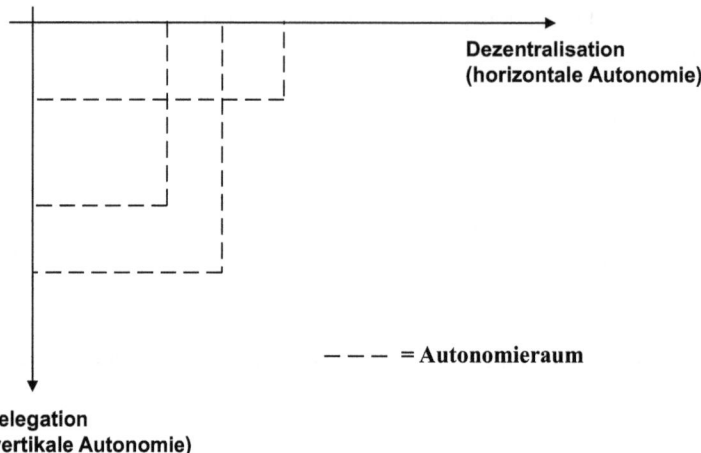

Abb. 3.39 Determinanten der Autonomie von Subsystemen und Stellen. (Quelle: Hill et al. 1994, S. 225)

Dabei bezeichnet *Dezentralisation* **die horizontale Dimension von Autonomie**. Die Dezentralisation wirkt in Richtung des Aufhebens von Interdependenzen zwischen nebeneinander gelagerten, gleichrangigen organisatorischen Einheiten. Eine erhöhte Dezentralisation drückt sich demnach in gesteigerter horizontaler Autonomie aus. Das betrifft die Unabhängigkeit des eigenen Handelns einer betrachteten Organisationseinheit von den Handlungen anderer Organisationseinheiten auf gleicher Hierarchieebene.

Dagegen bezieht sich die **Delegation auf die vertikale Komponente von Unabhängigkeit**. Entscheidungen über Delegation beeinflussen die Autonomie einer Stelle oder eines Subsystems relativ zu übergeordneten Organisationseinheiten. Durch die Zuordnung von mehr Kompetenzen, d. h. von Befugnissen zur eigenständigen Entscheidung, auf eine Stelle wird diese Einheit unabhängiger von der ihr übergeordneten Instanz. In personeller Hinsicht bedeutet dies, dass ein Stelleninhaber mit umfangreichen Entscheidungsbefugnissen im betrieblichen Handlungszusammenhang vergleichsweise unabhängig von seinem Vorgesetzten wirksam zu agieren in der Lage ist. Gegenüber dem Inhaber einer vertikal relativ autonomen Stelle besetzt die verantwortliche **Führungskraft** weniger die Rollen des Erlaubnisgebers und Anweisers, als vielmehr die **Rollen** des

- Moderators,
- Promotors und
- Koordinators.

Folglich erscheint das Strukturmerkmal weitreichender Delegation nicht kompatibel mit der Anwendung eines direktiven Führungsstils im Bereich der personellen Führung. Vielmehr ist unter den Gegebenheiten eines hohen Delegationsgrades auf der personellen Management-Dimension ein personenbezogen-kooperativer Führungsstil angezeigt.

3.4.3 Lernaspekt von Delegation

3.4.3.1 Dynamische Relationen

Mit der Zuordnung von Kompetenzen im Rahmen grundsätzlicher Entscheidungen über die Strukturvariable Delegation korrelieren die Ausprägungen einer Reihe hochgradig lernrelevanter Faktoren auf der Individualebene der Stelleninhaber. So bestimmt das Ausmaß der Übertragung von Entscheidungsbefugnissen ganz maßgeblich das in einer betrachteten Stelle angelegte Qualifikationsniveau. Durch das Zuordnen von mehr und weiterreichenden Kompetenzen steigen die Ansprüche einer Stelle an den Stelleninhaber, und damit wird das dieser Position zugrunde liegende Anforderungsprofil anspruchsvoller.

Die formalen Entscheidungsbefugnisse drücken einerseits Leistungserwartungen an den Stelleninhaber aus. Der Umgang mit den übertragenen Kompetenzen eröffnet dem einzelnen Mitarbeiter jedoch andererseits Entfaltungschancen. Damit prägt und begründet das Ausmaß der Delegation in markanter Weise das **betriebliche Lernfeld** *Stelle*. Von der Beschaffenheit und der Wirksamkeit dieses Lernfeldes gehen nachhaltige Effekte im Hinblick auf die Entwicklung der individuellen und der kollektiven Leistung im Unternehmen aus. Den grundlegenden Zusammenhang des Lernaspektes von Delegation vermittelt Abb. 3.40.

Statisch betrachtet bedarf es zunächst der Kongruenz von fachlicher Qualifikation des Stelleninhabers auf der einen und dem Ausmaß sowie der Qualität zu übertragender Entscheidungsbefugnisse auf der anderen Seite. Im Zeitablauf sind beide Größen – **persönliche Qualifikation und stellenbezogene Kompetenzen** – jedoch veränderbar und entwicklungsfähig. Dies eröffnet Chancen für das Initiieren von Lernprozessen. Die Leistungsfähigkeit und Leistungsbereitschaft des Mitarbeiters bestimmen sein Kompetenzpotenzial. Im Sinne der Gewährleistung des Gleichgewichts in der Verbindung der organisatorischen Einheit *Stelle* mit der Person des Stelleninhabers dürfen die tatsächlich

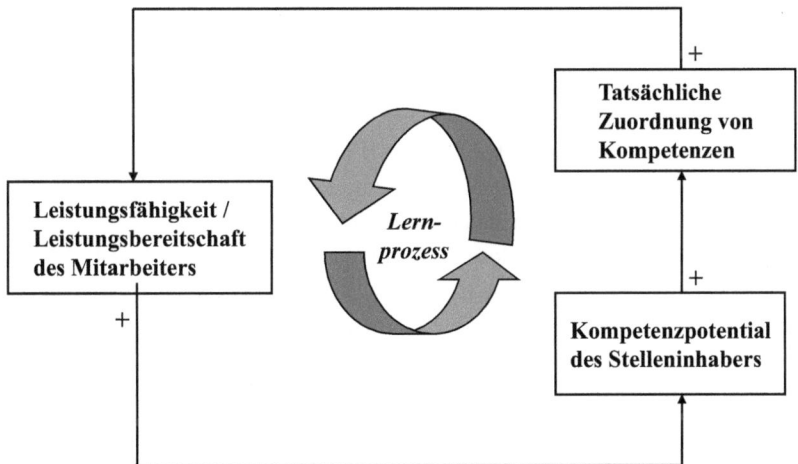

Abb. 3.40 Zusammenhang von Delegation, Lernen und Leistung. (Quelle: Hill et al. 1994, S. 227)

zugeordneten Kompetenzen das aktualisierte Kompetenzpotenzial des Individuums nicht signifikant übersteigen. Bei Bestehen signifikanter Differenzen zwischen den tatsächlich übertragenen Kompetenzen und dem Kompetenzpotenzial der Person resultiert eine starke Überforderung des Individuums, was erhebliche Störungen und nachhaltige Beeinträchtigungen der betrieblichen Aufgabenwahrnehmung zur Folge hat. Andererseits sollten die tatsächlichen Befugnisse den Stelleninhaber nicht unterfordern, schon allein deshalb, weil im Falle der Unterforderung des Mitarbeiters das vorhandene betriebliche **Humanvermögen** nicht zufriedenstellend genutzt wird.

3.4.3.2 Motivation und Persönlichkeit

Ansprechende und herausfordernde tatsächliche Entscheidungsbefugnisse wirken im Sinne der Theorie Y von McGregor positiv in Bezug auf die Weiterentwicklung der Leistungsfähigkeit (Qualifikation) und der Leistungsbereitschaft (Motivation) des Individuums. Die derart dosierte Delegation stimuliert individuelle Lerneffekte in Gestalt von Training-on-the-job. Als Ergebnis tritt die Verbesserung der Leistungsfähigkeit und der Leistungsbereitschaft des Mitarbeiters ein. Im weiteren Prozess determinieren gestiegene Qualifikation und erhöhte Motivation die Ausdehnung des individuellen Kompetenzpotenzials. Das vergrößerte Kompetenzpotenzial des Stelleninhabers erweitert wiederum den Möglichkeitenraum der tatsächlichen Zuordnung von Entscheidungsbefugnissen, womit eine neue Runde des in Abb. 3.40 dargestellten Lernkreislaufes beginnt.

Der Deutung des Zusammenhangs von Delegation, Lernen und Leistung liegen die Annahmen der impliziten Persönlichkeitstheorie in Form der Theorie Y von McGregor zugrunde. Die Kernkomponenten dieser Theorie Y sowie der dazu kontrastierenden Theorie X veranschaulicht die Abb. 3.41.

Eine strukturelle Gestaltung, welche auf einem Menschenbild nach der Theorie Y basiert, wird im Interesse des Initiierens von Lernprozessen relativ viele Befugnisse delegieren und im Zeitablauf diese Befugnisse tendenziell ausweiten. Es gilt die Annahme eines konstruktiven, beständigen individuellen und kollektiven Lern- und Entwicklungsprozesses auf der Grundlage sinnvoller Delegation.

Der prozessuale Zusammenhang von Delegation, Lernen und Leistung kann jedoch auch in umgekehrter Richtung ablaufen. Dies wird der Fall sein, wenn die strukturelle Gestaltung nach Maßgabe des in der Theorie X ausgedrückten Menschenbildes erfolgt. Die reduzierte Delegation bewirkt dann leicht eine *Spirale nach unten*, d. h. in bildlicher Betrachtung, dass statt der Pluszeichen dann in Abb. 3.40 Minuszeichen einzutragen sind. Wenig herausfordernde, anspruchslose Befugnisse unterfordern den Mitarbeiter, wodurch im Zuge längerfristiger Tätigkeit eine Rückentwicklung der Qualifikation und der Motivation stattfindet. Daraus resultieren Einschränkungen des Kompetenzpotenzials des Stelleninhabers. Damit wiederum schwindet die Möglichkeit des Erweiterns der tatsächlich zugeordneten Kompetenzen. Die Situation nachhaltiger Unterforderung des Individuums am Arbeitsplatz wird nach und nach strukturell zementiert. Derartige Konstellationen erscheinen charakteristisch für das Scientific Management und seine in weiten Bereichen der betrieblichen Praxis konstatierbaren Konsequenzen.

3.4 Delegation

Theorie X	Persönlichkeitsmerkmal	Theorie Y
* Durchschnittsmensch ist von Natur aus träge und versucht, eigene Arbeitsanstrengungen so weit wie möglich zu minimieren	Mentalität	* Mensch ist grundsätzlich leistungsbereit; Arbeitsunlust entsteht durch schlechte Arbeitsbedingungen
* Druck und negative Sanktionen veranlassen den Mitarbeiter zur Arbeitsleistung	Motivation	* Anerkennung und Entfaltungsmöglichkeiten aktivieren den Mitarbeiter
* Mitarbeiter meidet Verantwortung, deshalb straffe Führung und intensive Kontrolle	Verantwortungsbereitschaft	* Mitarbeiter strebt nach Verantwortung; er besitzt Selbstdisziplin und ist fähig zur Selbstkontrolle; deshalb Kompetenzen delegieren
* Sicherheitsstreben ist dominant, Status quo soll konserviert werden	Selbstdisposition	* Mitarbeiter verfügen über enorme Fähigkeitspotentiale, die sie sinnvoll in das Unternehmen einbringen können und wollen

Abb. 3.41 Elemente der XY-Theorie von McGregor. (Quelle: nach McGregor 1960)

3.4.4 Verantwortungsaspekt von Delegation

Die Gestaltung der Strukturdimension Delegation geht maßgeblich einher mit der Genese von Verantwortlichkeit im sozio-technischen System. Dies soll im Folgenden erörtert werden.

3.4.4.1 Schaffen von Kongruenz

Mit der Umsetzung der Delegationsentscheidungen erfolgt die Allokation von Verantwortlichkeit im Unternehmen. Das Übertragen von Kompetenzen auf die Stellen ist notwendige Bedingung für das Begründen von Verantwortlichkeit der Stelleninhaber. Ohne die Zuordnung von Befugnissen kann das einzelne Organisationsmitglied eine Verantwortung faktisch nicht übernehmen. Allerdings ist die Übertragung von Entscheidungsbefugnissen allein noch keine hinreichende Bedingung in Bezug auf das Schaffen klarer Verantwortlichkeiten der Stellen und damit der Stelleninhaber. Vielmehr gilt im Hinblick auf die Bestimmung von Verantwortung in Organisationen das Kongruenzprinzip. In Abb. 3.42 wird dies veranschaulicht.

Erst das kongruente Übertragen von Aufgaben, Zielsetzung und Kompetenzen determiniert Verantwortung des Stelleninhabers. Eine Person ist dann in der Lage, für ihr Handeln im Unternehmen Verantwortung zu tragen, wenn die von dieser Person zu erledigenden Aufgaben klar umrissen sind. Außerdem braucht das Organisationsmitglied zur Orientierung der eigenen Aktivitäten präzise Informationen über den anzustrebenden Soll-Zustand, also über das Ziel der eigenen Aufgabenwahrnehmung und Aufgabenerledigung. Im Hinblick auf das Erreichen dieser Zielsetzung benötigt der Stelleninhaber adäquate Handlungsoptionen in Gestalt von Kompetenzen. Erst die Chance, bei Zielansteuerung und Aufgabenwahrnehmung zwischen Alternativen zu wählen und Freiheitsgrade individuell zu nutzen, bindet die Person aktiv in die organisationale Verantwortlichkeit ein. Darin liegt der Unterschied zwischen Stelleninhabern in Gestalt von *Weisungserledigern* und Stelleninhabern im Sinne eigenständiger *betrieblicher Verantwortungsträger*.

3.4.4.2 Interaktive Beziehung

In jedem Fall repräsentiert die Verantwortung eine höchst sensible, diffizile sowie äußerst erfolgskritische betriebswirtschaftliche Kategorie. Die Übertragung von Verantwortlichkeit im Zuge organisationaler Gestaltung drückt sich im konkreten Anwendungsfall als zweiseitige personelle Beziehung aus. Diese Beziehung besteht zwischen der Person A (Mitarbeiter), welche eine bestimmte betriebliche Verantwortung übernimmt, und der Person B (Vorgesetzter), die Person A zur Verantwortung zieht. In Abb. 3.43 ist dieser Zusammenhang von Verantwortlichkeit modellhaft als Regelkreis beschrieben.

Auf der Grundlage der autorisierten Organisationsziele interagieren der Vorgesetzte als Inhaber der organisatorischen Einheit *Instanz* und der Mitarbeiter als Inhaber der dieser Instanz zugeordneten Stelle. In Anbetracht der Zuweisung von Aufgaben **und** der Erteilung von Kompetenzen durch die übergeordnete Instanz erhält der betrachtete Stelleninhaber die organisatorische Rolle eines Verantwortungsträgers. Dies ermöglicht der Person eine effektive Aufgabenerfüllung. Gleichzeitig bekommt der Stelleninhaber formale Macht zugeordnet, deren Ausübung er zur Erreichung der anzustrebenden Ziele und zur

3.4 Delegation

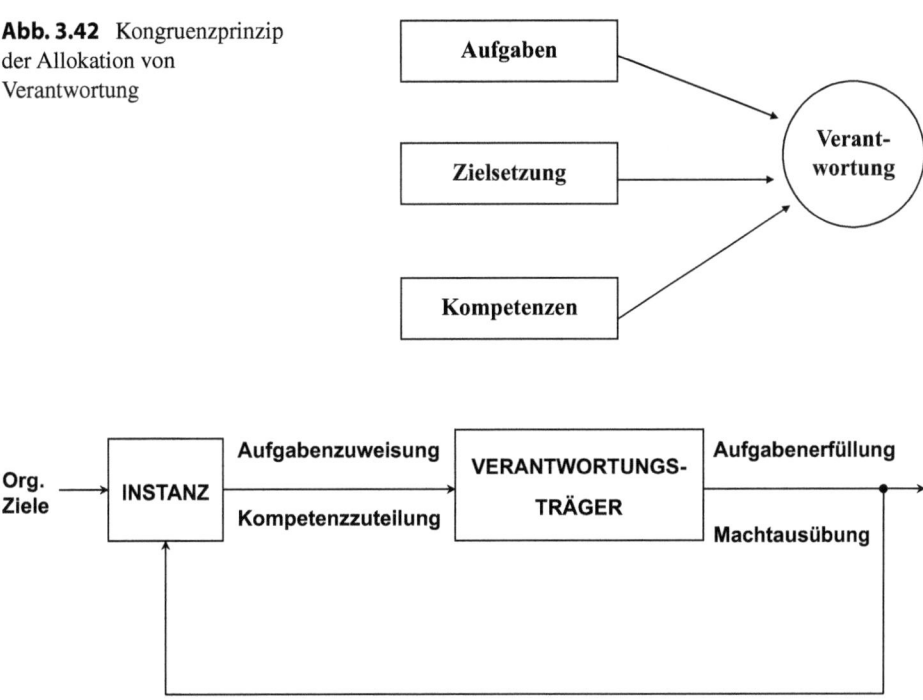

Abb. 3.42 Kongruenzprinzip der Allokation von Verantwortung

Abb. 3.43 Regelkreismodell der Verantwortung. (Quelle: Dülfer 2001, S. 158)

sachgerechten Erledigung der Aufgaben benötigt. Dabei bedeutet Macht insbesondere auch die Möglichkeit des Überwindens von Widerständen. Den Gebrauch dieser Möglichkeit muss der Verantwortungsträger gegenüber der zuständigen Instanz rechtfertigen. Der Verantwortungsträger wird auf diese Weise immer wieder für sein Handeln zur Verantwortung gezogen. Dies soll potenziellen Machtmissbrauch verhindern oder zumindest eingrenzen, die sachgerechte Erfüllung der Aufgaben sicherstellen und damit die Realisation der angestrebten Organisationsziele gewährleisten.

Zum Zwecke der wirkungsvollen Wahrnehmung ihrer Kontrollfunktion sind der Instanz gegenüber dem Verantwortungsträger entsprechende Möglichkeiten der positiven und der negativen Sanktion zugeordnet. Der Inhaber der Instanz ist seinerseits als Verantwortungsträger in einen hierarchisch um eine Stufe höher angesiedelten Regelkreis eingebunden. In Abhängigkeit von der Ausprägung der Leitungsbeziehungen entsteht auf diese Weise insbesondere in größeren Organisationen ein vertikal gegliedertes System interdependenter Verantwortungsstufen.

3.4.4.3 Differenzierte Verantwortung

Die mit der Delegation verknüpfte Allokation von Verantwortung in Organisationen findet in differenten Ausprägungen strukturellen Ausdruck. Ein besonders kritischer Faktor besteht in der Verantwortung einer Person (Führungskraft) für das Handeln der ihr unterstellten Mitarbeiter. In Abb. 3.44 ist dies in Bezug auf einen betrachteten betrieblichen Entscheidungsträger dargestellt.

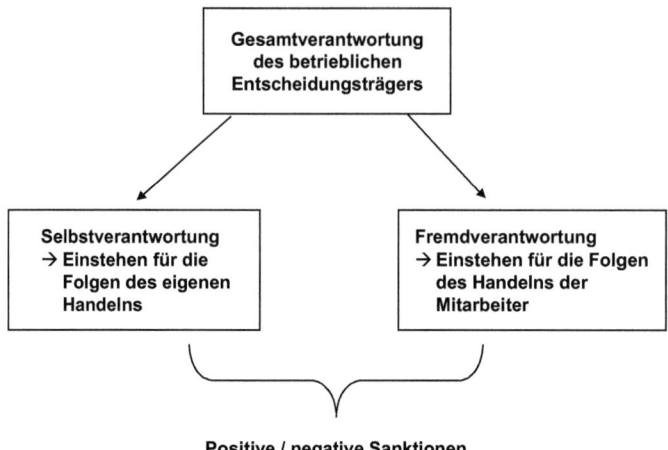

Abb. 3.44 Ausprägungen betrieblicher Verantwortlichkeit

Die gesamte Verantwortung des Entscheidungsträgers differenziert sich in die Selbstverantwortung und in die Fremdverantwortung. Dabei bedeutet Selbstverantwortung die Pflicht der Person, für die Konsequenzen des eigenen Handelns einzustehen. Im Rahmen der Fremdverantwortung wird der Entscheidungsträger darüber hinaus für die Folgen des Handelns der ihm unterstellten Mitarbeiter zu Verantwortung gezogen. In Abhängigkeit von den Auswirkungen des eigenen Handelns sowie des Handelns der Mitarbeiter in Bezug auf die angestrebten Ziele resultieren für den Entscheidungsträger positive oder negative Sanktionen seitens der übergeordneten Instanz. So gesehen wird der Erfolg einer betrieblichen Führungskraft ganz maßgeblich durch das Verhalten der dieser Führungskraft berichtenden Mitarbeiter beeinflusst. Auf diesem Hintergrund bedeutet konstruktives Management das Schaffen günstiger Voraussetzungen für erfolgreiches Arbeitsverhalten der Mitarbeiter. Das betrifft insbesondere auch die strukturellen Regelungen. In diesem Sinne gilt folgende Praktiker-Maxime:

▶   Führen heißt, Mitarbeiter erfolgreich machen!

Das bezieht sowohl die personelle als auch die strukturelle Dimension betrieblicher Führung, aber gerade sinnvolle organisatorische Regelungen auf dem Gebiet der Delegation determinieren grundlegende Bedingungen für den Erfolg der Aufgabenträger.

Die umfassend angelegte Führungskonzeption (Totalmodell) Harzburger Modell (HM) stellt das Prinzip der **Delegation von Verantwortung** in den Mittelpunkt der Unternehmensführung (vgl. Gabele 1992, S. 959 f.). Im HM wird die in einer Instanz angelegte Verantwortung in zwei verschiedenartige Kategorien aufgegliedert. Die Verantwortung des Inhabers einer Instanz umfasst zum einen die Handlungsverantwortung und zum anderen die Führungsverantwortung. Dabei resultiert Führungsverantwortung aus der Wahrnehmung der Leitungsaufgaben, dagegen bezieht sich die Handlungsverantwortung auf

3.4 Delegation

die Wahrnehmung der vom Inhaber der Instanz zu erledigenden Sachaufgaben. Diese Art der Differenzierung und Operationalisierung der Kategorie Verantwortung verdeutlicht Abb. 3.45.

Die formale Grundlage für das Festlegen der Handlungsverantwortung bildet die *Stellenbeschreibung*. In ihr sind die anzustrebenden Ergebnisse (Ziele) dargestellt, die zu erledigenden Sachaufgaben umrissen und die notwendigen Kompetenzen der Stelle zugeordnet. Insoweit korrespondiert die Handlungsverantwortung eines Stelleninhabers mit dem erfolgreichen Ausführen der ihm übertragenen **operativen Aufgaben**, wie beispielsweise

- Beschaffungsvorgänge erledigen,
- Buchungen durchführen,
- Märkte beobachten oder
- Umsätze realisieren.

Folglich besteht Handlungsverantwortung auch im Rahmen von Stellen ohne Leitungsaufgaben. Dagegen obliegt den Instanzen (Stellen mit Leitungsbefugnis) zusätzlich zur Handlungsverantwortung die Verantwortlichkeit für die sachgerechte Wahrnehmung der **Managementaufgaben.** Daraus erwächst die Führungsverantwortung. Die formale Grundlage hinsichtlich der Führungsverantwortung bildet die sogenannte *Allgemeine*

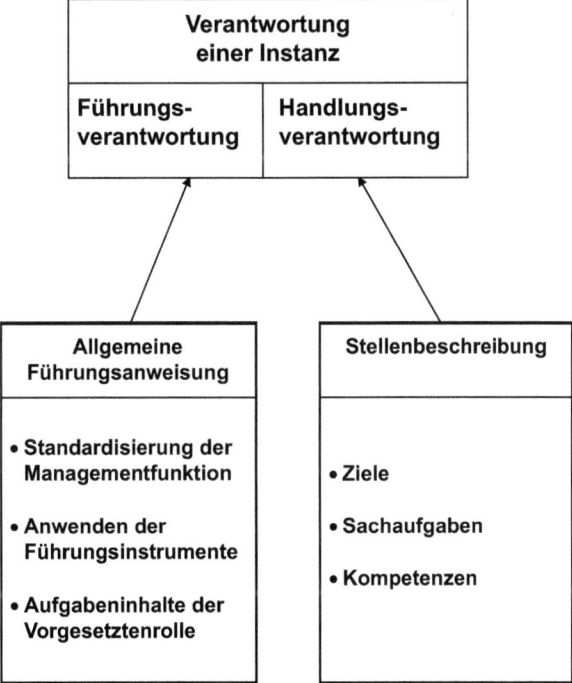

Abb. 3.45 Delegation von Verantwortung (Harzburger Modell). (Quelle: nach Höhn und Böhme 1983)

Führungsanweisung. In ihr sind die nach der Systematik des HM vorgesehenen **Führungsinstrumente**, wie etwa

- Information,
- Kommunikation,
- Motivation und
- Kontrolle,

spezifiziert. Diese Führungsinstrumente sollen im Unternehmen in möglichst einheitlicher Weise Anwendung finden. Damit wird eine gewisse Standardisierung der Managementfunktion angestrebt. In der Allgemeinen Führungsanweisung sind im Unterschied zur Stellenbeschreibung die besonderen Aufgabeninhalte der Vorgesetztenrolle fixiert. Mit der Implementierung einer solchen Führungsanweisung gilt ein verbindlicher Maßstab für das Wahrnehmen von Führungsfunktionen. Die Inhaber von Vorgesetzten-Positionen sind dann verantwortlich für das Einhalten solcher Vorgaben. Anhand der Standards aus der Allgemeinen Führungsanweisung wird die Führungsverantwortung operationalisiert und überprüfbar gemacht. Dadurch ist es innerhalb der Organisation möglich, die Inhaber von Instanzen nicht nur hinsichtlich ihrer Sachaufgaben, sondern auch hinsichtlich ihrer Leitungsaufgaben zur Verantwortung zu ziehen. Dies bedeutet, dass ein Vorgesetzter für Fehler im Delegationsbereich eines Mitarbeiters nur insoweit verantwortlich gemacht werden kann, als der Vorgesetzte seine Leitungsaufgaben gemäß Führungsanweisung nicht korrekt wahrgenommen hat. Auftretende Unzulänglichkeiten im Bereich der Erledigung von Sachaufgaben sind vom betroffenen Mitarbeiter zu vertreten und zu verantworten (Handlungsverantwortung).

In diesem Kontext hilft die klare Delegation von Verantwortung, differenziert nach Führungsverantwortung und Handlungsverantwortung, erheblich bei der zügigen und präzisen Analyse von Soll-/Ist-Abweichungen. Statt allgemeiner, unscharfer Verantwortungszuweisungen werden die exakte, differenzierte Klärung der Ursachen gefördert und vor allem die **Änderung des Verhaltens** im Sinne höherer Effektivität nachhaltig unterstützt. Dies unterstreicht die herausragende Bedeutung des Verantwortungsaspekts von Delegation. Eben deshalb bedarf es klarer und differenzierter Regelungen hinsichtlich der Zuordnung von Verantwortlichkeiten im Rahmen der Strukturdimension Delegation.

3.5 Standardisierung

3.5.1 Strukturkomponente

Als Komponente der Gestaltung organisationaler Strukturen drückt sich die Standardisierung in der Vereinheitlichung von Aktivitäten in sozio-technischen Systemen aus. Autorisierte Standards sollen den Handlungsvollzug konstruktiv regulieren. Daraus sei die nachstehende Definition der Strukturkomponente Standardisierung hergeleitet.

▶ **Standardisierung** Festlegen einheitlicher Vorgaben zur Aufgabenwahrnehmung

Ihren besonderen Stellenwert im Rahmen der Unternehmensführung erhält die Standardisierung auf dem Gebiet **häufig wiederkehrender betrieblicher Vorgänge**. Prinzipiell lässt sich konstatieren, dass Arbeitsvorgänge umso eher Bezugsobjekt für Maßnahmen der Standardisierung werden, je öfter diese Vorgänge sich in einer betrachteten Periode wiederholen. Im Rahmen der Standardisierung erfolgt zunächst eine Spezifikation solcher Vorgänge. Die detaillierte Beschreibung und damit die Abbildung oft wiederkehrender Geschäftsvorfälle resultieren aus dieser Spezifikationsphase. Im nächsten Schritt werden die so spezifizierten Vorgänge generalisiert. Eine derartige **Generalisierung** besteht im Schaffen dauerhafter, personen- und ereignisunabhängiger Regelungen für die Handhabung der zu gestaltenden Vorgänge.

▶ Die Standardisierung ist demnach eine Strukturkomponente, welche die Spezifikation sowie die Generalisierung wiederkehrender Vorgänge umfasst!

Dabei geht es im Sinne verbesserter ökonomischer Rationalität um die Vereinheitlichung sowie die Routinisierung tragfähiger Problemlösungen. Als Konsequenz resultiert die wiederkehrende, gleichartige Handhabung maßgeblicher wiederholt auftretender Probleme oder Vorgänge im Unternehmen. Für die involvierten Aufgabenträger wird durch das Bereitstellen von Standards die **Komplexität reduziert**. Von allen prinzipiell möglichen Problemlösungen sollen lediglich diejenigen angewandt werden, welche in den Standards verankert sind. Außerdem erfolgt die **Absorption von Ungewissheit**, da mittels der autorisierten Standards eindeutige, *Gewissheit* schaffende Vorgaben und Handlungsanweisungen herausgestellt werden.

3.5.2 Standardisierung von Prozessen

3.5.2.1 Vorgehensweise
Einen wichtigen Ansatzpunkt für Maßnahmen zur Standardisierung bieten die betrieblichen Prozesse. Diese in der Unternehmenspraxis stark verbreitete Form der Standardisierung findet Ausdruck im Festlegen von Aktivitätsfolgen. Dadurch entsteht die Vereinheitlichung von Abläufen in der Organisation. Im Zuge der Prozess-Standardisierung werden verbindliche Verfahrensvorschriften in Form von Regeln sowie Programmen entwickelt und implementiert. Realtypische Ausdrucksformen solcher **Verfahrensvorschriften** sind beispielsweise

- Richtlinien,
- schriftlich fixierte Arbeitsanweisungen und
- Funktionendiagramme.

Zur Veranschaulichung der Vorgehensweise mag das in Abb. 3.46 auszugsweise vorgestellte Funktionendiagramm beitragen.

Das betrachtete Beispiel zeigt den Teilprozess des Vorbereitens der Produkteinführung. Dieser Prozess ist in unterschiedliche Elementaraufgaben zerlegt und in aufeinanderfolgende Phasen gegliedert (Spezifikation). Mit Hilfe des Instrumentes *Funktionendiagramm* werden die in den Prozessphasen anfallenden **Elementaraufgaben** in unterschiedlichen Ausprägungen den dafür zuständigen Organisationseinheiten zugeordnet. So obliegt etwa in der Prozessphase mit der Kenn-Nummer 428 der Organisationseinheit *Product-Management* die Zuständigkeit für die Vorbereitung, die Beantragung und die Administration des Einführungsbudgets. Dies kommt durch das Symbol A zum Ausdruck. Im Rahmen der Erledigung dieser Elementaraufgabe ist das Product-Management angewiesen, die Organisationseinheiten *Absatz* und *Controlling* zu konsultieren, d. h. die dort vertretenen Auffassungen einzuholen und zu berücksichtigen. Die Entscheidung über das Budget wird nach Vorbereitung durch das Product-Management von der Leitung der Sparte I getroffen. Ebenso mündet der Teilprozess Nr. 423 *Preise/Konditionen bestimmen* in eine Entscheidung durch die Spartenleitung. Diese ist in Anbetracht des Vermerks in der Spalte *Hinweise* jedoch gehalten, die in Gestalt einer Richtlinie übergeordneten Grundsätze der Preispolitik zu beachten.

Das dargestellte Funktionendiagramm bewirkt die **Generalisierung** des Teilprozesses *Produkteinführung vorbereiten*. Unabhängig davon, welches konkrete Produkt am Markt eingeführt werden soll, gilt immer die identische, im Funktionendiagramm fixierte prozessuale Regelung zur Realisation Der Teilprozess ist mittels der Anwendung des Instruments *Funktionendiagramm* standardisiert. Für alle angesprochenen Stelleninhaber gilt die Vorgabe, ihre Leistungsbeiträge in den Soll-Prozess einzupassen und mit anderen Funktionsträgern nach Maßgabe der Regelungen im Funktionendiagramm zu interagieren. Diese Form der verbindlichen Fixierung von Aktivitätsfolgen im Unternehmen wird in der Fachliteratur auch als **Programmierung** (vgl. oben, Abschn. 3.2) bezeichnet. Damit kommt zum Ausdruck, dass die strukturell angelegten Verfahrensvorgaben den Soll-Ablauf und damit die Handlungen der personellen Aufgabenträger in Programme einbinden.

3.5.2.2 Graduelle Differenzierung

Empirisch vorfindliche Unternehmen unterscheiden sich strukturell unter anderem durch differente Ausprägungen auf dem Gebiet der Standardisierung. Zur Abbildung derartiger Unterschiede eignet sich der **Standardisierungsgrad**. Diese Größe bezieht sich auf die Messung des Ausmaßes der Routinisierung und programmbezogenen Lenkung von Prozessen im Unternehmen. In Abb. 3.47 werden Möglichkeiten zur Bestimmung des Standardisierungsgrades dargestellt.

Das Kontinuum reicht vom völligen Verzicht auf Standardisierungsmaßnahmen bis hin zur Implementierung starrer Routineprogramme. Soweit keine Programmierung erfolgt, sind die involvierten Mitarbeiter hinsichtlich Art, Umfang und Zeitpunkt ihrer Leistungsbeiträge strukturell nicht festgelegt. Es bestehen daher im Einzelfall relativ viele Freiheitsgrade der konkreten Prozessgestaltung. Dies hat zur Konsequenz, dass zeitlich aufeinanderfol-

Kenn-Nr.	Teilprozess / Elementaraufgabe (Organisationseinheit →)	Sparte I: Forschung	Sparte I: Entwicklung	Sparte I: Product-Management	Sparte I: Absatz	Sparte I: Controlling	Sparte I: Leitung	Andere Organisationseinheiten: Sparte II / III	Andere Organisationseinheiten: Sparte IV	Andere Organisationseinheiten: Logistik	Andere Organisationseinheiten: Fertigung	Andere Organisationseinheiten: Personalwesen	Andere Organisationseinheiten: Finanzierung und Rechnungswesen	Andere Organisationseinheiten: Organisation	Andere Organisationseinheiten: Geschäftsleitung	Hinweise
42	Produkteinführung vorbereiten															
421	Marketingkonzept aufstellen		K	A	K	I	E	K	K	I						
422	Werbung planen und einleiten		K	X	K			I	I							
423	Preise/Konditionen bestimmen			A	K	I	E	K	K							Grundsätze Preispolitik beachten
424	Außendienst instruieren			K	X											
425	Verkaufshilfen bereitstellen			X	K			I	I							
426	Produktion einleiten			K				I	I	X	K					
427	Einführungsaktion planen			X	K			I	I							
428	Einführungsbudget festlegen			A	K	K	E					I				

X volle Zuständigkeit für Vorbereitung, Entscheidung und Durchführung
A Vorbereitung, Antrag und Durchführung
E Entscheidung
K Konsultation vor Entscheidung
I Information über Entscheidung
G gemeinsame Entscheidung mit anderer Stelle

Abb. 3.46 Beispiel eines Funktionendiagramms (Auszug). (Quelle: nach Hill et al. 1998, S. 551)

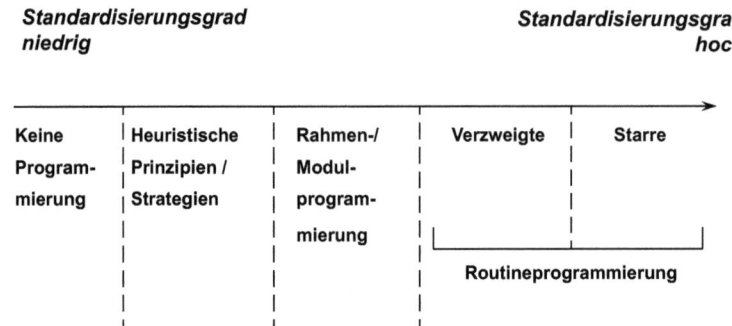

Abb. 3.47 Bestimmung des Standardisierungsgrades. (Quelle: nach Hill et al. 1994, S. 296)

gende, sachlich aber prinzipiell gleichartige Prozesse und Aufgaben (z. B. Produkteinführung) recht unterschiedlich ausgeführt werden können. Ganz anders ist die Situation im Falle starrer Routineprogrammierung. Hier verbleiben dem einzelnen Aufgabenträger keine Freiheitsgrade individueller Handhabung der Aufgaben im Prozess. Die notwendigen Schritte zur Aufgabenerledigung sind im Detail fixiert, so dass die Durchführung der Prozesse im Zeitablauf zur Verfahrensroutine wird. Zeitlich aufeinanderfolgende Prozesse zur Bewältigung gleicher Probleme verlaufen in diesem Fall exakt gleichartig. Der einzelne Prozess ist genau prognostizierbar und dadurch ebenfalls kontrollierbar. Zwischen den beiden betrachteten Extremen sind einige wesentliche Varianten abgestufter Standardisierung dargelegt.

Im Zuge der organisationalen Gestaltung gilt es, für das jeweils betrachtete Bezugsfeld den angemessenen Standardisierungsgrad zu identifizieren und zu implementieren. Grundsätzliche **Vorteile** eines relativ hohen Standardisierungsgrades bestehen im

- Gewährleisten der Prozess-Sicherheit,
- Schaffen weitreichender Transparenz sowie
- Herstellen von Nachvollziehbarkeit der Abläufe.

Außerdem animiert die hohe Standardisierung das Auftreten von **Lerneffekten** in Form der Entwicklung von Routine. Solche Lerneffekte oder Lernkurven beschreiben wiederum Potenziale zur **Kostenreduktion**. Tendenziell sind ausgeprägt standardisierte Prozesse vergleichsweise kostengünstige Prozesse.

Dagegen belässt ein niedriger Grad der Standardisierung individuellen Spielraum für Kreativität und Innovation. Auch kann begründet davon ausgegangen werden, dass weniger standardisierte Prozesse erfolgsüberlegen im Hinblick auf die Realisation flexibler Problemlösungen sind. Darüber hinaus fördert geringe Standardisierung die selbsttätige Anpassung des Verhaltens der involvierten Organisationseinheiten an Änderungen im maßgeblichen Kontext. Im Rahmen der Entscheidung über den Standardisierungsgrad bedürfen daher die relevanten Einflussgrößen nach Maßgabe des Einzelfalls der sorgfältigen Berücksichtigung und Abwägung.

3.5.3 Standardisierung von Ergebnissen

Während die Prozess-Standardisierung unmittelbar am Tätigkeitsablauf ansetzt, bezieht sich die Standardisierung von Ergebnissen auf den **Output von Prozessen**. Im Rahmen der Ergebnis-Standardisierung werden demnach qualitative und/oder quantitative Soll-Werte (Standards) in Bezug auf den Output betrieblicher Prozesse festgelegt. Dem Zwecke der Dokumentation derartiger Standards dienen die **Produktspezifikationen**. Mit Hilfe von Produktspezifikationen werden einzuhaltende technische Normen bezüglich der Güte und der Beschaffenheit herzustellender Produkte vorgegeben. Materiell sind diese Standards beispielsweise als Deutsche Industrie-Norm (DIN) oder als Vorgabe der International Organization for Standardization (ISO) ausformuliert. Solche überbetrieblich wirksamen Normen fördern die für den zwischenbetrieblichen Leistungsaustausch der Unternehmen notwendige Vereinheitlichung der Erzeugnisse.

Im Unterschied zu den Produktspezifikationen definieren Standards in Form von **Leistungsspezifikationen** wichtige Anforderungen und Verantwortlichkeiten in Bezug auf die Leistungserstellung. In diesem Fall wird das Ergebnis durch verbindliche Spezifikation der in ihm integrierten Leistungsbeiträge standardisiert. Den grundlegenden strukturellen Zusammenhang der Standardisierung von Ergebnissen vermittelt Abb. 3.48.

Die Planungskomponente der Ergebnis-Standardisierung umfasst die Spezifikation der maßgeblichen Soll-Werte für den Output. Nach erfolgtem Leistungsprozess werden im nächsten Schritt die tatsächlichen Ergebnisse erfasst und die mit den Standards korrespondierenden Ist-Werte gemessen. Im Zuge des Soll-/Ist-Vergleichs geschieht anschließend die Konfrontation der tatsächlichen Resultate mit den Ergebnis-Standards in Form eines Kontrollprozesses. Bei signifikanten Soll-/Ist-Abweichungen bedarf es der sorgfältigen Abweichungsanalyse mit dem Ziel der Herleitung wirkungsvoller Konsequenzen. Solche Konsequenzen können zum einen bei unveränderten Ergebnis-Standards auf **Änderungen im Aufgabenvollzug** zum Zwecke der künftigen Einhaltung der Soll-Werte gerichtet sein. Zum anderen kann jedoch auch deutlich werden, dass Unzulänglichkeiten im Planungsbereich zu unrealistischen Spezifikationen geführt haben. In diesem Fall bedarf es der adäquaten **Anpassung der spezifizierten Soll-Werte**, d. h. die Ergebnis-Standards sind zu modifizieren.

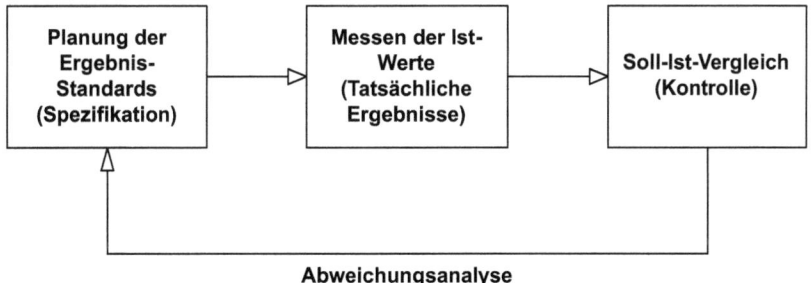

Abb. 3.48 Struktureller Zusammenhang der Ergebnis-Standardisierung

Im Rahmen der Standardisierung von Ergebnissen ist eine grundsätzliche Organisationsentscheidung zu treffen über jene Produkt- und Leistungsmerkmale, für welche einheitliche Werte gelten sollen. Die einheitlichen Werte oder Standards können sich auf so unterschiedliche Größen wie

- Maße,
- Gewichte,
- Farben,
- Formen,
- Belastbarkeit,
- Mindesthaltbarkeit,
- Elastizität oder
- Hitzebeständigkeit

beziehen. Es kommt darauf an, solche Ergebnismerkmale zu standardisieren, die wesentlichen Einfluss auf die Zweckerfüllung der Outputs haben. Dies betrifft ebenfalls die Auswahl der **Checkpoints** am fertigen Ergebnis. Mittels solcher Checkpoints werden die relevanten Ergebniseigenschaften gemessen (Ermitteln der Ist-Werte gemäß Abb. 3.48) und mit den Standards (= Soll-Werte) abgeglichen.

Beispiel
Derartige Checkpoints werden für das standardisierte Produkt *Kraftfahrzeug* ebenso benötigt wie für die standardisierte Leistung *Hygiene in einer Großküche*. Auf diese Weise wird die Komplexität der Erstellung eines *richtigen* Ergebnisses reduziert auf die Soll-/Ist-Äquivalenz einer überschaubaren und angemessen handhabbaren Anzahl von Checkpoints. Eine Großküche gilt bei Anwendung einer solchen Vorgehensweise dann als hygienisch einwandfrei, wenn bei allen Checkpoints die Ist-Werte den Standards entsprechen. Andere Aspekte von Hygiene bleiben außerhalb der Betrachtung. Erst durch diese Reduktion des äußerst komplexen Hygienephänomens wird die Aufgabenstellung der permanenten Realisation einwandfreier hygienischer Bedingungen operationalisiert und damit im soziotechnischen System *Großküche* sinnvoll handhabbar.

3.5.4 Standardisierung von Rollen

3.5.4.1 Entstehung sozialer Rollen
Im Falle der Standardisierung von Rollen sind die organisatorischen Maßnahmen im Unterschied zu den beiden vorstehend erörterten Varianten (Prozesse, Ergebnisse) auf Individuen oder Organisationsmitglieder gerichtet. Konkreter ausgedrückt, geht es um Verhaltensweisen von Personen, die im Unternehmen Aufgaben erledigen. Diese Individuen sind Träger **sozialer Rollen**. Die soziale Rolle eines Individuums resultiert aus der Summe der an dieses Individuum gerichteten Verhaltenserwartungen. Solche Erwartungen werden aus

der Umwelt, d. h. auch von anderen Personen, an die betrachtete Person (Rolleninhaber) gerichtet.

▶ **Soziale Rolle** Summe der aus der Umwelt an ein Individuum gerichteten Verhaltenserwartungen

In sozio-technischen Systemen existieren ebenfalls soziale Rollen. Sie entstehen durch Erwartungen, mit denen eine Person innerhalb des Systems konfrontiert wird. Da dieses System den Charakter einer Organisation aufweist, wird die hier angesiedelte soziale Rolle auch als **organisatorische Rolle** des Individuums bezeichnet. Den vielschichtigen Zusammenhang der Entstehung organisatorischer Rollen vermittelt Abb. 3.49.

Zunächst bringt die Abbildung zum Ausdruck, dass das Individuum grundsätzlich **Inhaber mehrerer sozialer Rollen** ist. Neben der organisatorischen Rolle existieren weitere soziale Rollen der Person, beispielsweise in der Familie, im Sportverein, in einer Religionsgemeinschaft oder in einer politischen Partei. Zwischen der organisatorischen Rolle und den unternehmensexternen Rollen der Person können **Komplementaritäten** in Gestalt von gegenseitiger Verstärkung, aber auch **Konflikte** in Gestalt von Problemen der Vereinbarkeit auftreten. Zu nennen sind etwa (Zeit-)Konflikte zwischen familiärer Rolle und organisatorischer Rolle oder (Wert-)Konflikte zwischen religiös induzierten Verhaltenserwartungen und ökonomischen Komponenten der organisatorischen Rolle.

Außerdem kennzeichnet Abb. 3.49 die heterogenen Determinanten der organisatorischen Rolle. Übergreifende Einflüsse gehen von der Situation der Organisation aus. Die dieser Situation angepassten und von der Kerngruppe (Geschäftsleitung) festgelegten organisatorischen Regelungen bestimmen unter anderem über direkte Verhaltensvorgaben das formale Segment der organisatorischen Rolle. Darüber hinaus ermächtigen solche organisatorischen Regelungen betriebliche Führungskräfte zur Definition, Formulierung und Anweisung offiziell autorisierter Erwartungen im Sinne des Direktionsrechts des Arbeitgebers gegenüber dem betrachteten Mitarbeiter. Auch insoweit wird das formale Rollensegment ausgeprägt. Schließlich existieren unterschiedliche weitere Quellen von Verhaltenserwartungen gegenüber dem Individuum im Unternehmen. Solche Erwartungen werden von Kollegen und Mitarbeitern der Person ebenso entwickelt wie von Geschäftspartnern außerhalb des Unternehmens. Auch die Wahrnehmung der personellen Führung durch den Vorgesetzten generiert Verhaltenserwartungen an den betrachteten Stelleninhaber. Außerdem prägt die Einordnung der Stelle (Position) des Individuums in die Gesamtunternehmung seine organisatorische Rolle. Andere gravierende Einflüsse auf die soziale Rolle gehen vom Technologieeinsatz (Fertigungstechnologie, Informationstechnologie) aus.

3.5.4.2 Rolle und Handeln

Die in der skizzierten organisatorischen Rolle angelegten betrieblichen Verhaltenserwartungen beeinflussen in erheblichem Maße das Handeln des Individuums. Allerdings wird das tatsächlich realisierte Verhalten in der Regel nicht vollständig der organisatorischen

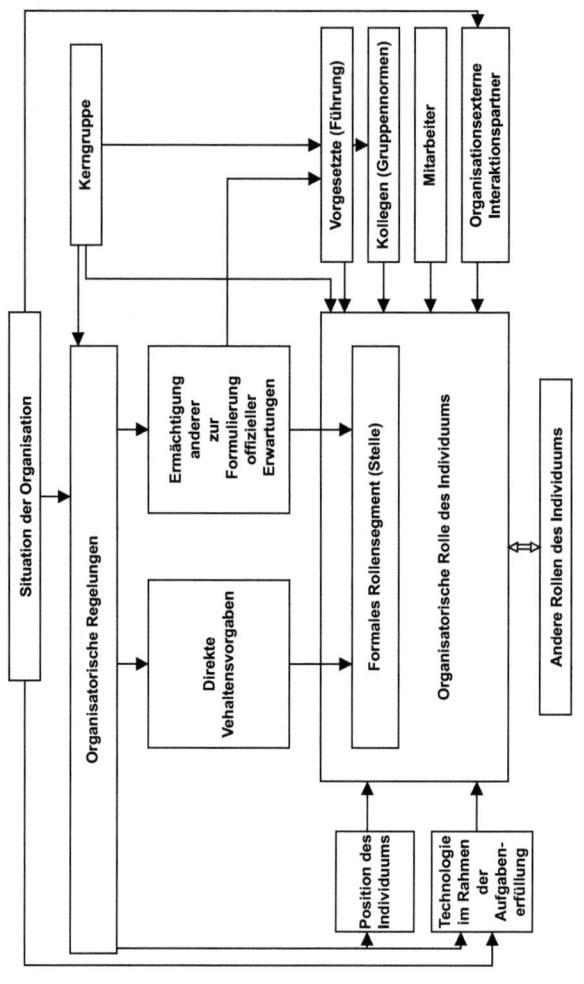

Abb. 3.49 Entstehungszusammenhang organisatorischer Rollen. (Quelle: Kieser und Kubicek 1992, S. 458)

3.5 Standardisierung

Rolle entsprechen. Ausschlaggebend für solche Rollen-Verhaltens-Differenzen sind insbesondere die nachstehend beschriebenen Faktoren:

- Die Person registriert nur einen Teil ihrer sozialen Rolle im Unternehmen. Ein anderer Teil der Verhaltenserwartungen wird vom Individuum überhaupt nicht empfangen. Das damit angesprochene Phänomen **selektiver Wahrnehmung** des Organisationsmitglieds hängt mit dessen sozialisationsbedingter Prädisposition sowie den dominierenden Inhalten außerbetrieblicher sozialer Rollen zusammen.
- Vom Inhaber der organisatorischen Rolle (Informationsempfänger) werden die Verhaltenserwartungen anders interpretiert, als es den Intentionen der relevanten Urheber dieser Erwartungen (Informations- oder Rollensender) entspricht. In einem solchen Fall besteht **Rollenambiguität**, d. h. subjektive Uneindeutigkeit der Erwartungen, basierend auf einer Sender-Empfänger-Problematik. Die Verhaltenserwartungen erreichen den Rolleninhaber nicht in hinreichend präziser Form, um von ihm eindeutig verstanden und in adäquates Handeln umgesetzt werden zu können. Eine in dieser Weise verzerrte Wahrnehmung der Verhaltenserwartungen durch das betroffene Organisationsmitglied kann sowohl in Bezug auf die organisationale Effektivität als auch hinsichtlich der Situation des Individuums im Unternehmen negative Konsequenzen haben, ohne dass den beteiligten Akteuren die Ursachen bewusst werden.
- Seitens des Organisationsmitglieds werden die Verhaltenserwartungen exakt in der Form registriert, wie diese Erwartungen aus der Umwelt an die Person gesendet werden. Allerdings entscheidet sich das Individuum ganz bewusst, diese Erwartungen nicht oder nicht vollständig zu erfüllen. Grund für diese Zurückweisung von Erwartungen sind **Rollenkonflikte**, welche aus Divergenzen zwischen den betrieblichen Verhaltenserwartungen und den Inhalten anderer sozialer Rollen der Person resultieren. Im betrachteten Fall besitzen die außerbetrieblichen Verhaltenserwartungen für das Individuum größere Bedeutung als die Erfüllung der Rolle innerhalb der Organisation.

Das formale Segment der organisatorischen Rolle umfasst die autorisierten Verhaltenserwartungen an ein bestimmtes Organisationsmitglied. Eine Standardisierung der Rolle erfolgt insoweit, als den Verhaltenserwartungen des formalen Rollensegments für die betreffende Stelle im Unternehmen unabhängig von der konkreten Person des Stelleninhabers generelle Gültigkeit zugeordnet wird. Dabei kommt es im Interesse effektiver organisatorischer Gestaltung entscheidend darauf an, die Rollen-Standardisierung in einer Weise instrumentell zu implementieren, die den dysfunktionalen Effekten der selektiven Wahrnehmung, der Rollenambiguität sowie der Rollenkonflikte wirkungsvoll begegnet. Auf diesem Hintergrund soll die Standardisierung von Rollen insbesondere Präzision, Klarheit sowie intersubjektive Nachvollziehbarkeit hinsichtlich der Verhaltenserwartungen schaffen und gleichzeitig auf die Rolleninhaber akzeptabel sowie motivierend wirken.

3.5.5 Exkurs: Umsetzung von Rollenstandards

Im folgenden Abschnitt geht es darum, Möglichkeiten zur Standardisierung des höchst diffizilen Phänomens der sozialen Rolle im Unternehmen anhand empirisch verbreiteter Instrumente exemplarisch zu veranschaulichen. Mit dieser Intention werden als konkrete und informative Beispiele für solche Instrumente eine Stellenbeschreibung sowie eine Konzeption von Unternehmens- und Führungsgrundsätzen (UFG) betrachtet.

3.5.5.1 Stellenbeschreibung
(1) **Kennzeichen**
In struktureller Hinsicht bedeutet die Implementierung von Stellenbeschreibungen das Umsetzen von Maßnahmen zur Standardisierung des formalen Segmentes organisatorischer Rollen. Solche Stellenbeschreibungen enthalten schriftlich fixierte arbeitsbezogene Verhaltenserwartungen (Verhaltensvorgaben) gegenüber dem Stelleninhaber (= Rollenträger).

▶ **Stellenbeschreibung** Dokumentation der Inhalte einer Stelle im Sinne einer organisatorischen Einheit

In der betrieblichen Praxis ist das Instrument der Stellenbeschreibung in recht unterschiedlichen Ausprägungen konstatierbar (vgl. Bea und Göbel 2019, S. 245 f.). Das gilt insbesondere für den Umfang der Stellenbeschreibung. So werden in einer *Job description* regelmäßig lediglich die generellen Aufgabenbezüge einer Stelle in knapper Form dargelegt (vgl. Remer und Hucke 2007, S. 47 ff.). Dagegen erfüllt etwa die Stellenbeschreibung im Rahmen der Führungskonzeption *Harzburger Modell* die Funktion einer umfassenden und nahezu abschließenden Dokumentation sämtlicher Merkmale der betrachteten Stelle, insbesondere werden Aufgaben, Ziele und Kompetenzen der Position analytisch hergeleitet und sehr detailliert aufgeführt (vgl. Höhn und Böhme 1986).

(2) **Fallbeispiel**
Im Folgenden wird exemplarisch eine komplette Stellenbeschreibung aus der (fiktiven) Omega AG dargestellt. Zur Kennzeichnung der Omega AG mag der Hinweis ausreichen, dass es sich um ein größeres Industrieunternehmen mit internationalen Geschäftsfeldern handelt. Betrachtet werden die Rollen-Standards einer mittleren Führungsposition im Personalressort.

> **Fallbeispiel: Stellenbeschreibung aus der Omega AG**

Omega AG

Ω

Stellenbeschreibung

Stellenbezeichnung:	Personalreferentin Vertrieb/Administration
Stelleninhaberin:	Sieglinde Ibbstadt
Vorgesetzte Stelle:	Personalmanager
Direkt unterstellte Positionen:	
	Personalsachbearbeiter Vertrieb Inland
	Personalsachbearbeiterin Vertrieb Ausland
	Personalsachbearbeiterin Verwaltungsbereich
	Sachbearbeiter Personal-Controlling
Die Stelleninhaberin wird vertreten durch:	
	Personalreferent Fertigung/Technik
Die Stelleninhaberin vertritt:	
	Personalmanager
	Personalreferent Fertigung/Technik

Zweck der Stelle:
Bereitstellung optimaler personalwirtschaftlicher Entwicklungs- und Serviceleistungen für die Ressorts Vertrieb und Kaufmännische Administration nach Maßgabe der in der strategischen Unternehmensplanung festgelegten Ziele, Orientierungsgrößen und Rahmenbedingungen.

Hauptaufgaben/Verantwortlichkeitsprofil:
1. **Initiieren und Steuern der Personalplanung**
   Die Stelleninhaberin erarbeitet in enger Kooperation mit den zuständigen Führungskräften und Spezialisten umfassende und vollständige Entwürfe der kurzfristigen (Planungshorizont = 1 Jahr) und der mittelfristigen (Planungshorizont = 5 Jahre) Personalplanung für die Ressorts Vertrieb und Kaufmännische Administration. Sie legt die Plan-Entwürfe termingerecht dem Personalmanager zum Zwecke der Entscheidungsfindung im Vorstand vor. Die Stelleninhaberin überwacht die Realisierung der verabschiedeten Personalplanungen, insbesondere in Bezug auf die fristenkongruente Stellenbesetzung, die Einhaltung des Kostenbudgets sowie den synchronen Verlauf in Verbindung mit der Soll-/Ist-Entwicklung der gesamten Unternehmensplanung. Sie erstellt den monatlichen Soll-/Ist-Report und halbjährliche Statusanalysen.
2. **Konzeptionelles Gestalten der Personalentwicklung sowie der Human Relations-Politik**
   Die Stelleninhaberin erarbeitet neue bzw. überprüft und überarbeitet (Anpassung, Optimierung) vorhandene Konzeptionen auf den Gebieten Personalent-

wicklung und Human Relations. Das bezieht sich insbesondere auf die Leistungs- und Potenzialbeurteilung, die Nachwuchs- und Nachfolgeplanung, den Einsatz von Assessment-Centern im Bereich der Mitarbeiterentwicklung, die Einrichtung von Quality Circles, die Nutzung des betrieblichen Vorschlagswesens sowie das Human Relations-Programm. Sie stimmt die Konzepte/konzeptionellen Änderungen mit den Fachressorts sowie innerhalb des Personalwesens ab und präsentiert die abgestimmten Entwürfe gegenüber dem Vorstand. Sie wirkt federführend bei der Implementierung und Anpassung der Instrumentarien mit und stellt ihren sachgerechten Einsatz sicher. Sie berät die Fach- und Führungskräfte hinsichtlich der Handhabung der PE-Instrumente und der Umsetzung des Human Relations-Programms.

3. **Koordinieren und Steuern der kaufmännischen Berufsausbildung**
Die Stelleninhaberin koordiniert die Ausbildung der kaufmännisch Auszubildenden. Sie erstellt Pläne bezüglich der praktischen Unterweisung in den verschiedenen Unternehmensbereichen sowie für den betriebsseitigen Unterricht. Sie überwacht die ordnungsmäßige Berichtsführung der Auszubildenden und trägt Sorge für die turnusmäßige Ermittlung des betrieblichen Leistungsstandards jedes Auszubildenden. Die Stelleninhaberin wirkt bei der Durchführung des betriebsseitigen Unterrichts mit. Sie plant nach den Kriterien Personalbedarf, Eignung und Neigung den Einsatz der Ausbildungsabsolventen im Unternehmen. Sie vertritt das Unternehmen gegenüber der Industrie- und Handelskammer, den Berufsschulen und in den maßgeblichen Prüfungsausschüssen.

4. **Durchführen externer und interner Maßnahmen der Personalbeschaffung**
Die Stelleninhaberin führt Personalbeschaffungsmaßnahmen bis zur Ebene Abteilungsleiter in enger Abstimmung mit den jeweiligen Fachinstanzen durch. Sie stimmt Stellenanforderungen und Stellenausschreibungen mit den fachlich zuständigen Führungskräften ab. Sie führt den Schriftverkehr. Sie trifft die Bewerbervorauswahl nach den maßgeblichen Kriterien und führt gemeinsam mit dem Verantwortlichen der jeweiligen Fachabteilung die Vorstellungsgespräche. Die Stelleninhaberin bewertet fachliche und soziale Eignungsmerkmale der Bewerber, dokumentiert die Ergebnisse von Personalselektionsprozessen und trifft in Zusammenarbeit mit dem Verantwortlichen der jeweiligen Fachabteilung die Einstellungsentscheidungen. Sie erstellt die Arbeitsverträge und sorgt für die reibungslose Abwicklung aller notwendigen administrativen Vorgänge. Sie führt interne Stellenbesetzungen im Sinne der Karriereentwicklung der Mitarbeiter sowie der Bedarfssituation des Unternehmens durch.

5. **Sicherstellen und Weiterentwickeln einer ausgewogenen Entgeltpolitik**
Die Stelleninhaberin überwacht die Einhaltung der anforderungs-, leistungs- und marktgerechten Entgeltpolitik im Segment der auf tariflicher Basis beschäftigten Mitarbeiter. Sie macht Vorschläge für Entscheidungen über Einzelentgelte sowie die individuelle Entgeltentwicklung. Sie berät den Personalmanager sowie die Führungskräfte in den Fachressorts in Fragen der

Anwendung von Systemen der Entgeltpolitik und der betrieblichen Sozialleistungspolitik.

6. **Durchführen der Mitarbeiterbetreuung**
Die Stelleninhaberin ist Ansprechpartnerin für die Mitarbeiter und Führungskräfte ihres Verantwortungsbereiches in Lohn- und Gehaltsfragen, Fragen des Steuerrechts und in Versicherungsangelegenheiten sowie in arbeitsrechtlichen Belangen. Sie steht den Betriebsangehörigen in den Ressorts Vertrieb und Administration für individuelle Gespräche und personalwirtschaftliche Beratungsleistungen zur Verfügung.

7. **Zusammenarbeit mit dem Betriebsrat**
Die Stelleninhaberin ist in allen Belangen, welche die tariflich beschäftigten Mitarbeiter in Vertrieb und Administration betreffen, primäre Ansprech- und Verhandlungspartnerin des Betriebsrates. Sie kooperiert mit der Belegschaftsvertretung auf der Grundlage der betriebsverfassungsrechtlichen Normen und gestaltet die Zusammenarbeit fair, offen und verantwortungsvoll.

8. **Absichern disziplinarischer Maßnahmen**
Die Stelleninhaberin verfasst schriftliche Ermahnungen und Abmahnungen in Abstimmung mit der jeweils verantwortlichen Führungskraft und bereitet etwa notwendige arbeitsgerichtliche Verfahren vor. Sie führt persönliche Gespräche mit den von disziplinarischen Maßnahmen betroffenen Mitarbeitern.

9. **Federführung beim Ausscheiden von Mitarbeitern**
Die Stelleninhaberin führt im Falle von mitarbeiterseitigen Kündigungen standardisierte Austrittsinterviews durch und wertet diese aus. Sie erstellt in Abstimmung mit den fachlich Verantwortlichen die Arbeitszeugnisse. Im Falle betriebsseitig beabsichtigter Kündigungen führt die Stelleninhaberin die notwendigen Abstimmungen mit dem Betriebsrat durch. Sie nimmt in gewöhnlichen Fällen die Unternehmensinteressen vor Arbeitsgerichten wahr.

10. **Entwickeln und Implementieren personalwirtschaftlicher Instrumente**
Die Stelleninhaberin entwickelt personalwirtschaftliche Instrumente und Methoden für ihren Bereich weiter bzw. neu und setzt diese in Abstimmung mit dem Personalmanager und den Fachverantwortlichen unternehmensspezifisch ein. Sie definiert die Anforderungen ihres Bereiches an das Personalinformationssystem, bringt diese Anforderungen in die Systementwicklung ein und stellt ihre sachgerechte Umsetzung sicher. Sie nutzt systematisch die informationstechnologischen Optionen für das Personal-Reporting.

11. **Durchführen personalwirtschaftlicher Sonderaufgaben**
Die Stelleninhaberin führt Sonderaufgaben des Personalwesens auch außerhalb ihres primären Zuständigkeitsbereiches durch. Sie erstellt personalwirtschaftliche Analysen und präsentiert die Ergebnisse den davon betroffenen Instanzen. Sie hält Kontakte zu Arbeitsämtern und Behörden zur Regelung spezifischer Fragestellungen (z. B. Beschäftigung von Schwerbehinderten, Beschaffungswege für ausländische Mitarbeiter). Sie vertritt das Unternehmen

im Rahmen ihres Verantwortungsbereiches auch bei besonderen Anlässen und unvorhergesehenen Ereignissen nach außen.

Datum der letzten Anpassung: Bestätigung (Unterschriften):
(Vorstand)   (Personalmanager)   (Stelleninhaberin) ◄

Im ersten Teil der Stellenbeschreibung wird die Einordnung der Stelle und damit des Stelleninhabers in das Unternehmensgefüge geklärt. Außerdem sind die Regelungen hinsichtlich der Stellvertretung dargelegt. Zentrale Bedeutung besitzt das Bestimmen des Zweckes der Stelle. Diese Zweckbestimmung enthält die Antwort auf die Frage nach der Existenzberechtigung der Stelle. Die betreffende Position soll gerade den als Zweck ausgewiesenen Beitrag zur Realisation der Unternehmensziele leisten. Damit erfolgt die Ausrichtung der Aktivitäten des betreffenden Mitarbeiters und Stelleninhabers. Die Person soll ihr Arbeitsverhalten darauf konzentrieren, den Zweck der Stelle zu erfüllen. Diese Ergebniserwartung wird mittels Stellenbeschreibung in formalisierter, nachvollziehbarer und kontrollfähiger Form kommuniziert.

Auf die Deskription des Zwecks folgt der quantitative Schwerpunkt der Stellenbeschreibung, nämlich das Darstellen der Hauptaufgaben und des Verantwortlichkeitsprofils. In diesem Teil werden die wesentlichen Tätigkeiten beschrieben, durch welche der Mitarbeiter die erwarteten Zielerreichungsbeiträge erbringen soll. Es geht folglich zum einen um die Bestimmung des Mittel- und Maßnahmeneinsatzes in Bezug auf die Zielerreichung. Zum anderen soll die möglichst präzise Klärung der Hauptaufgaben sowie der dazu korrespondierend übertragenen Befugnisse die Verantwortlichkeit des Stelleninhabers definieren und transparent machen.

In dieser Hinsicht ist die betrachtete Stellenbeschreibung so angelegt, dass zunächst in knapper Formulierung der Kerngehalt von insgesamt elf prägenden Aufgaben formuliert wird. Die erste aufgeführte Hauptaufgabe fokussiert beispielsweise die Funktionen des *Initiierens und Steuerns der Personalplanung*. Eine bewusst knapp gehaltene Stellenbeschreibung könnte bezüglich der Hauptaufgaben und des Verantwortlichkeitsprofils auf der Ebene der *Headlines* enden. Im betrachteten Beispiel werden die Hauptaufgaben allerdings jeweils erläutert, d. h. die Verhaltenserwartungen an den Stelleninhaber im Zusammenhang mit jeder einzelnen Hauptaufgabe eine Konkretisierung über die zusammenfassenden Bezeichnungen (Headlines) hinaus. Somit erhält der Stelleninhaber detaillierte Informationen über die Erwartungen der relevanten Rollensender zu den Einzelheiten der Aufgabenwahrnehmung.

Durch Unterschriften bestätigen die Unternehmensleitung, der Vorgesetzte und der Stelleninhaber (die Rollensender und der Rolleninhaber) in formaler Hinsicht die Gültigkeit, die Übermittlung und die Kenntnisnahme der Rolleninhalte laut Stellenbeschreibung. Das ebenfalls vermerkte Datum der letzten Anpassung gibt Aufschluss über die Aktualität des Inhalts der Stellenbeschreibung sowie die Intensität des organisatorischen Änderungsdienstes.

(3) Ambivalente Konsequenzen

Funktionale Wirkungen der Standardisierung von Rollen durch das Instrument der Stellenbeschreibung sind im Hinblick auf die Reduktion von Problemen der selektiven Wahrnehmung s0owie der Rollenambiguität zu erwarten. Die ausführliche Darlegung der Stellenmerkmale und Stelleninhalte ermöglicht es dem Stelleninhaber, die an ihn gerichteten Erwartungen in vollem Umfang nachzuvollziehen und wahrzunehmen. Dies gilt sowohl für Stelleninteressenten oder Bewerber als auch für bereits mit der Wahrnehmung der Stelle beauftragte Personen. Durch präzise schriftliche Deskription der Rolle erfolgt die Einengung von Interpretationsspielräumen. Dadurch wird die Gefahr von Missverständnissen bezüglich der Erwartungsinhalte zwischen Rollensender und Rolleninhaber deutlich verringert.

Allerdings sind auch dysfunktionale Konsequenzen von Stellenbeschreibungen in der betrieblichen Praxis konstatierbar. Ein Problem betrifft die **Aktualität** dieses Instruments. Aufgrund von Entwicklungen im Kontext bedarf es der nahezu permanenten, zumindest der kurzzyklischen Überprüfung der Inhalte der Stellenbeschreibung und – sofern erforderlich – der Vornahme sinnvoller Anpassungen. Dieser Änderungsdienst wird in der Praxis oft nicht hinreichend häufig oder nicht hinreichend sorgfältig durchgeführt, so dass die Inhalte der Stellenbeschreibung die Kongruenz mit den tatsächlich an die Person gerichteten Erwartungen ganz oder teilweise verlieren. Ein weiteres Problem besteht darin, dass der Stelleninhaber sein Verhalten sehr stark an den schriftlich in der Stellenbeschreibung fixierten Erwartungen ausrichtet und dadurch **andere Aufgaben, die nicht erfasst sind, vernachlässigt**. Dies betrifft insbesondere neuartige, kreative und zukunftsgerichtete Funktionen. Auch im Hinblick auf die Durchführung von Teamarbeit können Stellenbeschreibungen negative Wirkungen auslösen, da die Individuen tendenziell zu stark auf ihren singulären Aktionsbereich festgelegt werden. In der betrieblichen Praxis findet sich für das damit angesprochene Phänomen die Bezeichnung *Sandkastendenken.* Dies soll zum Ausdruck bringen, dass Stellenbeschreibungen die Ego-Orientierung der jeweiligen Stelleninhaber in dysfunktionaler Weise verstärken können.

3.5.5.2 Unternehmens- und Führungsgrundsätze

(1) Kennzeichen

Die Inhalte von Stellenbeschreibungen bringen überwiegend Verhaltenserwartungen in Form umrissener Sachaufgaben des einzelnen Mitarbeiters zum Ausdruck. Dagegen wird eine gewisse Standardisierung von Managementrollen in der betrieblichen Realität relativ häufig durch die Implementierung von Unternehmens- und Führungsgrundsätzen angestrebt. Solche Grundsätze sind in der Unternehmenspraxis in sehr verschiedenen Erscheinungsformen und unter ganz unterschiedlichen Bezeichnungen (z. B. Unternehmensleitbild, Führungsleitbild, Organisationsgrundsätze, Führungsgrundsätze, Grundsätze der Zusammenarbeit, Unternehmensphilosophie, Unternehmenskultur) konstatierbar. Für all diese Verhaltenserwartungen ist konstitutiv, dass es sich um formalisierte betriebsspezifische Regelungen zum Zwecke der Gestaltung von Managementprozessen handelt. Im vorliegenden Kontext wird dafür zusammenfassend der Begriff Unternehmens- und Führungsgrundsätze (UFG) gebraucht.

▶ **Unternehmens- und Führungsgrundsätze** Formalisierte betriebsspezifische Regelungen zum Zwecke der Gestaltung von Managementprozessen

In Abhängigkeit von der Ausprägung der jeweils verfolgten prinzipiellen Zielsetzung sind unterschiedliche Typen von UFG-Konzepten abgrenzbar.

- Der **UFG-Typ** *Führungsleitbild* ist charakterisiert durch Dominanz des Bestrebens um **Legitimation von Einflussbeziehungen**. Es geht beim Führungsleitbild um das Schaffen von **Wertrationalität**. Dadurch sollen die Management-Standards eine Leitbildfunktion erfüllen, die, idealtypisch formuliert, seitens aller Organisationsmitglieder geteilte Werte (Shared values) umfasst. Solche UFG bestehen regelmäßig aus knappen, einprägsamen Texten mit ausgeprägtem Appellcharakter. Der Instrumentalbezug (Aussagen über den Einsatz von Führungsinstrumenten) solcher UFG ist dagegen relativ gering. Außerdem enthalten sie kaum Detailregelungen.
- Eine prinzipiell andere globale Zielorientierung verfolgen UFG-Konzepte vom **Typ** *Führungsrichtlinie*. Dominierend ist bei solchen Management-Standards das Bestreben um die **Professionalisierung der Führung**. Angestrebt wird das Etablieren von **Zweckrationalität**, d. h. die Gewährleistung von relativ zum ausgewiesenen betrieblichen Zielsystem effizientem Managementverhalten. Dies findet Ausdruck in bürokratischer Präzisierung *richtigen*, das bedeutet konkret unternehmenspolitisch als zweckmäßig erachteten Führens. Kennzeichnend für UFG in Gestalt des Typs *Führungsrichtlinie* ist folglich die ausgeprägte Deskription von Managementinstrumenten sowie ihrer Anwendungsweise. Die Kataloge von UFG beinhalten in diesem Fall Rechte- und Pflichtenhefte für Vorgesetzte und Mitarbeiter. Der Begründungszusammenhang sowie die Werteorientierung sind hingegen in Führungsrichtlinien eher gering ausgeprägt. Solche Führungsrichtlinien vermitteln daher dem kritischen Betrachter leicht den Charakter von *Patentrezepten*, die ohne Klärung der Anwendungsbedingungen generell überlegenen Managementerfolg versprechen.

(2) **Effekte**
Die erhebliche empirische Verbreitung von UFG (vgl. Teichert und Wartburg 2004, S. 800 ff.; Knebel und Schneider 1994) hängt mit einer Reihe wesentlicher funktionaler Effekte zusammen, welche von einer derartigen Standardisierung der Managementrollen ausgehen können. Im Einzelnen sei dazu auf folgende Auswirkungen hingewiesen:

- **Transparenzeffekt**
Managementprozesse werden für die beteiligten Akteure (Führungskräfte und Mitarbeiter) durchsichtig und kalkulierbar. Es entsteht Klarheit hinsichtlich des Soll-Verhaltens.

3.5 Standardisierung

- **Koordinationseffekt**
Unternehmensintern relevante Managementkategorien werden geklärt und einheitlich präzisiert. Dies erleichtert die gegenseitige Abstimmung sowie die Konsensbildung zwischen den Interaktionspartnern.

- **Kontrolleffekt**
Im Wege der Formalisierung und der Publikation von Management-Standards werden die Möglichkeiten willkürlicher Gestaltung von Führungsprozessen durch einzelne Vorgesetzte erheblich eingeschränkt. Die von den Führungsakten betroffenen Organisationsmitglieder erhalten die instrumentelle Basis zur Überprüfung des ihnen gegenüber realisierten Managementverhaltens im Hinblick auf die Konformität mit den dafür geltenden betrieblichen Regeln (= Erwartungen).

- **Wirtschaftlichkeitseffekt**
Mit der einmaligen Erstellung von UFG sind maßgebliche Verhaltensstandards auf längere Zeitdauer geklärt. Dies erspart das wiederholte Abfassen, Herleiten, Aushandeln oder Klären von grundsätzlich gleichen oder ähnlichen Prinzipien der Interaktion im Unternehmen.

- **Flexibilitätseffekt**
Im Unterschied zu sogenannten Führungsmodellen (Harzburger Modell, Management by Objectives, Management by Exception) bieten UFG die Möglichkeit des Einbeziehens spezifischer Anforderungen oder Bedingungen des einzelnen Unternehmens in die zu entwickelnde strukturelle Problemlösung. Es besteht hinreichend Flexibilität zur Ausrichtung der Standardisierung von Managementrollen an den Merkmalen der relevanten betrieblichen Situation.

(3) Fallbeispiel
Zur Veranschaulichung möglicher Inhalte und Gestaltungsvarianten von UFG wird nachstehend auszugsweise ein entsprechendes Konzept aus der betrieblichen Praxis vorgestellt. Hierbei handelt es sich um Grundsätze des Hauses Hewlett-Packard, Deutschland.

Fallbeispiel

Auszug Unternehmens- und Führungsgrundsätze
Hewlett-Packard, Deutschland
Die HP-Grundwerte
Einsatz für den Kunden:
Unser Handeln und unsere Entscheidungen sind auf unsere Kunden ausgerichtet. Die HP Unternehmenskultur fördert die Kundenorientierung unserer Mitarbeiter.
Vertrauen und Respekt:
Wir sind davon überzeugt, dass jeder Mitarbeiter seine Arbeit optimal erledigen will und dies auch leisten wird, wenn er das richtige Arbeitsumfeld vorfindet.
Wir schaffen ein interessantes und inspirierendes Arbeitsumfeld und fördern die Vielfältigkeit („Diversity") unserer Mitarbeiterstruktur.

Ergebnisorientierung:
HP Mitarbeiter engagieren sich, um die Erwartungen unserer Kunden zu übertreffen. Wir arbeiten kontinuierlich an der Verbesserung unserer Ergebnisse.

Geschwindigkeit und Flexibilität:
Kurze Entwicklungszeiten und kurze Vermarktungszeiten, schnell realisierbare Umsätze und Gewinne.
    Diese Aspekte sind für unseren Erfolg entscheidend.
    Wir setzen auf anpassungsfähige Strukturen und Lösungen.
    Die „Open door policy" im Großraumbüro und der leichte Zugang zu verschiedenen Abteilungen und dem Management schaffen die Voraussetzungen, um Innovation zu beschleunigen und Entscheidungsprozesse effizient zu gestalten.

Wegweisende Innovationen:
Von der Grundlagenforschung bis zur Produktentwicklung – technologischer Fortschritt hat einen hohen Stellenwert bei HP.
    Auch bei Forschungs- und Entwicklungsprojekten arbeitet HP mit Kunden und strategischen Partnern zusammen, um deren Anforderungen zu verstehen.
    Schon die Unternehmensgründer betonten, dass es darauf ankomme, nützliche und wegweisende Produkte und Lösungen zu erfinden.

Teamwork:
Wir arbeiten als ein Team, um die Erwartungen von Kunden, Aktionären und Geschäftspartnern zu erfüllen.
    Dabei sind die Zusammenarbeit und das Können des gesamten Teams – einschließlich unserer Lieferanten und Vertriebspartner – für unseren Erfolg entscheidend.

Kompromisslose Integrität:
    Wir erwarten, dass jeder Mitarbeiter ethisch einwandfrei handelt.
Die HP Geschäftsgrundsätze („Standards of Business Conduct") sind für jeden Mitarbeiter verbindlich.
    (Quelle: Hewlett-Packard 2008) ◄

Die ausgewiesenen **Grundwerte** bilden die Basis der Unternehmensführung im Hause Hewlett-Packard. Durch die Erläuterungen zu diesen zentralen Wertbezügen werden Verhaltenserwartungen an die Organisationsmitglieder kommuniziert:

- So stellt der erste formulierte Grundwert den *Einsatz für den Kunden* in den Mittelpunkt. Alle Akteure im Unternehmen Hewlett-Packard werden aufgefordert, ihr Handeln sowie ihre Entscheidungen auf die Kunden auszurichten. Dies entspricht einerseits den in weiten Teilen der Wirtschaft konstatierbaren Interpretationen von Qualitätsmanagement sowie den Inhalten der Qualitätsnormen gemäß DIN EN ISO 9000:2000 ff., wonach die

3.5 Standardisierung

Kundenorientierung und die Kundenzufriedenheit zu den Grundlagen moderner Qualitätsmanagement-Systemen gehören. Andererseits erhält der konsequente Kundenbezug mittels der Aufnahme in die Unternehmens- und Führungsgrundsätze von Hewlett-Packard eine besondere unternehmensspezifische Würdigung und Bedeutung.

- Eine stärkere unternehmensinterne Ausrichtung erfährt der Grundwert *Vertrauen und Respekt*. Hier wird das Vertrauen des Unternehmens in die Motivation der eigenen Mitarbeiter betont und (implizit) von den Führungskräften eingefordert. Gleichzeitig ergeht die Verhaltensaufforderung an das Management, das zur Entfaltung der individuellen Motivation und Leistungsfähigkeit erforderliche *richtige Arbeitsumfeld* bereitzustellen. Darüber hinaus bekennt sich HP zu Individualität, Vielfältigkeit und folglich Pluralismus im Bereich der Personalstruktur. Dies kann in der Praxis beispielsweise in der Weise Umsetzung finden, dass ganz gezielt Menschen aus unterschiedlichen Herkunftsländern sowie mit sehr differenten Sozialisationsverläufen rekrutiert werden, um im Unternehmen zusammenzuarbeiten. Dem liegt die Annahme zugrunde, dass verschiedenartige individuelle Kontexte der Mitarbeiter das Leitungsklima im Unternehmen bereichern und auf diese Weise die Effektivität sowie die Effizienz des Gesamtsystems steigern.

- Im Zusammenhang mit dem Grundwert *Geschwindigkeit und Flexibilität* findet sich unter anderem die eindeutige Verhaltensaufforderung zur Realisierung von *Open door policy* in den betrachteten UFG. Dem Großraumbüro und der Offenheit (leichter Zugang) der Subsysteme im Unternehmen (Abteilungen, Management) werden Prioritäten zugewiesen. Damit profiliert sich Hewlett-Packard von anderen Unternehmen, welche die hier zur Debatte stehenden Gestaltungsentscheidungen different treffen (etwa konsequent auf Großraumbüros verzichten). In der betrieblichen Praxis prinzipiell ebenfalls umstritten sind Fragen der Sinnhaftigkeit von Teamarbeit. Dazu trifft HP eine eindeutige Grundsatzentscheidung, indem das Unternehmen das **Teamwork** nicht zur Diskussion stellt, sondern unmissverständlich den handlungsleitenden Werten im sozio-technischen System subsumiert. Das basiert auf der Prämisse der Erfolgsüberlegenheit von Teamarbeit gegenüber stark individual geprägter Zuweisung von Aufgabenkomplexen. Aufschlussreich erscheint darüber hinaus das in den UFG entwickelte Verständnis der organisatorischen Institution des Teams. Im Hause Hewlett-Packard wird das Team nicht nur als eine unternehmensinterne Einheit begriffen. Vielmehr umfasst die Erwartung von Kooperation auch die Einbindung von Lieferanten und Vertriebspartnern in die Teamarbeit. Solche Überlegungen gehen in theoretischer Hinsicht in die Richtung des Etablierens virtueller Teams sowie netzwerkorganisatorischer Elemente (vgl. Kap. 6).

- Die Verhaltenserwartung der *Kompromisslosen Integrität* verpflichtet alle Organisationsmitglieder zu ethisch einwandfreiem Handeln. Das ist ein äußerst komplexes und diffiziles Konstrukt. In den Kalkül betrieblichen Verhaltens wird mit der Kategorie *Ethik* auch ganz explizit das Werte- und Normengefüge in den relevanten betrieblichen Umfeldern einbezogen. Dies geht insbesondere bei großen internationalen Unternehmen regelmäßig mit Wertedifferenzen in den verschiedenen maßgeblichen kulturellen

Kontexten einher. Das bedarf der sorgfältigen unternehmenskulturellen Positionierung des sozio-technischen Systems im grenzüberschreitenden Raum. Daher enthalten die UFG im Punkte des ethisch einwandfreien Verhaltens einen Hinweis auf die *Standards of Business Conduct*. Diese Geschäftsgrundsätze konkretisieren und operationalisieren die Aufforderung an die Mitarbeiter zu ethisch einwandfreiem Handeln. Das schafft die wünschenswerte Präzisierung und die erforderliche Sicherheit für die Umsetzung des Grundsatzes der kompromisslosen Integrität in der alltäglichen betrieblichen Realität. Die *Standards of Business Conduct* leisten die für die friktionsfreie sowie rationale Aufgabenbewältigung notwendige Komplexitätsreduktion sowie Ungewissheitsabsorption in Bezug auf den Grundsatz des ethisch einwandfreien Verhaltens der Mitarbeiter.

(4) **Aspekte der Umsetzung**

Ein **grundsätzliches Problem von UFG** besteht im Transfer der Rollen-Standards von der Verlautbarungsebene formalisierter Erwartungskataloge auf die Ebene des realen Handelns der Organisationsmitglieder. Im Hinblick auf das Gewährleisten dieses Transfers erscheint die Durchführung entsprechender **Trainingsprogramme** im Unternehmen sinnvoll. Einen weiteren Ansatz zur erfolgreichen Implementierung von UFG bietet die partizipative Erarbeitung ihrer Inhalte. In diesem Fall sind UFG das Ergebnis umfassender **Projektarbeit**, in die Organisationsmitglieder aus verschiedenen Unternehmensbereichen und von unterschiedlichen Ebenen einbezogen werden. Ein anderer Problemaspekt betrifft die **Aktualität** von UFG. Die abgebildeten Grundwerte von Unternehmen sind naturgemäß relativ änderungsresistent. So wurden etwa die oben dargestellten HP-Grundwerte von den Firmengründern Bill Hewlett und Dave Packard bereits im Jahre 1957 formuliert, und sie haben seither in ihren Kernaussagen unverändert Bestand behalten (vgl. Hewlett-Packard 2008). Dagegen bedürfen Aussagen über instrumentelle Vorgehensweisen der Überprüfung in kürzeren Zyklen (z. B. jährlich) und eventuell der Anpassung in Abhängigkeit von den maßgeblichen Entwicklungen im Kontext des Unternehmens.

Erhebliches Konfliktpotenzial entsteht, wenn die Inhalte der UFG in signifikanter Weise nicht (mehr) konform mit der **tatsächlichen Rollenwahrnehmung** von Organisationsmitgliedern sind. Als Folge treten Orientierungslosigkeit, Intransparenz und Unsicherheit auf. Dies gilt insbesondere in Bezug auf die Organisationsmitglieder, kann jedoch auch unternehmensexterne Stakeholder, wie Kunden und Lieferanten, erreichen. Daher erscheinen die

- permanente Pflege von UFG,
- ihre Aktualisierung und ihre
- Verankerung im Bewusstsein sowie im tatsächlichen Verhalten der Organisationsmitglieder

von fundamentaler Bedeutung im Hinblick auf die Realisation der angestrebten Erfolgswirkungen.

Prozessorientierte Organisation 4

> **Zusammenfassung**
>
> Der Terminus *Prozessorientierte Organisation* bezeichnet eine stark pragmatisch geprägte Doktrin organisationaler Gestaltung. Charakteristisch ist die dominante Betonung der horizontalen Dimension organisatorischer Zusammenhänge. Es gilt die Prämisse, dass die sinnvolle Verknüpfung struktureller Elemente in horizontaler Hinsicht eine herausragende Determinante des Unternehmenserfolges darstellt.
>
> ▶ **Prämisse** Die sinnvolle Verknüpfung struktureller Elemente in horizontaler Hinsicht ist eine herausragende Determinante des Unternehmenserfolges.
>
> Daher bilden derartige horizontale Verknüpfungen oder Prozesse den Schwerpunkt organisationaler Entscheidungen. Die Maßnahmen struktureller Gestaltung sollen primär auf die Verbesserung der Rationalität von Prozessen abzielen. Relativ dazu treten andere Gestaltungsaspekte in den Hintergrund oder werden vernachlässigt.

4.1 Sicht des Organisationsproblems

4.1.1 Traditionelles Vorgehen

Die oben bereits angedeutete Sicht des Organisationsproblems im Rahmen prozessorientierter Organisation basiert auf der Kritik an *herkömmlichen* Organisationsdoktrinen. Solche traditionellen Vorgehensweisen sind in hohem Maße an Funktionen und an Hierarchien ausgerichtet. Typisch erscheint die **Dominanz der Aufbauorganisation.** Als Produkt traditioneller Anwendung der Instrumente von **Aufgabenanalyse** und **Aufgabensynthese** resultieren die

- Stellenbildung,
- Instanzenbildung und
- Abteilungsbildung.

Bei den Abteilungen erfolgt schließlich eine Differenzierung nach Abteilungen erster Ordnung und Abteilungen höherer Ordnung. Auf diese Weise entsteht organisatorisch im ersten Schritt der Gestaltung das statische Gerüst des Unternehmensgefüges, d. h. die Aufbauorganisation wird etabliert. Erst im Anschluss daran erfolgt im zweiten Schritt das Gestalten der dynamischen Abläufe **im Rahmen der bereits entwickelten und vorgegebenen Aufbauorganisation**. Demnach werden die Abläufe in ein bestehendes Ordnungsgefüge integriert oder *hineinorganisiert*.

Daraus resultieren Probleme und Nachteile hinsichtlich der angemessenen Berücksichtigung von Besonderheiten in den stellen- und abteilungsübergreifenden Abläufen oder Prozessen. Diesbezüglich zu nennen sind etwa

- hoher Koordinationsbedarf,
- viele Schnittstellen,
- Ausführen von Mehrfacharbeiten (sogenannte *Doppelarbeiten*) und
- auftretende Redundanzen.

Die grundlegende Problematik der an durch die Aufbauorganisation vorgegebenen Bedingungen orientierten Gestaltung von Abläufen illustriert Abb. 4.1.

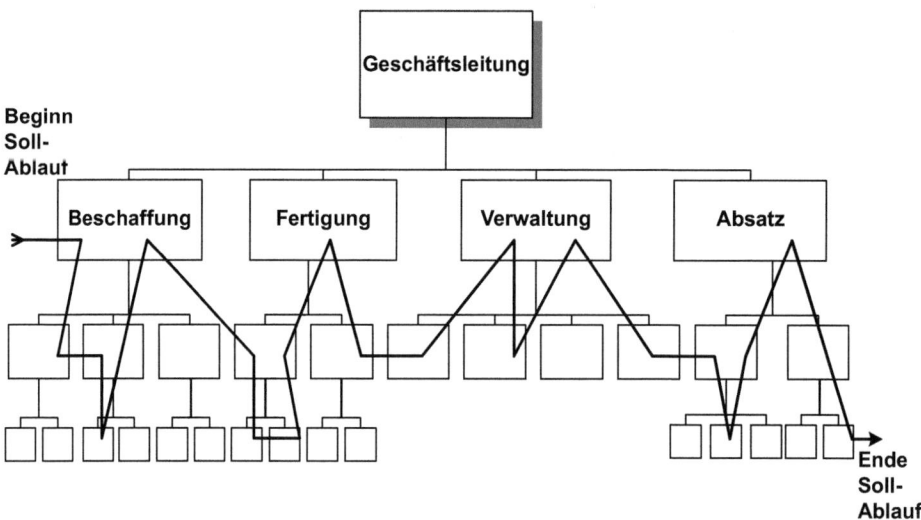

Abb. 4.1 Ablaufgestaltung im Rahmen einer funktionalen Organisationsstruktur. (Quelle: nach Vahs 2015, S. 208)

4.1 Sicht des Organisationsproblems

Im Unternehmensgeschehen laufen permanent Vorgänge unterschiedlicher Art ab, zum Beispiel von der Beschaffung spezifizierter Granulate als Rohstoffe bis hin zur Distribution des fertigen Kunststoffartikels. Solche Vorgänge beginnen mit einem Input in das sozio-technische System Unternehmen und enden mit einem Output, den dieses System für die weitere Verwendung im Umfeld bereitstellt. Sofern die funktionalen Zuständigkeiten innerhalb des Systems bereits vor dem Entwurf von Soll-Abläufen in Form aufbauorganisatorischer Entscheidungen verteilt sind, werden die ablauforganisatorischen Maßnahmen an die vorgegebene Struktur von Stellen, Instanzen und Abteilungen gebunden. Als Folge resultieren Soll-Abläufe, deren Pfade nicht geradlinig, sondern bürokratisch-verwoben sowie zeitaufwendig und störanfällig die Aufbaustruktur passieren. Dies wird anhand des Soll-Ablaufes in Abb. 4.1 klar erkennbar.

▶ Aspekte der Ablaufgestaltung haben im Rahmen herkömmlicher Organisationsgestaltung zweitrangige Bedeutung gegenüber der Festlegung des organisatorischen Unternehmensaufbaus!

Da die Vorgänge oder Abläufe hierarchisch und sachlich ganz verschiedenartige Organisationseinheiten mit abgestuften Zuständigkeiten und Kompetenzen betreffen, können Soll-Abläufe nach den Prämissen traditioneller Organisation per se nicht dem Idealtyp des horizontalen (optimierten) Durchlaufpfades entsprechen. Vielmehr überformen die funktionalen Abgrenzungen sowie die hierarchischen Stufen den Prozessverlauf. Dies wird in Abb. 4.2 herausgearbeitet.

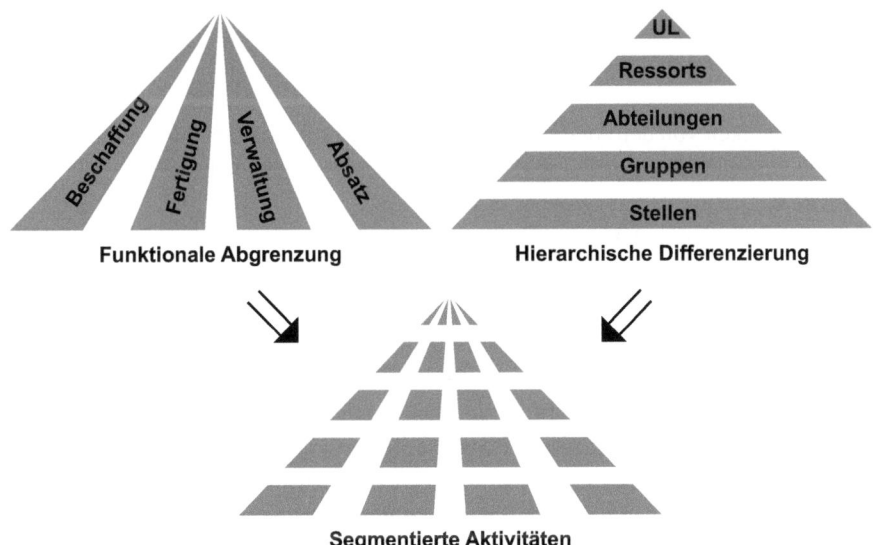

Abb. 4.2 Dysfunktionen herkömmlicher Organisationskonzepte. (Quelle: nach Madauss 2000, S. 102)

Der gegebene Aufbau unterteilt die Unternehmung nach Funktionsbereichen. Außerdem werden im Zuge der Aufbauorganisation die hierarchischen Ebenen des Unternehmens sowie die Weisungsbefugnisse festgelegt. Als Ergebnis setzt die Ablauforganisation auf einem Feld bereits segmentierter Aktivitäten ein. Die ablaufbezogene Verknüpfung der Segmente wird behindert durch

- umfangreichen Koordinationsbedarf,
- die Selektion und die Verzerrung von Informationen sowie
- uneindeutige Verantwortlichkeiten bezüglich der reibungslosen Umsetzung des gesamten Soll-Ablaufs.

4.1.2 Fokussierung auf wertschöpfende Aktivitäten

Dagegen will die prozessorientierte organisationale Gestaltung die beschriebenen Dysfunktionen vermeiden, indem die wertschöpfenden Aktivitäten und ihre logische Anordnung (Prozessbezug) in den Mittelpunkt der analytischen Betrachtung gestellt werden. Als Folge davon ändern sich gegenüber den traditionellen Gestaltungsmustern der Organisation die Schwerpunkte sowie die Reihenfolge organisatorischer Entscheidungen und Maßnahmen. Im Einzelnen gilt für die Anwendung des Konzepts prozessorientierter Organisation die nachstehend skizzierte Schrittfolge:

- **Schritt 1:**
  Identifikation der besonders erfolgsrelevanten Prozesse.
- **Schritt 2:**
  Kritische Analyse der identifizierten Abläufe.
- **Schritt 3:**
  In Abhängigkeit von den Analyseergebnissen im Schritt 2 erfolgt die Optimierung oder die grundlegende Neugestaltung (Reorganisation) der untersuchten Prozesse.
- **Schritt 4:**
  Bilden von Stellen und Abteilungen.

Die in der gezeigten Weise sukzessive vorzunehmende Realisierung organisatorischer Maßnahmen soll konsequent auf die wertschöpfenden Aktivitäten im Unternehmen ausgerichtet sein. Dabei wird die drastische **Reduktion der Anzahl struktureller Schnittstellen** angestrebt. Außerdem geht es um das Begründen **ganzheitlicher Verantwortlichkeiten für die erfolgskritischen Prozesse**. Herausragendes Kriterium bezüglich der Gestaltung von Soll-Prozessen ist die sowohl unternehmensintern als auch unternehmensextern angestrebte nachhaltige **Orientierung an den Belangen der Kunden**. Schließlich impliziert prozessorientierte Organisation die Aufforderung an die Aufgabenträger zur ständigen Optimierung der Abläufe in Form des *kontinuierlichen Verbesserungsprozesses (KVP)* und durch den Einsatz des *Business-Process-Redesign*.

4.1 Sicht des Organisationsproblems

Abb. 4.3 Konzept der Wertkette. (Quelle: Porter 2000, S. 66)

Die Doktrin prozessual angelegter Interpretation von Organisationsproblemen ist wesentlich beeinflusst und geprägt durch das Konzept der Wertkette (Value chain) nach Porter. Das in Abb. 4.3 dargestellte Modell der *Value chain* vermittelt die grundlegenden Bezugspunkte der prozessorientierten Organisation.

Der prinzipielle Verlauf der Wertaktivitäten reicht von der Eingangslogistik über die Operationen, das Marketing und den Vertrieb sowie die Ausgangslogistik bis hin zum Service für die Kunden. Kennzeichnend und handlungsleitend für den gesamten Prozess ist es, dass im Prozessverlauf durch die Kombination produktiver Faktoren ein **Wertzuwachs (Prozessergebnis)** realisiert wird. Dieser Wertzuwachs oder die Wertschöpfung besteht aus der Differenz zwischen dem Wert des Prozessoutputs und dem Wert des Prozessinputs. Folglich wird die betriebliche Gewinnspanne durch die prozessual geschaffene Wertschöpfung determiniert. Mittels rationaler und kreativer Gestaltung des Geschäftsprozesses ist die Wertschöpfung nachhaltig steigerungsfähig. Dies eröffnet dem Unternehmen strategische Chancen zum Erarbeiten von Wettbewerbsvorteilen gegenüber den Konkurrenten mit weniger effizienten Wertketten. Die notwendigen und prozessprägenden Aktivitäten sind auf zwei differenten Ebenen angesiedelt:

Primäre **Wertaktivitäten**
beziehen sich unmittelbar auf die physische Leistungserstellung sowie den Vertrieb der Produkte.
    Dagegen besteht der Zweck
    sekundärer Wertaktivitäten
    im Schaffen geeigneter Rahmenbedingungen in Bezug auf die rationelle, sichere und reibungslose Durchführung der Primäraktivitäten.

Eine wesentliche Anforderung an die betriebliche Organisation besteht im analytischen Herleiten und systematischen Umsetzen wirtschaftlich tragfähiger sowie erfolgsüberlegener Relationen von primären und sekundären Wertaktivitäten.

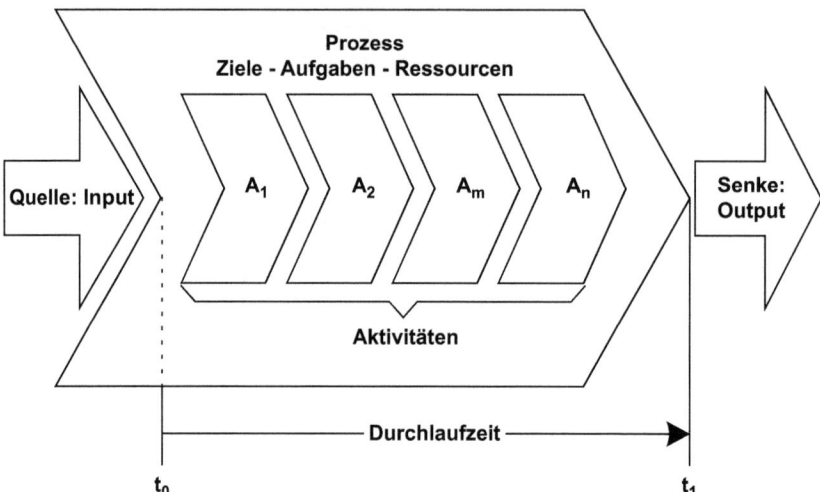

Abb. 4.4 Charakteristische Elemente von Geschäftsprozessen

4.1.3 Kennzeichen von Geschäftsprozessen

In formaler Hinsicht sind Geschäftsprozesse durch eine Reihe prägender Elemente gekennzeichnet. Die daraus hergeleitete Grundform von Geschäftsprozessen zeigt Abb. 4.4.

Aus einer definierten *Quelle* erhält der betrachtete Geschäftsprozess seinen Input. Die Quelle bezeichnet damit den unternehmensinternen oder unternehmensexternen Lieferanten (Zulieferer) für den Geschäftsprozess. Das Formalziel des Prozesses besteht nun darin, einen definierten Output für eine *Senke* bereitzustellen. Diese *Senke* bezeichnet einen internen oder externen Kunden des Prozesses. Sowohl Quelle als auch Senke haben selbst Prozesscharakter. Folglich gilt die Maxime:

▶ Der nächste Prozess ist der Kunde!

Das Prozessdenken soll insoweit horizontal geprägte Kunden-Lieferanten-Beziehungen organisatorisch etablieren. Innerhalb des Prozesses sind horizontal miteinander verknüpfte *Aktivitäten* (A_1 bis A_n) angelegt. Diese Aktivitäten können sequenziell oder parallel ablaufen. Sie haben prinzipiell iterativen Charakter, d. h. der durch die verknüpften Aktivitäten begründete Prozessdurchlauf vollzieht sich in ständiger Wiederholung. Mittels solcher Aktivitätenfolgen geschieht die Transformation der zugelieferten Leistungen in den angestrebten Output. Für den gesamten Prozess sind klare *Ziele* zu definieren, welche die angestrebten Ergebnisgrößen (Output) zum Ausdruck bringen. Weiterhin gilt es, sinnvolle *Prozessaufgaben* im Sinne dauerhaft zu erbringender Leistungen als Mittel oder Wege zur Zielerreichung herzuleiten. Zwecks Durchführung dieser Aufgaben im Zuge der Aktivitätenfolgen werden dem Prozess die benötigten *Ressourcen* zugeordnet. Der Zeitraum vom Beginn des Prozesses mit Auslösen der ersten Aktivität (t_0) bis hin zum Prozessabschluss mit Beendigung der letzten Aktivität (t_l) markiert die *Durchlaufzeit*. Das Verkürzen der Durchlaufzeit bedeutet eine wesentliche Herausforderung an die prozessorientierte organisationale Gestaltung sowie einen Indikator für den Erfolg struktureller Optimierungsmaßnahmen.

Alle umrissenen charakteristischen Elemente von Geschäftsprozessen werden auch im Rahmen herkömmlicher Organisationslehre behandelt, analytisch aufbereitet und in Gestaltungsüberlegungen einbezogen. Das innovative Moment der Organisation auf der Basis von Geschäftsprozessen besteht in der Zuordnung dieser (bekannten) Elemente in einem prozessual ausgelegten Bezugsrahmen. Dies führt gelegentlich zu der Kritik, beim Konzept prozessorientierter Organisation handele es sich um *alten Wein in neuen Schläuchen*. Als Replik auf derartige, prinzipiell begründete kritische Anmerkungen wird dem bedeutenden Management- und Organisationswissenschaftler Werner Kirsch die Aussage zugeschrieben: „Diesmal kommt es auf die Schläuche an!" (Zitiert nach Osterloh und Frost 2000, S. 157). Nach Meinung des Verfassers trifft diese Aussage exakt den besonderen Stellenwert prozessorientierter Organisation. Das geänderte Bezugssystem mit der konsequent horizontal ausgerichteten Perspektive begründet den Erkenntniswert sowie die Gestaltungskraft des Prozessmanagements.

4.2 Relevante Prozessarten

4.2.1 Prozesstypologie

Das Konstrukt *Prozess* oder *Geschäftsprozess* als organisatorische Kategorie betont die dynamische Komponente betrieblicher Aufgabenerfüllung. Im Vordergrund stehen Kriterien der Verzahnung von Aufgaben sowie der sinnvollen und rationellen Abfolge der Tätigkeiten. Dieser typische Gehalt der organisationalen Basiskategorie *Geschäftsprozess* gilt für sehr heterogene Sachverhalte und Phänomene in der betrieblichen Realität. Im Interesse fundierter Analyse sowie der Entwicklung praxisgerechter Gestaltungsvarianten bedarf es daher der differenzierten Betrachtung von Prozessen. Dabei kommt es darauf an, die spezifischen Inhalte und die besonderen Anforderungen unterschiedlicher Prozesse herauszuarbeiten. In dieser Hinsicht vermittelt die Typologisierung von Geschäftsprozessen einen informativen Überblick. Einen solchen Ansatz zur Abgrenzung von Prozesstypen soll Abb. 4.5 veranschaulichen.

Im gezeigten Konzept erfolgt die Differenzierung von Prozessarten nach den Kriterien *Phasenbezug, funktionaler Bezug, Marktbezug und sachlicher Bezug*. Unter dem Aspekt des sachlichen Bezugs von Geschäftsprozessen sind die empirisch sehr bedeutsamen Typen des materiellen Prozesses und des Informationsprozesses voneinander abgrenzbar.

- **Materielle Prozesse** verlaufen auf der Ebene des Materialflusses. Solche Prozesse umfassen die Aktivitäten zur Bearbeitung von Rohstoffen und Teilfabrikaten. Dazu werden Betriebsmittel eingesetzt. Außerdem ist der Transport des materiellen Prozessge-

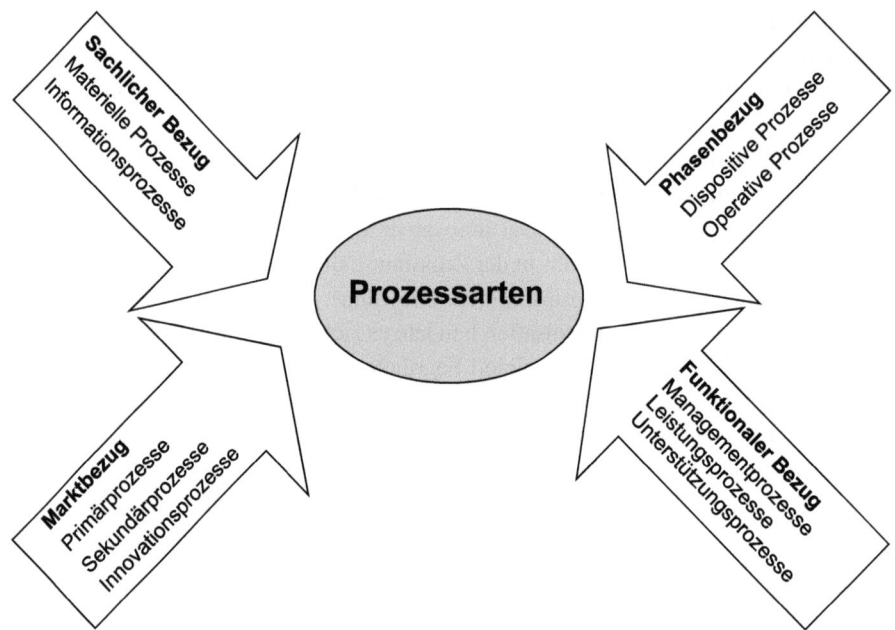

Abb. 4.5 Abgrenzung von Prozesstypen (Prozesstypologie). (Quelle: nach Hohmann 1999, S. 144)

genstandes zu bewerkstelligen. Ziel der Gestaltung solcher materiellen Prozesse ist die Optimierung des Materialflusses in Bezug auf Zeitaufwand (Durchlaufzeit), Qualität und Kosten.

- Dagegen umfassen **informationelle Prozesse** den Austausch und die Verarbeitung von Informationen. Im betrieblichen Kontext wird dafür im Interesse der Absicherung und des Ausbaus der organisationalen Wissensbasis regelmäßig der Einsatz sachlicher Informationsträger, wie Notizen, Akten oder elektronische Speichermedien, erforderlich. Ein betrachteter informationeller Prozess erhält einen Informationsinput aus einem Vorgängerprozess (Quelle). Innerhalb des betrachteten Prozesses geschieht dann die Verknüpfung des informationellen Inputs mit zusätzlichen Speicherinformationen. Auf diese Weise werden neue Informationen generiert. Die Weitergabe der so gewonnenen neuen Informationen als Output an Nachfolger-Prozesse (Kunden, Senken) markiert den Prozessabschluss.

Bei der Differenzierung von Prozessarten nach dem **Phasenbezug** werden dispositive Prozesse und operative Prozesse unterschieden.

- Der Typus **dispositive Prozesse** hat das Schaffen von Rahmenbedingungen zwecks Steuerung der Operationen zum Gegenstand. Damit umfassen dispositive Prozesse insbesondere Elemente von Planung, Organisation und Kontrolle. Typisch ist außerdem der tendenziell antizipative Charakter solcher Prozesse.

4.2 Relevante Prozessarten

- Für **operative Prozesse** ist im Gegensatz dazu die Umsetzung von Plangrößen in Form des unmittelbaren Erstellens materieller oder immaterieller Güter charakteristisch. Bei *direkten* operativen Prozessen sind die Senken unternehmensexterne Kunden, während die *indirekten* operativen Prozesse benötigte Serviceleistungen für interne Abnehmer bereitstellen. Solche Dienstleistungen für interne Prozess-Kunden können beispielsweise personalwirtschaftlicher, controllingbezogener oder informationstechnologischer Art sein.

Nach **Maßgabe des funktionalen Bezugs** werden Managementprozesse, Leistungsprozesse und Unterstützungsprozesse differenziert.

- Im Rahmen von **Managementprozessen** hat die lenkende Funktion zentrale Bedeutung. Dies geschieht durch personelle Führung und strukturelle Führung. Solche Prozesse sollen das Verhalten der Organisationsmitglieder zielorientiert beeinflussen. Dabei geht es zum einen um das Vermitteln lenkender Impulse im Hinblick auf die direkte Leistungserstellung und die Leistungsverwertung. Zum anderen besteht das Ziel von Managementprozessen in der Identifikation strategischer Erfolgspotenziale sowie in der darauf ausgerichteten langfristigen Unternehmensentwicklung. Folglich finden die Merkmale strategischer Unternehmensführung ihren Ausdruck in Managementprozessen.
- Als **Leistungsprozesse** werden hingegen Vorgänge zur Erstellung und Vermarktung betrieblicher Funktionen bezeichnet. Die Leistungsprozesse sind auf der Realisationsebene angesiedelt und haben folglich unmittelbar produktiven Charakter. Das Umfeld für das Erstellen von Leistungen sollen die **Unterstützungsprozesse** generieren. Diese Vorgänge laufen außerhalb des Leistungsprozesses ab und sollen diesen mit ihrem Output fundieren, animieren und verbessern.

Einen anderen sehr aufschlussreichen Zugang hinsichtlich der Bildung von Prozesstypen bildet das **Merkmal des Marktbezugs.** Danach ist zu unterscheiden zwischen Primärprozessen, Sekundärprozessen und Innovationsprozessen.

- Konstitutiv für **Primärprozesse** ist der direkte Bezug solcher Vorgänge zum externen Kunden. Das betrifft im Wesentlichen die Herstellung sowie den Vertrieb von Gütern und Dienstleistungen.
- Hingegen ist bei **Sekundärprozessen** kein direkter Marktbezug gegeben. Sie geben ihren Output weiter zur Verarbeitung in Primärprozessen. Dabei zielen Sekundärprozesse insbesondere auf das Sicherstellen der Betriebsbereitschaft ab.
- Prinzipiell anderen Charakter haben **Innovationsprozesse**. Ihr Ziel besteht im Entwickeln sowie im systematischen Erproben, Evaluieren und Implementieren neuer Problemlösungen. Dabei sind verschiedene Ausprägungen des Marktbezuges von Innovationsprozessen konstatierbar. Prozesse der **Produktinnovation**, also der Veränderung und der Entwicklung der am Markt bereitgestellten Leistungen, beinhalten einen

unmittelbaren und nachhaltigen Marktbezug. Dagegen wirken Vorgänge der **Strukturinnovation** und der **Prozessinnovation** primär unternehmensintern und sind daher lediglich indirekt, nämlich über die den internen Veränderungen folgenden Veränderungen des Marktauftritts der Unternehmung, marktlich ausgerichtet.

4.2.2 Beispiele und Auswirkungen

Zum Zwecke der weiteren Veranschaulichung der Darlegungen über die Prozesstypologie vermittelt Abb. 4.6 exemplarisch charakteristische Inhalte und die Zuordnung wesentlicher Prozessarten.

In prozessorientierter Perspektive wird die traditionelle Differenzierung von

- Top-Management,
- Middle-Management und
- Lower-Management

substituiert durch die **horizontale Betrachtung** von strategisch oder operativ angelegten Führungsprozessen.

Leistungsprozesse beinhalten die unmittelbar produktbezogenen Funktionen. Das reicht von der Forschung über die Produktion bis hin zum Absatz. Entscheidend für den Erfolg ist jeweils die sinnvolle und reibungslose verlaufsbezogene Verknüpfung der relevanten Tätigkeitselemente. Klassische Zentralfunktionen, wie etwa Finanzen oder Instandhaltung und Wartung der Anlagen (Investitionen), werden in den Unterstützungsprozessen angelegt.

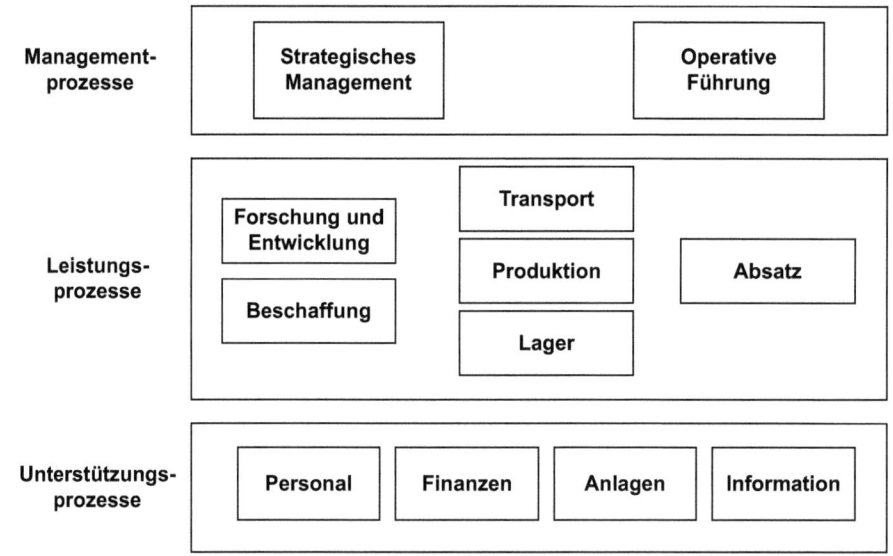

Abb. 4.6 Beispiele wesentlicher Prozessarten. (Quelle: nach Österle 1995, S. 131)

4.2.3 Entwicklung von Prozessketten

Aufgrund der notwendigen Verknüpfung der sachlich korrespondierenden Prozesse entstehen sogenannte *Prozessketten*. Wie bereits dargelegt, ist der vorausgehende Prozess die Quelle oder der Lieferant eines betrachteten Prozesses, während auf der anderen Seite der nachfolgende Prozess als Senke oder Kunde bezeichnet wird. Dies bedeutet, der Folgeprozess ist der Adressat des Outputs eines betrachteten Prozesses. In dieser Perspektive lässt sich die Unternehmung als eine Summe planmäßig angelegter, vernetzter Prozessketten deuten. Eine solche Prozesskette wird Abb. 4.7 beispielhaft dargestellt.

Betrachtet wird das Gebiet der Auftragsabwicklung, in welchem drei Teilprozesse abgegrenzt sind. Der erste **Teilprozess *Auftrag annehmen*** erhält seinen Input durch den externen Kunden. Inhalte sind insbesondere die Vertragsgestaltung und die sachgerechte Auftragsbestätigung. Außerdem ist das weitere interne Prozedere zur Handhabung des Auftrags auszulösen. Das Ergebnis des Teilprozesses *Auftrag annehmen* geht als Input in den **Nachfolgeprozess *Auftrag ausführen*.** Die Qualität dieses Nachfolgeprozesses wird wesentlich geprägt und limitiert durch die Qualität des Vorgängerprozesses. Im funktionalen Zusammenhang der Prozesskette zeigt sich die Begründung für die in der betrieblichen Praxis gebräuchliche Maxime:

▶ Rubbish in → rubbish out!

Im Teilprozess der Auftragsausführung erfolgt die physische Herstellung der vom Kunden georderten Leistung. Das Fertigprodukt geht schließlich als Input in den dritten **Teilprozess *Produkt liefern*** ein, dessen Output wiederum an den Auslöser der Prozesskette, nämlich den externen Kunden als Senke des Prozesses, adressiert ist. Im Rahmen der organisationalen Gestaltung bietet die betrachtete Prozesskette der Auftragsabwicklung im Einzelfall vielfältige Optionen und Alternativen der situativ angepassten Abgrenzung sowie Auslegung der Teilprozesse. Insoweit wird prozessorientierte Organisation den Anforderungen nach Flexibilität und Individualität organisatorischer Lösungen in hohem Maße gerecht.

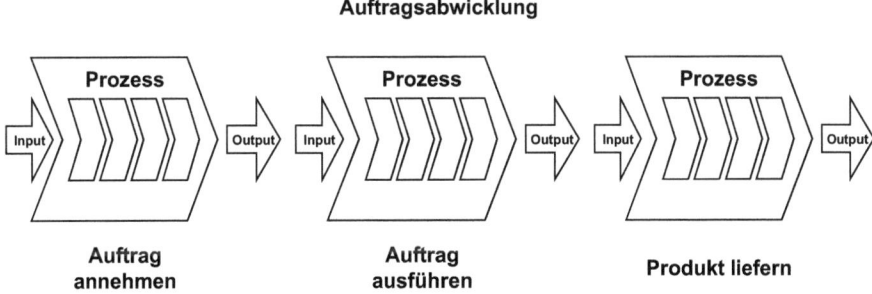

Abb. 4.7 Beispiel einer Prozesskette. (Quelle: nach Vahs 2015, S. 218)

4.3 Ansätze der Prozessgestaltung

4.3.1 Vorgehensmodell

In Bezug auf die Vorgehensweise bei der Anwendung prozessorientierter Organisation sind einige generelle Standards identifizierbar. Derartige Standards können abstrahierend-vereinfachend anhand typischer Prozessphasen verdeutlicht werden. Auf diese Weise entsteht ein **Allgemeines Vorgehensmodell** für die Neugestaltung sowie die Umgestaltung betrieblicher Prozesse. Das Modell stellt den grundsätzlichen Bezugsrahmen hinsichtlich der Ansatzpunkte von Prozessorganisation und hinsichtlich des Zusammenhangs solcher Ansatzpunkte bereit. Im einzelnen Anwendungsfall ist dieses allgemeine Vorgehensmodell problemspezifisch zu konkretisieren und insoweit ein **Spezielles Vorgehensmodell** zur Strukturierung des betrachteten Prozesses zu entwerfen. In Abb. 4.8 wird ein allgemeines Vorgehensmodell der Prozessgestaltung vermittelt.

In der **ersten Phase** prozessorientierter Organisation erfolgt die *Definition des Geschäftsprozesses*. Von entscheidender Bedeutung ist es, die für den Unternehmenserfolg kritischen Tätigkeitsfolgen zu identifizieren. Kriterien bezüglich der Identifikation solcher erfolgskritischen Prozesse sind insbesondere

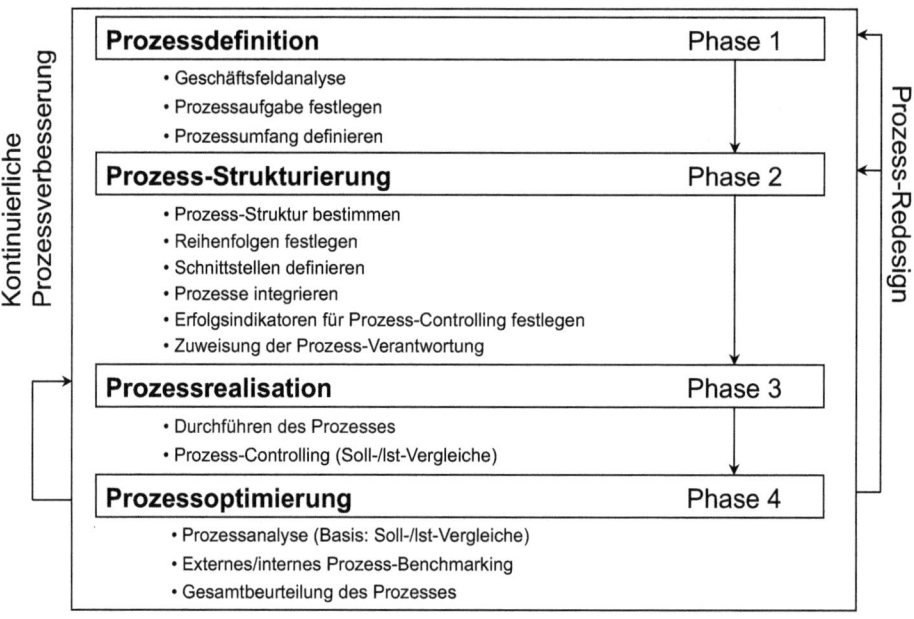

Abb. 4.8 Allgemeines Vorgehensmodell der Prozessgestaltung. (Quelle: nach Scholz und Vrohlings 1994, S. 117)

4.3 Ansätze der Prozessgestaltung

- die Potenziale des Prozesses zur Verbesserung der Kundenzufriedenheit,
- die Option des Schaffens signifikanter Wettbewerbsvorteile durch systematische Prozessgestaltung sowie
- die zur Prozessabwicklung erforderliche Ressourcenintensität.

Basierend auf den Ergebnissen der Geschäftsfeldanalyse, ist die konkrete Aufgabe des Prozesses zu bestimmen. Außerdem bedarf es der Präzisierung des Prozessumfangs.

In **Phase 2,** der *Prozess-Strukturierung*, geht es um das Entwickeln von Soll-Prozessen. Dazu ist das Festlegen der Struktur durchzuführender Aktivitäten sowie der Aktivitätenfolge erforderlich. Außerdem bedarf es der sorgfältigen Klärung und Definition resultierender Schnittstellen. Schließlich sind die verschiedenen relevanten Prozesse zu integrieren und die Indikatoren in Bezug auf den Erfolg der Prozesse als Grundlage für das Prozess-Controlling zu bestimmen. Ganz herausragende Bedeutung für die Funktionsfähigkeit prozessualer Strukturen hat die klare Zuweisung der Verantwortlichkeit für den jeweiligen Prozess.

Gegenstand der **Phase 3** ist die *Prozessrealisation* im Sinne der Durchführung des Prozesses. Außerdem gehört das Controlling in diese Phase. Dies geschieht insbesondere im Wege des Abgleichs der tatsächlich im Prozess erzielten Ergebnisse mit den als Erfolgsindikatoren festgelegten Soll-Größen.

Signifikante Abweichungen zwischen Ist-Resultaten und Zielgrößen sind in der **vierten Phase,** der *Prozessoptimierung*, die Inhalte der Abweichungsanalyse. Außerdem erfolgt in Phase 4 der Vergleich des betrachteten Prozesses mit ähnlichen (vergleichbaren) anderen Vorgängen, und zwar sowohl unternehmensintern als auch – soweit realisierbar – unternehmensextern. Aufgrund der Resultate aus der Prozessanalyse sowie dem Prozess-Benchmarking wird die umfangreiche Evaluation des gesamten Prozesses ermöglicht. Die in der Gesamtbeurteilung enthaltenen Erkenntnisse über die Qualität des Vorgangs werden hochgekoppelt zur Phase 3, der Prozessrealisation, damit dort die Erkenntnisse zur Verbesserung (Optimierung) der Ausführung der Tätigkeitsfolge sinnvoll Berücksichtigung finden.

Durch die Feedback-Schleife zwischen den Phasen Prozessoptimierung und Prozessrealisation wird die **kontinuierliche Prozessverbesserung** institutionalisiert. Damit soll individuelles und kollektives Lernen auf der Grundlage praktizierter Tätigkeitsfolgen, d. h. systematisches Erfahrungslernen animiert werden. Dies entspricht der in japanischen Managementkonzepten verankerten Kaizen-Doktrin (vgl. Imai 1998). Das Kaizen zielt auf die kontinuierliche Verbesserung der Leistungen durch systematisches Lernen am Arbeitsplatz ab. Im europäischen Raum wird nach der Qualitätsnorm DIN EN ISO 9001 der **Kontinuierliche Verbesserungsprozess (KVP)** als herausragendes Merkmal zertifizierungsfähiger und normengerechter Qualitätsmanagement-Systeme ausgewiesen.

Dagegen folgt die Rückkopplung der Resultate aus der Prozessoptimierung an die Phasen der Strukturierung (Phase 2) und der Definition des Prozesses (Phase 1) der Intention des **Prozess-Redesign**. Dabei geht es um die systematische Überprüfung und die fundierte Modifikation aller Prozessphasen nach Maßgabe des Gewinnens neuer Erkenntnisse sowie aufgrund von Veränderungen im Kontext der Geschäftsvorgänge.

4.3.2 Ebenen der Strukturierung

Im Zuge der Strukturierung eines Geschäftsprozesses wird in Abhängigkeit vom Konkretisierungsgrad der Tätigkeitsfolgen eine hierarchische Dekomposition des Prozesses erforderlich. Dabei erfolgt das Ableiten von Teilprozessen verschiedener Ordnung. In Abb. 4.9 wird dieser Aspekt der Strukturierung am Beispiel des Geschäftsprozesses *Auftragsabwicklung* gezeigt.

Der Gesamtprozess der Auftragsabwicklung wird auf der ersten Gliederungsebene in relativ weit gefasste Komponenten analytisch aufgelöst. Die so abgegrenzten **Teilprozesse erster Ordnung** reichen vom Teilprozess der Auftragsdefinition bis hin zum Teilprozess des Auftragsabschlusses. Auf der anschließenden Gliederungsebene erfolgt das Ableiten von **Teilprozessen zweiter Ordnung.** Dabei wird der Teilprozess erster Ordnung *Auftrag definieren* in konkretere Tätigkeitsfolgen zergliedert. Nach Maßgabe der hergeleiteten Gliederung beginnt die Definition des Auftrags auf der Ebene des Teilprozesses zweiter Ordnung mit der sorgfältigen Aufnahme der Kundenanforderungen und endet mit dem schriftlichen Fixieren des erteilten Auftrags.

Der Teilprozess zweiter Ordnung *Kundenanforderungen aufnehmen* wird auf der nachfolgenden Gliederungsebene in Elementarprozesse zerlegt. Auf diese Weise geschieht die prozessuale Operationalisierung des Teilprozesses der Aufnahme von Kundenanforderungen mittels der Bestimmung von Elementarprozessen, beginnend mit dem Herstellen des Kontaktes zum Kunden bis hin zur Anfertigung der kompletten Kundenspezifikation.

▶ Kennzeichnend für Elementarprozesse ist das Merkmal ihrer Durchführbarkeit an einem betrachteten Arbeitsplatz, und zwar ohne das Erfordernis von Unterbrechungen innerhalb der Aktivitätenfolge!

Die Elementarprozesse kennzeichnen die niedrigste Aggregationsebene im Zuge der hierarchischen Dekomposition von Geschäftsprozessen. Eine weitere Untergliederung der prozessualen Komponenten findet nicht statt.

4.4 Implementierung des Prozessmanagements

4.4.1 Erwartungsparameter Kundenzufriedenheit

Im Prozessmanagement soll durch die herausragende Betonung der horizontalen Komponente betrieblicher Aktivitäten und die Fokussierung der sachbezogenen Aktivitätszusammenhänge die Effizienz des Handelns im Unternehmen gesteigert werden.

▶ Es gilt die Prämisse der Erfolgsüberlegenheit prozessbezogen-horizontaler Organisationsgestaltung gegenüber verrichtungsbezogen-hierarchischer Strukturierung.

4.4 Implementierung des Prozessmanagements

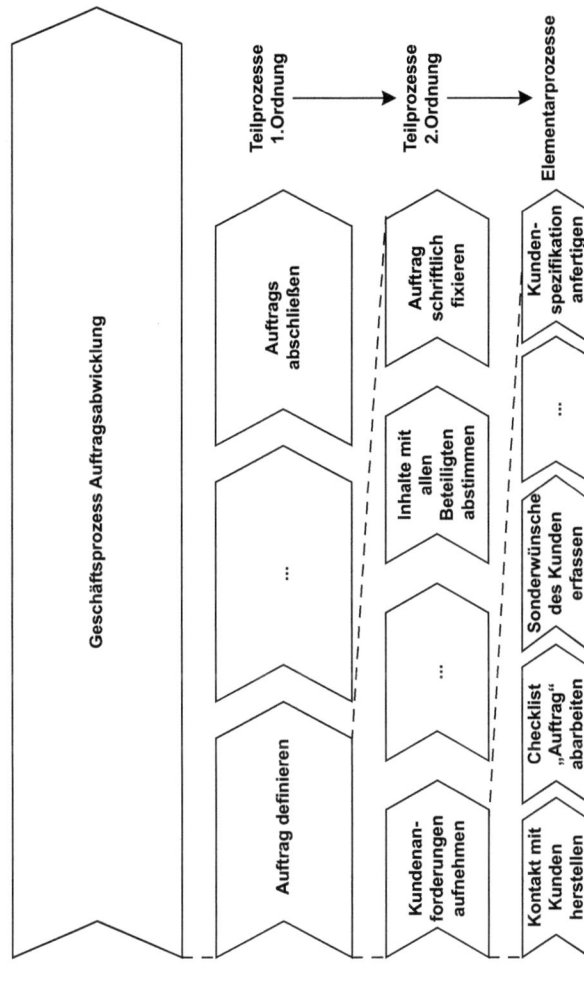

Abb. 4.9 Beispiel der Strukturierung eines Geschäftsprozesses. (Quelle: nach Vahs 2015, S. 238)

Diese Prämisse ist verknüpft mit der konsequenten Kundenorientierung als der dominanten Zielkategorie oder als dem **Paradigma** struktureller Unternehmensführung. Mit der Implementierung des Prozessmanagements werden Kunden-Lieferanten-Beziehungen sowohl unternehmensintern als auch unternehmensextern hervorgehoben. Das Kriterium für die Gestaltung von Geschäftsprozessen wird demzufolge durch die **Bedürfnisse der Prozesskunden** definiert. Danach ist die Struktur des Unternehmens systematisch auf das Erfüllen von Kundenbedürfnissen (neu) auszurichten.

Der Erwartungsparameter hinsichtlich der Gestaltung sowie der Steuerung von Geschäftsprozessen (Prozessmanagement) beinhaltet daher die Größe **Kundenzufriedenheit**. Diese Größe drückt den Grad der Übereinstimmung des Prozessergebnisses mit den Kundenwünschen aus. Durch zweckrationale Ausrichtung der Geschäftsprozesse sollen möglichst alle vom Kunden wahrgenommenen sowie geforderten Leistungsmerkmale des Outputs realisiert und auf diese Weise Wettbewerbsvorteile aufgrund nachhaltiger (auch) strukturell verankerter Kundenorientierung erreicht werden. Die skizzierte Interpretation der Unternehmensführung im Sinne des Prozessmanagements wird in Abb. 4.10 veranschaulicht.

Der Erwartungsparameter Kundenzufriedenheit erfordert vom liefernden Unternehmen die Fähigkeit zur Identifikation der Bedürfnisse oder Wünsche des Kunden. Die ermittelten Kundenwünsche sollen qualitativ einwandfrei, termingerecht und mit geringen Kosten durch zweckadäquat ausgerichtete Geschäftsprozesse erfüllt werden. Somit repräsentieren die Größen *Qualität, Zeit und Kosten* die ausschlaggebenden Unterziele oder die Prozessparameter. Die Aktivitätenfolgen im Betrieb sollen vor allem das Vermeiden von Fehlern, die Reduktion der Durchlaufzeiten sowie die Verringerung der Prozesskosten gewährleisten und fördern. Im Zuge des Prozessmanagements kommt es daher entscheidend darauf an, in Bezug auf die zu gestaltenden und zu steuernden Geschäftsprozesse ein hohes Maß an Strukturtransparenz sowie an Leistungstransparenz zu realisieren. Auf diesem Hintergrund ist das Schaffen Transparenz fördernder organisatorischer Rahmenbedingungen notwendig. Darauf wird in den folgenden Abschnitten konkret eingegangen.

4.4.2 Teamorientiertes Prozessmanagement

Die Anforderungen der Strukturtransparenz und der Leistungstransparenz betreffen insbesondere die zweckrationale Aufgabenverteilung innerhalb des Prozessmanagements. Ein darauf abzielender konzeptioneller Ansatz ist in der Doktrin des teamorientierten Prozessmanagements angelegt. Die Art und den Umfang der darin vorgesehenen Aufgabenverteilung zeigt Abb. 4.11.

Betrachtet wird die Verteilung der Aufgaben und der Zuständigkeiten in Bezug auf den Geschäftsprozess 1 (GP 1). Die herausragende organisatorische Komponente ist das *Prozessteam*. Das ausgewiesene GP 1–Team umfasst alle Personen, die an der Durchführung des abgegrenzten Prozesses mitwirken. Damit kommt zum Ausdruck, dass das personelle Zusammenwirken innerhalb der Prozesse kooperativ angelegt sein soll. Im Sinne der

4.4 Implementierung des Prozessmanagements

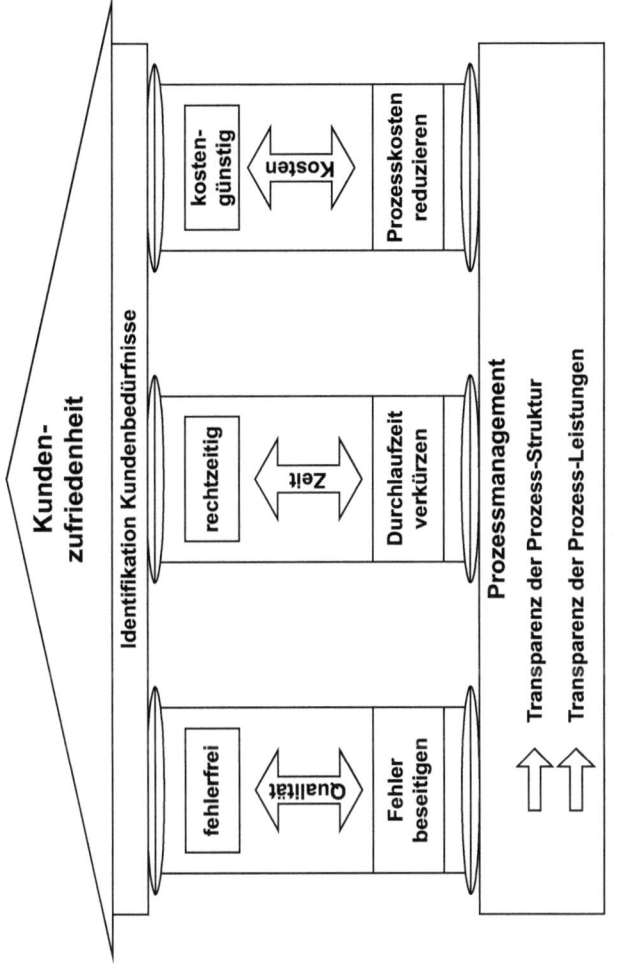

Abb. 4.10 Wesentliche Zielbezüge von Prozessmanagement. (Quelle: nach Gaitanides et al. 1994, S. 16)

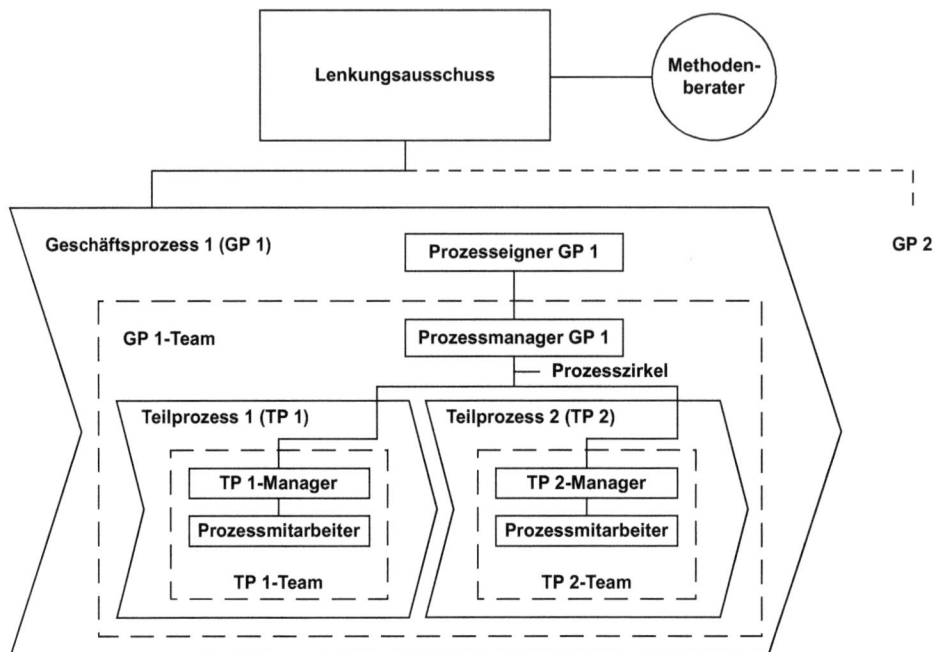

Abb. 4.11 Aufgabenverteilung im teamorientierten Prozessmanagement. (Quelle: nach Vahs 2015, S. 253)

Teamarbeit bestehen zwischen den personellen Aufgabenträgern im Prozess relativ geringe Unterschiede in Bezug auf den organisationalen Status. Allerdings geht die Abb. 4.11 dargestellte teamorientierte Konzeption des Prozessmanagements nicht so weit, das Teamkriterium uneingeschränkt anzuwenden. Im Idealtyp des Teams sind alle Mitglieder gleichgestellt, formale Unterschiede in Status oder Funktionszuweisung bestehen nicht. Das Konzept gemäß Abb. 4.11 enthält dagegen Regeln zur differenzierenden Strukturierung der teambezogenen Zusammenarbeit und der Aufgabenverteilung.

So erfolgt eine Differenzierung zwischen *Prozessmanagern und Prozessmitarbeitern*. Die Funktion des Prozessmanagers wird im Team besonders herausgehoben. Dem Prozessmanager obliegt die Verantwortlichkeit für die operative Umsetzung des Geschäftsprozesses. Auf diesem Hintergrund soll der Prozessmanager die Funktion des **Fachpromotors** für den betrachteten Prozess übernehmen. Dabei ist er insbesondere für die Planung, die Steuerung und die Kontrolle des laufenden Prozesses in Bezug auf das Erreichen der angestrebten Ziele zuständig. Im Unterschied dazu bestehen die Aufgaben der Prozessmitarbeiter in der Durchführung des Geschäftsprozesses im Wege der Umsetzung definierter Standards.

Innerhalb des Geschäftsprozesses erfolgt die Aufgliederung der Aktivitäten in Teilprozesse. Die Aufgaben dieser Teilprozesse werden folgerichtig von dafür zuständigen *Teilprozess-Teams* erledigt. Für jeden Teilprozess wird ein verantwortlicher

Teilprozess-Manager bestimmt. Auf der Ebene des Gesamtprozesses ist der *Prozesszirkel* angesiedelt. Es handelt sich um ein Gremium, dem Vertreter aus den vom GP 1 betroffenen Organisationseinheiten angehören. Der Prozesszirkel soll den prozess- und bereichsübergreifenden Erfahrungsaustausch animieren und dadurch Impulse zur Verbesserung des Prozesses vermitteln.

Außerhalb des Prozessteams, jedoch innerhalb des Geschäftsprozesses, ist die Funktion des *Prozesseigners* angelegt. Dem Prozesseigner wird die Gesamtverantwortung für einen Prozess – im betrachteten Beispiel für den GP 1 – zugeordnet. Im Unterschied zum Prozessmanager, der dem Team angehört und als **Fachpromotor** fungiert, soll der Prozesseigner die Rolle des **Machtpromotors** übernehmen. Damit wird vom Prozesseigner erwartet, dass er durch den entsprechenden Einsatz formaler Befugnisse dem Prozess die für den Erfolg notwendige Durchschlagskraft und Durchsetzungsfähigkeit im Unternehmen vermittelt.

Der *Lenkungsausschuss* repräsentiert schließlich die den einzelnen Geschäftsprozessen übergeordnete organisatorische Einheit. Dieser Ausschuss bildet das **höchste Entscheidungsorgan** im Prozessmanagement. Personell wird der Lenkungsausschuss besetzt mit den Prozesseignern der verschiedenen abgegrenzten Geschäftsprozesse. Unmittelbare Unterstützung erhält der Lenkungsausschuss durch den *Methodenberater*. Als prozessexterner Dienstleister soll der Methodenberater professionelles Know-how in Bezug auf die prozessorientierte Organisation sowie das Prozessmanagement einbringen und damit die Gestaltung, die Durchführung, die Evaluation und die Optimierung der Geschäftsprozesse maßgeblich unterstützen. Dem Methodenberater wird die Funktion **des Prozesspromotors** zugeordnet.

Die Methodenberatung kann von unternehmensexternen Personen, zu nennen sind vor allem entsprechend spezialisierte Unternehmensberater, wahrgenommen werden, aber auch Aufgabe unternehmensinterner Spezialisten sein. Ausschlaggebend für die Entscheidung darüber, ob die Funktion des Prozesspromotors in Form des Einbringens methodenbezogener Beratungsleistungen unternehmensextern oder unternehmensintern ausgefüllt wird, sind insbesondere die Unternehmensgröße und die relative Bedeutung des Prozessmanagements innerhalb der Unternehmung. In kleineren Unternehmen oder bei eher geringer Bedeutung des Prozessmanagements wird die Funktion des Methodenberaters tendenziell eher von außen, also durch Unternehmensberater, ausgefüllt. Mit steigender Unternehmensgröße und höherer Bedeutung des Prozessmanagements innerhalb der Unternehmensführung gelangt der Einsatz eigener Spezialisten für die Prozessmethodenberatung verstärkt in den Entscheidungskalkül.

4.4.3 Strukturelle Integration

Die dargestellte Art der Aufgabenverteilung im teamorientierten Prozessmanagement ist hinsichtlich ihres faktischen Gehalts an horizontaler Ausrichtung kritisch zu hinterfragen. Ganz offensichtlich wird das horizontale Konstrukt *Geschäftsprozess* überlagert von einem **vertikalen System über- und untergeordneter Bedeutungen** sowie artengeteilter (spezialisierter) Aufgaben. Auch im Kontext prozessorientierter Organisation bildet die Integration von Aktivitätenfolgen, Verantwortlichkeiten und Hierarchie eine komplexe, schwer zu bewältigende Anforderung. Im Hinblick auf die rationale Bewältigung dieser Anforderung kommt es darauf an, das Prozessmanagement im Unternehmen in sinnvoller Form strukturell zu verankern. Es geht dabei um die wirkungsvolle Einbindung des Prozessmanagements in das gesamte sozio-technische System *Unternehmen*. Prinzipiell stehen zur strukturellen Integration des Prozessmanagements die idealtypischen Alternativen der Einbindung des Prozessmanagements in Gestalt von Sekundärorganisation oder die Realisierung des Prozessmanagements als Primärorganisation zur Verfügung. Das soll im Folgenden eine konkretere Betrachtung finden.

4.4.3.1 Sekundärorganisation

Bei Anwendung der Alternative *Sekundärorganisation* wird das Prozessmanagement als zusätzliche Gestaltungsdimension, also *sekundär*, in die bereits bestehende Organisationsform oder Primärorganisation integriert. Abb. 4.12 zeigt ein Beispiel für die Implementierung des Prozessmanagements als sekundärorganisatorische Strukturvariante.

Im betrachteten Unternehmen ist die organisatorische Basisstruktur oder Primärorganisation nach dem Verrichtungsprinzip gestaltet. Folglich bestehen unter anderem die Funktionsbereiche *Forschung & Entwicklung, Fertigung, Administration sowie Absatz*. Darüber hinaus wird jedoch einigen zu bewältigenden Teilaufgaben ein besonderer Stellenwert zugeordnet. Das wirkt sich strukturell in der Weise aus, dass für diese Aufgaben zusätzlich zur Basisstruktur eine prozessorientierte Organisationsform zur Anwendung gelangt.

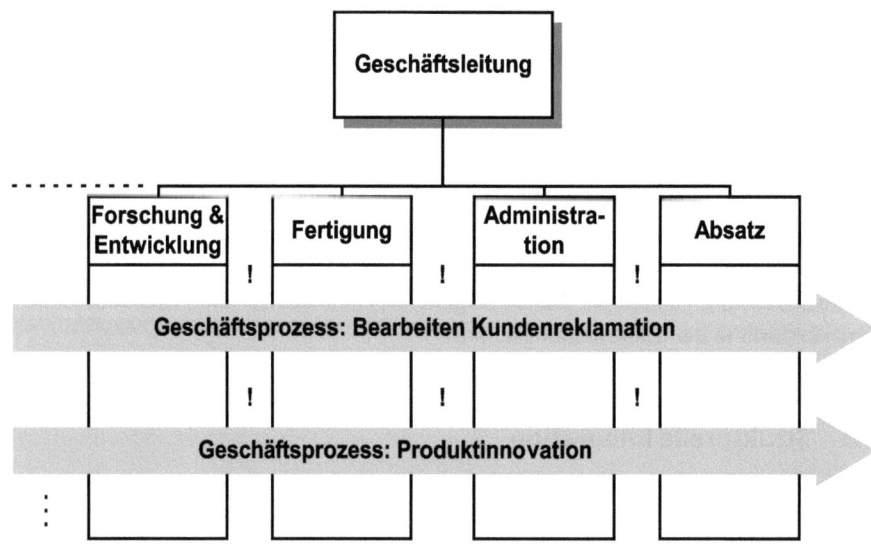

Abb. 4.12 Sekundärorganisatorische Implementierung des Prozessmanagements

4.4 Implementierung des Prozessmanagements

Aus Sicht der Geschäftsleitung soll das Bearbeiten von Kundenreklamationen mit dem Ziel der Verbesserung der Kundenzufriedenheit sowie im Interesse des Initiierens instruktiver organisationaler Lernprozesse herausragende Beachtung und Behandlung erhalten. Als Konsequenz wird der Geschäftsprozess *Bearbeiten von Kundenreklamationen* als Komponente der Sekundärorganisation strukturell verankert. Außerdem erhält die Teilaufgabe *Produktinnovation* als Geschäftsprozess verstärkte Bedeutung und eine entsprechende sekundärorganisatorische Integration. Durch die prozessual strukturierte Aufgabenbewältigung gelingt es, die durch Ausrufezeichen kenntlich gemachten Schnittstellen zwischen den primärorganisatorischen Einheiten zu überbrücken. Allerdings bleiben die funktionsbezogenen Abgrenzungen zwischen den organisatorischen Basiseinheiten bestehen, so dass die Überbrückung dieser Schnittstellen ein prozessual kritisches Element darstellt. Grundsätzlich dürften

- die Prozesssicherheit,
- die Prozessqualität und
- die Prozessgeschwindigkeit

gerade dort besonders schwierig zu realisieren sein, wo der Geschäftsprozess die Basisfunktionen der Primärorganisation im Wege sekundärorganisatorischer Gestaltung integrieren soll. An diesen kritischen Stellen ist der konzertierte Einsatz sowohl des Prozesseigners und Machtpromotors als auch des Prozessmanagers in seiner Fachpromotor-Funktion gefordert. Außerdem sollten beim Festlegen des Soll-Prozesses die sensiblen Prozessabschnitte methodisch sorgfältig ausgearbeitet werden. Dabei spielt der Methodenberater mit der Aufgabe der Prozesspromotion eine wichtige Rolle.

4.4.3.2 Primärorganisation

Die deutlich konsequentere Hinwendung zur prozessorientierten Organisationsgestaltung drückt sich in der Entscheidung für die zweite alternative Variante, nämlich im Implementieren einer prozessual angelegten **Primärorganisation**, aus. In einem solchen Fall erfolgen Entwurf und Umsetzung der organisatorischen Basisstruktur (also der Primärorganisation) in prozessbezogenen Kategorien. Das grundlegende Gefüge des Unternehmens besteht folgerichtig aus einem System miteinander verknüpfter Geschäftsprozesse ganz unterschiedlicher Art.

Auf dem Hintergrund empirisch dominierender traditioneller Organisationsstrukturen ist die organisatorische Verankerung von Prozessmanagement als Primärorganisation nur schwer vorstellbar. Allerdings existiert diese Option prinzipiell sehr wohl, und sie ist für die betriebliche Praxis relevant. Dies zeigt das Beispiel aus der Customer Service Division des Hauses Ford. Dort wurde das Prozessmanagement als Primärorganisation strukturell implementiert. Das prozessual ausgerichtete organisationale Gefüge ist in Abb. 4.13 dargestellt.

Der betrachtete Geschäftsbereich wird durch einen Top-Manager (Vice President/ General Manager) geleitet. Auf der zweiten Managementebene des betrachteten soziotechnischen Systems sind im Range von Direktoren die Prozesseigner-Positionen

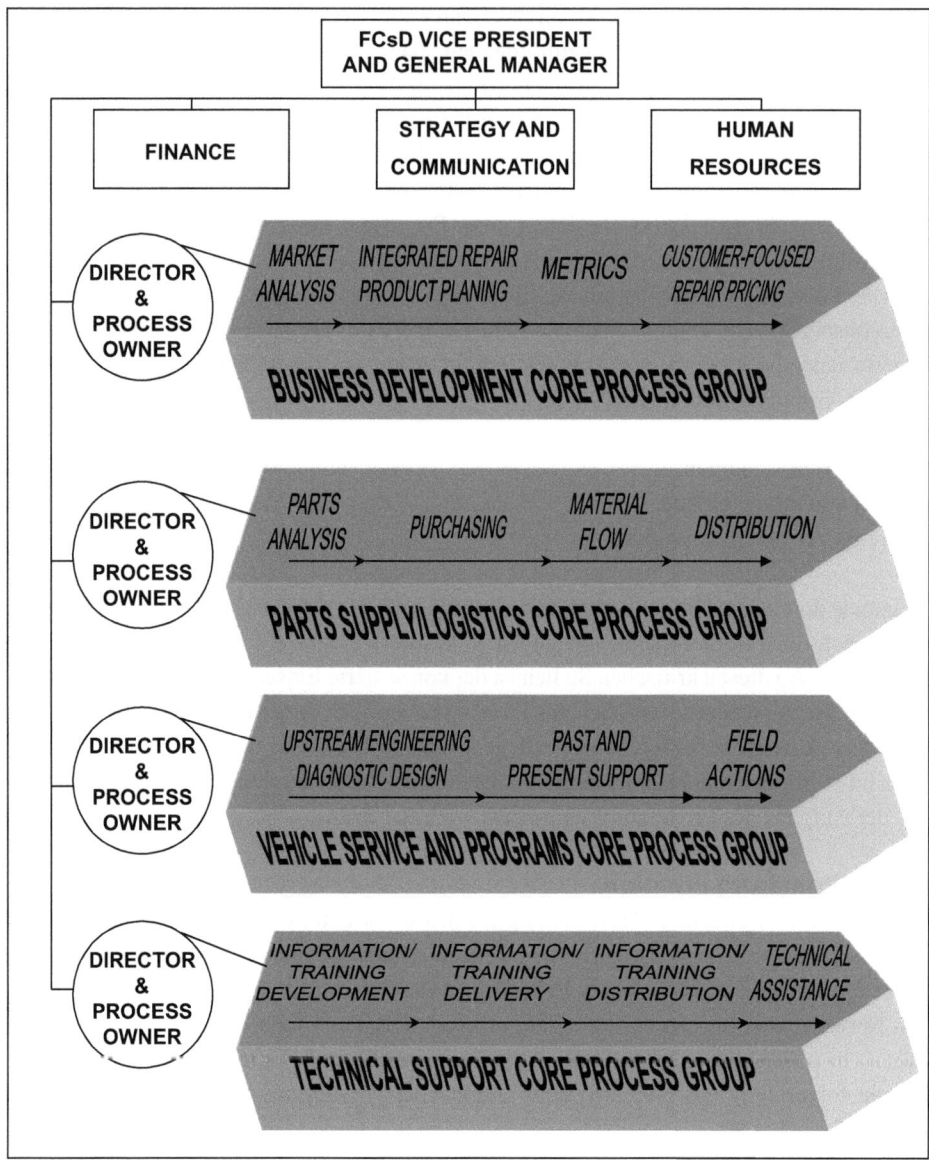

Abb. 4.13 Beispiel – Prozessmanagement in der Ford Customer Service Division. (Quelle: Ostroff 1999, S. 34)

angelegt. Jeder der insgesamt vier Prozesseigner trägt die Gesamtverantwortung für eine Gruppe von Kernprozessen, welche jeweils zu einer Prozesskette miteinander verknüpft sind. In Gestalt der Prozessgruppen werden die wesentlichen und erfolgskritischen wertschöpfenden Aktivitäten im gezeigten System strukturell abgebildet. Sie reichen von der Geschäftsentwicklung über logistische Aktivitätenfolgen und den Fahrzeugservice bis hin zur technischen Unterstützung.

Die so abgegrenzten, herausgehobenen Prozessketten bestimmen das organisationale Gefüge im Bereich Customer Service. Aus den Prozessen ausgegliedert bleiben die Zentralfunktionen *Finanzen, Strategie und Kommunikation sowie Personal*. Die Leitungsstellen dieser zentralen Einheiten sind in Form einer Matrixstruktur auf einer hierarchischen Ebene mit den Organisationseinheiten *Prozesseigner* angelegt. Sowohl die Prozesseigner als auch die Leiter der Zentraleinheiten berichten direkt dem *Vice President*. Das Ziel der Zentralfunktionen besteht im Bereitstellen der Rahmenbedingungen und im Gewähren von Unterstützung sowie im Erbringen professioneller Serviceleistungen für die ausgewiesenen Prozessketten. Auf dem Hintergrund der Wertketten-Doktrin nach Porter bilden die in den Prozessen integrierten Aufgaben die *primären Aktivitäten*, während die Zentralbereiche die *sekundären Aktivitäten* umfassen. Die Größe *Prozess* erhält durch die im gezeigten Beispiel gewählte Art der strukturellen Integration den Charakter des dominanten Organisationsmerkmals.

4.5 Aspekte von Prozess-Controlling

Die Anwendung der Intentionen der betriebswirtschaftlichen Teildisziplin *Controlling* auf die Doktrin vom Prozessmanagement findet vielfältige Bezüge. Im Sinne des grundlegenden Verständnisses der

> **Controlling-Funktion als Steuern, Beherrschen, Koordinieren, Verbessern der betrieblichen Aufgabenerfüllung auf der Grundlage tendenziell quantitativer Analysen und Informationen**

(vgl. Balderjahn und Specht 2007, S. 273 ff.) zielt Prozess-Controlling auf die umfassend interpretierte *Kontrolle* der Geschäftsprozesse ab. Es geht in dieser Perspektive darum, dass die Unternehmung ihre Kernprozesse in jeder Hinsicht *beherrscht* oder *unter Kontrolle* (nach Maßgabe des englischen Verbs *to control*) bekommt. Damit ist eine zentrale Herausforderung an das Prozessmanagement formuliert. Im Folgenden werden einige grundlegende Aspekte des konstruktiven Umgangs mit dieser Herausforderung im Unternehmen behandelt.

4.5.1 Messung des Prozesserfolges

Bereits oben wurde die Notwendigkeit der Durchführung von Soll-Ist-Vergleichen sowie der Erstellung differenzierter Abweichungsanalysen im Zuge des Prozess-Controllings herausgearbeitet (vgl. Abschn. 4.3.1). Voraussetzung für ein solches Vorgehen ist die Operationalisierung des Prozesserfolges. Es geht darum, Größen zu bestimmen, welche die zuverlässige Messung des Erfolges von Geschäftsprozessen operativ ermöglichen (vgl. Schmelzer und Sesselmann 2013, S. 293 ff.). Einen darauf ausgerichteten konzeptionellen Ansatz vermittelt Abb. 4.14.

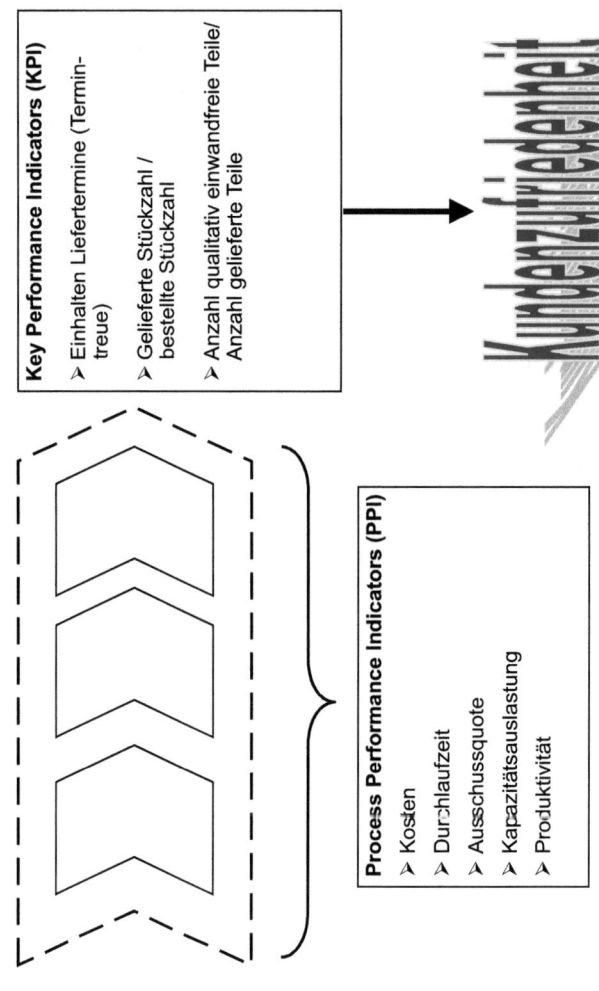

Abb. 4.14 Bildung von Kennzahlen. (Quelle: nach Ahlrichs und Knuppertz 2006, S. 148)

Der Prozesserfolg wird nach dem gezeigten Konzept mittels zweier Gruppen von Indikatoren gemessen. Eine dieser Gruppen besteht aus **Prozessmessgrößen**, den sogenannten *Process Performance Indicators (PPI)*. Diese Kennzahlen sind auf die operationale Erfassung der **Prozesseffizienz** ausgerichtet. Damit erfolgt gleichsam eine prozessinterne Fokussierung. Die zweite Indikatorengruppe umfasst dagegen **Ergebnismessgrößen**, nämlich die so genannten *Key Performance Indicators (KPI)*. Funktion der KPI ist es, operationale Aussagen über die **Effektivität des Prozesses** bereitzustellen. Es geht um die sinnvolle Bewertung des Outputs. Maßgebend dafür ist die Berücksichtigung kundenbezogener Anforderungen, insbesondere betrifft dies quantitative Größen, wie Termine, Liefermengen und Produktqualitäten. Damit besteht ein unmittelbarer Zusammenhang zwischen KPI und Kundenzufriedenheit.

▶ Ein hohes Niveau der Realisierung von Key Performance Indicators signalisiert ausgeprägte Kundenzufriedenheit!

Die Indikatoren können einerseits den Charakter von Planungsgrößen haben. In diesem Fall geht es um die Festlegung von Soll-Werten (Vorgaben) für den Prozess. Andererseits kommt es darauf an, die korrespondierenden Ist-Werte während des Prozesses und nach seinem Abschluss zu erheben. Durch Konfrontation der tatsächlich realisierten Werte mit den Soll-Größen entsteht die Möglichkeit der fundierten Bewertung des Prozesses. Bei signifikanten Soll-Ist-Differenzen bedarf es zum Zwecke der Ursachenklärung sowie der künftigen Verbesserung des Prozesserfolges der sorgfältigen Analyse der konstatierten Abweichungen (vgl. Vahs 2019, S. 243).

Ein Indikator von ganz herausgehobener wirtschaftlicher Bedeutung ist die Prozessdauer oder die Durchlaufzeit. Sie hat vielfältige interne und externe Auswirkungen. Daher steht die Durchlaufzeit in der betrieblichen Praxis regelmäßig zur Debatte, wenn Kriterien der Prozessoptimierung analysiert werden. Wesentliche Effekte der Verkürzung der Prozessdauer zeigt Abb. 4.15.

Die Auswirkungen der Verkürzung der Durchlaufzeit beeinflussen grundlegende ökonomische Kenngrößen in positiver Weise. Letztlich findet dies Niederschlag im wirtschaftlichen Ergebnis des Prozesses, also im erzielten Deckungsbeitrag oder im erzielten Gewinn. In dieser Sicht deutet die Fähigkeit des sozio-technischen Systems *Unternehmung* zur Verkürzung der Prozess-Durchlaufzeiten maßgeblich darauf hin, dass dieses System die Geschäftsprozesse im Sinne der Controlling-Intention *beherrscht*.

4.5.2 Instrumente zur Evaluation von Prozessen

4.5.2.1 Planung und Kontrolle

Ein grundlegender Aspekt des Prozessmanagements bezieht sich auf die fundierte Herleitung der Soll-Größen. Wie oben dargelegt, sind derartige Soll-Werte notwendige Bedin-

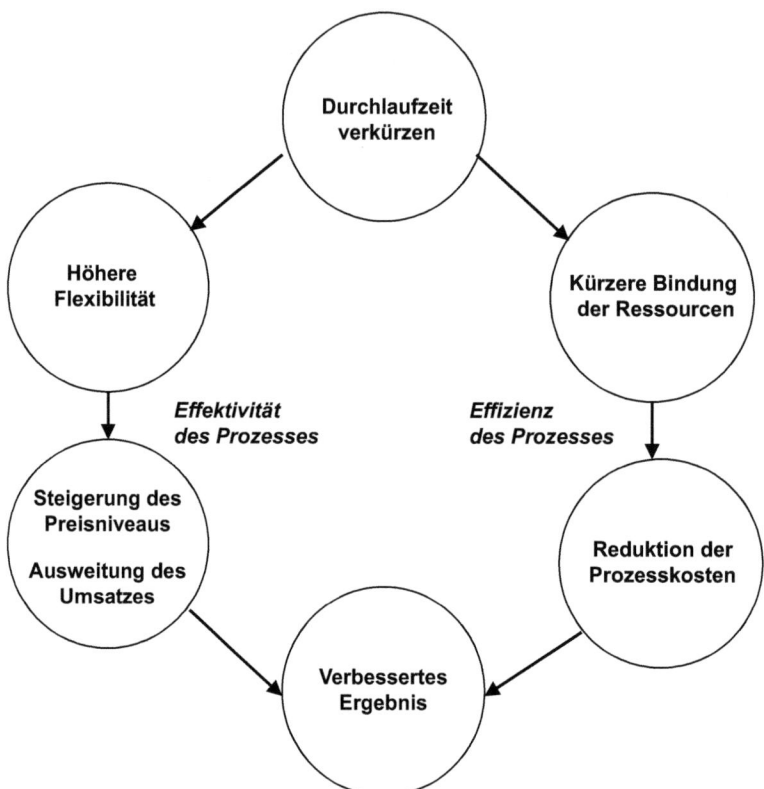

Abb. 4.15 Verkürzung der Durchlaufzeit als ständige Herausforderung. (Quelle: nach Schmelzer und Sesselmann 2013, S. 279)

gung zur Messung des Prozesserfolges. Es gilt der nachstehende Grundtatbestand zum Zusammenhang von Planung und Kontrolle:

▶   Kontrolle ohne Planung ist nicht möglich!
    Planung ohne Kontrolle ist sinnlos!

Der Soll-Wert erfüllt in Bezug auf den betrachteten Prozess eine steuernde Funktion. Ist dieser Wert zu niedrig angesetzt, werden die Leistungspotenziale im Unternehmen nicht hinreichend aktiviert und abgerufen. Außerdem sind Wettbewerbsnachteile aus solchen *konservativen* Planungsansätzen zu befürchten. Andererseits darf die Plangröße nicht unrealistisch hoch definiert sein. Letzteres hat Demotivationseffekte der Prozessmitarbeiter zur Folge, weil die Prozessdurchführung ihnen aufgrund permanenter Ziel-Untererfüllung ineffektiv erscheinen muss. Außerdem bewirkt diese *progressive* Planungsvariante eine Fehlallokation betrieblicher Ressourcen, da immer wieder relativ aufwendige und unvorhergesehene Nachbesserungen im Kontext des Prozesses erforderlich werden. Im Hinblick auf die konstruktive Handhabung der skizzierten Problematik seien im Folgenden

4.5 Aspekte von Prozess-Controlling

das Prozess-Benchmarking sowie das Prozess-Audit als wichtige, empirisch hochrelevante Instrumente zur systematischen Gewinnung tragfähiger Soll-Werte und damit zur Evaluation von Prozessen erläutert.

4.5.2.2 Prozess-Benchmarking

Das Prozess-Benchmarking hat die Durchführung von Vergleichen zum Gegenstand. Es geht darum, den betrachten Prozess mit im weitesten Sinne *vergleichbaren* anderweitigen Verrichtungsabläufen zu konfrontieren (vgl. Stöger 2011, S. 118). Aus der Art und dem Ausmaß konstatierbarer Abweichungen gegenüber den herangezogenen Referenzprozessen lassen sich fundierte Anhaltspunkte zur Evaluation des eigenen Prozesses und seiner prägenden Elemente gewinnen. Dabei steht die Intention des Lernens aus den in besseren Prozessen realisierten Erkenntnissen im Vordergrund. Prinzipiell stehen zwei differente Ebenen von Prozess-Benchmarking zur Verfügung, nämlich das

- **interne Benchmarking**
  und das
- **externe Benchmarking.**

Im Falle des internen Benchmarkings wird der eigene Prozess mit ähnlichen Prozessen in anderen Subsystemen desselben Unternehmens verglichen. Das erfordert eine dafür hinreichende Unternehmensgröße. Typischerweise vergleichen beispielsweise die Tochterunternehmen innerhalb eines Konzerns ihre Kernprozesse miteinander. Ein Vorteil der internen Orientierung des Prozess-Benchmarkings liegt in der relativ leichten und umfassenden Zugänglichkeit der Referenzinformationen.

Dies ist beim externen Benchmarking in der Regel deutlich schwieriger, oft ist es gar nicht möglich, die entsprechenden Daten über Vergleichsprozesse zu gewinnen. Das gilt vor allem für das sogenannte *Competitor-Benchmarking*, in welchem der Prozessvergleich zwischen Unternehmen, die am Absatzmarkt im Wettbewerb miteinander stehen, erfolgen soll. Allerdings sind Vergleiche mit besonders erfolgreichen Prozessen in anderen Unternehmen in hohem Maße informativ, da auf diese Weise völlig neue Impulse und Perspektiven der Prozessgestaltung aufgenommen werden können. Eben dieser Aspekt veranlasst Unternehme immer wieder, die Abschottung der eigenen Informationen partiell aufzugeben und sich am externen Benchmarking zu beteiligen. Die grundsätzlichen Fallgestaltungen des Prozess-Benchmarking zeigt Abb. 4.16.

In Abhängigkeit von der gewählten Ebene des Vergleichs erschließen sich dem Unternehmen verschiedene Lernpotenziale.

- Im **unternehmensinternen Benchmarking** geht es darum, die beste Prozessvariante innerhalb des sozio-technischen Systems zu identifizieren (*Best Practice*) und daraus für den eigenen Prozess wichtige Erkenntnisse in Richtung *Optimierung* zu ziehen. Gegenstand eines solchen unternehmensinternen Prozess-Benchmarking kann beispielsweise der Vergleich des Prozesses *Kreditorenbuchhaltung* zwischen verschiede-

Abb. 4.16 Varianten des Prozess-Benchmarking. (Quelle: Fiedler 2008, S. 7)

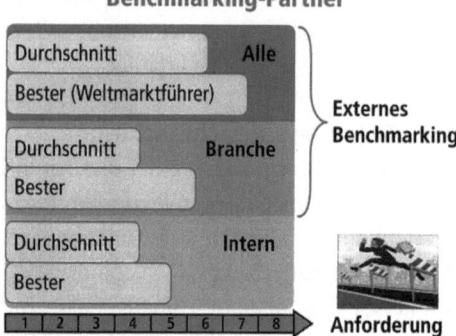

nen Tochterunternehmen eines Konzerns sein (vgl. Reuß 2004). Als Ergebnis eines solchen internen Benchmarking-Projektes resultieren verbesserte Effizienz und erhöhte Effektivität der Prozess-Gestaltung in allen beteiligten Konzernunternehmen.
- Beim **externen Benchmarking** reichen die Lernpotenziale in fremde betriebswirtschaftliche Umfelder, grundsätzlich bis hin zum Benchmarking auf der Ebene des Weltmarktes. Der Vergleich muss nicht immer auf die Branche beschränkt bleiben, sondern kann, vor allem bei mehr administrativen Prozessen, auch branchenübergreifend erfolgen. Entscheidend ist es in allen Fällen, die Qualität des betrachteten Prozesses relativ zum Durchschnitt aller Benchmarks sowie zum Vorgehen beim besten Vergleichspartner zu bestimmen und daran gezielte Maßnahmen der verbesserten Gestaltung und Fundierung des evaluierten Ablaufes anzuschließen.

Internes und externes Benchmarking müssen einander keinesfalls ausschließen. Beide Varianten können parallel durchgeführt werden oder, wie in Abb. 4.17 angelegt, im Rahmen des Metaprozesses *Prozess-Benchmarking* hintereinandergeschaltet sein.

Die **erste Phase** der internen Analyse umfasst zum einen die Deskription und die Aufbereitung des zu untersuchenden Prozesses. Zum anderen können in dieser Phase jedoch bereits unternehmensinterne Vergleichsprozeduren stattfinden. In diesem Fall ist das Ergebnis der Phase 1 ein intern schon optimierter Ablauf, für den in **Phase 2** geeignete externe Benchmarking-Partner gesucht werden. Die **dritte Phase** richtet sich dann auf die umfassende und unternehmensübergreifende Analyse des Prozesses, wodurch weitreichende Lernpotenziale eröffnet werden. In der abschließenden **vierten Phase** des Metaprozesses sollen die gewonnenen Erkenntnisse, idealtypisch bei allen Teilnehmern am Benchmarking, sinnvolle Umsetzung finden. Eine solche *Win-Win-Situation*, in der nicht nur die betrachtete Unternehmung neue Impulse bezieht, sondern alle Partner vom externen Benchmarking profitieren, vermittelt den betrieblichen Entscheidungsträgern die notwendige Motivation zur Öffnung der eigenen Geschäftsprozesse für die Einbeziehung in Projekte des externen Prozess-Benchmarking. Die so verstandenen Effekte des Prozess-Benchmarking zeigt in stark abstrahierter Form die Abb. 4.18.

Der Vergleich mit dem besten Prozess innerhalb der Benchmark-Gruppe macht die Gestaltungslücke aus der Perspektive des betrachteten Unternehmens und seines Geschäftsprozesses

4.5 Aspekte von Prozess-Controlling

Abb. 4.17 Modell des Metaprozesses *Prozess-Benchmarking*. (Quelle: Fiedler 2008, S. 8)

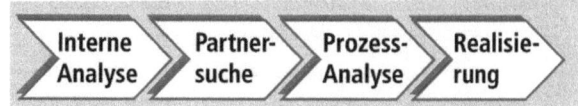

Abb. 4.18 Nutzung von Optimierungspotenzial durch Prozess-Benchmarking. (Quelle: Fiedler 2008, S. 9)

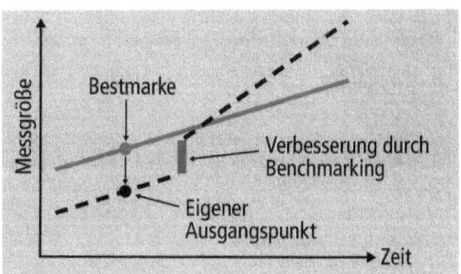

transparent. Es kommt nun darauf an, diese Lücke durch systematische Modifikation des Ablaufes möglichst weitgehend zu schließen. Die sich daraus ergebende Steigerungsrate der Effektivität des Prozesses im Zeitablauf ist aufgrund der erfolgreich absolvierten Lernaktivitäten deutlich höher als vor dem Benchmarking. Diese Option der erhöhten Steigerungsrate der angestrebten Messgröße bietet sich grundsätzlich für alle in den Vergleich einbezogenen Unternehmen bzw. deren eingebrachte Prozesse, da das neu erarbeitete Wissen von allen Partnern am Prozess-Benchmarking geteilt wird.

Ein grundsätzlich herausragendes Zielkriterium im Zuge der Optimierung und der Weiterentwicklung von Prozessen bezieht sich auf die Reduktion der Prozesskosten. Der Vergleich mit dem besten Prozess öffnet den Zugang zum Potenzial der Kostensenkung – ausgehend von der Prämisse, dass prinzipiell die geringeren Kosten des in dieser Hinsicht besten Prozesses für den eigenen Verrichtungsablauf ebenfalls erreichbar sind. In Abb. 4.19 ist exemplarisch ein fiktives, typisches

Stufenmodell zur Verringerung der Prozesskosten im Zuge von Benchmarking dargestellt.

Im ersten Vergleichszeitpunkt liegen die eigenen Prozesskosten erheblich über den Kosten der besten Benchmark. Durch Lernen vom Besten lässt sich der Weg zur Kostensenkung erschließen. Im vorliegenden Fall werden sukzessive zunächst erkannte strukturelle Nachteile beseitigt, dann Zusatzprozesse eliminiert und schließlich wertvernichtende Prozesse identifiziert sowie ausgeräumt. Allerdings stoppt der Lernprozess nicht bereits in dem Zeitpunkt, da der Konkurrenzprozess in das eigene Unternehmen übertragen worden ist. Vielmehr geht es im Sinne permanenten Lernens darum, den Kostenwert weiter zu verbessern (d. h. zu reduzieren). Über die Steigerung der Effizienz und die Senkung der Faktorkosten des Inputs wird schließlich das Prozesskostenniveau des besten Konkurren-

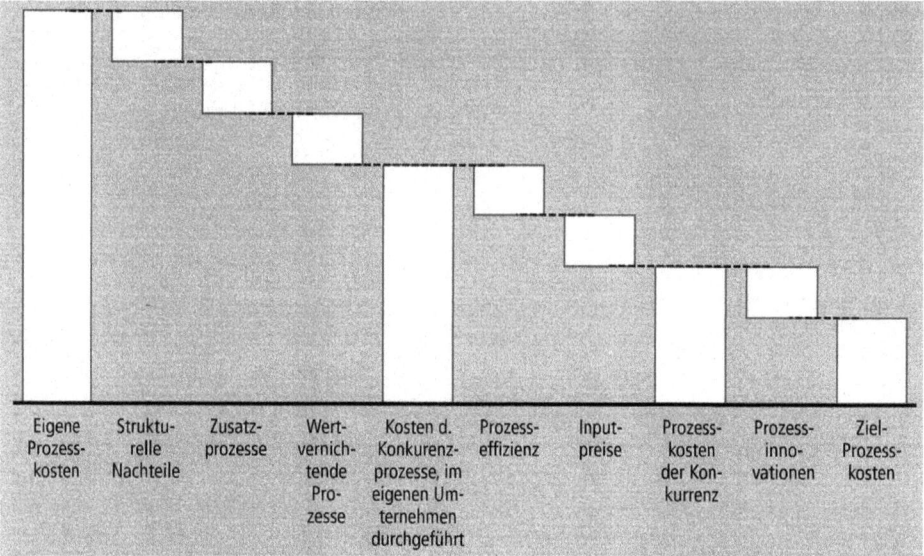

Abb. 4.19 Ansatzpunkte und Verlauf der Reduktion von Prozesskosten im Zuge des Benchmarkings. (Quelle: Brede 1998, S. 123)

ten erreicht. Die Ziel-Prozesskosten (Soll-Wert) sind aber noch ehrgeiziger angesetzt: Durch die umfassende Prozess-Innovation soll im eigenen Unternehmen eine neue absolute Bestmarke geschaffen werden. Diese Bestmarke entspricht gerade den (vorläufigen) Ziel-Prozesskosten.

4.5.2.3 Prozessaudit

Das Prozessaudit ist eng verknüpft mit den einzelwirtschaftlichen Bestrebungen um wirksames Qualitätsmanagement (QM) und wird als integrierter Bestandteil von QM-Systemen angesehen. Entsprechende Grundlagen finden sich in den einschlägigen Normenkatalogen, beispielsweise nach der DIN EN ISO 9000 ff., den Normen der *European Foundation for Quality Management (EFQM)* oder den Standards des Verbandes der deutschen Automobilindustrie (VDA) im Abschnitt VDA 6.3 (vgl. Gietl und Lobinger 2007, S. 7 f.; Ahlrichs und Knuppertz 2006, S. 266). Im Rahmen des Prozessaudits wird die *Qualitätsfähigkeit* eines Verrichtungsablaufes unter besonderer Beachtung der Schnittstellen zu anderen Prozessen und der Verzahnung mit den relevanten Informationsflüssen kritisch untersucht und bewertet. Es geht darum, den Prozess in Bezug auf seine Effektivität, seine Effizienz sowie seine Stabilität abzusichern und zu optimieren.

Ein besonderes Merkmal von Prozessaudits besteht in der Neutralität der durchführenden Personen, der sogenannten **Auditoren**. Diese Auditoren sind gerade nicht identisch mit den Prozessverantwortlichen. Das fördert die wünschenswerte Distanz der Gutachter zum Objektbereich sowie die Unabhängigkeit dieser Personen. Prinzipiell können beim

4.5 Aspekte von Prozess-Controlling

Prozessaudit sowohl interne als auch externe Auditoren eingesetzt werden. Dabei dürften von externen Auditoren grundsätzlich in noch höherem Maße

- Objektivität,
- Neutralität und
- Unabhängigkeit

im Zuge der Bewertung zu erwarten sein. Dagegen besitzen interne Auditoren regelmäßig den Vorzug der umfangreicheren Kenntnis der besonderen betriebsspezifischen Bedingungen. Im Bestreben um eine ausgewogene Synthese der divergierenden Kriterien bietet sich, vor allem in größeren Unternehmen, die gemischte Besetzung des Audit-Gremiums mit extern und intern rekrutierten Auditoren an. Auf jeden Fall müssen alle Auditoren methodisch nach Maßgabe der zugrunde liegenden formalen Normen in hohem Maße qualifiziert sein. In kleinen und mittleren Unternehmen stehen derart qualifizierte Auditoren oft nicht oder nicht in hinreichender Zahl zur Verfügung, so dass dieses einzelwirtschaftliche Segment per se in hohem Maße auf die Kooperation mit externen Prozessgutachtern angewiesen ist.

Im Zuge der Durchführung des Prozessaudits arbeitet das Auditteam (Gruppe der Auditoren) gemeinsam und interaktiv mit dem Prozessteam (Prozessmitarbeiter, Prozessverantwortliche) planmäßig eine Reihe von Checkpunkten in Gestalt eines Fragenkatalogs ab. Eine Übersicht hinsichtlich dieser sachlichen Bezüge des Prozessaudits enthält Abb. 4.20.

Die insgesamt sechs aufgezeigten **Prozessmerkmale**, von der Qualifizierung des anzusteuernden Outputs (Effektivität) über die Erfassung der Input-Anforderungen sowie me-

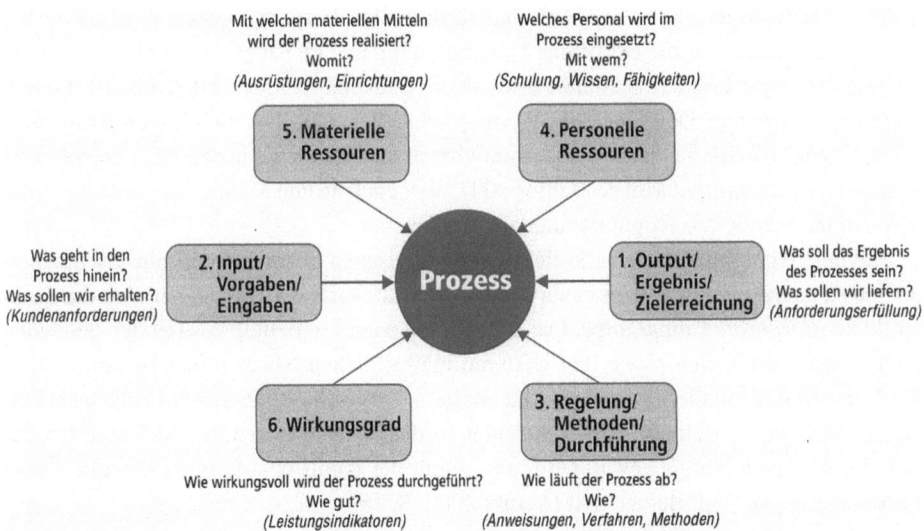

Abb. 4.20 Materielle Grundelemente des Prozessaudits. (Quelle: Ahlrichs/Knupperz 2006, S. 270)

thodische Aspekte und die Anwendung der Ressourcenanalyse bis hin zum Wirkungsgrad, sollen im Audit planmäßig abgearbeitet werden. Das Resultat des Prozessaudits wird in Gestalt eines Prüfberichtes dokumentiert. Im Abschlussgespräch geht es um die Vorstellung und die Diskussion des Prüfberichtes. Der Bericht definiert außerdem eine wichtige Grundlage für die Durchführung von Folgeaudits. Im Fokus stehen immer

- die Prozess-Sicherheit,
- die Stabilität des Prozesses,
- seine Reproduzierbarkeit sowie
- die Optimierung und die Weiterentwicklung dieses Verrichtungsablaufes (vgl. Lieber 2006).

4.5.3 Sonderfall: Prozessorientiertes Compliance-Management

4.5.3.1 Problemstellung

In den 1990er-Jahren sowie seit Beginn des 21. Jahrhunderts sind im nationalen und im internationalen Raum in beträchtlichem Umfange Fälle gravierender einzelwirtschaftlicher Skandale und Affären publik geworden, deren Ursachen sich auf nicht regelkonformes Verhalten von Organisationsmitgliedern zurückführen lassen. Die teilweise massiven Regelverletzungen reichen von Unterschlagung, Korruption und Produktpiraterie über massive Bilanzfälschungen sowie Kartellabsprachen bis hin zur nicht hinreichenden Sicherung des Trennens von persönlich-privaten und unternehmensbezogenen Interessen im Zuge der betrieblichen Entscheidungsfindung (vgl. Siedenbiedel 2014, S. 1 ff.; Schewe 2008, S. 133; PricewaterhouseCoopers/Martin-Luther-Universität, Halle-Wittenberg 2007). Solche regelwidrigen, teilweise wirtschaftskriminellen Vorgänge haben regelmäßig beträchtliche Schäden für die betroffene Unternehmung und meistens darüber hinaus für die Allgemeinheit zur Folge (man denke etwa an die Bankenkrisen, zuweilen ausgelöst durch Aktivitäten einzelner Devisen- oder Wertpapierhändler, und ihre vielfältigen finanzwirtschaftlichen Auswirkungen auf die Gesamtwirtschaft, oder an die in den USA entstandene so genannte *Immobilienblase* des Jahres 2007, aber auch an den Mannesmann-Prozess, die VW-Affäre oder den Korruptionsskandal bei Siemens).

Auf dem Hintergrund solcher kollektiv-pathologischen Phänomene in Einzelwirtschaften hat sich eine moderne betriebswirtschaftliche Kategorie entwickelt, nämlich das Konstrukt der **Corporate Compliance**. Diese ist gerade darauf gerichtet, das mit den geltenden rechtlichen Vorschriften sowie den weiteren maßgeblichen Normen und Bestimmungen konforme Verhalten aller relevanten Akteure im sozio-technischen System zu gewährleisten. *Compliance* im Unternehmen bedeutet in dieser Perspektive das Sicherstellen der ordnungsmäßigen Aufgabenwahrnehmung durch die damit beauftragten Personen bzw. Personengruppen (vgl. Baetge und Brembt 2008, S. 153):

▶ **Corporate Compliance** Gesamtheit aller Maßnahmen, welche die unternehmensweite Einhaltung sowohl rechtlicher als auch unternehmensinterner Regelungen, insbesondere durch die Aufsichtsorgane, die Leitungsorgane und alle Organisationsmitglieder, gewährleisten sollen

Die vorgenannte Definition umreißt den betriebswirtschaftlichen Gegenstandbereich des empirisch außerordentlich belangvollen Compliance-Managements.

4.5.3.2 Komponente moderner Unternehmensführung

Im aufgezeigten Sinne betreffen Maßnahmen der Corporate Compliance das gesamte Spektrum der Management-Instrumente. Auf der personellen Dimension von Unternehmensführung sind beispielsweise die Personalselektion, die Mitarbeiterbeurteilung, die Personalentwicklung sowie die konsequente Durchführung etwa angezeigter disziplinarischer Aktivitäten im Kontext von Corporate Compliance besonders zu betonen. Einen weiteren wesentlichen Ansatzpunkt bietet die gezielte Gestaltung der Unternehmenskultur. Durch ein bewusst herbeigeführtes regelkonformes und regelunterstützendes gemeinsames **Wertesystem** im kollektiven Gebilde *Unternehmen* verliert die individuelle Option abweichenden Verhaltens entscheidend an subjektivem Anreiz.

Darüber hinaus findet die Gestaltung der wirkungsvollen Corporate Compliance auf dem Gebiet der Organisation nachhaltigen Ausdruck. Im Rahmen der strukturellen Dimension von Unternehmensführung kommt es darauf an, Governance-Strukturen und Compliance-Prozesse zu etablieren, die zuverlässig verhindern, dass Organisationsmitglieder sich **non-compliant** verhalten (vgl. Schewe 2008, S. 133). Solche Compliance-Prozesse sind als *Metaprozesse* insbesondere auf die besonders erfolgsrelevanten Geschäftsprozesse des Unternehmens gerichtet. Die Wertschöpfung der Compliance-Prozesse besteht gerade in der Absicherung ordnungsmäßiger Durchführung der originären Kernprozesse im sozio-technischen System. Im Einzelnen verfolgt das prozessual ausgerichtete Compliance-Management dabei folgende **Ziele** (Outputs):

- Vermeiden unmittelbarer monetärer Schäden (z. B. Finanzmanipulationen, Strafzahlungen).
- Verhindern indirekter monetärer Schäden, welche etwa aus Imageverlusten infolge der öffentlichen Debatte gravierender Regelverstöße im Unternehmen resultieren.
- Begrenzen des Schadens im Falle eingetretener Regelverstöße. Die schädigende Wirkung des (ex post nicht mehr vermeidbaren) normabweichenden Verhaltens soll durch zügige, korrekte und angemessene Reaktion von Unternehmensseite so weit wie möglich begrenzt werden (vgl. Baetge und Brembt 2008, S. 153).

4.5.3.3 Konzeptionelle Gestaltung

In Anbetracht dieser ambitionierten Ziele und der daraus resultierenden erheblichen Anforderungen an das Compliance-Management erhält die sachrationale Einbindung der entsprechenden Metaprozesse herausragende Bedeutung. Die Wirksamkeit der Corporate

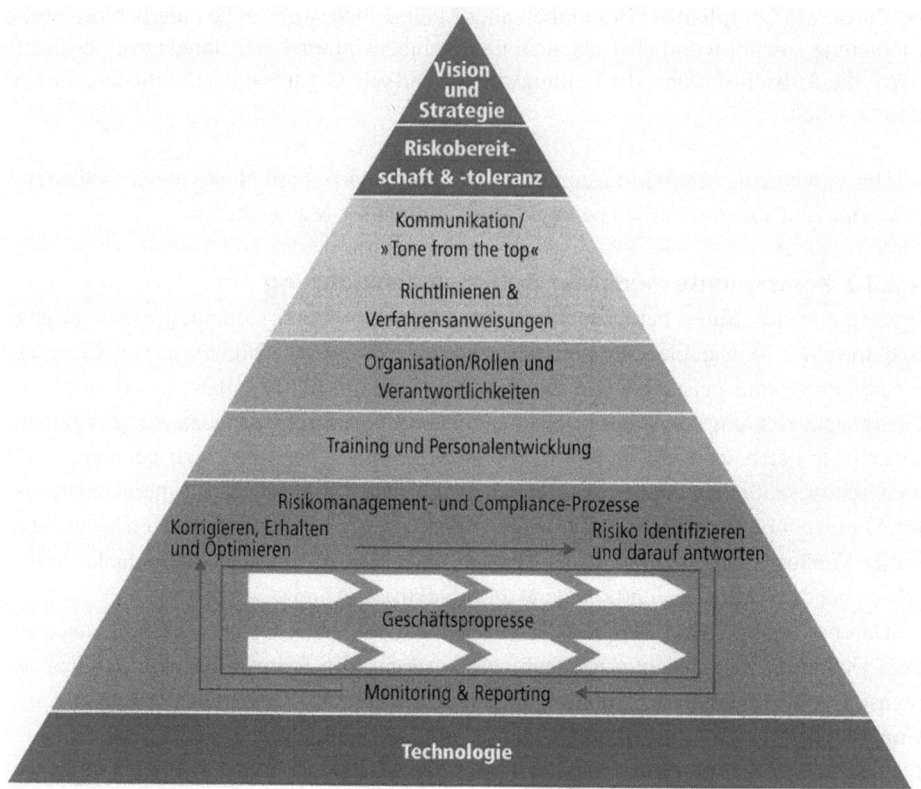

Abb. 4.21 Ganzheitliche Gestaltung des Compliance-Managements. (Quelle: Menzies et al. 2008, S. 138)

Compliance erfordert zwingend die effektive Integration der damit zusammenhängenden Prozesse in das organisationale Gesamtsystem. Auf diesem Hintergrund soll Abb. 4.21 ein Konzept zur ganzheitlichen Interpretation und Gestaltung des prozessorientierten Compliance-Managements vermitteln.

Im dargestellten Konzept werden die Risikomanagement- und Compliance-Prozesse mehrfach flankiert und umfassend konzeptionell integriert. Zunächst sei die unterste Stufe der Pyramide betrachtet. Wie dort angezeigt, bilden ausgefeilte technologische Lösungen die Basis der wirkungsvollen Realisierung der Metaprozesse. Das betrifft den planmäßigen Einsatz moderner Informations- und Kommunikationstechnologie (IuK). Dazu gehört auch die IuK-gestützte Einbettung von Prüfprozeduren und Kontrollfunktionen in die originären Geschäftsprozesse.

An dieser Stelle können sich Konflikte mit den Doktrinen der ebenfalls sehr populären sogenannten **Vertrauensorganisation** ergeben, die gerade auf

Selbstverantwortung und Selbstkontrolle

der Organisationsmitglieder fokussiert. Eine weitere Problemimplikation IuK-gestützter Kontrollvorgänge besteht im Erzeugen von **Big-Brother-Effekten**. Gemeint ist damit das Ausspionieren der Organisationsmitglieder im Wege des verdeckten Einsatzes subtiler, hochmoderner Technologien im Unternehmen. Eine derart fehlgeleitete *Misstrauensorganisation* kann ihrerseits selbst gravierende Compliance-Schäden hervorrufen. Dazu sei etwa auf die Berichterstattung der Medien über die verdeckte Überwachung von Mitarbeitern beim Lebensmittel-Discounter Lidl im Jahre 2008 hingewiesen (vgl. O. V. 2008). Im Sinne konstruktiven, zweckgerechten Compliance-Managements sollte der IuK-Einsatz daher auf das Schaffen von **Transparenz** sowie von **Feedback** für alle prozessbeteiligten oder prozessbetroffenen Individuen und Gruppen gerichtet sein, d. h. gerade nicht zur respektlosen, entmündigenden und demotivierenden Überwachungstechnologie degenerieren.

Dies kann im einzelnen Anwendungsfall durchaus eine organisationale Gratwanderung zwischen dem wünschenswerten Vertrauensvorschuss gegenüber den Organisationsmitgliedern einerseits und dem Bestreben um Abbau des Risikos regelwidrigen Verhaltens einzelner Aufgabenträger (enttäuschtes Vertrauen, Verlustgefahr) auf der anderen Seite bedeuten (vgl. Luhmann 1989, S. 23). In der erfolgreichen Bewältigung eben dieser *Gratwanderung* liegt jedoch zumindest ein Teil der Kunst situativ angepasster, unternehmensspezifischer Compliance-Organisation begründet.

Zu dieser Kunst sollen strukturell die den Compliance-Prozess auf der oberen Seite (siehe Abb. 4.21) flankierenden Maßnahmen beitragen. Gemeint sind die in der Pyramide auf den Stufen über dem Risikomanagement- und Compliance-Prozess erfassten Instrumentarien. Ganz grundsätzliche Bedeutung hat die strategische und die visionäre Verankerung der Compliance-Doktrin. Weiterhin stellen die uneingeschränkte Identifikation des Top Managements mit dem betrieblichen Compliance-Konzept sowie die daraus herzuleitende schlüssige, widerspruchsfreie und überzeugende Kommunikationspolitik (*Tone from the top*) unverzichtbare Komponenten erfolgreichen Compliance-Managements dar. Die Regelkonformität der hierarchisch nachgeordneten Organisationsmitglieder in den Geschäftsprozessen lässt sich kaum erzeugen, wenn die Vorstandmitglieder ihrerseits in der öffentlichen Integritätskritik stehen und sich dort nicht überzeugend positionieren können.

Die Corporate Compliance erfordert darüber hinaus ein gewisses Maß an **Formalisierung** in Gestalt bürokratischer Regelungsmechanismen. Das findet beispielsweise Ausdruck in präzise, verständlich und plausibel ausformulierten Arbeitsanweisungen und Richtlinien. Außerdem bedarf es der (auch im Schadensfall) klar nachvollziehbaren Zuweisung der organisatorischen Rollen. Dies ist notwendige Bedingung zur Klärung der Verantwortlichkeiten. Durch Trainingsprogramme sowie systematische Personalentwicklung sollen die Organisationsmitglieder schließlich zu vorausschauendem, werteorientiertem und regelkonformem Verhalten, insbesondere in kritischen Situationen, qualifiziert und emanzipiert werden. Das kann unter anderem im Wege der Aufarbeitung fiktiver Zusammenhänge im Rollenspiel methodisch inspiriert sein.

Beispiele für regelkritische Situationen

Warum soll ich in einer geschlossenen Ortschaft nicht schneller als 50 km/h fahren? Die meisten anderen Verkehrsteilnehmer fahren schneller!

In Land X zahlen die Lieferanten grundsätzlich Schmiergelder. Wenn unser Unternehmen da nicht mitzieht, fliegen wir aus dem Markt!

Bei der Steuererklärung schummeln doch alle. Das wird vom Finanzamt förmlich erwartet und in einem gewissen Rahmen toleriert!

Wenn ein Außendienstmitarbeiter sich wiederholt zu seinen Gunsten bei der Ausfertigung der Reisekostenabrechnung ‚verrechnet', zeigt das vor allem einen für seinen Job funktionalen Egoismus und Durchsetzungswillen! ◄

Die vorgenannten fiktiven Beispiele als Ansatzpunkte für Trainingsmaßnahmen sollen andeuten, wie vielschichtig die Anforderungen an die Corporate Compliance in den dynamischen und ihrerseits von teilweise konfliktären Wertvorstellungen beeinflussten Umwelten des sozio-technischen Systems ausgeprägt sein können.

4.5.3.4 Prozessuale Umsetzung

Die konkrete Realisierung von Corporate Compliance im Unternehmen erfordert das Herleiten und das Implementieren von Metaprozessen zur Unterstützung und zur risikobezogenen Steuerung der originären Geschäftsprozesse. Diese Compliance-Vorgänge haben grundsätzlich den Charakter von Informationsprozessen. Es geht darum, erfolgskritische Informationen zur Regelkonformität der Organisation und ihrer Mitglieder frühzeitig zu gewinnen, differenziert auszuwerten und darauf abgestimmte Entscheidungen so zu treffen, dass Wettbewerbsnachteile und Schäden für das Unternehmen verhindert werden können. Gleichzeitig ist es möglich, durch die aus Compliance-Prozessen generierte Sicherheit und Stabilität der originären Geschäftsprozesse sowie die angemessene Risikoeinschätzung für die Unternehmung markante Wettbewerbsvorteile aufzubauen. Exemplarisch seien nachstehend wesentliche Teilprozesse des Compliance-Managements aufgeführt (vgl. Menzies et al. 2008, S. 140 f.):

- **Prozesse der Risikoanalyse**
  Diese Teilprozesse sind auf die Identifikation von Risiken im Rahmen der wertschöpfenden Unternehmensaktivitäten gerichtet. Außerdem geht es um die analytische Bewertung der Risiken sowie um die Vorbereitung von Maßnahmen zur Beseitigung oder zumindest zur Reduktion der erkannten Gefahren. Regelmäßig wird im Sinne der Wettbewerbsfähigkeit des Unternehmens das Eingehen von Risiken, auch und gerade von Compliance-Risiken, nicht zu vermeiden sein. Das ist marktwirtschaftlichen Ordnungen immanent. Die Wertschöpfung der risikoanalytischen Prozesse besteht in solchen Fällen insbesondere in der zuverlässigen Kalkülisierung der Risiken und damit in der Bereitstellung wertvoller Grundlagen für Planungs- und Kontrollentscheidungen.

- **Prozesse der Abweichungsanalyse**
  Solche Aktivitäten werden ausgelöst, wenn der realisierte Wert in einem betrachteten Prozess außerhalb des zulässigen Toleranzbereiches zum festgelegten Soll-Wert differiert (z. B. Ausschussquote, dubiose Forderungen, Termine, Fluktuation oder Fehlzeiten). Dann kommt es darauf an, mittels des Prozesses der Abweichungsanalyse in klar strukturierter Form die Ursachen der Störung zu klären. Darüber hinaus soll der Teilprozess der Abweichungsanalyse das zügige Einleiten von Korrekturmaßnahmen mit dem Ziel der Rückkehr des Systems in den Bereich zulässiger Soll-Ist-Abweichungen unterstützen.
- **Prozesse des Umgangs mit Ausnahmesituationen**
  Mit dem Terminus *Ausnahmesituationen* werden im vorliegenden Zusammenhang unvermittelt auftretende, völlig unvorhergesehene Ereignisse mit erheblicher Relevanz für die Erfolgsfähigkeit und das Überleben der Unternehmung bezeichnet. Als fiktive, aber empirisch durchaus belegbare Beispiele seien hier der unternehmensexterne Nachweis von Salmonellen in den Produkten eines Lebensmittelherstellers oder die Aufnahme strafrechtlicher Ermittlungen gegen den Vorsitzenden des Vorstandes benannt. In derartigen Ausnahmesituationen ist es besonders wichtig, auf Unternehmensseite nicht planlos und aktionistisch zu verfahren, sondern sachlich abgewogen einen vorstrukturierte Soll-Prozess zur Aufklärung und zur Schadensbegrenzung abzuarbeiten.
- **Prozesse der Eskalation**
  Durch Eskalationsprozesse soll die Auflösung entstandener oder die Verhinderung zu befürchtender Non-Compliance-Konstellationen im sozio-technischen System mit dem erforderlichen Nachdruck und in hinreichendem Tempo herbeigeführt werden. Ziel ist es, kritische Aktivitäten zu *eskalieren*, d. h., diese Aktivitäten offenzulegen und einer verantwortlichen Instanz zum Treffen regulierender Entscheidungen mit der angezeigten Priorität vorzutragen. Auf diesem Hintergrund definieren Eskalationsprozesse die Kommunikationswege, den zeitlichen Verlauf und die relevanten Ansprechpartner in Fallgestaltungen mit massivem Störpotenzial (etwa im Zusammenhang mit der umstrittenen Bewertung von Gütern des Anlagevermögens). Solche Eskalationen werden unter anderem erforderlich, wenn auf einer betrachteten Unternehmensebene oder in einem betrachteten Unternehmensbereich stark divergierende Einschätzungen zur Frage der Regelkonformität konstatierbarer Vorgehensweisen und Praktiken vorliegen.

Sensible Bereiche von Compliance-Prozessen bestehen grundsätzlich an den Schnittstellen zu externen Interaktionspartnern. Das sind beispielsweise Lieferanten des Unternehmens. In der einzelwirtschaftlichen Praxis ist es üblich, dass die Lieferanten den Einkäufern im belieferten Unternehmen *freundliche Zuwendungen* machen. Das kann von der Einladung zum Mittagessen in einem erstklassigen Restaurant, über die Bereitstellung von Tickets für ein Autorennen der Formel 1 Kategorie bis hin zum Ermöglichen der kostenlosen Teilnahme an mehrwöchigen Studienreisen reichen. Nach herrschender Meinung dürfte der erste Fall unproblematisch sein, der letztgenannte Fall unter das Kriterium der Regelabweichung fallen, während das Autorennen zu geteilten Meinungen führen wird.

Umso wichtiger ist es, dass seitens des betrachteten Unternehmens die korrespondierenden Risiken bewertet (etwa Gefahr suboptimaler Beschaffungsentscheidungen) und klare, verbindliche Standards zum Verhalten der Organisationsmitglieder im Falle freundlicher Zuwendungen von Lieferanten fixiert werden. Selbstverständlich müssen derartige Standards als Minimumanforderung die Einhaltung der geltenden rechtlichen Regelungen gewährleisten.

Außerdem empfiehlt es sich, die Integrität und die Zuverlässigkeit der externen Partner, außer den Lieferanten sind etwa Vertriebspartner, Makler, Unternehmensberater, Finanzdienstleister, Joint Ventures oder die Partnerunternehmen in strategischen Allianzen zu nennen, sorgfältig auf ihre Compliance-Fähigkeit hin zu evaluieren. Instrumentell kann dies beispielsweise mittels des

- Lieferantenaudits
  oder des
- *Due Diligence*

geschehen. Letzteres hat seinen Ursprung im amerikanischen Kapitalmarkt- und Anlegerschutzrecht (Securities Law), wird inzwischen jedoch allgemeiner interpretiert und eingesetzt im Sinne von Wahrnehmung der Sorgfaltspflicht des Unternehmens in Bezug auf die Kooperation mit externen Partnern.

Grundsätzlich kritisch im Kontext von Compliance-Management ist das Eingehen von Verpflichtungen gegenüber Dritten. Das bezieht sich insbesondere auf vom Unternehmen zu leistende Zahlungen oder den Abschluss von Verträgen. Im Rahmen der Gestaltung von Risikomanagement- und Compliance-Prozessen ist es daher von grundlegender Bedeutung, die Genehmigungskompetenzen für solche externen Verpflichtungen auf dafür hinreichend qualifizierten und verantwortungsfähigen Managementebenen anzusiedeln. Einen weiteren instrumentellen Zugang zur Gewährleistung von Compliance an den externen Schnittstellen der Geschäftsprozesse bietet der Einsatz standardisierter Vertragsbedingungen. Das verringert die Risiken missbräuchlicher Konditionengestaltung. Außerdem wird das Erfordernis von Einzelfallprüfungen aufgehoben oder zumindest auf wenige Ausnahmefälle beschränkt. Allerdings bedeutet die Standardisierung der Vertragsbedingungen gleichzeitig die Einschränkung der Flexibilität des Unternehmens auf dem Gebiet des Eingehens von Kontrakten. Nachfragestarke und marktmächtige Kunden werden dies oft nicht akzeptieren, sondern ihre eigenen Vorstellungen zur Bestimmung der Konditionen durchsetzen wollen.

Partialkonzepte struktureller Führung 5

> **Zusammenfassung**
>
> Die Führung von Unternehmen umfasst, wie oben bereits ausgeführt (vgl. Kap. 1), eine personelle Dimension und eine strukturelle Dimension. Während sich die **personelle Management-Dimension** auf Verhaltensweisen und Verhaltensmuster der Akteure in Führungsprozessen bezieht, wird die **strukturelle Management-Dimension** durch die Gesamtheit der im betrachteten Unternehmen realisierten organisatorischen Regelungen bestimmt. Somit hat die strukturelle Führung regelmäßig sehr komplexen Charakter. Sie besteht aus einer Vielzahl organisatorischer Elemente ganz unterschiedlicher Art. Soweit Organisationskonzepte dem Anspruch folgen, sämtliche relevanten organisatorischen Regelungen zu erfassen und zu integrieren, was etwa für Konzepte der formalen Organisationsstruktur gilt, kann dafür die Bezeichnung *Totalkonzepte* struktureller Führung verwandt werden. Im Unterschied dazu betonen die in diesem Kapitel exemplarisch zu erörternden *Partialkonzepte* struktureller Führung lediglich einzelne besonders in den Mittelpunkt gerückte Aspekte organisationaler Gestaltung. Andere relevante Elemente von Organisation werden im Rahmen solcher Partialkonzepte vernachlässigt. Es geht vielmehr um das Bereitstellen von Lösungsansätzen für partielle Probleme der Organisationsgestaltung. Auf diesem Hintergrund werden im Folgenden besonders bedeutsame Partialkonzepte struktureller Führung vorgestellt. Dabei handelt sich im Einzelnen um das Konzept des Handlungsspielraums, das Projektmanagement sowie die Shared Service Organisation.

5.1 Konzept des Handlungsspielraums

Die Entwicklungsgeschichte strukturell orientierter Unternehmensführung wurde ganz maßgeblich durch den (oben dargestellten, vgl. Kap. 2) klassischen Ansatz des Scientific Management von F. W. Taylor geprägt und beeinflusst. Zum Zwecke der prägnanten Kennzeichnung der Auswirkungen dieser Managementkonzeption in der betrieblichen Realität findet häufig pauschalierend der Begriff **Taylorismus** Anwendung. Gemeint ist damit vor allem das Umsetzen **extremer betrieblicher Arbeitsteilung**, d. h. die hochgradige Einengung der Verschiedenartigkeit der einer Stelle zugeordneten und damit der dem Inhaber dieser Stelle zu übertragenen Arbeits- oder Aufgabenelemente. Basierend auf der im Zuge der ökonomischen Entwicklung verstärkt aufgekommenen **Taylorismus-Kritik,** folgt das Konzept des Handlungsspielraums der Intention, problematische auf die Anwendung des Scientific Management zurückführbare strukturelle Effekte aufzuheben. Dies bedeutet grundsätzlich die Reduktion stark ausgeprägter Arbeitsteilung sowie die Steigerung der Heterogenität der Tätigkeiten der in die betrieblichen Leistungsprozesse involvierten personellen Aufgabenträger.

5.1.1 Charakteristische Kennzeichen

Zunächst sei das Handlungsspielraum-Konzept anhand seiner markanten Merkmale in knapper Form umrissen. Darauf aufbauend werden anschließend konkrete Gestaltungsvarianten erörtert.

5.1.1.1 Dualität der Ansatzpunkte

Ein wesentlicher Ansatzpunkt des Handlungsspielraum-Konzepts besteht in der **Humanisierung der Arbeit**. Die sehr weit getriebene Arbeitsteilung zeitigt auf individueller Ebene die folgenden Problemeffekte:

- Sinnentleerung der Tätigkeit,
- entfremdete Arbeit,
- Dequalifikation der Mitarbeiter,
- Monotonie der Arbeitssituation und
- einseitige Belastung bei hoher Arbeitsintensität.

Im Unternehmen etablierte Aufgabenkomplexe (Stellen) mit derartigen Auswirkungen entsprechen nicht den Anforderungen menschengerechter Gestaltung der Arbeit. Die individuellen Bedürfnisse der Organisationsmitglieder finden zu wenig Beachtung. Mittels der Anwendung des Konzeptes des Handlungsspielraums sollen deshalb **humanere Arbeitsbedingungen** im Wege der Erweiterung der Arbeitsinhalte sowie des Abbaus fragmentierter Tätigkeiten hergeleitet und realisiert werden. Insoweit ist die Humanisierung der Arbeit als Ansatzpunkt des Handlungsspielraum-Konzepts insbesondere auf die deutlich verstärkte Realisation sozialer Ziele im Unternehmen gerichtet.

Ein anderer Ansatzpunkt des Handlungsspielraum-Konzepts bezieht sich hingegen auf die ökonomische Kategorie des **betrieblichen Humanvermögens**. Das Humanvermögen eines Unternehmens resultiert als das Produkt aus den Fähigkeiten, Kenntnissen und Fertigkeiten der Organisationsmitglieder auf der einen Seite und der Leistungsbereitschaft oder Motivation dieser Organisationsmitglieder auf der anderen Seite. Im Interesse ökonomischer Rationalität gilt es, analog zu den Maximen des Umgangs mit den Gegenständen des betrieblichen Sachvermögens, das durch die beschäftigten Mitarbeiter repräsentierte Humanvermögen möglichst umfassend zu nutzen (vgl. Scholz et al. 2008). Im Falle tayloristischer Arbeitsteilung wird jedoch der größte Teil der von den Mitarbeitern durch Sozialisation und Ausbildung erworbenen Fähigkeiten, Kenntnisse und Fertigkeiten strukturell blockiert. Das Einbringen dieser humanen Vermögenswerte in den betrieblichen Leistungsprozess wird durch hochgradige Arbeitsteilung gerade verhindert. Derartige strukturelle Blockaden von Mitarbeiter-Know-how sind in hohem Maße unwirtschaftlich. Mit Hilfe des Handlungsspielraum-Konzepts sollen diese Blockaden aufgehoben und die wirtschaftliche Nutzung des betrieblichen Humanvermögens gefördert werden.

5.1.1.2 Zweidimensionale Gestaltung

Das Konzept des Handlungsspielraums ist folglich aufgrund ganz unterschiedlicher Zugänge auf die Überwindung stark arbeitsteilig geprägter Organisationsstrukturen im Wege sukzessiver Ausdehnung der Anzahl verschiedenartiger Aufgabenelemente (Arbeitsinhalte) einzelner Stellen ausgerichtet. Das bedeutet die strukturelle Realisierung größerer Vielfalt in der individuellen Arbeitswelt der einzelnen Stelleninhaber. In methodischer Hinsicht wird dies durch die Restrukturierung von Aufgabenkomplexen in horizontaler sowie in vertikaler Richtung umgesetzt. Danach ergibt sich der individuelle Handlungsspielraum von Organisationsmitgliedern als zweidimensionales Konstrukt. Das ist in Abb. 5.1 veranschaulicht.

In der **horizontalen Dimension** determiniert der Tätigkeitsspielraum den Handlungsspielraum eines Mitarbeiters. Diese horizontale Dimension bildet den Umfang operativer, das bedeutet anforderungsähnlicher, Aufgabenelemente innerhalb eines betrachteten Aufgabenkomplexes ab. Der Entscheidungs- und Kontrollspielraum als die **vertikale Dimension** des Handlungsspielraums resultiert dagegen aus dem Umfang dispositiver, also anforderungshöherer, Aufgabenelemente.

Die mit dem Konzept angestrebte Erweiterung des Handlungsspielraums kann prinzipiell durch die Ausdehnung des Tätigkeitsspielraums oder durch die Ausdehnung des Entscheidungs- und Kontrollspielraums oder durch die Vergrößerung der Aufgabenzuordnung in beiden Dimensionen erfolgen. In Abhängigkeit davon sind verschiedene Varianten oder Module der Reorganisation individueller Arbeitsinhalte (Modifikation der Stellenbildung) abgrenzbar.

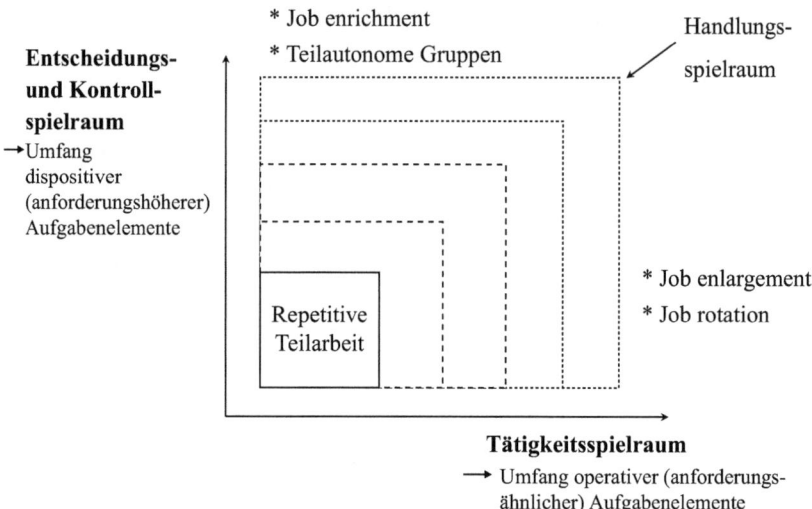

Abb. 5.1 Das Konzept des Handlungsspielraums. (Quelle: nach Pfeiffer und Weiss 1992, S. 62)

5.1.2 Module

Mit der Erweiterung des Handlungsspielraums wird die **qualitative Ausdehnung** des individuellen Tätigkeitsbereichs angestrebt. Dies soll durch die Erhöhung der Verschiedenartigkeit der den Arbeitsinhalt prägenden Komponenten geschehen. Die Intention des Handlungsspielraum-Konzepts ist es dagegen nicht, die **Arbeitsintensität** des einzelnen Mitarbeiters mittels der Steigerung des erwarteten Gesamt-Leistungsvolumens (Outputs) in Gestalt der quantitativen Arbeitsausdehnung zu erhöhen. Der genannte Aspekt qualitativ intendierter Arbeitsorganisation sei am nachstehenden Beispiel demonstriert.

> **Beispiel**
>
> In der Ausgangssituation vor Reorganisation der individuellen Tätigkeit durch das Anwenden des Handlungsspielraum-Konzepts besteht die Arbeit eines betrachteten Mitarbeiters aus zwei Aufgabenelementen. Die erwartete Leistung je Stunde wird definiert als die zwanzigfache Durchführung dieser beiden Aufgabenelemente. Insgesamt hat damit der Beschäftigte 40 entsprechende Arbeitsvorgänge je Stunde zu bewältigen.
>
> In der reorganisierten, neuen Arbeitssituation besteht ein erweiterter Handlungsspielraum. Dieser umfasst 10 Aufgabenelemente. Die Leistungserwartung gegenüber dem Mitarbeiter bezieht sich auf die vierfache Durchführung der 10 Aufgabenelemente je Stunde. Insgesamt werden auch in der neuen Situation vom betrachteten Mitarbeiter als Gesamt-Leistungsvolumen je Arbeitsstunde 40 durchgeführte Arbeitsvorgänge erwartet. Dabei gilt die vereinfachende Annahme, dass der Zeitbedarf für die Erledigung aller in den Kalkül einbezogenen Aufgabenelemente etwa gleich groß ist. Als Konse-

quenz der so angelegten Reorganisation bleibt die Arbeitsintensität der Stelle konstant, die Heterogenität der Aufgabeninhalte nimmt jedoch zu. ◄

Der zu reorganisierende individuelle Aufgabenkomplex (Stelle) ist in der Ausgangssituation durch repetitive Teilarbeit geprägt. Dem Stelleninhaber steht als Folge extremer tayloristischer Arbeitsteilung im Betrieb lediglich ein geringer Handlungsspielraum zur Verfügung. Gleichartige Aufgabenelemente sind kurzzyklisch wiederkehrend, routinisiert und in immer exakt gleicher Weise zu erledigen. In Bezug auf die Veränderung der Situation werden unterschiedliche **Module der Neugestaltung** bereitgestellt. Für alle Module gilt, dass sie darauf ausgerichtet sind, die Nachteile repetitiver Teilarbeit abzubauen. Unterschiede bestehen hinsichtlich der angewandten Methode, insbesondere hinsichtlich der herangezogenen Dimension zur Restrukturierung.

5.1.2.1 Job rotation

Beim Job rotation bleiben die Arbeitsinhalte der im Unternehmen abgegrenzten Stellen unverändert. Allerdings wechseln die Mitarbeiter (Stelleninhaber) planmäßig zwischen verschiedenen Arbeitsplätzen. Die in das Arbeitssystem involvierten Personen rotieren innerhalb des strukturell **definierten Stellengefüges**. Damit wird ein systematischer Arbeitsplatzwechsel vollzogen. Als Folge tritt eine Steigerung der Zahl der vom einzelnen Mitarbeiter in einem definierten Zeitintervall, beispielsweise an einem Tag oder in einer Woche, durchzuführenden Arbeitselemente ein. Dies bedeutet, dass der individuelle Handlungsspielraum erweitert wird. Dabei erfolgt die Erweiterung des Handlungsspielraums allerdings vorzugsweise in horizontaler Richtung. Die Anzahl der vom Mitarbeiter zu erledigenden Aufgabenelemente steigt, jedoch sind alle Aufgabenelemente ungefähr anforderungsgleich. Dadurch werden **Monotonie und einseitige Belastung reduziert**. Stellen mit mehr dispositiven Inhalten gelangen aber eher selten oder gar nicht in den Rotationsbereich.

5.1.2.2 Job enlargement

Das Job enlargement betont ebenfalls die **horizontale Dimension** des Handlungsspielraums. Die Aufgabenerweiterung geschieht durch das Vergrößern des Tätigkeitsspielraums. Der Mitarbeiter erhält zusätzliche Arbeitselemente gleicher Anforderungsstufe übertragen. Das bedeutet die **Neuausrichtung der entsprechenden Stelle**. Dieser Stelle werden anforderungsähnliche Aufgabenelemente subsumiert, welche vorher Gegenstand anderer (hoch)spezialisierter Stellen waren. Das kann sich beispielsweise in der Verlängerung von Takt- und Zykluszeiten im Fertigungsbereich niederschlagen. Auch im Falle des Job enlargement werden Monotonie und einseitige Belastung in der individuellen Arbeitssituation reduziert. Im Gegensatz zum Job rotation bleibt die Zuordnung von Stellen und Mitarbeitern jedoch im Zeitablauf stabil. Die Arbeitsteilung vollzieht sich im Vergleich zur Ausgangssituation auf einem geringeren Niveau der Stellenspezialisierung.

5.1.2.3 Job enrichment

Das Modul des Job enrichment geht über die Ansprüche des Job enlargement deutlich hinaus. Im Mittelpunkt steht eine weit umfassendere Reorganisation auf Stellenebene. Das ist verbunden mit der deutlichen **Aufwertung** der einbezogenen Stellen. Die Neuausrichtung der Stellen zielt auf die Vergrößerung der Aufgabenkomplexe in **vertikaler Richtung** ab. Der Handlungsspielraum der involvierten Organisationsmitglieder soll durch das zusätzliche Übertragen dispositiver Arbeitselemente auf die betrachteten Stellen ausgedehnt werden. Damit erfolgt die Integration **anforderungshöherer Arbeitsinhalte** in den jeweiligen Aufgabenkomplex.

So kann dem Stelleninhaber etwa die zusätzliche Aufgabe übertragen werden, die von ihm gefertigten Werkstücke ebenfalls auf das Einhalten der Qualitätsstandards zu prüfen (Selbstkontrolle). Das determiniert höhere Anforderungen an die Qualifikation der Mitarbeiter. Gleichzeitig gehen allerdings vom Arbeitsinhalt mehr Impulse zur Förderung intrinsischer Motivation sowie der Arbeitszufriedenheit der personellen Aufgabenträger aus. Die Bedürfnisse der Organisationsmitglieder (soziale Ziele) finden verstärkt Berücksichtigung im Zuge der Arbeitsstrukturierung. In struktureller Hinsicht ist ceteris paribus die ausgeprägte Reduktion des Ausmaßes der Stellenspezialisierung die markante Konsequenz der Anwendung des Job enrichment in einem Arbeitssystem.

Den Pfad der organisationalen Entwicklung von einfachen, durch stark repetitive Teilarbeiten bestimmten Aufgabenkomplexen, über Job rotation und Job enlargement hin zum Einsatz und zu wesentlichen Effekten des Job enrichment vermittelt Abb. 5.2.

Betrachtet werden die Kriterien der Motivationswirkung sowie der Stellenspezialisierung. In der Ausgangssituation stark repetitiver Teilarbeit sind ein hoher Spezialisierungsgrad auf der einen sowie sehr geringe Potenziale zur intrinsischen Arbeitsmotivation der Stelleninhaber auf der anderen Seite zu verzeichnen. Durch den Einsatz der Module Job rotation und Job enlargement sinkt die Stellenspezialisierung auf ein relativ gemäßigtes Niveau. Gleichzeitig resultieren korrespondierende Potenziale der Mitarbeitermotivation durch die modifizierten Arbeitsinhalte. Beim Job enrichment hingegen ist die Motivationswirkung eindeutig am stärksten, bei vergleichsweise geringem Ausmaß an Stellenspezialisierung.

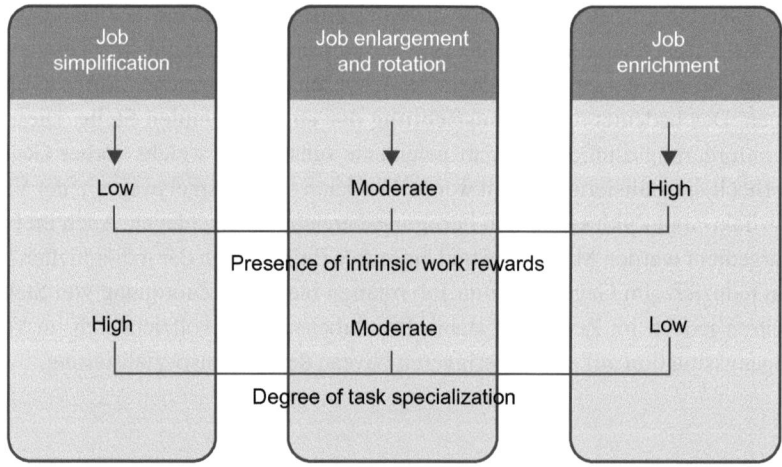

Abb. 5.2 Kontinuum der Arbeitsstrukturierung. (Quelle: French et al. 2008, S. 211)

5.1.2.4 Teilautonome Gruppen

Sehr weitreichende und einschneidende organisatorische Konsequenzen gehen von der Erweiterung des Handlungsspielraums im Wege der Implementierung teilautonomer Arbeitsgruppen aus. Es handelt sich um ein geradezu revolutionäres Modul der Arbeitsorganisation. Auch in diesem Modul liegt der Schwerpunkt der Restrukturierung eindeutig auf der **vertikalen Dimension**. Im Gegensatz zur alten Situation werden im Falle teilautonomer Gruppenarbeit nicht mehr spezialisierte Einzelaufgaben klar abgegrenzten Stellen für einzelne Stelleninhaber zugeordnet. Vielmehr erhält die Arbeitsgruppe als Ganzes einen größeren Aufgabenkomplex übertragen. Die Organisation der Arbeitsausführung obliegt den Gruppenmitgliedern (Selbstorganisation). Folglich ist die Gruppe gefordert, die Einzelaufgaben eigenständig festzulegen und zuzuordnen. Auch das Schaffen wirksamer Regelungen zur Stellvertretung liegt im Entscheidungsspielraum der Gesamtheit der Gruppenmitglieder. Als Konsequenz wird jedes einzelne Mitglied der teilautonomen Arbeitsgruppe mit sehr umfangreichen dispositiven und operativen Aufgabenelementen konfrontiert. Dies beinhaltet gegenüber der Situation repetitiver Teilarbeit ganz erhebliche **individuelle und kollektive Herausforderungen**. Eine zusammenfassende Darstellung charakteristischer Merkmale teilautonomer Arbeitsgruppen enthält die Abb. 5.3.

Die Rationalität der Implementierung teilautonomer Gruppenarbeit zeigt sich sowohl in ökonomischen als auch in sozialen Effekten. Allerdings bezeichnen die in der obigen Abbildung ausgewiesenen Beiträge zur Zielerreichung zunächst lediglich **Erfolgspotenziale**. Im einzelnen Anwendungsfall bedarf es der situationsadäquaten Prüfung, inwieweit die Realisierbarkeit dieser Potenziale gegeben ist. Außerdem kommt der

- fundierten Vorbereitung,
- sorgfältigen Einführung sowie
- differenzierten Evaluation

teilautonomer Gruppenarbeit im Unternehmen erfolgsentscheidende Bedeutung zu. Die adäquate Qualifikation und das permanente weitere Training der in die Gruppenarbeit einbezogenen Mitarbeiter sind notwendige Bedingungen für den Erfolg dieses Organisationsmoduls. Zweifellos repräsentiert das Modul der teilautonomen Gruppen ein äußerst anspruchsvolles, sehr kompliziertes und gleichzeitig enorm chancenreiches Instrument der betrieblichen Aufgabenverteilung.

5.2 Projektmanagement

5.2.1 Interpretation

Der Einsatz des Projektmanagements als Partialkonzept struktureller Führung soll das Managementsystem des Unternehmens erweitern, flexibilisieren und vitalisieren. Auf diesem Hintergrund ist Projektmanagement als eine Form von **Sekundärorganisation** cha-

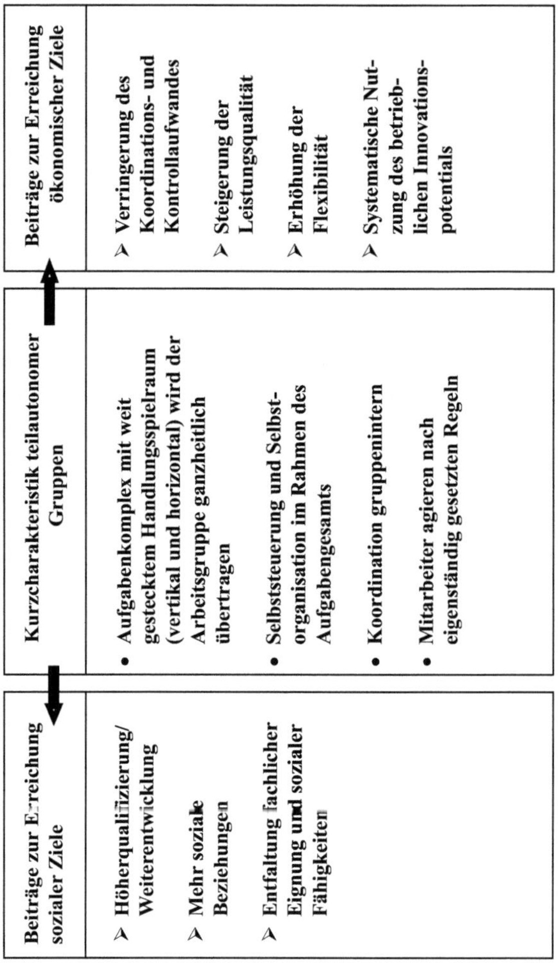

Beiträge zur Erreichung sozialer Ziele	Kurzcharakteristik teilautonomer Gruppen	Beiträge zur Erreichung ökonomischer Ziele
▷ Höherqualifizierung/ Weiterentwicklung ▷ Mehr soziale Beziehungen ▷ Entfaltung fachlicher Eignung und sozialer Fähigkeiten	• Aufgabenkomplex mit weit gestecktem Handlungsspielraum (vertikal und horizontal) wird der Arbeitsgruppe ganzheitlich übertragen • Selbststeuerung und Selbstorganisation im Rahmen des Aufgabengesamts • Koordination gruppenintern • Mitarbeiter agieren nach eigenständig gesetzten Regeln	▷ Verringerung des Koordinations- und Kontrollaufwandes ▷ Steigerung der Leistungsqualität ▷ Erhöhung der Flexibilität ▷ Systematische Nutzung des betrieblichen Innovationspotentials

Abb. 5.3 Teilautonome Arbeitsgruppen als Instrument der Aufgabenverteilung

5.2 Projektmanagement

rakterisierbar. Maßnahmen der Sekundärorganisation sollen auf dem Gebiet der grundlegenden Unternehmensstruktur oder Primärorganisation konstatierbare Lücken füllen und entsprechende Defizite beseitigen. Im Zusammenhang mit dem Projektmanagement erscheint die Differenzierung der

- **Führung *von* Projekten**
  sowie der
- **Führung *durch* Projekte**

im Sinne der grundlegenden Interpretation dieser außerordentlich populären betriebswirtschaftlichen Kategorie aufschlussreich.

Der Aspekt der Führung *von* Projekten betont die Funktion der zielorientierten Beeinflussung der Aufgabenträger innerhalb eines definierten Vorhabens (= Projekt). Diese Sichtweise findet etwa in der seitens der betrieblichen Praxis viel beachteten DIN 69901 klaren Ausdruck. Dort findet sich die nachstehend aufgeführte begriffliche Präzisierung.

▶ **Projektmanagement (1)** „... ist die Gesamtheit von Führungsaufgaben, -organisation, -techniken und -mitteln für die Abwicklung eines Projektes" (O. V. 1987).

Nach dem dargelegten Verständnis umfasst die Kategorie *Projektmanagement* sämtliche Methoden und Instrumente zur erfolgreichen Führung von Projekten sowie die adäquate betriebliche Anwendung der genannten Tools. Es geht folglich insbesondere darum, die anstehenden Projekte so professionell, effizient und effektiv wie möglich zu realisieren.

Dagegen stellt der Aspekt der Führung *durch* Projekte darauf ab, dass von den im Unternehmen angelegten Projektarbeiten entscheidende grundlegende Impulse in Bezug auf die künftige Ausrichtung der betrieblichen Aktivitäten ausgehen können. In dieser Sicht ist das

▶ **Projektmanagement (2)** ist eine Gestaltungsvariante oder ein Modul innerhalb der Gesamtkonzeption der Unternehmensführung.

Das Unternehmen wird, zumindest teilweise, mit Hilfe von Projekten geführt. Damit ist eine andere Handlungsebene angesprochen als beim Verständnis nach Maßgabe der Führung von Projekten. Im Kontext des Projektmanagements im Sinne der Führung durch Projekte gilt es zu entscheiden, in welchem Umfang und in welchen Sachzusammenhängen Projekte zum Zwecke der grundlegenden Steuerung des sozio-technischen Systems *Unternehmung* Anwendung finden sollen.

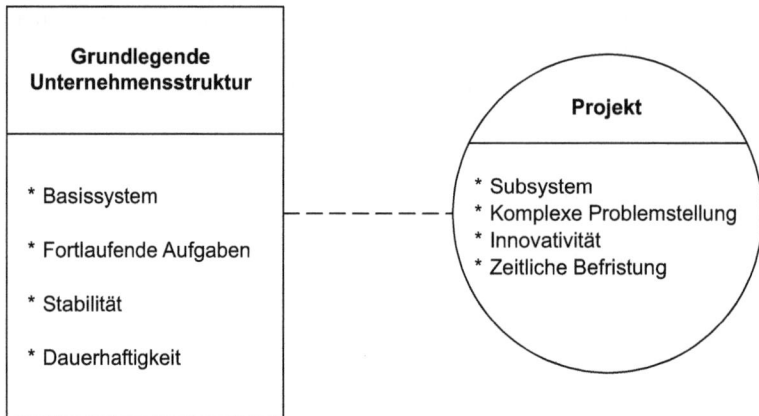

Abb. 5.4 Projekte im Rahmen der betrieblichen Führung

5.2.2 Betriebliche Allokation

5.2.2.1 Konkretisierende Merkmale

Auf dem Gebiet betrieblicher Führung dient das Projektmanagement der Lösung komplexer Problemstellungen. Zum Zwecke der Bewältigung solcher anstehenden Probleme sowie der Wahrnehmung der damit zusammenhängenden Aufgaben wird dem organisatorischen Basissystem des Unternehmens ein projektbezogenes Subsystem hinzugefügt. Die wesentlichen Einzelheiten dazu sind in Abb. 5.4 dargestellt.

Die grundlegende Unternehmensstruktur bildet das organisationale Basissystem. Der Gegenstand der im Basissystem angelegten organisatorischen Regelungen ist die sachgerechte Erledigung der fortlaufenden Aufgaben. Dies dient dem Herstellen der **Stabilität** des sozio-technischen Systems und soll seine **Überlebensfähigkeit** gewährleisten. Die grundlegende Unternehmensstruktur ist auf unbestimmte Dauer angelegt (Merkmal der Dauerhaftigkeit). Sie wird mit der Implementierung des Projektmanagements durch andere, nämlich projektbezogene strukturelle Einheiten ergänzt. Diese Einheiten haben den Charakter von Subsystemen, denen die Funktion des Lösens komplexer Problemstellungen übertragen wird. Eine wesentliche Intention der Durchführung von Projekten besteht im Generieren **innovativer Impulse**. Das soll die **Fortschrittsfähigkeit** des Unternehmens verbessern. Projektbezogene Subsysteme sind von vornherein zeitlich befristet angelegt oder in ihrer Existenz an die Dauer der Durchführung der wahrzunehmenden Aufgaben gebunden.

In diesem Zusammenhang erhält die Klärung des betriebswirtschaftlich relevanten materiellen Gehaltes des Projektbegriffs erhebliche Bedeutung. Dazu sei zunächst auf die begriffliche Fassung des Terminus *Projekt* nach DIN 69901 hingewiesen (O. V. 1987):

▶ **Projekt** Ein Vorhaben, das im Wesentlichen durch die Einmaligkeit der Bedingungen in ihrer Gesamtheit gekennzeichnet ist, z. B. Zielvorgabe, zeitliche, finanzielle, personelle und andere Begrenzungen, Abgrenzung gegenüber anderen Vorhaben und projektspezifische Organisation

Ein Projekt repräsentiert quasi einen eigenständigen Aufgabentyp (vgl. Marr und Steiner 2004, S. 1197). Die Projektaufgaben sind im Vergleich zu den fortlaufenden Aufgabenstellungen im Unternehmen

- relativ komplex,
- auf die Realisierung einer aktuellen Zielvorgabe bezogen,
- neuartig, oft einmalig,
- zeitlich klar limitiert,
- mit knappen Ressourcen ausgestattet und erfordern
- funktions- oder ressortübergreifendes Know-how.

Teilweise gelten die genannten Merkmale (Zielbezug, Ressourcenknappheit) ebenfalls für die fortlaufenden Aufgaben im Basissystem des Unternehmens. Allerdings erhalten diese Merkmale im Falle von Projektaufgaben den Charakter zwingend konstitutiver Bestandteile sowie, idealtypisch, eine außergewöhnlich fokussierte Ausgestaltung.

5.2.2.2 Aufgabenfelder betrieblicher Projektarbeit

Der oben präzisierte Aufgabentyp der Projekttätigkeiten ist empirisch vor allem in bestimmten funktionalen Kontexten identifizierbar. Einige solche für die Projektarbeit typische betriebliche Aufgabenfelder seien nachstehend skizziert.

- **Technologische Entwicklung**
  Dieses Aufgabenfeld der Projektarbeit bezieht sich vor allem auf die Fertigungstechnologie im Unternehmen. Es geht darum, die eigenen technischen Verfahren im Produktionsbereich zukunftsorientiert auszubauen. Gleichzeitig stehen technologische Innovationen an den relevanten Märkten, sinnvolle Formen der unternehmensspezifischen Adaption solcher Neuerungen sowie das Erarbeiten abgestimmter betrieblicher Lösungen im Fokus der Projekte.
- **Grundlagenforschung**
  Die Grundlagenforschung ist in besonderem Maße prädestiniert für die projektorientierte Aufgabenwahrnehmung. Zur Debatte steht das Gewinnen fundamental neuer Erkenntnisse. Das kann sich beispielsweise auf wichtige Eigenschaften bereits genutzter Werkstoffe, auf die Entwicklung neuartiger Werkstoffe oder die Substitution wichtiger Inputfaktoren (etwa Nutzung von Kunststoffen statt Metallen im Kraftfahrzeugbau) beziehen.
- **Produktentwicklung**
  In diesem Bereich erhält die Projektarbeit einen unmittelbaren Bezug zum Absatzmarkt. Das kann sich ausdrücken in der grundlegenden Modifikation vorhandener Produkte oder im Entwurf neuer Problemlösungen relativ zu den Kundenbedürfnissen.

Darüber hinaus kann und sollte Produktentwicklung allerdings auch die aktualisierten und empirisch ermittelbaren Kundenbedürfnisse transzendieren.

▶ Henry Ford wird folgender Satz zugeschrieben:
„Wenn ich die Menschen gefragt hätte, was sie wollen, hätten sie gesagt: schnellere Pferde."
(O. V. 2008a).

Damit ist ein bedeutsames Feld von Projektaufgaben angesprochen, nämlich das visionäre Herleiten vollkommen neuartiger Objektivationen zum Schaffen von Nutzen für die (potenziellen) Abnehmer der Leistungen des Unternehmens. Das wird im Rahmen der stabilitätsbezogenen Basisorganisation in aller Regel gerade nicht möglich sein, sondern erfordert projektbezogene Handlungsmuster.

- **Investitions- und Bauvorhaben**
Beispielsweise der Bau einer Fabrik an einem ausländischen Standort erfordert das oben bereits angesprochene ressortübergreifende Know-how. Außerdem ist diese Tätigkeit neuartig, normalerweise einmalig. Das gilt grundsätzlich für größere Bauvorhaben, welche das Investitionsbudget des Unternehmens erheblich beanspruchen.

- **Rationalisierung**
Der Druck zur Rationalisierung der Geschäftsprozesse resultiert aus permanenten Veränderungen im betrieblichen Umfeld. Im Wege von Verfahrensentwicklung soll etwa die Wettbewerbsfähigkeit des Unternehmens langfristig abgesichert werden. Die dafür nötige interne Dynamik lässt sich mittels planmäßiger Projektarbeit erzeugen.

- **Entwickeln und Implementieren von Informationssystemen**
Die rasanten Fortschritte auf dem Gebiet der Informationstechnologie bedeuten eine ständige Herausforderung des Projektmanagements. Es gilt, Lastenhefte zu entwickeln, innovative Standardsoftware zu testen und zu vergleichen sowie die eigenen Systeme auf dem neuesten Stand zu halten. Im Wege von Projektarbeit entsteht eine tragfähige Plattform der erfolgreichen Kooperation von IT-Experten und den Usern in den unterschiedlichen Fachressorts des Unternehmens.

- **Unternehmensakquisitionen**
Trotz der damit verbundenen vielfältigen und empirisch umfassend nachweisbaren Schwierigkeiten, bezeichnet die Kategorie der sogenannten *Mergers and Acquisitions (M & A)* ein äußerst vitales Phänomen der einzelwirtschaftlichen Realität. Gemeint sind damit große Transaktionen, durch welche signifikante und für die Steuerung des sozio-technischen Systems hochrelevante Änderungen der Eigentumsverhältnisse im Unternehmen eintreten, sich Unternehmen zusammenschließen oder ein kompletter Kauf eines Unternehmens von einer anderen Gesellschaft durchgeführt wird (vgl. Siedenbiedel 2016, S. 150 ff.). Faktisch entstehen als Folge solcher Akquisitionen völlig neuartige einzelwirtschaftliche Konstellationen, die umfassenden Gestaltungsbedarf auslösen. Das geht regelmäßig einher mit der Durchführung einer Vielzahl von Projekten.

- **Reorganisation**
  Im Zeitablauf resultieren Notwendigkeiten der grundlegenden Evaluierung und der umfassenden Modifikation des organisationalen Basissystems der Unternehmung. Häufig geschieht dies unter Einbeziehung externer Berater. Die Anbindung solcher Berater an das Unternehmen sowie die Implementierung neuer Strukturen bilden bedeutende Ansatzpunkte für die Arbeit in Projekten.
- **Strategieentwicklung**
  Die langfristige Positionierung des Unternehmens in seiner Umwelt, das Erarbeiten von Lösungen für potenzielle künftige Probleme und das Schaffen von Wettbewerbsvorteilen sind zentrale Aspekte der strategischen Unternehmensplanung. Sie bedarf folglich der umfassenden und sorgfältigen informatorischen Fundierung. Zu nennen sind beispielsweise **Feasibility Studies.** Diese dienen der Prüfung der Machbarkeit strategischer Projektionen und werden in Projektform durchgeführt.
- **Besondere Events**
  Darüber hinaus eignet sich die Projektarbeit für die sinnvolle Durchführung ganz unterschiedlicher anderer Aufgaben mit außergewöhnlichem Charakter. Das kann etwa die Präsentation neuer Produkte, den Auftritt des Unternehmens bei Messen und Ausstellungen oder das Veranstalten von Betriebsfesten für die Mitarbeiter betreffen. All diese Aufgaben fallen in irgendeiner Form aus dem Rahmen der fortlaufenden Tätigkeiten innerhalb der Basisorganisation und sind daher potenziell Gegenstand von Projektarbeit.

5.2.3 Allgemeine Zielbezüge

Als *allgemeine Zielbezüge* des Projektmanagements werden im Folgenden Soll-Zustände oder funktionale Effekte erörtert, die generell mittels Projektarbeit angestrebt werden können, unabhängig davon, ob es sich um ein Rationalisierungsprojekt oder ein Projekt auf dem Gebiet der Produktentwicklung oder um Projektarbeit in einem anderen Aufgabenfeld handelt. Es geht also nicht um Ziele für ein singuläres Projekt, sondern um übergeordnete Zielkategorien von Projektmanagement.

Grundsätzlich bietet das Projektmanagement eine

> **strukturelle Führungskonzeption für komplexe Vorhaben im Unternehmen.**

Handlungsleitend in Bezug auf das Implementieren dieser Konzeption erscheint ihre besondere Eignung für das Auslösen einer Reihe bedeutsamer Effekte. Die mittels Projektmanagement realisierbaren Ergebnisse sind in hohem Maße funktional im Hinblick auf das langfristige Überleben des Unternehmens sowie seine Fähigkeit zum Erkenntnisfortschritt. In Abb. 5.5 werden derartige (potenzielle) Resultate veranschaulicht.

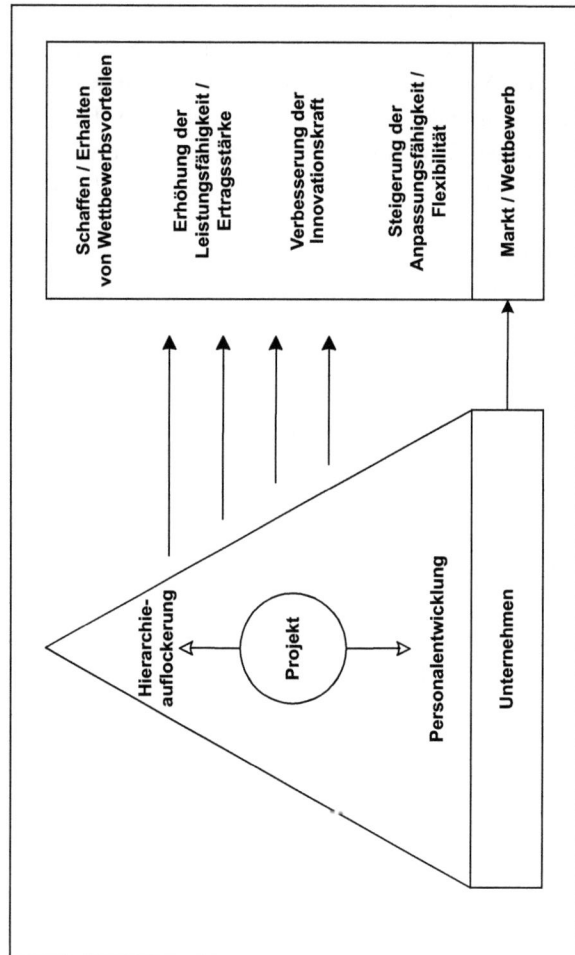

Abb. 5.5 Effekte von Projektarbeit. (Quelle: Krüger 1993, S. 3560)

Aufgrund ihrer besonderen Merkmale bewirkt die Projektarbeit unternehmensintern insbesondere Effekte der Auflockerung von Hierarchien sowie der Personalentwicklung. Die Projekte eröffnen Chancen, Mitarbeiter aus verschiedenen Unternehmensbereichen und von unterschiedlichen hierarchischen Ebenen gleichberechtigt an der Lösung neuartiger, umfassender Probleme zu beteiligen. Damit tritt im Rahmen des Projekts die hierarchische Struktur der Basisorganisation in den Hintergrund. Maßgeblich sind die Beiträge der einzelnen Akteure im Projektteam zur Lösung der gestellten Probleme, nicht die Stellung der Personen in der Unternehmenshierarchie oder ihre Zugehörigkeit zu einem bestimmten Unternehmensbereich. Dies fördert die kollektive Fähigkeit des Unternehmens zur Realisation ganzheitlicher und effizienter Problemlösungen.

Für den einzelnen Mitarbeiter bedeutet die Teilnahme an einem Projekt regelmäßig die Konfrontation mit neuen, relativ offen und unstrukturiert angelegten Aufgaben. Dies bietet dem Individuum vielfältige Möglichkeiten zur Nutzung der eigenen Potenziale sowie zur persönlichen Weiterentwicklung durch **Training-on-the-job**. Aufgrund positiver Resultate im Rahmen der Projektarbeit können sich die involvierten Mitarbeiter außerdem für die Übernahme anspruchsvollerer Aufgaben innerhalb der Basisorganisation des Unternehmens empfehlen. Insoweit leistet Projektmanagement wertvolle Personalentwicklung in Form der Qualifizierung von Mitarbeitern sowie durch das Vermitteln von Impulsen und Informationen im Hinblick auf die Planung und die Gestaltung individueller Karriereverläufe.

Unternehmensextern ist der Einsatz von Projektmanagement prinzipiell funktional im Hinblick auf die Absicherung und den Ausbau der Stellung des Unternehmens am Markt und im Wettbewerb. Im Einzelnen soll erfolgreiche Projektarbeit nachhaltig positive Effekte hinsichtlich der Wettbewerbsvorteile, der Ertragsstärke, der Innovationskraft sowie der Flexibilität des Unternehmens hervorbringen. Das erfordert die enge Verknüpfung des Projektmanagements mit den strategischen Unternehmenszielen.

5.2.4 Phasen der Projektarbeit

Die im vorstehenden Abschnitt dargelegten Effekte von Projektarbeit stellen Potenziale dar, die durch erfolgreich gestaltetes Projektmanagement realisiert werden sollen. Dazu bedarf es der sorgfältigen und fundierten Entscheidung über eine Reihe von Projektparametern. Dies wird anhand der Abgrenzung verschiedener Phasen im Projektmanagement deutlich. In Abb. 5.6 sind die relevanten Projektphasen modellhaft ausgewiesen.

In Anlehnung an den theoretischen Bezugsrahmen, den das dargelegte Modell bereitstellt, werden im Folgenden die einzelnen Phasen des Managementprozesses für Projekte erläutert.

5.2.4.1 Projektauftrag
Bereits in der ersten Phase, **der Initiierung des Projektes oder der Fixierung des Projektauftrages**, werden entscheidende Weichen für den Erfolg der gesamten Projektarbeit

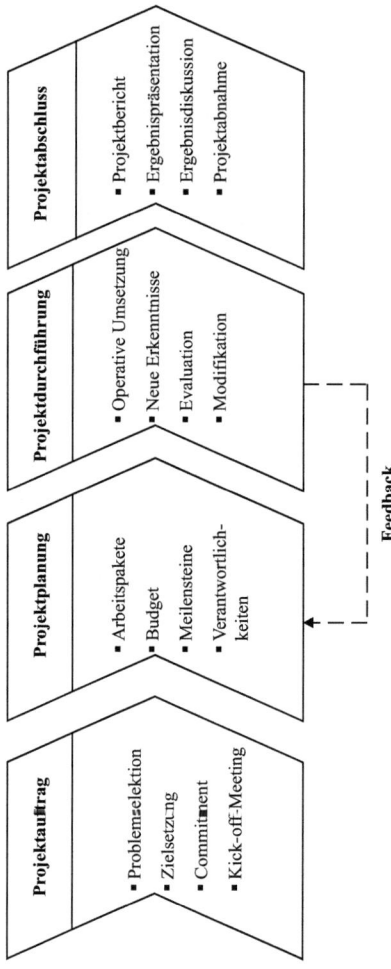

Abb. 5.6 Phasenmodell des Projektmanagements

gestellt. In dieser Phase geht es zunächst darum, aus der Gesamtheit der unternehmerischen Aufgaben jene Tätigkeiten und Anforderungen zu identifizieren, die konstruktiv in Projektarbeit bewältigt werden können. Das betrifft die adäquate Problemselektion. Der Projektauftrag sollte den sachlichen Gegenstandsbereich des Projektes präzisieren und brauchbare Aussagen über die anzustrebenden Ziele enthalten. Im Hinblick auf das Erreichen dieser Ziele ist die nachhaltige **Autorisierung** des Projektes eine notwendige Erfolgsbedingung. Da in Projektarbeit regelmäßig innovative Problemlösungen hergeleitet werden sollen, existiert ein prinzipieller

> **Konflikt zwischen den projektbezogenen Subsystemen und der etablierten Basisorganisation.**

Aus diesem Grunde hat Projektarbeit ohne eindeutige Autorisierung durch die Kerngruppe im betrieblichen Entscheidungszentrum kaum Chancen, sich gegen die zu erwartenden Störungen im Verlaufe des Vorhabens durchzusetzen. Das Projekt braucht das klare, uneingeschränkte **Commitment** des Top Managements. Unzulängliche Autorisierung des anstehenden Vorhabens in der Phase des Projektauftrags programmiert quasi bereits in diesem frühen Stadium das spätere Scheitern des Projekts.

Den nötigen Raum für eine intensive Diskussion der Einzelheiten des Projektauftrages, insbesondere zwischen dem Auftraggeber und dem Projektteam, soll das **Kick-off-Meeting** bereitstellen. Mit dieser Veranstaltung wird gewöhnlich der Start des Projektes vollzogen. Im Meeting kommen die am Projekt beteiligten Personen zusammen, um offene Fragen zu klären, die gegenseitigen Erwartungen einzubringen und etwa noch im Hinblick auf die Entfaltung der Projektarbeit bestehende Barrieren wegzuräumen (vgl. Bea et al. 2008, S. 106 ff.). Das Kick-off-Meeting hat außerdem die Funktion, grundlegende Anstöße für die Entwicklung der Projektkultur und damit für die Gestaltung der mehr informellen sozialen Beziehungen zwischen den Teilnehmern zu vermitteln.

5.2.4.2 Projektplanung

Auf der Grundlage des klar formulierten, durch das Commitment der Unternehmensleitung autorisierten und dergestalt mit Durchsetzungskraft ausgestatteten Projektauftrages kann in Phase 2 die Projektplanung begonnen werden. Dabei gilt es, aus den gesetzten Zielen gemäß Phase 1 nunmehr konkrete Aktivitäten (Handlungskonzepte) zur Zielansteuerung herzuleiten. Damit rückt ein wichtiger Parameter des Projektmanagements in den Mittelpunkt der Betrachtung, und zwar das Bestimmen sogenannter **Arbeitspakete**:

▶ Nach DIN 69901 umfasst ein Arbeitspaket eine Tätigkeitskomponente innerhalb eines Projektes, die nicht weiter aufgegliedert wird und auf einer beliebigen Gliederungsebene angesiedelt sein kann (vgl. O. V. 1987).

Damit haben die Arbeitspakete den Charakter sachlich, räumlich und zeitlich operational zuordenbarer Tätigkeitseinheiten. Ihre Bedeutung im Rahmen der Projektplanung erhalten solche Arbeitspakete im Kontext zweier zentraler Planungstechniken. Es handelt sich dabei zum einen um die Projektstrukturplanung und zum anderen um die Projektverlaufsplanung. Im ersten Schritt der entsprechend angelegten Projektplanung steht die sachgerechte Erstellung des Projektstrukturplans zur Debatte. Die grundsätzliche Form des Projektstrukturplans ist in Abb. 5.7 dargestellt.

Den Ausgangspunkt und damit die oberste Gliederungsebene der Strukturplanung bildet das **Ziel des Projektes.** Daraus werden auf den weiteren Ebenen notwendige Tätigkeitsbündel zur Zielerreichung deduziert. Die Kategorie der **Teilaufgabe** bezeichnet nach Maßgabe der DIN 69901 einen Teil des Projektes, der weiter aufgegliedert werden kann. Diese weitere Aufgliederung sollte in der praktischen Anwendung auch regelmäßig vorgenommen werden, damit operationale Aktivitäten resultieren. Eben damit ist die Kategorie des Arbeitspakets angesprochen. Die **Arbeitspakete** definieren die kleinsten Einheiten im Rahmen der Planung der Projektstruktur. Solche Tätigkeiten sollen konkret durchführbar sein und deshalb nicht weiter unterteilt werden. In der Abb. 5.7 wird erkennbar, dass Arbeitspakete auf verschiedenen Gliederungsebenen angesiedelt sein können. Das gilt analog für Teilaufgaben.

Weiterhin gilt die Aufforderung, Teilaufgaben solange weiter aufzugliedern, bis auf der letzten Gliederungsebene Arbeitspakete entstehen.

▶ Ein Arbeitspaket soll eine in sich geschlossene Aufgabenstellung innerhalb eines Projektes umfassen, die selbstständig von einer Person oder von einer Gruppe sachgerecht bearbeitet werden kann (vgl. Bea et al. 2008, S. 142).

Unabhängig davon, ob ein Arbeitspaket einer singulären Person oder einer Gruppe zur Erledigung zugewiesen wird, hat es sich als erfolgsnotwendig erwiesen, dass jeweils **eine** Person die unmittelbare Verantwortung (praxeologischer Sprachgebrauch: *Kümmerer*) für

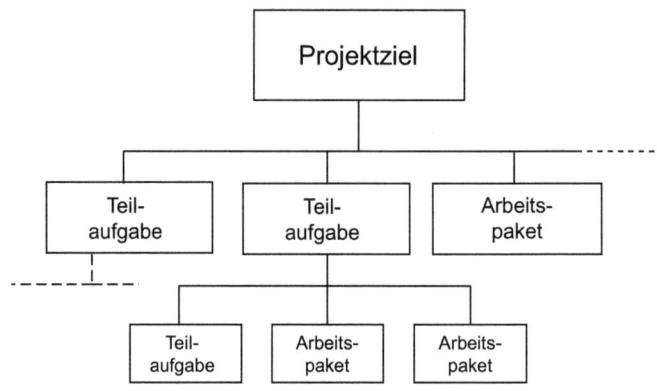

Abb. 5.7 Die Erstellung des Projektstrukturplans

die sachlich und zeitlich korrekte Ausführung des Arbeitspakets übernimmt. Dazu gehört die Ausstattung dieser Person mit den erforderlichen Kompetenzen (vgl. Schelle 2007, S. 125 ff.). Die erfolgreiche Promotion eines Arbeitspakets erfordert die Bereitstellung der dafür benötigten Mittel zur Willensdurchsetzung.

Als Output des Prozesses der Projektstrukturplanung lassen sich die erörterten Arbeitspakete deuten. Genau dieser Output mündet im nächsten Schritt der Planung des Projektes als Input in die Projektverlaufsplanung (Quelle im Sinne von Prozessmanagement). Im Rahmen dieser Planungstechnik geht es um die Bestimmung sowie die Antizipation der logischen und der zeitlichen Anordnung der Arbeitspakete im Gesamtverlauf des Projektes. Die Abb. 5.8 vermittelt den Zusammenhang der Projektverlaufsplanung.

Aus der Abbildung geht hervor, dass die Arbeitspakete durch sogenannte Anordnungsbeziehungen in eine sinnvolle Folge von Parallel- und Sukzessivbearbeitung gestellt werden. Eine ganz wichtige Funktion erfüllen die ebenfalls ausgewiesenen **Meilensteine**. Es handelt sich dabei um möglichst klar definierte Zwischenergebnisse im Projektverlauf. Zu fixierten Terminen werden auf der Grundlage der in den Meilensteinen ausformulierten Zwischenergebnisse während des Projektes differenzierte Soll-/Ist-Vergleiche und, falls erforderlich, **Abweichungsanalysen** durchgeführt. Die Meilensteine sollen zur zweckgerechten Feinsteuerung des Projektes beitragen.

Das Abschätzen der Zeitbedarfe stellt einen enorm anspruchsvollen Planungsgegenstand dar. Nach Maßgabe der ermittelten Zeitbedarfe werden die Termine bezüglich der Fertigstellung der Arbeitspakete sowie der darin enthaltenen Einzelaufgaben hergeleitet. Im Rahmen der Planung wird darüber hinaus über die Bereitstellung personeller und sachlicher Ressourcen für das anstehende Projekt entschieden. Zweckmäßigerweise erfolgt die kostenbezogene Abbildung der Entscheidungen über den Mitteleinsatz in Form eines Budgets. In der Phase der Projektplanung sind darüber hinaus umfassend die Verantwortlichkeiten in Bezug auf die Projektarbeit auf den verschiedenen relevanten Ebenen zu klären, zu bestimmen und personell zuzuordnen.

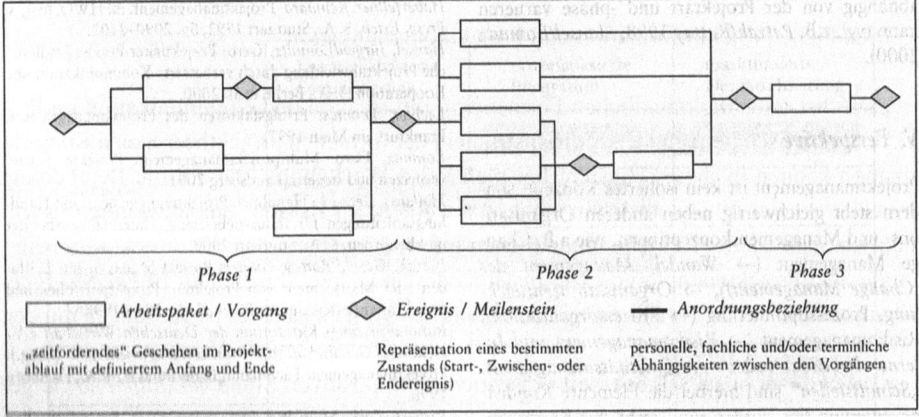

Abb. 5.8 Planung des Projektverlaufs. (Quelle: Marr und Steiner 2004, S. 1205)

5.2.4.3 Projektdurchführung

Die dritte Phase des Projektmanagement-Prozesses besteht in der konkreten Realisation des betrachteten Vorhabens. Das betrifft die **operative Umsetzung** der Projekt-Aktivitäten. Es geht folglich um die Erledigung der Arbeitspakete nach Maßgabe der getroffenen Planung. Im Zuge der Durchführung des Projekts resultieren jedoch regelmäßig **neue Erkenntnisse**, die unter Umständen Änderungen im Tätigkeitsvollzug oder in der Planung des Projektes (Feedback-Schleife in Abb. 5.8) erfordern. Besondere Bedeutung haben in diesem Zusammenhang die Meilensteine. Sie verankern die systematische **Evaluation** des Projektstatus im Zuge der Projektarbeit. Dies fördert die notwendige Steuerung und Kontrolle der stringenten Erledigung der Aufgaben (Arbeitspakete) sowie des effektiven Einsatzes der personellen Kapazitäten und der sachlichen Ressourcen.

In hohem Maße erfolgskritischen Charakter im Zuge der Projektdurchführung haben die Informations- und Kommunikationsprozeduren. Gerade wegen seiner Neuartigkeit und Außergewöhnlichkeit erfordert das Projekt den umfassenden Austausch von Informationen. Auf diese Weise werden die notwendigen Lernprozesse auf der Ebene der individuellen Teilnehmer, auf der Ebene der involvierten Stakeholder-Gruppen sowie auf der Ebene des gesamten projektbezogenen Subsystems initiiert. In Anbetracht der Merkmale von Projekten ist die spezifische Wissensbasis im Unternehmen zum Zeitpunkt des Projektstarts relativ gering ausgeprägt, handelt es sich doch um ein selten (Beispiel Messeauftritt) oder einmalig (Beispiel Fabrikbau in Tschechien) durchzuführendes Vorhaben mit demzufolge fehlenden gesammelten Routinen. Ein sorgfältig gestaltetes System der Projektinformation und Projektkommunikation sollte helfen, die kollektiven Wissenslücken zu schließen und die Projektarbeit sachlich zu fundieren sowie zu unterstützen. In Abb. 5.9 sind Grundelemente eines solchen projektorientierten Informations- und Kommunikationssystems aufgezeigt.

Das umrissene Informations- und Kommunikationssystem basiert einerseits auf mündlichen Prozessen und andererseits auf formalisierten Prozessen des Informationsaustausches.

1. Mündliche Projektinformation und Projektkommunikation

Zunächst seien die mündlichen Formen von Information und Kommunikation im Projekt exemplarisch betrachtet. Als ein Instrument der formellen projektbezogenen Kommunikation können in dieser Hinsicht beispielsweise **Workshops**, die auf die Bearbeitung projektrelevanter Inhalte abzielen, eingesetzt werden. Im **Review**, einem weiteren Instrument im Segment der formellen mündlichen Information, berichten die Projektmitarbeiter an die dem Projektteam vorgesetzte Instanz oder an andere Stakeholder in *Face-to-face-Situationen* über den Fortschritt und den Stand des Vorhabens. Dies ist verbunden mit den Optionen von Nachfragen und kritischem Diskurs. In den Review-Veranstaltungen muss das Projektteam quasi seine Arbeit präsentieren, im positiven Sinne *verkaufen* sowie gegenüber aufkommender Kritik verteidigen. Die vorgesetzte Instanz oder die anwesenden

5.2 Projektmanagement

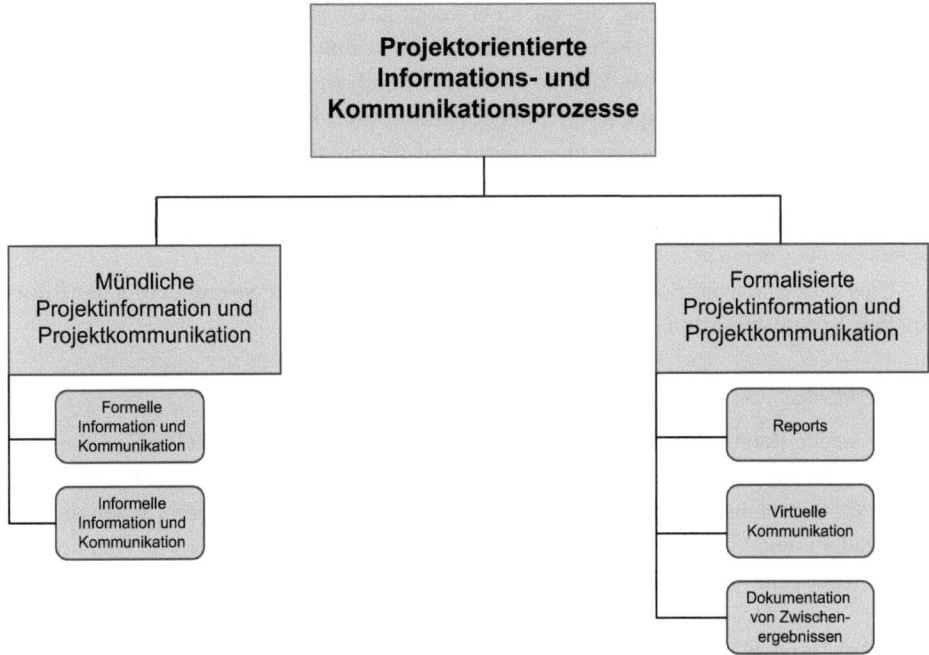

Abb. 5.9 Projektorientiertes Informations- und Kommunikationssystem. (Quelle: nach Patzak und Rattay 2004, S. 258 ff.)

Stakeholder können beim Review die Rolle des *advocatus diaboli* einnehmen. Der Sinn dieser Rolle besteht gerade im Einbringen grundsätzlich kritischer Argumente.

▶ Dabei gilt die Prämisse, dass der regelmäßig angewandte, intensive und kritische Diskurs über die jeweils durchgeführten Projektaktivitäten das Endergebnis signifikant verbessert.

Zum Zwecke der Unterstützung der Kommunikation der Projektmitarbeiter untereinander kann ein **Jour fixe** festgelegt werden. Dabei handelt es sich um einen regelmäßig wiederkehrenden Zeitpunkt (zum Beispiel an jedem Freitag um 15:00 Uhr), an dem das Team zusammenkommt, um

- den aktuellen Arbeitsstand zu erörtern,
- im Sinne von Feinplanung die weiteren Detail-Aktivitäten festzulegen und gegebenenfalls erforderliche Modifikationen im Projektplan vorzubereiten.

Der Jour fixe trägt zur Gewährleistung einer gewissen Regelmäßigkeit und Verbindlichkeit der formellen Kommunikation im Zuge der Projektarbeit bei.

Der Terminus *informelle Kommunikation* bezeichnet den ungeplant im Verlaufe des Projektes aufkommenden Informationsaustausch zwischen den Teilnehmern. Diese Form der mündlichen Kommunikation ist im Hinblick auf die Bewältigung der naturgemäß recht offen angelegten, wenig bis gar nicht vorstrukturierten Projektaufgaben von ganz fundamentaler Bedeutung. Die in der Projektorganisation denknotwendig zahlreich vorhandenen Informationslücken können häufig nur durch spontane, ungeplante Kommunikation zwischen den beteiligten Akteuren geschlossen werden. Es ist konstitutiv für informelle Kommunikation, dass sie nicht direkt und systematisch gestaltbar ist, andernfalls wäre diese Kommunikation formell. Wohl aber kann das projektbezogene Informations- und Kommunikationssystem indirekt auf Prozesse des informellen Informationsaustausches Einfluss nehmen.

Dies kann durch das Schaffen von **Rahmenbedingungen zur Stimulierung der informellen Kommunikation** geschehen.

Beispiele

für solche Rahmenbedingungen zur Förderung konstruktiver informeller Kommunikation sind das Durchführen von Teamtraining, die Bereitstellung funktional ausgestatteter Besprechungsräume, das Einrichten kleiner Cafeterien oder Pantrys sowie die Anwendung von Vertrauensarbeitszeit ohne Nachweis über Pausenzeiten im Rahmen der Projektarbeit. ◄

Diese Maßnahmen animieren den persönlichen Kontakt zwischen den Projektmitarbeitern, was sich in der Steigerung des Umfangs und der Intensität informeller Information und Kommunikation niederschlägt. Dadurch wird der Flow formeller Kommunikation im Idealfall sinnvoll ergänzt. Natürlich hat informelle Kommunikation grundsätzlich **ambivalenten Charakter**. Neben den dargelegten positiven Wirkungen auf den Projekterfolg können von informeller Information und Kommunikation sehr wohl hoch problematische Impulse ausgehen, die den Output des Projektes beeinträchtigen und gefährden.

Beispiele

für Risiken informeller Kommunikation:
    Gerüchte, Mobbing, mikropolitische Debatten, intendierte Fehlinformation und langatmige Konferenzen mit formal völlig unwichtigen Abschweifungen. ◄

Unabhängig von solch (potenziellen) dysfunktionalen Effekten sind Projekte auf vitale informelle Kommunikation zwingend angewiesen. Die Kunst von Projektmanagement besteht darin, die konstruktive Seite informeller Informationsprozesse nachhaltig zu entfalten.

2. Formalisierte Projektinformation und Projektkommunikation

Die zweite Säule des projektorientierten Informations- und Kommunikationssystems bezieht sich auf Prozesse des *formalisierten* Informationsaustausches. Als Komponente der Organisationsstruktur umfasst die ***Formalisierung*** gerade jene Entscheidungen, die bestimmen, welche Sachverhalte im Unternehmen schriftlich zu regeln oder abzufassen sind.

▶ **Formalisierung** Summe der Entscheidungen über die verbindliche Vorgabe der Schriftform für organisationale Elemente

Die so verstandene Formalisierung lässt sich wiederum in drei Teilbereiche untergliedern (vgl. Kieser und Walgenbach 2010, S. 157 ff.). Es handelt sich dabei um

- die schriftliche Festlegung organisatorischer Regeln,
- die Dokumentation der Leistungserfassung und der Leistungsbeurteilung
- sowie die Formalisierung des Informationsflusses.

Zum letztgenannten Teilbereich gehört die zweite Säule des Projektinformationssystems, nämlich die formalisierte Projektinformation und Projektkommunikation. Damit ist die Grundsatzentscheidung darüber angesprochen, welche Informations- und Kommunikationselemente im Projektverlauf zwingend der Schriftform bedürfen. Solche, von den Beteiligten in der Praxis häufig als *Bürokratie* kritisierten, Vorgaben zur Schriftform erzeugen den wesentlichen Vorteil der relativ eindeutigen Reproduzierbarkeit von Informationsprozessen und Kommunikationsergebnissen. Außerdem tritt die Sachorientierung im Hinblick auf die Kommunikation in den Vordergrund, da es nicht mehr der Beliebigkeit der Einschätzung seitens der involvierten Personen obliegt, welche Prozesse des Austausches schriftlicher Informationen Einsatz finden.

Dazu sei nachstehende Hypothese formuliert:

▶ Eine gewisse Bürokratie im Umgang mit Informationen ist eine notwendige Bedingung erfolgreichen Projektmanagements!

Das darf allerdings gerade im Bereich der Projektarbeit nicht in *Perfektionismus* und *Formalisierungswahn* einmünden. Die zu weit getriebene Formalisierung des Informationsflusses im Rahmen der Durchführung von Projekten absorbiert wertvolle, regelmäßig sehr knapp bemessene personelle und sachliche Kapazitäten, verzögert den Projektfortschritt, demotiviert die Teammitglieder und animiert innovationsfeindliche Verhaltensweisen der individuellen Absicherung (*Ich mache alles genau nach Vorschrift!*) und kreativitätsarmen Pflichterfüllung (vgl. Haas und Jansen 2006, S. 40 ff.). Daher sei der oben angeführten Hypothese pro Formalisierung der Projektinformation nunmehr eine relativierende zweite Hypothese angefügt:

▶ In der Projektkommunikation sollte gelten:
So viel Bürokratie wie nötig, so wenig Bürokratie wie möglich!

Wesentliche instrumentelle Zugänge zur Bereitstellung der in diesem Sinne notwendigen Formalisierung des Informationsflusses sind im oben abgebildeten Modell eines projektorientierten Informations- und Kommunikationssystems exemplarisch dargestellt. Als **Reports** werden schriftliche Berichte über den Projektverlauf, den Projektstatus sowie bereits erzielte Resultate bezeichnet. Dazu gehören Protokolle über die Sitzungen des Projektteams oder Review-Veranstaltungen. Die Protokolle dienen der eindeutigen Erfassung der Inhalte, Ergebnisse, Vereinbarungen, Termine und Verantwortlichkeiten. Darüber hinaus erlauben solche Protokolle die knappe Information nicht anwesender Mitglieder und Anwender. Reports können aber auch den Charakter schriftlicher Berichte an den Lenkungsausschuss, an Stakeholder oder an die Geschäftsleitung haben.

Die planmäßige Einbeziehung des Intranets der Unternehmung in die Projektinformation begründet die **virtuelle Kommunikation** im Rahmen des betrachteten Systems. So kann es sinnvoll sein, ein für alle Teilnehmer zugängliches Handbuch zum Projektmanagement in das Intranet einzustellen. Auch Daten über den Projektauftrag und über den Projektstatus können interaktiv mittels Intranetnutzung schriftlich generiert und aktualisiert werden. Technologisch bietet sich über solche Intranet-Anwendungen der Einsatz von Datenbank-Systemen an. Die **Dokumentation von Zwischenergebnissen** dient der kommunikativen Projektsteuerung. Häufig sind solche Zwischenergebnisse als Meilensteine in die Planung des Projektverlaufs integriert. Die Vorgabe zur Dokumentation solcher Resultate betont deren Wichtigkeit, fordert besondere Energien der Projektmitarbeiter ein und hilft, den sinnvollen Projektfortschritt zu gewährleisten.

5.2.4.4 Projektabschluss

Der Projektabschluss bildet die vierte Phase im Phasenmodell des Projektmanagements. Nach den konstitutiven Merkmalen von Projekten endet die Arbeit am jeweiligen Vorhaben zu einem im Voraus definierten Zeitpunkt. Eben an diesem Punkt im Projektverlaufsplan sollen sowohl der formelle als auch der faktische Projektabschluss stattfinden. Gegenstand der vierten Phase ist das Bereitstellen der Ergebnisse aus der Projektarbeit für die weitere betriebliche Nutzung.

1. Projektbericht

Diese Ergebnisbereitstellung geschieht mittels der umfassenden Dokumentation der erzielten Resultate in Form des **Projektberichts**. Der Projektbericht dient zum einen der eindeutigen und nachvollziehbaren Kommunikation der Ergebnisse. Zum anderen hat der Bericht die Funktion der Ergebnissicherung für das Unternehmen. Durch die im Bericht dargelegten Erkenntnisse, Analysen und Empfehlungen wird die **organisationale Wissensbasis** erweitert. Der Projektbericht erweitert das kollektive, explizite Wissen im Unternehmen. Dazu sei auf das SECI-Modell zum Wissensmanagement hingewiesen, welches von den Autoren Nonaka und Takeuchi (1995) entwickelt wurde. Den darin betrachteten Zusammenhang vermittelt Abb. 5.10.

Das Kürzel SECI steht für die aufgezeigten vier Teilprozesse im Wissensmanagement. Es geht um verschiedene Varianten der Wissenstransformation, und zwar:

5.2 Projektmanagement

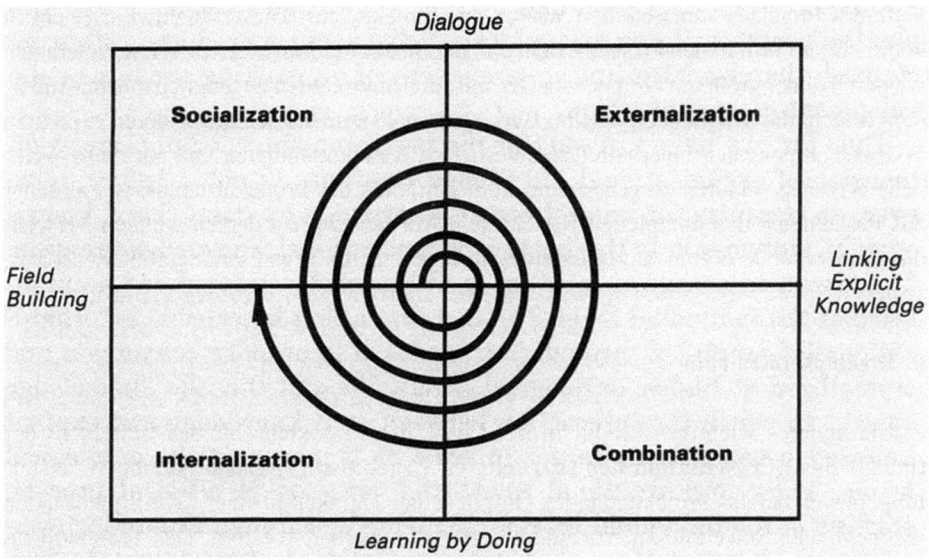

Abb. 5.10 Spirale des Wissensmanagements nach Nonaka und Takeuchi. (Quelle: Nonaka und Takeuchi 1995, S. 71)

- **S**ocialisation (implizites Wissen wird in neues implizites Wissen transformiert).
- **E**xternalization (implizites Wissen wird transformiert in explizites Wissen).
- **C**ombination (explizites Wissen wird transformiert in neues explizites Wissen).
- **I**nternalization (explizites Wissen wird transformiert in implizites Wissen).

Die Spirale, welche die Teilprozesse übergreift, bringt zum Ausdruck, dass die organisationale Wissensbasis durch permanente Transformation zwischen implizitem und explizitem Wissen entsteht. Spiralförmig breitet sich nach diesem Modell im Falle erfolgreichen Wissensmanagements das Know-how von der Ebene individuellen Wissens über die Teamebene auf immer größere Unternehmensbereiche bis hin zur Ebene des Gesamtunternehmens aus.

- Dabei stellt **implizites Wissen** (*Tacit Knowledge*) das auf individuelle Wissensträger begrenzte, nicht formalisierte und damit kollektiv nicht zugängliche, sondern vollkommen personenabhängige Wissen im sozio-technischen System dar.
- Dagegen ist **explizites Wissen** (*Explicit Knowledge*) aufgrund der vorgenommenen Formalisierung prinzipiell kollektiv zugänglich sowie von einzelnen Personen oder Personengruppen unabhängig nutzbar und anwendungsfähig (vgl. Nonaka und Takeuchi 1995, S. 72 ff.). Darüber hinaus hat explizites Wissen im Gegensatz zum impliziten Wissen aufgrund der erfolgreich durchgeführten Kodifizierung das Merkmal der eindeutigen Kommunizierbarkeit.

Der Projektbericht setzt an eben dieser Schnittstelle zwischen implizitem Wissen und explizitem Wissen an. Das individuelle Wissen einzelner Projektmitarbeiter wird im Verlaufe des Projektes zum geteilten Wissen des Projektteams. Dieses Teamwissen geht in kodifizierter Form in den Projektbericht ein, der die darin formalisierten Wissenselemente wiederum einer größeren Gruppe von Organisationsmitgliedern zugänglich macht. Außerdem besteht die Möglichkeit, das im Bericht formalisierte Wissen mit anderen expliziten Wissenskomponenten innerhalb des Unternehmens zu kombinieren und auf diese Weise neue Wissensstrukturen zu generieren. Zum Zeitpunkt des Projektabschlusses soll daher das Projektteam den kompletten Bericht dem Auftraggeber zu dessen weiterer Verwendung, insbesondere zum angepassten Einbringen in die organisationale Wissensbasis, vorlegen.

2. Ergebnispräsentation

Ein anderes wichtiges Modul in der Phase des Projektabschlusses besteht in der (mündlichen) **Präsentation der erarbeiteten Ergebnisse**. Gemeint ist eine Veranstaltung, in welcher das Projektteam den Output seiner Tätigkeit in einer Live-Situation den maßgeblichen Stakeholdern, vor allem dem Auftraggeber, vorstellt. Das Team soll im Rahmen der Ergebnispräsentation die erzielten Resultate im besten Sinne *verkaufen*. Darin sind regelmäßig umfangreiche **Gestaltungsempfehlungen** für die betrieblichen Entscheidungsträger enthalten. In Abhängigkeit vom konkreten Gegenstand und von der verfolgten Zielsetzung des Projektes haben solche Gestaltungsempfehlungen ganz unterschiedlichen Charakter. Im Falle einer Produktinnovation können sich die Empfehlungen etwa in Form eines Prototyps, welcher bestimmte Produkteigenschaften (Farbe, Form, Geschmack, Verpackung etc.) sehr anschaulich vermittelt, ausdrücken. Dagegen beinhalten Gestaltungsempfehlungen im Falle eines Projektes zur Entwicklung eines Entgeltsystems beispielsweise Aussagen über Bewertungskriterien, absolute Entgelthöhe, graduelle Differenzierung und Marktgerechtigkeit. Die erarbeiteten Ergebnisse erfordern deshalb sachlich angepasste Methoden der Ergebnispräsentation. Bei einer Produktinnovation im Lebensmittelsektor könnte das unter anderem eine Verkostung sein, im Zuge der Präsentation eines Entgeltsystems würde es zweifellos Sinn machen, einige Probeläufe alternativer Entgeltberechnungen und Entgeltstrukturen nach Maßgabe der empfohlenen Vorgehensweisen zu simulieren.

3. Ergebnisdiskussion

In engem Zusammenhang mit der Präsentation der Resultate steht die **Ergebnisdiskussion**. Sie dient dem bewusst kritischen Hinterfragen der Empfehlungen des Projektteams. Die Vertreter der von der Projektarbeit tangierten Anwendergruppen und Einflussgruppen sollen Gelegenheit erhalten und sind gefordert, ihre Sicht der Dinge offen in die Debatte einzubringen. In der Praxis von Projektarbeit bietet sich in diesem Zusammenhang die Chance des konstruktiven Umgangs mit den sogenannten *Killerphrasen*. Das sind Bedenken, die, aus den vergangenheitsbezogenen Erfolgsbedingungen des organisationalen Basissystems hergeleitet, nahezu regelmäßig, fast denknotwendig und prinzipiell sehr wohl mit einiger Begründung den naturgemäß innovativen bis revolutionären Vorstellungen und Orientierungen aus dem Projekt entgegengehalten werden.

Allgemeine Beispiele für Killerphrasen

- Das haben wir noch nie so gemacht!
- Das haben wir schon immer so gemacht!
- Da kann ja jeder kommen! ◄

Solche Killerphrasen und die hinter ihnen stehenden Orientierungen der Stakeholder können einerseits den Fortschritt und die Innovation durch Projekte blockieren. Die Folge sind Resultate, die nicht oder nur halbherzig umgesetzt werden. Andererseits sind die Gegenargumente aber auch Anstoß, die Empfehlungen aus dem Projekt noch mal aus verschiedenen projektexternen Perspektiven sorgfältig zu prüfen, um darauf basierend fundierte und von allen relevanten Bezugsgruppen akzeptierte Realisationsentscheidungen vorzubereiten.

▶ Die Ergebnisdiskussion stellt folglich ein wesentliches Bindeglied zwischen der Projektarbeit und der Umsetzung ihrer Outcomes in das betriebliche Basissystem dar.

Letztlich liegt es an der Unternehmensleitung, darüber zu entscheiden, ob die Ergebnisse zügig umgesetzt und dadurch Bestandteil der Basisorganisation werden. An diesem Punkt existiert eine sehr kritische Schnittstelle zwischen der etablierten Primärstruktur des Unternehmens und dem Projektmanagement. Auf dem skizzierten Hintergrund ist das zögerliche Hinausschieben der Umsetzung wesentlicher und fundierter Resultate der Projektarbeit ebenso problematisch wie das aktionistische Implementieren nur unzulänglich abgesicherter Projekt-Outcomes. Das Ausmaß und die Qualität der Implementierung von Projektergebnissen prägen in langfristiger Perspektive nachhaltig die Position des Unternehmens im Wettbewerb.

4. Projektabnahme

Das Modul der **Projektabnahme** innerhalb der Phase des Projektabschlusses fokussiert noch einen anderen Aspekt des Projektmanagements. Im Mittelpunkt steht die **Bewertung** der vorgelegten Projektergebnisse durch den Auftraggeber. Auf diesem Hintergrund werden die Ist-Resultate abgeglichen mit den Zielen, Inhalten und Anforderungen des in der Startphase erteilten Projektauftrags. Dadurch wird die Effektivität des Projektes ermittelt. Als Konsequenz der Erkenntnisse aus dem **Soll-Ist-Vergleich** erhält das Projektteam ein umfassendes Feedback zur Qualität und zur Brauchbarkeit der geleisteten Arbeit aus Sicht des internen oder des externen Kunden. Das Feedback kann in mündlicher Form vermittelt oder in Form eines Abnahmeprotokolls formalisiert geben werden (vgl. Burghardt 2002, S. 235 ff.). Aus einer nicht vollkommen zufriedenstellenden

Abnahmeprozedur oder aus konstatierbaren Mängeln im Projektoutput können sich Nachforderungen des Auftraggebers an das Projektteam ergeben. Erst mit der kompletten Endabnahme werden die Projektergebnisse schließlich definitiv vom Projektteam an den Auftraggeber zu dessen weiterer Nutzung übergeben (vgl. Cronenbroeck 2004, S. 86). Damit endet das Projekt, und in der Folge stehen Fragen der Realisierung sowie der Implementierung der Projektinhalte und Projektergebnisse im Unternehmen zur Debatte.

5.2.5 Strukturelle Integration

Das Projektmanagement als Partialkonzept struktureller Führung bedarf seinerseits der organisatorischen Einbindung in das gesamte sozio-technische System Unternehmen. Dies begründet quasi ein Erfordernis der **Metaorganisation**, d. h. die Notwendigkeit der Organisation (strukturelle Integration) eines organisatorischen Konzeptes (Projektmanagement). Wie im Folgenden zu zeigen sein wird, markiert die sinnvolle und angepasste strukturelle Einbindung eine ganz fundamentale Erfolgsbedingung des Projektmanagements. Auf diesem Hintergrund ist die Unternehmensleitung gefordert, eine Reihe fundamentaler Entscheidungen zu treffen, welche die Effektivität, die Effizienz sowie den Stellenwert der Projektarbeit im Unternehmen maßgeblich prägen.

Prinzipiell gilt es, die kritische **Schnittstelle** zwischen der Basisorganisation des Unternehmens und der Projektorganisation funktional zu gestalten. Im einzelnen Anwendungsfall sind daher die jeweiligen betrieblichen und außerbetrieblichen Einflussfaktoren des Projektmanagements sorgfältig zu erfassen und abzuwägen. Wesentliche grundsätzliche Handlungsalternativen des Unternehmens in Bezug auf die organisatorische Integration der Projektarbeit werden nachstehend in Form idealtypischer Organisationsvarianten erörtert (vgl. Olfert 2014, S. 50 ff.; Bea et al. 2008, S. 47 ff.; Madauss 2000, S. 101 ff.).

5.2.5.1 Stabs-Projektorganisation

Eine der strukturellen Alternativen zum Zwecke der Implementierung und der Integration von Projektarbeit in das Unternehmen bietet das Modell der Stabs-Projektorganisation. Die darin vorgesehene Art der organisatorischen Einbindung der Projektarbeit in das Gesamtsystem veranschaulicht Abb. 5.11.

Im betrachteten Unternehmen besteht eine funktionsorientierte Primärorganisation. Die projektbezogenen Organisationseinheiten werden als Stäbe der Geschäftsleitung zugeordnet. Diese Stabseinheiten werden mit den Projektleitern besetzt. Da die Projektleiter in Stabsfunktion agieren, besitzen sie **keine Weisungsbefugnisse** gegenüber den Entscheidungsträgern in den abgegrenzten Fachressorts *Materialwirtschaft, Fertigung und Technik, Marketing und Vertrieb* sowie *Kaufmännische Administration*. Die in die Projektarbeit einzubindenden Mitarbeiter werden aus den Fachressorts rekrutiert. Diese Mitarbeiter behalten ihre bisherigen Aufgaben bei und verrichten die Tätigkeiten innerhalb des Projektes zusätzlich. Das bedeutet, dass nur der Projektleiter mit seiner vollen Arbeitszeit für die Belange des jeweiligen Projektes zur Verfügung steht, während die dem Projekt

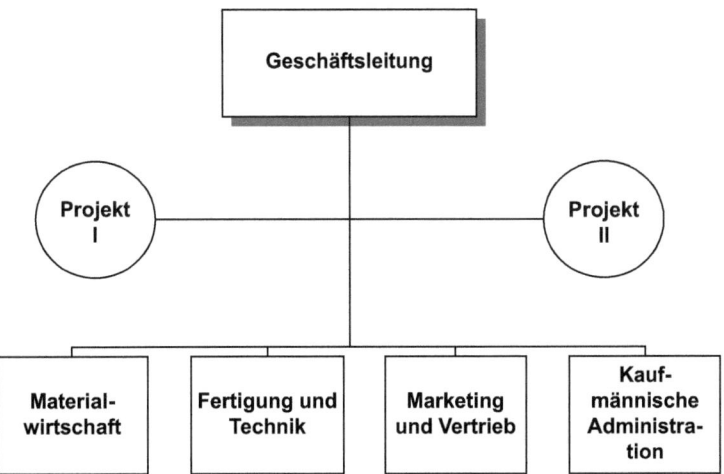

Abb. 5.11 Modell der Stabs-Projektorganisation

zugeordneten Mitarbeiter mit dem größten Teil ihrer Arbeitszeit in den Stammabteilungen verbleiben. Die Projektteilnahme bedeutet für diese Organisationsmitglieder eine Neben- oder Zusatzaufgabe. In der betrieblichen Praxis ist diese Fallgestaltung der Übernahme von Projektaufgaben additiv zu den Primärtätigkeiten der jeweiligen Person ausgesprochen verbreitet.

Der Intention des Modells der Stabs-Projektorganisation zufolge soll der Projektleiter als **Fachpromotor** des zu realisierenden Vorhabens fungieren. In idealtypischer Sicht verfügt dieser Fachpromotor über ein hohes Level relevanter Informationen sowie einen weit gefächerten Überblick hinsichtlich der maßgeblichen Belange und Bedingungen der in Form von Projektarbeit zu bewältigenden Problemstellung im Unternehmen. Die wichtigsten Funktionen des Projektleiters umfassen die Planung und die Koordination der Tätigkeiten sowie die ständige Prüfung und die Evaluation des Projektverlaufs.

▶ Statt formaler Weisungsbefugnisse sollen das projektbezogene Fachwissen und das methodische Know-how des Projektleiters die Basis seiner Akzeptanz im Unternehmen schaffen.

Aufgrund dieser starken Betonung des von Seiten des Stabes auf die Linienmanager auszuübenden, fachlich fundierten Einflusses findet sich für das Modell der Stabs-Projektorganisation auch die Bezeichnung *Einfluss-Projektorganisation*. In konfliktären Situationen kann allerdings in Anbetracht fehlender Weisungsbefugnisse schnell eine Überforderung des stabsmäßigen Projektmanagements im Hinblick auf die Durchsetzung zentraler Belange des auszuführenden Vorhabens eintreten. Die faktische Nachrangigkeit der innovationsorientierten Projektarbeit gegenüber dem stabilitätsorientierten sowie dem Status-quo verpflichteten Linienmanagement ist häufig die problematische Konsequenz der Anwendung stabsbasierter Integrationsformen von Projektmanagement.

Vorteile der Stabs-Projektorganisation bestehen dagegen in den vergleichsweise geringen Kosten dieser Variante sowie in der einfach zu bewerkstelligenden formalen Anbindung an die Primärorganisation. Das bestehende organisationale Gefüge bleibt erhalten und wird lediglich um Stabsstellen sowie projektbezogene Formen der Zusammenarbeit erweitert. Dies bedeutet vergleichsweise wenig Eingriffe in die bestehenden Primärstrukturen. Aus diesen Gründen bildet die Stabs-Projektorganisation in der betrieblichen Praxis eine favorisierte Variante der organisatorischen Integration von Projektarbeit. Allerdings stößt die Funktionalität des Modells aufgrund der fehlenden formalen Einflusschancen des Projektleiters, insbesondere bei Aufgabenstellungen von strategischer Bedeutung, an Grenzen der Machbarkeit. In solchen Fällen ist die Implementierung anderer Varianten der Projektorganisation mit höherer **Durchsetzungsfähigkeit** zu prüfen.

5.2.5.2 Reine Projektorganisation

Als strukturell geradezu radikale Alternative zur Stabs-Projektorganisation sei die Gestaltungsvariante der sogenannten *reinen Projektorganisation* betrachtet. Das Modell dieser Form organisationaler Integration von Projektmanagement ist in Abb. 5.12 dargestellt.

Wie das Organigramm zeigt, wird die Projektarbeit in der Unternehmenskonfiguration durch eigenständige Linieneinheiten verankert. Die von voll verantwortlichen Managern geleiteten Projektressorts rangieren prinzipiell gleichberechtigt neben den auf Dauer angelegten organisatorischen Einheiten. Im betrachteten Beispiel sind dies die funktional abgegrenzten Bereiche Materialwirtschaft, Fertigung und Absatz. Anders als diese Einheiten der Basisorganisation sind die Projektbereiche allerdings a priori in ihrer Existenz zeitlich befristet. Das Projektmanagement erhält damit im Modell der reinen Projektorganisation faktisch den Charakter von *Linienmanagement auf Zeit*.

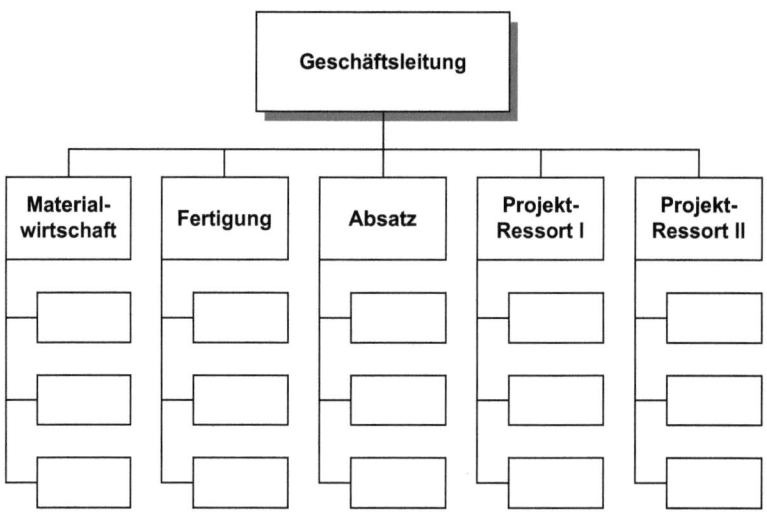

Abb. 5.12 Reine Projektorganisation

5.2 Projektmanagement

Die in den Projektressorts eingesetzten Mitarbeiter sind dort mit ihrer gesamten Arbeitsleistung zugeordnet, d. h., die Mitarbeiter nehmen die Projektaufgaben hauptamtlich und mit ihrer vollen Arbeitszeit wahr. Sowohl in fachlicher als auch in disziplinarischer Hinsicht unterstehen die in den Projektressorts beschäftigten Mitarbeiter uneingeschränkt dem jeweiligen Projektmanager. Er nimmt alle personellen Führungsfunktionen wahr und besitzt klar geregelte Weisungsbefugnisse. Diese Variante der Projektorganisation schafft günstige Bedingungen in Bezug auf die **Effektivität** der Projektarbeit. Der formale Rang der projektbezogenen Organisationseinheiten fördert die Chancen zur **Durchsetzung** der angestrebten Entwicklungen und Innovationen.

▶ Durch die vollständige Abordnung von Fachleuten aus ganz unterschiedlichen Primärbereichen in die Projektressorts wird die intensive, kontinuierliche und interdisziplinäre Zusammenarbeit im Rahmen des zu bewältigenden außergewöhnlichen Vorhabens nachhaltig ermöglicht.

Das wirkt sich zum einen hinsichtlich des Tempos der Erarbeitung von Problemlösungen und zum anderen in Bezug auf das Qualitätsniveau der realisierten Ergebnisse in hohem Maße positiv aus. Die Anwendung der reinen Projektorganisation berechtigt folglich zu **hochgesteckten Leistungserwartungen** im sozio-technischen System.

Dem steht jedoch im Vergleich zur Stabs-Projektorganisation ein erheblich größeres **Kostenvolumen** gegenüber. Der hauptamtliche Einsatz der Projektmitarbeiter verursacht umfangreiche Personalkosten, da die entstehenden Vakanzen in den Stammabteilungen im Regelfall anderweitig besetzt werden müssen. Darüber hinaus bedarf es der Ausstattung der Projektressorts mit sachlichen Ressourcen. In Anbetracht des enormen Aufwandes erscheint die reine Projektorganisation in der oben gezeigten Form insbesondere in größeren Unternehmen wirtschaftlich diskutabel. Personalwirtschaftlich resultieren aus der Befristung der Projektarbeit potenzielle Schwierigkeiten. Das betrifft den Einsatz der Projektmitarbeiter nach Abschluss des Vorhabens. Unter Umständen bestehen zu diesem Zeitpunkt keine für die frei werdenden, besonders qualifizierten Mitarbeiter angemessene Vakanzen in der betrieblichen Basisorganisation.

Im Interesse der Reduzierung dieser **Re-entry-Problematik** sollten bereits vor Beginn des Projekts von Unternehmensseite mit den abzuordnenden Mitarbeitern Vereinbarungen über deren mittelfristige berufliche Entwicklung innerhalb des Unternehmens im Sinne individueller Karriereplanung getroffen werden. Das erscheint im Hinblick auf die langfristigen Erfolge des Projektmanagements von ganz herausragender Bedeutung.

Beispiel: Storytelling

Für das angesprochene Phänomen findet sich in der betrieblichen Praxis gelegentlich die Bezeichnung *Hase-und-Igel-Effekte* (zur Methode des Storytelling und zum Zusammenhang von Märchen und Management vgl. Wunderer 2008). Diese bildhafte Analogie zum bekannten Märchen *Der Hase und der Igel* von den Gebrüdern Grimm soll ausdrücken, dass das intensiv in Projektarbeit eingebundene Organisationsmitglied (entspricht der Rolle des Hasen im Märchen) bei der Zielankunft mit der Frustration konfrontiert wird, dass andere Personen während der Dauer der Projektarbeit die zukunftsbezogenen Joboptionen in der Basisorganisation wahrgenommen haben, ohne dafür auch nur annähernd vergleichbar viel und schnell *gelaufen* zu sein (Igel). Die Maxime **Work smarter not harder** mag in der vorliegenden Fallgestaltung auf der Mikroebene des einzelnen Organisationsmitglieds durchaus Zweckrationalität aufweisen, für die Effektivität des Projektmanagements ist die derart verstandene Belohnung von *Igelverhalten* aber ungeeignet. Sofern solche Begebenheiten die Erwartungen der Organisationsmitglieder prägen, wird dies dysfunktionale Konsequenzen hinsichtlich der Motivation zur aktiven sowie engagierten Teilnahme der Individuen an Projektarbeiten auslösen. ◄

5.2.5.3 Matrix-Projektorganisation

Als Ansatz für eine Kompromisslösung zwischen den entgegengesetzten Polen der Stabs-Projektorganisation und der reinen Projektorganisation ist die Modellvariante der Matrix-Projektorganisation deutbar. Dabei wird angestrebt, die Vorteile aus den beiden oben erörterten Varianten konstruktiv zu verknüpfen. Die kennzeichnenden Merkmale der Matrix-Projektorganisation sind in Abb. 5.13 skizziert.

Nach dem Matrixmodell erfolgt die strukturelle Implementierung von Projektarbeit durch das Einrichten entsprechender Querschnittsfunktionen. Im betrachteten Beispiel geschieht dies in der Weise, dass die originär bestehende, funktional gegliederte Organisationsstruktur um eine projektorientierte Struktur, welche die Funktionsbereiche horizontal schneidet, erweitert wird. Als Konsequenz setzt sich die Organisation aus einem funktio-

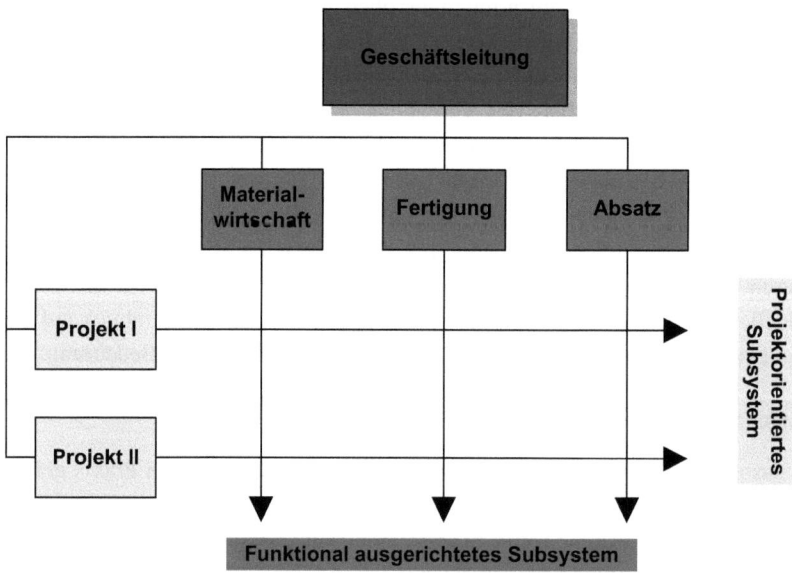

Abb. 5.13 Konzept der Matrix-Projektorganisation

nal ausgerichteten Subsystem sowie einem projektorientierten Subsystem zusammen. Das determiniert Schnittstellen der funktionsbasierten Einheiten zur Aufgabenwahrnehmung im Unternehmen mit den spezifischen Belangen der Projektarbeit.

Zur Integration der daraus erwachsenden, oft konfliktären Anforderungen sollen vor allem die in die Projekte involvierten Mitarbeiter beitragen. Sie verbleiben grundsätzlich in ihrer Stammfunktion, nehmen folglich auch weiterhin die Aufgaben ihrer bisherigen Stellen wahr. Die Projektaufgaben werden von diesen Mitarbeitern additiv zu ihren originären Aufgaben im funktionalen Subsystem ausgeführt. In Bezug auf die strukturelle Anbindung der Mitarbeiter bedeutet dies, dass sich am bisherigen Unterstellungsverhältnis in disziplinarischer Hinsicht nichts ändert. Diese Funktion obliegt nach wie vor der Führungskraft aus der funktionsbezogenen Linienorganisation. Diese Instanz behält auch alle fachlichen Führungsaufgaben gegenüber dem Mitarbeiter im funktionalen Struktursegment. Darüber hinaus werden jedoch dem Projektleiter ebenfalls fachliche Weisungsbefugnisse gegenüber den Projektmitarbeitern zugeordnet. Diese fachlichen Weisungsbefugnisse beziehen sich materiell auf alle Belange der zu erledigenden Projektarbeit.

Im Matrixmodell der Projektorganisation ist damit die **Mehrfachunterstellung** der innerhalb der Projekte eingesetzten Mitarbeiter vorgesehen. Das erfordert von allen Beteiligten im Interesse erfolgreicher Durchführung der Aufgaben erhöhte Bereitschaft zum kooperativen Arbeiten. Der in der Matrixorganisation mittels der geschaffenen Schnittstellen bewusst institutionalisierte Konflikt soll den konstruktiv-kritischen Diskurs zwischen allen tangierten organisatorischen Einheiten und den darin agierenden Organisationsmitgliedern fördern. Dies eröffnet einerseits vielfältige **Chancen** zur Vitalisierung organisationaler Interaktion sowie zum Erarbeiten kreativer, fundierter Problemlösungen. Auf der anderen Seite bedingt der Matrixansatz erhebliche **Risiken**, sofern die Kooperation zwischen den beteiligten Akteuren nicht gelingt. Es besteht dann die nachhaltige Gefahr relativ zu den verfolgten Unternehmenszielen destruktiver mikropolitischer Strategien. Dies kann sich

- im Verzögern dringend benötigter Entscheidungen,
- in der Blockade angestrebter Entwicklungen und
- im Neutralisieren von Organisationseinheiten

auswirken. Die Qualifizierung der Organisationsmitglieder auf dem Gebiet **sozialer Kompetenz** markiert daher eine notwendige Erfolgsbedingung hinsichtlich der Implementierung des Modells der Matrix-Projektorganisation.

5.2.5.4 Teamorientierte Projektorganisation

Eine interessante und empirisch verbreitete Sonderform der organisationalen Integration von Projektarbeit bildet die Variante der teamorientierten Projektorganisation. Sie hebt sich von den vorgängig erörterten Varianten der Stabs-Projektorganisation, der reinen Projektorganisation sowie der Matrix-Projektorganisation insoweit ganz prinzipiell ab, als das *Team* im Sinne einer eigenständigen und spezifisch interpretierten Einheit der Aufgabenwahrnehmung im Unternehmen in den Mittelpunkt der Gestaltung rückt.

▶ Dabei gilt die Prämisse, wonach alle Mitglieder des Teams einander in formaler Hinsicht vollkommen gleichgestellt sind (Teamprämisse).

Das Modell betont besonders den Aspekt der sachbezogenen Kooperation der involvierten Akteure im Rahmen der Durchführung von Projekten. Dies findet strukturell gerade Ausdruck im Aufheben von Hierarchie im Kern der Projektarbeit. Die Abb. 5.14 zeigt das Modell der teamorientierten Projektorganisation.

Der angesprochene Abbau von Hierarchie wird in den Projektgruppen realisiert. Die Mitglieder dieser Projektgruppen sind einander formell gleichgestellt. Damit unterscheiden sich die **Projektteams** ganz grundsätzlich von anderen Arbeitsgruppen im Unternehmen. Innerhalb des Projektteams existieren keinerlei Unter- oder Überstellungsverhältnisse. Besondere Rechte oder Pflichten einzelner Teammitglieder sind nicht vorgesehen. Die Projektgruppen als Ganzes werden allerdings hierarchisch in die Sekundärstruktur der Unternehmung eingebunden. Vorgesetzte Instanz der Projektgruppen ist der **Lenkungsausschuss**. Bei diesem Gremium handelt es sich um eine Mehrpersoneninstanz. Die Mitglieder des Ausschusses werden aus dem oberen Management der Primärorganisation zur sporadischen Wahrnehmung von Aufgaben des Projektmanagements in den Lenkungsausschuss delegiert. Potenzielle Akteure im Lenkungsausschuss sind folglich

- Mitglieder der Geschäftsleitung sowie
- Führungskräfte von der zweiten Managementebene

des Unternehmens. Der Lenkungsausschuss soll die eingerichteten Projektteams in kooperativer Weise führen. Das betrifft insbesondere die Schaffung der **Rahmenbedingungen** sowie das Treffen der im Interesse erfolgreicher Projektarbeit notwendigen **Grundsatzentscheidungen**. Danach obliegen dem Lenkungsausschuss im Einzelnen die folgenden Funktionen:

- Festlegen der konkreten Projektziele.
- Bestimmung der Kompetenzen der Projektgruppe als Ganzes; dadurch werden die formalen Einflussmöglichkeiten des Projektteams im Unternehmen fixiert.
- Rekrutierung geeigneter Mitglieder für die Projektteams.
- Entscheidung über die bereitzustellenden Budgets der Projektgruppen.
- Ergebnisbezogene Evaluation des Projektfortschritts.

Die Mitglieder der formal hierarchiefreien Projektgruppen werden für die Dauer des Vorhabens von ihren primären Aufgaben freigestellt. Ähnlich wie bei der reinen Projektorganisation, ist die Projekttätigkeit für diese Mitarbeiter ihre betriebliche Hauptfunktion, so dass die gesamte Arbeitsleistung der gruppenzugehörigen Personen in das verfolgte Vorhaben eingeht.

Ein zentrales Funktionsmerkmal der Teams ist die **Gruppendynamik**. Da formale Vorgaben zur Verteilung von Befugnissen nicht bestehen, verläuft die faktische Kompetenz-

5.2 Projektmanagement

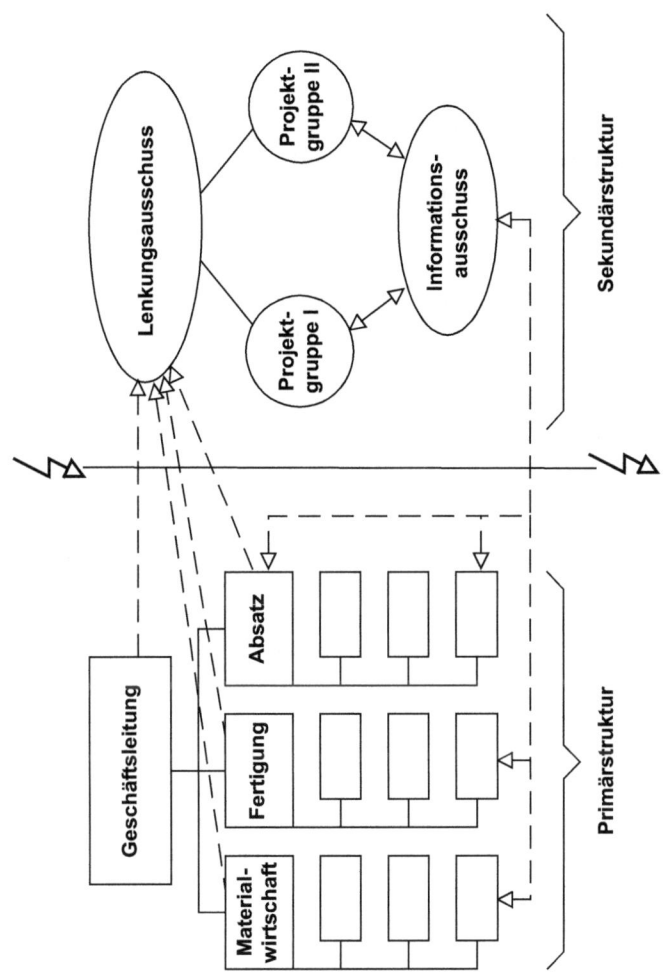

Abb. 5.14 Modell der teamorientierten Projektorganisation

zuordnung innerhalb des Teams ungeplant im sozialen Prozess der Gruppenbildung. Dabei ist im Kontext des hierarchiefreien Raumes innerhalb der Projektgruppe die ausgeprägte Partizipation aller beteiligter Mitarbeiter an der Durchführung des Projektes und an den damit verbundenen Intra-Teamentscheidungen zu erwarten. Dies wird grundsätzlich

- das Commitment,
- die Identifikation sowie
- die Motivation der Akteure in den Projektteams

nachhaltig positiv beeinflussen. Die intendierten konstruktiven Effekte der Gruppendynamik können durch sinnvolle Maßnahmen der Personalentwicklung unterstützt werden. Beispielsweise fördert die Durchführung von Workshops zur **Teamentwicklung** auf der Individualebene den Erwerb der notwendigen sozialen Fähigkeiten der Teammitglieder sowie auf der kollektiven Ebene die Kohäsion der Arbeitsgruppe als Ganzes.

Ein weiteres Gremium der Sekundärstruktur repräsentiert der **Informationsausschuss**. Er bildet das kommunikative Bindeglied zwischen den unmittelbar in das Projektgeschehen eingebundenen Mitarbeitern und Führungskräften auf der einen und den übrigen potenziell von den Ergebnissen der Projektarbeit betroffenen Organisationsmitgliedern auf der anderen Seite. Diesem Gremium gehören Stelleninhaber aus verschiedenen Bereichen und von unterschiedlichen Ebenen der Primärorganisation an. Analog zu den Mitgliedern des Lenkungsausschusses nehmen die Mitglieder des Informationsausschusses ebenfalls zusätzlich zu ihren Daueraufgaben im Basissystem die ihnen zugeordneten Projektfunktionen sporadisch wahr. Diese Aufgaben umfassen die authentische, offene und zeitnahe Information der Mitarbeiter im Primärbereich über den Stand, den Fortschritt, die Resultate, die Perspektiven und die Konsequenzen des Projektes. Darüber hinaus soll der Informationsausschuss aus der Primärstruktur heraus fachliches Know-how in Gestalt von Anregungen, Stellungnahmen und kritischem Diskurs in den Kalkül der Projektarbeit einspeisen. Das betrifft in besonderem Maße die Einstellungen und die Perspektiven der Individuen und der sozialen Gruppen in den jeweils tangierten operativen Einheiten des Unternehmens.

Insgesamt folgt das Modell der teamorientierten Projektorganisation der Intention, die (notwendige) hierarchiestabilisierte Kontinuität der Basisorganisation zu gewährleisten und gleichzeitig Raum für andere, unstrukturierte und von hierarchischen Barrieren entlastete Formen innovativer Arbeit mittels einer darauf gerichteter Sekundärorganisation zu schaffen.

▶ Es geht dabei um nicht mehr und nicht weniger als den Versuch, das Faktische zu erhalten und es gleichzeitig zu transzendieren!

Dies bedingt das Entstehen sehr kritischer Schnittstellen zwischen Primärstruktur und Sekundärstruktur. Im Interesse des Erfolgs teamorientierter Projektorganisation kommt es daher entscheidend darauf an, diese Schnittstellen konstruktiv zu gestalten. Auf dem skizzierten Hintergrund hat die Arbeit sowohl des Lenkungsausschusses als auch des Informationsausschusses herausragende Bedeutung. Die beiden Gremien sollen die komplizierte Integration der Primärorganisation und des Projektmanagements im Sinne eines funktionstauglichen und anpassungsfähigen Gesamtsystems struktureller Führung verantwortlich realisieren.

Im Hinblick auf die Arbeitsergebnisse der Projektteams bestehen prinzipiell günstige Voraussetzungen. Den qualifizierten Projektmitarbeitern stehen zeitlich, sachlich und strukturell weitreichende Entfaltungsmöglichkeiten zur Verfügung. Die Teams können daher konzentriert, kontinuierlich und intensiv an der Entwicklung von Lösungen für die zu bewältigenden Probleme arbeiten. Unter den Voraussetzungen einer gelungenen Auswahl der Mitarbeiter und einer sinnvollen der Zusammensetzung der Gruppen werden die Projektteams hohe Effektivität erreichen. Auch im Falle teamorientierter Projektorganisation ist der **Implementierungsaufwand** vergleichsweise hoch. So schlagen die Personalkosten für die involvierten Projektmitarbeiter in vollem Umfang zu Buche. Außerdem bedarf es der Ausstattung der Projektgruppen mit Sachressourcen. Schließlich entstehen darüber hinaus durch die temporären Aktivitäten der hoch dotiert personell besetzten Gremien des Lenkungsausschusses und des Informationsausschusses erhebliche Kosten.

Im Falle der funktionierenden Anwendung teamorientierter Projektorganisation ist aus den dargelegten Gründen trotzdem mit positiven **Nutzen-Kosten-Kalkülen** zu rechnen. Dies gilt vor allem im Hinblick auf die Entwicklung der Fähigkeit des Unternehmens zur mittel- bis langfristigen Anpassung an geänderte Kontextbedingungen. Damit einher geht die Verbesserung des Niveaus kollektiver Intelligenz im sozio-technischen System auf der Grundlage von Prozessen des organisationalen Lernens, die in der teamorientierten Projektorganisation angelegt sind. Per Saldo erscheint die teamorientierte Variante der organisatorischen Integration von Projektmanagement den spezifischen Anforderungen von Projektarbeit daher in hohem Maße adäquat.

5.2.6 Projektcontrolling

5.2.6.1 Gegenstand

Das Projektcontrolling soll den erfolgreichen Verlauf der Projektarbeit absichern. Im Mittelpunkt steht die Steuerung des laufenden Vorhabens durch permanente Einflussnahme auf der Metaebene des Projektes. Das bedingt die Etablierung eines Systems fortlaufender Rückkopplungen (Feedback) und Vorkopplungen (Feedforward). Durch den planmäßigen Einsatz dieser Lenkungsmechanismen soll die erfolgsnotwendige kritische Reflexion der Projektarbeit sichergestellt werden. Die Verankerung des Projektcontrollings impliziert folglich eine Erweiterung des Phasenmodells vom Projektmanagement, wie es in der der weiter oben erörterten Abb. 5.6 dargestellt ist. Dabei wird dem operativen Prozess der Bearbeitung des Vorhabens (Projektauftrag, Projektplanung, Projektdurchführung, Projektabschluss) eine **Metaebene des Projektmanagements** hinzugefügt. Dies bringt die entsprechend modifizierte Interpretation des Phasenmodells in Abb. 5.15 zum Ausdruck.

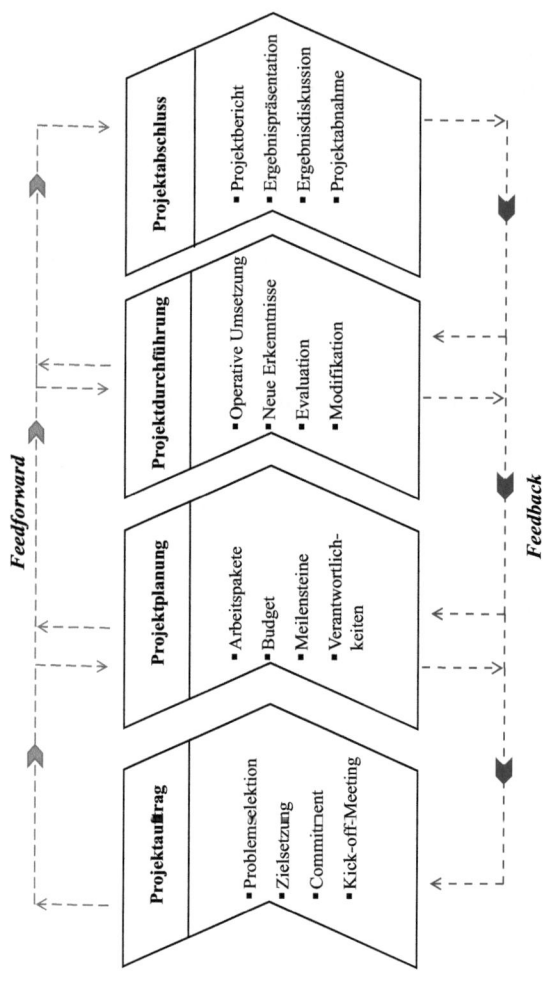

Abb. 5.15 Funktionen des Projektcontrollings

Die Grundfunktionen des Projektcontrollings bestehen nach der dargestellten Betrachtungsweise in der Durchführung von Feedforward-Prozessen sowie im Initiieren von Feedback-Prozessen während der gesamten Projektdauer. Bereits in der ersten Phase des Projektverlaufs, welche durch die Bestimmung des *Projektauftrags* gekennzeichnet ist, erfolgt wichtiges Feedforward.

▶ Beispielsweise ist der Zeitpunkt des Projektabschlusses zu bestimmen und gleichzeitig zu hinterfragen.

Mit Hilfe von Projektionen werden alternative Abschlusstermine auf ihre Machbarkeit und ihre Zweckmäßigkeit hin geprüft, um anschließend eine ausgewogene sowie realistische Entscheidung herbeiführen zu können. Darüber hinaus bedarf es der Antizipation der Phasen *Projektplanung* und *Projektdurchführung*. Dadurch wird es möglich, den Bedarf an sachlichen Ressourcen (z. B. IT-Kapazitäten) sowie den Personalbedarf frühzeitig abzuschätzen und bereits in der Auftragsphase in fundierter Form in den Kalkül einzubeziehen. Auch in den Phase II und III drückt sich das Projektcontrolling immer wieder durch Feedforward aus, indem versucht wird, die Konsequenzen bestimmter Ereignisse (z. B. Verzögerungen) oder Ergebnisse (z. B. Kundenbefragung ist ausgewertet) auf das künftige Projektgeschehen zu antizipieren. Sofern im Zuge der Vorkopplungen wichtige neue Impulse registriert werden, ist es Sache des Controllings, steuernd in den weiteren operativen Prozess des Projektes einzugreifen. Das betrifft insbesondere die Kategorien

- **Zeit** (Termintreue),
- **Leistung** (Menge, Qualität der Ergebnisse) und
- **Kosten** (Budgeteinhaltung).

Das System der Feedback-Prozesse rekurriert auf vorgängige Prozessgrößen. Es geht darum, Störungen in der Projektarbeit, die in zurückliegenden Entscheidungen oder Maßnahmen ihren Ursprung haben, zu beseitigen. Beispielsweise kann es sich bei der Herleitung der Arbeitspakete in der Phase der *Projektplanung* zeigen, dass die in der vorgängigen Phase des *Projektauftrags* formulierte Zielsetzung nicht in jeder Hinsicht erreichbar ist. Diese Erkenntnis wird folgerichtig unverzüglich rückgekoppelt. Als Folge müssen die verantwortlichen Entscheidungsträger eventuell das Ziel modifizieren oder andere Parameter in der Weise verändern (z. B. Verlängerung der Projektlaufzeit), dass sich die Realisierung des Ziels schließlich nach dem Erkenntnisstand in der Phase der *Projektplanung* als machbar erweist.

Sehr ausgeprägte Rückkopplungen resultieren regelmäßig in der Phase der *Projektdurchführung*. Gerade die operative Umsetzung der mit dem Projekt verfolgten Intentionen zeigt Engpässe auf, reflektiert den Realitätsgrad der zugrunde liegenden Planungsprämissen und bringt grundsätzlich eine Reihe weiterer neuer Erkenntnisse. Deshalb sind die Rückkopplungen von der *Projektdurchführung* zur *Projektplanung* sowie zum *Projektauftrag* von ganz herausragender Bedeutung für den Erfolg des Vorhabens. Andernfalls entstehen erhebliche Risiken dergestalt, dass sich der Projektverlauf sukzessive vom Auftrag und von der Planung entfernt. Auch in der Phase des Projektabschlusses sollen Rückkopplungen ausgelöst werden. Dies ermöglicht die ganzheitliche Bewertung des realisierten Projektes in verlaufsorientierter Perspektive. Stärken und Schwächen der betrachteten Projektarbeit lassen sich durch solche Feedbacks identifizieren und lokalisieren. Daraus können insbesondere grundsätzliche Erkenntnisse für das Management künftiger Projekte im Unternehmen gewonnen werden (*Lessons learned*).

5.2.6.2 Instrumentelle Optionen

In Bezug auf die Umsetzung des Projektcontrollings findet sich in der betrieblichen Praxis eine große und heterogene Vielfalt von Instrumenten. Diese reichen von Checklisten über **Ampelsysteme**,

- Symbol **Grün** = alles in Ordnung,
- Symbol **Gelb** = kritische Situation,
- Symbol **Rot** = akuter Handlungsbedarf,

bis hin zu umfangreichen Reporting-Prozeduren (vgl. Haas und Jansen 2006). Exemplarisch seien nachstehend einige markante, effektvolle und empirisch verbreitete Instrumente des Projektcontrollings erörtert.

(1) Lessons learned

Eines dieser Instrumente wurde am Ende des vorangehenden Abschnitts bereits verortet. Es handelt sich um die *Lessons learned*. Als Bestandteil des Projektberichts enthalten die Lessons learned die wichtigsten Erkenntnisse, welche sich im Verlaufe der Projektarbeit ergeben haben. Das können sowohl fachbezogene Aspekte sein als auch Erfahrungen mit genereller Bedeutung für die erfolgreiche Projektsteuerung. Die Lessons learned sollen künftige Projekte im Unternehmen informativ unterstützten im Sinne des Lernens aus Erfahrungen. In dieser Hinsicht dienen die Lessons learned der **Verknüpfung von Projektmanagement und Wissensmanagement** im Unternehmen. Darüber hinaus ist die Dokumentation der wichtigsten Erkenntnisse allerdings bereits in den vorgängigen Phasen des Projektverlaufs (Projektauftrag bis Projektdurchführung) ein geeignetes Controlling-Instrument. Auf diese Weise werden verdichtete Informationen über wesentliche Effekte der bisherigen Projektarbeit personenunabhängig kommunizierbar. Das erweitert den Radius des kritischen Diskurses über das Projekt und unterstützt das Einholen konstruktiver Feedbacks aus dem betrieblichen Umfeld. Außerdem impliziert der permanente Druck zur Dokumentation wichtiger Zwischenergebnisse das disziplinierte Abarbeiten der Projektplanung durch das Projektteam. Die Schriftform der Darlegung erfordert Präzision der Aussagen und ermöglicht die eindeutige Nachvollziehbarkeit sowie die zeitlich verteilte Überprüfbarkeit der Inhalte.

(2) Review

Ähnliche Funktionen wie die Lessons learned hat das Instrument *Review*. Hierbei handelt es sich um regelmäßige Meetings der Mitglieder des Projektteams mit dem Inhaber oder den Inhabern der dem Team übergeordneten Instanz. Es geht in den Meetings darum, die bis zum Review-Termin erarbeiteten Ergebnisse zu erörtern. Auf diese Weise werden der Stand der Projektarbeit vom Projektteam gegenüber der vorgesetzten Einheit kommuniziert und Zusammenhänge deutlich gemacht. Davon ausgehend, diskutieren die Parteien etwaige Konsequenzen für das weitere Vorgehen (Feedforward). Im Unterschied zu den Lessons learned liegt im Review der **Schwerpunkt auf der verbalen Kommunikation und Diskussion**. Im persönlichen Gespräch soll unbürokratisch das bisherige Projektgeschehen angemessen berichtet, reflektiert und evaluiert werden. Die regelmäßige Durchführung von Reviews in relativ kurzen Zyklen (z. B. wöchentlich) dient der Absicherung der kontinuierlichen Projektarbeit, macht zeitnah etwaige Korrektur- oder Ergänzungsbedarfe (etwa Nachbesserung des Budgets) transparent und schafft die kommunikative Basis für gegebenenfalls sinnvolle Interventionen des Auftraggebers. Dabei hat das Projektteam unmittelbar die Gelegenheit, seine Sicht der Dinge in den Entscheidungsprozess einzubringen. Das Ergebnis von review-basierten Interventionen sind grundsätzlich im Verhandlungswege von allen Beteiligten partizipativ gefundene Problemlösungen, allenfalls in Ausnahmesituationen erfolgen Anordnungen der vorgesetzten Instanz. Gegenstand von Reviews können im Einzelfall durchaus Lessons learned sein. Daran wird der interdependente Charakter der Instrumente von Projektcontrolling deutlich erkennbar.

(3) Soll-/Ist-Vergleich

Wie generell im Controlling, hat auch im Projektcontrolling das Instrument des *Soll-/Ist-Vergleichs* ganz grundlegende Bedeutung. Für das Projektcontrolling gilt dabei die Besonderheit **extrem unsicherer Planwerte**. Dies resultiert naturgemäß aus dem innovativen Charakter von Projekten. Relevante Vergangenheitsgrößen, die ansonsten hilfreiche Bezüge in Planungsprozessen ermöglichen, fehlen aufgrund der Außergewöhnlichkeit oder sogar Einmaligkeit der jeweiligen Projektarbeit weitgehend. Die Projektarbeit ist deshalb notwendigerweise stark iterativ angelegt, unbekannte oder wenig vertraute Zusammenhänge werden im Wege von **Trial-and-Error-Prozessen** sukzessive erschlossen (vgl. Nausner 2006, S. 164 f.). Die Planwerte sind folglich fast regelmäßig mehr oder weniger signifikant different zu den Ist-Werten. Daraus, wie es in der betrieblichen Praxis durchaus nicht selten geschieht, den völligen oder den weitgehenden Verzicht auf Projektplanung herzuleiten, wäre allerdings hochgradig problematisch. Gerade der Tatbestand großer Unsicherheit erfordert die Entwicklung von Soll-Vorstellungen. Dadurch werden gleichsam Navigationsgrößen fixiert. Den *Error* in Trial-and-Error-Prozessen kann man nur identifizieren und messen, wenn vorher ein *Goal* (Zielgröße, Maßstab) festgelegt worden ist. Dabei gilt, dass die Goals ihrerseits aufgrund konstatierbarer Soll-/Ist-Abweichungen im Zeitablauf immer wieder der sinnvollen und intelligenten Anpassung bedürfen. Derartige Anpassungen gehen allerdings einher mit Lernprozessen auf Seiten der Projektbeteiligten. Dadurch gewinnen die Plangrößen im Projektverlauf nach und nach an Fundierung und an Treffsicherheit.

Ein Modell des Gesamtzusammenhangs von Soll-/Ist-Vergleichen im Rahmen des Projektcontrollings zeigt Abb. 5.16. Das Projektcontrolling vollzieht sich darin in Form von Soll-/Ist-Vergleichen, welche als Regelkreissystem angeordnet sind.

In die Planung fließen zunächst die Soll-Größen nach Maßgabe des Projektauftrags ein. Diese erfüllen wichtige steuernde Funktionen. Auf der anderen Seite treten denknotwendig im Laufe der Projektarbeit *Störungen* auf. Gemeint sind damit prinzipiell alle zum Zeitpunkt der Planfestlegung nicht antizipierten projektspezifischen Problemstellungen. Diese Störungen treten zu Tage in den erzielten Ist-Resultaten, die ihrerseits in den Kontrollprozess eingehen. Bei signifikanten Soll-/Ist-Abweichungen werden aus dem Kontrollprozess heraus Entscheidungen zur Anpassung der Planung initiiert. Steuernde Maßnahmen zielen auf die Verbesserung der Aufgabenerfüllung ab, um so das Ist-Ergebnis dem angestrebten Soll-Wert in stärkerem Ausmaß anzunähern. Die Größen innerhalb des

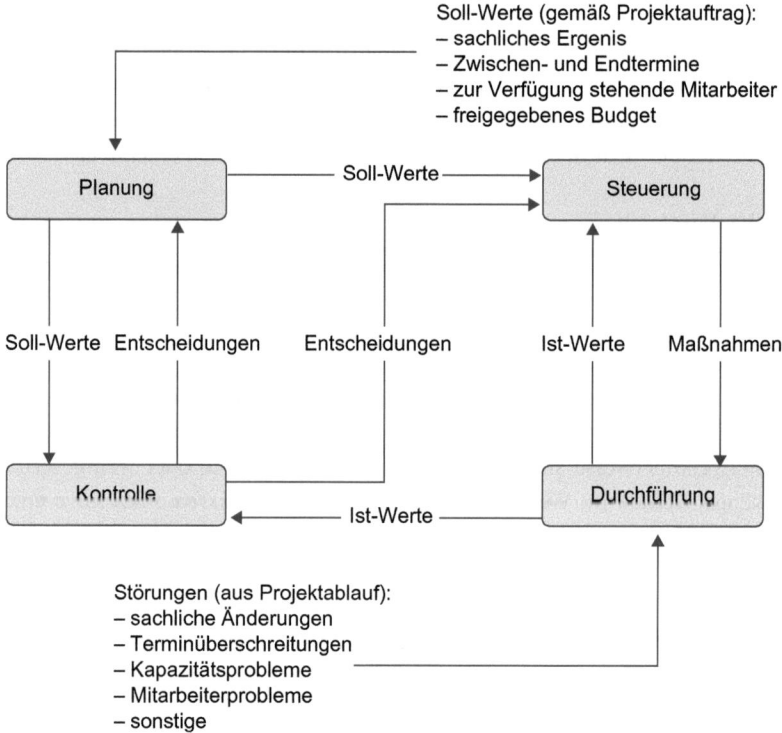

Abb. 5.16 Projektcontrolling als Regelkreis-Modell. (Quelle: Nausner 2006, S. 166)

Regelsystems verhalten sich zueinander interdependent. Während der Projektarbeit erfolgt damit ein permanenter Prozess der wechselseitigen Anpassung von Soll-Werten und Ist-Ergebnissen. Die Grundlage dieses Prozesses bilden die immer wieder durchzuführenden Soll-/Ist-Vergleiche. Im Falle gravierender Soll-Ist-Abweichungen und fehlender Optionen angemessener Anpassung kann es seitens der verantwortlichen Instanz oder seitens des Auftraggebers als notwendig angesehen werden, den Abbruch des Projektes herbeizuführen. Obwohl brauchbare empirische Befunde dazu nicht vorliegen, entspricht der dergestalt induzierte Projektabbruch einer in der betrieblichen Praxis durchaus beobachtbaren Fallgestaltung.

(4) Meilensteine
Ebenfalls die Qualität eines Instrumentes des Projektcontrollings haben die *Meilensteine*. Die gewählte bildhafte Begrifflichkeit signalisiert den Charakter dieses Instrumentes. Solche Meilensteine haben eine lange Tradition. Sie fanden bereits im Römischen Reich steuernde Verwendung, indem sie dazu aufgestellt wurden, die Reisenden über Entfernungen zu wichtigen Zielen zu informieren und außerdem darüber hinaus gehende Auskünfte über geografische und politische Gegebenheiten in der jeweiligen Region bereitzustellen, insbesondere den dortigen Herrschern zu huldigen. Diese bildhafte Vorstellung mag Abb. 5.17 illustrieren.

Im Projektcontrolling übernimmt das Instrument des Meilensteines zum obigen Bild analoge Funktionen. Als Meilensteine werden komplexe und kontrollfähige **Zwischenergebnisse** im Prozess der Projektarbeit bezeichnet. Diese Meilensteine sind als Gegenstand der Projektplanung sachlich und zeitlich klar definiert. Bei Erreichen eines Meilenstein-

Abb. 5.17 Der Archetyp des Meilensteines. (Quelle: O. V. 2008b)

Datums wird quasi eine Zwischenbilanz des Projektes gezogen. Zur Debatte steht etwa die Suche nach Antworten auf folgende Fragen:

- Wie weit ist das Projekt fortgeschritten?
- Wie weit sollte das Projekt nach Maßgabe des Meilensteines fortgeschritten sein?
- Welche geplanten Einzelaktivitäten sind erfolgreich abgeschlossen?
- In welchem Umfang sind Arbeitspakete unerledigt, die bis hierher fertig gestellt sein sollten? Welche Ursachen sind dafür auszumachen?
- Welche Teilziele erweisen sich an dieser Wegmarke als unrealistisch?
- Welche neuen Erkenntnisse sind seit Verankerung des Meilensteines eingetreten?
- Worauf soll die Projektarbeit in der verbleibenden Bearbeitungszeit fokussiert werden?

Von den einfachen Soll-/Ist-Vergleichen unterscheiden sich die Meilensteine durch ihren komplexen Charakter sowie durch ihre besondere Anordnung im Rahmen der Projektplanung. Meilensteine markieren kritische Ereignisse im Lebenszyklus des Projektes. Daraus resultiert für die praktische Projektarbeit ein besonderes Aufforderungsmoment. Das Projektteam präsentiert beim Erreichen eines Meilensteines seinen bis zu diesem Punkt erarbeiteten Erfolg. Die Projektmitarbeiter stehen an den Meilensteinen in einer ausgeprägten Verantwortungssituation. Das impliziert potenziell sowohl Anerkennung für positive Zwischenergebnisse als auch Kritik aufgrund konstatierbarer Fehlleistungen. Von herausragender Bedeutung ist es allerdings, nach Maßgabe der am Meilenstein erreichten Zwischenresultate sinnvolle Entscheidungen über den künftigen Projektverlauf partizipativ herzuleiten und konsequent umzusetzen.

(5) Kontrolle des Leistungsfortschritts
Wesentliche Steuerungsfunktionen im Projektmanagement können von der fortlaufenden *Kontrolle des Leistungsfortschritts* ausgehen. In diesem Zusammenhang kommt es darauf an, die Vitalität der Projektarbeit permanent zu prüfen und, soweit angezeigt, neu zu stimulieren. Damit soll der Gefahr von Desillusionierung der involvierten Mitarbeiter und, damit verbunden, dem Risiko wenig engagierter Wahrnehmung von Projektaufgaben in problematischen Arbeitsphasen begegnet werden. Die permanente Kontrolle des Leistungsfortschritts determiniert das frühzeitige Transparentmachen von Defiziten, welche im Verlaufe eines Projekts nahezu denknotwendig auftreten. Erfolgsentscheidend ist es in solchen kritischen Phasen, die Situation zu reflektieren, sinnvolle Korrekturmaßnahmen zu erarbeiten und zeitnah konstruktiv zu reagieren. Auf diese Weise lassen sich signifikante Verzögerungen im Rahmen des Projektes vermeiden. Außerdem besteht die Chance, Planungsfehler, neue Einflüsse, sachliche Unklarheiten oder Missverständnisse rechtzeitig zu erkennen und der systematischen Bearbeitung zugänglich zu machen. Eine instrumentelle Variante zur Dokumentation des Leistungsfortschritts in Projekten zeigt Abb. 5.18.

Das dargestellte Tool basiert auf dem Projektstrukturplan. Im Zuge der Projektarbeit wird der Fortschritt in den jeweiligen Arbeitspaketen durch Eintrag in das Dokument gekennzeichnet. Begonnene Arbeitspakete erhalten einen Querstrich. Außerdem wird das Ausmaß ihrer Erledigung durch Angabe eines Prozentwertes ständig nachgehalten. Bei

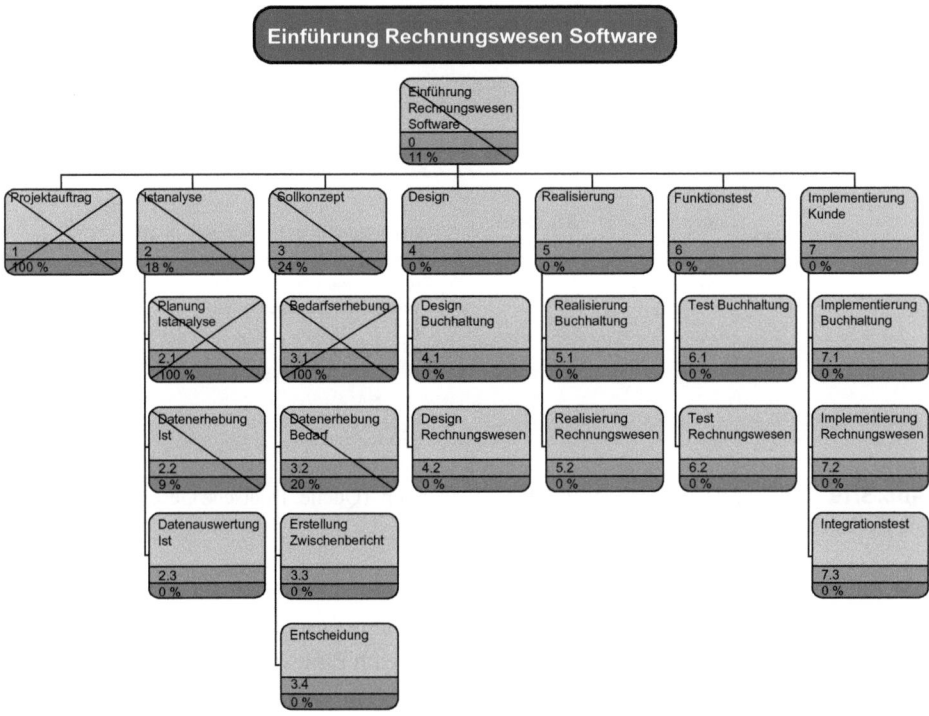

Abb. 5.18 Dokumentation des Leistungsfortschritts. (Quelle: Patzak und Rattay 2004, S. 330)

vollständiger Fertigstellung eines Arbeitspaketes wird das korrespondiere Symbol im Formblatt zur Dokumentation des Leistungsfortschritts durch zwei gegenläufige Querstriche markiert. Das signalisiert einen Erfüllungsgrad von 100 %. Durch die Formalisierung des Leistungsfortschritts entsteht eine bessere intersubjektive Nachvollziehbarkeit des laufenden Projektprozesses. Darüber hinaus sehen sich alle involvierten Akteure mit der Notwendigkeit einer kurzzyklischen Standortbestimmung konfrontiert. Das trägt maßgeblich zur Absicherung des Erfolges der Projektarbeit bei.

5.2.6.3 Evaluationsmodell

Das qualitativ orientierte Controlling von Projekten wird im Modell der *Project Excellence* betont. Dieses Konzept stellt einen differenzierten Bezugsrahmen zur **Evaluation** des jeweiligen Vorhabens bereit. Die Komponenten von besonders erfolgreicher (exzellenter) Projektarbeit und deren Anordnung sind in Abb. 5.19 dargestellt.

Das gezeigte Modell für *Project Excellence* wurde im Rahmen der Aktivitäten der Deutschen Gesellschaft für Projektmanagement entwickelt. Es ist geprägt von den Inhalten des sogenannten **EFQM-Modells** der *European Foundation for Quality Management*. Im Fokus stehen insgesamt neun Kriterien der Evaluation. Dafür werden 1000 Punkte verteilt, je 500 Punkte auf die Bereiche Projektmanagement und Projektergebnisse. Innerhalb der Bereiche sind die Kriterien unterschiedlich gewichtet. Die Gewichtung findet ih-

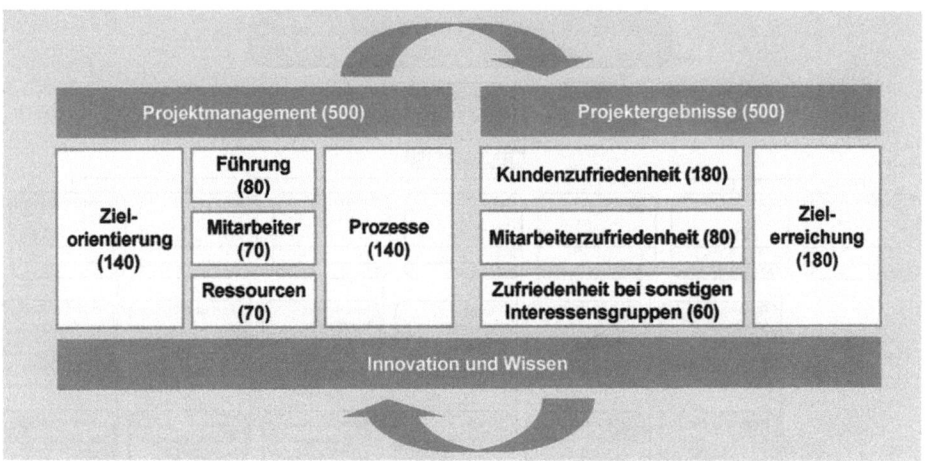

Abb. 5.19 Project Excellence als Maßstab der Evaluation. (Quelle: Deutsche Gesellschaft für Projektmanagement 2008, S. 5)

ren Ausdruck in der Punktezuordnung. Im Bereich Projektmanagement erhalten die **Zielorientierung** sowie die **Prozesse** mit je 140 Wichtungspunkten eine herausragende Bedeutung zugewiesen. Das korrespondiert im Bereich Projektergebnisse mit den höchsten Gewichtungen von je 180 Punkten auf den Kriterien **Kundenzufriedenheit** und **Zielerreichung**. Darüber hinaus weist das Modell die Führung (80 Punkte), die Mitarbeiter (70 Punkte) und die Sachressourcen (70 Punkte) als weitere herausragende Merkmale des Projektmanagements aus. Im Bereich der Projektergebnisse finden außerdem die Mitarbeiterzufriedenheit (80 Punkte) sowie die Zufriedenheit anderer Interessentengruppen (60 Punkte) gestufte Berücksichtigung.

Zum Zwecke der Evaluation werden schließlich dem betrachteten Projekt Ist-Punktwerte in Bezug auf die relevanten Kriterien nach einer Checklist mit Unterkriterien (vgl. Deutsche Gesellschaft für Projektmanagement 2008, S. 7 f.) zugeordnet. Das macht den erreichten Leistungsstand in qualitativer Hinsicht messbar. Die derart angelegte Evaluierung kann prinzipiell auf zwei Ebenen stattfinden. Zum einen eignet sich das Modell der Project Excellence zur **Eigenbewertung** des jeweiligen Leistungsstandes durch die Mitglieder des Projektteams. Andererseits bietet das Konzept aber ebenfalls ein Instrument zur **externen Auditierung** von Projekten und zum Einsatz im Zuge von **Projekt-Benchmarking**.

5.2.7 Multiprojektmanagement

5.2.7.1 Kennzeichen

In der betrieblichen Praxis, vor allem in größeren Unternehmen, sind Gestaltungsansätze des Multiprojektmanagements von erheblicher Bedeutung (vgl. Harsch 2018; Steinle und

Eichenberg 2015; Zvonarev 2007; Glaschak 2006; Haas und Jansen 2006). Darin kommt die Intention der **Unternehmensführung** *durch* **Projekte** (neben anderen Management-Instrumentarien) zum Ausdruck. Dies impliziert die zeitgleiche Durchführung einer größeren Zahl von Projekten im Unternehmen. Darüber hinaus werden immer wieder neue Projekte aufgelegt, so dass eine gewisse **Kontinuisierung** projektbezogener Arbeitsformen auch nach dem Abschluss älterer Projekte resultiert. Die Steuerung des Unternehmensgeschehens soll in diesem Fall durch Projektarbeit permanent wesentlich beeinflusst werden. Damit erhält die **Innovationsorientierung** im sozio-technischen System besondere Betonung. Die Funktion des Multiprojektmanagements ist in diesem Zusammenhang auf die sinnvolle Verknüpfung der diversen Einzelprojekte des Unternehmens gerichtet.

▶ **Multiprojektmanagement** Permanente Führungsfunktion zum Zwecke der übergeordneten Planung, Steuerung und Vernetzung einer Vielzahl von Projekten

Während ein singuläres Projekt prinzipiell relativ unstrukturiert in den betrieblichen Kontext integriert werden kann, stellt die gleichzeitige Durchführung einer größeren Zahl von Projekten im Sinne der Gewährleistung ökonomischer Rationalität und der Absicherung der Stabilität des sozio-technischen Systems erhöhte Anforderungen in struktureller Hinsicht. Dem soll das Multiprojektmanagement angemessen Rechnung tragen. Dabei steht insbesondere die Gewährleistung folgender Basisfunktionen im Vordergrund:

- Identifikation und konstruktive Beeinflussung von Interdependenzen zwischen Projekten.
- Ausfüllen der Schnittstellen im gesamten Projektgeschehen.
- Bereitstellung der Budgets für die anstehenden Vorhaben.
- Auswahl und Zuordnung der Mitarbeiter für die Projektarbeit.
- Priorisierung der Einzelprojekte.
- Zuweisung knapper IT-Kapazitäten im Rahmen der Projektlandschaft.
- Heben von Synergiepotenzialen aus verschiedenen zueinander (partiell) komplementären Vorhaben.
- Überwachung der Termine in den realen Projektverläufen.
- Bereitstellen von Tools zur rationelleren Aufgabenbearbeitung.
- Transparenz der Projektlandschaft schaffen.
- Sicherstellen des Reporting.
- Eintretende Risiken identifizieren und bewerten.
- Nutzenerwartung der Vorhaben im Zeitablauf verifizieren.
- Notwendige Eskalationen animieren, Konflikte auflösen und bereinigen.

5.2.7.2 Institutionalisierung

Institutionell kann das Multiprojektmanagement in Gestaltung eines darauf gerichteten Lenkungsausschusses verankert werden. Dieser hat den Charakter einer dem gesamten

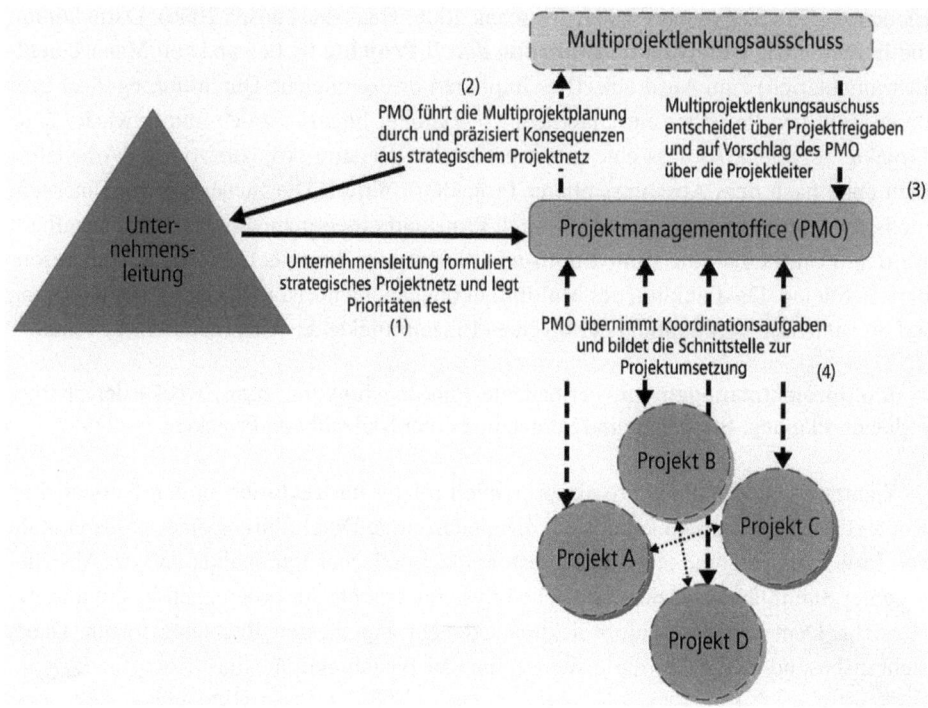

Abb. 5.20 Institutionalisierung des Multiprojektmanagements. (Quelle: Bea et al. 2008, S. 582)

Projektgeschehen im Unternehmen übergeordneten Organisationseinheit. Das kommt in Abb. 5.20 zum Ausdruck.

Aus der Abbildung geht die Arbeitsteilung zwischen den verschiedenen relevanten Akteuren hervor.

Das Projektnetzwerk resultiert als Konsequenz von Strategieentscheidungen der Unternehmensleistung. Mit der Umsetzung der Projektentscheidungen sind das Projektmanagementoffice sowie der Multiprojektlenkungsausschuss beauftragt. Dabei geht es auf der Ebene des Projektmanagementoffice primär um die **Fachpromotion** in Bezug auf die zugewiesenen Vorhaben. Dagegen obliegt dem Multiprojektlenkungsausschuss die Verantwortlichkeit für die nötige Durchschlagskraft im Rahmen der Steuerung der laufenden, partiell konkurrierenden Projekte, d. h., Multiprojektmanagement bedeutet auf der Ebene des Lenkungsausschusses insbesondere **Machtpromotion**. Diese Form der Einflussnahme findet markanten Niederschlag in den Entscheidungen über Projektfreigaben sowie über die Rekrutierung der Projektleiter.

Auf dem skizzierten institutionellen Hintergrund lassen sich die konkreten Aufgaben von Multiprojektmanagern herleiten. Ein Beispiel für die Bestimmung der wesentlichen Aufgaben im Funktionsbereich des Multiprojektmanagers enthält Abb. 5.21.

Die ausgewiesenen stellenbezogenen Aufgaben korrespondieren mit den oben dargelegten Basisfunktionen des Multiprojektmanagements. Mit dem Einsetzen von Multiprojektmanagern entstehen nachvollziehbare, klare personelle Zuständigkeiten und Verant-

5.2 Projektmanagement

Abb. 5.21 Herleiten der Hauptaufgaben von Multiprojektmanagern. (Quelle: Lomnitz 2004, S. 65)

wortlichkeiten innerhalb des betrieblichen Projektgeschehens. Die sachlichen Zuständigkeiten des Multiprojektmanagers reichen vom **Monitoring** (Beobachten der Entwicklungen in der vorfindlichen Projektlandschaft) bis hin zum Abwägen der Verfügbarkeit von Ressourcen, insbesondere im Falle knapp ausgestatteter Ressourcenpools und konstatierbarer interner Nachfrageüberhänge. Diese Situation der **Konkurrenz um stark limitierte Ressourcen** kennzeichnet in der Unternehmenspraxis häufig die Projektlandschaften (vgl. Zvonarev 2007, S. 83 ff.; Haas und Jansen 2006, S. 40 ff.). Insoweit besteht regelmäßig Bedarf an regulierenden Interventionen aus der übergeordneten organisatorischen Einheit des Multiprojektmanagers.

5.2.7.3 Bilden von Projektportfolios

Im Rahmen des Bestrebens um Steuerung und zukunftsorientierte Gestaltung von Projektlandschaften findet die konzeptionelle Idee des Portfoliomanagements vielfältige Beachtung, unterschiedliche Interpretationen sowie recht heterogene Anwendungsformen (vgl. Bea et al. 2008, S. 571 ff.; Glaschak 2006, S. 118 ff.). Die Portfolio-Matrix bietet in diagnostischer Hinsicht die Option, Zusammenhänge und Abhängigkeiten zwischen einzelnen Projekten transparent zu machen. Auf gestalterischem Gebiet kann das Bilden von Projektportfolios die längerfristigen Intentionen der **Unternehmensführung durch Projekte** festlegen. Zentrales Merkmal der so verstandenen gestalterischen Herleitung von Projektportfolios ist die Konformität der zu planenden Projektgesamtheit mit der Unternehmensstrategie. Außerdem ermöglicht das Portfoliomanagement von Projekten die sinnvolle sachliche und zeitliche Stufung der (vielen) verschiedenen Einzelvorhaben. Das zum Ausdruck gebrachte Verständnis eines Projektportfolios sei nachstehend definiert:

▶ **Projektportfolio** Verknüpfung mehrerer außergewöhnlicher Vorhaben des Unternehmens mit dem Ziel übergreifender und gemeinsamer Koordination

Wesentliche Kriterien der Zusammenfassung von Projekten in einem Projektportfolio sind

- sachliche Affinitäten,
- einseitige oder wechselseitige Abhängigkeiten,
- Synergiepotenziale sowie
- vergleichbare Ressourcenbedarfe.

Die Grundlage zur Realisierung von Synergieeffekten im Rahmen des Multiprojektmanagements bildet das Portfolio der Projektabhängigkeiten. In Abb. 5.22 ist exemplarisch ein solches Portfolio dargestellt.

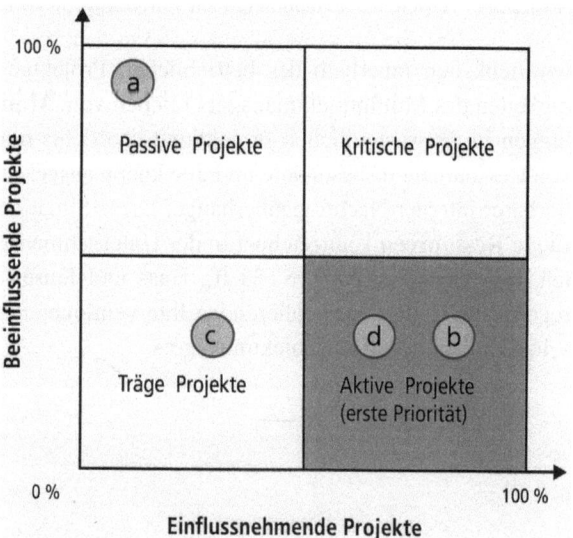

Abb. 5.22 Portfolio der Projektabhängigkeiten. (Quelle: Fiedler 2005, S. 59)

Auf den Achsen der Matrix wird die Einflussrichtung erfasst. Die X-Achse weist den Grad der einflussnehmenden Wirkung der betrachteten Projekte aus (einflussnehmende Projekte). Dagegen zeigt die Y-Achse, in welchem Ausmaß die Projekte von anderen außergewöhnlichen Vorhaben beeinflusst werden (beeinflusste Projekte). Im Ergebnis resultiert die gezeigte Vierfeldermatrix mit den darin hergeleiteten Projekttypen, die nachstehend kurz erläutert seien:

- **Typ** *Träge Projekte*
  Es handelt sich um Vorhaben, die einen geringen Vernetzungsgrad aufweisen. Dabei kann es sich um reine Standalone-Projekte oder um Vorhaben mit wenig synergetischem Bezug zu anderen Projekten handeln. Im gezeigten fiktiven Beispiel gilt dieser Typus für das betrachtete Projekt c.
- **Typ** *Passive Projekte*
  Dieser Typus ist durch keine oder geringe eigene Einflussnahme auf andere Projekte gekennzeichnet. Andererseits hängen die *Passiven Projekte* jedoch in hohem Maße von den Aktivitäten und Ergebnissen anderer Projekte ab. Das Projekt a ist ein *Passives Projekt* im Rahmen des Beispiel-Portfolios.
- **Typ** *Kritische Projekte*
  Das Merkmal ausgeprägter Interdependenzen mit anderen Vorhaben charakterisiert den Typus *Kritische Projekte*. Derartige Projekte sind folglich in hohem Maße in der vorfindlichen Projektlandschaft vernetzt. Als *kritisch* werden diese Projekte deshalb bezeichnet, weil sich an ihnen erhebliche Synergiepotenziale in Bezug auf das Multiprojektmanagement festmachen. Das Bestreben um Heben der Synergiepotenziale sollte folglich in besonderem Maße auf die Kritischen Projekte gerichtet sein. Im Beispiel ist das ergiebige Feld der Kritischen Projekte allerdings nicht besetzt. Es existiert in der konstatierbaren Projektlandschaft also kein Projekt, das einerseits stark von anderen beeinflusst wird und umgekehrt andererseits selbst erhebliche Einflüsse auf andere Vorhaben ausübt.
- **Typ** *Aktive Projekte*
  Die *Aktiven Projekte* beeinflussen in hohem Maße andere Projekte, sind aber ihrerseits weitgehend unabhängig. Im Beispiel-Portfolio gehören die Projekte d und b zu den *Aktiven Projekten*. Sie erhalten erste Priorität zugeordnet, weil von ihnen und ihren Einflusswirkungen ausgehend systematisch mit dem Realisieren von Synergieeffekten begonnen werden kann.

Eine andere Variante der Bildung von Projektportfolios rekurriert auf den Druck zur Umsetzung der jeweiligen Vorhaben. Dabei wird die Intensität des **Umsetzungsdrucks** auf einer qualitativen Dimension und auf einer zeitlichen Dimension abgebildet (vgl. Lomnitz 2004, S. 100 ff.). Die qualitative Dimension differenziert zwischen

- Muss-Projekten,
- Soll-Projekten und
- Kann-Projekten.

Höchste **Priorität** haben die Muss-Projekte. Ihre Umsetzung ist im Hinblick auf die Existenzsicherung sowie den Erhalt und den Ausbau der Wettbewerbsfähigkeit des Unternehmens von zwingender Notwendigkeit. Determinanten des Muss-Charakters der Durchführung von Projekten können rechtliche Auflagen, Kundenpräferenzen, technologische Innovationen oder auch Entwicklungen auf Lieferantenseite sein. Die Soll-Projekte bekommen zweite Priorität. Sie dienen der Konkretisierung strategischer Intentionen des Unternehmens und sind damit insbesondere auf die langfristige Fortschrittsfähigkeit des sozio-technischen Systems gerichtet. Niedrigste Priorität weisen die Kann-Projekte auf. Sie bieten prinzipiell interessante Perspektiven für das Unternehmen, ihre Durchführung ist jedoch in der gegebenen Situation nicht zwingend.

Die zeitliche Dimension zeigt den Terminbezug des Projektstarts. Differenziert werden kann etwa zwischen der laufenden Periode, dem nächsten Planjahr sowie späteren Perioden. Abb. 5.23 zeigt ein Beispiel für ein aus den dargelegten Dimensionen hergeleitetes Projektportfolio.

Höchste Priorität weisen nach Maßgabe des vorstehenden Projektportfolios die Projekte P1 und P7 auf. Sie markieren den herausragenden Inhalt der kurzfristigen Multiprojektplanung. Außerdem gilt es, die Durchführung der Muss-Projekte für das bevorstehende Planjahr möglichst frühzeitig abzusichern (P2, P6, P8). Erst danach sollte im Rahmen des Multiprojektmanagements über die definitive Freigabe der Soll-Projekte in der laufenden Periode (P 14, P15, P10, P17, P20) entschieden werden. Die Kann-Projekte P4 und P12 sind signalisieren originelle Ideen mit langfristiger Relevanz, aber geringem aktuellen Umsetzungsdruck für das Unternehmen. Trotzdem erscheint die Einbeziehung solcher

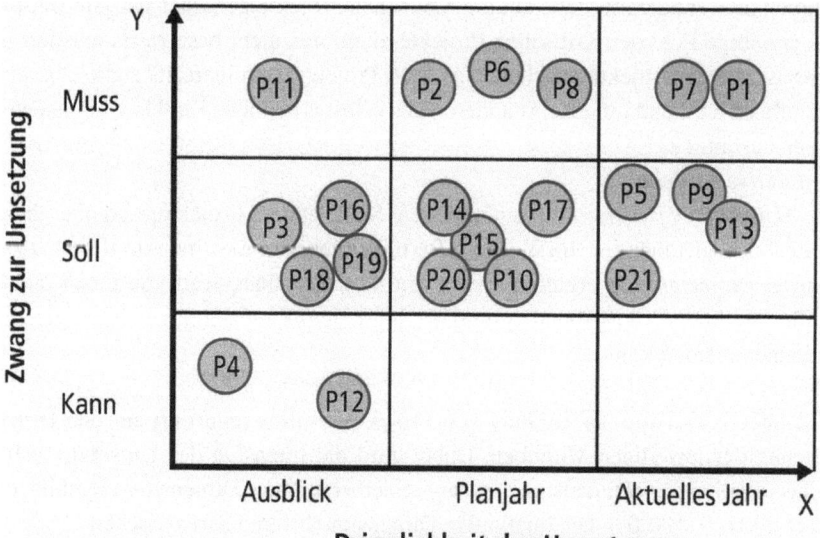

Abb. 5.23 Der Umsetzungsdruck als Kriterium der Bildung von Projektportfolios. (Quelle: Lomnitz 2004, S. 103)

5.2 Projektmanagement

Kann-Projekte in das Portfolio von enormer Bedeutung. Es sind oft gerade Vorhaben, mit wenig Aktualitätsdruck im Planungszeitpunkt oder nicht eindeutig herleitbarem Nutzenbezug, die das Unternehmen entscheidend voranbringen können. Die Aufnahme solcher Projekte in das Portfolio entspricht außerdem der generellen Intention des Projektmanagements als **innovationsförderndes Subsystem** des Unternehmens.

In Abb. 5.24 wird die Positionierung von Projektportfolios im Gesamtzusammenhang des Multiprojektmanagements verdeutlicht.

Neben den Projektportfolios können unabhängige Einzelprojekte Gegenstand des Multiprojektmanagements sein. Als *Programm*e werden im vorliegenden Zusammenhang Projektverbunde im Sinne von *Programm-Management* bezeichnet. Dieser Terminus bezieht sich auf Großprojekte, die ihrerseits aus Gründen der Operationalität in mehrere Teilprojekte differenziert sind. Zwischen den Teilprojekten eines Programms bestehen folglich enge sachliche Zusammenhänge. Außerdem gelten für diese Teilprojekte die Merkmale der Ausrichtung auf eine identische übergeordnete Zielsetzung sowie des Einsatzes gemeinsamer (projektübergreifender) Koordinationsformen. Teilprojekte eines Programms können unabhängig von ihren besonderen Kennzeichen Eingang in Projektportfolios finden. Andererseits ist das Multiprojektmanagement potenziell auch auf Programme gerichtet, die nicht zu definierten Projektportfolios gehören. Die Bezugsgrößen von Multiprojektmanagement sind, wie gezeigt, recht heterogen. Es können Projektportfolios, Einzelprojekte und (Projekt-)Programme sein. Konkrete Entscheidungen über die Art der Aggregation und über das Vorgehen bei der Clusterbildung im Hinblick auf die anstehenden Vorhaben bedürfen daher der Berücksichtigung der jeweiligen Bedingungen des einzelnen Anwendungsfalles.

5.2.7.4 Reporting

Einen hohen Stellenwert im Rahmen des Multiprojektmanagements hat die kurzzyklische (z. B. wöchentliche) Ermittlung des Status der zu steuernden Projekte. Dabei geht es ins-

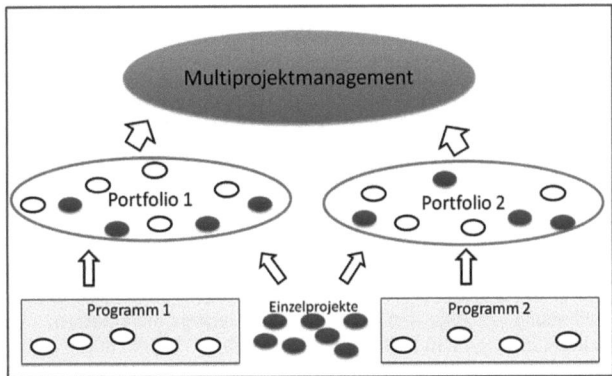

Abb. 5.24 Das Projektportfolio als Baustein des Multiprojektmanagements. (Quelle: Zvonarev 2007, S. 13)

besondere um die Erfassung und die Beurteilung von **Risiken** innerhalb der Projektlandschaft. Die jeweilige Risikosituation ist im Sinne der Absicherung des Erfolges der Projektarbeit zwischen den beteiligten Organisationseinheiten, Gremien und Akteuren zeitnah zu kommunizieren, so dass bei Bedarf geeignete Korrekturmaßnahmen frühzeitig eingeleitet werden können. Das erfordert den Einsatz sinnvoller **Reporting-Tools**. Solche Tools sollen einerseits differenzierte Projektinformationen bereitstellen und andererseits präzise, prägnant sowie übersichtlich gestaltet sein.

Eine kommunikative Option bietet in diesem Zusammenhang die Anwendung von *Ampel-Reports* (vgl. oben, Abschn. 5.2.6/5.2.6.2). Analog zur Systematik von Verkehrsampeln sollen die Farben Grün, Gelb und Rot kompakte Signale vermitteln:

- Das Signal *Rot* kennzeichnet Handlungsbedarf auf der Ebene der Multiprojektsteuerung,
- das Signal *Gelb* fordert zur Reflexion der registrierten Befunde auf,
- während das Signal *Grün* den störungsfreien Projektverlauf anzeigt.

Die Abb. 5.25 zeigt einen Bezugsrahmen für die Anwendung des Ampel-Reports im Kontext der projektbezogenen Risikoanalyse.

Prüfkriterien	Ausprägungen		
	ROT	**GELB**	**GRÜN**
Fachliche Risiken	Projektziel ist konzeptionell **nicht erreichbar**, aufgrund von Unstimmigkeiten hinsichtlich Realisierbarkeit und Unternehmensstruktur.	Projektziel ist konzeptionell **gefährdet**, aufgrund von Unstimmigkeiten hinsichtlich Realisierbarkeit und Unternehmensstruktur.	Projektziel wird erreicht.
Terminliche Risiken	Projektmeilensteine und Projektplan können nicht eingehalten werden und wurden bereits **verfehlt**.	Einhaltung der Projektmeilensteine und des Projektplanes sind **gefährdet**.	Projektmeilensteine und Projektplan können eingehalten werden.
Budget-Risiken	Einhaltung von geplanten Aufwänden ist nicht gewährleistet und wurde **überschritten** / Budget steht nicht zur Verfügung.	Einhaltung von geplanten Aufwänden ist **gefährdet**. Es besteht Gefahr der Überschreitung des Budgets.	Budget wird eingehalten.
Projektressourcen	Die benötigten Ressourcen zur Projektumsetzung stehen **nicht zur Verfügung**.	Die benötigten Projektressourcen stehen **nicht im geplanten Maße** dem Projekt zur Verfügung.	Alle Projektressourcen stehen im geplanten Maße zur Verfügung.
Kommunikation/Einbindung Schnittstellen-Bereiche (SST)	Projektaktivitäten werden **nicht publiziert**; Abstimmung der Anforderungen und Auswirkungen auf SST fehlen, **Parallelarbeiten** sind bereits erfolgt.	**Geringe Information** über Projektaktivitäten; kaum Einbindung der SST, nicht alle SST werden erreicht.	Kommunikation und Einbindung SST erfolgen im ausreichenden Maße.

Abb. 5.25 Analyse der Projektrisiken im Ampel-System. (Quelle: nach Haas und Jansen 2006, S. 13)

5.2 Projektmanagement

Nach Maßgabe des dargestellten Analyserasters werden sämtliche Projekte in kurzen zeitlichen Intervallen auf fünf verschiedene Risikokategorien hin überprüft. Im Fokus stehen Inhalte, Termine, Finanzressourcen, Sachressourcen sowie Kommunikation. Die jeweils konstatierbare Risikoausprägung erhält eine der Ampelfarben zugeordnet. Damit wird der Projektstatus in gut kommunizierbarer Form abgebildet. Grüne Segmente signalisieren zufriedenstellende Zwischenergebnisse, im Falle roter Felder besteht Handlungsbedarf. Gelbe Segmente implizieren die Aufforderung zur zügigen Klärung, zum Beispiel beim nächsten Jour-fixe-Termin der beteiligten Akteure (Multiprojektsteuerung, Projektleiter, Projektteam).

Im integrierten Ampel-Report werden die erreichten Zwischenstände aller laufenden Projekte der zu steuernden **Projektlandschaft** zusammenfassend dargestellt. Das verschafft den handelnden Akteuren sowie der Systemleitung einen informativen Überblick zur Erfolgssituation. Beispielhaft ist dies in Abb. 5.26 aufgezeigt.

Im vorliegenden Fallbeispiel wird vom Lenkungsgremium zur operativen Multiprojektsteuerung (entspricht dem Projektmanagementoffice gemäß obiger Abb. 5.20) turnusmäßig der gezeigte Kurzbericht erstellt. Die linke Spalte weist alle erfassten und aktuellen Projekte aus, auf die sich das Multiprojektmanagement bezieht. In der nächsten Spalte wird der aktuelle Gesamtstatus des jeweiligen Projektes angezeigt. Dieser Status ist unproblematisch, sofern alle Risikokategorien für das betrachtete Projekt auf Ampelstellung *Grün* stehen. Das wird durch die Bewertung mit dem Symbol *O. K.* zum Ausdruck gebracht. Die Bewertung *Kritisch* taucht im Gesamtstatus des Projektes auf, sofern mindestens ein Risikofeld auf Ampelstellung *Rot* steht. Dagegen führt das Vorhandensein mindestens eines Risikofeldes mit Ampelstellung *Gelb* zum Ausweis des Gesamtstatus als

MPM-Kurzbericht, Stand: 20.05.2020

Projekt	Gesamtstatus	Fachliche Risiken	Terminliche Risiken	Budget-Risiken	Ressourcen	Kommunikation / SST	Erläuterungen	Maßnahmen MPM
DMS	O.K.	GRÜN						
Kreditoren	Kritisch	ROT	GELB	ROT	GRÜN	GELB		
Trainingskonzept	Kritisch	GRÜN	GRÜN	ROT	GELB	ROT		
Vertriebswege	??	GELB	GRÜN	GRÜN	GRÜN	GRÜN		
Kreditoren	Kritisch	ROT						
Servicelevel	??	GRÜN	GRÜN	GELB	GRÜN	GRÜN		
....								
....								

Abb. 5.26 Ampel-Report zur Situation der Projektlandschaft

klärungsbedürftig. Knappe Erläuterungen sowie geplante Maßnahmen des Multiprojektmanagements können in den beiden rechten Spalten des Berichts eingefügt werden.

Die Funktion des Kurzreports besteht im Wesentlichen darin, den **Status** der Projektlandschaft in prägnanter Weise zu formalisieren, um dadurch die Kommunikation anzuregen, zu versachlichen und auf die **erfolgskritischen Aspekte** der Projektarbeit zu fokussieren. Im Sinne der schnellen Erfassbarkeit wird dabei zunächst auf Differenziertheit verzichtet. Der Report soll Anstöße vermitteltn. Differenzierte Analysen und die daraus herzuleitenden Maßnahmen sind im nächsten Schritt Gegenstand intensiver Erörterungen in Meetings oder Telefonkonferenzen der beteiligten Akteure. Das Multiprojektmanagement soll in diesen Meetings insbesondere die **projektübergreifende Perspektive** einbringen, d. h. unter anderem

- Prioritäten setzen,
- Konflikte auflösen,
- Schnittstellen ausfüllen und
- Synergien nutzen.

5.3 Shared Service Organisation

Das Modell der Shared Service Organisation repräsentiert ein relativ neuartiges Partialkonzept struktureller Führung. Es wurde aus der betrieblichen Praxis heraus entwickelt und implementiert. Die institutionalisierte Managementtheorie hat dieses Praxiskonstrukt zunächst deskriptiv aufgegriffen. Danach finden sich nachweisbare Ursprünge des Shared Service Konzeptes in US-amerikanischen Unternehmen zu Beginn der 1990er-Jahre (vgl. Gunn et al. 1993; McWilliams 1996). Ab etwa Mitte der 1990er-Jahre erlangte die Shared Service Organisation auch im europäischen Raum innerhalb der Unternehmenspraxis sowie im Kontext der Unternehmensberatung zunehmende Popularität (vgl. The Economist Intelligence Unit 1998; Schulman et al. 1999; Wißkirchen und Mertens 1999). Offenkundig erscheint dieses Konzept in besonderem Maße funktional im Hinblick auf die **Erfüllung spezifischer Systembedürfnisse** im Bereich struktureller Führung sozio technischer Systeme. Im Folgenden sollen die wesentlichen Gestaltungsaspekte der Shared Service Organisation herausgearbeitet werden.

5.3.1 Konstitutive Elemente

5.3.1.1 Interne Dienstleistungen

Die Positionierung der Shared Services im Rahmen der Gestaltung organisationaler Strukturen ist im Raum zwischen den Gestaltungsvarianten *Zentralisierung* und *Outsourcing* angesiedelt. Nach Kagelmann handelt es sich beim Shared Services Konzept um einen Organisationsansatz, der auf die Bereitstellung unternehmensinterner Dienstleistungen

5.3 Shared Service Organisation

durch eine dafür eingerichtete Organisationseinheit für mehrere andere Organisationseinheiten abzielt. Daraus resultiert die **gemeinsame Nutzung knapper Ressourcen** durch die Empfänger der Dienstleistungen (vgl. Kagelmann 2001, S. 49). Dies bewirkt den Abbau von **Mehrfachfunktionen** im Gesamtunternehmen.

▶ **Shared Services** Unternehmensinterne Bereitstellung und Institutionalisierung von Dienstleistungen für eine größere Anzahl von Organisationseinheiten (Subsystemen)

Das Konzept der Shared Services eignet sich aufgrund seiner Merkmale für die Lösung von Organisationsproblemen in Großunternehmen. Es wird insbesondere mit der juristisch-organisatorischen Kategorie des **Konzerns** in Verbindung gebracht (vgl. Fischer und Vollmer 2017; Breuer und Kreuz 2006, S. 147; Kagelmann 2001, S. 50 ff.). Als **Shared Service Center** werden auf diesem Hintergrund jene Organisationseinheiten bezeichnet, welche interne Dienstleistungen zur gemeinsamen Nutzung von Ressourcen innerhalb eines Konzerns bereitstellen. Die Abb. 5.27 zeigt ein Beispiel für die Implementierung des Shared Services Konzeptes in einem Konzern.

Im betrachteten Fallbeispiel ist eine realtypische Holdingstruktur realisiert. Die Spitzeneinheit (etwa eine Strategische Managementholding) ist durch **eine** Linie mit der Zwischeneinheit sowie den Grundeinheiten verbunden. Damit werden der Dienstweg und die Hierarchie im gesamten System definiert. Aus allen genannten Subsystemen werden allerdings ausgewählte Dienstleistungen herausgelöst und in einer weiteren Organisationseinheit, nämlich dem Shared Service Center, integriert. Diese zusätzliche Organisationseinheit berichtet direkt der Spitzeneinheit des Konzerns. Neben der Struktur der Kon-

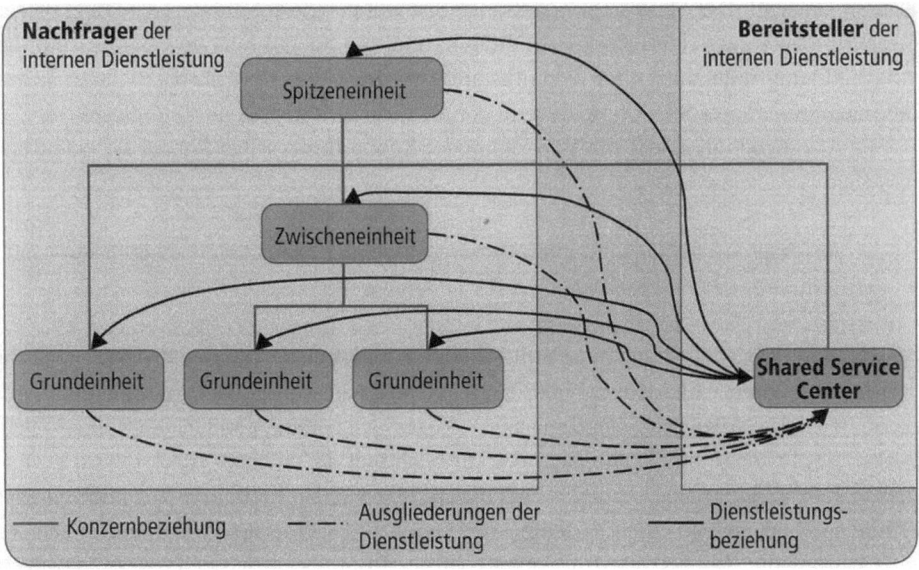

Abb. 5.27 Implementierung des Shared Services Konzepts. (Quelle: Kagelmann 2001, S. 50)

zernbeziehungen zwischen den Subsystemen resultiert die Vernetzung des Shared Service Centers durch eine Reihe bilateraler Dienstleistungsbeziehungen mit den anderen Subsystemen. Dadurch entsteht eine **Angebots-Nachfrage-Konstellation** in Bezug auf die integrierten Dienstleistungen. Das Shared Service Center bietet die Dienstleistungen konzernweit an, seitens der verschiedenen Subsysteme des Konzerns werden die entsprechenden Leistungen nachgefragt. Es resultieren vielfältige interne **Kunden-Lieferanten-Beziehungen**.

5.3.1.2 Prozessorientierung

Die vorstehenden Darlegungen deuten bereits auf ein weiteres Charakteristikum des Shared Services Konzepts hin, nämlich auf seine Prozessorientierung. Die Empfänger des Outputs (Senke) werden als die **Prozesskunden** interpretiert. Prozessorientierung im Konzept der Shared Services bedeutet damit die konsequente Ausrichtung an den Kundenwünschen im Sinne der Erfüllung der jeweiligen kundenspezifischen Leistungsanforderungen.

▶ Weiterhin prägend für das Shared Service Modell ist die Differenzierung von **Kernprozessen und Supportprozessen**.

Die Kernprozesse sind auf die originäre Unternehmensleistung gerichtet, sie umfassen die unmittelbare betriebliche Wertschöpfung. Es handelt sich um **primäre Aktivitäten** im Sinne der Wertkette nach Porter (siehe oben, Kap. 4). Supportprozesse unterstützen die Kernprozesse und sorgen für die benötigte Infrastruktur. In Supportprozessen werden die **unterstützenden Aktivitäten** nach dem Modell der Wertkette (vgl. Porter 2008 und oben Kap. 4) angelegt. Das Shared Service Konzept ist nun gerade auf die Bereitstellung dieser Supportprozesse gerichtet. Zweck der Etablierung von Shared Service Centern sind die Ausgliederung unterstützender Administrationsprozesse aus den Kernaktivitäten sowie die Integration dieser Supportprozesse in darauf spezialisierten Organisationseinheiten.

Die Ausgliederung sowie die Bündelung der Supportprozesse in Shared Service Centern folgt den Zielen

- der Verbesserung der Qualität intern bereitzustellender Dienstleistungen einerseits und
- der Reduktion der Prozesskosten auf der anderen Seite.

Dies soll insbesondere im Wege umfassender **Standardisierung der Prozesse** erreicht werden (vgl. Breuer und Kreuz 2006, S. 147). Durch die konsequente Vereinheitlichung häufig wiederkehrender Vorgänge entstehen Prozess-Sicherheit, permanente Reproduzierbarkeit der Prozesse und Routinisierung. Die Stabilität der Supportprozesse wird gesteigert, die Fehlerquote sinkt und die Durchlaufzeiten werden verringert. Als Konsequenz wird eine hohe, gleichbleibende Qualität des Outputs gewährleistet. Außerdem sinken ceteris paribus die Prozesskosten in Anbetracht der Routinisierung der Prozessaktivitäten

5.3 Shared Service Organisation

sowie der realisierbaren Mengeneffekte (economies of scale) im Shared Service Bereich (vgl. Pfaff und Gabor 2004, S. 1248 f.). Die

- Professionalisierung,
- Zentralisation und
- Vereinheitlichung der Verfahrensweisen

im Zuge der Erbringung unternehmensinterner Dienstleistungen sind folglich wesentliche Kennzeichen des Shared Services Konzeptes.

5.3.2 Anwendung

5.3.2.1 Strategiefokussiertheit

Die innerbetriebliche Allokation der Shared Services folgt ihrer Ausrichtung auf Supportprozesse. Zur Debatte für die Integration in Shared Service Centern stehen grundsätzlich alle Dienstleistungsfunktionen im Unternehmen, d. h. alle Aktivitäten, welche nicht unmittelbar auf betriebliche Wertschöpfungskette gerichtet sind. Weitere Selektionskriterien in Bezug auf die Begründung von Shared Services bilden

- die geografische Unabhängigkeit der Bereitstellung der jeweiligen Aktivitäten,
- ein großer Mengenbedarf an den betrachteten Dienstleistungen im Gesamtunternehmen,
- das ausgeprägte Potenzial zur Standardisierung der Vorgehensweisen und
- die signifikante infrastrukturelle Bedeutung der Dienstleistungen im gesamten soziotechnischen System.

Auf diesem Hintergrund lässt sich das Einrichten von Shared Service Centern als eine **strategiefokussierte Organisationsentscheidung** deuten. Die strategischen Entscheidungen der Unternehmensleitung über

- Aufbau und den Einsatz von Kernkompetenzen,
- Eigenfertigung oder Fremdbezug (make or buy),
- Desintegration oder Integration von Geschäften und Aufgabengebieten

können strukturell Ausdruck in der Implementierung der Shared Service Organisation finden (vgl. Krüger 2006, S. 80 ff.). Im Falle von Shared Services verbleiben die Aktivitäten im Gesamtunternehmen, das spezifische Know-how geht dem System nicht verloren. Auf diese Weise bleibt eine enge Verknüpfung der Kernaktivitäten des Unternehmens und der flankierenden Unterstützungsleistungen bestehen. Das schafft Optionen, die Entwicklung der Kernkompetenzen intensiv und in unternehmensindividueller Weise voranzutreiben. Anders ausgedrückt:

▶ Das Einrichten von Shared Service Centern folgt organisational einer modifizierten strategischen *Make-Entscheidung* der Unternehmensleitung.

Den Zusammenhang strategiefokussierter Positionierung von Shared Services verdeutlicht Abb. 5.28.

Das Corporate Center (Unternehmensleitung) bestimmt den strategischen Kurs des sozio-technischen Systems. Dabei greift das Corporate Center allerdings auf interne Supportprozesse zurück, die vom Shared Service Center durchgeführt werden. Diese Supportprozesse (beispielsweise in Gestalt IT-gestützter Analyse- und Planungsprozeduren) steigern die **Effektivität** des Corporate Centers. Den direkten Bezug zum externen Markt stellen die operativen Bereiche her. Diese Bereiche konzentrieren sich vollkommen auf die permanente Durchführung der geschäftskonstitutiven wertschöpfenden Funktionen des Unternehmens. Das geschieht in ständiger Interaktion mit Bezugsgruppen im externen Umfeld des sozio-technischen Systems.

Intern ergänzt werden die Operativen Bereiche durch die Operativen Center, welche unmittelbar anwendungsbezogene Leistungen hervorbringen, die bereichsübergreifend Kernkompetenzen schaffen sollen. Es handelt sich bei den Operativen Centern folglich um organisatorische Einheiten, in denen Aktivitäten zur unternehmensweiten Ausprägung von Kernkompetenzen gebündelt werden. Beispielhaft zu nennen sind in diesem Zusammen-

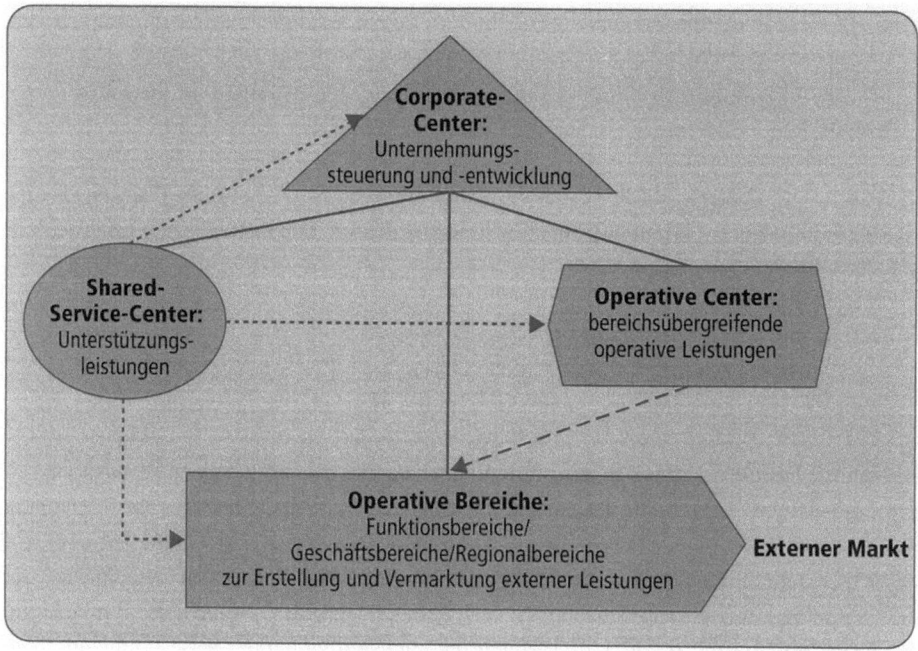

Abb. 5.28 Shared Services im Kontext strategiefokussierter Organisation. (Quelle: Krüger 2006, S. 86)

hang die Aktivitäten zur Produktentwicklung, zur Verbesserung der Werkstoffeigenschaften oder zur Optimierung technischer Verfahren. Die Operativen Center können ihrerseits Dienstleistungen der Shared Service Center in Anspruch nehmen und damit die eigene Effektivität erhöhen.

> Als **Beispiel** seien Dienstleistungen auf dem Gebiet der Personalentwicklung benannt, welche ein Shared Service Center den Operativen Centern *liefert*.

5.3.2.2 Anwendungsfelder

Das quantitative Schwergewicht der Unterstützungsleistungen seitens der Shared Service Center wird allerdings regelmäßig auf die Operativen Bereiche gerichtet sein. Es geht darum, die optimale Infrastruktur für das reibungslose und effiziente Funktionieren der Operativen Bereiche sicherzustellen. Die Supportprozesse der Shared Service Center für die Operativen Bereiche sind grundsätzlich und potenziell sehr vielgestaltig. Exemplarisch skizziert reichen diese Dienstleistungen von der Rechnungslegung, über das Facility Management bis hin zur Rekrutierung geeigneter Mitarbeiter.

Auf dem dargelegten Hintergrund sind in der betrieblichen Praxis folglich sehr heterogene Anwendungsfälle hinsichtlich der Integration von Supportprozessen in Shared Service Centern konstatierbar. Empirisch nachgewiesen wurden Shared Services insbesondere auf folgenden Gebieten (vgl. Krüger et al. 2007; Keuper und Oecking 2006; Pfaff und Gabor 2004; Reuß 2004; Krüger und Danner 2004; Kagelmann 2001):

- Finanzfunktionen,
- Rechnungswesen,
- Controlling,
- Personalwirtschaft,
- Beschaffung,
- Informationstechnologie,
- Organisation,
- Fuhrpark,
- Facility Management,
- Dokumenten-Management.

Die dargelegten Anwendungsfelder belegen die erhebliche Bedeutung der Shared Service Organisation in Großunternehmen. Außerdem wird die **enorme Bandbreite** von Shared Services deutlich. Sie reicht von vergleichsweise einfachen Administrationsfunktionen, wie beispielsweise den Prozessen der Kreditorenbuchhaltung, bis hin zu äußerst komplexen konzeptionellen Aktivitäten, wie etwa den Prozessen der betrieblichen Personalentwicklung. Folglich eröffnet die Implementierung der Shared Service Organisation den Unternehmen umfassende Gestaltungsoptionen in einem stark prozessual determinierten Bezugssystem. Den allgemeinen Zusammenhang der strukturellen Anwendung von Shared Services soll die Abb. 5.29 komprimiert veranschaulichen.

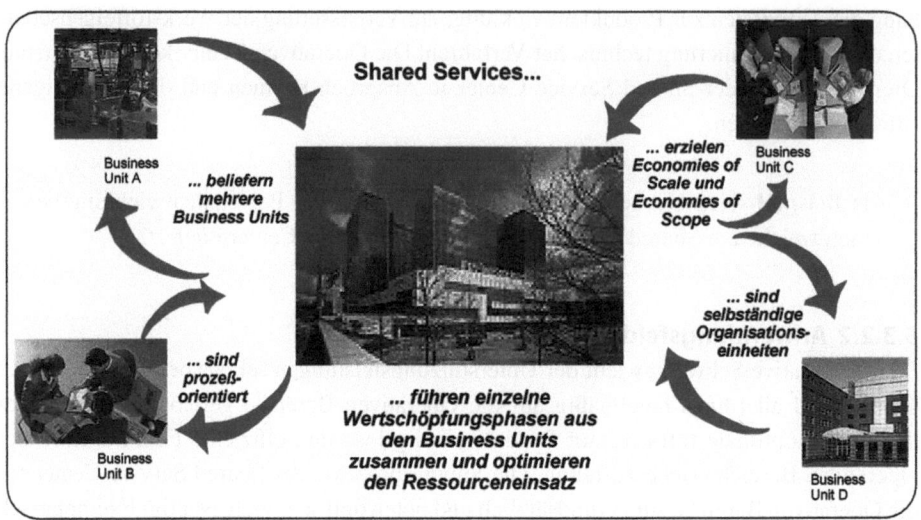

Abb. 5.29 Der Anwendungszusammenhang von Shared Service Organisation. (Quelle: Wißkirchen 2002, S. 39)

Das Shared Service Center steht, wie die Darstellung zum Ausdruck bringt, in engen Austauschbeziehungen (Lieferanten-Kunden-Beziehungen) mit den etablierten Business Units, in denen die primären wertschöpfenden Aktivitäten ausgeführt werden. Durch die Integration der Supportprozesse für eine größere Zahl von Business Units entstehen Potenziale der Realisierung von economies of scale (Fixkostendegression) sowie von economies of scope (Synergieeffekte). Das Shared Service Center verkörpert eine selbstständige Organisationseinheit, welche prinzipiell darüber hinaus als eigenständige Rechtsperson in Erscheinung treten kann (Kapitalgesellschaft).

Durch die rechtliche Verselbstständigung des Shared Service Centers im Konzernverbund wird das Bereitstellen der Dienstleistungen auch für **unternehmensexterne Kunden** erleichtert. Das Shared Service Center wird in diesem Fall zu einem **Profitcenter**, das zusätzlich zur internen Leistungserbringung der Intention der Erwirtschaftung externer Erlöse folgt. Diese Öffnung des Operationsgebietes des Shared Service Centers in Richtung der Teilnahme am marktlichen Wettbewerb kann korrespondieren mit der Grundsatzentscheidung der Unternehmensleitung, den Business Units (Konzernunternehmen) die Option zum Bezug der benötigten Unterstützungsprozesse von **externen Dienstleistern** (anstelle vom konzerneigenen Shared Service Center) einzuräumen. Eine solche stark marktorientierte Regelung des Leistungsaustausches und der Leistungsbereitstellung im Gesamtunternehmen erzeugt erhebliche innerbetriebliche Dynamik, permanente **Verhandlungsprozesse** mit konzerninternen und konzernexternen Partnern sowie gesteigerten Leistungsdruck auf die Shared Service Einheiten.

5.3.3 Instrumente

5.3.3.1 Anforderungen

Als quasi *intermediäres* Organisationsmodell zwischen den Polen *Zentralisation* und *Outsourcing* ist das Shared Service Konzept ungeachtet potenzieller unternehmensexterner Bezüge intentional primär auf die konzerninterne Bereitstellung von Supportprozessen ausgerichtet. Das markante Zielkriterium besteht in diesem Zusammenhang im Schaffen interner Kunden-Lieferanten-Beziehungen zwischen den leistungsempfangenden Business Units auf der einen und den leistungserbringenden Shared Service Centern auf der anderen Seite. Im Fokus steht die Implementierung **marktähnlicher** Leistungsbeziehungen innerhalb des Gesamtunternehmens. Dazu bedarf es des Einsatzes adäquater Steuerungsinstrumente. Auf diesem Hintergrund erhalten

- die Regelungen über die Merkmale des Leistungsbezugs durch die Business Units,
- die Zufriedenheit der internen Kunden mit den Dienstleistungen des Shared Service Centers,
- die Form der Verrechnung der bereitgestellten Unterstützungsleistungen
- sowie der Umgang mit den Beschwerden der internen Kunden

herausragende Bedeutung. Zur Bewältigung der daraus resultierenden Anforderungen dienen insbesondere die Instrumente Service Level Agreement, Kundenbarometer und Beschwerdemanagement. Diese Instrumente werden im Folgenden mit Bezug auf die Shared Service Organisation erörtert.

5.3.3.2 Service Level Agreement

Das grundlegende Instrument zur **Institutionalisierung der Leistungsbeziehungen** zwischen dem Shared Service Center und den Business Units ist das Service Level Agreement (SLA). Darin kommt zunächst zum Ausdruck, dass es jeweils besonderer Vereinbarungen zwischen den beteiligten Organisationseinheiten über das Erbringen und den Bezug von Unterstützungsleistungen bedarf. Die Leistungsbereitstellung durch das Shared Service Center ist nämlich gerade nicht bereits durch dessen strukturelle Implementierung abschließend und dauerhaft geregelt. Folglich sind die Verantwortlichen im Shared Service Center per se gefordert, ihre Dienstleistungen immer wieder neu unternehmensintern zu *verkaufen*. In der Rolle des Kunden artikulieren die Konzernunternehmen (Business Units) ihre Nachfrage, welcher das Shared Service Center mit individuell darauf abgestimmten Angeboten begegnet. Im Wege der Verhandlung resultiert das Service Level Agreement als Konsenskonstrukt und formalisierter Ausdruck der Übereinstimmung der Intentionen der **internen Kooperationspartner**. Die formale Gestalt eines Service Level Agreements zeigt Abb. 5.30.

Grundlage der Leistungsvereinbarung ist die gemeinsame Vision der Partner. Sie differenziert die Shared Services von externen Dienstleistungen. In der gemeinsamen Vision soll das konzernweit einheitliche Verständnis zur Bedeutung und zu den Zielen der Sup-

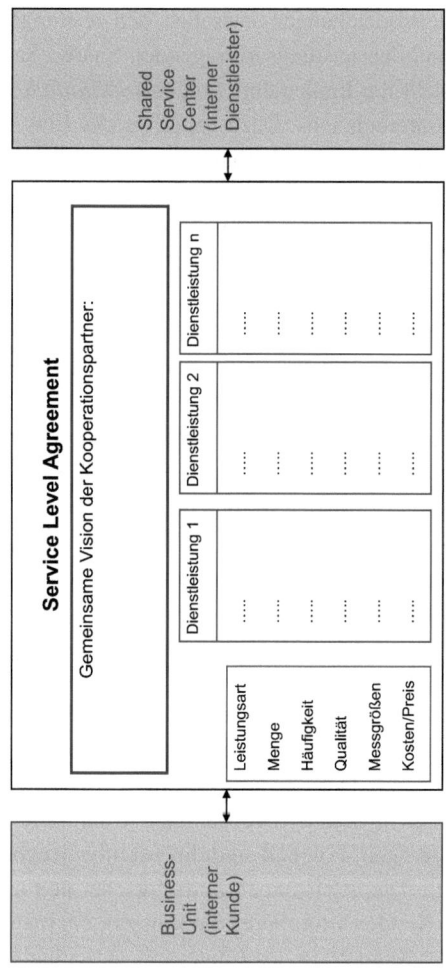

Abb. 5.30 Institutionalisierung interner Leistungsbeziehungen durch Service Level Agreements. (Quelle: O. V. 2008c)

5.3 Shared Service Organisation

portprozesse zum Ausdruck kommen (vgl. Kagelmann 2001, S. 117). Insbesondere die Werte der unternehmensinternen Kooperation zwischen den Erbringern primärer Aktivitäten und den Erbringern der notwendigen Infrastruktur-Leistungen sollen sich in der gemeinsamen Vision niederschlagen. Durch die gemeinsame Vision erhält das Service Level Agreement seinen unternehmensspezifischen Charakter innerhalb des Shared Service Konzepts.

Die weiteren Inhalte des Service Level Agreements beziehen sich auf die exakte Bestimmung des Leistungsaustausches. Das gilt für alle zur Debatte stehenden Dienstleistungen. Erfolgsrelevant ist die **messbare Beschreibung** aller bereitzustellenden Dienstleistungen. Dazu bedarf es zunächst der präzisen Kennzeichnung des jeweiligen Supportprozesses (Leistungsart). Weiterhin sollen die Menge und die Häufigkeit der Unterstützungsleistungen nachvollziehbar gekennzeichnet werden

Beispiele

- Vereinbarung über die Abwicklung von 5000 Inkassovorgängen durch das Shared Service Center einmal wöchentlich.
- Es wird im SLA festgelegt, dass das Shared Service Center viermal im Jahre eine Mitarbeiterzeitschrift bereitstellen soll. ◄

Ein zentrales Kriterium bildet die zu vereinbarende Qualität der Dienstleistungen. Dafür ist es erforderlich, dass seitens des Shared Service Centers differente Qualitätslevels offeriert werden, zwischen denen die verantwortlichen Entscheidungsträger in den Business Units wählen können. Umgekehrt gilt:

▶ Je anspruchsvoller das nachgefragte Qualitätsniveau der Supportprozesse ausfällt, umso höhere Kosten werden anfallen und umso höher wird der interne Verrechnungspreis bemessen, den das Shared Service Center dem nachfragenden Konzernunternehmen für die Dienstleistung in Ansatz bringt.

Der Abschluss von Service Level Agreements erfordert folglich Preisverhandlungen zwischen den unternehmensinternen Kooperationspartnern.

Im Hinblick auf die effiziente Durchführung der Supportprozesse ist die möglichst klare und unmissverständliche Festlegung der maßgeblichen **Messgrößen** für den Prozesserfolg von erheblicher Bedeutung. Die Parteien müssen sich folglich darauf einigen, welche Merkmale des Prozessoutputs als **Erfolgsindikatoren** herangezogen werden sollen. Eben diese Merkmale werden als Messgrößen in das Service Level Agreement aufgenommen.

Beispiele

für solche Messgrößen sind Termintreue, Fehlerquoten, Reaktionszeiten bei Störungen sowie Einhaltung der Formvorschriften, Toleranzwerte oder Durchlaufzeiten. ◄

Die Service Level Agreements gelten grundsätzlich nicht dauerhaft, sondern sind regelmäßig von vornherein zeitlich befristet. Nach Ablauf der Vereinbarungsdauer sollen die internen Partner auf der Basis der zu diesem Zeitpunkt erzielten Erkenntnisse sowie unter Berücksichtigung der relevanten Änderungen im betrieblichen Umfeld neue Leistungsvereinbarungen aushandeln und abschließen.

5.3.3.3 Internes Kundenbarometer

Die Implementierung eines internen *Kundenbarometers* folgt der Orientierung an der im Prozessmanagement verankerten Basisgröße *Kundenzufriedenheit*. Danach sind Prozesse erfolgreich, sofern die Kunden den Output der Prozesse als zufriedenstellend einstufen. Die positive Ausprägung von Kundenzufriedenheit wird als Funktion der Erfüllung elementarer Bedürfnisse der Leistungsempfänger (User) gedeutet. Dabei gilt die Prämisse, dass die Zufriedenheit der unternehmensinternen Kunden eine grundlegende Bedingung für das Erreichen von Zufriedenheit seitens der externen Kunden darstellt. Schließlich führt die Kette der unterstützenden und der wertschöpfenden Prozesse letztendlich zum externen Kunden. Den damit angesprochenen Zusammenhang verdeutlicht Abb. 5.31.

Das Bemühen des Unternehmens um Wachstum (Umsatzsteigerung) sowie Wirtschaftlichkeit der Leistungsverwertung (Profitabilität) findet konsequent Rückkopplung in der unternehmensinternen Kundenorientierung und im Anspruch, Zufriedenheit auch der internen Kunden zu realisieren. Die Effekte dieser internen Lieferanten-Kunden-Beziehungen sind die interne Kundenbindung sowie die gesteigerte Produktivität im Zuge der Wertschöpfungskette. Dies wiederum soll münden in dauerhafter Zufriedenheit der externen Kunden, deren Bindung an das Unternehmen und infolge davon gerade in Wachstum des Unternehmens sowie steigender Rendite. Als Basis einzelwirtschaftlichen Erfolges werden die Fähigkeiten des Unternehmens angesehen, die **Bedürfnisse der Kunden** zu identifizieren, auf diese Bedürfnisse abgestimmte Leistungsangebote bereitzustellen und die daran ausgerichteten marktbezogenen Kommunikationsprozesse extern sowie intern konstruktiv zu gestalten.

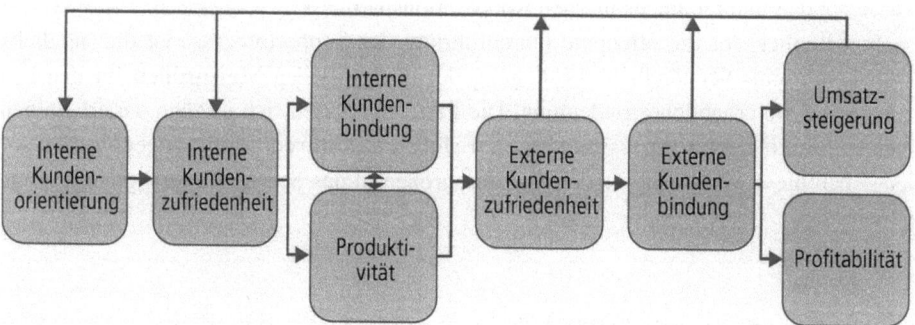

Abb. 5.31 Entstehung von Kundenzufriedenheit in Prozessketten. (Quelle: Bruhn und Georgi 2006, S. 178)

5.3 Shared Service Organisation

Die **Messung der Zufriedenheit** der internen Kunden von Shared Service Centern kann mit dem Instrument des internen Kundenbarometers erfolgen. Danach werden die User der Dienstleistungen (interne Kunden) turnusmäßig in standardisierter Form nach ihrer Bewertung der vom jeweiligen Shared Service Center gelieferten Leistungen befragt. Aus den erhobenen Daten lassen sich Rückschlüsse auf die interne Kundenzufriedenheit herleiten. Grundlage dafür ist allerdings ein für die spezifischen Belange des einzelnen Shared Service Centers zu entwickelndes Kausalmodell der Kundenzufriedenheit. Die allgemeine Form eines solchen Kausalmodells vermittelt Abb. 5.32.

Den zentralen Zusammenhang bilden die Qualität der vom Shared Service Center bereitgestellten **Supportprozesse** auf der einen sowie die damit korrespondierende Kundenzufriedenheit auf der anderen Seite. Zum Zwecke der Messung gilt es, das allgemeine Konstrukt *Qualität* in operationale Komponenten zu untergliedern, welche im Modell als *Teilqualitäten* 1 bis 18 ausgewiesen werden. Diese Teilqualitäten beeinflussen in unterschiedlicher Weise die Kundenzufriedenheit. Das bedeutet, dass die Bemühungen um Verbesserung der Kundenzufriedenheit sich als Interventionen ausdrücken sollten, welche auf die jeweils relevanten Teilqualitäten und ihre Bereitstellung gerichtet sind. Das erreichte Niveau auf dem Gebiet der Kundenzufriedenheit drückt sich schließlich zum einen in der Verbundenheit der Kunden mit dem Shared Service Center und zum anderen in Gesamtzufriedenheit, Abgleich der Erwartungen mit den tatsächlich erhaltenen Leistungen sowie im Abgleich der bereitgestellten Unterstützungsleistungen mit dem eigenen Idealbild der Kunden aus. Jedenfalls sind das die Prämissen über Kausalitäten nach Maßgabe des Modells in Abb. 5.32.

Auf der Grundlage des spezifizierten Kausalmodells für das betrachtete Shared Service Center lässt sich ein standardisierter Fragebogen zur Erhebung der Kundenzufriedenheit entwickeln. Exemplarisch sei in Abb. 5.33 ein Auszug aus einem solchen Fragebogen zur

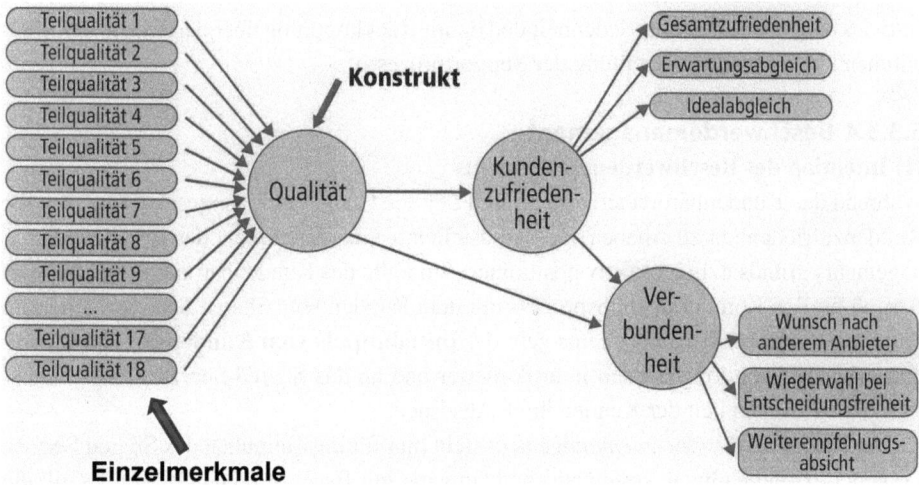

Abb. 5.32 Kausalmodell der Kundenzufriedenheit. (Quelle: Bruhn und Georgi 2006, S. 181)

1. ARBEITSPLATZ (Electronic Workplace) – SERVICE Die Abwicklung von Bestellungen für Hardware und Software (zum Beispiel Einzelkomponenten, Ausstattung neuer Mitarbeiter)	Stimme überhaupt nicht zu							Stimme voll und ganz zu			Weiss nicht
	1	2	3	4	5	6	7	8	9	10	?
1. ... erfolgt termingerecht.	☐	☐	☐	☐	☐	☐	☐	☐	☐	☐	☐
2. ... wird durch Beratung ausreichend unterstützt.	☐	☐	☐	☐	☐	☐	☐	☐	☐	☐	☐
3. ... ist für den Kunden einfach zu handhaben.	☐	☐	☐	☐	☐	☐	☐	☐	☐	☐	☐
4. ... wird korrekt verrechnet.	☐	☐	☐	☐	☐	☐	☐	☐	☐	☐	☐
5. ... ist hinsichtlich der Kosten transparent.	☐	☐	☐	☐	☐	☐	☐	☐	☐	☐	☐
Die Unterstützung der Kunden bei Problemen mit dem Arbeitsplatz											
6. ... erfolgt kompetent und professionell.	☐	☐	☐	☐	☐	☐	☐	☐	☐	☐	☐
7. ... liefert stets die gewünschte Lösung.	☐	☐	☐	☐	☐	☐	☐	☐	☐	☐	☐
8. ... erfolgt schnell.	☐	☐	☐	☐	☐	☐	☐	☐	☐	☐	☐
9. ... erfolgt termingerecht.	☐	☐	☐	☐	☐	☐	☐	☐	☐	☐	☐
10. ... ist für mich hinsichtlich der Kostenabrechnung transparent.	☐	☐	☐	☐	☐	☐	☐	☐	☐	☐	☐
11. ... erfolgt benutzerorientiert.	☐	☐	☐	☐	☐	☐	☐	☐	☐	☐	☐

Abb. 5.33 Fragebogen zum Kundenbarometer (Auszug). (Quelle: Bruhn und Georgi 2006, S. 186)

Erhebung der relevanten Daten zwecks Ausweises der Kundenzufriedenheit in einem internen Kundenbarometer dargestellt.

Das *Qualitätskonstrukt* im Sinne des Kausalmodells determiniert im betrachteten fiktiven Fall ein Arbeitsplatz in einem Shared Service Center für IT-Dienstleistungen. Die Qualität wird in insgesamt elf operationale Teilqualitäten aufgegliedert. Darauf basierend geschieht die Befragung der Kunden zu ihrer Einschätzung der selektierten Indikatoren für das abstrakte und komplexe Konstrukt *Qualität* durch Vorgabe einer zehnstufigen Skala in einem formalisierten Befragungstool (unpersönlicher Fragebogen). Außerdem erhalten die Probanden die Möglichkeit zur Fehlanzeige (*Weiß nicht*). Die Auswertung der Befragung über alle Kundengruppen gibt Auskunft über die realisierte Kundenzufriedenheit nach Maßgabe des herangezogenen Kausalmodells. Durch turnusmäßige Wiederholung der standardisierten Kundenbefragung (beispielsweise jährlich) erhalten die verantwortlichen Organisationsmitglieder im Shared Service Center Auskunft über die Entwicklung der Kundenzufriedenheit und damit Rückkopplung über den Erfolg der Maßnahmen zur sinnvollen Gestaltung der Supportprozesse.

5.3.3.4 Beschwerdemanagement
(1) Intention des Beschwerdemanagements
Während das Kundenbarometer vom Shared Service Center aktiv eingesetzt wird, um die Kundenzufriedenheit zu erheben und darzustellen, ist das Instrument des Beschwerdemanagements grundsätzlich **reaktiv** positioniert. Im Falle des Kundenbarometers kommt der Anstoß für den Kommunikationsprozess mit dem Kunden vom Shared Service Center, im Falle des Beschwerdemanagements geht der **Initialimpuls vom Kunden** aus. Beschwerden oder Reklamationen finden in artikulierter und an das Shared Service Center adressierter Unzufriedenheit der Kunden ihren Ausdruck.

Die Kategorie *Beschwerdemanagement* steht nun für das Bemühen des Shared Service Centers um planmäßigen, systematischen Umgang mit Beschwerden der User. Es gilt die Prämisse, dass Beschwerden seitens der Kunden keineswegs ein lästiges Problem darstellen, welches möglichst aufwandsminimal mittels improvisierter Lösungen zu beseitigen ist, sondern dass Beschwerden vielmehr **Lernchancen** für das Shared Service Center in Bezug auf die Kundenwünsche sowie die Verbesserung der eigenen Leistungsfähigkeit beinhalten. Auf diesem Hintergrund kommt es darauf an, das Lernpotenzial von Beschwerden konsequent zu nutzen. Eben dazu dient das Instrument des Beschwerdemanagements, welches alle Maßnahmen zum konstruktiven, planmäßigen Umgang mit artikulierter Kundenunzufriedenheit sowie zur Zufriedenstellung der Beschwerde führenden Organisationsmitglieder oder Organisationseinheiten umfasst.

▶ **Beschwerdemanagement** Summe der Maßnahmen zum konstruktiven, strukturierten und planvollen Umgang mit artikulierter Kundenunzufriedenheit sowie zur Lösung der kundenseitig monierten Probleme

Solche Problemlösungen in Sinne von Beschwerdemanagement tragen zur Verbesserung der **Dienstleistungsqualität** des Shared Service Centers erheblich bei. Außerdem geht es um die Limitierung der negativen Konsequenzen entstandener Frustration bei den Usern sowie um die zügige und umfassende Wiederherstellung der Kundenzufriedenheit.

(2) Prozessuale Gestaltung
Der Beschwerdeweg eröffnet dem Shared Service Center gleichsam die *zweite Chance* zur adäquaten Erfüllung wesentlicher Kundenbedürfnisse. Dazu bedarf es klarer und einzelfallunabhängiger struktureller Regelungen zur Bearbeitung von Beschwerden. Die Grundlagen der prozessual ausgerichteten organisationalen Gestaltung des Beschwerdemanagements vermittelt Abb. 5.34.

Zweckmäßig erscheint die Dualisierung des Beschwerdeprozesses in den direkten Beschwerdeprozess und den indirekten Beschwerdeprozess. Das wird in Abb. 5.34 dargestellt. Der Grad an *Direktheit* der Prozesse resultiert aus der Kundennähe der Aktivitäten. Nach diesem Kriterium lassen sich sehr heterogene Aufgaben des Shared Service Centers in logisch sinnvoller Weise prozessual integrieren.

(3) Direkter Beschwerdeprozess
In den direkten Beschwerdeprozess ist der Kunde involviert. Die Aufgabenerfüllung im Shared Service Center vollzieht sich in unmittelbarem Kontakt mit dem unternehmensinternen Beschwerdeführer.

In der ersten Phase des direkten Beschwerdeprozesses steht die **Beschwerdestimulierung** im Fokus. Unzufriedene User sollen veranlasst werden, ihre subjektiv wahrgenommenen Probleme mit dem zur Debatte stehenden Supportprozess gegenüber dem *liefernden* Shared Service Center zu äußern. Das erfordert die Bereitstellung und die Kommunikation von Beschwerdekanälen, zum Beispiel in Form eines Kontaktformulars im Intranet, einer speziell für Beschwerden eingerichteten E-Mail-Adresse, einer Telefon-Hotline oder eine Anlaufstelle, die zum persönlichen Gespräch kontaktiert werden kann.

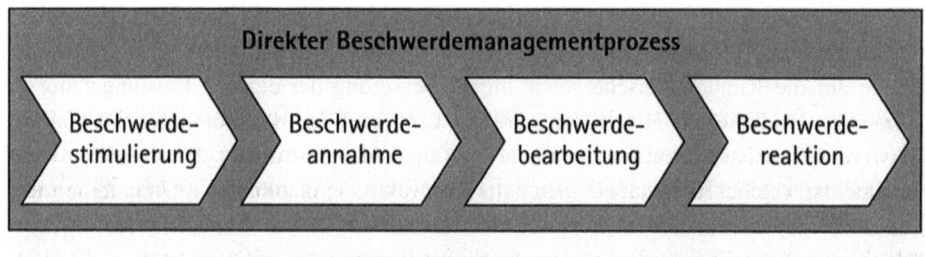
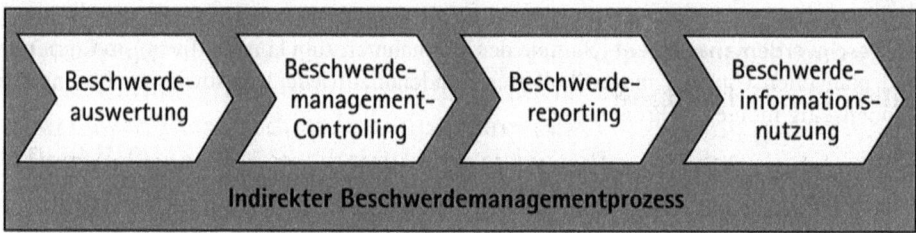

Abb. 5.34 Prozessuale Grundlagen des Beschwerdemanagements. (Quelle: Stauss und Seidel 2007, S. 82)

Die Phase der **Beschwerdeannahme** ist auf die zuverlässige und effiziente Organisation des Eingangs von Reklamationen sowie auf die sorgfältige Erfassung der darin enthaltenen Informationen gerichtet. Erfolgsrelevant in dieser Phase sind klare Verantwortlichkeiten im Shared Service Center in Bezug auf die Erfassung der Beschwerde mit allen ihren Inhalten sowie die Fähigkeit der in dieser Phase eingesetzten Prozessmitarbeiter zum aktiven Zuhören und zum Erfragen der Hintergründe und Einzelheiten des Problems aus Kundensicht. Das erfordert die Durchführung entsprechender Trainingsmaßnahmen für die Mitarbeiter. Zum Abschluss der Annahmephase soll die eingegangene Kundenbeschwerde vollständig und praktikabel dokumentiert vorliegen.

Darauf basierend kann in der nächsten Sequenz des direkten Prozesses die **Beschwerdebearbeitung** starten. Damit ist der materielle Kern des anstehenden Problems erreicht. Es geht um die sorgfältige Prüfung des Kundenanliegens sowie das Erarbeiten einer sinnvollen Problemlösung durch das Shared Service Center. Im Sinne erfolgreichen Prozessmanagements erhält die Festlegung der Verantwortlichkeiten sowie der Zuständigkeiten auch in der Phase der Beschwerdebearbeitung ganz besondere Bedeutung. Das ist im Prozessmanagement durch die *Owner-Kategorie* verankert (vgl. Kap. 4). In der betrieblichen Praxis wird für dieses Phänomen gelegentlich die umgangssprachliche Bezeichnung des *Kümmerers* verwendet. Erfolgsentscheidend für die Beschwerdebearbeitung erscheint es, dass konkrete, identifizierbare Stelleninhaber die anstehende Problemstellung zu ihrer *eigenen* Sache machen und bis zur angemessenen Lösung sorgfältig bearbeiten, überwachen, kommunizieren und moderieren. Der **Complaint Owner** übernimmt die Rolle des *Kümmerers* für die Einzelfallbearbeitung. Er ist für die *komplette* Suche nach Lösungen für den jeweiligen singulären Beschwerdeanlass zuständig und verantwortlich. Dem **Process Owner** obliegt hingegen die Verantwortung auf der Ebene des Gesamtprozesses. Die

Funktion dieser Owner-Rolle besteht insbesondere darin, dem Beschwerdeprozess im Sinne von Machtpromotion die notwendige Durchschlagskraft im Shared Service Center zu verleihen. Der **Task Owner** ist schließlich für die Koordination der einzelnen Bearbeitungsstufen zuständig (vgl. Stauss und Seidel 2007, S. 84).

- Den Abschluss des direkten Beschwerdeprozesses bildet die Phase der **Beschwerdereaktion**. Sie ist durch das normative Feedback des Shared Service Centers gegenüber dem Beschwerdeführer gekennzeichnet. Es geht darum, angemessen Stellung zu beziehen und dem Kunden eine sinnvolle Lösung für das im Wege der Beschwerde kommunizierte Problem anzubieten. Das Shared Service Center sollte sich in dieser Phase gegenüber dem Kunden klar positionieren. Daraus resultieren enorme Anforderungen an die Prozessgestaltung und an die Prozessmitarbeiter. Nahezu regelmäßig erweist sich die Bewertung des sachlichen Hintergrunds der Beschwerde als mehrdeutig. Lieferant und Kunde folgen differenten subjektiven Wahrnehmungen und Einschätzungen. Eine *objektive Wahrheit* ist häufig schwer identifizierbar. Außerdem zählt für das künftige Verhalten des Kunden vor allem dessen subjektive Wahrheit. Umgekehrt ist es auf Dauer kaum rational, wenn seitens des Shared Service Centers wohlbegründete Positionen zugunsten der Vermeidung von Konflikten mit dem Kunden ohne nennenswerte Reflexion aufgegeben werden. In diesem Zusammenhang gilt die nachstehende Praxismaxime:

▶ Halbherzige Kulanzregelungen lösen nicht dauerhaft das mit einer Beschwerde transportierte Problem!

Im skizzierten Spannungsfeld ist die Beschwerdereaktion angesiedelt. Sie hat erhebliche Bedeutung für das künftige Lieferanten-Kunden-Verhältnis, weil das Shared Service Center die (zumindest vorerst) abschließende Beurteilung der Beschwerde und ihrer Konsequenzen auf Lieferantenseite kommuniziert. Die Festlegung klarer Standards für die Art der Kommunikation der Beschwerdereaktion sollte das angemessene Vorgehen des Shared Service Centers in dieser hochsensiblen Phase des direkten Beschwerdeprozesses grundlegend absichern.

(4) Indirekter Beschwerdeprozess
Nach Abschluss des dargelegten direkten Prozesses läuft der indirekte Beschwerdeprozess an. Kennzeichnend für den indirekten Prozess ist sein rein interner Charakter, d. h., die Kunden sind nicht in den Ablauf involviert. Im Mittelpunkt stehen vielmehr die Herleitung von Lerneffekten sowie deren generelle Umsetzung innerhalb des Shared Service Centers.

- Dieser indirekte Beschwerdeprozess beginnt mit der Phase der **Beschwerdeauswertung**. In quantitativer Hinsicht bedeutet dies das Anfertigen allgemeiner Beschwerdestatistiken, welche den Umfang und die Verteilung des Beschwerdeaufkommens in einer definierten Periode abbilden. Außerdem geht es um die mengenmäßige Priorisierung der seitens der User artikulierten Probleme. Die Beschwerdedaten sollen in einer zur adäquaten Nutzung brauchbaren Form aufbereitet werden. Dagegen stellt die qualitative Beschwerdeauswertung auf die Ursachenanalyse für die erfassten Reklamationen ab. Darauf basierend erfolgen die Herleitung des Reorganisationsbedarfs sowie die Planung von Veränderungen in der Bereitstellung von Dienstleistungen für die Business Units.

- Die **Controlling-Phase** im indirekten Prozess des Beschwerdemanagements ist zunächst auf die **Evidenz** gerichtet. Solche Controlling-Aktivitäten zielen darauf ab zu ermitteln, inwieweit bestehende Unzufriedenheit der Kunden sich in tatsächlich offiziell vorgebrachten Beschwerden niederschlägt, also evident wird im Sinne des Beschwerdemanagements. Das betrifft zum einen die latenten Beschwerden, d. h. artikulierte Unzufriedenheit der Kunden, die nicht formell registriert wird. Zum anderen richtet sich das Evidenz-Controlling auf unzufriedenen Kunden, die ihre Unzufriedenheit jedoch nicht aktiv zum Ausdruck bringen. Dagegen setzt und überwacht das **Aufgaben-Controlling** Standards zur Durchführung der Aktivitäten im Rahmen des Beschwerdemanagements. Solche Standards können sich beispielsweise auf die Bearbeitungsdauer für die Beschwerden oder auf die Häufigkeit von Folgebeschwerden oder auf die Produktivität der Bearbeitung beziehen. Im Unterschied dazu steht beim **Kosten-Nutzen-Controlling** die Kategorie der Wirtschaftlichkeit des Beschwerdemanagements im Fokus. Während die Kosten des Beschwerdemanagements relativ eindeutig ermittelbar sind, bereiten die Abschätzung und vor allem die monetäre Quantifizierung des Nutzens der Aktivitäten zum Beschwerdemanagement deutliche Probleme. Zwecks Vereinfachung der Nutzenquantifizierung lässt sich die Nutzenkategorie in Informationsnutzen, Einstellungsnutzen, Wiederkaufsnutzen, Kooperationsnutzen und Kommunikationsnutzen aufgliedern (vgl. Stauss und Seidel 2007, S. 86). Allerdings wird auch in diesem Falle die eindeutige Quantifizierbarkeiten von Nutzengrößen an relativ enge Grenzen stoßen. Einen pragmatischen Ausweg können **Expertenratings** eröffnen, in denen nach einem formalisierten Verfahren von ausgewiesenen und möglichst unabhängigen Fachleuten die Zuordnung von Nutzenwerten zu den Ergebnissen des Beschwerdemanagements im Shared Service Center vorgenommen wird.
- Gegenstand der Phase **Beschwerdereporting** ist die strukturierte Information der relevanten Zielgruppen über die Resultate aus den vorgängigen Teilprozessen. Dazu bedarf es grundsätzlicher Entscheidungen über die
    - interne Adressaten der Reports (beispielsweise Geschäftsleitung, Qualitätssicherung, Kundenmanagement),
    - Inhalte der Informationen (etwa: welche quantitativen, welche qualitativen Informationen),
    - Form der Reports (z. B.: elektronisches Medium, Print, Push oder Pull-Zugang) sowie
    - Häufigkeit und Turnus der Reports (beispielsweise: einmal jährlich oder einmal monatlich, bis zum Fünften des jeweiligen Folgemonats, zum Quartalsende).

Die Summe derartiger Entscheidungen begründet ein Reportingsystem im Zuge des Beschwerdemanagementprozesses. Im Interesse der adäquaten Aufarbeitung der viel-

fältigen relevanten und prinzipiell verfügbaren beschwerderelevanten Informationen erscheint der Einsatz anspruchsvoller IT-gestützter Tools angezeigt. Zu nennen ist in diesem Zusammenhang beispielsweise die Implementierung einer Beschwerde- oder Reklamationsdatenbank (vgl. Lenzen 2009).
- In der abschließenden Phase des indirekten Prozesses sind die Funktionen zur **Beschwerdeinformationsnutzung** angelegt. Zweck dieser Aktivitäten ist es, den potenziellen Nutzen aus dem Beschwerdeaufkommen und seiner systematischen Aufbereitung zu erheben und in messbaren, tatsächlichen Nutzen zu transformieren. Dazu müssen die Erkenntnisse aus den Teilprozessen in konkrete Maßnahmen umgesetzt werden, welche die Servicequalität in Bezug auf die Kundenbedürfnisse verbessern. Grundsätzlich erfordert die aktive Nutzung von Beschwerdeinformationen die Fähigkeit des Lieferanten, Kritik aufzunehmen, den kreativen Umgang mit den eingegangenen Informationen, die Bereitschaft und die Offenheit für permanente Innovation im Bereich der Supportprozesse sowie das Einrichten eines spezifischen Kundenwissensmanagements im Bereich der Shared Services.

(5) Positionierung
Die dargelegten Funktionen und Chancen des Beschwerdemanagements belegen dessen strategische Bedeutung für das Shared Service Center. Daher sollte der Process Owner über signifikante Einflusschancen im sozio-technischen System verfügen. Das kann in seiner Positionierung im Top-Management oder auf der zweiten Managementebene des Shared Service Centers angemessen Ausdruck finden. Die Ansiedlung des Beschwerdemanagements als nachgeordnetes Subsystem im Segment Marketing oder Kundenmanagement impliziert das Risiko zu geringer Priorisierung der eingehenden Reklamationen.

Ein anderer Aspekt betrifft die Bezeichnung der Aktivitäten des Umgangs mit Kundenbeschwerden. Die Vokabel **Beschwerde** hat den linguistischen Charakter einer *Pejoration,* d. h. einer abwertenden sprachlichen Form in der allgemein dominierenden Wahrnehmung. Aus diesem Grunde scheuen positiv denkende Manager oft den Gebrauch des Beschwerdebegriffs. Die Abwertung erfasst nicht nur den Lieferanten, sondern potenziell ebenfalls den Beschwerdeführer. Im Umfeld des Kunden wird das Erheben von Beschwerden leicht als destruktiv und ineffizient angesehen. Es erscheint nicht opportun, seine Unzufriedenheit in die Form einer Beschwerde zu bringen. Die Suche nach Alternativen wird oft als konstruktiver und erfolgversprechender angesehen. Auf diesem Hintergrund negativer sprachlicher Aufgeladenheit des Beschwerdebegriffs neigen die Entscheidungsträger in Unternehmen häufig zum Präferieren begrifflicher Substitute.

Gelegentlich wird das Beschwerdemanagement daher als

- Feedback-Management,
- Servicemanagement oder
- Kunden-Hotline

bezeichnet, um eine bessere Signalwirkung nach außen und nach innen zu erzielen. Dies geht allerdings regelmäßig mit der Gefahr einher, dass nicht nur sprachlich, sondern auch sachlich von der Grundintention des Beschwerdemanagements abgewichen wird.

▶ Praxeologische Maxime:
   Sprache schafft Wirklichkeit!

Außerdem impliziert die begriffliche Umschreibung des Beschwerdemanagements die Erhöhung der Wahrscheinlichkeit von Missverständnissen in den ohnehin anspruchsvollen und schwierigen Kommunikationsprozessen zwischen den Usern und dem Shared Service Center. Aus Sicht des Verfassers spricht deshalb vieles dafür, das Beschwerdemanagement im Betrieb tatsächlich Beschwerdemanagement zu nennen.

5.3.4 Erfolgspotenziale

Wie in den vorangegangenen Abschnitten bereits an verschiedenen Stellen herausgearbeitet, eröffnet die Implementierung von Shared Services in großen Unternehmen (Konzernen) bedeutsame Erfolgspotenziale. Das erklärt die beachtliche **empirische Ausbreitung** und die erhebliche Bedeutung dieses organisatorischen Partialmodells in der Praxis struktureller Führung von Großunternehmen. Auf diesem Hintergrund werden im Folgenden die besonders markanten, prägenden Erfolgspotenziale der Shared Service Organisation (vgl. Westerhoff 2006, S. 62 ff.; Kagelmann 2001, S. 63 ff.) zusammenfassend erörtert.

5.3.4.1 Konzentration auf Kernkompetenzen

Die systematische organisatorische Dekomposition von primären Aktivitäten einerseits und unterstützenden Aktivitäten andererseits fördert die Konzentration auf die Kernkompetenzen des Unternehmens. Die wertschöpfenden Segmente werden vom Erbringen der benötigten Supportleistungen freigestellt, so dass sich die direkt produktiven Bereiche in vollem Umfang auf das Kerngeschäft ausrichten und in dessen erfolgskritischen Aktivitäten ständig weiterentwickeln können. Damit dies reibungslos gelingen kann, kommt es maßgeblich darauf an, die Schnittstellen zwischen Kernprozessen und Supportprozessen funktional auszufüllen. Das erfordert von den operativen Bereichen die Wahrnehmung einer Reihe dispositiver Funktionen, insbesondere zu nennen sind

- die Spezifikation der benötigten Dienstleistungen gegenüber den Shared Service Centern,
- die Sicherung der Qualität des Support-Inputs,
- das Überwachen der fortlaufenden Leistungserbringung seitens der Shared Service Center,
- die Kommunikation und das Verhandeln etwa notwendiger oder sinnvoller Änderungen der Services im Zeitablauf (Anpassung an Kontextänderungen).

5.3 Shared Service Organisation

Von der Bereitstellung der nachgefragten Support-Leistungen werden die wertschöpfenden Einheiten jedoch durch unternehmensinterne Zulieferer entlastet, nämlich durch die professionalisierten Shared Service Center. Letztere konzentrieren sich ihrerseits vollständig auf die ihnen zugewiesenen Dienstleistungen. Aus der Sicht des Shared Service Centers bekommt die Frage nach den Kernkompetenzen eine relativ zu den operativen Bereichen andere Bedeutung. Für die mit Services befassten Organisationsmitglieder sind diese Dienstleistungen das Kerngeschäft. Eben darauf sind die Shared Services Einheiten voll und ganz konzentriert. Auf einer Stufe fortgeschrittener Entfaltung können die Shared Service Center durchaus ihre Dienstleistungen zusätzlich zur unternehmensinternen Bereitstellung auch am externen Markt verwerten. Damit wird auf der Ebene des Konzerns aus dem zunächst rein intern angelegten Shared Service Center ein **Profitcenter** mit der eigenständigen Erwirtschaftung von Erlösen am externen Absatzmarkt. Das steigert ceteris paribus den **Cashflow** des Gesamtunternehmens.

> **Beispiel**
>
> Exemplarisch betrachtet seien die Dienstleistungen zur Mitarbeiterverpflegung in einem Großunternehmen. In der Ausgangssituation der konzernweit verteilten Strukturierung von primären und unterstützenden Aktivitäten hat jede Konzernunternehmung eigenständig bewirtschaftete Kantinenbetriebe. Durch eine grundlegende Reorganisation im Verpflegungsbereich werden die Supportprozesse in Gestaltung von Mitarbeiterverpflegung in **einem** Shared Service Center des Konzerns integriert. Den operativen Bereichen werden die Kantinendienstleistungen (Mittag- und Abendessen, Cafeteria, Gästebewirtung, Konferenzservice, Zwischenverpflegung, Ausrichten von Sonderveranstaltungen, Messeservice etc.) intern zugeliefert. Während solche Catering-Leistungen in der verteilten Struktur des fiktiven Finanzkonzerns früher eine völlig untergeordnete Rolle spielten und sich als ebenso kostenintensiv wie störanfällig erwiesen, definieren die Prozesse der Verpflegungsdienstleistungen das Kerngeschäft des neuen Shared Service Centers *Betriebsgastronomie.* Die Führungskräfte und Mitarbeiter dieses Centers werden nach den dafür maßgeblichen Anforderungen rekrutiert, trainiert und bewertet. Das gastronomische Know-how im Konzern wird konzentriert und nachhaltig ausgebaut. Als Folge davon rangieren die Verpflegungsdienstleistungen auf einem hohen Qualitätsniveau und sind kostengünstig, so dass das *Center Betriebsgastronomie* seine Leistungen am externen Markt kleineren und mittleren Unternehmen auf der Grundlage von Dienstleistungsverträgen anbieten kann. Das verbessert die betriebswirtschaftliche Gesamtsituation auf der Ebene des Konzerns. ◄

Dieses Beispiel soll deutlich machen, dass Kernkompetenzen in einem Unternehmen auf verschiedenen Ebenen entwickelt werden können. Je mehr differente Kernkompetenzen im Unternehmen ausgeprägt sind und erfolgreich vermarktet werden, umso höher ist der betriebliche **Diversifikationsgrad**.

5.3.4.2 Kostenreduktion

Im Zuge der Etablierung von Shared Services innerhalb eines Konzerns erfolgt die unternehmensweite Bündelung von Supportprozessen. Beispielsweise kann es sein, dass der Supportprozess *Kreditorenbuchhaltung* in der Ausgangssituation in insgesamt acht Konzernunternehmen jeweils separat durchgeführt wird. Mit dem Schaffen der Shared Services werden diese ursprünglichen acht Einzelprozesse zu *einem* übergreifenden, konzernweiten Prozess der Durchführung der Kreditorenbuchhaltung integriert. Nach der strukturellen Umstellung verfügt das Gesamtunternehmen über ein Shared Service Center, welches die Kreditorenbuchhaltung für alle acht Konzernunternehmen erledigt. Das Arbeitsvolumen, gemessen etwa anhand der pro Periode durchzuführenden Buchungsposten, der neuen Serviceeinheit liegt folglich erheblich über den jeweiligen Einzel-Volumina der alten Kreditorenbuchhaltungen in den verschiedenen Konzernunternehmen. Daraus resultieren potenzielle Vorteile in Form von *economies of scale* sowie von *economies of scope*.

Die **economies of scale** resultieren als Größenvorteile im Wesentlichen aus der mit steigender Outputmenge besseren Auslastung der zur Schaffung und zur Erhaltung der Betriebsbereitschaft des Prozesses der Kreditorenbuchhaltung mindestens notwendigen Ressourcen (Fixkosten). Als Folge der Fixkostendegression wird die einzelne Leistung (Buchungsvorgang) kostengünstiger herstellbar. Darüber hinaus begründen die mit steigender Ausbringungsmenge realisierbaren Spezialisierungseffekte sowie größengetriebene Lernprozesse (Akkumulation von Erfahrung) das Potenzial zur Verringerung der Stückkosten im Sinne von economies of scale.

Dagegen signalisieren die **economies of scope** die Option der Nutzung von Verbundeffekten. Solche Verbundeffekte entstehen durch die sinnvolle Verknüpfung einander ähnlicher Elemente. Daraus lassen sich spezifische Vorteile auf einzelwirtschaftlicher Ebene herleiten. Das bezieht sich unter anderem auf die Reduktion des Kostenvolumens (Kostensynergien).

> ▶ Economies of scope sind als positive Verbundeffekte zu konstatieren, wenn die integrierte Bereitstellung verschiedener, jedoch zueinander affiner Leistungen insgesamt kostengünstiger ist als die jeweils separate, arbeitsteilige Bereitstellung der Leistungen.

Die Determinanten des Kostenvorteils können etwa in der gemeinsamen Nutzung von Basisressourcen liegen (wie Gebäude, Informationstechnologie).

Im Falle des angezogenen Beispiels des Prozesses Kreditorenbuchhaltung eröffnet die sachliche und räumliche Zusammenlegung von acht einander ähnlichen Einzelprozessen in einem Shared Service Center die Chance des Nutzens von Synergien zum Zwecke der Verringerung der Gesamtkosten der Kreditorenbuchhaltung im Konzern. Die Neumodellierung des Prozesses ermöglicht es, aus den Einzelprozessen jeweils die effizientesten Vorgehensweisen zu identifizieren, mit anderen Alternativen und mit den bestehenden Anforderungen abzugleichen sowie im Hinblick auf die Bereitstellung des künftigen Gesamt-

5.3 Shared Service Organisation

outputs zu optimieren. In Bezug auf die Kosten resultieren daraus Einsparpotenziale. Die *Verbundprämisse* im Sinne von economies of scope lautet in diesem Fall:
Das Ganze ist weniger als die Summe seiner Teile!

In der Ausgangssituation verteilter Aufgabenwahrnehmung resultieren die konzernweiten Gesamtkosten des Prozesses der Kreditorenbuchhaltung wie folgt:

$$X = \sum_{i=1}^{8} K_i$$

Mit:

K_i = Kosten Kreditorenbuchhaltung im Konzernunternehmen $_i$
X = Gesamtkosten der Kreditorenbuchhaltung im Konzern

Im Zuge der Reorganisation werden die acht Einzelprozesse im Sinne von Shared Services integriert. Das Shared Service Center stellt in Zukunft für alle Konzernunternehmen die Durchführung des Supportprozesses Kreditorenbuchhaltung bereit. Die Einzelprozesse werden sachlich und räumlich zusammengefasst. Daraus resultiert das Kostenvolumen X_1 für die Shared Services. Unter der Bedingung der Realisierung von economies of scope gilt:

$$X > X_1$$

Die Differenz zwischen X und X1 signalisiert gerade die im Wege der Nutzung von economies of scope erreichte Senkung der Gesamtkosten für die konzernweite Kreditorenbuchhaltung. Besonders plakativ lassen sich die Kostensynergieeffekte kommunizieren, wenn die Annahme gemacht wird, dass die Kosten des Prozesses der Kreditorenbuchhaltung in allen acht Konzernunternehmen gleich hoch sind. Dann ergeben sich die Gesamtkosten Kreditorenbuchhaltung bei verteilter Aufgabenwahrnehmung gerade als das Produkt aus Anzahl der Konzernunternehmen und der für alle betrachteten Anwendungen identischen Kosten des einzelnen Supportprozesses (Kostenindex = 1):

Kostenindex Kreditorenbuchhaltung$_{alt}$ = 8 × 1 = 8

Kostenindex Kreditorenbuchhaltung$_{neu}$ = 8 × 1 = 6!!

Mit dem vorstehenden Paradoxon (mathematische Unmöglichkeit) sollen die potenziellen Kostensenkungen durch die Bündelung von Supportprozessen in **heuristischer Weise** markant zum Ausdruck gebracht werden. Gleichwohl lassen sich die economies of scope empirisch auch in quantitativer Hinsicht nachweisen, und sie bestimmen maßgeblich die Wettbewerbsstrategien erfolgreicher Großunternehmen (vgl. Porter 2008).

5.3.4.3 Steigerung der Dienstleistungsqualität

Die Anwendung des Shared Service Konzeptes bedingt eine umfassende Reorganisation der zur Debatte stehenden Supportprozesse im Sinne von *Process-Redesign* (vgl. oben, Kapitel über *Prozessorientierte Organisation*). Darin finden die identifizierten **Best Practices** aus den verschiedenen Konzernunternehmen angemessenen Niederschlag. Vor Implementierung eines Shared Service Centers sollte grundsätzlich ein umfassendes konzerninternes, sofern möglich darüber hinaus auch ein externes **Benchmarking** der betroffenen Supportprozesse stattfinden, um die erfolgreichsten Vorgehensweisen zur Problemlösung herauszuarbeiten. Realisiert wird schließlich eine logisch schlüssige Folge optimierter Einzelaktivitäten mit verbindlichem Charakter für das Gesamtunternehmen. Das hat die Verbesserung der Qualität des Prozessoutputs zur Folge (vgl. Kagelmann 2001, S. 76 f.). Außerdem kommt es zur Erhöhung der **Prozess-Sicherheit** sowie zur Gewährleistung qualitativer Kontinuität im Zuge der Bereitstellung von Dienstleistungen im Konzern.

Das Erfolgspotenzial der Qualitätsverbesserung durch Shared Services hängt eng zusammen mit der ausgeprägten **Standardisierung** der Prozesse. Kennzeichnend für die Shared Service Organisation ist gerade das umfangreiche Setzen verbindlicher Standards für den Gesamtkonzern. Das führt zur Vereinheitlichung von Schnittstellen, Vorgehensweisen und Outputs. Damit entsteht in hohem Maße **Transparenz** hinsichtlich der Aufgabenerfüllung. Darüber hinaus bietet das Shared Service Center aufgrund der weitreichenden Standardisierung allen Konzernunternehmen die Chance zum Bezug qualitativ ausgereifter, hoch funktionaler Unterstützungsleistungen. Das betrifft auch die Harmonisierung betrieblicher Infrastrukturen sowie die Entwicklung von Tools, beispielsweise zur Prozessautomation (vgl. Westerhoff 2006, S. 63). Damit kann der Konzern auf maßgebliche Umfeldveränderungen (etwa neue gesetzliche Regelungen zur Rechnungslegung) konzertiert, zeitnah sowie nachhaltig reagieren.

5.3.4.4 Verkürzung der Prozess-Durchlaufzeiten

Die Prozess-Standardisierung unterstützt die Entwicklung von Verfahrensroutinen seitens der Aufgabenträger aufgrund einheitlicher Vorgehensweisen in häufig wiederkehrenden Abläufen. Außerdem werden durch Standardisierung spezifische Lernprozesse im Sinne von *Single-loop-learning* animiert (vgl. Probst und Büchel 1997, S. 33). Dieses Lernmodell ist in Abb. 5.35 dargestellt.

Das Modell verdeutlicht den Single-loop Prozess als *Einkreislernen:* Der mit Pfeilen gekennzeichnet Lernkreis wird im Zuge der standardisierten Aufgabenbewältigung immer wieder durchlaufen. Störende Abweichungen vom angestrebten Output (Ergebnis) des Supportprozesses werden im Rahmen des Soll-Ist-Vergleiches registriert und analysiert. Als Folge resultieren Rückkopplungen zum Handlungsvollzug mit Korrekturimpulsen. Auf diese Weise lernen die Mitarbeiter die immer effizientere Umsetzung der Standards, und die entsprechenden Kenntnisse finden Eingang in die kollektive organisationale Wissensbasis. Das kurzzyklisch wiederkehrende Herleiten, Anwenden, Anpassen und Wiederherstellen relevanter Wissenselemente im Rahmen des Single-loop wird zum Grundprin-

5.3 Shared Service Organisation

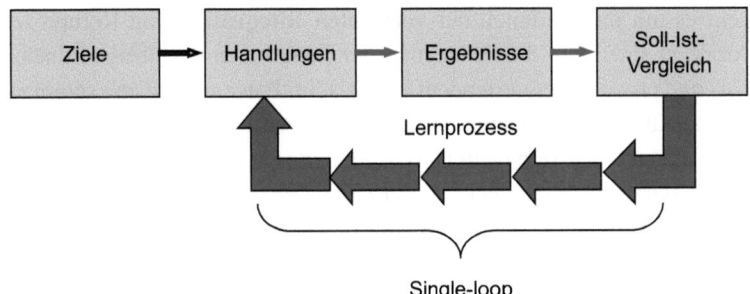

Abb. 5.35 Modell des Single-loop-learning

zip der Standardisierung von Supportprozessen. Dieser Vorgang beschleunigt im Zeitablauf den sachgerechten sowie störungsfreien Aufgabenvollzug, was sich wiederum in der signifikanten Reduktion der Prozessdauer für die Bereitstellung der benötigten Supportleistungen (Prozess-Durchlaufzeit) niederschlägt.

Außerdem wird durch die weitreichende Standardisierung der Supportprozesse im Shared Service Center die konzernweit einheitliche, zügige und harmonisierte zeitliche Verfügbarkeit der Dienstleistungen erreicht. Im Rahmen der betrieblichen Finanzfunktion ist das beispielsweise eine wichtige Bedingung für die Verbesserung der Entscheidungsgrundlagen des Managements in Bezug auf prinzipielle finanzwirtschaftliche Gestaltungsalternativen (vgl. Kagelmann 2001, S. 77). Darüber hinaus gewinnt die Verkürzung der Durchlaufzeit finanzwirtschaftlicher Supportprozesse immer mehr an Bedeutung im Hinblick auf die intern und extern geforderte **zeitnahe Veröffentlichung wesentlicher Konzern-Reports,** beispielsweise über

- Monatsergebnisse,
- Geschäftsentwicklung,
- Quartalsergebnisse oder
- Gewinnprognosen.

Das gilt insbesondere im Sinne der aktiven Wahrnehmung der Funktion von **Investor Relations** (IR), welche das Finanzimage des Unternehmens nachhaltig positiv beeinflussen sollen (vgl. Kirchhoff und Piwinger 2005)

5.3.4.5 Funktionale Integration

Im Hinblick auf das Realisieren der Erfolgspotenziale von Shared Services erscheint ihre an die jeweiligen Kontextfaktoren angepasste Einbindung in die Leitungsbeziehungen (Konfiguration) des Konzerns von grundlegender Bedeutung. Die damit zusammenhängenden dispositiven Entscheidungen der Unternehmensleitung beziehen sich zum einen auf die Bestimmung der unmittelbaren **Interaktionsbeziehungen** zwischen dem Shared Service Center und den operativen Bereichen (Durchführung der Kernaktivitäten). Zum anderen geht es um das Herleiten der **vertikalen Integration** von Kernprozessen und Supportprozessen sowie um die Festlegung der Funktionen der übergeordneten Instanz mit bereichs- und prozessübergreifendem Einfluss. Im Folgenden seien exemplarisch zwei kontrastierende Alternativ-Varianten der konfigurativen Einbindung von Shared Service Centern erörtert. Dabei wird ein mehr marktorientiertes Modell der Integration von Shared Services einem stärker hierarchiegeprägten Konzept gegenübergestellt.

Im Falle marktorientierter Integration wird die Bereitstellung der Supportprozesse im Wesentlichen auf der Grundlage unmittelbarer Verhandlungen und Vereinbarungen zwischen den operativen Bereichen und dem Shared Service Center gesteuert. Den maßgeblichen konfigurativen Hintergrund verdeutlicht Abb. 5.36.

Die einzelnen operativen Bereiche richten ihre Anforderungen in Bezug auf unterstützende Aktivitäten direkt an das Shared Service Center (Nachfrage). Von dort werden auf die jeweilige Bedarfssituation abgestimmte Angebote gegenüber den nachfragenden operativen Bereichen abgegeben. Am Ende dieser Verhandlungsprozesse stehen Vereinbarungen (Service Level Agreements) über die Qualität und den Umfang der bereitzustellenden Dienstleistungen. Solche Vereinbarungen können in Abhängigkeit von den Präferenzen der operativen Bereiche konzernweit erheblich variieren. Die übergeordnete Instanz kann ein Vorstandsressort in der Holdinggesellschaft sein. Sofern das Shared Service Center Dienstleistungen auf dem Gebiet des Rechnungswesens für den gesamten Konzern bereitstellt, wäre es beispielsweise sinnvoll, wenn das Vorstandsressort für Finanzen oder der Vorstandsvorsitzende als übergeordnete Instanz ausgewiesen würde.

Eine wesentliche Funktion der übergeordneten Instanz besteht nach dem Modell der Marktorientierten Integration im Herleiten allgemeiner Vorgaben für die Gestaltung der

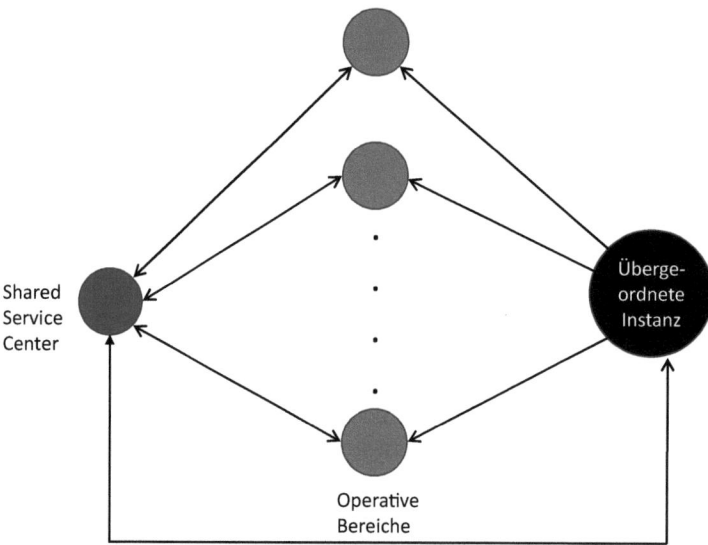

Abb. 5.36 Marktorientierte Integration von Shared Services. (Quelle: nach Westerhoff 2006, S. 68)

5.3 Shared Service Organisation

bilateralen Transaktionsbeziehungen zwischen Shared Service Center und operativen Bereichen. Außerdem bildet die Instanz die Eskalationsstufe beim Auftreten von Divergenzen und Konflikten zwischen den konzerninternen Geschäftspartnern. In Anbetracht der starken Nachfrageposition der operativen Bereiche, werden in hohem Maße kundenspezifische Support-Lösungen zu erwarten sein. Das setzt der Prozess-Standardisierung relative enge Grenzen. Im Shared Service Center kann die Durchführung einer Reihe von Parallelprozessen mit jeweils kundenindividuellen Besonderheiten die Konsequenz des Marktorientierten Modells sein. Darüber hinaus obliegt dem Shared Service Center ein umfangreicher Aufwand im Zuge der Vorbereitung, Verhandlung und Implementierung der Service Level Agreements mit jedem einzelnen operativen Bereich. Anderseits ist die übergeordnete Instanz im Zuge der fortlaufenden Bereitstellung der Dienstleistungen weitgehend entlastet, zumindest solange keine größeren Friktionen auftreten.

Mit dem Modell der hierarchiegeprägten Einbindung der Shared Services in das Gesamtunternehmen wird ein mehr direktives Vorgehen in Bezug auf die Gestaltung der innerbetrieblichen Transaktionsbeziehungen institutionalisiert. Die Grundzüge dieses Hierarchie-Modells zeigt Abb. 5.37.

Wie aus der Abb. 5.37 hervorgeht, nimmt die übergeordnete Instanz eine dominierende Rolle wahr. Das Shared Service Center trifft die Vereinbarungen über Qualitäten, Mengen, Zeiten und Preise für alle operativen Bereich mit der übergeordneten Instanz. Letztere erfragt und bündelt die Bedarfe der operativen Bereiche. Das impliziert ein hohes Standardisierungspotenzial, da letztlich die Instanz die Standards für die Dienstleistungen im gesamten Konzern festlegt und den operativen Bereichen einerseits und dem Shared Service Center andererseits verbindlich vorgibt.

Mit der dafür erforderlichen **Durchsetzungskraft** ist die Instanz als Einheit des Top-Managements per se ausgestattet. Allerdings wird die übergeordnete Instanz mit den ihr zugewiesenen Aufgaben erheblich belastet. **Bottleneck-Effekte** im Zuge der Leis-

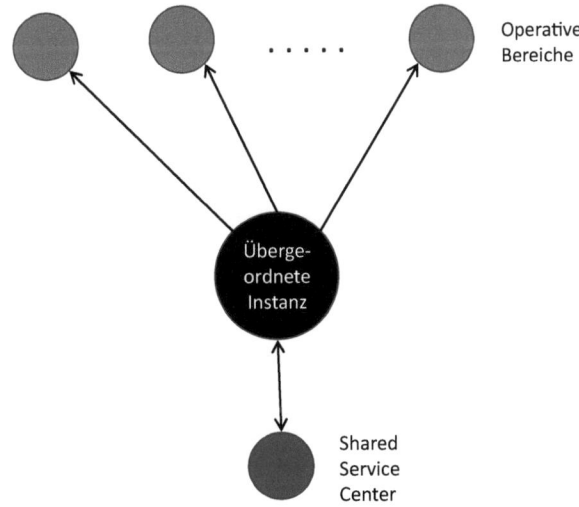

Abb. 5.37 Hierarchiegeprägte Integration von Shared Services. (Quelle: nach Westerhoff 2006, S. 68)

tungserbringung sind deshalb zu befürchten. Außerdem gehen die spezifischen Präferenzen der Kernprozesse in den verschiedenen Konzernunternehmen tendenziell in den unternehmensweiten Standard-Dienstleistungen verloren. Als Folge treten Störungen in den operativen Bereichen sowie Konfliktkonstellationen zwischen Shared Service Center und den belieferten Einheiten auf. Aus Sicht des Shared Service Centers ist allerdings neben dem hohen Standardisierungspotenzial auch die Entlastung von umfangreichen bilateralen Verhandlungen bei Einsatz des Hierarchie-Modells ein außerordentlich funktionaler Effekt. Das Center kann sich in diesem Fall vollkommen auf die fortlaufende Bereitstellung der mit der übergeordneten Instanz vereinbarten Supportprozesse konzentrieren und so die Belange des Gesamtunternehmens in Bezug auf Qualität, Kosten und Zeit der benötigten Dienstleistungen optimal durchsetzen.

Wie viel Markt und wie viel Hierarchie im Rahmen der Implementierung der Shared Service Organisation realisiert werden sollen, hängt stark von den jeweiligen Bedingungen des einzelnen Anwendungsfalles ab. Dabei spielt die **Unternehmenskultur** eine herausragende Rolle. Im kulturellen Gefüge des Unternehmens werden regelmäßig gemeinsam geteilte Wertvorstellungen darüber enthalten sein, welche Maßnahmen besser ausgehandelt und welche Maßnahmen besser angeordnet werden. Das betrifft auch und insbesondere die Bestimmung der Art sowie des Ausmaßes der die primär-wertschöpfenden Aktivitäten unterstützenden Serviceprozesse.

5.3.5 Risiken

Die Implementierung der Shared Service Organisation erfordert die konsequente Dekomposition von Kernprozessen und Supportprozessen sowie die Zentralisierung der separierten Dienstleistungen (unterstützende Aktivitäten). Daraus resultieren neben den oben aufgezeigten Erfolgspotenzialen auch spezifische Risiken. Im Folgenden werden daher zum Zwecke der Verdeutlichung der zu bewältigenden Schwierigkeiten einige wesentliche Problembezüge der Etablierung von Shared Services im Konzern dargelegt.

5.3.5.1 Zieldiffusion

Ein grundlegender Risikoaspekt bezieht sich auf die **Zielausrichtung der Subsysteme** des gesamten Konzerns. Die Shared Service Center werden als eigenständige Organisationseinheiten angelegt. Diese Organisationseinheiten sind häufig sogar als Tochtergesellschaften rechtlich eigenständig begründet. Daraus resultiert für die Shared Service Center die autonome Zielbestimmung der Realisierung positiver wirtschaftlicher Ergebnisse, schon allein im Interesse des Erhalts der eigenen Fähigkeit zum langfristigen Überleben. Implizit wird bei der Implementierung von Shared Services prinzipiell davon ausgegangen, dass eine derartige Profitausrichtung der Center für das Gesamtunternehmen funktional ist. Das impliziert auch die Annahme von **Komplementarität der Ziele** der operativen Bereiche einerseits sowie der Shared Service Center andererseits. Diese Prämisse zeigt Abb. 5.38.

5.3 Shared Service Organisation

In der dargestellten Fallgestaltung besteht Harmonie zwischen den Zielen des Shared Service Centers (Z_{SSC}) und den Zielen des operativen Bereichs (Z_{OB}). Diese Konstellation wird grundsätzlich die Effektivität des Gesamtunternehmens fördern. Als Beispiel sei das Ziel der Bereitstellung definierter Dienstleistungen zu marktlich vertretbaren Preisen herangezogen. Das entspricht regelmäßig den Intentionen sowohl der operativen Bereiche als auch des Shared Service Centers.

Allerdings erscheint die Prämisse der Zielkomplementarität nicht per se und in allen Belangen gerechtfertigt. Vielmehr besteht in der wirtschaftlichen Praxis das Risiko des Auftretens **divergierender Zielorientierungen** zwischen Kernprozessen und Supportprozessen oder, institutionell formuliert, zwischen operativen Bereichen und Shared Service Centern. Diese Konstellation des Zielkonfliktes ist in Abb. 5.39 dargestellt.

Der gezeigte Zielkonflikt zwischen Shared Services und primären Aktivitäten kann sich etwa aktualisieren, wenn es um die sachliche und zeitliche Verfügbarkeit knapper Dienstleistungsressourcen geht. Aus Sicht des operativen Bereichs wird beispielsweise IT-Support im Umfange von 50 Personentagen ab sofort benötigt. Das Shared Service Center kann aber aufgrund knapper Disposition und der angestrebten stets hundertprozentigen Auslastung der eigenen Kapazitäten bestenfalls entsprechende Unterstützung im Umfang von 20 Personentagen und erst in einem Monat anbieten. Das führt zur Beeinträchtigung der Leistungserbringung in den Kernprozessen. In dieser Situation ist die übergeordnete Instanz gefordert, den Konflikt aufzulösen und Zielprioritäten zu setzen. Damit wird allerdings die Zielausrichtung entweder im Shared Service Center oder im operativen Bereich oder (im Falle einer Kompromiss-Lösung) in beiden Unternehmenseinheiten per Anweisung limitiert. Es entsteht eine Diffusion hinsichtlich des Zusammenhangs von Unternehmenszielen, Zielen der operativen Bereiche sowie Zielorientierungen der Shared Service Center.

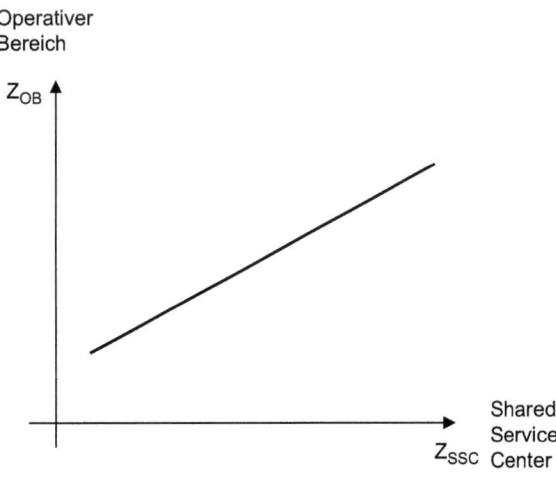

Abb. 5.38 Prämisse der Zielkomplementarität

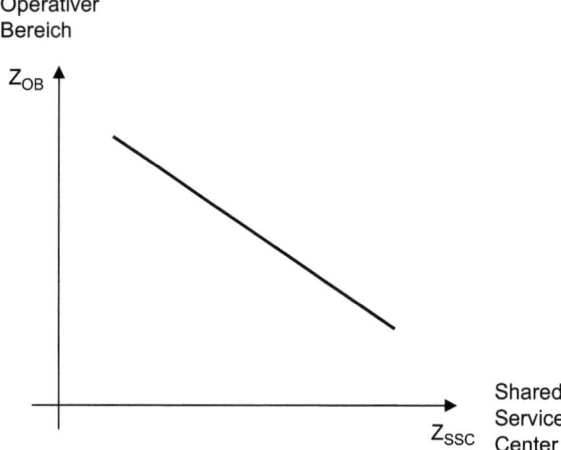

Abb. 5.39 Realität des Zielkonfliktes

5.3.5.2 Beeinträchtigung der Flexibilität

Solange die unterstützenden Aktivitäten dezentral in enger Verknüpfung mit den Kernaktivitäten erbracht werden, besteht die Option der unmittelbaren, zügigen Anpassung des Aufgabenvollzugs an veränderte Rahmenbedingungen. Die Ausgliederung der Supportprozesse und ihre Konzentration in Shared Service Centern verändern die für Anpassungsmaßnahmen relevante Grundkonstellation. Es werden nunmehr in erheblichem Umfang

Kommunikation, Koordination und Konsens

zwischen der jeweiligen operativen Ebene (Träger primärer Aktivitäten) und der Shared Service Einheit erforderlich. Das macht es deutlich schwieriger, den vor Ort frühzeitig identifizierten Problemen und Änderungsbedarfen zeitnah und in angemessener Form durch Leistungsmodifikation zu begegnen (vgl. Scherm und Kleiner 2006, S. 255). Ceteris paribus werden daher die Flexibilität der Subsysteme und damit ebenfalls die Flexibilität des Gesamtsystems eingeschränkt. Dies resultiert aus dem für Shared Services konstitutiven **Zentralisierungseffekt**. Es erfolgt eine Dekomposition ganzheitlicher Tätigkeitszusammenhänge mit der Konsequenz grundsätzlich eingeschränkter Fähigkeit zur Reaktion auf Störungen. Die einzelne Business Unit wird in ihrer Handlungsfähigkeit eingeschränkt, weil sie die erforderlichen *Services* mit anderen Business Units *teilen* und von einer zentralen Einheit anfordern muss, anstatt autonom vorgehen zu können.

5.3.5.3 Verlust von Know-how

Mit Implementierung des Shared Service Organisation geschieht der Transfer des für die Durchführung der Supportprozesse erforderlichen Wissens und der damit korrespondierenden personellen Qualifikationen aus den operativen Konzernunternehmen in das Shared Service Center. Die Konzernunternehmen oder Business Units geben damit einen Teil des zum Zwecke der erfolgreichen Gestaltung der wertschöpfenden Aktivitäten notwendigen basalen Know-how an andere Organisationseinheiten im Konzern ab. Das beeinträchtigt auf Dauer die Fähigkeit der Business Units zum Entwurf und zur Umsetzung **ganz-**

heitlicher Problemlösungen. Die Business Units verlieren im Zeitablauf wichtiges Know-how und sind in dieser Hinsicht vollkommen auf die qualifizierte *Zulieferung* durch das Shared Service Center angewiesen. In Anbetracht der engen Verbindung von Kernprozessen und Supportprozessen in der praktischen Anwendungssituation bedürfen die Kernkompetenzen im Hinblick auf ihren erfolgreichen Einsatz immer auch der spezifischen Ergänzung durch **komplementäre Support-Kompetenzen.** Das zur Bereitstellung eben dieser unterstützenden Aktivitäten eingesetzte Humankapital des Unternehmens fließt jedoch aus den Business Units in Richtung des Shared Service Centers ab.

Beispielsweise benötigt ein operativer Bereich, dessen Aufgabenstellung in der Produktion und in der Vermarktung von PKW-Reifen besteht, personalwirtschaftliche Dienstleistungen in Gestalt von Personalbeschaffung, Human Relations sowie Personalentwicklung. Sofern diese personalwirtschaftlichen Prozesse einem darauf spezialisierten Shared Service Center zugewiesen werden, verliert das primäre Konzernunternehmen seine eigene personalpolitische Handlungsfähigkeit und ist insoweit nicht eigenständig existenzfähig. Das senkt den Standalone-Wert der betrachteten Konzernunternehmung. Dieser Sachverhalt kann sich unter anderem im Falle der im Zeitablauf strategisch möglicherweise erwägenswerten Verselbstständigung oder des Verkaufs der betreffenden Business Unit nachteilig auswirken. Einige Grundaspekte des potenziellen Wirkungszusammenhanges vermittelt die Abb. 5.40.

Im dargestellten fiktiven Beispiel ist aufgrund der Verlagerung von Supportprozessen in das Shared Service Center des Konzerns und des damit einhergehenden Abflusses von Humanvermögen der Standalone-Wert der betrachteten Business Unit gesunken. Den verbliebenen Wert der Business Unit symbolisiert die entsprechende Säule. Durch Reintegration der Supportprozesse aus dem Service Center in die Business Unit (Restrukturierungswert) lässt sich der Wert des Konzernunternehmens im Hinblick auf die Aufnahme autonomer Geschäfte steigern. Allerdings erfordert dies beträchtlichen Restrukturierungsaufwand. Darüber hinaus ist der Erfolg der Restrukturierung unsicher. Für einen potenziellen Käufer können sich durch sinnvolle Platzierung der Business Unit in einem neuen, synergetischen Umfeld zusätzlich Chancen der Realisierung von Synergieeffekten ergeben (Komponente Synergiewert). Dagegen laufen im Bewertungsprozess allerdings die Übernahmerisiken. Sie müssen in Bezug auf die subjektive Wertbestimmung der Business Unit aus der Perspektive von Kaufinteressenten in Abzug gebracht werden. Zu den Übernahmerisiken zählt beim Erwerb eines ehemals auf primäre Aktivitäten fragmentierten Unternehmensteils auch die Unsicherheit des Käufers in Bezug auf die Neuallokation der unterstützenden Aktivitäten für diese Business Unit. Die früher mit der Business Unit korrespondierende Shared Service Einheit verbleibt schließlich im verkaufenden Konzern.

5.3.5.4 Kritische Standardisierung

Wie oben bereits dargelegt, gehört die ausgeprägte Standardisierung zu den konstitutiven Elementen der Shared Service Organisation. Die weitreichende und konsequente Vereinheitlichung der Verfahren sowie der Ergebnisse soll erhebliche Kostenvorteile, deutlich

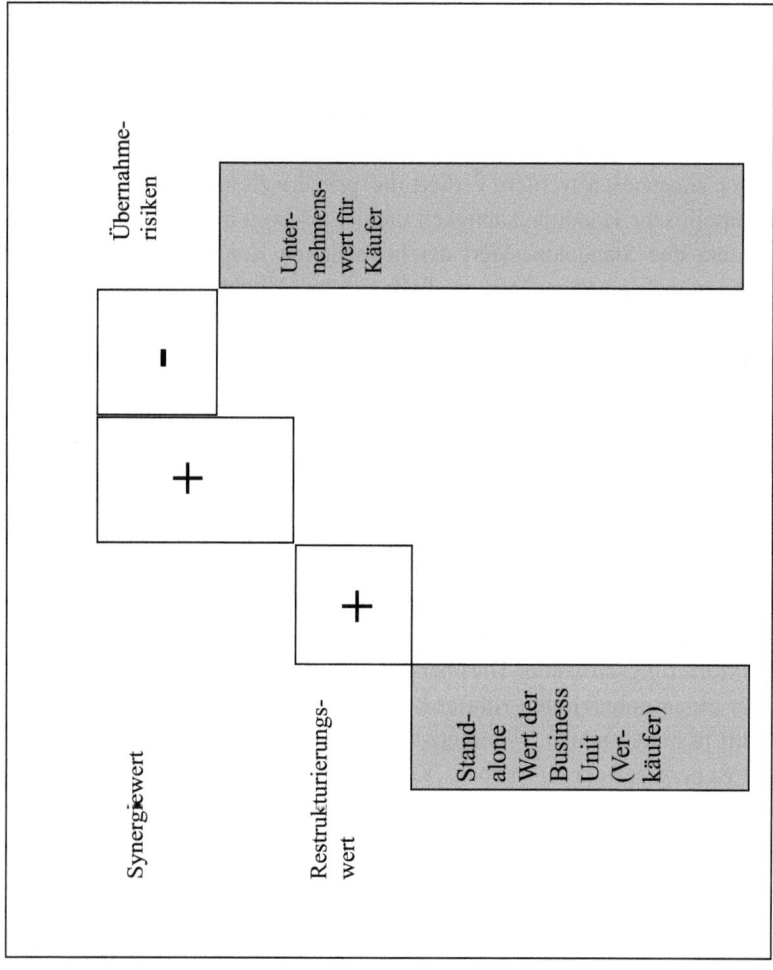

Abb. 5.40 Wertbestimmende Komponenten bei Ausgliederung eines Konzernunternehmens. (Quelle: nach Moeser 1992, S. 559)

verbesserte Prozess-Sicherheit sowie signifikante Qualitätssteigerungen auf dem Gebiet der unterstützenden Aktivitäten bewirken. Das erfordert regelmäßig die für alle involvierten Akteure die verbindliche Vorgabe der festgelegten Standards in Gestalt schriftlich präzisierter, d. h. formalisierter, Regelungen. Dieses Merkmal von Shared Services weist eine hohe Affinität zum Merkmal der **Aktenmäßigkeit** als charakteristisches Kennzeichen von Bürokratien im Sinne der oben umfassend erörterten Bürokratietheorie von Max Weber auf (vgl. Kap. 2). Die Aktenmäßigkeit findet Ausdruck in der schriftlichen Fixierung von Prozessen und Ergebnissen. Ihre Rationalität bezieht diese organisationale Kategorie aus ganz ähnlichen Quellen wie die Standardisierung, nämlich aus den im Folgenden genannten Bereichen:

- Sicherstellen der Kontinuität und der Präzision des Aufgabenvollzugs.
- Gewährleisten der Kontrollierbarkeit und der Reproduzierbarkeit der Aktivitäten und Maßnahmen.
- Herstellen von Unabhängigkeit regelgebundener Bearbeitung der Vorgänge von den Eigenschaften und Präferenzen individueller Aufgabenträger.
- Herbeiführen weitreichender Austauschbarkeit der handelnden Personen.

Nach den Weberschen Erkenntnissen repräsentiert die Bürokratie den Idealtyp der **Legalen Herrschaft**. Im Rahmen legaler Herrschaft befolgen die Individuen deshalb gegebene Anweisungen, weil ihr Verhalten durch den Glauben an die Legalität *gesatzter* Ordnungen bestimmt wird. Weiterhin zeigt Weber in seiner Bürokratietheorie die Erfolgsüberlegenheit legaler Herrschaft gegenüber anderen Herrschaftsformen auf, und zwar im Hinblick auf die Effizienz des Handelns in Institutionen sowie in Bezug auf die Herrschaftssicherung.

Eine in hohem Maße vergleichbare Funktion entfaltet weitreichende Standardisierung. Die *gesatzte Ordnung* der Shared Service Center findet sich insbesondere in

- Organisationshandbüchern,
- Prozessmodellen,
- Datenbanksystemen,
- Arbeitsanweisungen und
- Richtlinien.

Mit Hilfe solcher Tools werden die offiziell autorisierten Standards den Aufgabenträgern sowie den involvierten Subsystemen im Konzern vorgegeben. Dieses Vorgehen ist legal, das folgt aus dem Direktionsrecht des Arbeitgebers, zum Beispiel gemäß § 315 BGB (vgl. O. V. 2007). Alle konzerninternen Adressaten der Standards sind danach verpflichtet, diese Regelungen zu akzeptieren und das eigene Verhalten daran auszurichten. Das gilt auch für die operativen Bereiche und für die Shared Service Center als sozio-technische Subsysteme. In dieser Perspektive ist die ausgeprägte betriebliche Standardisierung als moderne Variante legaler Herrschaft deutbar.

▶ **Deutung** Weitreichende Standardisierung = moderne Variante legaler Herrschaft!

Die Standardisierung wirkt in weit effizienterer Form verhaltensbestimmend als die persönlichen Weisungen autokratischer Führungskräfte oder die dialektisch geprägten Teamdebatten in partizipativ orientierten Arbeitsprozessen.

Neben den bereits genannten funktionalen Effekten der legalen Herrschaft resultieren allerdings auch erheblichen Probleme, welche das meist negative Image der Kategorie *Bürokratie* begründen. Solche Gefahren gewinnen mit verstärkter Standardisierung der Serviceleistungen an empirischer Bedeutung. Daher sind bei Anwendung der Shared Service Organisation in Anlehnung an die Erkenntnisse aus der Bürokratietheorie die nachstehenden kritischen Standardisierungseffekte zu erwarten:

- **Mangelnde Flexibilität**
  Besonderheiten der einzelnen Business Unit sowie neue Einflussgrößen finden zu wenig Berücksichtigung. Die Anpassung des sozio-technischen Systems an Veränderungen im Kontext wird erschwert.
- **Überbetonung der Standards**
  Die einheitlichen Regeln sowie ihre strikte Umsetzung werden nicht mehr hinterfragt, sondern vielmehr selbstzweckhaft angewandt. Kreative, problemorientierte Vorgehensweisen treten in den Hintergrund.
- **Entstehen von Ressortegoismen**
  Der integrative Charakter von Kernaktivitäten und unterstützenden Dienstleistungen geht durch die Dekomposition in operative Bereiche und Shared Service Center tendenziell verloren. Seitens der eigenständigen Subsysteme werden die festgelegten Standards als Instrument zur nachhaltigen Durchsetzung von Partikularinteressen zu Lasten der Belange des gesamten Systems eingesetzt.
- **Schwerfälligkeit und Langsamkeit**
  Das zentralistische Gebilde der standardbasierten Shared Service Organisation ist schwerer zu steuern als kleinere, dezentrale Einheiten. Daraus resultieren aufwendige Kommunikationsaktivitäten, vergleichsweise lange Laufzeiten der relevanten Informationen sowie träge Prozeduren der Entscheidung, insbesondere im Falle erforderlicher Prozessinnovation.
- **Vernachlässigung des Individualbezugs**
  Die individuellen Belange des jeweiligen operativen Bereiches kollidieren mit dem bereichsübergreifenden Standardisierungsanspruch. Wesentliche und kennzeichnende Merkmale des einzelnen Konzernunternehmens in Bezug auf den Supportbedarf werden zugunsten des konzernweiten Standards nivelliert. Eben das eliminiert jedoch spezifische Stärken im dezentralen Wertschöpfungsprozess. Der Konzernstandard dominiert die produktive Individualität der einzelnen Konzernunternehmen.

Die Konfrontation des Imperativs der Standardisierung mit den grundlegenden Inhalten der Bürokratietheorie verdeutlicht gravierende Risiken von Shared Services. Daher wird die erfolgreiche Implementierung der Shared Service Organisation jeweils qualifizierte Lösungen der Problematik kritischer Standardisierung für jeden einzelnen Anwendungsfall erfordern.

5.3.5.5 Verlust von Kundennähe

Die Ausgliederung und die Integration unterstützender Aktivitäten determinieren notwendigerweise das Entstehen einer (auch) geografischen Distanz zwischen den Standorten der Durchführung von Kernprozessen einerseits und der Bereitstellung von Supportprozessen auf der anderen Seite. Die Business Units sind im Konzept der Shared Service Organisation die internen Kunden der Shared Service Center. Je nach Art der Entscheidung über den Standort für das Shared Service Center entsteht eine mehr oder weniger ausgeprägte Distanz zu den Standorten der Kunden (Business Units). Das resultiert zwingend aus dem Zentralisierungscharakter der Shared Services. Ein gewisser Verlust an (prinzipiell hoch erfolgsrelevanter) Kundennähe ist dem Shared Service Konzept folglich immanent. In der praktischen Anwendung dieses Organisationsmodells streut das tatsächliche Ausmaß der geografischen Distanz zwischen Business Units und Shared Service Centern allerdings erheblich. Das verdeutlichen zum Beispiel die nachstehend skizzierten, stark praxeologisch geprägten Kategorien, welche eine qualitative Beschreibung der Standort-Entfernungen inkludieren (vgl. Schewe und Kett 2007, S. 139 f.):

▶ **Onshoring** Idealtypisch werden in der Variante des Onshoring die ausgegliederten Supportprozesse *vor Ort,* also in unmittelbarer Nähe des Kunden, erbracht. Die geografische Distanz ist folglich gering. Das impliziert die Einrichtung von Shared Services mit dezentralen Komponenten, die spezifisch für die einzelne Business Unit gestaltet sind. In jedem Fall ist die *„Kulturdistanz der Leistungserstellung"* (Schewe und Kett 2007, S. 139) eher unproblematisch, wie dies regelmäßig bei Ansiedlung der beiderseitigen Standorte im selben Land gewährleistet sein wird.

Nearshoring
Beim Nearshoring entsteht eine signifikante geografische Distanz. Für das Shared Service Center gelten andere Standortbedingungen als für die Business Units. Das geht einher mit ansteigender Kulturdistanz. Eine solche Konstellation entsteht etwa, wenn die Supportprozesse in einer im benachbarten Ausland angesiedelten Tochtergesellschaft integriert werden.

Offshoring
Die Variante des Offshoring besteht in der Verlagerung der Shared Services in eine relativ zu den Standorten der Business Units kulturferne Region. Für das Shared Service Center gelten vollständig andere Standortbedingungen als für die Business Units. Aus der Perspektive eines westeuropäischen Konzerns eignen sich als Gastländer für die Bereitstellung der unterstützenden Aktivitäten insbesondere gut entwickelte Niedriglohnländer, wie beispielsweise Indien (vgl. O. V. 2008d). Aufgrund der enormen geografischen und kulturellen Distanz zwischen Dienstleistern und Leistungsempfängern können keine kundenindividuellen Leistungen angeboten werden. Die Kundennähe geht in hohem Maße verloren.

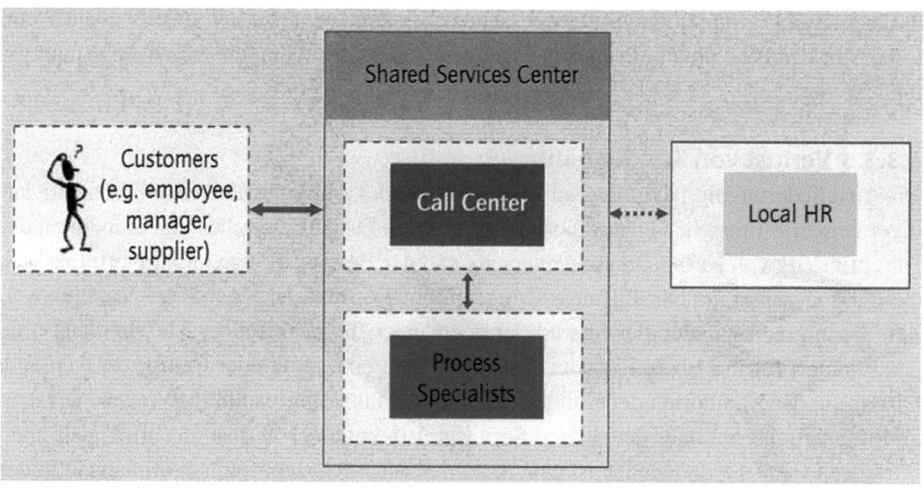

Abb. 5.41 Kundennähe im Nearshoring. (Quelle: Stephan 2007, S. 152)

Zur Illustration sei ein im SAP-Konzern realisiertes Konzept von Shared Services auf dem Gebiet der Human Relations (HR) angeführt. Im Sinne der oben dargelegten Kurz-Nomenklatur handelt es sich dabei um *Nearshoring*. Der Standort des Shared Service Centers befindet sich in Tschechien, die Business Units sind in einem breiten internationalen Raum angesiedelt (vgl. Stephan 2007, S. 151 ff.). Den grundsätzlichen Zusammenhang der Bereitstellung personalwirtschaftlicher Supportprozesse in diesem Nearshoring-Konzept zeigt Abb. 5.41.

Das Shared Service Center tritt nach außen als geschlossene, professionalisierte Organisationseinheit zum Zwecke der Durchführung anspruchsvoller HR-Prozesse für die Kunden in den Business Units in Erscheinung. Intern erfolgt im Center jedoch eine wichtige Prozess-Differenzierung. Im Kontext des Nearshoring wird zwischen First Level Support und Second Level Support organisational unterschieden. Gegenstand von Prozessen des First Level Support sind allgemeine Unterstützungsbedarfe, welche wenig spezifisches Know-how erfordern. Dagegen umfasst der Second Level Support die Bereitstellung individueller und prozessspezifischer HR-Dienstleistungen. Diese Differenzierung wird für die Kunden nicht transparent. Das in Abb. 5.41 ausgewiesene Call Center dient als *single point of contact*.

Die unspezifischen, allgemeinen Kundenanfragen werden unmittelbar vom Call Center bearbeitet. Dafür stehen den Aufgabenträgern im Call Center leistungsfähige Instrumente hochmoderner Informationstechnologie (IT) zur Verfügung, insbesondere das CRM-basierte Datenbanksystem (Customer Relationship Management) sowie die portalbasierte Knowledge Base (vgl. Stephan 2007, S. 152). Sofern die Kundenanfragen jedoch in den Bereich des Second Level Support fallen, leitet das Call Center diese Vorgänge an die Einheit *Process Specialists* weiter. Das betrifft beispielsweise Supportprozesse auf den Gebieten Rekrutierung, Entgeltpolitik und Personalentwicklung. Dort bearbeiten hoch qualifizierte Spezialisten quasi im *Backoffice-Bereich* des Shared Service Centers die komplizierten, individuellen personalwirtschaftlichen Anliegen aus den Business Units. Die gefundenen Lösungen gelangen zunächst in das Call Center, um von hier aus als unterstützende Aktivitäten der nachfragenden Business Unit zur Verfügung gestellt zu werden. Ähnlich gelagert sind die Regelungen zur Bearbeitung von Kundenanliegen mit länderspezifischem Themenbezug (z. B. steuerliche Regelungen, arbeitsrechtliche Normen, ökologische Standards, kulturell bedingte Erwartungen). In solchen Fällen von Second Level Support sucht das Call Center die fachbezogene Kooperation mit den lokalen HR-Bereichen in den entsprechenden Tochtergesellschaften. Nach Bearbeitung und Klärung des Sachverhalts erhält der Kunde den Support auch in diesem Fall von Seiten des Call Centers übermittelt.

Deutlich erkennbar werden die mit steigender geografischer sowie steigender kultureller Distanz zwischen Business Units und Shared Service Center zunehmenden **Kommunikations- und Kooperationsanforderungen**. Bei fehlendem *Face to Face Kontakt* werden die *Wege* der Information, der Kommunikation sowie der Entscheidung unübersichtlicher und länger. Die Kundennähe der Shared Services nimmt vom Onshoring über das Nearshoring bis hin zum Offshoring immer mehr ab. Eine gewisse Kompensation der damit zusammenhängenden Kooperationsproblematik lässt sich, wie gezeigt, durch den Einsatz moderner Informationstechnologie realisieren. Grundsätzlich erscheint die Option von Shared Services im Sinne von Nearshoring oder von Offshoring überhaupt erst durch die Verfügbarkeit hochleistungsfähiger IT als realistische strukturelle Handlungsalternative diskussionsfähig und praxisrelevant.

Virtuelle Organisation 6

> **Zusammenfassung**
>
> Im Verlaufe der 1990er-Jahre hat sich unter dem begrifflichen Etikett *Virtuelle Organisation* ein Konglomerat an Doktrinen zu etablieren begonnen, welche zusammengefasst quasi eine komplexe und radikale Antithese zum traditionellen, in der Theorie sowie in der betrieblichen Praxis vorherrschenden Verständnis organisationaler Zusammenhänge darstellen. Als grundlegend für das Denkmodell von der virtuellen Organisation gelten die Arbeiten von Davidow und Malone (vgl. Davidow und Malone 1997). Die Veröffentlichungen der beiden Autoren haben nachhaltige Resonanz gefunden und zu vielfältigen weiterführenden Überlegungen sowie Untersuchungen animiert. Danach vermittelt das Konstrukt der virtuellen Organisation eine ebenso ambitionierte wie sehr offene, schwer deskriptiv fassbare und recht heterogen interpretierte organisationstheoretische Perspektive (vgl. Nicolai 2018, S. 26 ff.).

6.1 Prägende Konturen

Es lassen sich allerdings einige markante Merkmale virtueller Organisation identifizieren, so dass generelle prägende Konturen dieses Denkansatzes aufgezeigt werden können. Charakteristisch erscheint zunächst der Anspruch des **Auflösens von Grenzen** im betriebswirtschaftlichen Denken und Handeln. Dies gilt sowohl für innerbetriebliche Grenzen zwischen Fachressorts und Hierarchieebenen als auch für Grenzen zwischen verschiedenen Unternehmen. An die Stelle des einzelnen Unternehmens als Gegenstandsbereich organisatorischer Analyse und Gestaltung treten dann unternehmensübergreifende Gebilde und Zusammenhänge. Ein weiteres Kennzeichen virtueller Organisation besteht im **infrage stellen des Merkmals der Dauerhaftigkeit** organisationaler Strukturen. In den traditionellen Vorstellungen von Organisation zählt dagegen die Dauerhaftigkeit regelmäßig zu den konstitutiven Organisationselementen.

Abnehmende Bedeutung hat im Kontext virtueller Organisation darüber hinaus die Differenzierung von **formellen und informellen Strukturen**. Stattdessen interessiert die Tragfähigkeit organisationaler Gestaltung relativ zu den angestrebten Soll-Zuständen. In dieser Perspektive kann tragfähige Organisationsgestaltung sowohl aus formellen, d. h. offiziell autorisierten, als auch aus informellen, d. h. ungeplanten und nicht offiziell vorgegebenen, Strukturkomponenten resultieren. Entscheidende Erfolgskriterien virtueller Organisation sind

- **Flexibilität,**
- **Spontaneität und**
- **kurzfristige qualifizierte Handlungsfähigkeit**

in den relevanten Aktionsbereichen des einzelwirtschaftlichen Handelns.

Im situativen Segment der virtuellen Organisation spielt die **Informations- und Kommunikationstechnologie (IuK)** die entscheidende Rolle. Durch das Entstehen und die rasante Entwicklung moderner IuK wird virtuelle Organisation überhaupt erst möglich, aber auch notwendig. Beispielsweise schafft die weltweit bereitstehende Cloud-Infrastruktur die prinzipielle Option, originelle Problemlösungen in kurzer Zeit global an den Markt zu bringen (vgl. Kofler 2018, S. 15). Mit Blick auf das marktliche Unternehmensumfeld sei dazu etwa auf den wirtschaftlichen Wachstumssektor des sogenannten *e-commerce* verwiesen. Auf diesem Hintergrund fungiert die IuK als der „zentrale Enabler" (Alt et al. 2005, S. 8) virtueller Organisation.

Die fortschreitende **Globalisierung** der Wirtschaft und infolge davon die zunehmende Ausdehnung einzelwirtschaftlicher grenzüberschreitender Aktivitäten stellen weitere wesentliche situative Einflussgrößen virtueller Organisation dar. In diesem Kontext soll das Modell der virtuellen Organisation wichtige Gestaltungshilfen im Zuge betrieblicher Internationalisierungstendenzen bereitstellen. Darüber hinaus steht virtuelle Organisation im Zusammenhang mit **steigender Umweltdynamik** sowie zunehmender **Unsicherheit der Märkte** und den daraus resultierenden Problemen in Bezug auf die Validität mittelfristiger Prognosen. Die Intention der folgenden Abschnitte besteht nun darin, markante Aspekte der Doktrin von der virtuellen Organisation vertiefend zu erörtern.

6.2 Das Merkmal der Virtualität

6.2.1 Objektbezug

In sprachlicher Hinsicht signalisiert der Terminus *Virtuelle Organisation* den Transfer des populären Begriffs der Virtualität auf den Anwendungsbereich struktureller betrieblicher Führung. Grundsätzlich bringt die Kategorie *Virtualität* zum Ausdruck, „dass etwas der

Wirkung, nicht aber der Sache nach vorhanden ist" (Kemmner und Gillessen 2000, S. 11). Als *virtuell* wird folglich die einer Sache zugeordnete Eigenschaft bezeichnet, welche zwar nicht tatsächlich, aber doch als Möglichkeit existiert.

▶ In dieser Deutung entspricht *Virtualität* der Spezifikation eines Objektes über Eigenschaften, die nicht im engen physischen Sinne, jedoch (potenziell) ihrer Funktion nach vorhanden sind
 (vgl. Scholz 1996, S. 204).

Danach benötigt Virtualität denknotwendig den Bezug zu einem konkreten Objekt. Es existiert keine Virtualität per se, sondern lediglich **Virtualität von Objekten**. Als Beispiele seien virtuelle Produkte und virtuelle Ereignisse benannt. So wurde beispielsweise bereits Mitte der 1990er-Jahre ein Teil der Eröffnungsfeierlichkeiten zu den Olympischen Spiele in Atlanta (1996) virtuell antizipiert, um auf diese Weise wichtige Ansatzpunkte für die noch anstehenden Detailplanungen zu gewinnen (vgl. Scholz 1997, S. 323 f.).

6.2.2 Eigenschaft von Organisationen

Im vorliegenden Zusammenhang interessiert nun die Organisation als Bezugsobjekt der Virtualität. Es geht folglich um die Virtualität als Eigenschaft oder Merkmal von Organisationen. Zum Zwecke der Konkretisierung des Gegenstandsbereichs virtueller Organisation sei zunächst kontrastierend auf das reale Objekt *Organisation* Bezug genommen. Wie weiter oben ausführlich dargelegt, ist die

> **reale Organisation deutbar als sozio-technisches System, das dauerhaft ein Ziel (oder Zielbündel) verfolgt und eine Formalstruktur aufweist, welche die Aktivitäten der Mitglieder auf das Ziel ausrichten soll.**

Nach dieser Deskription umfassen Organisationen Menschen oder, exakter formuliert, menschliche Arbeitsleistungen und technische Ressourcen. Zwischen den genannten organisationalen Basiselementen bestehen Beziehungen oder können Beziehungen hergestellt werden. Zu differenzieren ist zwischen den

- sozialen Beziehungen (Mensch-Mensch),
- sozio-technischen Beziehungen (Mensch-Betriebsmittel) und
- technischen Beziehungen (Betriebsmittel-Betriebsmittel).

Einen Teil des Beziehungsgefüges bildet die **Formalstruktur** ab. Sie enthält die offiziell festgelegten, d. h. die vom obersten Leitungsorgan der Organisation autorisierten, Beziehungszusammenhänge zwischen den Elementen. Außerhalb der Formalstruktur ergeben sich in jeder realen Organisation informelle soziale Beziehungen, aber auch ungeplante sozio-technische Beziehungen. Organisationen sind grundsätzlich auf **Dauer**, d. h. unbefristet, konzipiert und erhalten ihre treibende Kraft aus dem Verfolgen eines Zieles oder Zielsystems. Dabei soll die Formalstruktur gerade die erfolgsentscheidende Funktion der Ausrichtung der Aktivitäten der arbeitsteilig agierenden Organisationsmitglieder auf die angestrebten Soll-Zustände erfüllen. Diese Funktion der Organisationsstruktur hat die Qualität struktureller Führung im Sinne zielorientierter sozialer Einflussnahme durch Einsatz organisatorischer Instrumente. Informelle Beziehungen zwischen den Basiselementen sind prinzipiell ambivalent. Diese Beziehungen können im Hinblick auf das Erreichen der angestrebten Zielgrößen sowohl funktional als auch dysfunktional wirken.

Im Unterschied zur strukturellen Führung wird die personelle Führung durch Verhaltensweisen oder Verhaltensmuster (Führungsstil) der Akteure im Führungsprozess determiniert. Strukturelle Führung ist unpersönlich, weil ihre Merkmale unabhängig von den Eigenschaften der im sozio-technischen System jeweils handelnden konkreten Personen gelten. Dagegen ist personelle Führung von vornherein abhängig von den **Eigenschaften und den Einstellungen der handelnden Persönlichkeiten.** Beim Wechsel von Stelleninhabern treten demzufolge grundsätzlich keine Änderungen im Bereich der strukturellen Führung, in Anbetracht der Personenabhängigkeit jedoch notwendigerweise Änderungen im Bereich der personellen Führung ein.

In Bezug auf die strukturelle Gestaltung vermitteln nun die Konfrontation der realen Organisation mit der virtuellen Organisation sowie die analytische Betrachtung des Prozesses der Virtualisierung von Organisationen vielfältige Ansatzpunkte. Dazu sei zunächst das Konstrukt der *Virtuellen Organisation* definitorisch präzisiert.

▶ **Virtuelle Organisation** Sozio-technisches System, das zumindest ein organisationskonstitutives Merkmal nicht real, wohl aber der (potenziellen) Funktion nach aufweist

6.2.3 Graduelle Differenzierung

Die hergeleitete Begriffsfassung impliziert, dass eine betrachtete Organisation **total** oder **partiell** *virtuell* sein kann. Danach werden sich mehrere untersuchte virtuelle Organisationen regelmäßig nach dem Grad ihrer Virtualität voneinander unterscheiden. Das soll die Abb. 6.1 zum Ausdruck bringen. Es geht um die Visualisierung des Aspektes gradueller Differenzen in Bezug auf die Virtualität von Organisationen.

Den linken Pol des aufgezeigten Kontinuums markiert die reale Organisation nach traditionellem und vorherrschendem Verständnis. Sie ist gerade dadurch gekennzeichnet, dass alle organisationskonstitutiven und damit strukturrelevanten Eigenschaften physisch existieren. Diese Eigenschaften sind als Resultat intendierter organisationaler Gestaltung im betrachteten sozio-technischen System tatsächlich ausgeprägt. Dagegen bildet der theoretische Idealtyp der total virtuellen Organisation als komplexe Antithese zur herkömmlichen realen Organisation den rechten Pol des Kontinuums. Sämtliche organisationalen

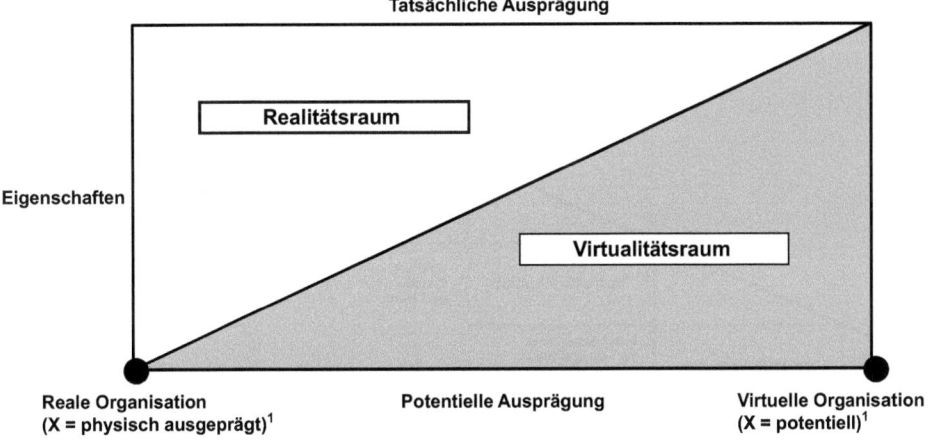

Abb. 6.1 Virtualisierung von Organisationen

Eigenschaften sind ihrer Funktion oder Möglichkeit nach angelegt, jedoch nicht unmittelbar physisch ausgeprägt.

Zwischen den beiden Extremen lassen sich empirisch konstatierbare, graduell differente Formen virtueller Organisation einordnen. In der Abb. 6.1 nimmt der Virtualitätsraum von links nach rechts ständig zu. Er wird umso größer, je mehr Eigenschaften des sozio-technischen Systems nicht real, sondern lediglich funktional der Möglichkeit nach ausgebildet sind. Das Merkmal der Virtualität von Organisationen ist demzufolge in einer Vielzahl von Ausprägungen gestaltbar und prinzipiell darstellungsfähig.

6.3 IuK-Basiertheit

6.3.1 Genese von Virtualitätskonzepten

Einen wichtigen Zugang zur Klärung der Konturen virtueller Organisation vermittelt die Entstehungsgeschichte dieser Doktrin. Es lässt sich zeigen, dass die virtuelle Organisation eine fortgeschrittene Stufe in der historischen Entwicklung von Virtualitätskonzepten darstellt. Die Abb. 6.2 zeigt eine modellhafte Anordnung der wesentlichen Entwicklungsstufen im Zuge der Genese virtueller Organisation.

Der dargelegte evolutionäre Entwicklungsprozess verdeutlicht in prägnanter Weise, dass der Einsatz hoch entwickelter IuK die dominierende Einflussgröße virtueller Organisation bildet. Folglich sind virtuelle Organisationen in besonderem Maße IT-basierte Systeme. Die erste in Abb. 6.2 ausgewiesene Stufe entstammt der Informatik. Das Merkmal *virtuell* steht in Verbindung mit dem Objekt Speichermedium. Dies bezieht sich auf die

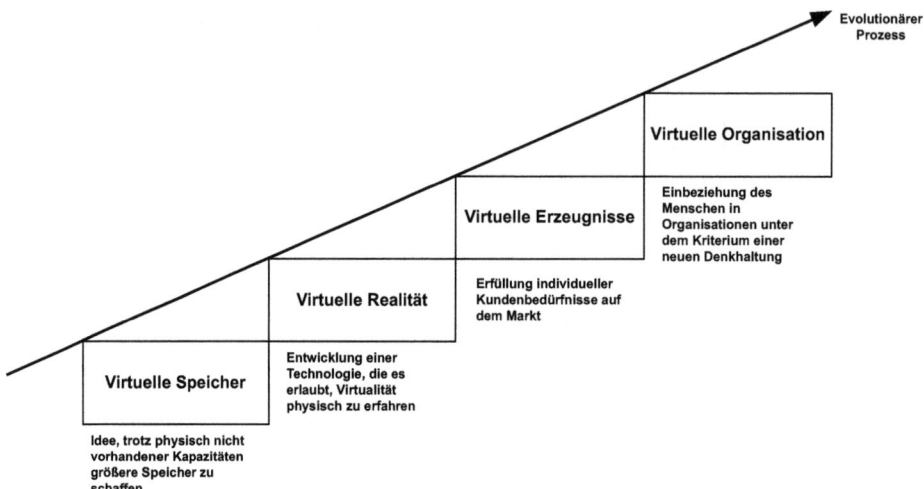

Abb. 6.2 Stufen der Entwicklung von Virtualitätskonzepten. (Quelle: nach Scholz 1997, S. 328)

Virtualisierung des Haupt- oder Arbeitsspeichers eines IT-Systems. Dabei wird die Leistungsfähigkeit des Hauptspeichers (Primärspeicher) durch einen Hintergrundspeicher (Sekundärspeicher) funktional erweitert. An der physischen Kapazität des Primärspeichers erfolgt keine Änderung. Die Koppelung mit dem Hintergrundspeicher geschieht allerdings aus Sicht des Benutzers in der Weise, dass diesem die Speicherleistung so erscheint, **als ob** der Arbeitsspeicher (= Primärspeicher) eine größere physische Kapazität erhalten hätte. Der Primärspeicher hat demnach den Charakter eines **virtuellen Speichers** angenommen.

Einschneidende informationstechnologische Innovationen ermöglichen die Entwicklung auf eine höhere Stufe von Virtualitätskonzepten. Etwa Ende der 1980er-Jahre gelangten extrem leistungsfähige Mikroprozessoren sowie multimediale Systeme zur Marktreife. Mittels dieser damals neuen Technologien wurden die Voraussetzungen für das Erzeugen **virtueller Realität** bereitgestellt. Dabei handelt es sich um **computersimulierte Wirklichkeit (Cyberspace)**. In die so erzeugte künstliche Welt werden Personen interaktiv einbezogen. Utensilien der Anfangsphase waren die elektronische Brille und der Datenhandschuh. Inzwischen hat sich die Bedienung virtueller Realitäten weiterentwickelt. Diese Technologie findet breiten Einsatz insbesondere in den Bereichen

- Computerspiele,
- Edutainment (z. B. *Virtual Cultural Heritage*);
- Fahr- und Flugsimulatoren,
- Powerwalls (3D-Simulationen),
- Raumfahrt,
- Medizin (*Virtual Cadaver+* als Übungsobjekt für Studenten) sowie
- Architektur und Raumplanung.

Die auf der nächsten Evolutionsstufe ausgewiesenen **virtuellen Erzeugnisse** oder virtuellen Produkte repräsentieren eine spezifische Ausformung und Weiterentwicklung der virtuellen Realität. Ein bestimmtes Produkt wird zunächst vollkommen virtuell generiert. Im Entwicklungsprozess können individuelle Kundenwünsche vergleichsweise unproblematisch und kostengünstig Berücksichtigung finden. Der Bau von **Prototypen** erfolgt im ersten Versuchsstadium in rein elektronischer Form. Auf diese Weise entstehen **Als-ob-Produkte**.

Solche virtuellen Erzeugnisse verschaffen dem Kunden den Zugang zu den relevanten Produkteigenschaften, ohne dass das zu fertigende Produkt bereits in realer Gestalt vorliegt. Erst nach durchgeführter Optimierung des virtuellen Erzeugnisses geschieht dessen Transformation zum realen Produkt. In einer derartigen Anwendung eignet sich die Virtualisierung von Erzeugnissen in hohem Maße zur Nutzung als betriebliches Planungsinstrument, welches die Einbeziehung der Kunden bereits in einem sehr frühen Stadium des Prozesses der Problemlösung (Entwicklungsphase) zulässt. Im virtuellen Bezugsrahmen können die Kunden die Funktion von Co-Produzenten übernehmen.

Beispiel

Exemplarisch hingewiesen sei auf den Service der US-Unternehmung Pearle Vision Express. Das Unternehmen fertigt auf der Basis des Einsatzes virtueller Produkte innerhalb von einer Stunde Brillengestelle und Brillengläser exakt nach den individuellen Kundenpräferenzen. Andere Beispiele finden sich im Automobil- und Flugzeugbau (vgl. Davidow und Malone 1997, S. 11 ff.). So waren in früheren Entwicklungsstadien Crash-Tests von Omnibussen wegen der extrem hohen Herstellungskosten nicht wirtschaftlich realisierbar. Seitdem jedoch das reale Erzeugnis durch einen virtuellen Omnibus ersetzt werden kann, lassen sich solche Crash-Tests mit vertretbarem Aufwand durchführen, nämlich in nicht-physischer, wohl aber funktionsbezogener Form. Dies kann in erheblichem Maße zur notwendigen Optimierung der Sicherheitsstandards von Omnibussen beitragen. ◄

6.3.2 Einzelwirtschaftliche Ebene

Im betrachteten evolutionären Prozess verkörpert die **virtuelle Organisation** schließlich das Resultat der Übertragung des Virtualitätskonzeptes auf sozio-technische Systeme und damit auch auf erwerbswirtschaftliche Einheiten, d. h. auf ganze Unternehmen oder Unternehmensteile. Das virtuelle Unternehmen stellt einen Sonderfall und zugleich die bedeutendste Erscheinungsform virtueller Organisation dar. Ausschlaggebend für diese Entwicklung ist offenkundig der rasante Wandel auf dem Gebiet der **IuK als situativer Einflussgröße von Organisationsstrukturen.** In den späten 1980er- und in den 1990er-Jahren hat eine progressiv verlaufende **Computerisierung der Arbeitswelt** auf breiter Basis eingesetzt. Als Folge davon ist eine Virtualisierung von Strukturmerkmalen registrierbar. Hingewiesen sei in diesem Zusammenhang beispielsweise auf die Gruppenkoordination in Workflow-Systemen.

Wesentliche Kriterien für die Bildung virtueller Organisationen sind die

- Optimierung der strategischen Wertschöpfungskette und
- die Reduktion der involvierten funktionalen Einheiten auf ihre Kernkompetenzen.

Dabei wird die flexible **temporäre Verknüpfung** kongruenter kernkompetenter Einheiten zu leistungsstarken, erfolgsüberlegenen Gesamtsystemen auf virtueller Grundlage nachhaltig angestrebt. Die derart interpretierte virtuelle Unternehmung bildet gleichsam die **organisatorische Wegwerflösung** für die Bewältigung einer anstehenden komplexen Problemstellung. In Bezug auf die definierte Problemstellung ist die dafür konzipierte virtuelle Organisationsvariante extrem leistungsfähig. Nach dem Abarbeiten des Problems entfällt die speziell für dessen Lösung implementierte virtuelle Organisationsform und wird flexibel vom nächsten virtuellen Unternehmen abgelöst. Dies soll Abb. 6.3 mittels einer populär angelegten Illustration der Vorstellung vom virtuellen Unternehmen veranschaulichen.

Abb. 6.3 Das virtuelle Unternehmen als Bündelung von Kernkompetenzen. (Quelle: Goldman et al. 1996, S. 174)

Das verwendete Symbol des Superathleten drückt die besonderen Ansprüche und Chancen der virtuellen Unternehmung aus. In der Metapher des Läufers soll demonstriert werden, dass ganz verschiedene reale Unternehmen ihre Stärken in die gemeinsame virtuelle Organisation einbringen können. Die Virtualisierung von Unternehmen transzendiert herkömmliche **Organisationsgrenzen** und ermöglicht damit betriebsübergreifend die problembezogene Kombination herausragender **Kernkompetenzen**. Auf diese Weise ist auf virtueller Ebene eine Hochleistungsorganisation begründbar, welche in bildhafter Analogie gerade dem Superathleten entspricht. Als Resultat entsteht ein Spitzenniveau der Wertschöpfung und Leistungserstellung. Davon profitieren die Kunden in Form **exzellenter, schneller und individueller Problemlösungen.**

Eine wichtige Gestaltungsoption der Virtualisierung von Organisationen besteht in der **flexiblen Konfiguration und Rekonfiguration** realer organisatorischer Einheiten mit nicht physisch ausgeprägten, gleichwohl jedoch funktionsfähigen Systemen. Derartige Verknüpfungen werden durch den gezielten Einsatz leistungsstarker IuK überhaupt erst realisierbar.

6.4 Konzeptionelle Basiselemente

6.4.1 Grenzenlosigkeit

Der Aspekt des Überwindens und der Auflösung traditioneller Grenzen und Begrenztheiten von sowie in Unternehmen spielt im Konzept der Virtualisierung von Organisationen eine wesentliche Rolle. So konstatieren beispielsweise Picot et al., dass … die Anwendungspotenziale von IuK-Techniken im Wettbewerbsprozess … die Überwindung solcher Grenzen in das Zentrum neuer Lösungsansätze für „betriebswirtschaftliche Innovationen" … stellen (Picot et al. 2003, S. 6). Erheblich veränderte Wettbewerbsbedingungen und die enormen Potenziale der Informations- und Kommunikationstechnologie sind danach entscheidende Determinanten der Bildung virtueller Unternehmen, in denen Grenzen durch **dynamische Netzwerke** substituiert werden. In Abhängigkeit von den jeweils konstatierbaren Anforderungen bilden

- einzelne Aufgabenträger,
- ausgewählte Subsysteme von Unternehmen oder
- ganze Organisationen

die Netzknoten. Auf diesem Hintergrund sind einige charakteristische Komponenten oder konzeptionelle Basiselemente virtueller Organisation isolierbar. Einen Überblick dazu vermittelt die Abb. 6.4.

Die dargestellten Basiselemente der Modularität, der Heterogenität sowie der räumlichen und zeitlichen Verteiltheit werden im Folgenden erörtert.

Abb. 6.4 Konzeptionelle Basiselemente virtueller Organisation. (Quelle: nach Picot et al. 2003, S. 422 ff.)

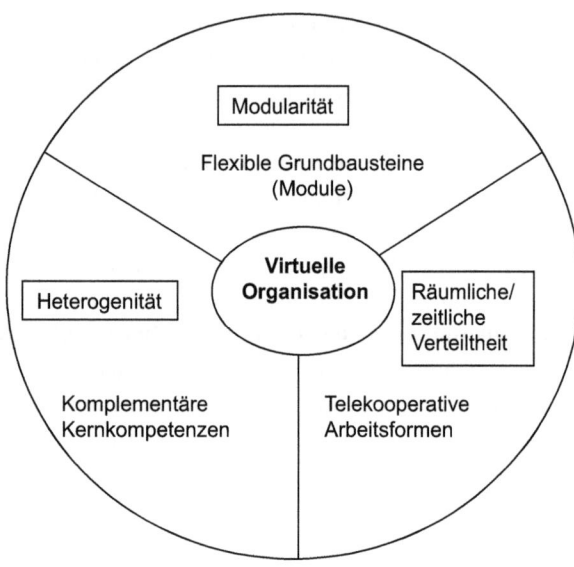

6.4.2 Modularität

Das Merkmal der Modularität signalisiert die Entwicklung und die Implementierung kleiner, überschaubarer Systeme oder Module als **Grundbausteine** virtueller Organisation. Solche Module besitzen den Vorteil flexibler Anwendung und Kombinierbarkeit. Weiterhin bedarf es zur Bildung funktionsfähiger virtueller Organisationen der konsequent dezentralen Zuordnung von Entscheidungsbefugnissen sowie korrespondierender Ergebnisverantwortung auf die interagierenden modularen Teileinheiten. Erst dadurch entsteht die erfolgsnotwendige Handlungsfähigkeit dieser mikro-organisationalen Gebilde.

Bereits im Rahmen der Modulbildung besteht die Option zur Virtualisierung. Virtuelle Module entstehen, wenn die Aufgabenträger innerhalb des einzelnen Moduls verschiedenen rechtlichen Institutionen im Sinne verfasster Unternehmen angehören.

▶ **Virtuelles Modul** Individuen aus verschiedenen Unternehmen (Institutionen) kooperieren arbeitsteilig und abgestimmt an der Lösung übergreifender Problemstellungen

Am Beispiel der Bildung virtueller Module wird die grenzaufhebende Funktion virtueller Organisation besonders deutlich erkennbar. Handlungsleitend aus der Sicht des Individuums sind

- Zweckrationalität,
- Funktionsfähigkeit sowie
- Arbeitsfortschritt

innerhalb des Moduls. Dadurch treten die institutionellen Grenzen im prozessualen Geschehen in den Hintergrund.

6.4.3 Heterogenität

Ein anderes Basiselement im Virtualitätskonzept der Organisation besteht im Merkmal der Heterogenität. Konstitutiv für virtuelle Organisation sind stark **differierende Leistungsprofile** der involvierten Einzelsysteme. Gleichzeitig erfolgt die strikte Reduktion der Einzelsysteme (Knoten) des Netzwerks auf ihre Kernkompetenzen. Die idealtypische Zielsetzung ist darauf gerichtet, das virtuelle Gesamtsystem als eine Bündelung und Komprimierung individueller **Stärken** zu konkretisieren. Im Umkehrschluss bedeutet dies, dass die prinzipiell notwendigerweise ebenfalls bestehenden Schwachstellen bzw. Defizite der Teileinheiten im virtuellen Konstrukt ausgeklammert, also quasi nicht zugelassen werden. Auf diese Weise soll ein symbiotisches Beziehungsgeflecht zwischen den Trägern komplementärer Kernkompetenzen auf der Basis effektiver Nutzung der Potenziale moderner IuK entstehen.

Als Erfolgskriterium gilt nachhaltiges qualitatives Wachstum des virtuellen Gesamtsystems sowie seiner zueinander heterogenen Subsysteme. Solche **Win-Win-Situationen**, die signifikante Vorteile für alle beteiligten Einheiten generieren, sollen die erforderliche Kohäsion und die erfolgsrelevante Integration der Teilbereiche im virtuellen Gebilde sicherstellen. Das qualitative Wachstum findet vor allem Ausdruck in

- erheblichen Leistungssteigerungen,
- umfangreichen Erweiterungen der organisationalen Wissensbasis,
- intensiven Prozessen kollektiven Lernens,
- ständiger Aktualisierung und Erhöhung der systemischen Intelligenz sowie
- neuen Optionen individueller Problemlösungen für die Kunden.

6.4.4 Räumliche und zeitliche Verteiltheit

Die Möglichkeit zur Aufhebung ganz elementarer Grenzen herkömmlichen organisationalen Handelns signalisiert das Virtualitätsmerkmal der räumlichen und zeitlichen Verteiltheit. Typisch für das vorherrschende Verständnis von erwerbswirtschaftlichen Organisationen erscheinen die im Folgenden umrissenen Erwartungen:

> „Wir sind es gewohnt, uns Unternehmen als abgeschlossene, integrierte Gebilde vorzustellen. Sie sind physisch in Bürogebäuden und Fabrikanlagen untergebracht, in denen sich ihre Mitglieder aufhalten und in denen sich die erforderlichen Materialien, Betriebsmittel und Informationen befinden. Die physischen Standortstrukturen und die arbeits- bzw. gesellschaftsrechtlichen Vertragsbeziehungen zwischen den Unternehmensmitgliedern definieren im Allgemeinen die Grenzen einer Unternehmung" (Picot et al. 2003, S. 2).

Das Konstrukt der virtuellen Organisation transzendiert das skizzierte Bild in Bezug auf die Raumkomponente sowie ebenfalls hinsichtlich der Zeitkomponente in radikaler Weise. Die organisationsbegründenden Module befinden sich an ganz unterschiedlichen

Orten. Es gilt damit die Bedingung der räumlichen Verteiltheit der Subsysteme virtueller Organisation. Folglich verliert die Standortfrage – zumindest in struktureller Hinsicht – erheblich an Bedeutung.

Ähnliches gilt hinsichtlich des Prinzips der Gleichzeitigkeit als Kennzeichen **traditioneller Zeitordnungen**. Dieses in der gesellschaftlichen und betrieblichen Realität stark verankerte Prinzip besagt, dass alle Personen innerhalb eines Systems, also beispielsweise die Mitglieder einer betrachteten Organisation, in einem *gleichzeitigen* Funktionszusammenhang stehen.

▶ **Prinzip der Gleichzeitigkeit** Die Mitglieder eines betrachteten Systems stehen in einem gleichzeitigen Funktionszusammenhang.

Die Personen sind weitgehend zur gleichen Zeit erwerbstätig und haben, damit korrespondierend, ihre Freizeit von der Arbeit zur gleichen Zeit. Im Kontext virtueller Organisation verliert das vertraute Prinzip der Gleichzeitigkeit weitgehend seine Rationalität. Die Zugehörigkeit der Module zum Gesamtsystem unterliegt nicht der Bedingung gleichzeitiger Aktiviertheit. Vielmehr ist die Interaktion zwischen den Einzelsystemen im Falle des **ungleichzeitigen Einbringens der individuellen Leistungsbeiträge** prinzipiell problemlos möglich. Die zeitliche Verteiltheit der verschiedenen Einzelaktivitäten prägt die Leistungsprozesse in virtuellen Organisationen. Das bedingt den Einsatz leistungsfähiger IuK. Konstitutiv für virtuelle Organisationen ist damit die Aufgabenbewältigung auf der Grundlage telekooperativer Arbeitsformen.

6.5 Anwendungsfelder

Die bisherigen Darlegungen weisen bereits den Einsatz informations- und kommunikationstechnologischer Instrumente als Basis virtueller Organisationsformen aus. Wesentliche Funktionen der IuK bestehen in der

- dezentralen Bereitstellung zentraler Informationen,
- projektbezogenen Integration dezentral verteilten Wissens (Abbau oder Verschieben von Wissensgrenzen) sowie
- Schaffung von Optionen örtlicher und zeitlicher Unabhängigkeit arbeitsteilig konzipierter Leistungsprozesse.

Dabei kann das Bezugs- oder Anwendungsfeld der Virtualisierung ganz grundsätzlich entweder einen unternehmensinternen Gestaltungsbereich umfassen oder unternehmensextern angelegt sein. Als Beispiele für derartige prinzipielle Anwendungsfelder seien die Bildung **virtueller Teams** (intraorganisationale Virtualisierung) sowie der Aufbau **virtueller Netzwerke** (interorganisationale Virtualisierung) betrachtet. Den Zusammenhang dieser Basis-Ausprägungen organisationaler Virtualität zeigt Abb. 6.5.

6.5 Anwendungsfelder

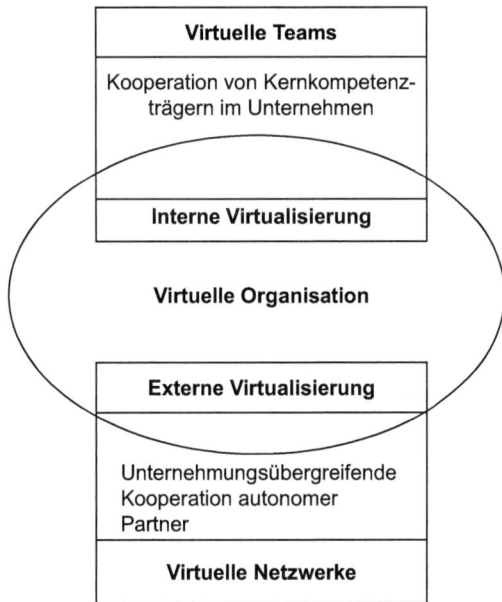

Abb. 6.5 Grundformen virtueller Interaktion. (Quelle: Bund 1997, S. 248)

Die gezeigten Ausprägungen virtueller Organisation werden im Folgenden eingehender betrachtet.

6.5.1 Virtuelle Teams

In virtuellen Teams arbeiten

- Fachleute (= Kernkompetenz-Träger) aus
- ganz unterschiedlichen Bereichen des Unternehmens (= räumliche Verteiltheit)
- zeitlich befristet zwecks
- Wahrnehmung von Projektaufgaben zusammen

(vgl. Zaccaro und Bader 2003, S. 377 ff.). Bei Virtualisierung der Aktivitäten entfallen die nachstehend aufgeführten Wesensmerkmale der etablierten Vorstellungen von Teamarbeitsformen.

Wesensmerkmale konventioneller Teamarbeit
- Räumliche Nähe der Arbeitsorte der Teammitglieder.
- Direkte persönliche Kommunikation (Face to face-Kontakte) zwischen den Akteuren.

Aufgrund der IuK-Unterstützung werden **Standortrestriktionen** in Bezug auf die Mitarbeit individueller Organisationsmitglieder in Teams weitgehend oder vollständig aufgehoben. Die sachlich notwendige, d. h. die formelle, Kommunikation zwischen den Aufgabenträgern kann anstatt in Face to face-Situationen mit Hilfe zwischengeschalteter technischer Medien erfolgen. Grundsätzlich ermöglicht es die Virtualisierung von Teams sogar, dass zwei Personen umfangreich sach- und aufgabenorientiert miteinander kommunizieren, ohne sich jemals persönlich zu begegnen. Als IuK-gestützte Instrumente virtueller Teamarbeit seien zum Beispiel

- Workflow-Systeme,
- Groupware, Telefon-, Video- und Computerkonferenzen,
- Datenbanken sowie
- die Kommunikation per e-mail oder Messenger-Dienst

genannt. Idealtypisch betrachtet agieren die virtuellen Teams als **selbststeuernde Einheiten**. Sie haben dann den Charakter autonomer oder teilautonomer Module. Ein (realer) Koordinator übernimmt teamübergreifend die Funktionen

- der zielorientierten Ausrichtung der Aktivitäten der virtuell integrierten Module,
- des permanenten Inputs belangvoller Informationen sowie
- des Schaffens möglichst günstiger Arbeitsbedingungen für die Teammitglieder.

Im Automobilkonzern Ford wurde virtuelle Teamarbeit umfassend und erfolgreich im Zuge der Entwicklung des *Global car* eingesetzt. Durch Virtualisierung konnten die weltweit führenden Experten des Konzerns (Konstrukteure, Designer, Marketingspezialisten, Qualitätsfachleute) in das Projekt einbezogen werden. Die Teamarbeit reichte bis hin zum Bau virtueller Prototypen sowie deren Erprobung (vgl. Rayport und Sviokla 1996, S. 107 f.). Dieses Beispiel demonstriert die erheblichen Potenziale der Virtualisierung von Teamarbeit, insbesondere in international agierenden, standortverteilten Unternehmen.

6.5.2 Virtuelle Netzwerke

Im Falle der **interorganisational** orientierten Virtualisierung entstehen virtuelle Netzwerke. Darin findet eine die involvierten realen Unternehmen überspannende Zusammenarbeit autonomer Partner statt. Die virtuelle Kooperation umfasst die Funktionen der Wertschöpfungskette. Potenzielle Kooperationspartner sind

- Lieferanten,
- Dienstleister,
- Wettbewerber und
- Kunden.

Das Ziel der virtuellen Netzwerke besteht im Realisieren nachhaltiger **Synergieeffekte** durch konsequente gemeinsame Nutzung der jeweiligen Stärken oder **Kernkompetenzen** der einbezogenen Netzwerkpartner. Bei Abschluss des Projektes erfolgt die Rekonfiguration des virtuellen Systems.

In Abb. 6.6 ist der Typus des virtuellen Netzwerkes exemplarisch dargestellt. Betrachtet wird die unternehmensübergreifende Zusammenarbeit in Zuge der Fertigung und des Absatzes eines (fiktiven) neu gestalteten Herrenhemdes.

In der gezeigten Konstellation externer Virtualisierung umfasst das Netzwerk eine sogenannte *hub firm*. Diese Einheit (Netzwerk-Knoten) übernimmt die koordinierende Rolle im virtuellen System. Als Manager der Wertschöpfungskette hat die hub firm oder *fokale Unternehmung* den Charakter einer Initiativeinheit, die auf partnerschaftlicher Basis die erfolgsnotwendigen Führungsfunktionen im virtuellen Netzwerk wahrnimmt (vgl. Siedenbiedel 2016, S. 341 ff.).

Im Gegensatz zur Situation in realen Unternehmen können im virtuellen Bereich neue **symbiotische Beziehungsgeflechte** zwischen den Systemmodulen in Bezug auf das Verfolgen zukünftiger Projektziele vergleichsweise reibungslos und schnell begründet werden. Die hochgradige Dynamik ihrer Zusammensetzung stellt gerade ein Charakteristikum virtueller Netzwerke dar. Diese Gebilde besitzen ausgeprägte Fähigkeiten zur Anpassung an sich wandelnde Marktbedingungen oder dynamische Wettbewerbskonstellationen. Aus der Perspektive des Kunden bzw. Nutzers solcher virtuellen Systeme gilt quasi ein ***Blackbox-Prinzip***: Der Kunde kennt die Details der räumlich und zeitlich verteilten Leistungserstellung nicht. Er braucht diese Einzelheiten auch nicht zu kennen oder sich dafür zu interessieren. Für die Erfüllung der Bedürfnisse des Abnehmers ist die Qualität des Outputs der virtuellen Organisation von entscheidender Bedeutung.

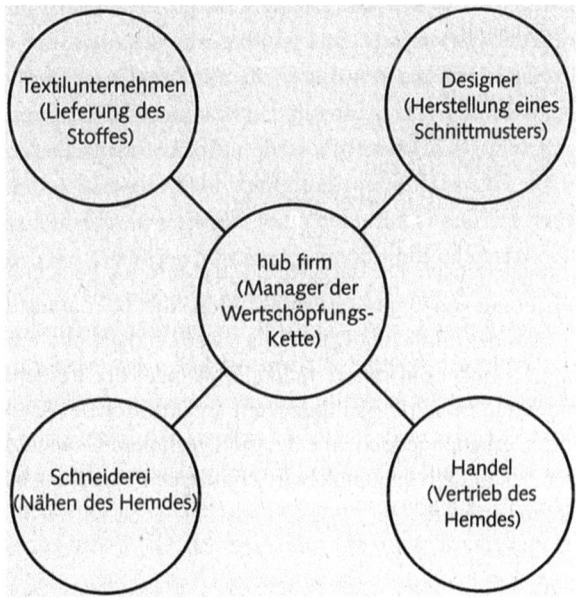

Abb. 6.6 Kooperation im virtuellen Netzwerk. (Quelle: Bea und Göbel 2019, S. 409)

Der Kunde als die Zielperson oder Zielinstitution der komplexen Prozesse innerhalb des virtuellen Systems sieht lediglich auf dessen äußeres Erscheinungsbild (Hülle), die dahinterstehenden systemischen Konfigurationen bleiben ihm in der Regel unzugänglich. Innerhalb der *Blackbox* verlaufen die Austauschprozesse zwischen den selbstständigen Kooperationspartnern auf der Grundlage von **marktlichen Mechanismen**. Insoweit erfolgt im virtuellen Netzwerk die Substitution hierarchisch vermittelter Koordinationsformen durch stark marktorientierte Gestaltung wechselseitiger Abstimmungsprozesse.

6.5.3 Cyberbusiness

Das Phänomen der externen Virtualisierung von Organisation wird in der Fachliteratur auch unter den Kategorien *Virtuelle Unternehmung* oder *Business in Cyberspace* diskutiert (vgl. Sydow 2001, S. 293 ff.; Krystek et al. 1997, S. 417 ff.). Für das Cyberbusiness gilt die Erkenntnis, dass in diesem Organisationstyp die Strukturdimensionen

- Zentralisierung,
- Standardisierung und
- Formalisierung

signifikant schwächer als in herkömmlichen sozio-technischen Systemen ausgebildet werden. Dagegen treten **moderne Dimensionen der Organisationsgestaltung** im Informationszeitalter (Einfluss der Situationsvariablen *Informations- und Kommunikationstechnologie*) in den Vordergrund einzelwirtschaftlicher Strukturbildung.

Auf diesem Hintergrund sind für das Business in Cyberspace starke Ausprägungen der Dimensionen

- Offenheit,
- Reziprozität,
- Konnektivität und
- Interorganisationsbeziehungen

charakteristisch. Die dargelegten strukturellen Verschiebungen in Zuge der externen Virtualisierung von Organisationen sind in Abb. 6.7 dargestellt.

Aus der bildlichen Darstellung werden die Konturen virtueller Netzwerke klar erkennbar. Es findet ein relativ radikaler Wandel der treibenden strukturellen Kräfte statt. Die mehr traditionellen Komponenten organisationaler Strukturen gehen zwar nicht völlig verloren, erhalten jedoch eine deutlich geringere Gewichtung. Neue organisationale Leitgrößen bestimmen den einzelwirtschaftlichen Handlungsrahmen. Das sei im Folgenden vertiefend erörtert.

6.5 Anwendungsfelder

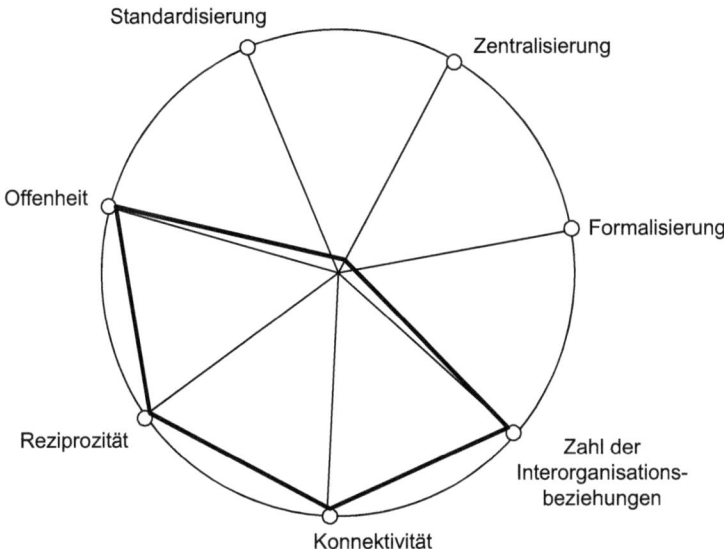

Abb. 6.7 Ausprägung organisationaler Dimensionen im Cyberbusiness. (Quelle: Krystek et al. 1997, S. 418)

6.5.3.1 Offenheit
Das Cyberbusiness oder das Virtuelle Unternehmen ist offen angelegt. Damit kommt zum Ausdruck, dass seitens des Netzwerkes per se eine hohe Bereitschaft besteht, neue Teilnehmer, die **originelle Beiträge** bereitstellen können, in das Beziehungsgeflecht aufzunehmen. Umgekehrt signalisiert die Offenheit aber auch die Option des unkomplizierten Ausscheidens von Partnern, sofern diese Akteure anderweitige Präferenzen entwickeln oder künftig in Bezug auf das Kriterium komplementärer Kernkompetenzen nicht mehr sinnvoll im betrachteten Netz positioniert sind. Kurze Zyklen der

- Konfiguration,
- Dekonfiguration sowie
- Rekonfiguration

des virtuellen Netzwerkes signalisieren dessen Offenheit. Das fördert in hohem Maße die Fähigkeit der virtuellen Unternehmung zur Anpassung an marktliche Veränderungen. Eben diese strukturelle Flexibilität markiert eine zentrale einzelwirtschaftliche Erfolgsbedingung im Kontext von Globalisierung, rasanten technologischen Entwicklungen sowie zunehmend konstatierbaren Käufermärkten.

6.5.3.2 Reziprozität
Die organisatorische Dimension der Reziprozität stellt auf die **Austauschlogik** ab. Im Netzwerk resultiert aus dem Bereitstellen einer Leistung immer auch eine Gegenleistung.

Eben darin liegt ein beziehungsstiftendes Element. Das gilt grundsätzlich sowohl für die personelle Ebene als auch für die strukturelle Ebene. Insoweit animiert die Reziprozität in längerfristiger Perspektive die Entwicklung **vertrauensvoller und stabiler Beziehungsmuster** der Netzwerkpartner zueinander. Das erzeugt bei einem positiven Verlauf dieses Entwicklungsprozesses eine nachhaltige Kohäsion des virtuellen Netzwerkes auf dem Hintergrund von *Social Embeddedness* der involvierten Individuen (vgl. Sydow 2001a, S. 281).

Im Falle der Virtuellen Unternehmung ist regelmäßig von komplex-reziproken Beziehungen unter den Partnern auszugehen, d. h., es erfolgt ein umfassender sozialer Austausch zwischen den Netzwerkknoten. Das grundlegende Medium dieses Austausches ist die eingesetzte IuK. Die moderne Technologie macht die konstruktive Gestaltung der komplex-reziproken Beziehungen über weite geografische Distanzen, über Unternehmensgrenzen und über nationale Grenzen hinweg überhaupt erst in wirtschaftlich vertretbarer Form möglich. Dem einzelnen realen Unternehmen eröffnet die Netzwerkstruktur in Gestalt der Virtuellen Unternehmung damit deutlich verbesserte Optionen der weiteren Entwicklung, insbesondere auch in neuen Geschäftsfeldern oder bisher nicht bearbeiteten ausländischen Zielmärkten.

6.5.3.3 Konnektivität

Die virtuelle Unternehmung benötigt bei aller Anpassungsbereitschaft und Anpassungsfähigkeit solide und zuverlässige **Grundlagen der Kooperation**. Das daraus resultierende Systembedürfnis findet in der stark ausgeprägten organisationalen Dimension der Konnektivität seinen Ausdruck. Es geht um das

Herstellen tragfähiger Verbindungen im Netz.

Der langfristig angelegte Leistungsaustausch unterstützt den Aufbau solcher Verbindungen im Sinne von Konnektivität. Darüber hinaus sind es die *Shared Values,* die Konnektivität erzeugen. In diesem Zusammenhang muss es für das Management virtueller Unternehmen vor allem um den Aufbau begründeten gegenseitigen **Vertrauens** der Partner gehen. Das erfordert den **wertebezogenen Diskurs** sowie die Herstellung einer grundsätzlichen Affinität der Unternehmenskulturen der involvierten Partner im Cyberbusiness.

6.5.3.4 Interorganisationsbeziehungen

Im virtuellen Unternehmen können sich die Beziehungen zwischen den Knoten des Netzwerkes schon allein aufgrund der weitreichenden **Autonomie** der verschiedenen Teilnehmer umfassend entfalten. Das hat den Effekt einer vergleichsweise großen Zahl interorganisationaler Beziehungen. Die koordinative Klarheit des traditionellen Liniensystems der Aufbauorganisation geht vollkommen verloren. Dafür induziert die Vielfalt der Interorganisationsbeziehungen

6.5 Anwendungsfelder

- konstruktive Spannung,
- Vitalität,
- Komplementarität und
- Kreativität

im virtuellen Unternehmen. Diese Eigenschaften korrelieren signifikant positiv mit den Anforderungen aus den dynamischen Umfeldern von Einzelwirtschaften.

Dynamik von Organisation

7

> **Zusammenfassung**
>
> Die organisationalen Strukturen sozio-technischer Systeme unterliegen zahlreichen Einflüssen bezüglich der Anpassung im Zeitablauf. Solche Einflüsse können aus personellen Intentionen, sachlichen Erfordernissen, rationalen Kalkülen oder faktischem Geschehen resultieren. Für das damit angesprochene Phänomen der Dynamik von Organisation finden sich in der einschlägigen Fachliteratur und in der betrieblichen Praxis vielfältige begriffliche Kategorien (vgl. dazu beispielsweise Hoffmann und Roock 2018, S. 64 ff.; Hönl 2017, S. 239 ff.; Schiersmann und Thiel 2009, S. 11 ff.; Schreyögg und Geiger 2016, S. 357 ff.; Scherm und Pietsch 2007, S. 229; Pieler 2003; Bräuer 2003; Hammer und Champy 2001; Kirsch 1997, S. 39 ff.; Bennis 1984, S. 62 ff.; Kirsch et al. 1979). Einige besonders markante Kategorien zwecks Charakterisierung der Organisationsdynamik seien nachstehend exemplarisch aufgeführt:

- Reorganisation,
- Organisatorischer Wandel,
- Organisationsentwicklung,
- Change Management,
- Reengineering,
- Process Redesign,
- Planned Organizational Change,
- Krisenmanagement,
- Geplante Evolution,
- Restrukturierung,
- Organisationales Lernen,
- Ungeplanter Wandel,

- Wissensmanagement,
- Lernende Organisation,
- Agiles Unternehmen.

Diese Liste begrifflicher Kategorien, die jeweils ein spezifisches Konzept der Organisationsdynamik signalisieren, verdeutlicht die Komplexität von Prozessen der Anpassung organisationaler Strukturen.

7.1 Stabilität und Flexibilität als Systembedürfnisse

Besondere Brisanz beziehen solche Veränderungsprozesse aus dem organisationalen

Spannungsfeld zwischen Stabilität und Flexibilität.

Organisationale Strukturen sollen den Unternehmen grundsätzlich die erfolgsnotwendige Stabilität vermitteln. Dies kommt im Organisationsmerkmal der *Dauerhaftigkeit* (vgl. Kap. 1) klar zum Ausdruck. Daraus resultieren

- Zuverlässigkeit,
- Kontinuität,
- Berechenbarkeit,
- Reproduzierbarkeit von Handlungen,
- Komplexitätsreduktion und
- Absorption von Unsicherheit.

Die Organisationsmitglieder erhalten durch die Strukturen wichtige Orientierungen und werden im Verlaufe der Betriebszugehörigkeit immer mehr in die strukturellen Gegebenheiten *hineinsozialisiert*. Das ist zunächst in hohem Maße funktional für die Zielerreichung des gesamten Systems, weil die konstruktive, zielorientierte Beeinflussung individuellen Verhaltens gelingt. Allerdings kann eine realisierte organisatorische Lösung im Laufe der Zeit ihre **Sachrationalität** verlieren. In diesem Falle ist Flexibilität im Sinne von Herstellen eines neuen **strukturellen Gleichgewichts** des betrachteten soziotechnischen Systems gefordert. Dies bedeutet allerdings das Auflösen ehemals bewährter, vergangenheitserprobter organisatorischer Regelungen.

Die Einsicht in die Notwendigkeit der Flexibilität fällt den Organisationsmitgliedern, welche über längere Zeiträume gute Erfahrungen mit der Stabilität der bestehenden Struktur gesammelt haben, regelmäßig mehr oder weniger schwer. Stabilität und Flexibilität stehen in einer hoch konfliktären Beziehung zueinander. Ein Unternehmen, welches sehr flexibel die eigenen strukturellen Regelungen immer wieder kurzzyklisch ändert, wird Stabilitätsprobleme bekommen. Dieser Strukturtyp der *Adhocratie* (vgl. Mintzberg 1991,

S. 54 ff.) stößt an Grenzen, wenn es in größeren Unternehmen darum geht, definierte Kernprozesse rational und sicher umzusetzen. Andererseits verliert eine dominant stabilitätsgeprägte Unternehmensstruktur ihre Rationalität, wenn unvorhergesehene Ereignisse flexibles, innovatives Handeln nach bisher nicht maßgeblichen Rahmenbedingungen erfordern. In diesem Spannungsfeld von Stabilität und Flexibilität rangiert die enorm erfolgsrelevante Organisationsdynamik. Im Folgenden sollen daher mit dem Ziel der Systematisierung des zur Debatte stehenden **Gestaltungsfeldes** grundlegende Aspekte und ausgewählte Basiskonzepte des **Managements struktureller Veränderungen** in soziotechnischen Systemen erörtert werden.

7.2 Determinanten des Reorganisationsbedarfs

Die Bestimmungsgründe oder Determinanten der organisationalen Dynamik sind ausgesprochen heterogen. In Abhängigkeit von den jeweils relevanten Ursachen der Antriebskräfte zur Reorganisation des betrachteten sozio-technischen Systems resultieren **differenzierte Handlungsbedarfe**. Das sei nachstehend anhand wesentlicher Determinanten der Organisationsdynamik verdeutlicht.

7.2.1 Strategische Planung

7.2.1.1 Intentionen

Im Rahmen der strategischen Unternehmensplanung geht es darum, die intendierte künftige **Positionierung des Unternehmens in seiner Umwelt** festzulegen. Auf diese Weise sollen langfristig

- Erfolgspotenziale,
- Handlungsspielräume und
- Wettbewerbsvorteile

geschaffen oder abgesichert und im Verlaufe der Planungsperiode schließlich sukzessive realisiert werden. In Abb. 7.1 ist die strategische Planung in Form eines Prozessmodells dargestellt.

Grundlegend für die Strategiebestimmung sind zum einen die Werte und Einstellungen der Individuen im Zentrum der unternehmensbezogenen Willensbildung (Top-Management). Außerdem gehen von den Umweltbedingungen wesentliche Einflüsse auf die strategische Ausrichtung des Unternehmens aus. Personelle Orientierungen im Top-Management und das Geschehen im Umweltsegment beeinflussen sich wechselseitig. Darauf basierend werden im ersten Schritt des Planungsprozesses die langfristigen Unternehmensziele hergeleitet. Es folgt die strategische Analyse des sozio-technischen Systems *Unternehmung* (Stärken, Schwächen) einerseits sowie seiner relevanten Umwelt (Chancen, Risiken, Trends) andererseits. Diese Analyse schafft die sachlichen Voraussetzungen für die konkrete Herleitung von Strategien in der dritten Phase des Planungsprozesses.

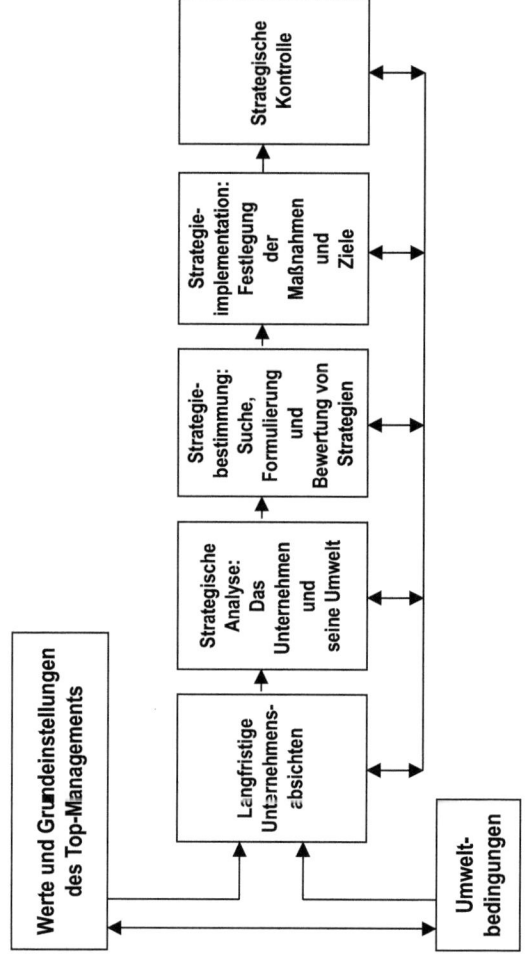

Abb. 7.1 Prozess der strategischen Unternehmensplanung. (Quelle: Kreikebaum 1993, S. 26)

Anschließend steht die anspruchsvolle Aufgabe der Implementierung der ausgewählten Unternehmensstrategie im Fokus der Aktivitäten. Der Planungszyklus endet (vorläufig) mit der Durchführung der strategischen Kontrolle. Allerdings bewirken die aufgezeigten permanenten Beziehungen von Vor- und Rückkopplungen eher einen Planungskreislauf als einen klar in sich abgeschlossenen linearen Vorgang. In dieser Perspektive ist strategische Unternehmensplanung ein permanenter Prozess der Suche nach Lösungen für (potenzielle) künftige Probleme.

▶ **Strategische Unternehmensplanung** Fortlaufender Prozess der Suche nach Lösungen für potenzielle künftige Probleme

7.2.1.2 Strukturelle Implikationen

In Bezug auf die Bedeutung der strategischen Planung für die Organisation sei auf die *klassische* These von Chandler (1995) verwiesen:
   Structure follows strategy!
   Danach ist die Struktur ein Mittel zur Umsetzung der strategischen Ziele, Orientierungen und Entscheidungen des Unternehmens. Die Neuausrichtung der Unternehmensstrategie macht folglich die Überprüfung und die regelmäßige Anpassung der Organisation erforderlich. Dies entspricht im Übrigen ebenfalls der Einschätzung im oben dargestellten Modell des Faktoranalytischen Ansatzes der Betriebswirtschaftslehre (vgl. Kap. 1). Dort konstituiert die logische Folge der derivativen Faktoren
   Planung, Organisation und Kontrolle
   die rationale Kombination der Elementarfaktoren in Wertschöpfungsprozessen. Aus diesem Zusammenhang ergibt sich das Erfordernis organisationaler Dynamik als Funktion neuer oder modifizierter Bezugsgrößen innerhalb der strategischen Unternehmensplanung. Damit ist die strategische Planung als eine wesentliche Determinante struktureller Anpassung oder des Reorganisationsbedarfs identifiziert. In sachlicher Hinsicht sind als Effekte **strategischen Handelns** im Unternehmen insbesondere Variationen im Bereich der organisationalen **Situationsvariablen**

- Angebotsprogramm,
- Unternehmensgröße,
- Internationalisierung,
- Informations- und Kommunikationstechnologie (IuK) sowie
- Fertigungstechnologie

zu erwarten. Nach Maßgabe des situativen Ansatzes der Organisationslehre bedingen derartige Situationsänderungen adäquate Modifikationen der formalen Organisationsstruktur, so dass ein *Fit* zwischen Situation und Struktur entsteht.
   Ein empirisch oft konstatierbares Problem im Zusammenhang von Strategie und Struktur betrifft die **Veränderungsrate** im Rahmen des Systems strategischer Unternehmensplanung einerseits und die Veränderungsrate im Rahmen des strukturellen Subsystems des

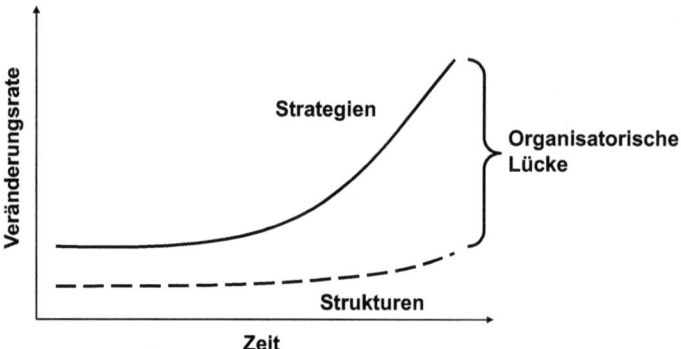

Abb. 7.2 Die organisatorische Lücke als Indikator für Anpassungsbedarf

Unternehmens auf der anderen Seite (vgl. Vahs 2015, S. 196 f.; Hinterhuber 1992, S. 125 ff.). Das in Abb. 7.2 aufgezeigte Problem tritt als *organisatorische Lücke* in Erscheinung.

Die Lücke entsteht zum einen aus dem zeitlichen Vorlauf strategischer Entscheidungen relativ zur Strukturgestaltung. Zum anderen sind strategische Intentionen leichter und schneller modifizierbar als notwendigerweise technokratisch geprägte, stabile formale Organisationsstrukturen. Als Folge davon entfernt sich die Kurve der Veränderungen im Bereich der strategischen Planung im Zeitablauf immer mehr von der relativ trägen Kurve struktureller Anpassungen. Das Ergebnis dieses Prozesses fortschreitender Divergenz signalisiert die organisatorische Lücke. Zu einem definierten Zeitpunkt X ist daher im Wege einer differenzierten Analyse der bestehenden Lücke zu untersuchen, in welchem Maße und in welchen Teilbereichen Erfordernisse der Reorganisation vorliegen. Der auf diese Weise ermittelte **Bedarf an struktureller Neugestaltung** sollte im nächsten Schritt im Sinne der wirkungsvollen Umsetzung strategischer Positionen zügig und unter Einsatz eines adäquaten Instrumentariums abgearbeitet werden.

7.2.2 Externe Einflüsse

Vielfältige, starke und wesentliche Impulse in Bezug auf die Dynamisierung organisationaler Strukturen entstammen dem externen Aufgabenumfeld der Unternehmung. Die Fähigkeit des sozio-technischen Systems zur Aufnahme und Verarbeitung solcher Impulse sowie zur sinnvollen Anpassung an neue externe Entwicklungen stellt eine notwendige Bedingung der langfristigen **Überlebensfähigkeit des Systems** dar.

7.2.2.1 Branchenstruktur

Auf dem Hintergrund der Branchenstruktur als externer Einflussgröße bietet das Modell der *Five Forces* nach Porter (2008) einen viel beachteten Bezugsrahmen. Im Fokus dieses in Abb. 7.3 dargestellten Modells steht die Branche, in der das betrachtete Unternehmen agiert. Darauf bezogen wird ein Konzept zur Branchenstrukturanalyse entworfen.

7.2 Determinanten des Reorganisationsbedarfs

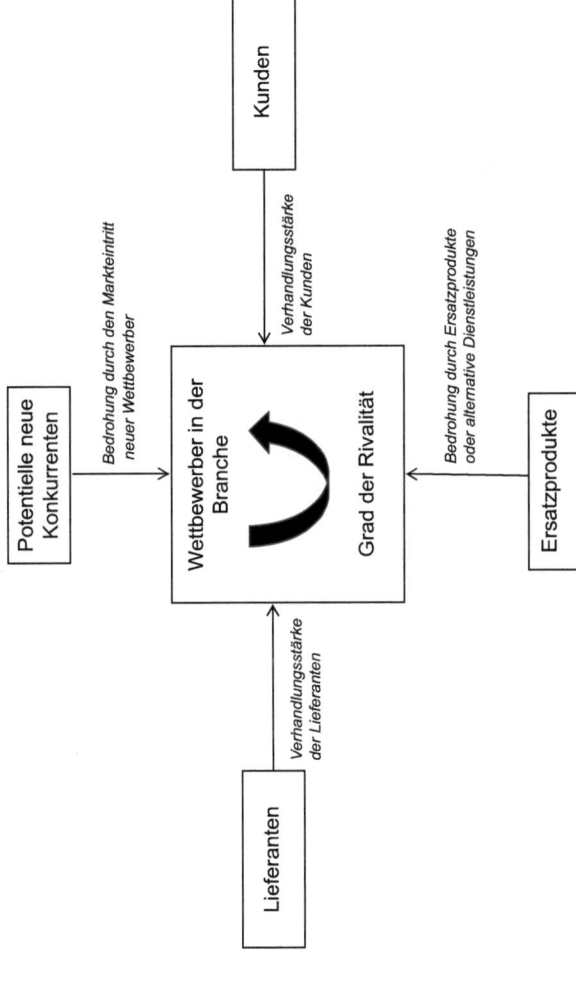

Abb. 7.3 Veränderungsdruck durch Wettbewerbskräfte. (Quelle: nach Porter 2008, S. 26)

Die Intensität des Wettbewerbs in einer Branche bestimmt die Gewinnchancen sowie die Rentabilität der in dieser Branche tätigen Unternehmen. Damit eng verknüpft ist der Veränderungsdruck, welchem diese Unternehmen unterliegen. Als treibende Kräfte der Dynamik werden die Verhandlungsstärke der Lieferanten, die Verhandlungsstärke der Kunden, die Bedrohung durch Substitutionsprodukte und neue Dienstleistungen, die Bedrohung durch die Option des Markteintritts neuer Konkurrenten sowie der bereits realisierte Rivalitätsgrad in der Branche ausgewiesen. Je stärker die Wettbewerbskräfte ausgeprägt sind, umso ungünstiger ist die Gewinnposition der betrachteten einzelnen Unternehmung in der Branche und umso größer wird der Druck in die Richtung organisatorischer Innovationen im Unternehmen. Die fünf Wettbewerbskräfte sind in dieser Perspektive auch als treibende Kräfte des Reorganisationsbedarfs charakterisierbar.

7.2.2.2 Wirtschaftspolitik

Einen anderen Parameter organisationaler Dynamik bildet die staatliche Wirtschaftspolitik. Damit sind Eingriffe des Staates in das freie Spiel der marktlichen Kräfte, insbesondere von Angebot und Nachfrage, angesprochen. In Abhängigkeit von den verfolgten wirtschaftspolitischen Zielen und den zu realisierenden wirtschaftspolitischen Maßnahmenpaketen in einer Volkswirtschaft ergeben sich auf einzelwirtschaftlicher Ebene ganz unterschiedliche **Chancen und Risiken**.

So kann beispielsweise eine geldpolitisch ausgerichtete Wirtschaftspolitik den Unternehmen durch Senkung des **Leitzinses** seitens der Zentralbank Anreize für **Neuinvestitionen** vermitteln. Eine wichtige Rolle spielt in diesem Zusammenhang der Leverage-Effekt (vgl. Wöhe und Döring 2008, S. 661 ff.).

▶ **Leverage-Effekt** Hebelwirkung des Fremdkapitals in der Weise, dass der Einsatz weiteren Fremdkapitals im Unternehmen unter bestimmten Bedingungen die Rendite auf das eingesetzte Eigenkapital steigern kann

Formal resultiert diese Hebelwirkung aus dem folgenden Zusammenhang:

$$r_{EK} = r_{GK} + (r_{GK} - i_F)\frac{FK}{EK}$$

mit

r_{EK} = Eigenkapitalrentabilität
r_{GK} = Gesamtkapitalrentabilität
i_F = Zins auf das Fremdkapitel
FK = Fremdkapital
EK = Eigenkapital

Ein **positiver Leverage-Effekt** tritt danach unter der Bedingung ein, dass die Gesamtkapitalrentabilität größer ist als der Zins für das Fremdkapital. Das induziert einen Anstieg der Eigenkapitalrendite mit steigendem Verschuldungsgrad des Unternehmens. Umgekehrt ergibt sich ein **negativer Leverage-Effekt,** sofern die erwirtschaftete Gesamtkapitalrentabilität geringer ist als der aufzubringende Fremdkapitalzins. Daraus lässt sich rational herleiten, dass ceteris paribus ein geringerer Fremdkapitalzins als Folge der wirtschaftspolitisch motivierten Senkung des Leitzinses die Investitionsneigung des Unternehmens in dem Maße stimulieren wird, wie die unternehmensseitige Prognose zur realisierbaren Gesamtkapitalrentabilität über dem erreichten (niedrigeren) Niveau der Fremdkapitalzinsen rangiert.

Nach dem für Marktwirtschaften kennzeichnenden Zielkriterium der Gewinnmaximierung oder Gewinnsteigerung müssten demnach im Falle des positiven Leverage-Effektes nachhaltige Anreize zur Ausdehnung der geschäftlichen Aktivitäten der Einzelwirtschaft entstehen. Die Wahrnehmung solcher Anreize durch das Unternehmen ist jedoch grundsätzlich verbunden mit der Anforderung der internen **strukturellen Umsetzung jener Geschäftsaktivitäten**, welche mit den fremdfinanzierten Investitionen zusammenhängen.

Fiskalpolitisch motivierte Programme zur Belebung der volkswirtschaftlichen Prozesse verschaffen dem Unternehmen möglicherweise Optionen zur Akquisition zusätzlicher öffentlicher Aufträge. Das wiederum kann zur Erhöhung der **Beschäftigung** und damit zur Notwendigkeit der Implementierung geeigneter **struktureller Maßnahmen** zur Bewältigung des auf diesem Wege gesteigerten Geschäftsvolumens führen. Umgekehrt ist anzunehmen, dass restriktive wirtschaftspolitische Maßnahmen das Unternehmen im Interesse der Sicherung einer zufriedenstellenden Rentabilität zu einschneidenden **Rationalisierungsmaßnahmen** auf organisatorischem Gebiet animieren.

7.2.2.3 Konjunktur

Ähnliche Wirkungen wie von der Wirtschaftspolitik gehen von den konjunkturellen Entwicklungen aus. Für die einzelne Unternehmung bestimmen die makroökonomisch vielfältig nachgewiesenen und umfangreich diskutierten **Konjunkturzyklen** enorm durchschlagskräftige Rahmenbedingungen. Die Abb. 7.4 zeigt den *klassischen* Idealtyp des Konjunkturzyklus.

Bei *guter* Konjunktur (ansteigender Konjunkturzyklus) wird die Unternehmung bestrebt sein, die darin begründeten einzelwirtschaftlichen Wachstumschancen zu nutzen.

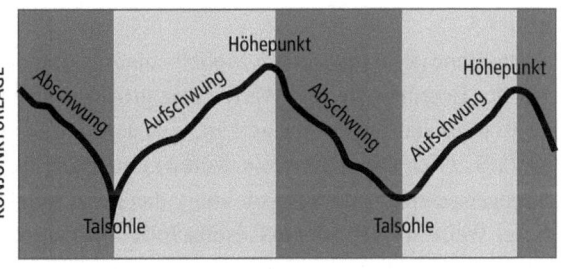

Abb. 7.4 Vier-Phasen-Modell des Konjunkturzyklus. (Quelle: Samuelson 1975, S. 330)

Die auf Expansion ausgelegten Unternehmensziele in Zeiten der Hochkonjunktur erfordern **neue organisatorische Maßnahmen, die das Wachstum operativ kanalisieren**.

Umgekehrt verengt der absteigende Konjunkturzyklus ceteris paribus den wirtschaftlichen Handlungsspielraum der Einzelwirtschaft. Das drückt sich insbesondere in sinkender Nachfrage aus. Als Folge wird der Beschäftigungsgrad der Einzelwirtschaft zurückgehen. Das schrumpfende Geschäftsvolumen zwingt die Verantwortlichen zur Überprüfung der Organisation. Oft ist die **Verschlankung der Organisationsstruktur**, beispielsweise im Wege des

- Abbaus von Stellen
- oder der
- Stilllegung von Teilbereichen,

in solchen Konjunkturphasen aus Kostengründen im Interesse der Sicherung der **Überlebensfähigkeit** des Unternehmens unumgänglich.

7.2.2.4 Wertewandel

Ganz erhebliche Bedeutung im Hinblick auf den einzelwirtschaftlichen Anpassungsbedarf ist dem gesellschaftlichen Wertewandel zuzuordnen. Die gesellschaftlichen Werte sind individuell und kollektiv handlungsleitende Normen einer größeren Population (Gesellschaft).

▶ **Gesellschaftliche Werte** Individuell und kollektiv handlungsleitende Normen einer größeren Population

In systemtheoretischer Hinsicht hat die Gesellschaft den Charakter des **Supersystems**, welches die Umgebung des sozio-technischen Systems *Unternehmung* definiert. Das in dieser Gesellschaft jeweils etablierte Wertesystem reguliert die **Austauschbeziehungen des Unternehmens zu seiner Umwelt** (Lieferanten, Kunden, Kreditgeber, Gewerkschaften, politische Parteien, öffentliche Hand etc.). Darüber hinaus werden die Erwartungen und Verhaltensweisen der Organisationsmitglieder maßgeblich von den gesellschaftlich vorherrschenden Werthaltungen geprägt. Eben diese Werte sind im längerfristigen Zeitablauf allerdings nicht stabil, sondern unterliegen Prozessen der Veränderung. Den Wirkungszusammenhang der Dynamik auf der gesellschaftlichen Werteebene verdeutlicht Abb. 7.5.

Im Sinne des dargestellten Modells manifestiert sich die Kultur gerade als die Gesamtheit der Erkenntnisse und Werte einer größeren Population sowie deren Objektivationen im wissenschaftlichen, musischen, sozialen und technischen Bereich (vgl. Siedenbiedel 2016, S. 177). Diese Werte (= Kultur) entstehen aus der Gesellschaft heraus, um in der entgegengesetzten Wirkungsrichtung das gesellschaftliche Geschehen zu steuern. Die in dieser Weise **wertebasierte Gesellschaft** sozialisiert das Individuum, während die Kultur direkt die Funktion der Enkulturation gegenüber dem Einzelnen wahrnimmt. In Anbe-

7.2 Determinanten des Reorganisationsbedarfs

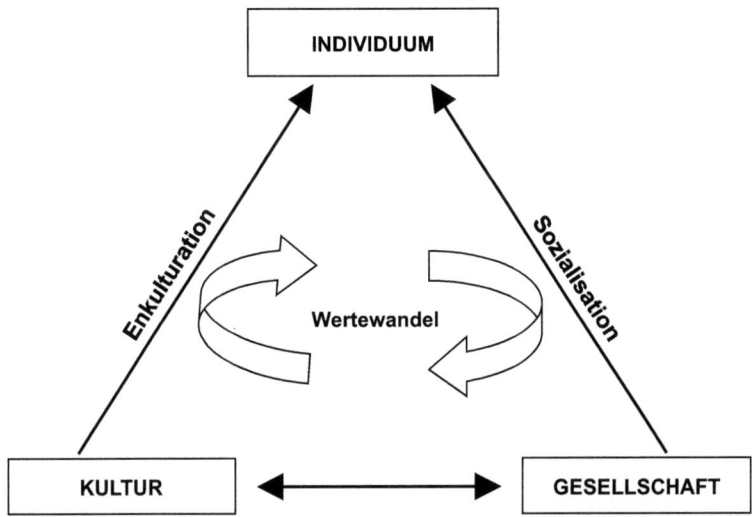

Abb. 7.5 Wertewandel im gesellschaftlichen Kontext. (Quelle: nach v. Keller 1982, S. 143)

tracht der Komplexität des Beziehungsgeflechts gelangen in diesen prozessualen Zusammenhang ständig neue Einflüsse, welche erprobte Vorgehensweisen und Orientierungen in Frage stellen und so den Wandel der Werte initiieren.

Das Phänomen dieser gesellschaftlichen Wertedynamik ist seit jeher Gegenstand wissenschaftlicher Betrachtung und wurde bereits umfangreich beschrieben, erklärt und empirisch beforscht (vgl. Beck et al. 2007; Inglehart 1998; Elias 1980; Noelle-Neumann 1979). Ganz offensichtlich besteht ein Zusammenhang zwischen

- der Ausprägung demografischer Merkmale,
- den prägenden Werten und
- den faktischen Handlungsmustern in einer Gesellschaft

(vgl. Steinmann et al. 2013, S. 171). Auf diesem Hintergrund spielt das erreichte Niveau wirtschaftlichen Wohlstandes im betrachteten Gemeinwesen eine besondere Rolle. In wirtschaftlich wenig entwickelten Gesellschaften sind die vorherrschenden Werte durch materielle Mangelsymptome determiniert. Die Bestrebungen der Menschen sind auf die Erfüllung physiologischer Grundbedürfnisse gerichtet, wie die Bereitstellung von Nahrungsmitteln, Bekleidung und Wohnraum. Der starke Mangel an solchen Gütern determiniert **materialistische Werte**. Diese materialistischen Werte beziehen sich auf die Priorisierung relativ **homogener Objektwelten** und deren Absicherung. Als Objekte in diesem Sinne seien beispielsweise

- Nahrungsmittel,
- Wohnungen,
- Fahrzeuge,

- Einrichtungsgegenstände,
- Hallenbäder und
- Infrastrukturen

benannt. Der Absicherung des erreichten materiellen Fortschritts dienen unter anderem Versicherungen, Wirtschaftswachstum, Vollbeschäftigung und Preisstabilität. All das kennzeichnet **materialistische Gesellschaften**.

In dem Maße, wie die Gesellschaft die materiellen Bedürfnisse ihrer Mitglieder zu decken vermag, verlieren die materiellen Werte graduell an Bedeutung. Insbesondere vermittelt durch Populationen, welche in wohlhabende materialistische Gesellschaften quasi *hineingeboren* werden (Sozialisationseffekte im Kindes- und Jugendalter), erfolgt ein stetiger Wertewandel in die Richtung des „**Postmaterialismus**" (Inglehart 1998). In postmaterialistischen oder postmodernen Gesellschaften besitzen materielle Güter eine deutlich untergeordnete Wertschätzung. Handlungsleitend werden vielmehr **postmaterielle Werte**. Im Konzept der Bedürfnishierarchie nach Maslow ist das individuelle Wachstumsmotiv der **Selbstverwirklichung** eine im dargelegten Sinne postmaterielle Wertorientierung (vgl. Maslow 1970). Allgemein geschieht im Übergang von materialistischen zu postmaterialistischen Gesellschaften ein Wertewandel, welcher sich an höheren Ansprüchen der Individuen und sozialen Gruppen festmachen lässt. Beispiele für die dadurch begründeten postmateriellen Werte sind

- Freiheit,
- Autonomie,
- Emanzipation,
- körperliche Fitness,
- Erkunden der Welt durch Reisen,
- Glück,
- soziale Vernetzung,
- arbeiten, um zu leben (weniger Arbeitsorientierung, mehr Freizeitorientierung),
- persönliche Weiterentwicklung,
- Solidarität mit den Menschen in strukturschwachen Regionen,
- Schutz der natürlichen Umwelt,
- Wohnen in ökologisch fortschrittlichen Häusern,
- Erhaltung bedrohter Tierarten,
- Emanzipation der Frauen (und der Männer),
- Selbstbestimmung,
- Flexibilität,
- Individualität,
- Differenzierung.

Die geänderten Werteorientierungen finden Ausdruck in **neuen Konsumentenpräferenzen**, aber ebenfalls in einer anderen gesellschaftlichen Einstellung zu Erwerbsarbeit. Das erfordert von den Einzelwirtschaften zwingend den auf den gesellschaftlichen Werte-

7.2 Determinanten des Reorganisationsbedarfs

wandel abgestimmten Wandel der Unternehmenskulturen sowie der betrieblichen Wertschöpfungsprozesse. Damit ist ganz prinzipiell die Notwendigkeit einer adäquaten Veränderung der organisatorischen Rahmenbedingungen verbunden.

Die Darlegungen zum gesellschaftlichen Wertewandel als Determinante des Reorganisationsbedarfs seien nachstehend am Beispiel des postmateriellen Wertes der Emanzipation verdeutlicht.

Beispiel

Auf gesellschaftlicher Ebene ist im Postmaterialismus und im Zuge des demografischen Wandels eine signifikant veränderte Stellung der Frau in der Gesellschaft konstatierbar. Aus einzelwirtschaftlicher Sicht hat das unter anderem eine geänderte Nachfrage zur Folge. Die Funktion der häuslichen Speisenzubereitung durch Frauen nimmt ab. Das erzeugt neue Bedarfe, wie Abb. 7.6 vereinfachend illustriert.

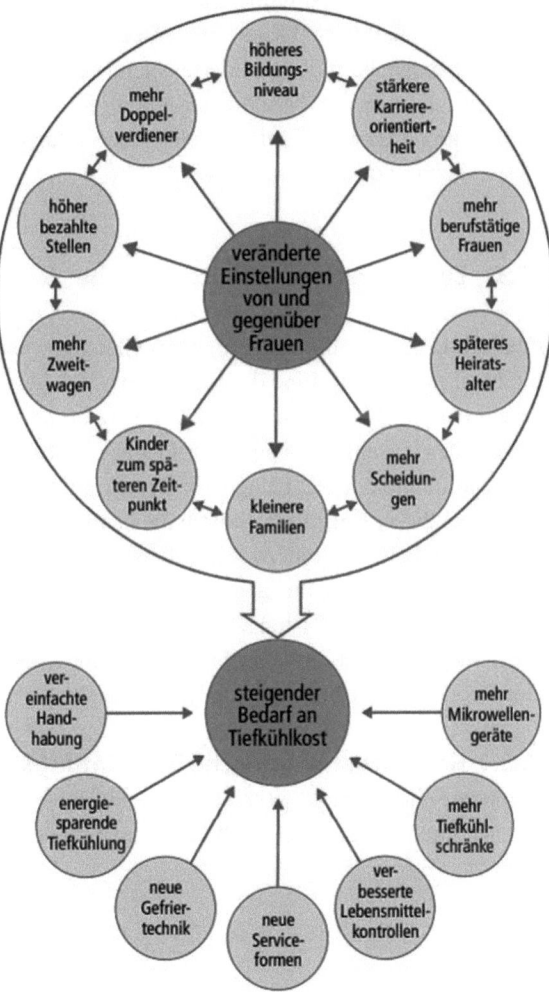

Abb. 7.6 Auswirkungen der Frauenemanzipation auf den Bedarf an Tiefkühlkost. (Quelle: Steinmann et al. 2013, S. 172)

Im oberen Segment der Abb. 7.6 wird eine Reihe von Effekten der im Zuge des Wertewandels veränderten Einstellungen der Gesellschaft insgesamt gegenüber Frauen sowie veränderter Einstellungen der Frauen (neues Selbstbewusstsein) gezeigt. Dieser vielschichtige Wertewandel hat unter anderem die (zunächst trivial anmutende) Konsequenz, dass im häuslichen Bereich weniger gekocht wird. Zum alten Wertebewusstsein gehörte gerade die Vorstellung, dass Frauen in den Familien die Hausfrauenrolle übernehmen und für die gesamte Familie täglich frisch und nahrhaft Essen zubereiten. Die neue postmaterialistische Werteorientierung sieht dagegen deutlich differente Funktionen und Verhaltensweisen von Frauen als positiv an. Eine Folge besteht darin, dass in den Haushalten weniger gekocht wird. Eben das löst einen Bedarf der Menschen an sogenannten **Convenience-Lösungen** für die eigene Ernährung aus. Die Nachfrage nach Tiefkühlkost (TK) steigt folglich an. Diese steigende TK-Nachfrage hat ihre Ursache nicht nur in der voranschreitenden Emanzipation. Vielmehr wirken, wie die Abbildung zeigt, verschiedene andere Parameter, insbesondere technologischer Art (technischer Fortschritt), stimulierend auf die Nachfrage der Bevölkerung in der betrachteten Volkswirtschaft nach TK ein. In den Unternehmen der Lebensmittel-Industrie und des Einzelhandels läuft die geänderte Nachfrage auf. Sie erfordert verschiedenste Umstellungen, etwa in der Fertigungstechnologie, in den Beschaffungsprozessen sowie im Marketing. Das wird signifikanten Niederschlag in der Anpassung der organisationalen Gestaltung finden (müssen). ◄

7.2.3 Degeneration sozio-technischer Systeme

Offensichtlich ist ein einmal realisiertes Gleichgewicht in sozio-technischen Systemen im Zeitablauf nicht stabil. Eine der möglichen Ursachen dieses **Gleichgewichtsverlustes** sei hier mit dem relativ pauschalen Begriff der *Degeneration* belegt. Dieser Terminus soll im vorliegenden Zusammenhang einen Prozess kennzeichnen, durch den ehemals sinnvolle und hoch funktionale Regelungen in Organisationen im fortschreitenden Verlauf der Nutzungsdauer dieser Regelungen durch die handelnden Akteure mehr und mehr unterlaufen, in extremen Fällen geradezu pervertiert werden. Die so verstandene Degeneration ist schwer konkretisierbar, und auch die Abgrenzung von anderen Veränderungen im Kontext des sozio-technischen Systems bedarf der näheren Betrachtung. Das soll in den folgenden Abschnitten zunächst auf einer heuristisch-empirischen Betrachtungsebene und dann auf einer theoretischen Ebene der Analyse geschehen.

7.2.3.1 Heuristisch-empirische Betrachtungsebene
Im ersten Schritt sei das sehr abstrakte Phänomen der Degeneration sozio-technischer Systeme durch einige ausgewählte empirisch rekonstruierbare Beispiele belegt.

> **Beispiele**

Entgeltstruktur

Ein Lohnsystem zur Zahlung von Prämien für herausragende Leistungen funktioniert nach seiner Implementierung hervorragend. Mehrleistung wird belohnt und vergütet. Die betriebliche Wertschöpfung erhält dadurch stark stimulierende Impulse. Im Laufe einiger Jahre entdecken allerdings immer mehr Vorgesetzte, dass sie die Prozedur der Zahlung von Leistungsprämien manipulieren können mit der Folge der faktischen Gewährung dieser Prämie durch das Personalmanagement des Unternehmens, auch ohne die Bedingung tatsächlich herausragender Leistungen der jeweiligen Prämienempfänger. Maxime: *Es ist in Ordnung, wenn meine Mitarbeiter mehr Entgelt erhalten. Man muss das dem Personalwesen nur richtig kommunizieren!* Mit *richtig* ist in diesem Fall die Manipulation der Leistungskriterien gemeint.

Arbeitszeit

Im Unternehmen wird ein Konzept *Gleitender Arbeitszeit* eingeführt. Darin ist der Übertrag von plus oder minus zehn Arbeitsstunden in den Folgemonat vorgesehen. Diese Neuregelung erweist sich schon bald als ausgesprochen förderlich sowohl für die ökonomische als auch für die soziale Effizienz. Bei den Organisationsmitgliedern ist vor allem die Option der Inanspruchnahme ganzer freier Tage als Ausgleich für Gleitzeitguthaben beliebt. Da zehn Stunden jedoch nur einen freien Tag begründen können, finden die Individuen immer mehr Wege zur Herbeiführung von Ausnahmetatbeständen, die einen deutlich höheren Übertrag als zehn Stunden rechtfertigen. Die Folge für das Unternehmen: Es häuft sich die Personalknappheit an Freitagen und an Montagen.

Mitarbeiterbeurteilung

Das Instrument der formalisierten Mitarbeiterbeurteilung im Sinne einer sogenannten 360° Beurteilung (Panoptikum-Evaluation) bringt den Beurteilten im ersten Anwendungsschritt viel brauchbares Feedback. Nachdem jedoch der strikte Zusammenhang von Evaluationsergebnissen und Karrierechancen den Systemmitgliedern im Laufe der Zeit an vielen Beispielen klar geworden ist, degeneriert das Verfahren zu einem *Gefälligkeitsinstrument*. Man bewertet andere äußerst positiv und hofft (begründet), von den anderen Akteuren ebenfalls sehr wohlwollend evaluiert zu werden.

Erstattung von Umzugskosten

Das Unternehmen erstattet neuen Mitarbeitern die Kosten des Umzugs an den Standort des Unternehmens. Dafür sind drei Angebote von Speditionen vorzulegen, deren günstigstes akzeptiert wird. Inzwischen gibt es viele Möbelspeditionen, die dem potenziellen Kunden gleich drei Offerten (zwei von Mitbewerbern) bereitstellen. Die Ausschreibung wird zur Farce.

Ausschreibung von Bauprojekten

Der Verantwortliche für die Ausschreibung möchte aus persönlichen Gründen gern mit einer ganz bestimmten Bauunternehmung zusammenarbeiten. Diese kann aber bei regulärer Kalkulation nicht das für den Auftragserhalt erforderliche niedrige Preisniveau realisieren. Als Folge spezifiziert der Ausschreibende das Gewerk nur unvollständig und sichert dem favorisierten Bauunternehmen informell und höchst vertraulich zu, die offenen Teilarbeiten zum höheren Preis nachträglich anbieten zu können. Mit dieser Gewissheit kann der präferierte Bauunternehmer die Wettbewerber unterbieten und trotzdem per Saldo einen zufriedenstellenden Gewinn erwirtschaften.

Auswahl von Auszubildenden

Ein Bankunternehmen hat ein anspruchsvolles und bestens validiertes Verfahren zur Auswahl neuer Auszubildender entwickelt und erfolgreich implementiert. Allerdings werden 50 % der vakanten Ausbildungsplätze nicht nach der intendierten Bestenauslese besetzt, sondern mit sogenannten *Prokis*. Dieses Kunstwort findet inoffiziell Anwendung als Abkürzung für *Protektionskinder*. Es erfolgt also die sachferne Bevorzugung von Bewerbern, die seitens gewichtiger Bezugspersonen Unterstützung erhalten. ◄

Die Liste solcher heuristisch motivierten Beispiele mit erkennbarem empirischen Wahrheitsgehalt ließe sich noch erheblich weiterführen. Stattdessen sollen nachstehend jedoch einige empirisch nachgewiesene Fälle mit hohem öffentlichen Bekanntheitsgrad gleichsam als Indikatoren für das Phänomen der Degeneration sozio-technischer Systeme benannt werden. Derartige **Degenerationsindikatoren** finden sich, immer auch mit einem hypothetischen Gehalt, in den im Folgenden aufgegriffenen einzelwirtschaftlichen Ereignissen bzw. Entwicklungen:

(1) **Globale Finanz- und Wirtschaftskrise 2008**

Weltweit haben große Bankbetriebe ihr Kerngeschäft, das Gewähren von Krediten (Aktivgeschäft) und das Sammeln von Kundeneinlagen (Passivgeschäft) vernachlässigt, um individuell (vermeintlich) viel renditestärkere Geschäfte, welche mit dem Begriff ***Investment-Banking*** nur ansatzweise beschrieben werden, zu präferieren. Dabei geht es insbesondere um den Handel mit *Derivaten oder Finanzderivaten*. Der Charakter solcher *Investments* erscheint höchst dubios:

> „Der Aspekt, den jeder dabei übersieht, ist der, dass der Kauf von Derivaten keine Investition ist. Das ist reines Glücksspiel, es geht um Versicherungs- und hochriskante Buchmachergeschäfte. Derivate erzeugen nichts. Sie erzeugen nicht nur nichts, sondern dienen dazu, Nicht-Produzenten auf Kosten der Menschen zu bereichern, die tatsächlich reale Güter und Dienstleistungen erzeugen" (Brown 2009).

7.2 Determinanten des Reorganisationsbedarfs

Noch in den 1990er-Jahren waren für die meisten Teilnehmer an wirtschaftlichen Prozessen glücksspielende Bankmanager unvorstellbar. Vielmehr hatten die *Banker* das Image des Grundsoliden und die Zuschreibung hoher Zuverlässigkeit. Bis zum Jahre 2008 ist das globale Finanzsystem in hohem Maße, offensichtlich vor allem aufgrund des sogenannten **Investment-Bankings**, degeneriert und droht, die gesamte Weltwirtschaft erheblich zu beschädigen. Nicht wenige Beobachter sprechen von einer Kapitalismuskrise (vgl. Brown 2009).

(2) **Bonuszahlungen für Manager**

Als Folge der oben erörterten Krise im Finanzbereich wurden im Jahre 2008 viele große Kreditinstitute wirtschaftlich notleidend. Am gravierendsten war die Bankenkrise in den USA. Das Institut Lehman Brothers ging in die Insolvenz, andere Banken, wie Merrill Lynch, Goldman Sachs, Morgen Stanley oder die Citigroup, erhielten staatliche Unterstützung in zweistelliger Milliarden-Dollar-Höhe. Insgesamt wurde die zum Zwecke des Verlustausgleichs aufgrund *toxischer Wertpapiere* in den Beständen der Banken erfolgte Subventionierung des Bankensystems durch das amerikanische Finanzministerium im Jahre 2008 auf etwa 350 Milliarden Dollar geschätzt (vgl. O. V. 2009, S. 12). Das bedeutet, die betreffenden Banken waren in dieser Periode extrem misserfolgreich. Noch stärker als ihre Geschäftspraktiken waren aber offenbar die Bonusmodelle dieser Banken degeneriert. Anfang Januar 2009 wurde öffentlich bekannt, dass die Manager dieser Banken erfolgsbezogene Vergütungen (= Boni) in Höhe von 18 Milliarden Dollar erhalten hatten. Selbst der neu gewählte US-Präsident Barack Obama konnte das nicht verhindern, sondern lediglich sein Befremden zum Ausdruck bringen (vgl. O. V. 2009, S. 12).

(3) **Feindliche Übernahmen**

Allein schon der in das Wirtschaftsgeschehen eingedrungene martialische Terminus der *feindlichen Übernahme* deutet auf Degeneration hin. Gemeint ist damit der Prozess, in dem ein Investor (Käufer) die Anteilsmehrheit an einem anderen Unternehmen in einer kapitalgesellschaftlichen Rechtsform gegen den Willen der maßgeblichen exekutiven Organe des Übernahmekandidaten (Aufsichtsrat, Vorstand, Beschäftigte) erwirbt und auf diese Weise die Kontrolle über das Unternehmen erlangt (es also kauft, ohne mit den rechtlichen Vertretern vorher zu verhandeln).

Als ein ganz markantes Beispiel für eine solche „Übernahmeschlacht" (O. V. 2004) sei auf den Erwerb des deutschen Mannesmann-Konzerns durch den britischen Konzern Vodafone-Airtouch Ende 1999 und Anfang 2000 hingewiesen. Unter großer Anteilnahme der Öffentlichkeit wurde dieser Vorgang vehement und undurchsichtig ausgetragen. Einige Zeit nach der erfolgten Übernahme durch Vodafone mussten sich hochrangige Mannesmann-Führungskräfte und bekannte Mitglieder des Aufsichtsrats des deutschen Konzerns vor Gericht mit dem ihnen staatsanwaltschaftlich unterbreiteten Vorwurf der Untreue auseinandersetzen (vgl. O. V. 2004). Das gesamte Geschehen vermittelte der

Öffentlichkeit einen hoch degenerativen Eindruck und ließ Zweifel an der Integrität einzelwirtschaftlicher Aktivitäten aufkommen.

Ebenfalls hohe Publizität erlangte ein späteres Projekt der feindlichen Übernahme. Diesmal ging es um die Übernahme der (deutlich größeren) Kapitalgesellschaft Continental AG durch die (kleinere) Personengesellschaft Schaeffler KG in 2008/2009. Dieser vom Erwerber ausgesprochen trickreich und umstritten eingeleitete und realisierte Kaufprozess geriet insbesondere dadurch zum Gegenstand heftiger öffentlicher Debatten, dass Schaeffler nach erfolgtem Durchsetzen der Übernahme von Continental staatliche Finanzhilfen beantragte. In der Perspektive der Öffentlichkeit erweckte dies den Eindruck, als wolle Schaeffler sich nachträglich zumindest einen Teil der Aufwendungen für den Kauf der Continental AG vom Staat erstatten lassen (vgl. O. V. 2009a). Auch die bekannt gewordenen Merkmale der Schaeffler-Continental-Übernahme lassen sich kaum mit den Grundsätzen und Ordnungsvorstellungen der **sozialen Marktwirtschaft** in Einklang bringen, sondern vermitteln den Eindruck degenerativer einzelwirtschaftlicher Tendenzen.

(4) **Zahlung von *Schmiergeldern***

Das Zahlen sogenannter *Schmiergelder* betrifft einen ebenso fragwürdigen wie offenkundig international verbreiteten Vorgang der Vorteilsnahme eines Unternehmens durch manipulierende Finanztransaktionen in der Grauzone wirtschaftlichen Handels. Die öffentliche Meinung zu diesem Thema erscheint uneinheitlich. Bis zum Jahre 1999 durften solche Zahlungen in Deutschland als *nützliche Aufwendungen* steuerlich in Ansatz gebracht werden. Als Reflex des gesellschaftlichen Wertewandels wurde allerdings die Absetzbarkeit von Schmiergeldern ab Januar 1999 im deutschen Steuerrecht beseitigt. In diesem Kontext geriet der Siemens-Konzern in erhebliche Bedrängnis, weil das Zahlen von Schmiergeldern nach den öffentlich debattierten Informationen offenbar über einen längeren Zeitraum, in gravierendem Umfange und als Mittel zur Vereinfachung unternehmerischer Erfolge in hoch degenerativer Form Eingang in die Geschäftspraktiken von Siemens gefunden hatte (vgl. Schürmann 2008). Erhebliche Erschütterungen des gesamten Konzerns, Personalwechsel im Top-Management und die Beschädigung des Unternehmensimages waren negative Folgen der nachgewiesenen Korruption (vgl. Ott 2006).

(5) **Zusammenarbeit von Arbeitgeber und Betriebsrat**

Nach § 2, Abs. 1 des Betriebsverfassungsgesetzes 1952/1972 sind der Arbeitgeber und der Betriebsrat, die gewählte Interessenvertretung der Arbeitnehmer, zur *vertrauensvollen Zusammenarbeit* verpflichtet. Das damit begründete **Harmoniemodell** der betrieblichen Sozialpartnerschaft hat sich seit seiner Kodifizierung im Betriebsverfassungsgesetz aus dem Jahre 1952 vielfach bewährt. Im Gegensatz zum konkurrierenden **Konfliktmodell** des Zusammenwirkens der Arbeitsparteien, wie es den angelsächsischen Staaten zugeschrieben wird, hat das vertrauensvolle Zusammenarbeiten allen Beteiligten am wirtschaftlichen Geschehen viele Vorteile gebracht, zum Beispiel:

7.2 Determinanten des Reorganisationsbedarfs

- partizipativen und als gerecht empfundenen Interessenausgleich,
- weniger Streiktage,
- höhere Identifikation der Arbeitnehmer,
- geringere Fehlzeitenquoten,
- mehr Arbeitsplatzsicherheit,
- höhere Produktivität und
- überdurchschnittliche Steigerungsraten des Bruttosozialproduktes.

Die Grundlage für solche positiven Effekte schafft der intensive, konstruktive und permanent geführte kritische **Dialog** zwischen Management und Belegschaftsvertretung. Auf diese Weise entstehen tragfähige Lösungen, welche die Interessen aller Beteiligten tendenziell angemessen berücksichtigen. Im Einzelfall bedingt dies häufig ein zähes Ringen zwischen den Betriebsparteien und Zugeständnisse sowohl seitens des Arbeitgebers als auch von der Arbeitnehmerseite (vgl. v. Eckardstein und Schnellinger 1978, S. 5 ff.). Eben dieser intensive **Prozess des Verhandelns und des Aushandelns erscheint in hohem Maße funktional für den ökonomischen Erfolg.** Aus Sicht der Unternehmensleitung ist daher ein gutes, kooperatives Verhältnis zu den gewählten Belegschaftsvertretern von enormer Bedeutung.

An eben dieser Schnittstelle setzen degenerative Vorgänge an, die im Jahre 2005 aus dem Volkswagen-Konzern bekannt wurden (vgl. O. V. 2007a). Offensichtlich waren Vertreter des Personalmanagements von VW bestrebt, die Kooperationsbereitschaft wichtiger Betriebsratsmitglieder durch unsachgemäße und unlautere Vergünstigungen oder individuelle Anreize für diese Personen zu erwirken. Das Spektrum der unlauteren Einflussnahme reichte offensichtlich von sachfremden großzügigen Spesenkonten bis hin zur Finanzierung sexueller Exzesse (vgl. O. V. 2007b). Es handelte sich dabei nicht etwa um einen Einzelfall, sondern offensichtlich waren die Manipulation von Betriebsratsmitgliedern und Belegschaftsvertretern im Aufsichtsrat und umgekehrt die Bereitschaft der Belegschaftsvertreter zur unlauteren persönlichen Vorteilnahme fester Bestandteil der Zusammenarbeit von Arbeitgeber und Betriebsrat geworden (vgl. O. V. 2007a). In dieser Perspektive vermittelt die Betriebsratsaffäre bei VW ein markantes Beispiel für die (mögliche) Degeneration der prinzipiell ausgesprochen sinnvollen betriebsverfassungsrechtlichen Norm der **vertrauensvollen Zusammenarbeit**.

(6) **Vertrauen und Kontrolle**

Die Führungsinstrumente *Vertrauen* und *Kontrolle* stehen in einem sensiblen Verhältnis zueinander. Das kommt in der bekannten, dem russischen Politiker Lenin zugeschriebenen Redewendung apodiktisch zum Ausdruck:
„**Vertrauen ist gut, Kontrolle ist besser!**"
Diese seit jeher kontrovers diskutierte These findet in der neueren Management-Lehre mit dem Postulat der **Vertrauensorganisation** weniger Zuspruch. Stattdessen wird die außerordentliche Bedeutung der Kategorie *Vertrauen* in einer aufgeklärten Gesellschaft

mit hoch qualifizierten, selbstbewussten Mitarbeitern in den Unternehmen sowie rasanten Entwicklungen auf dem Gebiet der Informations- und Kommunikationstechnologie(IuK) betont (vgl. Schreyögg und Geiger 2016, S. 138 ff.; Krystek und Moldenhauer 2007, S. 73 ff.; Sprenger 2007). Auf einem solchen Hintergrund soll es darum gehen, die traditionelle, kontrollorientierte **Misstrauensorganisation** durch die erfolgsträchtigere und zeitgemäße Vertrauensorganisation zu ersetzen.

Die skizzierten Erkenntnisse auf theoretischem Gebiet verhindern nicht die Option **degenerativer Rückentwicklungen** in das Stadium der Misstrauensorganisation, insbesondere unter Ausnutzung der Überwachungsfunktionen durch den Einsatz moderner IuK. Ein Beispiel dafür lieferte Anfang 2009 die Deutsche Bahn. Statt sich am begründeten Vertrauenspostulat zu orientieren, stellte das Management die gesamte Belegschaft per se unter den Generalverdacht missbräuchlicher Handlungen. Streng geheim wurden mindestens 173.000 Mitarbeiter des Unternehmens in subtiler Weise überwacht, ohne davon in irgendeiner Weise Kenntnis zu erhalten (vgl. Ott 2009). Dieses Vorgehen erscheint zum einen in rechtlicher Hinsicht höchst problematisch. Nach den bekannt gewordenen Informationen wurden die individuellen Schutzrechte aus dem **Datenschutzrecht** missachtet. Zum anderen belastet die bei der Deutschen Bahn konstatierbare Totalkontrolle das Vertrauensverhältnis zwischen Arbeitgeber und Arbeitnehmern, oder, konkreter formuliert, die guten Beziehungen zwischen Top-Management und den Mitarbeitern. Schließlich hat im darstellten Fall der Deutschen Bahn eine grobe Missachtung des Prinzips der **Verhältnismäßigkeit** stattgefunden. Im Interesse der Klärung, ob einzelne Mitarbeiter sich unkorrekt oder kriminell verhalten, wurde die gesamte Belegschaft in einer Weise überwacht, die fatal an die Inhalte des Romans *1984* von Orwell (1949) erinnert (Abb. 7.7).

Daraus sei die Hypothese hergeleitet, dass die Anfang 2009 entdeckten umfangreichen und geheimen Überwachungsprozeduren im Unternehmen *Deutsche Bahn* eine dort zu verzeichnende gravierende Degeneration der Kontrollfunktion signalisieren. Orwell hat

Abb. 7.7 Degeneration der Kontrolle

7.2 Determinanten des Reorganisationsbedarfs

bereits 1949 in fiktiver Form aufgezeigt, welches die Konsequenzen eines derartigen Vorgehens sein können.

7.2.3.2 Theoretische Betrachtungsebene

Dem Organisationsphänomen ist (notwendigerweise) das Bereitstellen von Stabilität des betrachteten Systems immanent. Daraus erwächst per se die prinzipielle Orientierung am **Status quo** des sozio-technischen Systems. Das sei im Folgenden anhand unterschiedlicher theoretischer Perspektiven erörtert.

(1) **Entscheidungstheoretische Betrachtung**

In der Sicht verhaltenswissenschaftlicher Entscheidungstheorie werden Organisationen folglich als technokratische Gebilde interpretiert, welche ihren Bestand und ihre Identität wahren, während die Organisationsteilnehmer im Laufe der Zeit fluktuieren (vgl. Simon 1976; March 1994, obiges Kapitel *Entscheidungsorientierter Ansatz*).

> **Beispiel**
>
> Die fiktive Hochschule Nimmerland ist deutbar als ein System von Forschung und Lehre. Dieses System besteht aus **Handlungen seiner Teilnehmer**, etwa
>
> - Forschungsprojekte durchführen,
> - Lehrveranstaltungen anbieten,
> - an Seminaren teilnehmen,
> - Prüfungen absolvieren.
>
> Ständig treten neue Studierende in dieses System ein, und ständig scheiden Studierende aus dem System aus (entweder nach erfolgtem Studienabschluss oder aus anderen Gründen). Für die Dozenten gelten üblicherweise längere zeitliche Zyklen der Verweildauer, aber auch diese Personen treten in das System ein und verlassen die Hochschule, ebenso wie alle anderen Organisationsmitglieder. Die Hochschule, also die Organisation als unpersönliches Gebilde, bewahrt ihren Bestand und erhält ihre Identität, auch wenn die Teilnehmer wechseln. Wahrscheinlich begeht das System *Hochschule Nimmerland* irgendwann den 200. Jahrestag seiner Gründung. ◄

Dieses Beharrungsmoment verkörpert quasi die *eingebaute Obsoleszenz* organisationaler Strukturen und determiniert daher Reorganisationsbedarf sowie die Gefahr von Degeneration organisatorischer Regelungen. Das Risiko besteht insbesondere darin, dass die zum Zeitpunkt ihrer Implementierung uneingeschränkt funktionalen strukturellen Vorgaben in Verlaufe ihrer Nutzungsdauer sukzessive an Rationalität (Zweck-Mittel-Relation) verlieren.

(2) Soziologische Systemtheorie

Ähnliche Perspektiven vermittelt die soziologische Systemtheorie. Auch hierin wird der konstituierende Selbstbezug von Organisationen betont. Luhmann charakterisiert **Organisation als ein autopoietisches System** (vgl. Luhmann 2000, S. 39 ff.). Solche autopoietischen Systeme haben selbstreferenziellen Charakter, d. h.:

> „Eine Organisation ist ein System, das sich selbst als Organisation erzeugt" (Luhmann 2000, S. 45).

Mit dieser zirkulären Definition wird gleichzeitig die **Selbstreproduktion** sozialer Systeme zum Ausdruck gebracht. Soziale Systeme, somit auch Organisationen, erzeugen und inszenieren sich selbst immer wieder neu. Darin ist ein **strukturkonservatives Element** identifizierbar, welches die Anpassungsbereitschaft der Organisation relativ zu Veränderungen in der Umwelt auf die Bedingung der Kompatibilität mit der Autopoiesis begrenzt. Im Paradigma von Luhmann (2000, S. 59) besteht Organisation aus Kommunikationen, wobei der Terminus *Kommunikation* diejenigen autopoietischen Operationen beschreibt, welche rekursiv auf sich selbst zurückgreifen und vorgreifen und dadurch soziale Systeme erzeugen. Solche Kommunikationssysteme nehmen in ihrer Umwelt selektiv nur das wahr, was zum Thema der Organisation passt und was an die bisherige Kommunikation anschlussfähig ist. Mit dieser Selektionsfunktion erfolgt die überlebensnotwendige **Reduktion von Komplexität**, die sich darin ausdrückt, dass aus der hochkomplexen Umwelt nach vorgegebenen Kriterien nur ein kleiner Teil an Informationen aufgenommen wird. Die Grenzen eines sozialen Systems behindern eine systematische Ko-Variation relativ zu Variationen in der Umwelt des Systems.

In Bezug auf die praktische Rationalität von Organisation gebraucht Luhmann die Kategorie der **Kontrollillusion**. Dies sei mit Hilfe des nachstehenden Zitats verdeutlicht:

> „Für die Praxis und für ihren Begriff der Rationalität hat dies zur Konsequenz, dass sich eine Kontrollillusion einspielt, die vorspiegelt, dass man über eine Riesenmenge kausaler Faktoren in der Verteilung auf Ursachen und Wirkungen tatsächlich jetzt disponieren könne. Und in der Tat liegt es ja an der Entscheidung, Kausalität herzustellen, ohne die notwendigen Ursachen und die sich ergebenden Wirkungen selbst erzeugen zu können; denn nur wenn die Kopplung gelingt, werden die Ursachen zu Ursachen und die Wirkungen zu Wirkungen. Soweit sich die Vorstellungen über die Qualität von Entscheidungen unter dem Namen ‚Rationalität' am Kausalschema orientieren, muss man zwar mit störenden Restbeständen rechnen – so wie in der alten Welt der Teleologie mit ‚Korruptionen' der natürlichen Perfektion. Aber das wird, was den Zustand der Welt als Resultat geschichtlicher Determinanten betrifft, mit der Kategorie des Irrtums, und, was unvorhergesehene, nicht als Kosten einkalkulierte Wirkungen betrifft, mit dem Begriff der Nebenfolgen oder eventuell mit dem Begriff des Risikos weggearbeitet" (Luhmann 2000, S. 456 f.).

Autopoiesis und Rationalität stehen offenkundig in einem konfliktären Beziehungszusammenhang. Daraus sei die These hergeleitet, dass aus dem selbstreferenziellen Charakter sozialer Systeme im zeitlichen Längsschnitt eine Tendenz zur Degeneration dieser Systeme resultiert. Die Degeneration im Sinne

7.2 Determinanten des Reorganisationsbedarfs

- des Auftretens kritischer Zweck-Mittel-Relationen,
- diffuser Kausalitäten sowie
- selektiver Bedienung gegebener Strukturen

entspringt gerade dem quasi selbstzweckhaften und identitätsstabilisierenden permanenten Prozess der **Selbstreproduktion** des sozialen Systems.

7.2.4 Diskontinuitäten im Supersystem

Im Rahmen der systemorientierten Betriebswirtschaftslehre bildet die Kategorie *Supersystem* das relevante Umfeld des sozio-technischen Systems *Unternehmung* ab (vgl. Ulrich 1970, S. 107). Vielfältige Interaktionsbeziehungen verbinden das Supersystem mit dem System Unternehmen, welches regelmäßig aus dem Supersystem heraus eine Zweckbestimmung zugeschrieben bekommt (vgl. obiges Kapitel *Systemorientierter Ansatz*).

7.2.4.1 Ignoranz

Nach dem von Ansoff begründeten Konzept des **Strategischen Managements** (vgl. Ansoff 1980) ist es für die Überlebensfähigkeit und den Erfolg des Unternehmens von herausragender Bedeutung, markante Veränderungen im Supersystem frühzeitig zu antizipieren und die eigenen Aktivitäten darauf auszurichten. Das ergibt sich aus dem zentralen Element dieses Modells strategischen Managements, nämlich den

„**Strategic Surprises**"

(Ansoff 1976, S. 131). Solche strategischen Überraschungen ereignen sich im Supersystem und haben für die betrachtete Unternehmung den Charakter plötzlicher, tief greifender Veränderungen der maßgeblichen Kontextbedingungen.

> **Allgemeine Beispiele für strategische Überraschungen**
>
> - Die erste Ölkrise 1973.
> - Die Integration von DDR und Bundesrepublik Deutschland 1989/1990.
> - Der Terroristenangriff auf die USA am 11. September 2001.
> - Die weltweite Finanzkrise im Jahre 2008.
> - Der sogenannte *Brexit* als Resultat der UK-Volksbefragung, Juni 2016 ◄

Die strategischen Überraschungen bewirken *Diskontinuitäten* im Umfeld des Unternehmens. Nach Eintritt dieser Ereignisse ist vieles völlig anders als zuvor. Der Kontext hat sich schlagartig gravierend gewandelt. Folglich determinieren die Diskontinuitäten einen umfangreichen Bedarf an Neuausrichtung der organisationalen Strukturen.

So schlagartig, wie die Diskontinuitäten in Erscheinung treten und in das Bewusstsein der meisten Akteure im Supersystem gelangen, entstehen diese Ereignisse jedoch bei differenzierter analytischer Betrachtung keineswegs. Vielmehr kündigen sich die umfassenden Kontextverschiebungen bereits lange vor ihrem Eintreten in Form von **„Weak Signals"** (Ansoff 1976, S. 133) an. In Abhängigkeit vom Inhalt der schwachen Signale werden im Konzept des Strategischen Managements die in Abb. 7.8 dargestellten insgesamt fünf **„States of Ignorance"** (Ansoff 1976, S. 135) ausgewiesen.

Im ersten Stadium der Ignoranz vermitteln die schwachen Signale bereits Anzeichen der Diskontinuität, welche für das Unternehmen grundsätzlich sowohl Risiken (Bedrohungen) als auch Chancen (Wettbewerbsvorteile) beinhalten kann. Der Informationsgehalt im Stadium (1) ist noch recht allgemein und besteht im Wesentlichen in der Überzeugung seitens des betrachteten sozio-technischen Systems bzw. seiner maßgeblich handelnden Akteure, dass erhebliche Kontextveränderungen (Diskontinuitäten) stattfinden werden. Im Stadium (5) lässt sich dagegen das Ergebnis der Veränderung konkret bestimmen. Es stehen in dieser Phase Informationen bereit, die operationale Hinweise zur Ermittlung der Wirkungen der Diskontinuität auf den Unternehmensgewinn sowie Kriterien zur Bestimmung der Folgen von Reaktionen enthalten.

7.2.4.2 Reaktionen

Im Sinne des konstruktiven Umgangs mit dem Phänomen strategischer Überraschungen benötigt das Unternehmen ein System **strategischer Frühaufklärung**. Dieses System ist auf die permanente Beobachtung der relevanten Umwelt ausgerichtet. Es soll die sich allmählich verstärkenden

States of Ignorance / Info, Content	(1) Sense of Threat/ Opportunity	(2) Source of Threat/ Opportunity	(3) Threat/ Opportunity concrete	(4) Response concrete	(5) Outcome concrete
Conviction that discontinuities are impending	YES	YES	YES	YES	YES
Area of organization is identified which is the source of discontinuity	NO	YES	YES	YES	YES
Characteristics of threat, nature of impact, general gravity of impact, timing of impact	NO	NO	YES	YES	YES
Response identified: timing, action, programs, budgets	NO	NO	NO	YES	YES
Profit impact and consequences of responses are computable	NO	NO	NO	NO	YES

Abb. 7.8 Stadien der Ignoranz bei Diskontinuitäten. (Quelle: Ansoff 1976, S. 135)

7.2 Determinanten des Reorganisationsbedarfs

- schwachen Signale empfangen,
- sinnvoll interpretieren und
- in das betriebliche Entscheidungssystem einspeisen.

Eine derartige strategische Frühaufklärung trägt maßgeblich dazu bei, dass es dem Unternehmen gelingt, strategische Überraschungen rechtzeitig zu antizipieren und geeignete planerische Vorbereitungen für den Zeitpunkt des Eintritts der Ereignisse zu treffen. Dadurch schafft sich das betrachtete Unternehmen die Option,

- Plötzlichkeit,
- Dringlichkeit und
- Ungewöhnlichkeit

der Diskontinuitäten bis zum Zeitpunkt ihres Akutwerdens so weit wie möglich zu reduzieren (vgl. Ansoff 1976, S. 131). Das Unternehmen vergrößert seinen Handlungsspielraum erheblich, indem auf der Grundlage der durch Auswertung schwacher Signale sukzessiv gewonnenen Informationen angepasste Reaktionsstrategien entworfen und eingeleitet werden. Den damit angesprochenen Zusammenhang verdeutlicht Abb. 7.9, welche die Konfrontation der Stadien der Ignoranz mit den Reichweiten verschiedener Reaktionsstrategien enthält.

Die Reaktionsstrategie der Umweltwahrnehmung (Environmental Awareness) kann schon im ersten Ignoranzstadium eingeleitet werden, erreicht allerdings frühestens in Stadium (3), wenn die Bedrohung oder Chance konkretisierbar ist, ihre vollständige Ausprägung. Im Gegensatz dazu kann die Strategie externer Flexibilität erst zu Beginn des Stadi-

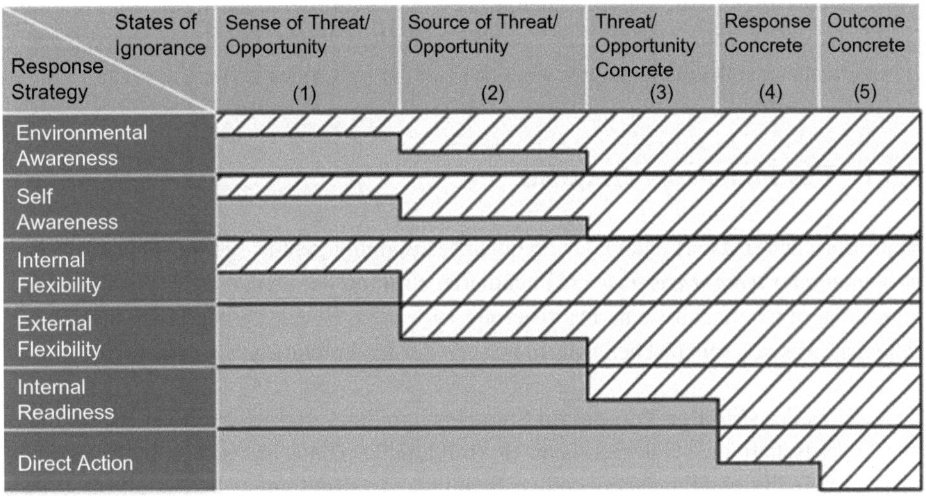

Abb. 7.9 Reichweiten von Reaktionsstrategien nach Maßgabe der Ignoranzstadien. (Quelle: Ansoff 1976, S. 141)

ums (2) greifen, da die Ursache der Veränderung im Hinblick auf den Strategieentwurf bekannt sein muss. Das unmittelbare Handeln im Unternehmen beginnt frühestens im vierten Stadium, allerdings unter der Bedingung, dass die relevanten schwachen Signale empfangen und sinnvoll ausgewertet worden sind. In diesem Sinne *ignorante* Unternehmen werden in der vierten Phase mangels geeigneter informatorischer Grundlage noch nicht zum direkten Handeln in der Lage sein. Bei idealtypischem Verlauf der strategischen Frühaufklärung erreicht die Strategie direkten Handelns im fünften Stadium ihre volle Entfaltung, so dass die Unternehmung Handlungsspielräume sichern (Bedrohungen abwehren) und Wettbewerbsvorteile realisieren (Chancen nutzen) kann. Alle aufgezeigten Reaktionsstrategien sind mit erheblichem **Reorganisationsbedarf** verbunden. In besonderem Maße gilt dies für die Strategien **interner Flexibilität, externer Flexibilität und direkten Handelns**.

7.3 Basisentscheidungen struktureller Anpassung

Aus den Darlegungen über die Determinanten des betrieblichen Reorganisationsbedarfs geht hervor, dass in jedem sozio-technischen System im Zeitablauf signifikante Erfordernisse struktureller Anpassung eintreten. Die Bestimmungsgründe für solche organisationalen Veränderungen sind allerdings recht heterogen. Entsprechend vielgestaltig erscheinen die in der betrieblichen Praxis zu beobachtenden **Varianten der Organisationsdynamik**. Auf die Art und den Umfang dieser Dynamik kann das Management in hohem Maße Einfluss nehmen. Das findet beispielsweise Ausdruck in der Vokabel vom *Geplanten organisatorischen Wandel (Planned Organizational Change)*, welche die Option und die Rationalität der Steuerung struktureller Anpassungsprozesse signalisieren soll (vgl. Izumi und Taylor 1998, Bennis 1984). Auf diesem Hintergrund entsteht für die verantwortlichen Führungskräfte eine Reihe ganz wesentlicher Entscheidungsalternativen. Der damit angesprochene Zusammenhang soll anhand ausgewählter Aspekte im Folgenden erörtert werden.

7.3.1 Bestimmen der Frequenz

Beim Entscheidungstatbestand der Frequenzbestimmung geht es um die Alternative *permanenter oder temporärer Prozess* intendierter struktureller Dynamik. Von den Entscheidungsträgern ist zunächst eine Priorisierung zu leisten. Es gilt zu beurteilen und zu entscheiden, was den spezifischen Anforderungen des Unternehmens eher entspricht:

▶ Ist es der **ständige Wandel** im Sinne hochgradiger und jederzeitiger Anpassungsbereitschaft des Unternehmens in struktureller Hinsicht, oder soll die Struktur primär die handlungsnotwendige Stabilität und Kontinuität bereitstellen, so dass jeweils nur in eng **begrenzten Zeitfenstern** intendierte Aktivitäten der gesteuerten Organisationsdynamik entfaltet werden?

7.3 Basisentscheidungen struktureller Anpassung

Die skizzierten Alternativen werden im Folgenden vertiefend diskutiert.

7.3.1.1 Permanenter Prozess

(1) **Voraussetzungen**

Im Falle der Intention permanenter Änderungsbereitschaft benötigt das Unternehmen *Agenten des Wandels (Change agents),* welche die sinnvoll erscheinenden strukturellen Veränderungen identifizieren, initiieren und moderieren. Außerdem bedarf es der Bereitstellung weiterer ständig nutzbarer und aktiv einzusetzender personeller und sachlicher **Ressourcen**. In der betrieblichen Praxis finden sich derartige Ressourcen gelegentlich integriert in

- Organisationsabteilungen,
- Abteilungen für Unternehmensentwicklung,
- Quality Circles oder
- Teams zur Prozessinnovation.

Solche Organisationseinheiten haben die Aufgabe, die Aktivitäten des strukturellen Wandels quasi fortlaufend abzuarbeiten. Der Wandel ist der Zweck dieser Einrichtungen, und umkehrt sind die organisatorischen Einheiten die Konsequenz des Bestrebens um ständige ausgeprägte strukturelle Flexibilität.

(2) **Betriebliches Vorschlagswesen**

Die Institutionen der Organisationsdynamik sind keineswegs nur Ausfluss hochmoderner Methoden der Unternehmensführung. Vielmehr hat das Moment intendierter ständiger Veränderung in der betrieblichen Praxis eine lange Tradition. Das sei anhand des gelegentlich als *überkommen* angesehenen sogenannten **Betrieblichen Vorschlagswesens (BVW)** veranschaulicht. Im BVW werden alle Organisationsmitglieder aufgerufen, sich ständig über Verbesserungspotenziale im Unternehmen Gedanken zu machen und Ideen dazu in einem formalisierten Verfahren in das sozio-technische System einzubringen. Solche Ideen werden aufgegriffen, sorgfältig geprüft und, sofern sinnvoll machbar, im Betrieb umgesetzt. Als Anreiz erhalten die Ideengeber die Aussicht auf (teilweise recht attraktive)

- Prämienzahlungen,
- Sachzuwendungen oder
- wenigstens ideelle Anerkennung,

etwa in Form von Berichten in der Mitarbeiterzeitung oder Auszeichnungen im Rahmen von Unternehmensveranstaltungen. Das so verstandene BVW ist in vielen Unternehmen eine traditionelle Institution organisationaler Veränderungen. Eben dieses BVW hat seit langer Zeit nachweislich zu erheblichen organisatorischen Innovationen maßgebliche Anstöße vermittelt.

Im Interesse der **Vitalität des BVW** bedarf es erfahrungsgemäß gelegentlicher Memo-Aktionen sowie, gleichsam auf der Metaebene des Wandels, der Angleichung der BVW-Instrumente an geänderte Präferenzen und Mentalitäten der Organisationsmitglieder. Das betrifft die angewandten Vorschlagsverfahren (z. B. Papierformblatt oder Online-Formular) genauso wie die ausgelobten Incentives (z. B.: Studienreise statt Waschmaschine; Feierlichkeit im Team statt förmlicher Anerkennung durch den Vorstandsvorsitzenden). Daneben erscheint eine gewisse Professionalisierung des BVW angezeigt. Während in der traditionellen Ausprägung betriebliche Führungskräfte aus bestimmten Funktionsbereichen (etwa Personalmanagement oder Fertigung) die Belange des BVW zusätzlich zu ihrer originären Aufgabe ohne besondere Instruktion quasi am Rande mitbetreuten, sind in neueren Varianten des BVW spezifisch qualifizierte (z. B. in Moderationstechniken, Kommunikation, Wissensmanagement) Organisationsmitglieder mit der konzeptionellen Gestaltung, Implementierung und Evaluation dieses Instrumentariums permanenten Wandels beauftragt.

(3) **Partielle Externalisierung**

Ein empirisch konstatierbares, besonders originelles Konzept des modern interpretieren Vorschlagswesens zeigt sich in der Verknüpfung dieses Veränderungsmoduls mit unternehmensexternen Segmenten sowie in seiner weitreichenden IT-Basiertheit in Sinne virtueller Organisation (vgl. Kapitel *Virtuelle Organisation*). Die Rede ist von der Kundenintegration auf der Grundlage eines offenen Vorschlagswesens beim Sportartikelhersteller adidas (vgl. Walcher 2008, S. 242 ff.). Den Hintergrund bilden die Erfahrungen aus einem **Mass-Customization-Projekt** unter der Bezeichnung *mi adidas*. Dabei geht es um die Einbeziehung individueller Kundenwünsche in die konkrete Ausgestaltung von im Wege der Massenproduktion herzustellenden Sportschuhen. Die Kunden können auf den Gebieten

- Passform (fit),
- Funktion (performance) und
- Aussehen (design)

ganz persönliche Bedürfnisse in die finale Gestaltung *ihrer* Sportschuhe einbringen. Den dafür erforderlichen technologischen Rahmen bietet ein mobiles Konfigurationsterminal (*mi adidas Unit*), welches in den Verkaufsräumen von Sportartikelhändlern jeweils temporär vom Hersteller bereitgestellt wird, um die benötigen individuellen Informationen (beispielsweise Länge und Breite der Füße; individueller Laufstil) qualifiziert zu erheben und in den finalen Herstellungsprozess einzuspeisen.

▶ **Mass Customization** Individualisierte Massenfertigung; Aufnahme individueller Kundenpräferenzen in weitgehend standardisierte Leistungsprozesse; Modularisierung im Sinne individueller Kombinierbarkeit definierter Bausteine (Standards)

7.3 Basisentscheidungen struktureller Anpassung

Bereits die konsequente Umsetzung des Mass Customization erfordert in hohem Maße strukturelle Flexibilität des Unternehmens. Die Kundenwünsche müssen in den standardisierten Leistungsprozess sinnvoll integriert werden. Bei signifikanten Änderungen in der Verteilung der Kundenwünsche (beispielsweise, wenn der Anteil grün-roter Fußballschuhe am Gesamtoutput von 0,3 % auf 17,8 % ansteigt) stellt sich das Erfordernis, die Architektur des Wertschöpfungsprozesses zu prüfen und gegebenenfalls adäquat zu modifizieren.

Im weiteren Ausbau der Kundenintegration wurde schließlich die direkte Interaktion von Produzenten und Konsumenten mit Hilfe des Kundenportals *mi adidas-und-ich* animiert. Hier können die Kunden, unterstützt durch moderne Informations- und Kommunikationstechnologie (IuK), kreative Beiträge zur Verbesserung des Kaufvorgangs sowie zur Ausgestaltung der Nachkaufphase einbringen. Das betrifft die Erhebung unternehmensexterner Vorschläge in Bezug auf die Prozessinnovation im Absatzsegment. Die daraus gewonnenen Erkenntnisse wurden schließlich für eine hochinteressante Basisinnovation des traditionellen betrieblichen Vorschlagswesens genutzt: das **externe Vorschlagswesen**. In Abb. 7.10 sind die Grundlagen und Teilprozesse dieser modernen Variante des Vorschlagswesens skizziert.

Aufgrund der Öffnung des Vorschlagswesens nach außen gelangen durch die jetzt involvierten Kunden ständig neue Impulse in das sozio-technische System Unternehmung. Über das Back Office sowie die installierte Innovationskommission werden die Prozesse externer Änderungsanstöße (Nutzung von Kundenwissen) und betriebsinterner Ideenfindung (BVW) seitens der Mitarbeiter miteinander verknüpft. Wesentliche Funktionsprinzipen der institutionalisierten Veränderung bilden die vielfältig angelegten Kommunikationsprozesse und Feedback-Beziehungen. Ein weiteres zentrales Element des Konzeptes besteht in der **Anerkennung** der eingebrachten Impulse für neue Gestaltungsvarianten. Im Falle eindeutig quantifizierbarer wirtschaftlicher Vorteile kann diese Anerkennung in **Prämienform** ermittelt und dem Ideengeber geleistet werden. Daneben spielt die **immaterielle Anerkennung** in Gestalt von

- Feedback,
- Dialog,
- Partizipation und
- Kooperation

in erkennbar leistungswirksamen Zusammenhängen eine wichtige Rolle. Darüber hinaus gehen maßgebliche Antriebe der Teilnehmer am Veränderungsprozess von den Motiven **Identifikation** (Loyalität gegenüber der Marke und dem Unternehmen) und **Hedonismus** (Spaß an der Ideenfindung als intrinsisches Motiv) aus. Herausragende Bedingungen für den Eintritt externer Akteure in das System des Vorschlagswesens sowie für ihren dortigen Verbleib sind die personalen Eigenschaften **Involvement** (Affinität in Bezug auf die Zugehörigkeit zur Community) und **Wissen** (Know-how in Bezug auf die relevanten Produkte, Services, Prozesse und IT-Funktionalitäten).

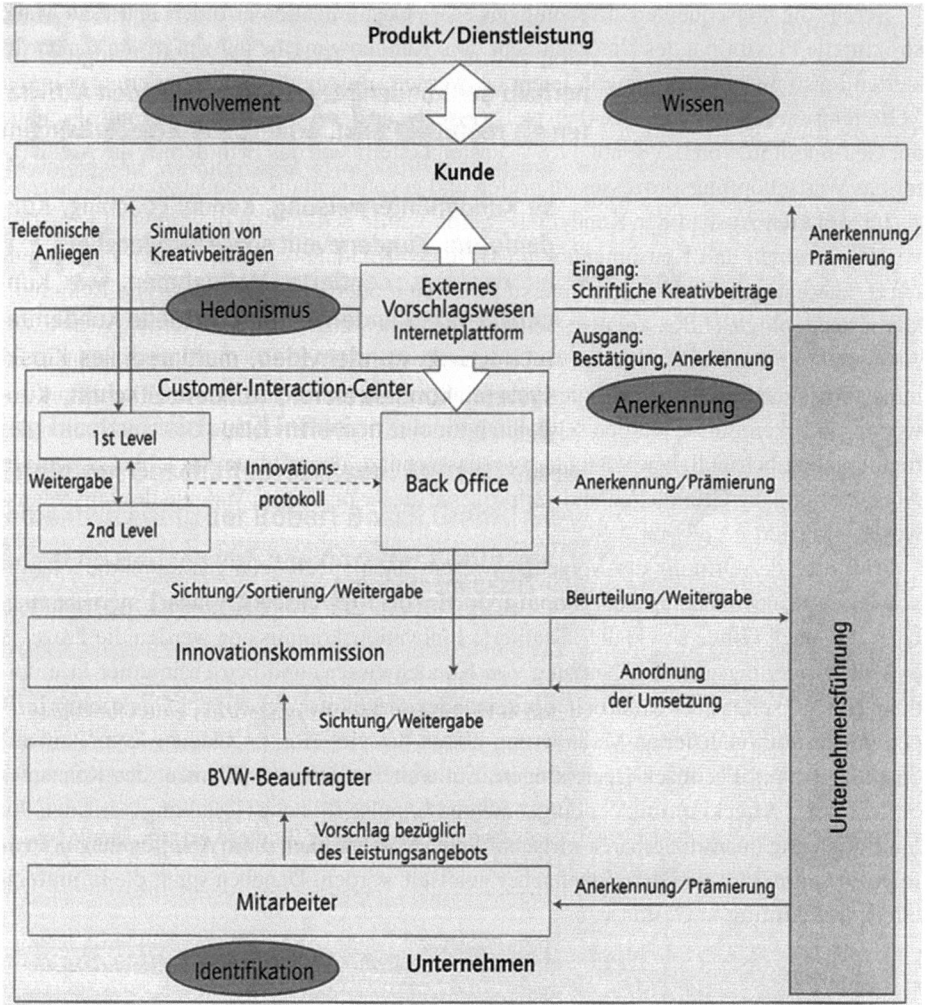

Abb. 7.10 Externes Vorschlagswesen als Institution permanenter Veränderung. (Quelle: Walcher 2008, S. 247)

Das betrachtete Konzept des externen Vorschlagswesens zeigt ein Fallbeispiel zur Initiierung **permanenter organisationaler Dynamik**. Zweifellos bestehen auch in diesem modernen Konzept, analog zum traditionellen BVW, die Risiken der **Devitalisierung** sowie aufkommender **Zirkularität** im Zeitablauf. Dem sollten die Verantwortlichen, beispielsweise durch Variation von Projekten, Technologien und Kommunikationsprozessen, rechtzeitig begegnen. Damit ist gleichsam die **Metaebene der Organisationsdynamik** angesprochen, nämlich die Modifikation intendierter Veränderungsprozeduren.

7.3.1.2 Temporäre Aktivitäten der Reorganisation

Bei dominanter Betonung der Stabilität und Kontinuität organisationaler Regelungen liegt es nahe, die Prüfung etwaiger Notwendigkeiten struktureller Neuausrichtung schwerpunktmäßig jeweils nach Ablauf einer als angemessen erachteten Periode vorzunehmen. Eine solche Grundhaltung des Managements sei hier mit der Entscheidungsalternative zugunsten temporärer Gestaltung der organisationalen Dynamik in Verbindung gebracht.

(1) **Pragmatische Herleitung eines Zeitintervalls**

In einer stark pragmatischen Interpretation des Ansatzes temporärer Veränderungsprozesse kann die Grundsatzentscheidung der Unternehmensleitung dahingehen, dass beispielsweise in einem Dreijahresrhythmus die Organisationsstrukturen turnusmäßig überprüft und bei festgestelltem Bedarf angepasst werden. Häufig geht dies einher mit der zeitlich befristeten Zusammenarbeit mit einer auf dem Gebiet der Organisation oder des Change Managements ausgewiesenen Unternehmensberatung (vgl. unten, Abschnitt *Akteure in Reorganisationsprozessen*). Zum Zwecke der Steigerung der intendierten strukturellen Dynamik besteht die darüber hinaus gehende Option, in jeder neuen Phase der Reorganisation mit einem anderen externen Dienstleister zu kooperieren. In Abhängigkeit von den Konzeptionen der involvierten Beratungsunternehmen ist im Zuge des skizzierten Vorgehens regelmäßig im gewählten **Turnus** mit signifikanten Veränderungen in den Organisationsstrukturen zu rechnen. Die Rationalität dieser Reorganisationsform basiert im Wesentlichen auf der Annahme der **vitalisierenden Funktion** struktureller Modifikation in angemessenen Zeitintervallen.

▶ **Praxeologische Maxime** Alle x Jahre bedarf die Organisation der Neuausrichtung, auch wenn die Geschäfte gut laufen. Das ist eine sinnvolle prophylaktische Maßnahme im Hinblick auf die Gewährleistung der betrieblichen Handlungsfähigkeit und der internen Innovationsbereitschaft!

(2) **Änderungsdienste**

Eine weniger radikale Orientierung temporär angelegter Aktivitäten der Reorganisation besteht in der Implementierung **unternehmensinterner Änderungsdienste**. Hierbei geht es um die turnusmäßige *Pflege* organisatorischer Instrumente. Beispielsweise kann die Unternehmensleitung entscheiden, dass das **Organigramm** einmal im Jahr geprüft, den zu verzeichnenden Modifikationen angepasst und entsprechend in neuer Fassung in das Organisationshandbuch aufgenommen wird. In der Zeit zwischen den Prüfterminen gilt offiziell das Organigramm gemäß letzter Änderung, auch wenn einzelne Einträge veraltet sein mögen. Ähnlich wird in der Unternehmenspraxis häufig mit dem Instrument der **Stellenbeschreibung** verfahren, wobei durchaus auch längere Zyklen der intendierten Anpassung zu verzeichnen sind, so dass zu einem zufällig gewählten Zeitpunkt die Inhalte Stellenbeschreibungen zum Teil erheblich von den tatsächlichen Aufgaben des Stelleninhabers abweichen. Gegenstände temporär eingreifender interner Änderungsdienste sind darüber hinaus sämtliche **Arbeitsanweisungen** und **Richtlinien** im Unternehmen. Der Vorteil dieses Vorgehens zeigt sich insbesondere in der ausgeprägten **Kontinuität der organisationalen Instrumente**. Ein wesentliches Risiko besteht, wie gezeigt, im Veralten oder oberflächlichen Anpassen einmal bewährter Vorgehensweisen.

(3) **Management by Objectives**

Im Führungsmodell des Management by Objectives (MbO) determiniert die Zielperiode das Zeitintervall, an dessen Ende, zyklisch wiederkehrend, die Anpassung der Organisationsstruktur zur Debatte steht. Das MbO fokussiert die Führung durch Zielsetzung. Die zu verfolgenden Ziele werden als zentrale Elemente der Steuerung des Unternehmens ausgewiesen. Im MbO gilt das Grundprinzip

Zielorientierung statt Verfahrensorientierung!

Dieses Prinzip resultiert aus der Annahme, dass die Ausrichtung des Verhaltens der Organisationsmitglieder an konkretisierten Zielsetzungen sowohl in ökonomischer als auch in sozialer Hinsicht deutlich höhere Effizienz hervorbringt als die Konzentration auf einheitliche Verfahrensregeln (vgl. Siedenbiedel 1999, S. 298). Ausgehend von den **obersten Unternehmenszielen** (z. B. Wachstum, Gewinnwirtschaftung) sind daher bei Einsatz des MbO seitens der verantwortlichen Führungskräfte und Mitarbeiter im Wege der Zieldeduktion immer präziser spezifizierte, sinnvoll strukturierte und harmonisch miteinander verknüpfte Operationalisierungen in Form von

- Bereichszielen,
- Abteilungszielen,
- Gruppenzielen und
- Stellenzielen

herzuleiten. Das erfordert in der praktischen Anwendung des MbO die regelmäßige **Zielprüfung und Zielanpassung**, woraus, gleichsam als Folgebedarf, sich das Postulat **regelmäßiger Strukturprüfung und struktureller Anpassung** herleitet. Einzelheiten des angesprochenen Zusammenhangs vermittelt Abb. 7.11, welche den Führungsprozess nach Maßgabe der Gestaltungsempfehlungen des MbO-Modells als Kreislaufschema ausweist.

Die Zielperiode wird mit der strategischen Planung und der darin enthaltenen Bestimmung der globalen Unternehmensziele sowie der Fixierung der relevanten Leistungsmaßstäbe eröffnet. Nach Maßgabe des Imperativs *Structure follows strategy* (siehe oben, Abschnitt *Strategische Planung*) geht es in der zweiten Phase des Führungsprozesses darum, die zum Zwecke der Strategieumsetzung nötigen und sinnvollen organisatorischen Maßnahmen zu ergreifen, d. h., die bestehende Struktur auf Änderungsbedarfe hin zu prüfen und angezeigte Modifikationen zu realisieren. An dieser Stelle ist der turnusmäßig (temporär) abzuarbeitende organisationale Wandel angelegt. In der dritten Phase des Führungs-

7.3 Basisentscheidungen struktureller Anpassung

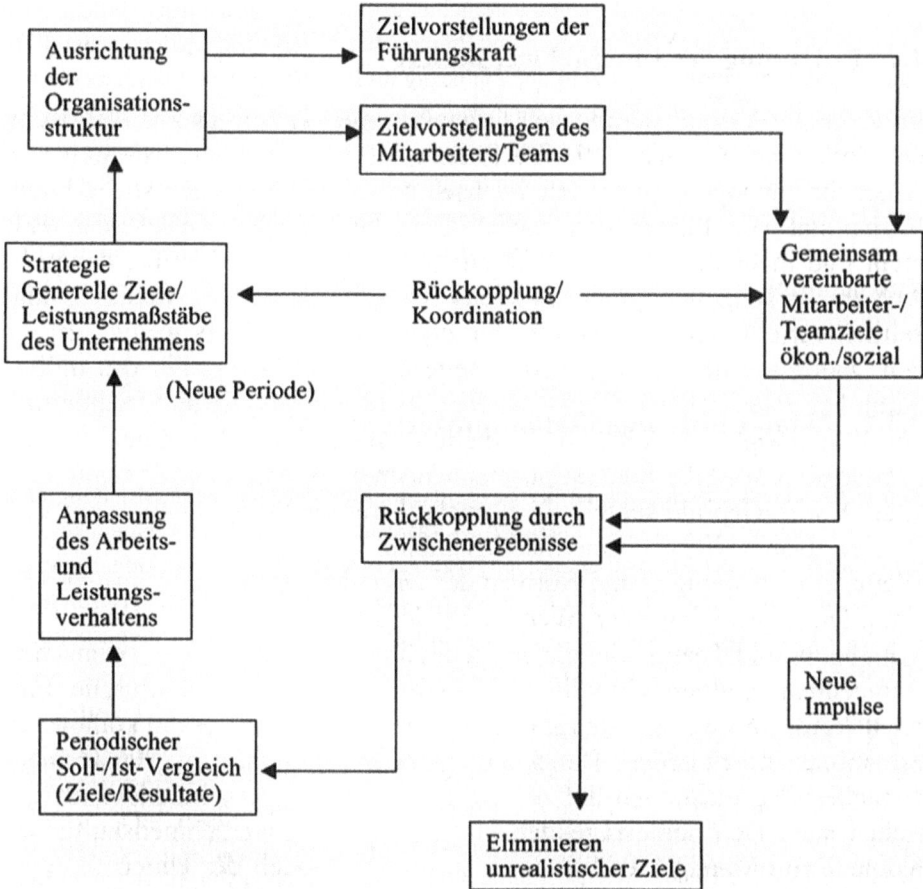

Abb. 7.11 Zyklischer Führungsprozess im Management by Objectives. (Quelle: nach Schindel und Wenger 1992, S. 258)

prozesses steht die deduktive Zielbildung im Wege des Treffens von Zielvereinbarungen zwischen den jeweils verantwortlichen Führungskräften und ihren Mitarbeitern im Mittelpunkt. Als Ergebnis resultiert ein System partizipativ erarbeiteter Mitarbeiterziele und Gruppenziele. Von hier aus erfolgt eine **Rückkopplung** zur strategischen Planung im Sinne von **Kompatibilitätsprüfung**. Im Falle von Divergenzen gilt es, den gesamten Teilprozess nochmals zu wiederholen, also auch die Organisationsstruktur einer weiteren analytischen Prüfung zu unterziehen und gegebenenfalls weiterhin zu modifizieren. Während der restlichen Zielperiode, das bedeutet, während des zeitlich weitaus größten Teils der Periode, wird die Organisationsstruktur (im Normalfall) nicht mehr in Frage gestellt. Im Fokus steht dann die konsequente und intensive Leistungserbringung nach Maßgabe fixierter Ziele und unter der Prämisse gegebener organisationaler Strukturen. Mit dem Start in die nächste Periode steht nach der Strategie-Phase erneut die Reorganisation zur Diskussion.

Die Dauer der Zielperiode kann unternehmensindividuell festgelegt werden, nach Maßgabe der besonderen Bedingungen und Präferenzen. Vieles spricht jedoch generell für eine **Einjahresperiode**, da der zeitliche Zielbezug im Interesse der Realitätsgerechtigkeit sowie mit Blick auf die Konfrontation mit den tatsächlichen Ergebnissen (Soll-Ist-Vergleich) weder zu kurz noch sehr lang angelegt sein sollte. Weiterhin empfiehlt es sich, aus Gründen der Aufbereitung der relevanten Informationen die Identität von Zielperiode und Geschäftsjahr festzulegen. Das erspart dem Unternehmen doppelte **Informationsprozesse**. Folgt man bei Anwendung des MbO den vorgenannten Überlegungen, sind Aktivitäten der Organisationsdynamik einmal jährlich ein obligatorischer Programmpunkt der Unternehmensführung.

7.3.2 Akteure in Reorganisationsprozessen

Von weitreichender Bedeutung ist die Basisentscheidung der Unternehmensleitung über die Teilnehmer an den Prozessen intendierter Organisationsdynamik. In Abhängigkeit von der Qualifikation, der Motivation und der Positionierung der personellen Aufgabenträger in Reorganisationsvorhaben sind differente Vorgehensweisen, Prioritäten und Resultate zu erwarten. Exemplarisch seien im Folgenden einige wesentliche Entscheidungsoptionen erörtert.

7.3.2.1 Einsatz externer Berater

Ein herausragender Aspekt der Grundsatzentscheidung über die Teilnehmer an Reorganisationsprozessen betrifft die Frage der Kooperation mit Unternehmensberatern. Diese Frage wird in der betrieblichen Praxis immer wieder recht kontrovers diskutiert. Die Beauftragung einer Unternehmensberatung mit der Wahrnehmung von Aufgaben im Kontext struktureller Veränderungen bedeutet eine **partielle Externalisierung** organisationsdynamischer Impulse. Ganz offensichtlich haben verschiedene Tendenzen in der einzelwirtschaftlichen Entwicklung seit Anfang der 1980er-Jahre den Einsatz externer Berater in den Unternehmen begünstigt und eine erhebliche Ausweitung der Beratungsdienstleistungen in erwerbswirtschaftlichen Institutionen hervorgerufen (vgl. Heuskel et al. 2004, S. 1498). Als wesentliche Beispiele derartiger Einflüsse seien angeführt:

- die rasanten Fortschritte und Innovationen auf dem Gebiet der Informations- und Kommunikationstechnologie,
- der nachhaltige Ausbau grenzüberschreitender Unternehmensaktivitäten (Globalisierung),
- die zu konstatierenden deutlich kürzeren Produktlebenszyklen sowie
- der häufig zu beobachtende Wandel von Verkäufermärkten zu Käufermärkten.

Durch die genannten Einflüsse sind die **Komplexität** sowie die **Prognoserisiken** im Rahmen der Unternehmensführung signifikant gestiegen, so dass **erhöhter Informations- und Beratungsbedarf** entstanden ist. Bis zu Beginn des 21. Jahrhunderts hatte sich die

Institution der Unternehmensberatung bereits als prominentes Segment im Dienstleistungssektor markant positioniert. So wird berichtet, dass der weltweite Umsatz mit Beratungsdienstleistungen im Jahrzehnt von 1991 bis 2001 um über 300 % angestiegen ist (vgl. Wohlgemuth 2003). Die Kooperation von Unternehmen mit externen Beratern bezieht sich nahezu regelmäßig auf Sachgebiete mit hochgradiger Relevanz für strukturelle Veränderungen oder ganz unmittelbar auf Projekte der Reorganisation. Zur Veranschaulichung der vielfältigen Rollengestaltung von Unternehmensberatungen in Bezug auf die Organisationsdynamik soll Abb. 7.12 beitragen.

Die aus der Perspektive großer Beratungsgesellschaften aufgebaute Darstellung zeigt auf der vertikalen Dimension die verschiedenen Branchen mit hohem Anteil an extern bereitgestellten Beratungsdienstleistungen. Auf der horizontalen Dimension sind dagegen die sachbezogenen Schwerpunkte der Beratungstätigkeit aufgeführt. Es wird sehr deutlich, dass sämtliche ausgewiesenen Funktionsbereiche des Einsatzes externer Berater (Strategie, Corporate Development, Operations, Organisation, IT) den organisatorischen Wandel determinieren. Aus der Abb. 7.12 geht darüber hinaus das von Unternehmensberatungen generierte Know-how hervor. Aufgrund der matrixförmigen Verknüpfung von Funktionen (Funktionale Fachgruppen) und Wirtschaftszweigen (Branchenbezogene Fachgruppen) repräsentieren Unternehmensberatungen **hoch spezialisierte und unternehmensübergreifende Sachkompetenz**. Das macht die externen Berater zu interessanten, kenntnisreichen und innovativen **Kooperationspartnern der Unternehmensleitung** in den diffizilen Prozessen organisationaler Veränderungen.

Dieses spezifische Know-how der Unternehmensberatungen hat in der wirtschaftlichen Praxis regelmäßig seinen adäquaten Preis. Die **Kosten** für den Einsatz von externen Beratern sind meistens relativ zur unternehmensinternen Aufgabenwahrnehmung recht hoch. Das muss in den einzelwirtschaftlichen Kalkül einbezogen werden und stellt insbesondere für kleine und mittlere Unternehmen (KMU) schon allein aufgrund der absoluten Höhe des zu verhandelnden Kostenblocks eine Barriere in Bezug auf die Kooperation mit exter-

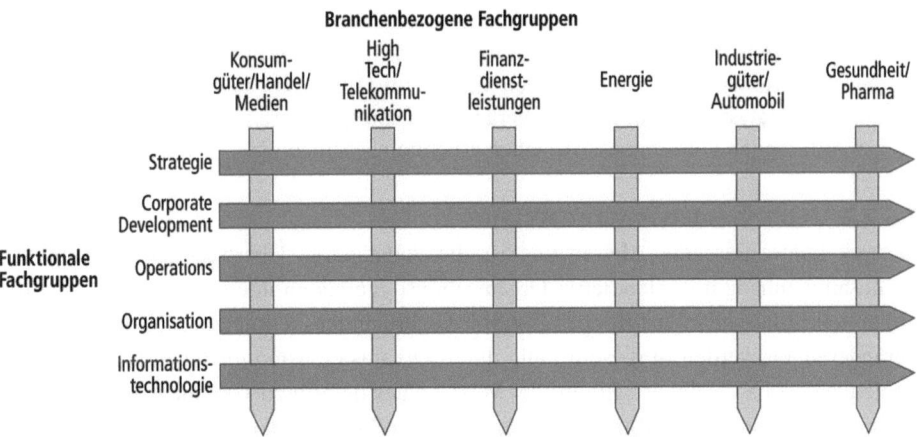

Abb. 7.12 Einsatzfelder von Unternehmensberatungen. (Quelle: Heuskel et al. 2004, S. 1501)

nen Dienstleistern im Prozess organisationaler Veränderungen dar. Andererseits ist zu berücksichtigen, dass die Kosten für den Beratereinsatz **variablen Charakter** haben. Diese Kosten fallen zeitlich begrenzt für die vereinbarte Kooperationsdauer und nur für die festgelegten Beratungsleistungen an. Dagegen ist der Aufbau interner Kapazitäten für die Durchführung intendierter organisationaler Veränderungen mit **Fixkosten** verbunden, die aus der Rekrutierung von Mitarbeitern sowie aus der Bereitstellung von Sachressourcen resultieren.

Ein weiterer maßgeblicher Aspekt des Einsatzes von Unternehmensberatern betrifft die **Unabhängigkeit** der Aufgabenträger. Externe Berater sind nicht weisungsgebunden, sie operieren autonom auf der Grundlage des abgeschlossenen Dienstleistungsvertrages. Dadurch sind sie in der Lage, auch **unbequeme oder unpopuläre Perspektiven** in den Veränderungsprozess einzubringen, ohne Gefahr der negativen Sanktionierung zu laufen oder schlicht anderslautende Weisung zu erhalten. Kritisch ist in diesem Zusammenhang auf das Institut der **Verantwortung** zu verweisen. Nach Durchführung ihres Beratungsauftrages ziehen sich die Berater aus dem Unternehmen zurück. Die Konsequenzen der Umsetzung der von den externen Dienstleistern ausgesprochenen Empfehlungen bestimmen dagegen die künftige Arbeitssituation der Organisationsmitglieder und die wirtschaftliche Ertragskraft des Unternehmens. Für negative Auswirkungen der beratungsbasierten Organisationsänderungen werden faktisch die betrieblichen Führungskräfte zur Verantwortung gezogen. Die Unternehmensberatung ist allerdings insofern tangiert, als die Erteilung von Folgeaufträgen von der konstatierbaren realisierten Beratungsqualität abhängt.

In Anbetracht der dargelegten Kriterien hinsichtlich der Einbeziehung externer Berater in Aktivitäten der Reorganisation liegt es nahe, die Zeitdauer der Kooperation jeweils relativ eng zu begrenzen. Daraus folgt, dass die Übertragung von Aufgaben des organisationalen Wandels an externe Dienstleister häufig einhergeht mit der temporären Durchführung von Änderungsaktivitäten, wie sie im obigen Abschnitt *Bestimmen der Frequenz* erläutert wurde. Auf diesem Hintergrund erscheint die Positionierung von Unternehmensberatern in der Rolle des prozesssteuernden *Change agent* oder in der Rolle des prozessstimulierenden *Change catalyst* in besonderem Maße erfolgversprechend.

▶ **Change agent** Fachpromotor in Reorganisationsprojekten mit ausgeprägtem methodologischen Know-how; führt durch den Veränderungsprozess
Change catalyst Akteur, der den Veränderungsprozess durch qualifiziertes und zügiges Aufarbeiten von Engpassbereichen erheblich beschleunigt

7.3.2.2 Unternehmensinterne Akteure

In stark kontrastierender Abgrenzung ist die vollständige Übertragung der Aufgaben im Zusammenhang mit intendierter Organisationsdynamik an interne Aufgabenträger die prinzipielle Alternative zur Kooperation mit Unternehmensberatungen. Die strukturellen Veränderungen werden in diesem Falle durch Organisationsmitglieder initiiert, geplant, implementiert und evaluiert. Ein großer Vorteil eines derartigen Vorgehens besteht in der Nutzung des fundierten **unternehmensspezifischen Wissens** der Teilnehmer am Reorga-

7.3 Basisentscheidungen struktureller Anpassung

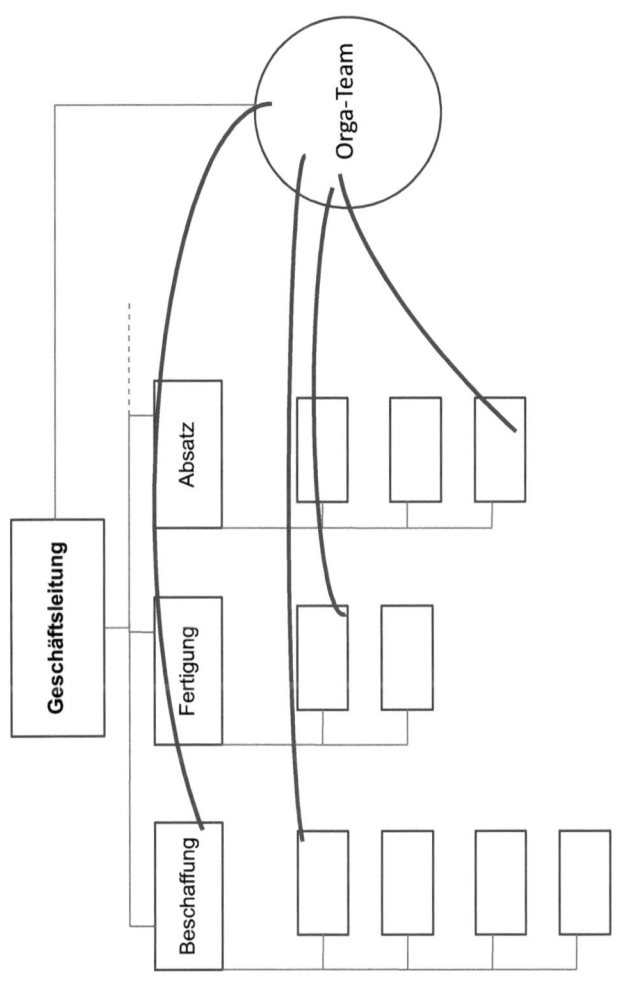

Abb. 7.13 Implementierung übergreifender Organisationsteams

nisationsprozess. In diesem Zusammenhang bedarf es der Entscheidung über den Zentralisierungsgrad der zu bewältigenden Aufgaben:

- Die Änderungsaktivitäten können **zentral** durch eine eigens dafür in der betrieblichen Primärorganisation ausgewiesene Organisationseinheit übernommen werden. Das kann z. B. eine Organisationsabteilung oder eine Abteilung für Unternehmensentwicklung sein.
- Bei **dezentraler Zuordnung** des Change Managements sind die verschiedenen Unternehmensteile aufgefordert, konstruktive Maßnahmen struktureller Anpassung und Weiterentwicklung jeweils für den eigenen Bereich zu erarbeiten und der Unternehmensleitung zur Entscheidung vorzulegen. Das erfordert die sinnvolle Verankerung von Aufgaben der Reorganisation innerhalb der Unternehmensbereiche.

Eine dritte Variante der internen Aufgabenzuordnung im Rahmen der Reorganisation besteht in der Bildung von **Organisationsteams,** welche die Ressorts und die hierarchischen Stufen des Unternehmens übergreifen. In Abb. 7.13 ist diese Vorgehensweise dargestellt.

In der gezeigten Fallgestaltung ist das Organisationsteam **sekundärorganisatorisch verankert**, d. h., es tritt als Ergänzung zur funktionalen Abteilungsbildung neben die primären organisatorischen Strukturen. Besetzt wird das Team mit Organisationsmitgliedern aus unterschiedlichen Ressorts und von verschiedenen hierarchischen Ebenen. Innerhalb des Teams sind alle Mitglieder formal gleichgestellt. Das Team wird sinnvollerweise einen Sprecher nominieren, der die Arbeitsgruppe nach außen vertritt. Der Teamsprecher ist aber nicht Vorgesetzter des Teams. Er agiert vielmehr als

primus inter pares,

d. h. als Erster unter Gleichen im Team. Die Rolle des Teamsprechers kann im Zeitablauf wechseln (Rotation). Im betrachteten Fall fungiert die Geschäftsleitung als vorgesetzte Instanz des Organisationsteams. Danach entscheidet die Geschäftsleitung über die Realisierung der vom Team erarbeiteten Vorschläge und Konzepte zur Reorganisation.

Das Team kann dauerhaft oder zeitlich begrenzt eingerichtet werden. Üblicherweise übernehmen die Teammitglieder die Aufgaben der Reorganisation additiv zur ihren Verpflichtungen im Rahmen der Stammabteilungen gemäß Primärorganisation. Das hat den Vorteil, dass den Individuen der Bezug zur Basis erhalten bleibt. Als problematisch können jedoch **zeitliche Engpässe** sowie Überlastungssymptome als Folge der **Doppelbelastung** der Teammitglieder in Erscheinung treten. Im Interesse der Vermeidung derartiger Dysfunktionen sowie im Hinblick auf die fundierte und zügige Durchführung der Aktivitäten struktureller Entwicklung kann daher alternativ die völlige Freistellung der Teammitglieder für den Reorganisationsprozess vorgenommen werden. Das erfordert Regelungen der **Stellvertretung** dieser Organisationsmitglieder in ihren originären Funktionen. Im Falle eines permanenten Orga-Teams können dessen Mitglieder nach einem dafür aufzustellenden Plan turnusmäßig rotieren. Eine solche Vorgehensweise bei der Teambesetzung gewährleistet, dass immer wieder andere persönliche Kontexte und neue Ideen in das interne Zentrum der Initiierung von Impulsen organisatorischer Veränderung gelangen.

7.3 Basisentscheidungen struktureller Anpassung

Abb. 7.14 Kontinuum der Aufgabenzuordnung in Reorganisationsprozessen

Soweit Aktivitäten der Organisationsdynamik den Charakter von **Projekten** zugeordnet erhalten, gelten zusätzlich die oben angeführten Darlegungen zum Projektmanagement (vgl. Abschnitt *Projektmanagement*). Die Entscheidung zugunsten von Reorganisationsprojekten bedeutet unter anderem eine zeitliche Befristung der entsprechenden Aktivitäten und damit die Präferierung temporärer Prozesse organisationalen Wandels. Wie oben dargelegt, markiert die Organisationsdynamik gerade eines der herausragenden Aufgabenfelder des Projektmanagements.

7.3.2.3 Kombinierte Aufgabenwahrnehmung

Die Alternative der Wahl zwischen externen Beratern und internen Akteuren kennzeichnet lediglich die Endpunkte des Kontinuums möglicher Aufgabenzuordnungen im Rahmen von Prozessen der Gestaltung struktureller Veränderungen. Dies verdeutlicht Abb. 7.14.

Die Idealtypen an den Enden des Kontinuums kennzeichnen in der betrieblichen Praxis eher Ausnahmefälle. Sowohl die reine unternehmensinterne Aufgabenwahrnehmung als auch die vollständige Übertragung der konzeptionellen Aktivitäten des organisatorischen Wandels an externe Berater sind untypische Muster der realen Aufgabenzuordnung. Meistens erfolgt die Kombination von externen Beratungsleistungen einerseits und intern generierten Leistungsbeiträgen zur Reorganisation auf der anderen Seite. Auf diese Weise können die innovativen unternehmensübergreifenden Impulse mit den betriebsspezifischen Anforderungen und Präferenzen sinnvoll verknüpft werden. Wie Abb. 7.14 aufzeigt, besteht allerdings eine große Variationsbreite der Kombination interner und externer Aktivitäten der Organisationsdynamik. In welchem Maße die Entwicklung organisationaler Veränderungen auf externe Berater übertragen wird und inwieweit Organisationsmitglieder in diese Prozesse eingebunden werden, ist sinnvollerweise nach den Bedingungen des einzelnen Anwendungsfalles zu entscheiden. Eine zentrale Rolle spielen in diesem Kontext die **Unternehmenskultur** und die darin enthaltenen Glaubensvorstellungen hinsichtlich

- Effektivität sowie Effizienz von Unternehmensberatungen und
- Veränderungsbereitschaft sowie Entwicklungsfähigkeit der Organisationsmitglieder.

Im letztgenannten Punkt kommt der Mentalität und der Qualifikation des **Middle Managements** ein herausragender Stellenwert zu. Diesem Führungssegment obliegt im Zuge stärker intern zu initiierender struktureller Veränderungen der erfolgsnotwendige Informationstransfer von der Unternehmensleitung zu den operativen Einheiten und von den operativen Einheiten retour zur Unternehmensleitung. Als *Gatekeeper* beeinflussen die Führungskräfte im Middle Management ganz maßgeblich, welche Ideen, Maßnahmen und Konzepte des Wandels in den Fokus der Debatte sowie in den Zusammenhang der Vorbereitung entwicklungsorientierter Organisationsentscheidungen gelangen. Folgt die Unternehmensleitung der Prämisse, wonach die Akteure im Middle Management tendenziell am Status quo orientiert sind, wird sie in höherem Maße externe Berater zum Zwecke der Überwindung von **Anpassungs- und Innovationswiderständen** heranziehen.

7.3.3 Situationale Günstigkeit

In diesem Abschnitt geht es um die Erörterung des Zusammenhangs von **Unternehmenssituation und Organisationsdynamik**. Analytisch betrachtet wird die Frage, ob strukturelle Veränderungen mit bestimmten Merkmalen der relevanten Unternehmenssituation in Verbindung stehen oder stehen sollten. Dabei erfolgt eine Differenzierung nach dem Kriterium der Günstigkeit von Situationen aus der Sicht des Unternehmens. Im Sinne der Vorbereitung von **Analogieschlüssen** wird in diesem Zusammenhang zunächst auf ein Konzept aus dem Bereich der Unternehmensführung rekurriert, nämlich auf das so genannte **Kontingenzmodell**.

7.3.3.1 Kontingenztheoretische Überlegungen

Das Konstrukt der *Situationalen Günstigkeit* geht zurück auf die umfangreichen empirischen Forschungsarbeiten von Fred E. Fiedler et al. auf dem Gebiet der Erfolgswirksamkeit alternativer Führungsstile (vgl. Fiedler 1967; Fiedler et al. 1979; Fiedler und Chemers 1984). Als theoretisches Resultat dieser Forschungsarbeiten entstand das **Kontingenzmodell** der Führung. Es handelt sich um ein Situationskonzept, welches die situationale Determiniertheit (Kontingenz) erfolgreichen Führungsverhaltens der Manager postuliert. Im Wege modellhafter Abstraktion werden insgesamt acht verschiedene Situationstypen abgegrenzt und nach dem Kriterium der *Situationalen Günstigkeit* (aus der Sicht des Führenden) angeordnet.

Nach Maßgabe der empirischen Befunde aus den Fiedler-Studien ist in den **besonders günstigen und in den besonders ungünstigen Situationen** der aufgabenbezogene Führungsstil im ökonomischen Sinne (Erreichung wirtschaftlicher Ziele) erfolgsüberlegen.

▶ **Aufgabenbezogener Führungsstil** Spezifisches Verhaltensmuster des Vorgesetzten, in welchem die *Lokomotionsfunktion* der sozialen Einflussnahme dominiert; im Vordergrund der Einflussbemühungen des Vorgesetzten stehen die Lösung der Gruppenaufgabe sowie das Anstreben des gegebenen Leistungsziels

7.3 Basisentscheidungen struktureller Anpassung

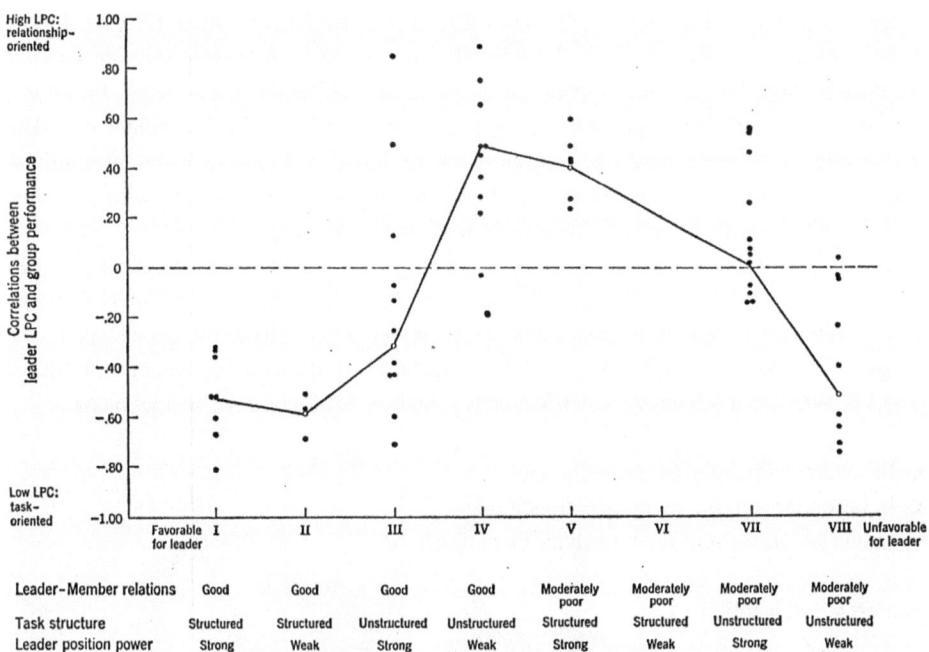

Abb. 7.15 Empirische Basis des Kontingenzmodells. (Quelle: Fiedler 1967, S. 146)

In den **Situationen mittlerer Günstigkeit** werden hingegen bei Anwendung des personenbezogenen Führungsstils bessere wirtschaftliche Erfolge erzielt.

▶ **Personenbezogener Führungsstil** Spezifisches Verhaltensmuster von Vorgesetzten, in welchem die *Kohäsionsfunktion* der sozialen Einflussnahme dominiert; im Vordergrund der Einflussbemühungen des Vorgesetzten stehen der Zusammenhalt innerhalb der sozialen Gruppe sowie deren innerer Bestand.

Den unter Anwendung der gewählten Forschungsmethoden ermittelten empirischen Zusammenhang zwischen Führungsstil, Situation und Gruppenleistung zeigt Abb. 7.15.

In der Methodik des Kontingenzmodells signalisiert ein **positiver Korrelationskoeffizient (> 0)** zwischen dem LPC (Least Preferred Coworker) – Wert einerseits und Gruppenleistung auf der anderen Seite die Erfolgsüberlegenheit des personenbezogenen Führungsstils. Dagegen ist ein **negativer Korrelationskoeffizient (< 0)** ein Indikator für die Erfolgsüberlegenheit des aufgabenbezogenen Führungsstils. Diese Korrelationen werden in Abb. 7.15 auf der **Ordinate** aufgetragen.

Auf der **Abszisse** sind hingegen die acht Situationstypen, angeordnet nach dem Grad situationaler Günstigkeit, dargestellt. Dabei markiert der Situationstyp I die günstigste Situation, der Situationstyp VIII hingegen die ungünstigste Situation. Die eingezeichnete Kurve zeigt an, dass in den Situationen I, II und III der Korrelationskoeffizient negativ ist. Dies bedeutet, dass in den günstigen Situationen der aufgabenbezogene, direktive Führungsstil bessere Erfolge erzielt. Gleiches gilt für die ungünstige Situation VIII. In den mittelgünstigen Situationen IV, V, VI und VII wurden dagegen bessere Führungserfolge bei Anwendung des nicht-direktiven, partnerschaftlichen personenbezogenen Führungsstils nachgewiesen. Das signalisieren die positiven Korrelationskoeffizienten. Aus dem dargestellten empirisch fundierten Zusammenhang leitet Fiedler als Gestaltungsempfehlung das Schaffen von **Kongruenz zwischen Führungsstil und Führungssituation** her, weil dadurch bessere Unternehmenserfolge realisierbar seien.

Bei pragmatischer Übertragung dieser Gestaltungsempfehlung auf die Steuerung der Organisationsdynamik käme es folglich darauf an, **Kongruenz zwischen der Durchführung von Maßnahmen der Reorganisation und betrieblicher Situation** herzustellen. Die Frage, welche sich in Anlehnung an die Fiedlersche Kontingenztheorie weiterhin stellt, ist jene, ob Aktivitäten organisationalen Wandels primär in aus Sicht des Unternehmens

- besonders günstigen Situationen oder
- in besonders ungünstigen Situationen oder
- in den *Normalsituationen* mittlerer Günstigkeit

initiiert werden sollen.

7.3.3.2 Krisenhafte Situationen

Eine in der betrieblichen Praxis häufig konstatierbare Fallgestaltung besteht darin, organisationale Veränderungen in für das betrachtete sozio-technische System besonders ungünstigen Situationen vorzunehmen. Dafür findet der Terminus *Krisenmanagement* An-

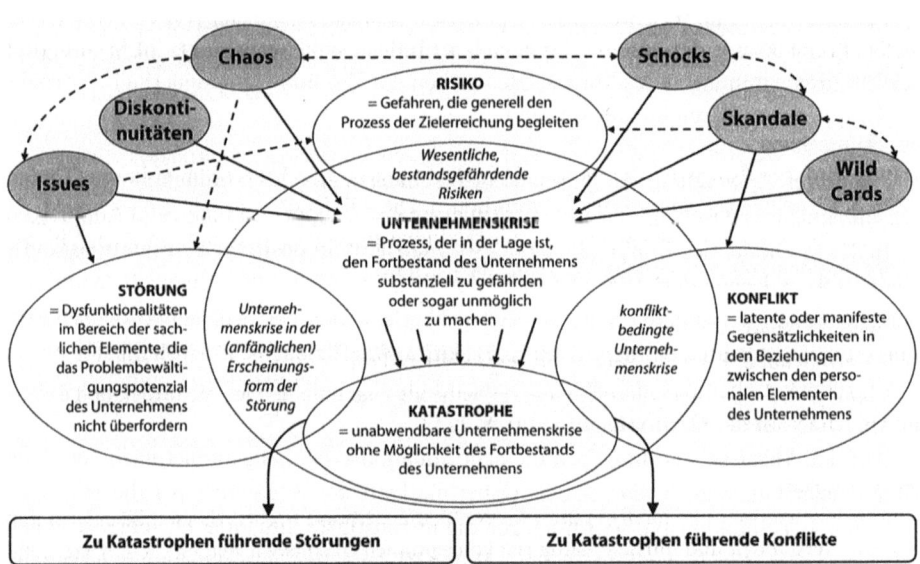

Abb. 7.16 Genese von Unternehmenskrisen. (Quelle: Krystek und Moldenhauer 2007, S. 28)

7.3 Basisentscheidungen struktureller Anpassung

wendung (vgl. Krystek und Moldenhauer 2007, S. 137 ff.). In diesem Fall ist das Unternehmen in eine akute Notlage geraten, die vehemente Bestrebungen um Restrukturierung des Systems auslöst oder unausweichlich erscheinen lässt (vgl. Kremer 2019, S. 26; Hofmann, 2014, S. 291 ff.). Als *kritisch* in diesem Sinne können beispielsweise signifikante

- Umsatzrückgänge,
- Gewinneinbrüche,
- Imageschäden,
- Umweltskandale oder
- Insolvenzen

angesehen werden. Wesentliche Aspekte der Genese von Unternehmenskrisen vermittelt Abb. 7.16.

Das gezeigte Modell weist die Krise als einen die Existenz des sozio-technischen Systems gefährdenden Prozess aus. Zentrale Bestimmungsgründe von Unternehmenskrisen sind Risiken, Störungen und Konflikte. Dabei werden Risiken als der Unternehmenstätigkeit per se immanente Gefahren auf dem Wege der Ansteuerung von Geschäftszielen gedeutet. Störungen liegen auf der Sachebene begründet und bezeichnen Soll-Abweichungen im Bereich der Sachressourcen. Dagegen finden Konflikte auf der personellen Dimension von Unternehmensführung statt. Sie drücken sich in Gegensätzen auf der Beziehungsebene maßgeblicher Akteure aus. Die Gruppe weiterer Einflussgrößen der Unternehmenskrise sind „krisenähnliche Phänomene" (Krystek und Moldenhauer 2007, S. 30), welche von den Issues (Themen, Ereignisse von öffentlichem Interesse) über Diskontinuitäten und Chaos bis hin zu Schocks, Skandalen und Wild Cards (präzedenzlose, überraschende Störereignisse) reichen. Als Katastrophe wird schließlich eine kritische Konstellation bezeichnet, die das Fortbestehen des Unternehmens unmöglich macht.

Auf diesem Hintergrund **soll Krisenmanagement die Katastrophe verhindern**. Zur Debatte steht die kurzfristige Entwicklung möglichst sinnvoller Maßnahmen der **strukturellen Neuausrichtung** des sozio-technischen Systems mit dem Ziel, die Krise zügig zu überwinden. In der betrieblichen Praxis ist das so interpretierte Krisenmanagement nahezu grundsätzlich mit der Freisetzung von Mitarbeitern verbunden. Die desaströse wirtschaftliche Situation zwingt die Verantwortlichen zu kurzfristigen Kostensenkungen, was sich reorganisatorisch in

- Stellenstreichungen,
- Wegfall von Abteilungen und
- struktureller Konsolidierung

bemerkbar macht. Durch die Freisetzung von Mitarbeitern geht dem Unternehmen wertvolles betriebliches Humanvermögen, in das in erfolgreichen Perioden (= günstige Situationen) erheblich investiert wurde, dauerhaft verloren. Darin findet der Preis der Durchführung von Maßnahmen der Organisationsdynamik im Wege von Krisenmanagement markanten Ausdruck.

7.3.3.3 Ausbau starker Wettbewerbspositionen

Sehr günstige Situationen des Unternehmens sind insbesondere durch

- progressives Wachstum,
- hohe Marktanteile,
- qualitativ hochwertige Produkte bzw. exzellente Dienstleistungen,
- umfangreiche Machtpotenziale an den relevanten Märkten,
- positives Unternehmensimage,
- steigenden Cashflow,
- ständig verbesserten Return on Investment (ROI),
- Gewinnraten über dem Branchendurchschnitt oder
- ausgeprägte Arbeitszufriedenheit und Identifikation der Organisationsmitglieder

gekennzeichnet. All diese Faktoren begründen eine gute, gefestigte Wettbewerbsposition des Unternehmens. Der krisenindizierte Veränderungsdruck fehlt völlig. Im Gegenteil entwickeln das Unternehmen als kollektives Gebilde und die Organisationsmitglieder als Individuen in solchen günstigen Situationen erhebliches **Selbstbewusstsein**, welches dem infrage stellen bewährter Vorgehensweisen sowie der Überprüfung erprobter struktureller Regelungen prinzipiell eher hinderlich ist. Insoweit besteht in besonders günstigen Situationen grundsätzlich die **Gefahr der Vernachlässigung** sinnvoller Maßnahmen der geplanten Organisationsdynamik.

Ein gewisser Veränderungsdruck in struktureller Hinsicht kann allerdings aus der Notwendigkeit der **Bewältigung des Unternehmenswachstums** resultieren. Bei signifikant gesteigertem Geschäftsvolumen (gemessen zum Beispiel im Jahresumsatz) werden die etablierten Organisationsstrukturen an die Grenzen ihrer Funktionalität stoßen, so dass deutlich spürbarer Bedarf an neuen organisationalen Regelungen entsteht. Dieser Reorganisationsbedarf kollidiert in turbulenten Phasen des Unternehmenswachstums allerdings mit der durch die Wachstumseffekte bedingten chronischen Zeitknappheit von Führungskräften und Spezialisten. Einschlägig erfahrene Unternehmensberater beschreiben das damit angesprochene Phänomen gern mit der nachstehenden Geschichte (vgl. Bohner 2006):

Knappe Zeit

Unter hohem Energieaufwand ist ein Arbeiter damit beschäftigt, einen kräftigen Baum abzusägen. Er verwendet dafür eine erkennbar stumpfe Säge. Das bemerkt eine während ihrer Mittagspause zufällig einher kommende Buchhalterin. Spontan gibt sie dem Arbeiter den freundlichen Hinweis: ‚Wäre es für Sie nicht viel leichter, wenn Sie die Säge schärfen würden?'

Der Arbeiter schaut kurz von seiner Tätigkeit auf, überlegt und antwortet dann in voller Überzeugung: ‚Mit ihrer Meinung mögen Sie Recht haben, aber schauen Sie selbst: Ich muss noch all die vielen Bäume umsägen, für andere Dinge habe ich überhaupt keine Zeit!' Dann sägt der Arbeiter mit vollem Elan weiter. ◄

Bildlich gesprochen, sollten die verantwortlichen Entscheidungsträger im Unternehmen in günstigen Situationen dafür Sorge tragen, dass alle *Sägen* rechtzeitig geschärft werden. Wie die obige Geschichte zum Ausdruck bringt, ist genau dies in Phasen turbulenten Erfolges überhaupt nicht selbstverständlich oder naheliegend. Hektische Betriebsamkeit, unreflektierter Aktionismus und die **Dominanz des Dringlichen gegenüber dem Wesentlichen** sind typische Merkmale von Unternehmen in Erfolgssituationen. Auf diese Weise lässt sich der Erfolg aber nicht langfristig konservieren. Vielmehr sind spätestens mittelfristig erhebliche strukturelle Dysfunktionen zu erwarten, wenn in besonders günstigen Situationen die intendierte Organisationsdynamik im Unternehmen nicht stattfindet.

Daher ist vor allem die Unternehmensleitung gefordert, in solchen Erfolgsphasen ganz gezielt die Überprüfung der strukturellen Regelungen zu initiieren sowie erkannte Schwachstellen zügig zu beseitigen (vgl. Preuß 2019, S. 26). Weiterhin muss es darum gehen, organisatorische **Optimierungspotenziale** zu identifizieren und zu realisieren. Ziel sollte dabei die weitere Verbesserung der ohnehin schon guten Wettbewerbsposition sein. Insoweit derartige Reorganisationsprozesse stattfinden und ihr effektiver Abschluss gelingt, d. h., insoweit ohnehin bereits wettbewerbsstarke Unternehmen mit Hilfe organisatorischer Innovationen ihre Wettbewerbsposition weiterhin zu verbessern in der Lage sind, begründet das sozio-technische System **Fortschrittsfähigkeit**. Das Rationalitätsniveau der Leistungserstellung und der Leistungsverwertung im Unternehmen oder, anders formuliert, die **kollektive Intelligenz** des sozio-technischen Systems steigt auf ein höheres Level der Problemlösung. In der betrieblichen Praxis ist die konstruktive Bewältigung solch turbulenter Erfolgssituationen, gerade auch wegen der extrem anderweitigen zeitlichen Beanspruchung der Organisationsmitglieder, häufig mit der Beauftragung **externer Berater** für die Durchführung von Projekten der strukturellen Neuausrichtung verbunden. Auf diese Weise werden die benötigen zusätzlichen Kapazitäten geschaffen und das erforderliche fachliche Know-how bereitgestellt.

7.3.3.4 Normalsituationen

Als Normalsituationen seien hier in Anlehnung an die Konzeptionalisierung im Kontingenzmodell von Fiedler die **Situationen mittlerer Günstigkeit** bezeichnet. Das sind die betrieblichen Alltagssituationen, in denen insgesamt für das Unternehmen weder sehr kritische Bedingungen bestehen noch in größerem Umfange außergewöhnliche Erfolge zu verzeichnen sind. Im sozio-technischen System läuft im Falle von Situationen mittlerer Günstigkeit der Geschäftsbetrieb im Großen und Ganzen in ruhigen, geregelten Bahnen. Auf der personellen Dimension betrieblicher Führung und Aufgabenwahrnehmung bilden diese Situationen eine riskante Grundlage für das Entstehen **saturierter Arbeitszufriedenheit** (vgl. Steinmann et al. 2013, S. 513 ff.). Fiedler zeigt, dass eine besondere Zuwendung des Vorgesetzten gegenüber den Mitarbeitern im Vergleich zur sachorientierten Vorgehensweise in Situationen mittlerer Günstigkeit erfolgsüberlegen ist, daher empfiehlt er die Anwendung des personenbezogenen Führungsstils (vgl. oben). Offensichtlich ist die Betonung der **Kohäsionsfunktion** der Führung in den Alltagssituationen am besten geeignet, die Motivation der Organisationsmitglieder positiv zu beeinflussen.

Auf der strukturellen Managementdimension gehen die genannten Ausgangsbedingungen logisch einher mit grundsätzlich geringer Bereitschaft zu organisationalen Veränderungen im Unternehmen. Die **normative Kraft des Status quo** entfaltet dominierende Wirkung. Markanten Ausdruck findet die angesprochene saturierte Zufriedenheit in sogenannten *Killerphrasen*, mit denen etablierte Entscheidungsträger und Mitarbeiter im sozio-technischen System etwa aufkommenden Impulsen (beispielsweise von Seiten neuer Systemmitglieder oder externer Berater) struktureller Innovation blockierend begegnen. Zur Illustration dieser Einschätzung seien nachstehend einige realtypische Beispiele für solche Blockiermechanismen angeführt:

Beispiele für Killerphrasen

Das haben wir noch nie so gemacht!
 Das haben wir schon immer so gemacht!
 Da kann ja jeder kommen!
 So geht das bei uns nicht!
 Wir haben das alles schon längst probiert! ◄

In explorativen Studien konnten derartige Verhaltensdispositionen vielfältig beobachtet und nachgewiesen werden (vgl. Hauschildt et al. 2016; Katz und Allen 1988). Die entsprechenden empirischen Befunde finden in der Managementliteratur unter dem Terminus
NIH-Syndrom
(**N**ot **I**nvented **H**ere)
zusammenfassend Beachtung (vgl. Schreyögg und Geiger 2016, S. 364; Mehrwald 1999). Gemeint sind damit die konstatierbaren signifikanten Widerstände in etablierten sozio-technischen Systemen gegen die Erfordernisse und Optionen des organisatorischen Wandels sowie andere Innovationen. Impulse, Ideen und Konzepte, die ihren Ursprung nicht im traditionellen Kern der betrachteten Institution haben, werden diskreditierend verworfen. In der Perspektive der gesteuerten Organisationsdynamik besetzt das NIH-Syndrom eine zentrale Rolle: Je stärker es in einem betrachteten System ausgeprägt ist, umso weniger schafft es diese Einheit, die mittelfristigen Erfordernisse struktureller Anpassung und Entwicklung erfolgreich zu bewältigen (vgl. Hauschildt et al. 2016, S. 44 ff.).

Auf dem skizzierten Hintergrund gewinnt die *absortive capacity* (vgl. Cohen und Levinthal 1990, S. 130 ff.) des sozio-technischen Systems, d. h., seine Fähigkeit zur Aufnahme und zur Verarbeitung wichtiger neuer Informationen von außen, maßgebliche Bedeutung.

7.3 Basisentscheidungen struktureller Anpassung

▶ **Absortive capacity** Fähigkeit des Systems zur Aufnahme und Verarbeitung systemexterner neuer Informationen

Gerade in den Normalsituationen des Unternehmensalltags ist das Management gefordert, aktiv an der Verbesserung der *absortive capacity* zu arbeiten. Die Entwicklung dieser kollektiven Fähigkeit determiniert grundlegende Optionen des Systems zur konstruktiven Gestaltung der Organisationsdynamik. Es geht um die **kollektive Vitalisierung des Unternehmens** in den Situationen mittlerer Günstigkeit. Entscheidend ist die Option der Entfaltung **alternativer personeller Kontexte** in der Weise, dass neue

- Informationen,
- Ideen und
- Paradigmen

hinreichende Chancen der Berücksichtigung erhalten. Das kann organisatorisch zum Beispiel durch Programme des Job rotation, insbesondere in den Management-Segmenten, unterstützt werden (vgl. Doppler und Lauterburg 2014, S. 344 ff.) Der planmäßige Positionswechsel von Führungskräften und Experten innerhalb des Systems soll überkommene Strukturen aufbrechen und Veränderungsbereitschaft stimulieren oder aufgrund programmierter personeller Mobilität das NIH-Syndrom gar nicht erst entstehen lassen.

Überhaupt liegt in der Mobilisierung der Belegschaft ein wichtiger Zugang zur konstruktiven Beeinflussung der organisationalen Dynamik. Das betrifft die differenzierte Gestaltung unternehmensinterner Prozesse personeller Mobilität ebenso wie die die Realisierung eines ausgewogenen Mix aus interner und externer Rekrutierung im Zuge der Besetzung vakanter Positionen (vgl. Siedenbiedel 1984, S. 66 ff.). Darüber hinaus erscheinen

- die Durchführung von Organisations- und Innovationsworkshops (sinnvollerweise geleitet durch externe Moderatoren),
- die Teilnahme von Organisationsmitgliedern an externen Trainingsmaßnahmen (Managementtraining) sowie
- der bewusst herbeigeführte Einsatz neuer Tools im Arbeitsalltag (z. B. die Implementierung von IT-Tools zum Wissensmanagement)

in besonderem Maße geeignet, um die im Hinblick auf das Initiieren und das Umsetzen sinnvoller struktureller Veränderungen notwendige kollektive Vitalisierung in Gang zu setzen und aktiv zu halten.

7.3.4 Herleitung des Bedarfs

Grundlegenden Charakter für die organisationale Dynamik im Unternehmen haben die Entscheidungen über die Art der Bestimmung, die inhaltliche Präzisierung und das Ausmaß des zu bearbeitenden Reorganisationsbedarfs. Diese Entscheidungen sind natürlich nicht redundanzfrei zu den in den vorstehenden Abschnitten erörterten Basisentscheidungen struktureller Anpassung, haben aber dennoch eine spezifische eigenständige Qualität.

7.3.4.1 Inkrementales Vorgehen

Die Orientierung der Unternehmensleitung kann beispielsweise darauf gerichtet sein abzuwarten, bis konkrete Schwachstellen in den Geschäftsprozessen evident werden und, daran anknüpfend, konsequent und ganz gezielt strukturelle Innovationen vorzunehmen. Sind die zunächst identifizierten Schwachstellen beseitigt, werden an anderen Stellen im Unternehmen neue strukturelle Defizite auftauchen, die dann im nächsten Schritt Gegenstand von Reorganisationsmaßnahmen werden. Auf diese Weise etabliert sich ein (nahezu) permanenter Prozess partieller organisatorischer Variation, der nach dem Kriterium der **Bedarfsevidenz** gesteuert wird. Die damit beschriebene Vorgehensweise wird in der Fachliteratur in populär geprägter Weise als das

Prinzip des Muddling-Through

erörtert (vgl. Macharzina und Wolf 2018, S. 625 f.; Lindblom 1969, S. 41 ff.). Kennzeichnend ist danach das *Sich-Durchwurschteln* im Zuge der Bedarfsaktualisierung der Organisationsdynamik. Auch wenn die populäre Begriffsbildung einen gewissen (kritisch-) normativen Gehalt impliziert, kann das angesprochene **induktive und schwachstellenorientierte Konzept** sehr wohl rationale Begründung für sich reklamieren. Das inkrementale Vorgehen ermöglicht die vollständige sachliche Durchdringung des aktualisierten Veränderungsbedarfs sowie die kleinschrittige, kalkulierbare und exakt dosierte Planung, Implementierung und Evaluation tatsächlich angezeigter Anpassungsmaßnahmen im komplexen Feld organisatorischer Strukturen. Eben diese Umstände mögen zur

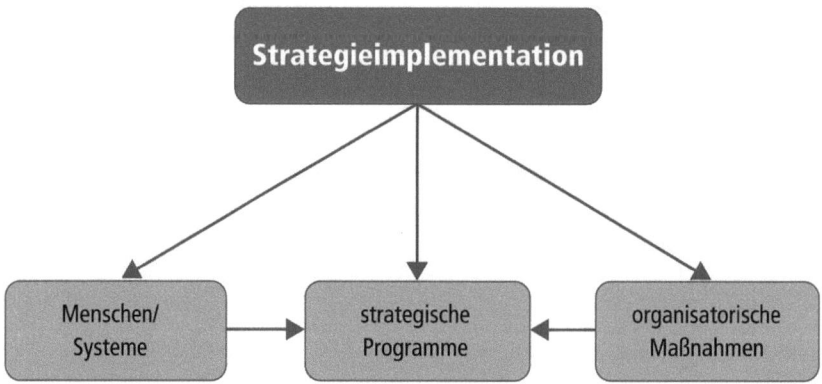

Abb. 7.17 Synoptisch orientierte Herleitung des strukturellen Änderungsbedarfs. (Quelle: Steinmann et al. 2013, S. 245)

7.3 Basisentscheidungen struktureller Anpassung

Erklärung der großen Verbreitung und der häufigen Favorisierung des **Inkrementalismus** in der einzelwirtschaftlichen Praxis (vgl. Kirsch 1997, S. 11) maßgeblich beitragen und die ihm eigene (partikulare) Rationalität verdeutlichen.

7.3.4.2 Synoptisches Vorgehen

Allerdings stößt das Muddling-Through an die Grenzen ungeplanter und ungewünschter mittelfristiger Folgewirkungen der kurzzyklisch realisierten Maßnahmen struktureller Anpassung. Aus dieser Sicht ergibt sich die Anforderung ganzheitlich sowie längerfristig ausgerichteter Herleitung des Bedarfs an Reorganisation. Im Falle eines darauf ausgerichteten Vorgehens bestimmen der

- strategische Gesamtzusammenhang,
- sein relevantes internes und externes Umfeld sowie
- die prognostizierbaren künftigen Entwicklungen

die Bezugsbasis der Planung des Bedarfs organisatorischer Innovationen. Der Inkrementalismus des Muddling-Through wird durch das **Prinzip synoptischer Planung** ersetzt. Dabei erfolgt eine **deduktive Herleitung des Reorganisationsbedarfs** aus der übergeordneten Strategieplanung für das gesamte Unternehmen. Das derart interpretierte synoptische Konzept von Strategie und Organisationsdynamik vermittelt Abb. 7.17.

Aus der Darstellung wird die übergeordnete Funktion der Strategieimplementierung deutlich. Die organisatorischen Maßnahmen sind planerisch stringent in den Gesamtzusammenhang der Unternehmensführung eingebunden. Dies gewährleistet ein abgestimmtes Vorgehen und die systematische Gestaltung der Interdependenzen zwischen Organisationsdynamik einerseits und

- den Belangen der Organisationsmitglieder,

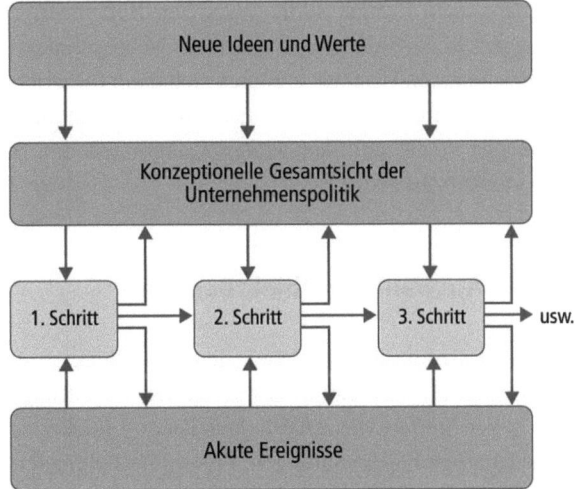

Abb. 7.18 Duale Herleitung des Reorganisationsbedarfs. (Quelle: Kirsch 1997, S. 46)

- den eingesetzten Systemen (z. B. im IT-Bereich) sowie
- den strategischen Programmen (z. B. Bearbeitung von Strategischen Geschäftseinheiten)

auf der anderen Seite. Fundierte **Prognosen** über die relevanten künftigen Entwicklungen werden in die synoptisch angelegte Gesamtplanung des Unternehmens ebenso einbezogen wie die antizipative Simulation der Folgewirkungen struktureller Anpassungen und Innovationen im Zuge der Planung der Organisationsdynamik. Auf diese Weise hilft die synoptisch orientierte Herleitung des Reorganisationsbedarfs, gravierende Risiken des Inkrementalismus zu vermeiden.

7.3.4.3 Duale Bedarfsbestimmung

Kritisch lässt sich zur Verortung des strukturellen Änderungsbedarfs in der synoptischen Unternehmensplanung anmerken, dass es ihr in Anbetracht ihres **Top-down-Bezugs** sowie ihrer langfristigen Auslegung an Flexibilität hinsichtlich der sinnvollen organisatorischen Handhabung kurzfristiger Gestaltungsbedarfe mangelt, die zuerst auf der operativen Ebene Niederschlag finden (Bottom-up-Prozesse) und oft den Charakter **akuter Probleme** aufweisen. Den Ausweg aus dem Dilemma der Organisationsdynamik zwischen Inkrementalismus und synoptischer Unternehmensplanung bietet die dual betriebene Ermittlung des Bedarfs an strukturellen Modifikationen. In diesem Zusammenhang hat Kirsch das Konstrukt der handlungsleitenden **Konzeptionellen Gesamtsicht** (vgl. Kirsch 1997, S. 41 ff.) als *dritten Weg* begründet. Dieser konzeptionelle Ansatz ist in Abb. 7.18 dargestellt.

Die grundlegende Ausrichtung des Unternehmens wird durch die konzeptionelle Gesamtsicht der Unternehmenspolitik geprägt. In ihr erhalten neue Ideen und Werte, welche das Unternehmen antreiben, eine adäquate Verankerung. Folglich resultieren aus der konzeptionellen Gesamtsicht wichtige Rahmenbedingungen hinsichtlich der Gestaltung der Organisationsdynamik. Allerdings finden auch die aus dem operativen Prozess entspringenden akuten Ereignisse im Wege von **Bottom-up-Prozessen** Eingang in der Bestimmung des Bedarfs an organisationalen Neuregelungen. Die tatsächlichen Aktivitäten des organisationalen Wandels ereignen sich dann folgerichtig im Spannungsfeld der Einflüsse aus der konzeptionellen Gesamtsicht des Unternehmens und seiner relevanten Umweltbeziehungen sowie aus den akuten Ereignissen des fortlaufenden Aufgabenvollzugs im sozio-technischen System.

7.3.5 Auswahl der Objektbereiche

Mit der Basisentscheidung über den Objektbereich der intendierten Organisationsdynamik erfolgt die Festlegung des konkreten Gestaltungsfeldes. In der betrieblichen Praxis und in der betriebswirtschaftlichen Theorie finden sich dazu zahlreiche sowie sehr verschiedenartige Fallgestaltungen. Das sei im Folgenden erörtert.

7.3.5.1 Totalansatz versus partielle Neuorganisation

Sofern die Unternehmensleitung einen reorganisatorischen Totalansatz verfolgt, stehen die Strukturen des gesamten sozio-technischen Systems zur Disposition. Das geht einher mit dem prinzipiellen Hinterfragen sämtlicher organisationalen Regelungen im Unternehmen sowie, falls erforderlich oder sinnvoll, deren zukunftsgerichteter Veränderung. Eine derart umfassende Ausrichtung der Reorganisation wird prinzipiell insbesondere angezeigt sein, wenn die Notwendigkeit eines **Krisenmanagements** besteht (vgl. obiger Abschnitt *Situationale Günstigkeit*). Die vollständige organisatorische Neuausrichtung des Unternehmens erfordert erheblichen Aufwand. Außerdem wird die Stabilität vermittelnde Funktion der etablierten Organisationsstruktur komplett aufgegeben. Das löst erhebliche **Unruhe und Unsicherheit** auf Seiten der Organisationsmitglieder sowie in den externen Bezugsgruppen aus. Daher ist anzustreben, dass die Total-Reorganisation des Unternehmens zügig vonstattengeht, so dass keine zeitlich signifikante *Stabilitätslücke* entsteht.

Empirisch eindeutig häufiger konstatierbar als Ansätze totaler Organisationsdynamik sind partiell ausgerichtete Bestrebungen der strukturellen Entwicklung. In solchen Fällen steht jeweils lediglich eine Teilmenge der geltenden organisatorischen Regelungen auf dem Prüfstand, oder die Änderungsaktivitäten sind darauf bezogen, additiv zu den bereits bestehenden Strukturen neue organisationale Konstrukte zu implementieren.

> **Beispiele partieller Organisationsdynamik**
>
> - Änderungsdienst für die Stellenbeschreibungen.
> - Überprüfung und Neuausrichtung der geltenden Arbeitszeitprogramme.
> - Anpassung des Systems der Management-Vergütung.
> - Verschlankung des Verfahrens für die Beantragung von Investitionen.
> - Optimierung der Kundendatenbank.
> - Implementierung eines IT-gestützten Dokumenten-Management-Systems (DMS).
> - Ausweitung der Arbeitsteilung in Folge des Unternehmenswachstums.
> - Kritische Analyse der Management-Grundsätze nach den Kriterien Praktikabilität, Effektivität und Akzeptanz.
> - Anwendung von Teamarbeit in der Produktion.
> - Erstellen eines Organisationshandbuches.
> - Implementierung eines Systems des Beschwerdemanagements. ◄

Im Falle partieller Veränderung oder Erweiterung organisatorischer Strukturen soll das dynamische Element von Organisation dort ansetzen, wo es besonders wichtig erscheint. Auf diese Weise werden **sukzessive** alle maßgeblichen Einzelfelder der Organisationsgestaltung zum Gegenstand von Aktivitäten des strukturellen Wandels. Idealtypisch betrachtet ermöglicht die partiell orientierte Vorgehensweise das Abarbeiten vorfindlicher Veränderungsbedarfe, ohne dabei die grundsätzliche Stabilität der Organisation aufzuheben oder zu gefährden.

Abb. 7.19 Prozesse als Objektbereiche der Organisationsdynamik. (Quelle: Osterloh und Frost 2006, S. 47)

7.3.5.2 Prozessorientierte Vorgehensweise

Sofern die Auswahl der Objektbereiche der Reorganisation auf dem Hintergrund des Prozessmanagements vorgenommen wird, gewinnt die Identifikation der **erfolgskritischen Prozesse** entscheidende Bedeutung. Es kommt in dieser Perspektive darauf an, jene Prozesse zu aktualisieren und zu vitalisieren, die herausragende Leistungsbeiträge bereitstellen. Das sind grundsätzliche zunächst einmal die **Kernprozesse**, d. h. jene Abläufe, die unmittelbar der Leistungserstellung dienen und in denen sich die originären Stärken des Unternehmens ausdrücken sollen. Allerdings dürfen auch die unterstützenden Aktivitäten im Kontext der Organisationsdynamik nicht vernachlässigt werden. So können Projekte der Reorganisation beispielsweise auf die Bündelung von **Supportprozessen** in Shared Service Centern (SSC) gerichtet sein (vgl. oben, Abschnitt *Shared Service Organisation*). Einen exemplarischen Bezugsrahmen für die prozessfokussierte Auswahl des Objektbereichs des organisationalen Wandels vermittelt Abb. 7.19.

Betrachtet wird die prozessorientiert gestaltete Organisation eines Dienstleistungsunternehmens aus der Catering-Branche (Airline Catering). Die Dominanz des Prozessbezugs ist klar fokussiert. In der Bestimmung der Kernprozesse kommt eine für moderne Dienstleistungsunternehmen typische Prioritätenbildung zum Ausdruck. Als zentrale primäre Wertaktivitäten werden ausgewiesen (vgl. Osterloh und Frost 2006, S. 46 ff.):

- **Customer-Service**
  Dieser Kernprozess umfasst die intensive Kundenbetreuung, d. h. alle Aktivitäten, welche im unmittelbaren Kontakt mit den Airlines anfallen. Die Aktivitäten reichen von der Angebotsabgabe bis hin zur Rechnungslegung. Dabei gilt das Prinzip *One face to the customer!*
- **Equipment Handling**
  Gegenstand dieses Kernprozesses ist die gesamte *Food & Beverage (F & B) – Logistik*. Dazu gehören sämtliche Teilprozesse zur Versorgung der Fluggäste mit Speisen und Getränken sowie zur Entsorgung der Flugkabinen von Leergut und Abfall. Ein wichtigstes logistisches F & B-Tool sind so genannte *Trolleys* (fahrbare Servicecontainer),

die in einem standardisierten Verfahren frisch aufgefüllt vor Flugbeginn an Bord bereitgestellt und nach dem Flug, mit Leergut beschickt, entnommen werden.
- **Executive Flights**
Hierbei geht es um das Catering für Sonderflüge. Das erfordert eine große Leistungsvielfalt, hohe Flexibilität sowie hochindividuelle Arrangements. Es gilt der Service-Grundsatz: **Never say no!**

Die fokussierten Kernprozesse werden strukturell flankiert durch den Supportprozess (unterstützende Aktivitäten) mit der Bezeichnung **Goods Supply & Preparation**. Es mag contra-intuitiv anmuten, dass die Produktion der Speisen oder deren Zukauf von außen zu diesem Supportprozess zählt. Grund dafür ist der Umstand, dass der Teilprozess der Speisenzubereitung und -zusammenstellung keinen Kontakt zum externen Kunden hat, sondern als Zulieferer des Kernprozesses *Equipment Handling* fungiert, in welchem die Dienstleistung direkt gegenüber dem Abnehmer bereitgestellt wird. Weiterhin gehören zum betrachteten Supportprozess die Lieferung von Getränken und von Non-Food-Artikeln sowie die Teilprozesse des Bestellwesens und der Lagerwirtschaft.

Das exemplarisch dargestellte strukturelle Bezugssystem vermittelt potenzielle Ansatzpunkte für Maßnahmen der Reorganisation. So kann die Entscheidung beispielsweise zunächst auf den Kernprozess *Executive Flights* als Objektbereich organisationaler Änderungen fallen, weil (fiktiv angenommen) die wirtschaftlichen Resultate hinter den Erwartungen der Unternehmensleitung und hinter den Planwerten zurückbleiben. Eine Lösung könnte in diesem Fall unter Umständen in der Erhöhung des **Standardisierungsgrades** dieses Kernprozesses liegen, wobei die Randbedingung *never say no* seriös zu berücksichtigen wäre. Das macht die Herausforderung in Bezug auf die Aktivitäten der organisationalen Neugestaltung deutlich.

Im Falle von Friktionen im Zuge der unternehmensinternen Zulieferung von Speisen und Getränken liegt es nahe, den Supportprozess *Goods Supply & Preparation* zum Gegenstandsbereich partiell ansetzender Organisationsdynamik zu deklarieren. Als Folge einer solchen Schwerpunktsetzung können insbesondere **Make-or-buy-Entscheidungen** (eigene Food-Produktion oder Zukauf kompletter Menüs) überprüft, modifiziert und im Wege der Prozessinnovation organisational umgesetzt werden. Grundsätzlich ist die Unternehmensleitung gefordert, den partiellen organisatorischen Wandel immer gerade auf jenen Prozess zu leiten, welcher den aktuellen Engpass ausmacht. Eine derartige Vorgehensweise im Zuge der intendierten Organisationsdynamik entspricht sinngemäß und auf die Organisationsplanung übertragen den im von Gutenberg begründeten **Ausgleichsgesetz der Planung** (vgl. Gutenberg 1975, S. 163 ff.; Wöhe und Döring 2008, S. 89 f.) zusammengefassten Erkenntnissen betriebswirtschaftlicher Forschung.

Das vorstehend gezeigte Organisationskonzept umfasst neben den bereits erörterten Geschäftsprozessen mehrere funktional hergeleitete Unternehmensbereiche. Ebenso wie die Prozesseigner berichten auch die verantwortlichen Führungskräfte der Zentralbereiche Human Resources, Financial Service sowie Supply Management direkt an das General Management (GM). Die Zentralbereiche sind ebenfalls mögliche Objekte von Maßnahmen struktureller Veränderungen. Beispielsweise ist denkbar, dass im Bereich Human Resources das Outsourcing des *Personalwirtschaftlichen Rechnungswesens* (insbesondere Lohn- und Gehaltsbuchhaltung) zur Diskussion gestellt wird. Ein anderer Pfad der Reorganisation könnte zur Verlagerung des Aufgabenbündels *Personalwirtschaftliches Rechnungswesen* in den Bereich Financial Service führen. Als weiteres Projekt der (fiktiven) organisationalen Neuausrichtung ist die Konzentration auf den Unternehmensbereich Supply Management vorstellbar. Dabei könnte die analytische Untersuchung der Vision anstehen, den Bereich Supply Management in einen weiteren Supportprozess zu transformieren, um so die Prozessorganisation im Unternehmen auszubauen.

7.3.5.3 Überprüfung von Holdingstrukturen

Im Rahmen der Führung von Konzernunternehmen ist regelmäßig das organisatorische Konstrukt der Holdingstruktur, allerdings in recht unterschiedlichen empirischen Ausprägungen, nachweisbar (vgl. Siedenbiedel 2016, S. 301 ff.). Zur Konkretisierung wird in Abb. 7.20 ein Beispiel für eine mehrstufige Holdingstruktur dargestellt, um daran Optionen für Ansätze partiellen organisationalen Wandels zu veranschaulichen.

Im betrachteten Fallbeispiel sind die Tochtergesellschaften A 2, B 3 sowie C 1 von der Konzernleitung als Objektbereiche für Maßnahmen der Reorganisation ausgewählt worden. Die Aufgabenstellung könnte sich auf ein Pilotprojekt des **Benchmarkings** zwischen den jeweils durch Management-Holdings geleiteten Geschäftsbereichen beziehen. Dabei soll im ersten Schritt ermittelt werden, welche der drei (innerhalb des jeweiligen Management-Holding-Segments bereits positiv vorselektierten) Tochtergesellschaften in einem ausgewiesenen erfolgskritischen Kernprozess die **Best Practice** realisiert hat. Im zweiten

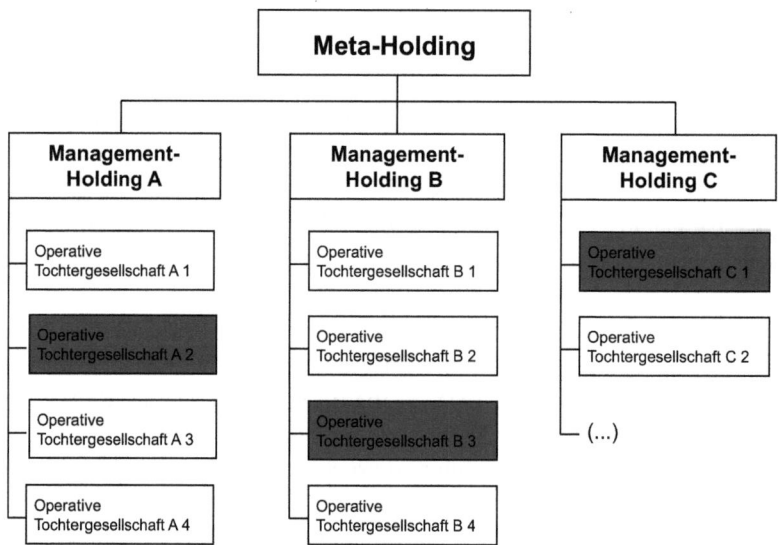

Abb. 7.20 Ansatzpunkte organisatorischer Entwicklung in einer mehrstufigen Holdingstruktur. (Quelle: nach Zeiss 2006, S. 205)

Schritt soll dann die Best Practice auf die beiden anderen unmittelbar einbezogenen Tochtergesellschaften übertragen werden. Das wird prinzipiell mit unternehmensspezifischen **Modifikationen** einhergehen, da grundsätzlich auch zwischen den Tochtergesellschaften eines Konzerns Differenzen in den relevanten **situativen Bedingungen** anzunehmen sind (etwa in Abhängigkeit von den rechtlichen Bestimmungen des jeweiligen Gastlandes im Falle internationaler Konzerne). Damit übernehmen im dritten Schritt die gekennzeichneten Tochtergesellschaften in ihrer Sparte (Management Holding) Modellfunktion im Hinblick auf den *Roll out* der Best Practice auf die übrigen Tochterunternehmen des Konzerns. Für diese dritte Stufe der Reorganisation gilt es wiederum, die situativen Besonderheiten der einzelnen Tochtergesellschaft in der Sparte zu erfassen und zu berücksichtigen. Daraus sind weitere einzelfallbezogene Modifikationen der Best Practice des Originalmodells zu erwarten. Außerdem ist damit zu rechnen, dass im Wege von Rückkopplungen in der ursprünglich bereits leistungsstärksten Tochtergesellschaft (relativ zum ausgewiesenen Kernprozess) ebenfalls Optimierungspotenzial transparent (wechselseitige Lernprozesse) und in organisatorische Weiterentwicklung umgesetzt wird.

Eine andere Perspektive der Organisationsdynamik im oben abgebildeten Konzernunternehmen könnte auf die Überprüfung der Mehrstufigkeit der gesamten Holdingstruktur gerichtet sein. Das Ziel des Projektes struktureller Analyse bezieht sich in diesem Fall auf die Klärung der Rationalität der hierarchischen Anordnung. Alternative Organisationsentwürfe können im Sinne von **Lean Management** den kompletten Wegfall der Ebene der Management-Holding-Gesellschaften oder die künftige Konsolidierung auf nur noch zwei anstelle der bisherigen drei Holding-Einheiten beinhalten. Dazu sind im Wege einer Vorstudie die Kosten- und Nutzeneffekte der betrachteten potenziellen Organisationsänderungen zu eruieren und mit den korrespondierenden Werten der etablierten Struktur abzugleichen.

7.3.5.4 Unternehmensakquisitionen

Die Durchführung von **Mergers & Acquisitions** determiniert grundsätzlich einen signifikanten Bedarf an partiell ausgerichteter Reorganisation im Unternehmensverbund. Der Erwerb eines vorher eigenständigen Unternehmens durch eine andere erwerbswirtschaftliche Organisation erfordert neben der Erfüllung von personalpolitischen, finanzwirtschaftlichen und rechtlichen Gestaltungsbedarfen auch die **strukturelle Integration** der aus Sicht des Erwerbers neuen Einheit in das gegebene institutionelle sowie prozessuale Umfeld. Die damit anstehende Restrukturierung impliziert maßgebliche Erfolgspotenziale der Fusion bzw. der Unternehmensakquisition. Das vermittelt Abb. 7.21 in abstrahierender Weise.

Das dargestellte Modell basiert auf der **Annahme eines Wertsteigerungspotenzials durch Restrukturierung,** welche insbesondere auf die konsequente Nutzung der Größenvorteile des neu geschaffenen Unternehmensverbundes gerichtet ist. Daraus resultiert die Option der Schaffung eines Unternehmens-Mehrwertes für das erwerbende System relativ zum Standalone-Wert aus der Perspektive des Verkäufers. Dieser Mehrwert hat seine wesentlichen Quellen in den **economies of scale** und deren struktureller Realisierung. Darü-

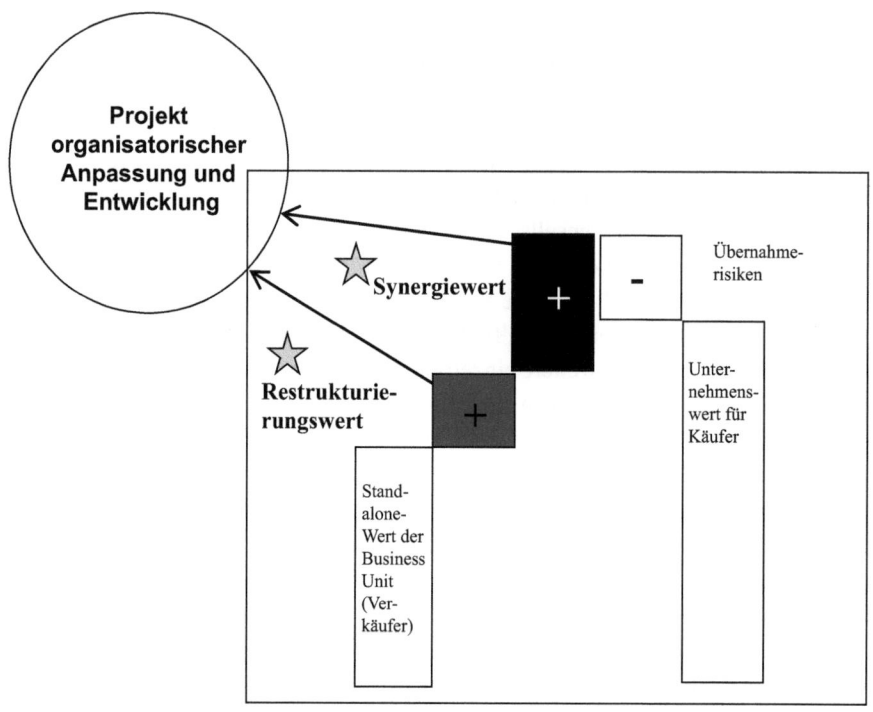

Abb. 7.21 Reorganisation im Kontext von Mergers & Acquisitions. (Quelle: nach Moeser 1992, S. 559)

ber hinaus besteht die Möglichkeit einer Erzielung von Synergieeffekten. Das sind wirtschaftlich positive Auswirkungen der systematischen Verknüpfung komplementärer Kernkompetenzen. In Abgrenzung zu den economies of scale handelt es sich hierbei um **economies of scope**. Die damit skizzierten Synergien treten nun keineswegs *automatisch* mit Abschluss der Unternehmenstransaktion ein. Es handelt sich vielmehr um **Synergiepotenziale**, die erst durch den Entwurf und die Implementierung geeigneter Konzepte der organisatorischen Umgestaltung gehoben werden und in reale Wertschöpfung einmünden können.

Die Bewältigung der strukturellen Anforderungen im Zuge der Integration während der **Post-Merger-Phase** erweist sich als ausgesprochen anspruchsvoll und birgt enorme Risiken des Misserfolgs. Dies belegen zahlreiche Beispiele aus der Praxis von Mergers & Acquisitions nachhaltig. Exemplarisch hingewiesen sei in diesem Zusammenhang nur auf die konstatierbaren zahlreichen Schwierigkeiten in folgenden M & A-Projekten:

- Daimler /Chrysler.
- Allianz/Dresdner Bank.
- BMW/Rover.

- Schaeffler/Continental.
- Sanofi/Aventis
- Deutsche Bank/Postbank,
- Bayer/Monsanto.

Diese empirischen Belege unterstreichen die große Wichtigkeit partieller Organisationsdynamik im Zusammenhang mit dem Erwerb von Unternehmen. Gleichzeitig wird erkennbar, wie schwierig derartige Reorganisationsprozesse zu bewältigen sind. Dabei spielen die in den jeweiligen **Kulturen** der neu verbundenen erwerbswirtschaftlichen Einheiten angelegten Wertefundamente eine herausragende Rolle. Dies zeigt, dass Prozesse der strukturellen Veränderung und Integration immer sehr stark von den Merkmalen der personellen Dimension von Management beeinflusst werden.

7.4 Evolutionäre Konzepte

Kennzeichnend für evolutionäre Konzepte der Organisationsdynamik sind die Merkmale der **Klein- und Kleinstschrittigkeit** sowie der (relativen) **Kontinuität** des Wandels. Folglich dominiert in diesen Konzepten ein mehr inkremental angelegtes Veränderungsschema, welches mit der Vorstellung eines quasi natürlichen, organischen Wandels der Organisation einhergeht. In Bezug auf die Strukturen des sozio-technischen Systems wird immer wieder experimentiert, so dass bessere oder konstatierbaren Kontextvariationen neu angepasste Problemlösungen erkannt, transparent gemacht und implementiert werden. Für die Befindlichkeit des Unternehmens bedeutet dies den Zustand einer gewissen **permanenten Unruhe und Spannung.**

7.4.1 Begründungszusammenhang evolutionären Wandels

In der Begriffsbildung drückt sich die Analogie zur **Biologischen Evolutionstheorie** nach Darwin (1869) aus. Die organisationstheoretische Entwicklung evolutionärer Konzepte ist charakterisiert durch den Versuch der Übertragung grundsätzlicher Erkenntnisse aus der Biologischen Evolutionstheorie auf die soziokulturelle Dynamik in einzelwirtschaftlichen Institutionen sowie deren Strukturgestaltung. Im Zentrum der biologischen Evolution steht die natürliche Selektion im Zuge der Entwicklung von Spezies und Populationen von Organismen. Phänotyp (primäres Objekt) der natürlichen Selektion ist das Individuum:

> „Evolution is best understood as a genetic turnover of the individuals of every population from generation to generation."
> (Mayr 2001, S. 76)

Die so verstandene Evolution umfasst die Prozesse der

- **Variation**, d. h., die Entstehung von Vielfalt individueller Lebensformen,
- **Selektion**, d. h, das Eliminieren nicht überlebensfähiger Individuen, und
- **Retention**, d. h., die Reproduktion des Genotyps der am besten angepassten Individuen im Sinne von „Survival of the Fittest" (Darwin 1869).

Im Falle der Übertragung dieses Evolutionsmodells von der Ebene genetischer Anpassung auf die organisationstheoretische Ebene soziokultureller Veränderung erhalten die evolutionären Prozesse andere inhaltliche Bezüge. An die Stelle biologischer Phänomene treten die Variation, die Selektion und die Retention von Wissen, Fähigkeiten und Strukturen. Die Theorie der **evolutionary economics** (vgl. Nelson 2000) basiert auf eben diesen soziokulturell interpretierten Prozessen.

Auf dem skizzierten Hintergrund hat sich in der betriebswirtschaftlichen Theorie, der betrieblichen Realität sowie in der Praxis der Unternehmensberatung eine enorme Vielfalt von evolutionär ambitionierten Konzepten der Organisationsdynamik herausgebildet. Das gesamte Spektrum vorfindlicher evolutionärer Konzepte ist nur schwer zu erfassen. Es reicht jedoch mindestens

- von gruppendynamischen Ansätzen und Laboratoriumstraining (vgl. Bradford et al. 1972),
- T-Groups und Sensivity-Training (vgl. Trist und Sofer 1959; Rogers 1970),
- Survey-Research- und Survey-Feedback-Verfahren (vgl. French und Bell 1977) über
- Managerial-Grid-Konzept (Blake und Mouton 1969) und NPI-Modell (Glasl und de la Houssaye 1975),
- Aktionsforschung und dualistischen (Individualebene und Systemebene) Wandel der Organisationskultur (vgl. Nieder 1979; Sievers 1977) bis hin zur
- Prozessberatung (vgl. Schein 2000) und zum stark praxeologisch orientierten Change Management moderner Prägung (vgl. Lauer 2014; Doppler und Lauterburg 2014).

In Anbetracht der aufgezeigten Vielgestaltigkeit kann es nicht verwundern, dass eine in sich geschlossene Theorie evolutionärer organisatorischer Veränderung bisher fehlt. Daher sollen im Folgenden ausgewählte konzeptionelle Ansätze vertiefend erörtert werden, denen der Bezug zur evolutionären Vorgehensweise gemein ist und denen im Gestaltungsfeld organisationaler Dynamik nach Einschätzung des Verfassers hervorgehobene Bedeutung zukommt.

7.4.2 Organisationsentwicklung

7.4.2.1 Partizipationspostulat

Was im vorstehenden Abschnitt über die Doktrin vom *evolutionären Wandel* soziotechnischer Systeme allgemein dargelegt wurde, gilt ebenfalls für die Kategorie der *Organisationsentwicklung*. Auch hierzu existiert eine Vielzahl von Vorstellungen, Instrumenten und Konzepten. Teilweise wird der Terminus *Organisationsentwicklung* sogar synonym zum Begriff des *evolutionären organisatorischen Wandels* gebraucht (vgl. Trebesch 2004, S. 988 f.). Im Rahmen der hier angewandten Systematik soll *Organisationsentwicklung* jedoch enger interpretiert werden. Danach bezeichnet dieser Terminus eine abgrenzbare Teilmenge aus dem Bereich der evolutionären Konzepte. Charakteristisch für Organisationsentwicklung in dieser Sicht sind die rationale **Planung** des strukturellen Wandels sowie die ausgeprägte **Partizipation** der von den Veränderungen betroffenen Organisationsmitglieder. Es gilt die Annahme, dass die Individuen die intendierten strukturellen Modifikationen schneller, engagierter und umfassender umsetzen, wenn diese Personen in die Genese der organisatorischen Dynamik eingebunden sind. In der betrieblichen Praxis findet sich für diesen komplizierten theoretischen Hintergrund gelegentlich folgende pragmatische Übersetzung:

▶ Aus Betroffenen sollen Beteiligte werden!

7.4.2.2 Phasenmodell nach Lewin

Das Basismodell der Organisationsentwicklung geht zurück auf die Forschungsarbeiten von Kurt Lewin. Darin sind die konstitutiven Inhalte von Veränderungsprozessen identifiziert und konzeptionell integriert (vgl. Lewin 1947). Stark abstrahiert ist nach Lewin die konstruktive Durchführung drei aufeinanderfolgender Phasen die zentrale Bedingung für die Gestaltung erfolgreicher Veränderungsprozesse:

(1) **Phase 1: Unfreezing**

Zunächst besteht das Erfordernis, die etablierten (*eingefrorenen*) Prämissen, Handlungsmuster und Gestaltungsformen im sozialen System quasi *aufzutauen*. Der bisherige Zustand des stabilen Gleichgewichts wird massiv in Frage gestellt und schließlich aufgegeben. Dadurch entsteht die im Hinblick auf das Realisieren sinnvoller Maßnahmen des organisatorischen Wandels notwendige Bereitschaft zur Veränderung im sozialen System und auf Seiten seiner Mitglieder. In diesem Sinne bedeutet *Unfreezing* den Aufbau von **Veränderungsdruck**. Dieser kann von innen aus dem System heraus entwickelt werden. Beispielsweise durch den Einsatz von **Quality Circles**, welche die Analyse von Fehlern sowie das Herleiten von Optimierungspotenzialen zum Gegenstand haben. Darüber hinaus erzeugt die gezielte Rekrutierung neuer Mitarbeiter in Anbetracht der damit in das Unternehmen gelangenden innovativen Ideen und abweichenden individuellen Kontexte tendenziell spürbaren Druck in die Richtung der Überprüfung tradierter Vorgehensweisen und ihrer rationalen Veränderung oder Weiterentwicklung.

Allerdings kann der Druck (*Leidensdruck*) zur Initiierung von Organisationsdynamik seine Ursachen auch außerhalb des betrachteten sozio-technischen Systems haben. Dies wird beispielsweise der Fall sein, wenn die

- Umsätze des Unternehmens oder einzelner Produktsparten stagnieren oder gar rückläufig sind,
- die Gewinne einbrechen oder Jahresfehlbeträge entstehen,
- Marktanteile verloren gehen,
- das Image des Unternehmens signifikant an positiver Aufladung verliert,
- der Börsenwert der Gesellschaft dramatisch sinkt oder
- wichtige Stakeholder (Aktionäre, Gewerkschaften, öffentliche Hand) nachhaltige Kritik am Unternehmen artikulieren.

Entscheidend ist es, dass die Unternehmensleitung solche Druck auslösenden Impulse in einen wirksamen und systematischen *Auftauprozess* kanalisiert. Dieses Auftauen wird umso schwieriger, je stärker die Organisationsmitglieder in den Ist-Zustand eingeübt sind und je ausgeprägtere die Individuen Zufriedenheit in Bezug auf die gegebenen strukturellen Zustände empfinden.

(2) **Phase 2: Moving**

In der zweiten Phase vollzieht sich die Organisationsdynamik im engeren Sinne. Hier geht es darum, konkrete Innovationen herzuleiten und umzusetzen. Das sozio-technische System als Ganzes und die individuellen Systemmitglieder geraten in *Bewegung*. Im Zustand der Aufgetautheit ist das System prädisponiert für das Herleiten, Umsetzen und Erproben innovativer Formen, Vorgehensweisen sowie Strukturen. Voraussetzung dafür ist es, dass die Systemmitglieder in der Auftauphase vollständig zu der Überzeugung der Notwendigkeit von Veränderungen gelangt sind. In der Moving-Phase sollen **Promotoren** und **Moderatoren** des Wandels durch Einsatz von Interventionstechniken die Veränderungsbereitschaft der Individuen in konstruktive Bahnen lenken. Dazu gehören die

- Durchführung von Workshops,
- Ausweitung der Teamarbeit und
- sekundärorganisatorische Implementierung von Projektmanagement

ebenso wie der Umgang mit und des Austragen von **Konflikten**. Solche Konflikte aktualisieren sich zum einen auf der **interpersonellen Ebene** zwischen den Akteuren im Veränderungsprozess. Zum anderen treten **intrapersonelle Konflikte** auf, da das involvierte Individuum durchaus Interessengegensätze zwischen subjektivem Vorteil und fortschrittsgerichteter kollektiver Modifikation zu antizipieren in der Lage ist. Von ganz grundsätzlicher Bedeutung erscheint es daher, den in den Prozess struktureller Modifikation einbezogenen Organisationsmitgliedern eine gewisse Sicherheit in Bezug auf ihre künftige Rolle und Zugehörigkeit im Unternehmen zu vermitteln. Erst dadurch lässt sich die für erfolgreiche strukturelle Weiterentwicklung notwendige *Angstfreiheit* der personellen Aufgabenträger erreichen. Die Veränderung individueller Einstellungen wird zur Voraussetzung effektiver struktureller Modifikationen im sozio-technischen System. Das hat im Ergebnis grundsätzlich die Neuallokation von Personen und Strukturen im Unternehmen zur Folge. Gerade darin zeigt sich das *Moving* in Form positiver (partieller) Neugestaltung.

(3) **Phase 3: Refreezing**

Während die Phase 2 ein Experimentierstadium umfasst, in dem prinzipiell alles in Frage gestellt und in neue Zusammenhänge gebracht werden kann, ist die Refreezing-Phase auf die Wiederherstellung von Stabilität im sozio-technischen System gerichtet. Es besteht die Gefahr, dass die experimentell und planerisch in der Moving-Phase hergeleiteten organisationalen Modifikationen in der Praxis des betrieblichen Alltags vernachlässigt werden und sich schnell der alte Zustand vor der Unfreezing-Phase wieder einstellt. Im Interesse der wirksamen Vermeidung solcher rekursiven Handlungsmuster kommt der zügigen **Stabilisierung** des Systems auf der Grundlage der in der Moving-Phase hergeleiteten Veränderungen erfolgsentscheidende Bedeutung zu. Das sozio-technische System wird daher in der Phase 3 mit den erarbeiteten strukturellen Modifikationen auf einem Niveau höherer Innovation und gesteigerter Effizienz *wieder eingefroren*. Es kommt darauf an, nach dem durch Auftauen und Bewegen herbeigeführten Gleichgewichtsverlust des Systems in diesem nunmehr einen **neuen, tragfähigen Gleichgewichtszustand** herzustellen. Damit ist im Sinne eines Kreislaufschemas bereits die Vorstufe für den nächsten Veränderungsprozess und dessen Auftauphase definiert.

▶ Das Leitbild im betrachteten Konzept der Organisationsentwicklung ist das sozio-technische System im Zustand eines stabilen Gleichgewichts!

Allerdings handelt es sich dabei nicht um ein dauerhaft in gleicher Weise fixiertes Gleichgewicht. Die anzustrebenden Gleichgewichte können lediglich **temporären Charakter** aufweisen, denn das System kehrt nicht zu den Ursprungszuständen zurück, sondern realisiert mit abgeschlossenen Prozessdurchläufen immer wieder neue Gleichgewichtszustände. Die Organisationsentwicklung findet in dieser Perspektive ihren Ausdruck als Abfolge quasi-stationärer Gleichgewichtszustände im Rahmen einer **komparativ-statischen Modellvorstellung** (vgl. Schreyögg und Geiger 2016, S. 370). Auf diese Weise konzeptionalisiert Lewin den Umgang mit dem Spannungsfeld zwischen Dynamik und Stabilität im Zuge des Lebenszyklus sozio-technischer Systeme.

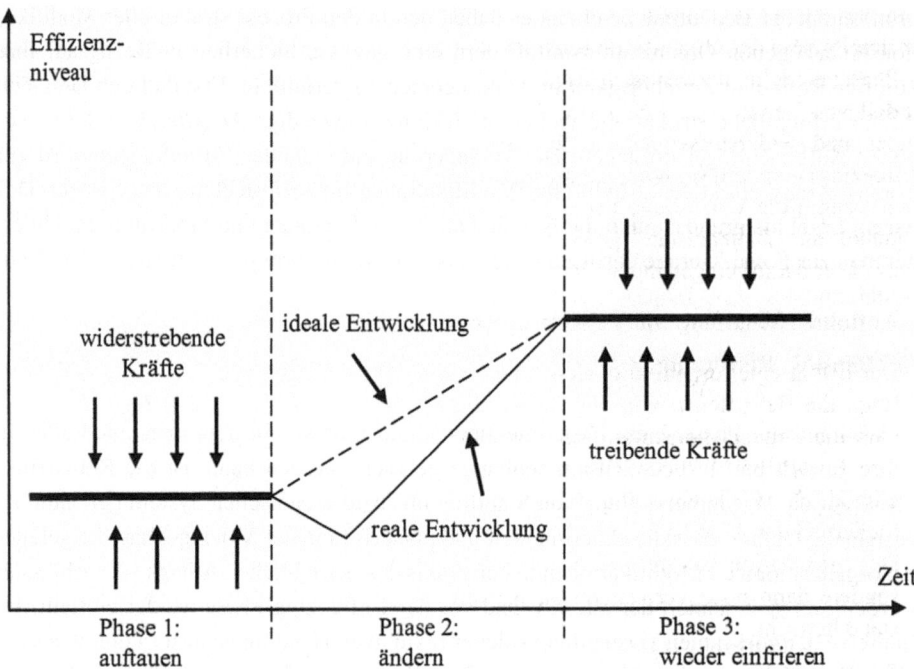

Abb. 7.22 Treiben und Bremsen im energetischen Feld der Organisationsentwicklung. (Quelle: Scherm und Pietsch 2007, S. 248)

7.4.2.3 Gleichgewichtstheorem

Im skizzierten Zusammenhang aktualisiert sich das Gleichgewicht des sozio-technischen Systems als Zustand der Balance zwischen treibenden Kräften und widerstrebenden Kräften (vgl. Lewin 1963, S. 206 ff.) In einem Prozessdurchlauf soll dieses Gleichgewicht zunächst aufgebrochen, konstruktiv verändert und schließlich wiederhergestellt werden. Das kommt in Abb. 7.22 zum Ausdruck.

In der Ausgangssituation (Auftauphase) besteht ein Gleichgewicht zwischen den divergierenden Kräften. Mit dem Aufbrechen dieses Gleichgewichts fällt das Rationalitätsniveau (Effizienz) des Systems zu Beginn der Änderungsphase zunächst unter den ursprünglich bereits realisierten Level zurück. Die Friktionen und Kosten der initiierten Bewegung wirken sich in dieser Weise aus. Sobald der experimentelle Moving-Prozess allerdings auf einem Pfad innovativer Fortbewegung angekommen ist, vollziehen sich die Veränderungen in progressiv Effizienz steigernder Form. Am Ende der Moving-Phase wird schließlich das dem idealen Entwicklungsverlauf adäquate Rationalitätsniveau erreicht.

Die anschließende Stabilisierungsphase (wieder einfrieren) dient der Herstellung eines neuen Gleichgewichts zwischen den treibenden Kräften und den widerstrebenden Kräften. Für das neue Gleichgewicht gilt die Funktionalität signifikant gesteigerter Effizienz des Gesamtsystems. Aus einer anderen Perspektive lässt sich der neue Gleichgewichtszustand als **höheres Niveau kollektiver Intelligenz** des sozio-technischen Systems deuten.

7.4 Evolutionäre Konzepte

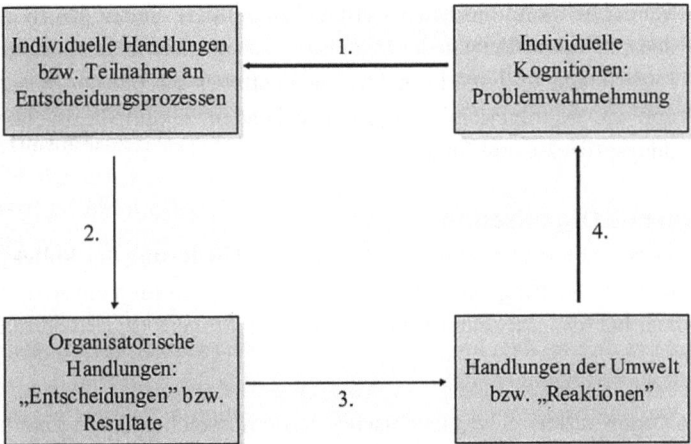

Abb. 7.23 Zyklus des Lernens in Organisationen. (Quelle: Schreyögg und Geiger 2016, S. 394)

7.4.3 Organisationales Lernen

7.4.3.1 Prozesse kognitiver Entwicklung

Das Konzept des organisationalen Lernens basiert auf der Annahme der Existenz von Optionen kognitiver Fortentwicklung von Organisationen. Danach können Unternehmen und andere soziale Gebilde, ähnlich wie Individuen, ihr Wissen und ihre Problemlösungsfähigkeiten durch Aufnahme neuer kognitiver Elemente in erfolgsrelevanter Art erweitern. Dies geschieht durch rational gestaltbare Prozesse **kollektiven Lernens**. Im Mittelpunkt solcher Lernprozesse steht die **Interaktion zwischen Individuum und Kollektiv**. Organisationales Lernen hängt grundsätzlich zusammen mit individualem Lernen, d. h., das kollektive Gebilde Unternehmen lernt auf der Grundlage individueller Lernerfolge der Mitarbeiter, und diese wiederum beziehen kognitive Stimuli aus den Umweltwirkungen der Unternehmensaktivitäten. Das begründet im zeitlichen Verlauf einen Lernzyklus (vgl. March und Olsen 1979, S. 12 ff.). Dieser Zusammenhang wird in Abb. 7.23 aufgezeigt.

Schritt 1: Den Ausgangspunkt im dargestellten Lernzyklus bilden die kognitiven Potenziale auf der individuellen Ebene. Darin sind das Wissen und Können der einzelnen Organisationsmitglieder, ihre Wahrnehmungen der relevanten Umweltfaktoren sowie die Präferenzen der Individuen aktualisiert.

Schritt 2: Diese kognitive Ausstattung bringen die Organisationsmitglieder als individuelle Handlungen (Beiträge) in betriebliche Entscheidungsprozesse ein. Damit prägen individuelles Wissen und Handeln das kollektive Verhalten.

Schritt 3: Das findet in Gestalt organisationaler Handlungen und Entscheidungen konkreten Niederschlag (kollektive Ebene). Als Response auf die Handlungen des sozio-technischen Systems *Organisation* treten veränderte Umwelteffekte ein. Die Umwelt des Unternehmens reagiert auf dessen Entscheidungen.

Schritt 4: Schließlich wird ein neuer Lernzyklus animiert, indem das Individuum aus den Umweltwirkungen der organisatorischen Handlungen kognitive Schlussfolgerungen herleitet, Lernaktivitäten entfaltet, das eigene Wissen erweitert und dieses folgerichtig in die anstehenden zukunftsbezogenen Entscheidungsprozesse einbringt.

7.4.3.2 Lernende Organisation

Das Konzept der Lernenden Organisation stellt auf die **Förderung der kollektiven Lernfähigkeiten** ab. In dieser Perspektive ist die Lernende Organisation ein sozio-technisches System mit einer hoch entwickelten Kultur kollektiven Lernens (vgl. Scherm und Pietsch 2007, S. 297 f.).

▶ **Lernende Organisation** Sozio-technisches System, welches durch eine hoch entwickelte Kultur kollektiven Lernens geprägt ist

Dies drückt sich im Implementieren **institutioneller Bedingungen** für die erfolgreiche Durchführung von Lernprozessen aus. Als Beispiele für die derart verstandene Förderung des kollektiven Lernens seien die nachstehenden institutionellen Regelungen benannt:

- Abbau bürokratischer Reglementierung (lernfördernde Gestaltung der Strukturdimension *Formalisierung*).
- Hierarchiefreie oder zumindest *flache* Sekundärstrukturen.
- Umfangreiche Programme betrieblicher Personalentwicklung.
- Lernstattkonzepte (vgl. Wagner 2004, S. 1122).
- Quality Circles (vgl. Rischar und Titze 2002).
- Betriebliches Vorschlagswesen.

Ein weiteres Charakteristikum der Lernenden Organisation besteht in der stark entwickelten Fähigkeit des betrachteten Systems zur effektiven Verarbeitung von Wissen (vgl. Garvin 1994, S. 74 ff.). Das bedingt die Implementierung einer flexiblen und vitalen Konzeption von **Wissensmanagement**. Dieses Segment der Lernenden Organisation wurde bereits oben im Kontext des Projektmanagements ausführlich behandelt (vgl. Abschnitt *Phasen der Projektarbeit*). Als wesentliche Bezugsgröße des Wissensmanagements fungiert die **organisationale Wissensbasis**. Danach werden Organisationen als **wissensbasierte Systeme** gedeutet. Die organisationale Wissensbasis umfasst gerade die Gesamtheit des dem Unternehmen prinzipiell zugänglichen individuellen und kollektiven Wissens (vgl. Güldenberg und Eschenbach 1996, S. 6).

Als primäre Zielsetzung des Wissensmanagements gilt der ständige Ausbau der organisatorischen Wissensbasis. Darüber hinaus soll das Wissensmanagement aber auch den Zugang zum gespeicherten Wissen erleichtern und das erfasste kognitive Potenzial möglichst für alle Organisationsmitglieder in strukturierter, handhabbarer und nutzerfreundlicher Weise bereitstellen. Die Verknüpfung der institutionellen Kategorien Wissensmanagement

7.4 Evolutionäre Konzepte

Abb. 7.24 Organisationales Lernen in wissensbasierten Systemen. (Quelle: Güldenberg und Eschenbach 1996, S. 8)

und Wissensbasis mit der prozessualen Kategorie des organisationalen Lernens wird in Abb. 7.24 herausgearbeitet.

Im Zyklus des organisationalen Lernens hat das Wissensmanagement die Funktion der Institutionalisierung des neuen Wissens. Dadurch entstehen Veränderungen auf dem Gebiet der organisationalen Wissensbasis. Das wiederum findet Niederschlag in innovativen kollektiven Verhaltens- und Handlungsmustern. Aus den Umwelt-Feedbacks auf die geänderten Verhaltensweisen des sozio-technischen Systems, welche naturgemäß von einzelnen Organisationsmitgliedern registriert werden, resultieren schließlich Stimuli für die Generierung neuen individuellen Wissens. Eben damit wird der nächste Prozessdurchlauf angestoßen.

7.4.3.3 Ebenen des Lernens

Einen weiteren informativen Zugang zum Phänomen des organisationalen Lernens vermittelt die Differenzierung von Lernebenen. Die Grundlagen dieser konzeptionellen Variante zum Umgang mit der Organisationsdynamik wurden von Argyris und Schön entwickelt (1978). Im obigen Abschnitt *Shared Services/Erfolgspotenziale* ist bereits die erste und fundamentale Lernebene anwendungsbezogen erörtert worden: Die Ebene des Single-loop-learning begründet unter anderem ein bedeutsames Erfolgspotenzial der Shared Service Organisation. Darüber hinaus weist das Konzept der Lernebenen das Double-loop-learning und das Deutero-learning als wesentliche Niveaus organisationalen Lernens aus. Die Abb. 7.25 vermittelt den gesamten Zusammenhang der Lernebenen in Organisationen.

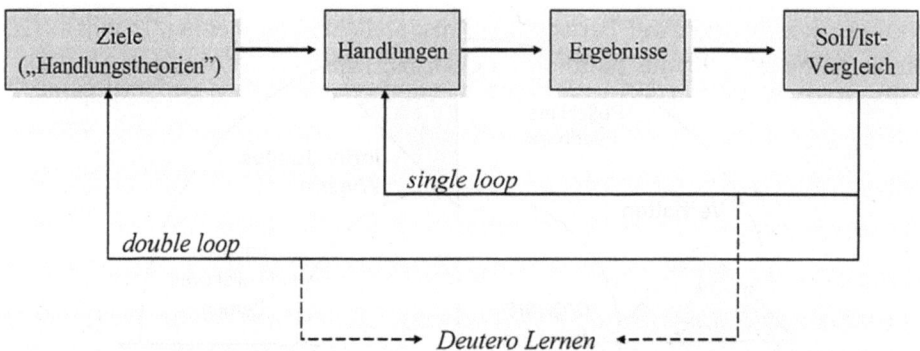

Abb. 7.25 Ebenen des organisationalen Lernens. (Quelle: Schreyögg und Geiger 2016, S. 401)

Das Einkreislernen (Single loop) basiert auf dem Abgleich der Handlungsergebnisse mit den Handlungserwartungen. Sofern der Soll-Ist-Vergleich signifikante Abweichungen ausweist, erfolgt die Rückkopplung zu den Handlungen. Das Lernen vollzieht sich im **Single loop** in der Anpassung der Handlungsweisen (Standards) in der Form, dass die Soll-Werte künftig besser erreicht werden können. Dies gewinnt im Falle veränderter Rahmenbedingungen (Umwelt) an Bedeutung. Insgesamt richtet sich das Einkreislernen allerdings auf operative Anpassungen des Handlungsvollzugs. Das Single-loop-learning kann folglich als *Anpassungslernen* charakterisiert werden. Auf dieser Lernebene verbessert das sozio-technische System seine **Verfahrensroutinen** und richtet seine Prozesse in operativer Hinsicht an den sich wandelnden Umweltanforderungen aus.

Lernen des Lernens

Dagegen stehen im Zuge des **Double-loop-learning** (Zweikreislernen) auch die verfolgte Zielsetzung und damit die Herleitung des Soll-Wertes zur Disposition. Über die Herbeiführung des *richtigen* Systemzustandes existieren in Unternehmen kollektive Handlungstheorien. Diese *theories-in-use* umfassen die von den relevanten Akteuren geteilten Wert- und Glaubensvorstellungen darüber,

- welche Prämissen zu beachten,
- welche Ziele anzustreben und
- welche Handlungsstrategien

anzuwenden sind. Das Phänomen derartiger kollektiver Handlungstheorien beschreibt Etzioni mit dem Terminus der „Community of assumptions" (Etzioni 1975, S. 203). Damit gemeint ist ein Bündel zentraler Grundannahmen (Selbstverständlichkeiten), über das seitens der Mitglieder des betrachteten sozio-technischen Systems ein Konsens besteht. Auf der Ebene der Double-loop-learning werden nun derartige Grundannahmen und Ziele in

Frage gestellt. Zweikreislernen integriert folglich die Handlungstheorien, Prämissen und Ziele in den Prozess des organisationalen Lernens. Damit ist das Double-loop-learning als Plattform umfassenden **Veränderungslernens** in Organisationen identifiziert.

Das höchste Niveau organisationalen Lernens markiert das Deutero-learning. Es findest gleichsam auf der **Metaebene** der kollektiven Lernaktivitäten statt. Die in den bereits durchgeführten Prozessen von Single-loop-learning und Double-loop-learning gesammelten Erkenntnisse und Erfahrungen werden im Deutero-learning erfasst, aufbereitet und evaluiert. Das soll zur kritischen Reflexion sowie zur **Fortentwicklung der organisatorischen Lernkontexte** beitragen. Angestrebte Effekte sind konstruktive Veränderungen des Lernverhaltens, Beseitigung lernhemmender Barrieren sowie Verbesserung des kollektiven Lernerfolgs. In dieser Perspektive wird Deutero-learning als
charakterisiert (vgl. Schreyögg und Geiger 2016, S. 400; Scherm und Pietsch 2007, S. 281). Damit wird die Verbindung zum Modell der Lernenden Organisation deutlich. Idealtypisch formuliert, ist die Lernende Organisation gerade ein System, welches in erheblichem Umfang Know-how und Instrumente (institutionelle Bedingungen) in Bezug auf die erfolgreiche Gestaltung kollektiver Lernprozesse umfasst.

7.4.3.4 Ambidextrous organization

Die Modellvorstellung von der *Ambidextrous organization* basiert auf der Verknüpfung zweier divergierender **Lernmodi**. Es handelt sich zum einen um den Lernmodus der Exploration. Das damit gekennzeichnete **explorative Lernen** hat eine ganz grundlegende Erkenntnisqualität. Es richtet sich auf die Erkundung völlig neuartiger Phänomene und Vorgehensweisen.

▶ **Exploration** Prozess der Erkundung neuen Wissens; Experimentieren mit Ungewohntem; Erproben riskanter Alternativen; kreative Herleitung contra-intuitiver Problemlösungen; Innovation

Der andere prägende Lernmodus im Modell der *Ambidextrous organization* ist die Exploitation. Das **exploitative Lernen** bezieht sich auf die Erkundung von Details und damit auf die Steigerung des Kenntnisgrades in einer prinzipiell vertrauten Vorgehensweise.

▶ **Exploitation** Einsatz, effiziente Umsetzung sowie Ausdifferenzierung bereits erworbenen Wissens; Ausnutzung bewährter Erfolgsmuster; Optimierung und weitere Verbreitung von Geschäftsmodellen; Replikation

Die beiden Lernmodi stehen in einem komplizierten Verhältnis zueinander. Sie konkurrieren um knappe Ressourcen. Außerdem bedeutet die verstärkte Betonung des einen Lernmodus nahezu zwangsläufig das Entstehen negativer Konsequenzen für das organisationale Lernen nach dem anderen Modus. Typisch dafür ist die Existenz eines „**Exploration-Exploitation-Trade-off**" (March 1991, S. 72) im sozio-technischen System.

Im Hinblick auf seine Überlebensfähigkeit, die Steigerung seiner Ertragskraft sowie seine Fähigkeit zur Weiterentwicklung benötigt das Unternehmen jedoch sowohl die Exploration als auch die Exploitation. Es muss darum gehen, im zeitlichen Längsschnitt einerseits nachhaltige Wettbewerbsvorteile aufzubauen (Exploration) und andererseits diese Wettbewerbsvorteile langfristig zu erhalten (Exploitation). Unternehmen, denen es gelingt, beide Lernmodi sinnvoll und angemessen zu kombinieren, entsprechen dem Modell der **Ambidextrous organization**. Dieser Typ von Organisation ist durch Exzellenz in beiden Sphären organisationalen Lernens gekennzeichnet und erhält daher das Attribut der *Beidhändigkeit* zugeordnet. Im Gegensatz dazu kann die **Monodextrous organization** bestenfalls auf einem der beiden Gebiete, also entweder im Bereich Innovation (Exploration) oder im Bereich Replikation (Exploitation), für sich Exzellenz reklamieren (vgl. Konlechner und Güttel 2009, S. 45).

Anlässlich der Veröffentlichung des Artikels der Autoren O'Reilly und Tushman (2004) zum Thema „The Ambidextrous Organization" erschien der Harvard Business Review mit dem in Abb. 7.26 gezeigten Cover.

Ohne Detailkenntnis des Verfassers über die in den USA so populäre Sportart Baseball lässt sich die Darstellung ganz offenbar so deuten, dass beim *Pitchen* und *Catchen* die Beidhändigkeit dem jeweiligen Baseballspieler erhebliche Vorteile bringt. Das Beispiel beidhändigen Werfens und Fangens verdeutlicht aber gleichzeitig die hohen Anforderungen der Ambidexterity. Die mit Abstand meisten Menschen dürften allenfalls gute einhändige Werfer oder Fänger sein. Eben diese individuelle Problematik stellt sich auch für Unternehmen. Eine Hand, d. h. im hier betrachteten Zusammenhang einer der Lernmodi, ist regelmäßig per se entschieden stärker ausgeprägt. Analog zum Profi-Sportler sind folglich sozio-technische Systeme ebenfalls aufgefordert, durch intensive *Trainingsmaßnahmen* die enorm erfolgsrelevante Beidhändigkeit zu entwickeln und zu nutzen.

Abb. 7.26 *Ambidexterity* als Erfolgsbedingung. (Quelle: O. V. 2004a)

7.4 Evolutionäre Konzepte

Ein Weg des Unternehmens in die Richtung des Aufbaus von Ambidexterity im Sinne der Kopplung heterogener Lernmodi führt über die Implementierung **dualer Strukturen** (vgl. Benner und Tushman 2003, S. 240 ff.). Danach erfolgt eine Spezialisierung in Bezug auf das organisationale Lernen nach dem Kriterium des Unternehmensbereichs. Einzelnen Unternehmensbereichen wird die Rolle der Kreation neuen Wissens (Exploration) zugeordnet.

Typische Beispiele

sind die Bereiche *Forschung und Entwicklung, Strategische Planung* oder *Marketing*. Die Organisationsmitglieder in diesen Einheiten sind aufgefordert, mit dem explorativen Lernmodus zu experimentieren, innovative Impulse herzuleiten und in das sozio-technische System einzubringen. ◄

Die gegenläufige Lernspezialisierung besteht in der Rolle der systematischen Nutzung des vorhandenen Wissens (Exploitation). Im Wege der Spezialisierung erhalten bestimmte Unternehmensbereiche die Aufgabe der Anwendung des Lernmodus der Exploitation übertragen.

Beispiele

für Bereiche mit exploitativer Lernspezialisierung sind *Vertrieb, Fertigung* sowie *Materialwirtschaft*. Die Mitglieder dieser Bereiche werden im Falle dualer Lernstrukturen mit der Erwartung der Optimierung und intelligenter Nutzung der verfügbaren Wissensressourcen strukturell konfrontiert. ◄

Das dargelegte Konzept zur Entwicklung von Ambidexterity auf der Grundlage von Lernspezialisierung und dualen Strukturen wird als **Strukturelle Ambidexterity** (vgl. Konlechner und Güttel 2009, S. 48 f.) bezeichnet. Sinnvolle strukturelle Regelungen im Unternehmen auf der Dimension Arbeitsteilung sollen simultan sowohl exploratives als auch exploitatives Lernen im Gesamtsystem animieren und gewährleisten. Allerdings bedarf es bei einer solchen Anordnung der Lernprozesse der Koordination der differenziert orientierten Subsysteme. Damit ist das Top Management gefordert. Es hat im dual strukturierten sozio-technischen System die Funktion der **Integration der einseitig spezialisierten Lernprozesse**. Dazu gehört auch die Aufgabe des *Übersetzens* zwischen den explorativen Bereichen einerseits und den exploitativen Bereichen auf der anderen Seite. Die direkte Kommunikation zwischen den different spezialisierten Einheiten wird regelmäßig schwierig sein, da die parallelen Lernprozesse divergierenden Logiken folgen und ganz verschiedenartigen Einflüssen, Kriterien und Präferenzen unterliegen. Weitere integrierende Impulse kann die **Unternehmenskultur** vermitteln. Die damit verbundene unternehmensweite Übereinstimmung in den Grundwerten erleichtert die prinzipielle Verständigung zwischen den Bereichen und Individuen mit unterschiedlich orientierten Lernaktivitäten (Lernmodi).

Die generelle Alternative zur Strukturellen Ambidexterity besteht im Konzept der **Kontextuellen Ambidexterity**. Letztere ist gerade durch den Verzicht auf die (populäre) Dualisierung der organisatorischen Strukturen nach dem Lernkriterium gekennzeichnet. Damit steigt das Anforderungsniveau in Bezug auf die wirkungsvolle Implementierung der angestrebten *Beidhändigkeit*. Dies resultiert aus der Erwartung gleichzeitiger Exploration und Exploitation innerhalb einer betrachteten organisatorischen Einheit und darüber hinaus auf der Ebene des Individuums. Der Anspruch kontextueller Ambidexterity bedeutet folglich das **permanente Management widersprüchlicher Lernerwartungen**. Das bedingt hohe Qualifikationen und starke Leistungsmotivation der Organisationsmitglieder. Außerdem erfordert die Kontextuelle Ambidexterity flankierende strukturelle Maßnahmen. Zu nennen sind in diesem Zusammenhang beispielsweise

- die Selbstorganisation (Belassen individueller Freiräume),
- das Projektmanagement (zeitliche befristete innovative Aufgabenstellungen)
- sowie die verschiedenen Varianten von Teamarbeit.

Eine wichtige Bedingung für die Entfaltung kontextueller Ambidexterity besteht im Etablieren sogenannter **Semi-Strukturen** (vgl. Brown und Eisenhardt 1997). Derartige Strukturen beinhalten einige (wenige) nicht verhandelbare und präzise abgefasste strukturelle Vorgaben (beispielsweise Erfolgsgrößen, Zeitlimits) sowie gleichzeitig die Bereitstellung weitreichender individueller Freiräume im Zuge der Umsetzung der Vorgaben. Auf diese Weise sollen organisationale *Loose-Tight-Beziehungen* entstehen. Die Tight-Komponente solcher Strukturen drückt sich in den engen Vorgaben (Affinität zu Exploitation) aus, während die Loose-Komponente in den weit gesteckten Freiräumen (Affinität zu Exploration, aber auch Option des Wechsels zwischen den Lernmodi) ihren Niederschlag findet.

Das **Management by Objectives (MbO)** stellt ein praxisnahes Instrumentarium für das Implementieren von Loose-Tight-Beziehungen bereit. Der Tight-Bezug findet seinen Ausdruck in der rigorosen Verbindlichkeit einmal vereinbarter Zielkategorien. Dagegen erhalten die organisatorischen Einheiten sowie die individuellen Aufgabenträger weitreichende Optionen der Selbstorganisation im Hinblick auf die Wahl der Wege zur Zielerreichung. Darin ist der Loose-Bezug operationalisiert. Im MbO gilt die Maxime:

▶ Zielorientierung statt Verfahrensorientierung!

Idealtypisch betrachtet, soll diese Verhaltensaufforderung gerade zur zweckbezogenen Integration heterogener Lernmodi auf den verschiedenen Ebenen und in den unterschiedlichen Bereichen des sozio-technischen Systems maßgeblich beitragen.

Die Abb. 7.27 vermittelt in Tableau-Form eine vergleichende Darstellung von Struktureller Ambidexterity und Kontextueller Ambidexterity.

Die Optionen der Gestaltung von Loose-Tight-Beziehungen werden anhand der Kriterien *Organisationsstruktur* und *Organisationskultur* besonders deutlich. Mit der Abkür-

	Strukturelle Ambidexterity	Kontextuelle Ambidexterity
Organisationsstrukturen	**Tight:** Separation in Exploration- und Exploitation-Bereiche mit einseitiger Spezialisierung	**Tight:** Verbindliche Definition des Rahmens (Ziele, Projektstrukturen etc.) **Loose:** Strukturen geben Freiraum für Wechsel zwischen Exploration und Exploitation
Organisationskultur	**Tight:** Subkulturen mit eindeutiger Spezialisierung **Loose:** Trotz integrativer Vision heterogene (lose) Kultur auf Ebene des Gesamtunternehmens; Integration der Ergebnisse aus Exploration und Exploitation auf Ebene des TMT	**Loose:** Integrativer Bezugsrahmen ermöglicht kontinuierliches Wechseln zwischen Exploration und Exploitation auf Abteilungs- und Mitarbeiterebene
Integration von Exploration und Exploitation	Integration auf Ebene des TMT sowie integrative Vision bei grundsätzlich getrennten Bezugsrahmen	Integration auf Abteilungs- bzw. Mitarbeiterebene bei grundsätzlich integrativen Bezugsrahmen
Konfliktregulierung	Duale Strukturen separieren Exploration von Exploitation und ermöglichen getrennte Subkulturen	Gemeinsamer Bezugsrahmen integriert Exploration und Exploitation innerhalb fest definierter Rahmenstrukturen
Wissenstransfer	TMT als vermittelnde Instanz, um Ergebnisse aus den getrennten Bereichen der Exploration und Exploitation zu verknüpfen	Quasi-automatisch während der operativen Tätigkeit, da Abteilung bzw. Mitarbeiter in Exploration und in Exploitation aktiv sind
Bedingungsfaktoren	Wettbewerbsvorteile nur durch Spezialisierung erreichbar. Integration von Exploration und Exploitation nicht möglich	Breite individuelle oder organisationale Fähigkeitenbasis, die das Verfolgen von Exploration und Exploitation in einer Unternehmenseinheit zulässt

Abb. 7.27 Konzepte der Schaffung von Ambidexterity in sozio-technischen Systemen. (Quelle: Konlechner und Güttel 2009, S. 51)

zung **TMT** ist **T**op **M**anagement **T**eam gemeint. Wie oben gezeigt, erhält das TMT bei Implementierung Struktureller Ambidexterity zentrale Aufgaben der Koordination und der Übersetzung sowie der Vermittlung zwischen den spezialisierten Bereichen organisationalen Lernens zugeordnet. Im Falle der Orientierung in die Richtung Kontextueller Ambidexterity wird das Top Management von dieser Vermittler-Rolle entlastet, so dass es sich verstärkt den strategischen Funktionen zuwenden kann. Die Resultate der strategischen Planung werden sich in den (engen) Vorgaben hinsichtlich der zentralen Zielbezüge sowie den langfristigen Rahmenbedingungen auswirken (Matrixfeld rechts oben).

7.4.4 Geplante Evolution

Als Bestandteil einer Konzeption des strategischen Managements wird von Kirsch die Modellvorstellung der geplanten Evolution in die Debatte um die gestalterische Beeinflussung der Organisationsdynamik eingebracht (vgl. Kirsch et al. 1979; Kirsch 1997; Kirsch

2005). Ausgangspunkt der Überlegungen ist zunächst der Grundtatbestand, dass Unternehmen sich zwangsläufig in einem **Umfeld** bewegen, welches der Evolution unterliegt. Allein dadurch werden Unternehmen als offene Systeme mit einer **offenen Zukunft** konfrontiert, die diese erwerbswirtschaftlichen Organisationen zu bewältigen haben. Kennzeichnend für die Offenheit der Zukunft in der Umwelt des sozio-technischen Systems sind unvorhergesehene Ereignisse mit kontrollierbarer bis mittlerer Vehemenz, aber auch Begebenheiten in Gestalt sprunghafter Kontextveränderungen im Sinne von Diskontinuitäten (strategische Überraschungen) nach Ansoff (vgl. Ansoff 1976, S. 131). Auf diesem Hintergrund ist die Kategorie der *Evolution* gleichbedeutend mit der offenen Zukunft des Unternehmens.

7.4.4.1 Basisfähigkeiten der Unternehmensentwicklung

Effektives strategisches Management zielt nun darauf ab, die zwangsläufig konstatierbare Offenheit der Zukunft (= Evolution) aus der Sicht des Unternehmens sinnvoll zu beeinflussen. Das kommt in einem entsprechend fokussierten Verständnis von Unternehmensentwicklung zum Ausdruck (vgl. Kirsch 2005, S. 393 f.).

▶ **Unternehmensentwicklung** Die Entfaltung von Fähigkeiten des sozio-technische Systems zur konstruktiven Bewältigung unvorhergesehener, überraschender künftiger Ereignisse

Mit der Entfaltung und dem Einsatz derartiger Fähigkeiten kann das Unternehmen die Evolution zwar nicht aufhalten oder kanalisieren, wohl aber die eigene Positionierung im evolutionären Prozess planmäßig verbessern. Das betrifft insbesondere die nachstehend erläuterten drei Basisfähigkeiten des sozio-technischen Systems:

- **Handlungsfähigkeit**
  Diese Basisfähigkeit ermöglicht es dem Unternehmen, in den fortlaufenden Interaktionen mit seinem Umfeld adäquat die anstehenden Aufgaben zu erledigen, Alltagsprobleme zu lösen und auf die empfangenen Stimuli sinnvoll zu reagieren. Die Handlungsfähigkeit ist zwingende Voraussetzung für die (auch kurzfristige) Erfüllung des Unternehmenszwecks. Zur Handlungsfähigkeit gehört folglich die Liquidität des Unternehmens, d. h. seine Fähigkeit, den bestehenden Zahlungsverpflichtungen jederzeit uneingeschränkt nachzukommen. Ganz allgemein zeigt sich die Verbesserung der Handlungsfähigkeit im Umfang vollständig abgeschlossener **Handlungszyklen**. Das sind initiierte Bestrebungen zur Problemlösung, die zur Entscheidung gebracht und für deren Verwirklichung die notwendigen Ressourcen sowie die Akzeptanz der Betroffenen mobilisiert werden (vgl. Kirsch 2005, S. 396).
- **Lernfähigkeit**
  Die Lernfähigkeit sozio-technischer Systeme wurde bereits im obigen Abschnitt *Organisationales Lernen* ausführlich behandelt. Im Lichte der Doktrin von der geplanten Evolution geht es insbesondere um das systematische Gewinnen und Nutzen kollekti-

ven Wissens. Dazu gehören die auf **Wissensgenerierung** gerichteten Handlungen im Unternehmen. Als Beispiel hierfür sei auf die Aktivitäten der Marktforschung hingewiesen, die der Herleitung und der gezielten Verwendung neuen Wissens über Bedingungen und Trends an den Absatzmärkten dienen sollen. Dadurch lernt das soziotechnische System auf dem erfolgsentscheidenden Gebiet der Absatzpotenziale. Somit ist die Lernfähigkeit des Systems als eine Bedingung für den Aufbau von Wettbewerbsvorteilen ausgewiesen. Außerdem versetzen erfolgreich durchgeführte Lernprozesse das Unternehmen in die Lage, sich geänderten Bedingungen anzupassen und dadurch die eigene Existenz in turbulenten Umwelten abzusichern.

- **Responsiveness**
Etwas vereinfachend ausgedrückt bezeichnet die Responsiveness quasi die ***kollektive soziale Kompetenz*** der einzelwirtschaftlichen Institution. Diese Basisfähigkeit aktualisiert sich in der **Empfänglichkeit** des sozio-technischen Systems für die Bedürfnisse und Interessen der von den Systemhandlungen und den daraus resultierenden Ergebnissen betroffenen Bezugsgruppen sowie Individuen (Stakeholder). Das erfordert ausgeprägte **Sensibilität** in Bezug auf die Genese individueller und kollektiver Bedürfnisse in verschiedenen sozio-kulturellen Systemumgebungen. Darüber hinaus subsumiert Kirsch unter der Kategorie der Responsiveness auch die Offenheit des Unternehmens gegenüber denjenigen Kontexten, in denen relevantes Wissen hervorgebracht wird, (vgl. Kirsch 2005, S. 396). Zu den damit angezogenen Kontexten gehören die verschiedenen wissenschaftlichen Disziplinen.

▶ **These** Die Unternehmung wird umso effektiver die eigene Dynamik evolutionär steuern können, je stärker es dem System gelingt, seine Handlungsfähigkeit, Lernfähigkeit und Responsiveness (Basisfähigkeiten) auszuprägen!

7.4.4.2 Paradigmen

Der Stellenwert und die Anwendung der erörterten kollektiven Fähigkeiten stehen im Zusammenhang mit verschiedenen *Paradigmen* oder *Sinnmodellen* im Hinblick auf einzelwirtschaftliche Institutionen. Dabei geht es um die Frage, **was Unternehmen im Kern ausmacht und wofür sie da sind**. Im Zuge der Evolution interessiert vor allem das **Selbstverständnis** des Unternehmens über den Sinn der eigenen Existenz und die anzustrebenden Wirkungen des eigenen Handelns. In Abhängigkeit von diesem Selbstverständnis der Unternehmung und ihrer maßgeblichen Entscheidungsträger resultieren differente evolutionäre Positionierungen. Den damit angesprochenen komplexen Gestaltungsrahmen der Unternehmensentwicklung vermittelt Abb. 7.28.

Die Darstellung zeigt den Zusammenhang von strategischem Management und evolutionärer Organisationsdynamik. Unternehmen werden als entwicklungsfähige Systeme interpretiert. Das strategische Management soll dieses Potenzial der Entwicklungsfähigkeit durch den Einsatz einer evolutionär orientierten Führungskonzeption in der Weise mobilisieren, dass eine *Höherentwicklung* des Unternehmens gelingt. Der damit formulierte Anspruch erfordert das planvolle Bestreben um die permanente Steigerung des Ni-

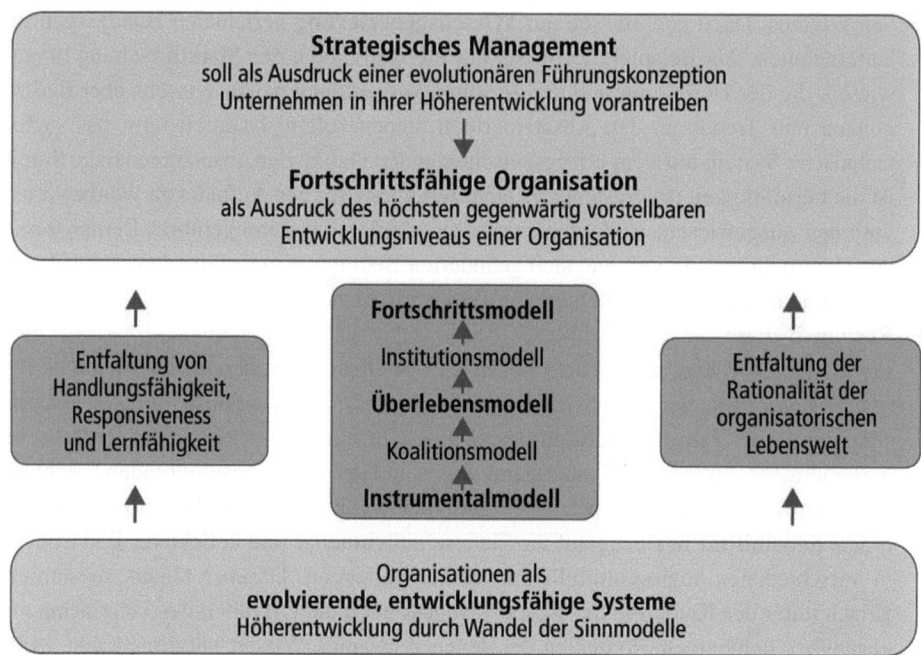

Abb. 7.28 Evolutionärer Bezugsrahmen der Unternehmensentwicklung. (Quelle: Kirsch 1997, S. 654)

veaus der Rationalität einzelwirtschaftlichen Handelns. Die so verstandene Unternehmensentwicklung im Sinne von Höherentwicklung oder Weiterentwicklung ist verknüpft mit dem jeweils aktualisierten Paradigma oder Sinnmodell der Unternehmensexistenz. Der Pfad der Entwicklung des Unternehmens auf den jeweils höheren Level kollektiver Intelligenz führt über den Wandel der Sinnmodelle.

Das Ausgangsniveau des in Abb. 7.28 ausgewiesenen Entwicklungspfades bildet das im Instrumentalmodell enthalte Paradigma zum Sinn von Unternehmen. Dieses Modell fokussiert die Interessen der primären Nutznießer der Unternehmenstätigkeit.

▶ **Instrumentalmodell** Die Organisation ist vor allem ein Instrument zur wirkungsvollen Durchsetzung von Interessen der primären Nutznießer der Unternehmensaktivitäten.

Damit wird die Sinnfrage eigentümerzentriert beantwortet. Primäre Nutznießer sind die Eigentümer der Produktionsmittel. Ihre Erwerbs-, Expansions- und Sicherheitsziele sollen nachhaltig erfüllt werden.

Die zweite prägende Stufe auf dem Weg der Höherentwicklung des Unternehmens findet im Überlebensmodell abstrahierten Ausdruck. Im Unterschied zum Instrumentalmodell steht im Überlebensmodell die Sicherung des Fortbestandes im Mittelpunkt der Betrachtung.

▶ **Überlebensmodell** Ins Zentrum der Betrachtung rückt der Bestand des Unternehmens; dieses steht in aktiven Austauchbeziehungen mit vielen Beteiligten; es gilt, die Austauschbeziehungen so zu gestalten, dass in künftig zu erwartenden Fällen des Wandels auf Seiten der Teilnehmer sowie bei Veränderungen der Umweltbedingungen die Fortdauer der Existenz des Systems sichergestellt ist.

Der Sinn des Unternehmens liegt in dieser Perspektive schlicht in seiner dauerhaften Existenz. Die ausgiebige Feier des 100-jährigen Firmenjubiläums der Omega AG signalisiert eben dieses Paradigma: Das Unternehmen hat 100 Jahre lang alle fraglos zu verzeichnenden Turbulenzen irgendwie verkraftet, sein Fortbestehen gesichert und darf daher zu Recht den realisierten Sinn-Erfolg feiern. Die Omega AG ist auch weiterhin in der Lage, den verschiedenen Beteiligten Nutzen zu stiften.

Der dritte paradigmatische Grundtypus des Unternehmens wird durch das Fortschrittsmodell beschrieben. In diesem Sinnkonzept geht es nicht nur um die Befriedigung der Bedürfnisse verschiedener vom Unternehmenshandeln betroffener Akteure, sondern darüber hinaus um die ständige Verbesserung eben dieser Bedürfniserfüllung.

▶ **Fortschrittsmodell** Die Verbesserung der Erfüllung von Bedürfnissen der vom Unternehmenshandeln direkt und indirekt Betroffenen ist Gegenstand der Bestrebungen des Systems; dazu gehört die Auseinandersetzung mit der Authentizität der Bedürfnisse, ihrer moralischen Begründung sowie ihrer Veränderung.

Der Fortschritt in Gestalt intelligenterer Problemlösungen für die Betroffenen konstituiert dieses Modell. Ein derartiger Fortschritt kann sich ganz greifbar zum Beispiel in der Substitution von Schwarzweiß-Druckern durch Farbdrucker in einem definierten Preissegment darstellen. Zum Fortschritt in der hier eingenommenen Sinn-Sicht zählt darüber hinaus der **kritische Diskurs** über

- prinzipiell relevante Bedürfnisse,
- ihre moralische Rechtfertigung sowie
- die Anpassung der Bedürfnisaktualisierung an ethische Imperative aus dem Kontext des sozio-technischen Systems.

Hingewiesen sei in diesem Zusammenhang beispielsweise auf die vehemente, international geführte öffentliche Debatte im Jahre 2009 über Bonuszahlungen an Manager quasi-insolventer Unternehmen (Banken, Versicherungen, Automobilhersteller), welche nur durch massive Staathilfen überleben konnten. Aus der Öffentlichkeit und aus dem politischen Bereich wurden weltweit massive Erwartungen in Bezug auf den Verzicht der Erfüllung von Bonus-Bedürfnissen der Manager artikuliert. Im Zuge des Fortschritts hinsichtlich der Befriedigung maßgeblicher Bedürfnisse können und sollen diese Bedürfnisse selbst immer wieder in Frage gestellt werden, etwa in Bezug auf ihre Zweckrationalität, ihre Legitimation und ihre Angemessenheit.

Als Übergangsformen zwischen den drei dargelegten Sinnmodellen weist die Abbildung zwei weitere Modelle aus. Es handelt sich zum einen um das Koalitionsmodell und zum anderen um das Institutionsmodell. Charakteristisch für das **Koalitionsmodell** ist es, dass es zu einer **Bündelung von Individualinteressen** kommt. Die Organisationsmitglieder bilden Koalitionen, um ihre Bedürfnisse im Unternehmen besser erfüllen zu können. Dabei geht es zunächst um die Interessendurchsetzung im Sinne des Instrumentalmodells, aber die Koalitionen entwickeln darüber hinaus ein Interesse am Fortbestand des Unternehmens (etwa im Sinne des Erhalts der Arbeitsplätze), so dass eine Weiterentwicklung in Richtung des Überlebensmodells resultiert. Folglich findet sich das Koalitionsmodell als *Zwischentyp* auf dem Entwicklungspfad im Übergang vom Instrumentalmodell zum Überlebensmodell.

Die Positionierung des **Institutionsmodells** ist dazu analog angelegt, allerdings auf einem höheren Level der Unternehmensentwicklung. Konstitutiv für dieses Paradigma ist das Bestreben des sozio-technischen Systems, sich im Bewusstsein der Gesellschaft institutionell zu verankern sowie eine verantwortliche Rolle in der Gesellschaft einzunehmen. Das kennzeichnet einen Anspruch (Sinn), der über das reine Überleben des Systems hinausgeht. Es findet eine Weiterentwicklung in Richtung der Steigerung des gesellschaftlichen Nutzens der Unternehmung und damit in Richtung des Fortschrittsmodells statt.

7.4.4.3 Fortschrittsfähige Organisation

Als Idealtyp und gleichzeitig grundlegende Zielkategorie der geplanten Evolution sozio-technischer Systeme wird schließlich die Fortschrittsfähige Organisation ausgezeichnet. Sie steht als Synonym für das höchste gegenwärtig vorstellbare Niveau der Entwicklung eines sozio-technischen Systems.

▶ **Fortschrittsfähige Organisation** Das höchste gegenwärtig vorstellbare Entwicklungsniveau eines sozio-technischen Systems

Damit lässt sich die Fortschrittfähige Organisation als permanente Zielprojektion der Organisationsdynamik im Wege der geplanten Evolution deuten. Zur Realisierung dieses Idealtyps ist die Entfaltung der oben dargestellten Basisfähigkeiten des Systems erforderlich. Auf der untersten Stufe des Entwicklungspfades im Stadium des Instrumentalmodells benötigt das System vor allem **Handlungsfähigkeit**. Diese erweist sich als notwendige Bedingung der Interessendurchsetzung für die primären Nutznießer.

Beispiel

Das Renditeziel der Eigentümer erfordert die Handlungsfähigkeit des Systems zwecks Durchführung der notwendigen Operationen zur Wertschöpfung und Vermarktung. ◄

Auf der Entwicklungsstufe des Überlebensmodells resultiert die Lernfähigkeit des Systems als weiteres funktionales Erfordernis des Fortbestands der Unternehmung. Die Anpassung an Umweltveränderungen erfordert erfolgreiche organisationale Lernprozesse

7.4 Evolutionäre Konzepte

sowie intelligentes Wissensmanagement im einzelwirtschaftlichen Gebilde. Ohne die Generierung, Verarbeitung und kollektive Bereitstellung neuen Wissens kann die Evolution nicht bewältigt werden. Das Fortschrittsmodell fordert zusätzlich die Responsiveness des Systems ein. Die verbesserte Befriedigung der Bedürfnisse der **Stakeholder** definiert gerade den originären Gehalt des Fortschrittsmodells, d. h., die Realisierung von Fortschritt ist messbar am Grad der Bedürfniserfüllung. Dies verlangt vom sozio-technischen System die ausgeprägte Empfänglichkeit für das

- Erkennen,
- Verstehen und
- Berücksichtigen

der relevanten Bedürfnisse von Individuen und Gruppen sowie ein darauf konsequent abgestimmtes Systemhandeln.

Ein weiteres Modul der Fortschrittsfähigen Organisation besteht in der Entfaltung der Rationalität der organisatorischen Lebenswelt. Diese vollzieht sich in der Realisierung einer **spezifischen Kombination aus Lernfähigkeit und Responsiveness**. Eine solche Kombination prägt den Idealtyp der Fortschrittsfähigen Organisation. Die Rationalität des Systems und seiner vitalen Funktionen im Sinne eines **offenen Systems** sind in der Fortschrittsfähigen Organisation vollständig ausgeprägt. Das manifestiert sich unter anderem in der steigenden Bedeutung anspruchsvoller „hypothesengesteuerter und argumentativ gefilterter Lernprozesse" (Habermas 1985, S. 109). Solche Lernprozesse nutzen die Mittel menschlicher Sprache bzw. expliziter Kommunikation. Auf diesem Hintergrund erlangt organisationales Lernen die Qualität **rationaler Erkenntnisprozesse** analog zu wissenschaftlichen Erkenntnisbestrebungen. Damit wird die **Brücke von der betrieblichen Praxis zur angewandten Betriebswirtschaftslehre** als Lehre wissenschaftlich begründeter Unternehmensführung hergestellt. Die Entfaltung der Rationalität der organisatorischen Lebenswelt transzendiert folglich die singuläre Entwicklungsperspektive des betrachteten sozio-technischen Systems, indem rational fundiert ein **Theorie-Praxis-Transfer** sowie ein **Praxis-Theorie-Transfer** planmäßig in die Höherentwicklung des Systems und seiner organisatorischen Lebenswelt integriert werden (vgl. Kirsch 1997, S. 655 f.). Das geht einher mit der Professionalisierung der Unternehmensführung in der Handlungsform des **strategischen Managements**.

Eine zentrale Funktion strategischen Managements bezieht sich auf die Herleitung einer konzeptionellen Gesamtsicht der Unternehmenspolitik (vgl. obiger Abschnitt *Herleitung des Bedarfs*). Diese konzeptionelle Gesamtsicht hat visionären Charakter. Sie beinhaltet eine relativ abstrakte, allgemeine und grob formulierte Vorstellung darüber, wie sich das sozio-technische System in Zukunft weiterentwickeln soll. Die Verortung der konzeptionellen Gesamtsicht im Gesamtmodell der geplanten Evolution zeigt Abb. 7.29.

Die geplante Evolution des Systems vollzieht sich im Entwurf sowie in der Weiterentwicklung der konzeptionellen Gesamtsicht. Diese steht im bewusst herbeigeführten **Spannungsfeld zwischen induktiver Orientierung und deduktiver Orientierung**. In jedem

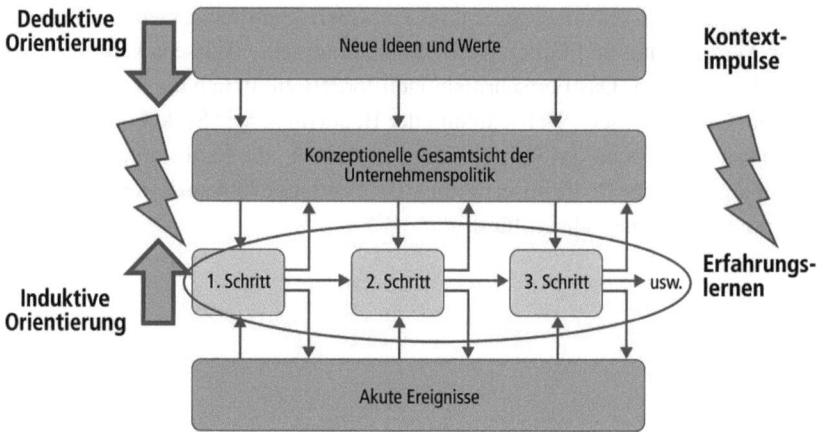

Abb. 7.29 Spannungsfeld der geplanten Evolution. (Quelle: nach Kirsch 2005, S. 568)

der in Abb. 7.29 ausgewiesenen *Schritte* gewinnt das System basierend auf den akuten Ereignissen im Zusammenhang wertschöpfender Prozesse neue Erfahrungen, die zur Modifikation und zur Konkretisierung der konzeptionellen Gesamtsicht beitragen. Andererseits greift die konzeptionelle Gesamtsicht steuernd in die Abfolge der operativen Schritte ein. Aus der gegenläufigen Richtung wird die Gesamtsicht (Evolution) durch neue Ideen in Gestalt innovativer Entwürfe, neuartige gesellschaftliche Wertvorstellungen sowie utopische Zukunftsszenarien maßgeblich beeinflusst. Die geplante Evolution ist damit insoweit deduktiv ausgerichtet, als sie durch neue Ideen und Werte animiert wird. Gleichzeitig ist die geplante Evolution induktiv orientiert, indem sie Impulse aus dem schrittweisen Vorgehen bei der Problembewältigung bezieht.

Die einzelnen operativen Schritte setzen gerade auf dem Vorgängerschritt auf, welcher den jeweiligen Status quo definiert. Das entspricht der Doktrin des **Piecemeal Engineering (Stückwerkstechnologie)** nach Popper (1971). Die induktive Orientierung stellt sich folglich als Status-quo-geprägtes Experimentieren in Gestalt von Muddling Through dar. Dagegen soll die Aufnahme neuer Ideen und Werte die für den Erkenntnisfortschritt unabdingbare übergeordnete Ausrichtung der Unternehmenspolitik gewährleisten. Damit ist das bewusst erzeugte Spannungsfeld der geplanten Evolution zwischen **deduktiver und induktiver Determiniertheit** der konzeptionellen Gesamtsicht umrissen. Die derart positionierte geplante Evolution soll einen „dritten Weg" (Kirsch 2005, S. 568) der intendierten Organisationsdynamik als alternative Gestaltungsvariante gegenüber synoptischer Totalplanung einerseits und iterativ ausgelegtem Muddling Through andererseits bereitstellen.

7.4.4.4 Exkurs: Zwei-Phasen-Modell

Eine mit dem vorstehend erörterten Modell der geplanten Evolution durchaus affine Vorstellung integrativ-dualer Gestaltung des organisatorischen Wandels präsentieren Probst und Schmitt. Ausgehend von den Erkenntnissen aus unterschiedlichen Forschungsprozes-

7.4 Evolutionäre Konzepte

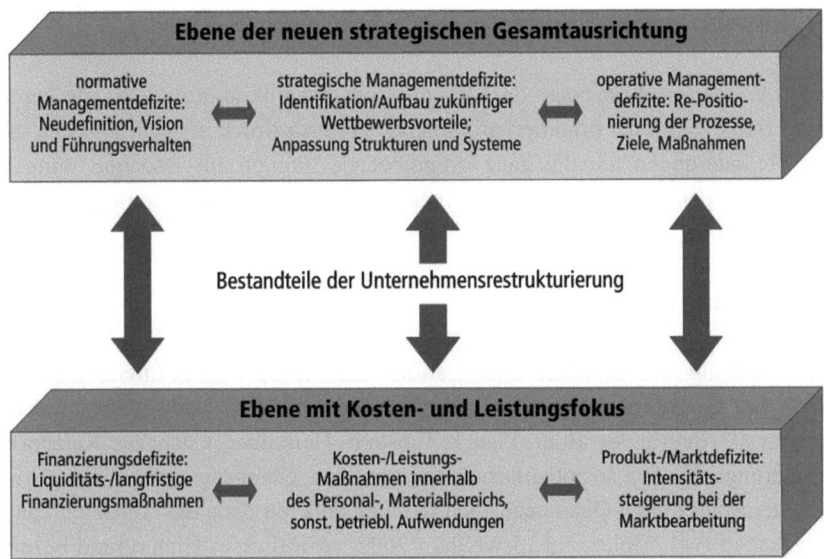

Abb. 7.30 Restrukturierung als dualer Prozess. (Quelle: Probst und Schmitt 2006, S. 194)

sen über die Erfolgskriterien der Restrukturierung von Unternehmen entwerfen die Autoren ein „Zwei-Phasen-Modell der Unternehmensrestrukturierung" (Probst und Schmitt 2006, S. 193). In Abb. 7.30 ist dieses Modell dargestellt.

Differenziert werden die Ebene oder Phase des **Kosten- und Leistungsfokus** sowie die Ebene der **strategischen Gesamtausrichtung.** Die beiden Phasen laufen parallel oder sequenziell ab. Auf der Ebene des Kosten- und Leistungsfokus geht es um die kurzfristige Effizienzverbesserung. Das korrespondiert mit der weiter oben erörterten *Handlungsfähigkeit* des Unternehmens. Dazu gehört der Abbau von Finanzierungsdefiziten, Kosten- / Leistungsdefiziten und Produkt- /Marktdefiziten. Diese Ebene der Restrukturierung ist folglich effizienzgetrieben. Im Interesse des Schaffens langfristiger Wettbewerbsvorteile und der Förderung der Überlebensfähigkeit des Unternehmens reichen derartige Maßnahmen der Restrukturierung allerdings nicht hin (vgl. Probst und Schmitt 2006, S. 195 ff.). Vielmehr kommt es mit Blick auf die **Nachhaltigkeit** und die tiefergehende Erfolgswirksamkeit von Maßnahmen der Reorganisation darauf an, auch eine Ebene der neuen strategischen Gesamtausrichtung des sozio-technischen Systems zu etablieren. Diese Ebene umfasst die Beseitigung normativer, strategischer und operativer Managementdefizite. Im Gegensatz zur effizienzgetriebenen Ebene kurzfristiger Problemlösungen hat die Ebene der strategischen Neuausrichtung den Charakter innovationsgetriebener Restrukturierung. Das wiederum korrespondiert mit den weiter oben erläuterten systemischen Basisfähigkeiten der Responsiveness und der Lernfähigkeit. Erfolgreiche Gestaltung der betrieblichen Reorganisation sollte beide Ebenen der Restrukturierung sinnvoll miteinander verbinden. Hieran wird die Affinität des Zwei-Phasen-Modells nach Probst/Schmitt mit dem Konzept evolutionären Wandels nach Kirsch klar erkennbar.

7.5 Revolutionäre Konzepte

In den *revolutionären* Konzepten der Organisationsdynamik kommt quasi die komplexe Antithese zum evolutionär orientierten Vorgehen zum Ausdruck. Es geht im Falle revolutionärer Veränderungen um die ganz grundlegende, kompromisslose und umfassende Neuausrichtung der strukturellen Management-Dimension im Unternehmen.

7.5.1 Quantensprung-Metapher

In Zusammenhang revolutionärer Organisationsveränderung wird in Literatur und Praxis das Bild vom **Quantensprung** gern herangezogen. Im Sinne der sogenannten frühen Quantenphysik (Begründer: Bohr, Planck, Einstein, Heisenberg) steht die Kategorie des Quantensprungs für den hypothetischen sprunghaften Übergang eines mikrophysikalischen Systems aus einem Quantenzustand in einen anderen ohne das Auftreten von Zwischenzuständen (vgl. Tipler und Llewellhyn 2002). Auf diesem Hintergrund bezeichnet der Terminus des Quantensprungs in seiner **metaphorischen Bedeutung** einen ganz umfassenden, sofortigen und kompromisslosen Wechsel des Zustands oder des Paradigmas. Die originäre Bedeutung des Modells vom Quantensprung verdeutlicht Abb. 7.31.

Aus dem Bild geht hervor, dass es sich beim Zustandsübergang von Quanten von einem Zustand in einen anderen um einen sehr kleinen Vorgang im Mikrokosmos handelt. Es ist also nicht die *Größe* im Sinne physiologischer Ausdehnung, welche die Anwendung der Metapher vom Quantensprung auf die Organisationsdynamik motiviert. Vielmehr signalisiert diese Metapher die

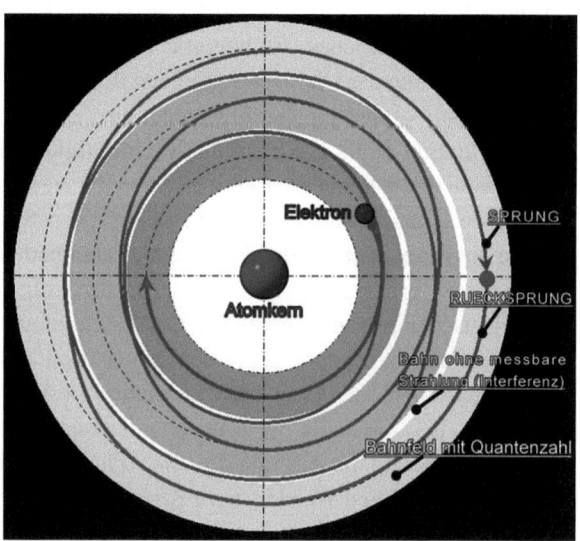

Abb. 7.31 Zur Modellvorstellung des Quantensprungs. (Quelle: Schwedler 2005)

7.5 Revolutionäre Konzepte

- Vehemenz,
- Rigidität und
- totale Zustandsdifferenz

im Kontext des Quantensprungs. In dieser Perspektive bewirkt, idealtypisch formuliert, der Einsatz revolutionärer Konzepte des intendierten Wandels von Organisationen die abrupte, grundlegende sowie quasi unaufhaltsame Veränderung des betrachteten singulären sozio-technischen Systems *Einzelwirtschaft* in ein völlig anderes soziales Gebilde. An die Stelle der **inkrementalen Anpassungsprozesse** in evolutionären Konzepten tritt in den revolutionären Doktrinen organisationaler Neuausrichtung der **tief greifende und grundlegende Systemwechsel**, welcher gerade nicht konsensorientiert und diskursiv hergeleitet, sondern auf der Basis besserer Einsicht hypothetisch entworfen und mittels des Einsatzes von Machtressourcen durchgesetzt wird (= *Revolution*).

7.5.2 Bombenwurf-Strategie

Ein noch stärker martialisch geprägtes Etikett bekommt revolutionärer Wandel in der Metapher vom *Bombenwurf* verliehen. Dieses Konstrukt wurde von Kirsch in die Debatte um die Weiterentwicklung sozio-technischer Systemen eingebracht (vgl. Kirsch 1997, S. 513 ff.; Grotendorst 2007). Konstitutiv für die Bombenwurf-Strategie zur Erzeugung von Organisationsdynamik ist es zunächst, dass in einem kleinen Kreis von Top-Managern, grundsätzlich unterstützt von externen Experten (Unternehmensberater), unter relativ strikter Geheimhaltung ein **Grobkonzept der künftigen Organisationsstruktur** erstellt wird. Im nächsten Schritt erfolgt die schlagartige und definitive Implementierung dieses Grobkonzeptes im sozio-technischen System. Aus metaphorischer Perspektive betrachtet, wirft das Top-Management das innovative Grobkonzept ähnlich wie eine Bombe in die bestehende alte Organisation. Diese bildhafte Vorstellung kommt in Abb. 7.32 zum Ausdruck.

Der Einschlag der *Bombe* ins das etablierte System struktureller Unternehmensführung zerstört die alten organisationalen Gegebenheiten. Diese werden ebenso jäh wie unwiderruflich beseitigt. Was nach dem Bombenwurf zu erledigen bleibt, sind diverse Aufräumarbeiten und umfangreiche Aktivitäten des **Neuaufbaus**. Außerdem ist das Grobkonzept seiner Wesensart nach kein in allen Einzelheiten ausgearbeitetes Konstrukt. Es beinhaltet lediglich Regelungen über die **generelle Linie zukunftsbezogener Organisationsgestaltung**. Das neue Konzept umfasst allenfalls Grundsatzentscheidungen über die künftigen Geschäftsbereiche. Auf der personellen Dimension von Unternehmensführung werden diese strukturellen Basiskriterien sinnvollerweise flankiert von Entscheidungen über die künftigen Manager mit Leitungsverantwortung für die neu abgegrenzten Geschäftsbereiche. Im nächsten Schritt sind die vorhandenen Organisationsmitglieder aufgefordert, die verbliebenen (zahlreichen) **organisatorischen Lücken** zunächst improvisatorisch auszufüllen (vgl. Kirsch 1997, S. 514). Erst daran anschließend werden die mit dem Grobkonzept einhergehenden Detailprobleme in einer Serie von **Iterationen** (trial and error) syste-

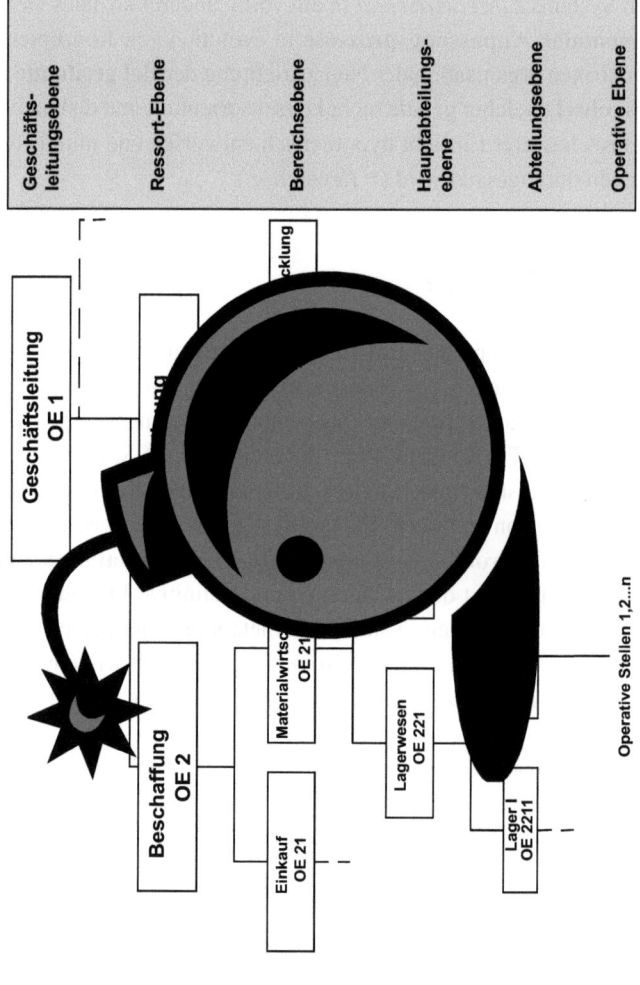

Abb. 7.32 Bombenwurf-Strategie der Organisationsveränderung

matisch in Form detaillierter Organisationsplanung und abgewogener operativer Gestaltung bearbeitet.

Als Begründung für den *Bombenwurf* dient die ihm zugeschriebene hohe Funktionalität im Hinblick auf die Realisierung tief greifender struktureller Veränderungen. Diese Begründung basiert auf der Annahme, dass die partizipative Herleitung grundlegender Organisationsveränderungen die **Komplexität** des Vorgehens signifikant erhöht. Als Folge dieses Komplexitätseffektes ist ein *Versanden* des Reorganisationsansatzes zu befürchten (vgl. Kirsch 1997, S. 514). Daher schließt die Anwendung der Bombenwurf-Strategie die Partizipation der von den strukturellen Innovationen betroffenen Individuen und Bezugsgruppen an der Erarbeitung des Grobkonzeptes aus. Das Vorgehen im Zuge der Reorganisation erfolgt strikt nach Maßgabe der Direktiven der Unternehmensleitung.

7.5.3 Business Process Reengineering

7.5.3.1 Grundlagen

Erhebliche Resonanz in der Unternehmenspraxis hat das Konzept des Business Process Reengineering (BPR) gefunden. Das wird reflektiert durch den Bestseller-Charakter der einschlägigen Veröffentlichungen der Autoren Hammer und Champy, denen die maßgebliche Verbreitung der grundlegenden Doktrinen zu diesem Konzept sowie deren erhebliche Popularität zuzuschreiben sind. Danach handelt es sich beim BPR um

> „…the fundamental rethinking and radical redesign of business processes to achieve dramatic improvements in critical contemporary measures of performance, such as cost, quality, service, and speed".
> (Hammer und Champy 2001, S. 32).

Gemeint ist damit eine *Radikalkur* für das Unternehmen, welche den völligen Neustart der einzelwirtschaftlichen Aktivitäten auf signifikant höherem Effizienzniveau einleiten soll. Als konstitutiv für das BPR lassen sich die folgenden Prinzipien identifizieren (vgl. Hammer und Champy 1996):

(1) **Prinzip fundamentaler Veränderung**

Die Entscheidungsträger sind aufgefordert, sich in ihrem Denken vollständig von den bestehenden organisationalen Regelungen zu lösen und neu zu beginnen. Es gilt ein *Tabula-rasa-Ansatz* der strukturellen Veränderung. Dabei kommt es entscheidend auf ein ganzheitliches Vorgehen an. Im Blickpunkt stehen nicht einzelne Aufgaben oder Teilprozesse, sondern das gesamte System oder komplette Kernprozesse. Das Gütekriterium wird durch den **Kundennutzen** definiert. Im Wege konsequenter Kundenfokussierung sollen die zentralen Geschäftsprozesse ganz grundlegend neu hergeleitet und etabliert werden.

(2) **Prinzip radikaler Veränderung**

Das Top Management soll mit großer Vehemenz den revolutionären Wandel vorantreiben. Dazu gehört ein **hohes Veränderungstempo**. Es kommt darauf an, die neuen Prozesse innerhalb von maximal einem Jahr im Unternehmen implementiert zu haben. Auf diese Weise wird eine unmissverständliche Zäsur gegenüber den Vorgehensweisen in der Vergangenheit herbeigeführt. Außerdem soll allen Akteuren die **Irreversibilität** der Veränderungen immer wieder verdeutlicht werden. Die Resultate zeigen sich in den oben bereits erörterten *Quantensprüngen*, zum Beispiel in Gestalt einer Gemeinkostensenkung um 40 %, einer Steigerung der Produktivität um 100 % oder einer Verdreifachung der Verkaufserlöse je Organisationsmitglied.

(3) **Prinzip des Prozessbezugs**

Die analytische Betrachtung ist konsequent auf die wichtigsten Geschäftsprozesse auszurichten. Es geht darum, die **horizontale Komponente von Organisation** entscheidend zu verbessern. Deshalb stehen die wertschöpfenden Aktivitäten sowie ihre effiziente sowie

> schränkt zu den Veränderungen bekennen und damit die Rolle des **Machtpromotors** im Reorganisationsprozess einnehmen.

effektive prozessuale Gestaltung und Anordnung im Mittelpunkt des BPR. Erfolgsentscheidend sind die kreative Auseinandersetzung mit den Prozessen sowie ihre uneingeschränkte kritische Hinterfragung. Detaillierte Analysen und frühzeitige Machbarkeitsprüfungen werden ganz bewusst in den Hintergrund gestellt, da solche Positionen per se starke Relativierungen auslösen (Blockadefunktionen) und damit den umfassenden Wandel gefährden.

(4) **Top-down-Prinzip**

Das BPR geht vom Top Management aus. Es soll mit Nachdruck und voller Unterstützung der Unternehmensleitung als Top-down-Prozess im sozio-technischen System durchgesetzt werden. Partizipative Elemente kollidieren mit den Intentionen des BPR, da die aktive Einbeziehung der betroffenen Organisationsmitglieder in die Gestaltung der Organisationsdynamik tendenziell zur Berücksichtigung konservativ-partikularer Interessen zu Lasten der Fokussierung auf den Kundennutzen sowie auf die Kundenzufriedenheit führen würde. Daher kommt es darauf an, die einmal gefundenen **erfolgsüberlegenen Prozesslösungen** top down Stufe für Stufe kompromisslos (ohne relativierende Debatten) im Unternehmen zu implementieren. Dabei soll sich die jeweils übergeordnete Ebene uneinge-

7.5 Revolutionäre Konzepte

Im Sinne der oben begonnenen Darstellung von reorganisatorischen Intentionen in Form von Metaphern sei auch zur Verdeutlichung der dem Top-down-Prinzip zugeschriebenen Rationalität ein populäres Bild zitiert, nämlich die Sumpfstory.

Sumpfstory
Es führt zu nichts, die Frösche nach ihrer Meinung zu fragen, wenn es darum gehen soll, den Sumpf auszutrocknen und für wirtschaftliche Zwecke nutzbar zu machen.

7.5.3.2 Konzeptionelle Integration

Die charakteristischen Merkmale des BPR integrieren Osterloh und Frost zu einem Konzept der **„Kundenorientierten Rundumbearbeitung"** (Osterloh und Frost 2006, S. 27 ff.). Handlungsleitend in diesem Konzept ist das sukzessive Abarbeiten der zentralen Problemstellungen des revolutionären Wandels:

> **1. Schritt:**
> Wie müssen wir das Unternehmen neu sehen?
> **2. Schritt:**
> Was wollen wir daran verbessern?

Auf dem damit bestimmten Hintergrund wird das Unternehmen als **Bündel von Kernprozessen** gedeutet. Es kommt dann darauf an, durchgängige Prozesse vom Lieferanten bis zum Kunden unter größtmöglicher Vermeidung von **Schnittstellen** zu implementieren. Eben darin liegt die organisationale Revolution begründet (vgl. Osterloh und Frost 2006, S. 29). Die resultierende kundenorientierte Rundumbearbeitung basiert auf drei prägenden Ideen, nämlich der Prozess-Idee, der Triage-Idee sowie der Idee der informationellen Vernetzung. Das so hergeleitete Konzept ist in Abb. 7.33 dargestellt.

Abb. 7.33 Kundenorientierte Rundumbearbeitung als integratives Konzept des Business Process Reengineering. (Quelle: Osterloh und Frost 2006, S. 29)

(1) Prozess-Idee

Der Einfluss der Prozess-Idee auf die kundenorientierte Rundumbearbeitung führt zu einem 90°-Shift in der Organisationsgestaltung. Die traditionell stark vertikale Orientierung organisationaler Maßnahmen tritt zugunsten der horizontal auf die Wertschöpfungskette gerichteten Prozessorganisation in den Hintergrund (vgl. Kapitel *Prozessorientierte Organisation*). Bildlich ausgedrückt, erfolgt eine Drehung der Organisationsstruktur um 90°, so dass das Hierarchie-Gebilde der Ausgangssituation im Zuge des Reengineering zu einem Prozessgebilde umgestaltet wird.

Einen weiteren wichtigen Impuls für die Organisationsdynamik vermittelt die Differenzierung von **Kernprozessen und Supportprozessen**. In Kernprozessen kommen die originären Stärken des Unternehmens zum Ausdruck. Diese Prozesse dienen der Transformation der **Kernkompetenzen** des Unternehmens in betriebliche Wertschöpfung und begründen damit Wettbewerbsvorteile. In den Kernprozessen vollzieht sich die Umsetzung der Wettbewerbsstrategie des Unternehmens. Zur **Identifikation der erfolgsentscheidenden Kernprozesse** werden die nachstehend erörterten konstitutiven Merkmale herangezogen (vgl. Osterloh und Frost 2006, S. 37):

- **Wahrnehmbarer Kundennutzen**
  Der Vorgang schafft einen signifikanten Nutzen für die Kunden des Unternehmens; die Kunden sind bereit, den Nutzen adäquat im Verkaufspreis zu akzeptieren.
- **Unternehmensspezifität**
  Es erfolgt die unternehmensspezifische Nutzung von Ressourcen. Das verleiht dem Prozess den Charakter der Einmaligkeit (nur im betrachteten Unternehmen möglich).
- **Nicht-Imitierbarkeit**
  Die Besonderheiten des Prozesses sind nicht (leicht) durch andere Unternehmen zu imitieren. Dadurch schafft der Kernprozess eine (partielle) Wettbewerbsbarriere.
- **Nicht-Substituierbarkeit**
  Eine Option der Ersetzbarkeit des Prozesses durch alternative Problemlösungen scheidet aus.

In der aufgezeigten Perspektive existiert in einer Unternehmung nur eine relativ kleine Zahl von Kernprozessen (ca. vier bis acht Prozesse). Die Identifikation und die Auswahl dieser Kernprozesse definieren den ersten Schritt sinnvoller Reorganisation. Im weiteren Verlauf des BPR gilt es, im Bereich der Kernprozesse ein noch **höheres Rationalitätsniveau** zu erreichen. Das bezieht sich auf die Weiterentwicklung der Leistungsfähigkeit des sozio-technischen Systems in Bezug auf die Bereitstellung neuer Produkte und Verfahren einerseits sowie auf die Verbesserung bereits gefertigter Produkte und angewandter Verfahren auf der anderen Seite. Damit vollzieht das Unternehmen im Verlaufe des Reengineering den intensiven **Ausbau seiner Kernkompetenzen**.

Die Supportprozesse erfüllen dagegen unterstützende Funktion hinsichtlich der optimalen Durchführung der Kernprozesse. Ein unmittelbarer Beitrag zum Schaffen von Nut-

7.5 Revolutionäre Konzepte

zen für die Kunden des Unternehmens geht von den Supportprozessen nicht aus. Sie haben tendenziell unternehmensunspezifischen Charakter und verfügen nicht über strategische Relevanz innerhalb des betrachteten sozio-technischen Systems. Daher empfiehlt sich die systematische Trennung der Supportprozesse von den Kernprozessen. Per se soll im Zuge des BPR die Frage nach Möglichkeiten des **Outsourcings** von Supportprozessen gestellt werden, da Potenzial zur Effizienzsteigerung in diesem Segment anzunehmen ist.

Beispiel

Für die Kunden eines Automobilherstellers (Industrieunternehmen) ist es nicht von erkennbarer Relevanz, ob den Mitarbeitern des Industriebetriebs eine gute Kantine zur Verfügung steht. Die Bereitstellung der täglichen Mitarbeiterverpflegung stellt einen Supportprozess beim Automobilhersteller dar. Auf diese Weise wird der Kernprozess der Herstellung von Kraftfahrzeugen unterstützt. Daher sollte das Industrieunternehmen aus der Kraftfahrzeugbranche prüfen, ob der Supportprozess *Mitarbeiterverpflegung* an ein spezialisiertes Catering-Unternehmen sinnvoll ausgegliedert werden kann. ◄

Zur Prozess-Idee gehört es darüber hinaus, dass an die Stelle funktional differenzierter Hierarchien flexible Prozessteams treten, welche ganzheitlich entlang der Wertschöpfungskette agieren. Die erforderliche Machtpromotion für den jeweiligen Prozess im Gesamtsystem ist in der Rolle des **Process Owner** verankert.

(2) **Triage-Idee**

Die Triage-Idee soll zur Lösung des Problems der Aufgabenverteilung innerhalb der ausgewiesenen Prozesse beitragen. Es geht um die Einteilung der Prozesse in arbeitsteilige Bereiche (Triage). Das Resultat ist eine horizontale Segmentierung der zu gestaltenden Prozesse. Diese Segmentierung kann nach unterschiedlichen Kriterien erfolgen.

Im Falle **funktionaler Segmentierung** werden innerhalb des Prozesses differente Funktionen abgegrenzt. Als Folge treten im Rahmen des prozessualen Bezugssystems funktionsbezogene *Inseln* auf, zwischen denen Schnittstellen bestehen. Die vorhandenen Schnittstellen bedürfen der sorgfältigen Ausgestaltung. Dieses Problem wird in Abb. 7.34 aufgezeigt.

Wie die Abb. 7.34 veranschaulicht, stehen die Funktionen F&E, Produktion sowie Vertrieb im Prozess auf einer Ebene (horizontale Anordnung), sind aber logisch nacheinander in den Wertschöpfungsverlauf eingebunden. Die kundenbezogene Integration aller Prozessaktivitäten soll durch den Process Owner als Gesamtverantwortlichen für den Prozess der Auftragsabwicklung herbeigeführt werden.

Einen alternativen Ansatz zur Etablierung arbeitsteiliger Strukturen in den Prozessen bietet das **Kriterium des Problemgehalts oder der Komplexität**. Danach könnte der oben bereits angezogene Auftragsabwicklungsprozess beispielsweise in komplexe Fälle (ausgeprägter Problemgehalt), mittelschwere Fälle sowie Routinefälle (wenig problembehaftete Vorgänge) der Erteilung und Durchführung von Aufträgen untergliedert werden (siehe Abb. 7.35).

Abb. 7.34 Beispiel funktionaler Prozess-Segmentierung. (Quelle: Osterloh und Frost 2006, S. 53)

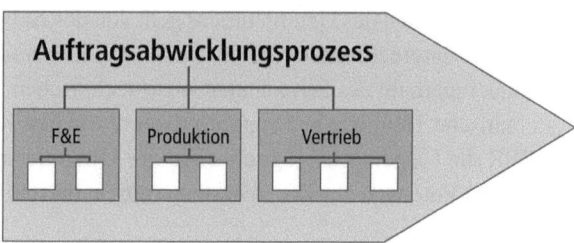

Abb. 7.35 Beispiel von Prozess-Segmentierung nach dem Kriterium der Komplexität. (Quelle: Osterloh und Frost 2006, S. 54)

Auftragsabwicklungsprozess

Komplexe Fälle

Mittelschwere Fälle

Routinefälle

Abb. 7.36 Beispiel der Prozess-Segmentierung nach Kundengruppen. (Quelle: Osterloh und Frost 2006, S. 65)

Auftragsabwicklungsprozess

Privatkundengeschäft

Firmenkundengeschäft
- z.B. pharmazeutische Branche
- z.B. Dienstleistungsbranche
- z.B. Baubranche

Die Prozess-Segmente sind parallel zueinander angeordnet. In Abhängigkeit vom Komplexitätsgrad wird ein abgestufter Ressourceneinsatz notwendig sein, dergestalt dass die komplexen Fälle ceteris paribus mehr Ressourcen und umfangreicheres Know-how beanspruchen. Genau daran sind die Entscheidungen über die Arbeitsteilung innerhalb des Prozesses der Auftragsabwicklung auszurichten. Darüber hinaus enthält die Segmentierung nach Komplexität eine vertikale Komponente: Die komplexen Fälle werden als anspruchsvoller eingestuft als die mittelschweren Fälle, und diese rangieren im Anforderungsniveau wiederum über den Routinefällen. In dieser Sicht werden die horizontale Dimension des Prozesses und die Dimension vertikaler Anordnung miteinander verbunden.

Die dritte im Konzept der kundenorientierten Rundumbearbeitung vorgesehene Variante der Prozess-Segmentierung sieht die Aufgabenverteilung innerhalb des Prozesses nach dem **Kriterium der Kundengruppen** vor. Diese Variante prozessualer Arbeitsteilung ist vom Organisationsmodell des Key-Account-Managements beeinflusst. Das wird in Abb. 7.36 anhand der kundenbezogenen Prozess-Segmentierung in einem Dienstleistungsunternehmen verdeutlicht.

Unterteilt wird der Prozess der Auftragsabwicklung zum einen nach Aufträgen von Privatkunden (B-to-C) einerseits und Aufträgen von Geschäftskunden (B-to-B) andererseits. Zum anderen erfolgt innerhalb des B-to-B-Segments eine weitere Unterteilung des Prozesses nach Branchen. Durch die kundenbezogene Segmentierung wird die herausragende Rolle des Abnehmers der Process-Outcomes zusätzlich betont. Es gilt durchgängig das Strukturierungsprinzip *One-face-to-the-customer*. Darüber hinaus bietet diese Form der Segmentierung die Option einer sinnvollen Verknüpfung der eigenen Prozesse mit denen des Kunden. So gesehen signalisiert die Reorganisation in Richtung kundenbezogener Prozess-Segmentierung das nachhaltige Bestreben der betrieblichen Entscheidungsträger, größere **Kundennähe** herzustellen.

(3) **Die Idee der informationellen Vernetzung**

Durch die Idee der informationellen Vernetzung finden die rasante Entwicklung sowie das realisierte Leistungsniveau der modernen Informations- und Kommunikationstechnologien (IuK) sinnvollen Eingang in das Konzept der kundenorientierten Rundumbearbeitung. Wirksames BPR soll die vielfältigen und weitreichenden Optionen, welche die IuK bereitstellt, konsequent nutzen und prozessual umsetzen. Das drückt sich beispielsweise in der internen und externen Kommunikation mittels des adäquaten Einsatzes von elektronischer Nachrichten aus. Außerdem soll die IuK den permanenten **dezentralen Zugriff auf die benötigten Daten** zur Prozessdurchführung sicherstellen sowie die simultane und papierlose Datenverarbeitung im Sinne gesteigerter Prozessleistung ermöglichen. Darüber hinaus wird jedoch die revolutionäre Anwendung der IuK im Kontext des BPR gefordert: Die IuK soll nicht nur als Tool innerhalb bestehender Prozesse, etwa zum Zwecke der Verkürzung von Durchlaufzeiten oder zur Rationalisierung, dienen, sondern als *Enabler* für den Entwurf und die Implementierung vollkommen neuer Geschäftsprozesse systematisch genutzt werden. Wesentliche Basisoptionen der prozessualen Anwendung moderner IuK zeigt Abb. 7.37.

Die dargestellten potenziellen IuK-Effekte verdeutlichen die Vielfalt und den revolutionären Gehalt informationeller Vernetzung im Rahmen des BPR. Das geht einher mit der Forderung, die Geschäftsprozesse nach Maßgabe der erreichten informationstechnologischen Möglichkeiten neu zu gestalten und gerade nicht in umgekehrter Richtung die IuK-Instrumente an die konventionell-evolutionär hergeleiteten prozessualen Strukturen anzupassen. In dieser Perspektive reicht es nicht hin, wenn Unternehmen ihr analoges Geschäftsmodell digitalisieren, es soll vielmehr um eine grundlegende digitale Transformation gehen (vgl. Schrader 2018, S. 18). Die Idee der informationellen Vernetzung als treibende Kraft der revolutionären Organisationsdynamik wird in Abb. 7.38 aufgegriffen und in den Gesamtzusammenhang von Reorganisation eingeordnet.

Das Business Process Redesign oder Business Process Reengineering (weitgehend synonymer Begriffsgebrauch) ist auf der revolutionären Ebene organisationaler Veränderungen angesiedelt. Es ist in der Lage, großen ökonomischen Nutzen zu schaffen und durch eine hohe **Transformation** von Unternehmensaktivitäten gekennzeichnet. Der evolutio-

Effekte von IuK	Konsequenzen für Prozessinnovation
Automatisierung	Verringerung des Bedarfs an menschlicher Arbeitsleistung im strukturierten Prozess
Informatisierung	Sammeln von Prozessinformationen
Sequentialisierung und Parallelisierung	Modifikation der Aktivitätensequenzen sowie Ermöglichen simultaner Arbeitsweisen
Zielorientierung	Verfolgen des Prozess-Status und des Bearbeitungszustandes
Verbesserte Analyse	Beträchtliche Erweiterung der Möglichkeit zur Analyse der gewonnenen Informationen in Bezug auf die Entscheidungsfindung
Überwindung geografischer Distanzen	Koordination räumlich verteilter Prozesse
Integration der Aufgaben	Abstimmung arbeitsteiliger Aktivitätenbündel
Erweiterung der intellektuellen Verarbeitungskapazität	Generierung und Diffundierung von Wissen
Eliminierung von Schnittstellen	Reduktion kritischer Prozess-Interdependenzen

Abb. 7.37 Informationstechnologische Optionen im Business Process Reengineering (BPR). (Quelle: nach Davenport 1993, S. 51)

näre Wandel dient im Wesentlichen der Effizienzsteigerung in etablierten Geschäftsprozessen auf den Gebieten der lokal begrenzten Technologienutzung sowie der unternehmensinternen Integration. Die daraus erzielbaren Veränderungseffekte haben vergleichsweise geringe Reichweiten. Dagegen wird das BPR nachhaltig von der grundlegenden Neuausrichtung der Geschäftspolitik im Kontext hochsignifikant erweiterter informationstechnologischer Gestaltungsoptionen (vgl. beispielsweise obiges Kapitel *Virtuelle Organisation*) sowie von den daraus hergeleiteten **Geschäftsnetzwerken** angetrieben. Auf diesem Hintergrund soll BPR gerade nicht auf dem Niveau der Effizienzverbesserung

7.5 Revolutionäre Konzepte

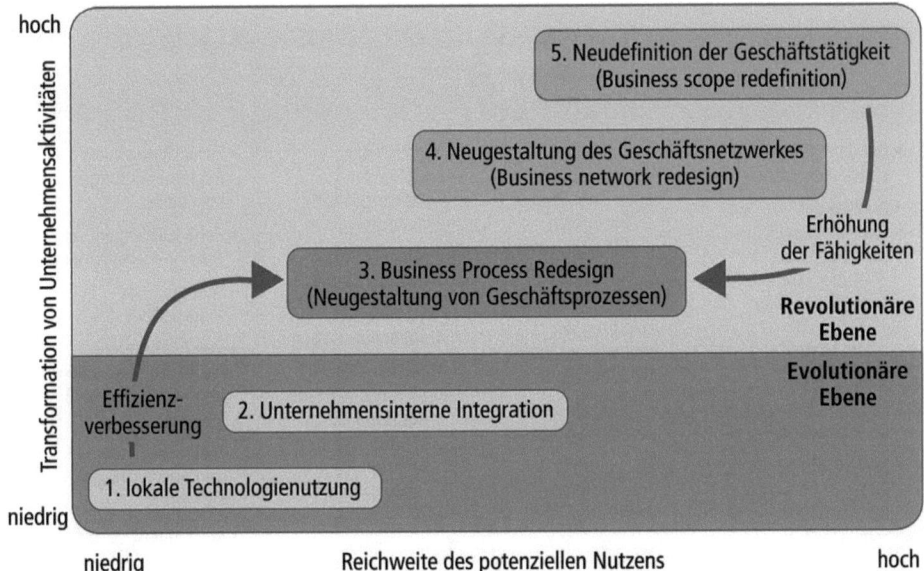

Abb. 7.38 Ebenen des IuK-basierten Prozessmanagements. (Quelle: Osterloh und Frost 2006, S. 76)

stehenbleiben, sondern die grundsätzliche Steigerung der kollektiven Fähigkeiten des sozio-technischen Systems vorantreiben. Die entscheidende Messgröße für den Fortschritt ist im Konzept der kundenorientierten Rundumbearbeitung stets die Erhöhung des Nutzens für den Kunden.

7.5.3.3 Vorgehensmodell

Das BPR erweist sich als eine Konzeption zur Realisierung weitreichender, gravierender struktureller Änderungen im sozio-technischen System. Im Zentrum steht der Anspruch, die **Prozesslandschaft** im Unternehmen von Grund auf neu anzulegen. In der Terminologie des Controllings formuliert, bedeutet dies die Anwendung eines **Zero-Base-Ansatzes** auf dem Gebiet der Prozessgestaltung. Es geht, wie oben bereits ausgeführt, gerade nicht darum, jeden Einzelprozess im Detail zu analysieren und zu optimieren. Vielmehr soll das BPR eingesetzt werden, um das Unternehmen auf der Makroebene der Prozesslandschaft als Gesamtsystem unter konsequenter Berücksichtigung geänderter Kontextbedingungen sowie neuer Erkenntnisse quasi neu zu erfinden (vgl. Ahlrichs und Knuppertz 2006, S. 252 f.). Inwieweit in der *zero-based* hergeleiteten völlig neuen Prozessarchitektur des Unternehmens bisherige Verfahren und Problemlösungen weiterhin (modifizierte) Anwendung finden können oder sollen, wird erst im weiteren Verlauf des BPR-Projektes zu klären sein. Abb. 7.39 zeigt ein auf die herausgearbeiteten Intentionen abgestimmtes Vorgehensmodell für die Durchführung von Projekten des Business Process Reengineering.

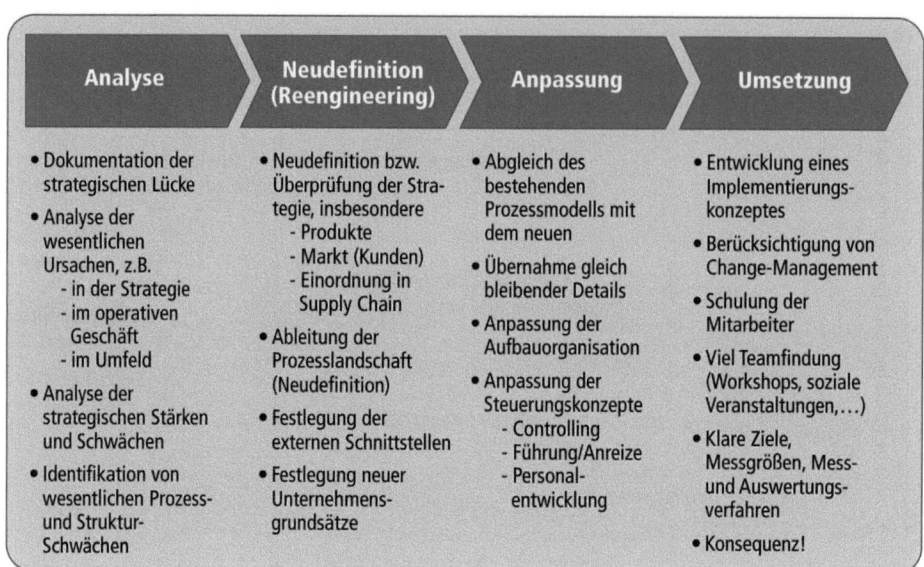

Abb. 7.39 Vorgehensmodell für BPR-Projekte. (Quelle: Ahlrichs und Knuppertz 2006, S. 254)

- Die erste Projektphase umfasst vielfältige **analytische Aktivitäten.** Durch die Anwendung von Gap-Analysen soll die strategische Lücke ermittelt und dokumentiert werden. Auf diese Weise kann es dem Unternehmen gelingen, zusätzliche Wachstums- und Wettbewerbspotenziale zu identifizieren. Außerdem gilt es, eine kombinierte Unternehmens- und Umweltanalyse durchzuführen mit dem Ziel, die Stärken und Schwächen des sozio-technischen Systems einerseits sowie die Chancen und Risiken in der Systemumgebung (Umwelt) anderseits herauszuarbeiten.
- Ausgehend von den Ergebnissen der Analyse-Phase geschieht im zweiten Schritt die strategische **Neuausrichtung** des Unternehmens. Kernstück dieser zweiten Phase ist die strategisch fundierte Ableitung einer zukunftsbezogenen, zero-based Prozesslandschaft. Zu den Inhalten dieser Phase gehören aber ebenfalls die Bestimmung der externen Schnittstellen sowie die Wertedebatte und, daraus folgend, die Fixierung innovativer Unternehmensgrundsätze.
- Die anschließende **Anpassungsphase** dient der Detailgestaltung. Hier erfolgt auch der Abgleich innovativer Intentionen mit bereits bestehenden Regelungen. Regelmäßig wird nicht die völlige Neuinszenierung aller Einzelheiten erforderlich sein, sondern eine Reihe von Vorgehensweisen dürfte in die neue Prozesslandschaft durchaus übertragen werden können.
- Erfolgsentscheidend ist schließlich die vierte Phase, in der es um die **Umsetzung** des radikalen Wandels geht. Das erfordert ein tragfähiges Implementierungskonzept ebenso wie die Schulung der Organisationsmitglieder. Dazu gehören viel Kommunikation, Kooperation und klare Ziele sowie Messvorschriften. Absolut notwendige Bedingung des revolutionären Wandels ist jedoch das strikt konsequente Vorgehen in Bezug auf die Durchsetzung der völlig neu angelegten prozessualen Rahmenbedingungen im sozio-technischen System.

7.5.4 Krisenmanagement

7.5.4.1 Determinanten

In Anbetracht der Wesensmerkmale der Kategorie *Krise* oder konkreter der Kategorie ***Unternehmenskrise*** liegt es von vornherein nahe, dem betrieblichen Bestreben um Krisenbewältigung revolutionäre Intentionen zuzuordnen. Ganz generell ist die Rede von einer Krise, wenn eine nachhaltig bedrohliche Situation eingetreten ist oder sich deutlich abzeichnet (vgl. oben, Abschnitt *Situationale Günstigkeit*). In Bezug auf die im vorliegenden Zusammenhang interessierenden einzelwirtschaftlichen Krisen sei das anhand einiger **spezifischer Merkmale der Unternehmenskrise** konkretisiert (vgl. Krystek und Moldenhauer 2007, S. 26 f.):

- **Existenzgefährdung**
  Das von der Krise betroffene sozio-technische System ist in seinem Fortbestand gefährdet. Eine Unternehmenskrise liegt vor, wenn die Verantwortlichen gefordert sind, zunächst das reine Überleben des sozio-technischen Systems sicherzustellen.
- **Unklarheit des Ausgangs**
  Es ist zunächst völlig offen, ob aus der Krise die Vernichtung des Unternehmens resultiert oder ob dieses die Gefahren erfolgreich bewältigt.
- **Überraschung**
  Meistens werden Unternehmenskrisen von den Organisationsmitgliedern nicht vorhergesehen und als überraschend erlebt. Allerdings sind Bedrohungen prinzipiell frühzeitig erkennbar (siehe oben: Theorie *strategischer Überraschungen* nach Ansoff). Im Falle funktionierender Früherkennung wird es dem Unternehmen jedoch häufig gelingen, das Auftreten der Krise völlig zu vermeiden, so dass eine konstatierbare Krise als Funktion des Versagens oder des Fehlens von Frühwarnsystemen im Unternehmen gedeutet werden kann.
- **Überforderung**
  Die handelnden Akteure sind den krisenhaften Zuständen zunächst nicht gewachsen. Das liegt daran, dass die in der Vergangenheit gelernten Problemlösungsmuster in der Krise nicht mehr greifen. Die Individuen erleben das Versagen ihrer bisher erfolgreichen arbeitsbezogenen Aktionsmuster.
- **Einschränkung der Handlungsfähigkeit**
  Das Auftreten der Krise schlägt sich in der Einschränkung der Handlungsfähigkeit des sozio-technischen Systems nieder. Beispielsweise kann die Zahlungsfähigkeit des Unternehmens aufgrund von Liquiditätsengpässen beeinträchtigt, der Absatz bereits produzierter Güter ins Stocken geraten oder eine zufriedenstellende Auslastung der vorhandenen Kapazitäten unmöglich geworden sein.
- **Erheblicher Zeitdruck**
  Die eingetretene Situation erfordert von Unternehmensseite zügige Reaktionen und das schnelle Einleiten geeigneter Maßnahmen zur Problemlösung. Für umfangreiche Diskurse und das Einholen verschiedener Meinungen von Stakeholdern verbleibt kaum Raum.

- **Ambiguität**
  Der Kausalzusammenhang für die kritische Lage ist den Betroffenen nicht transparent. Daher fehlt es an begründetem Verständnis hinsichtlich der Entstehungsbedingungen, Genese und Konsequenzen der Krise. Ein analytisch-konzeptioneller Zugang zum Kern der misslichen Situation wird dringend benötigt.

7.5.4.2 Erscheinungsformen

Aufgrund der dargestellten Kennzeichen ist das Krisenmanagement einem schnellen, konsequenten, resoluten und top down verlaufenden Handeln verpflichtet. All das sind Kennzeichen der revolutionären Organisationsdynamik. Wenn es beispielsweise darum geht, das Unternehmen aus der Situation der Insolvenz zu retten, bedarf es einschneidender, radikaler Veränderungen, um überhaupt noch Optionen zur Fortführung der Unternehmenstätigkeit zu erschließen. Für die Bewältigung derartiger Situationen sind die oben dargestellten evolutionären Konzepte des organisationalen Wandels allein schon wegen ihrer Langsamkeit, Konsensorientierung sowie inkremental angelegten Vorgehensweise nicht oder nur höchst eingeschränkt geeignet. Daher sei folgende Hypothese hergeleitet:

▶ **Hypothese** Im Stadium einer akuten Krise benötigt die Unternehmung tief greifende und schnelle Problemlösungen in Form radikal ausgerichteter Veränderungsmaßnahmen. Krisenmanagement ist folglich grundsätzlich gleichbedeutend mit dem Einsatz revolutionärer Methoden der Organisationsdynamik!

Im Zusammenhang mit der Bewältigung von Unternehmenskrisen sind unterschiedliche konzeptionelle Vorstellungen nachweisbar. Der sogenannte **Turnaround** ist eine dieser Kategorien. Gemeint ist damit ein umfassender Kurswechsel in der Unternehmensführung in einem relativ frühen Stadium der Krise. Durch den konsequent und fundamental vollzogenen Turnaround wird das Unternehmen in die Lage versetzt, unter signifikant geänderten internen Rahmenbedingungen und modifizierter externer Positionierung wieder auf einen Erfolgspfad zu gelangen.

Dagegen setzt das Konzept der **Sanierung** die bereits eingetretene erhebliche Beschädigung der Wettbewerbspotenziale des Unternehmens voraus. Die Sanierung bezeichnet folglich einen Veränderungsprozess in einem relativ späten Stadium der Krise. Das Unternehmen muss überhaupt erst wieder wettbewerbsfähig gemacht werden. Dazu kann die Zuführung neuen Eigenkapitals gehören, aber auch der Vergleich mit den Gläubigern. Andere Wege aus der Krise im Falle der Sanierung können

- Verkäufe von Unternehmensteilen,
- Kooperationen mit anderen Wettbewerbern oder
- Fusionen

darstellen. In allen Fällen sind flankierende Strukturinnovationen angezeigt.

Die Kategorie **Restrukturierung** zielt unmittelbar auf die umfassende Veränderung des vorfindlichen organisationalen Regelwerkes ab. Der Bedarf an Restrukturierung nimmt krisenhafte Ausmaße an, wenn über längere Zeit hinreichende strukturelle Anpassungen des sozio-technischen Systems an wesentliche Entwicklungen im Umfeld nicht vorgenommen worden sind. So gesehen lässt sich die Notwendigkeit von Restrukturierung zum Zwecke der Bewältigung einer Unternehmenskrise als Funktion unzureichender evolutionär induzierter Organisationsdynamik deuten. Es kommt deshalb im Hinblick auf die Krisenbewältigung darauf an, die (teilweise) versäumten oder durch Partikularinteressen blockierten strukturellen Modifikationen in einem kurzfristig durchzuführenden reorganisatorischen *Kraftakt* nachzuholen.

7.5.4.3 Modell der Wachstumskrisen

Der Zusammenhang von Evolution und Revolution auf dem Hintergrund von Krisenmanagement wird ebenfalls im Modell der Wachstumskrisen aufgegriffen, welches auf die Studien von Greiner (1972) zurückgeht. Danach sind auf dem Wachstumspfad und im **Lebenszyklus** einer Unternehmung typische Variationen von evolutionärer Entwicklung und revolutionären Veränderungen des sozio-technischen Systems nachweisbar. Daraus wird im Wege der Abstraktion das **Wachstumskrisenmodell** der Organisationsdynamik hergeleitet. Die Modellkonstruktion ist in Abb. 7.40 dargestellt.

Betrachtet werden insgesamt fünf Phasen im Entwicklungsprozess der Unternehmung. Die gezeigte Modellkonstruktion weist auf der Abszisse das Alter des Unternehmens (der

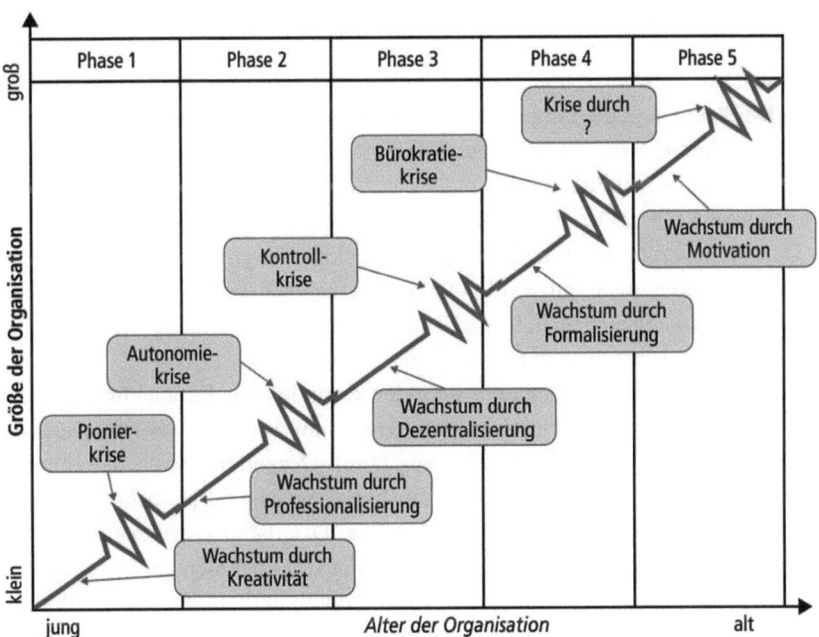

Abb. 7.40 Variation von evolutionärer und revolutionärer Dynamik im Zuge der Unternehmensentwicklung. (Quelle: Schreyögg und Geiger 2016, S. 388)

Organisation) und auf der Ordinate die Unternehmensgröße aus. Ferner gilt die **Prämisse anhaltenden Wachstums** des Unternehmens im Verlaufe des eigenen Lebenszyklus.

Das neu gegründete Unternehmen des Pionierunternehmers startet mit geringer Größe und bezieht seine Wachstumsimpulse aus der Kreativität insbesondere der Gründerpersönlichkeit sowie der (wenigen) Mitarbeitern der *ersten Stunde* und der ersten Jahre. Die Entwicklung des jungen Unternehmens ist ideengetrieben. Sie schreitet im Sinne evolutionären Wandels kontinuierlich voran. In dieser Phase 1 fehlen formelle Regelungen weitgehend. Ab einer bestimmten Größenordnung der Aktivitäten des sozio-technischen Systems macht sich jedoch die Dominanz kreativer Problembewältigung zu Lasten systematischen Vorgehens kritisch bemerkbar. Als Folge tritt zum Ende der ersten Phase die *Pionierkrise* ein. Die bisherigen Erfolgsmuster greifen nicht mehr hinreichend, um den Fortbestand und das weitere Wachstum des Unternehmens abzusichern. Genau dieses Problem ist evolutionär nicht lösbar. Die notwendige revolutionäre Neuausrichtung bringt einen kompletten **Paradigmenwechsel.** Als künftige treibende Kraft wird die Professionalisierung ausgezeichnet. In der professionalisierten Unternehmung nehmen gut ausgebildete Organisationsmitglieder arbeitsteilig jeweils nur solche Teilaufgaben wahr, die der besonderen Qualifikation dieser Individuen entsprechen. Dem Unternehmensgründer obliegt die Führung des gesamten Systems.

An diese revolutionäre Veränderung schließt sich wiederum eine längere Periode evolutionärer Weiterentwicklung an, bis zum Abschluss der zweiten Lebenszyklus-Phase die Autonomiekrise über das Unternehmen hereinbricht. Ursächlich für die Autonomiekrise ist die Konzentration der Kompetenzen in der Unternehmensspitze beim Gründer. Die Subsysteme haben zu wenige Freiheitsgrade, um im inzwischen beträchtlich gewachsenen sozio-technischen Gesamtsystem hinreichend flexibel und effektiv agieren zu können. **Bottleneck-Effekte** sind die Folge defizitärer Kompetenzausstattung und begründen eine Schieflage im Unternehmen in Form der Autonomiekrise. Die Krise determiniert wiederum das Erfordernis revolutionärer Veränderung. Im Zuge des damit eingeleiteten neuerlichen Paradigmenwechsels werden die autonomiekritischen Konstellationen durch Strukturen der Dezentralisierung von Entscheidungen aufgelöst. Ein großer Teil der Kompetenzen wird aus der Unternehmensspitze (also vom Unternehmensgründer) auf nachgeordnete Führungspositionen abgegeben, d. h. es erfolgt in erheblichem Umfang eine Delegation (= Verlagerung von Entscheidungsbefugnissen).

Der erörterte Wechsel von längeren Perioden evolutionärer Entwicklung und kurzen Abschnitten revolutionärer Neuausrichtung setzt sich im weiteren Lebensverlauf des Unternehmens fort. Die Grenze des Wachstums durch Dezentralisierung determiniert die Kontrollkrise zum Ende der dritten Wachstumsphase, welche durch mehr formale Regelung und Reglementierung bewältigt werden muss. Das damit eingeleitete evolutionäre Wachstum durch Formalisierung stößt mit steigender Unternehmensgröße schließlich am Ende der Phase 4 auf die Bürokratiekrise, welche durch aktiv motivationsfördernde Gestaltung der Arbeitsinhalte (vgl. oben: *Zweifaktorentheorie nach Herzberg*) in strukturell revolutionärer Form bewältigt werden kann. Aber auch damit ist nach Maßgabe des Wachstumskrisenmodells noch kein endgültiges Gleichgewicht des sozio-technischen Systems realisiert.

Vielmehr ist mit weiter anhaltendem Wachstum des Unternehmens die nächste Krise quasi programmiert. Jede Krise gibt Anlass zu (relativ) umfassender, kompromissloser Veränderung des Systems. In der Sicht des Wachstumskrisenmodells wird die Unternehmensentwicklung im Zeitablauf als offener Wachstumsprozess gedeutet. Außerdem gilt die Prämisse, dass jede Phase des weiteren Wachstums bestimmte, ihr inhärente Probleme auslöst. Im Interesse der Fortentwicklung des Unternehmens müssen diese Probleme im Anschluss an die Realisierung des phasenbezogenen Wachstumspotenzials durch *Revolution* gelöst werden. Die Kategorie der *Revolution* steht in diesem Zusammenhang für die Implementierung eines aus Sicht der betrachteten Unternehmung völlig neuen **Managementsystems**. In der subjektiven Wahrnehmung der Organisationsmitglieder bedeutet ein solcher Paradigmenwechsel in der Tat eine überaus gravierende Umwälzung der Arbeitsbedingungen in Gestalt *revolutionärer* Veränderung.

7.5.4.4 Situativer Bezug

Offensichtlich schließen evolutionäre und revolutionäre Konzepte der Organisationsdynamik einander nicht aus. Im Lichte der Aussagen des Wachstumskrisenmodells bedingen sich, wie oben gezeigt, diese beiden grundverschiedenen Vorgehensweisen sogar wechselseitig. Eine andere Deutung könnte situativ begründet sein. Danach erfordern bestimmte Situationen –unabhängig vom Alter des Unternehmens und ebenfalls von dessen Größe – in Bezug auf zweckrationales Gestalten des Wandels ein partizipativ-evolutionäres Verlaufsmuster, während andere Situationen im Sinne konstruktiver Problembewältigung eher ein top-down orientiertes Prozedere in Form struktureller *Quantensprünge* angezeigt erscheinen lassen.

Auf dem Hintergrund des damit angesprochenen außerordentlich anspruchsvollen Managementproblems seien nachfolgend (Abb. 7.41) die wesentlichen Kennzeichen der beiden zur Debatte stehenden Verlaufsmuster der Organisationsdynamik gleichsam als Entscheidungshilfe kontrastierend einander gegenübergestellt.

Im vorstehenden Tableau wird der martialische Begriff der Revolution durch die betriebswirtschaftlich eher angepasste Kategorie des Umbruchs ersetzt. Mit **Umbruchsmodell** werden die weiter oben als *revolutionäre Konzepte* diskutierten Gestaltungsformen bezeichnet. Die aufgezeigten Chancen und Risiken der Modelle werden in Abhängigkeit von der jeweiligen Unternehmenssituation differente Gewichtigkeit aufweisen. So kann aus einer Situation, in der wenig externer Druck auf dem Unternehmen lastet, schwerlich die Begründung zur Durchsetzung eines Konzepts revolutionärer Veränderung hergeleitet werden. In diesem Falle liegt die evolutionär ausgerichtete Gestaltung der Unternehmensentwicklung nahe. Andererseits lassen dramatische Umsatz- und Gewinneinbrüche der Unternehmensleitung kaum die Chance zur Initiierung evolutionärer Bemühungen um Problemlösung. Existenzbedrohliche Krisensituationen erfordern schnelle, klare und durchgreifende Reaktionen. Für solche Situationen erscheint die Anwendung des revolutionären Vorgehensmodells erfolgversprechender.

	Umbruchsmodell	**Evolutionsmodell**
Grundidee	erheblicher Druck ist nötig, um Wandlungsbarrieren zu überwinden	zuviel Wandel auf einmal kann vom System nicht verkraftet werden
Charakteristik des Wandels	tiefgreifender und umfassender Wandel („Quantensprung") begrenzte Zeitdauer diskontinuierlicher Prozess „Revolution"	Entwicklung in kleinen Schritten („piecemeal engineering") dauerhafter Lernprozess kontinuierlicher Prozess „Evolution"
Transformationslogik	synoptisches Vorgehen einheitliche Fremdregelung Vorgehen nach Plan	inkrementelles Vorgehen vielfältige Selbstregulierung erfahrungsgestütztes Lernen
Rolle des Managements	Architekt des Wandels rationaler Planer	Prozessmoderator Coach
Chancen	klare Trennung von „Ruhephasen" und Wandlungsphasen hohe Änderungsbereitschaft in Krisensituationen Wandel aus einem Guss	Entwicklungsrhythmus korrespondiert mit Entwicklungsfähigkeit kleine Veränderungen wirken „natürlich" Erwerb von Selbstentwicklungsfähigkeiten
Risiken	begrenzte Planbarkeit hohe Instabilität in der Wandlungsphase schwere Einbrüche bei zu später Reaktion hoher Handlungsdruck begünstigt kurzfristige Verbesserungen zu Lasten langfristiger Entwicklungen	ständige Unruhe („Herumexperimentieren") bei hoher Umweltdynamik zu langsam fraglich, ob Diskontinuität zu verkraften ist begrenzte Fähigkeit, sich selbst in Frage zu stellen

Abb. 7.41 Verlaufsmodelle der Organisationsdynamik. (Quelle: Scherm und Pietsch 2007, S. 243)

7.6 Nicht-geplante Dynamik

In den vorstehenden Abschnitten wurden konzeptionelle Ansätze und Vorgehensweisen der **intendierten** Organisationsdynamik abgehandelt. Neben solchen Formen des gewollten oder geplanten organisationalen Wandels sind in der betrieblichen Realität allerdings vielfältige Phänomene nicht-intendierter oder ungeplanter Veränderung der organisatorischen Regelungen und Gegebenheiten im Zeitablauf nachweisbar. Dies wird in der Fachliteratur auch mit dem Terminus *emergenter Wandel* artikuliert (vgl. Vahs 2019, S. 267). Damit ist die *Eigendynamik* sozio-technischer Systeme angesprochen, d. h., es geht um jene Veränderungen, welche sich im zeitlichen Längsschnitt quasi *von selbst* ergeben und für welche clevere Manager nicht selten ex post rationale Begründungen konstruieren und kommunizieren. Auf diese Weise werden ungeplante Systemveränderungen im Nachhinein von Stakeholdern zu Effekten gezielter, rationaler Entscheidungsfindung deklariert.

7.6.1 Hybride Formen des Wandel

Offensichtlich resultiert reale Organisationsdynamik denknotwendig aus **hybriden Formen** von Veränderungsprozessen. Dazu gehören zum einen

- die Teilprozesse bewusst herbeigeführter struktureller Entwicklung mit prinzipiell kontrollfähigen Zielen und zuordenbaren Resultaten

und zum anderen

- die latenten, teilweise wie von „unsichtbarer Hand" (Adam Smith 1789/1978, S. 371) gesteuerten, nicht bewusst auf die Zweckbestimmung rationaler Strukturmodifikation ausgerichteten Vorgänge faktischer Adaption und Modifikation sozio-technischer Systeme.

In dieser Perspektive rückt die Komponente nicht-geplanter Organisationsdynamik in den Kalkül des Managements struktureller Veränderung sozio-technischer Systeme.

▶ **These** Die organisatorische Dynamik ist ein hybrides Phänomen. Sie resultiert sowohl als Funktion gezielter Gestaltungsmaßnahmen als auch in Form eines nicht-intendierten Korrelats der mit dem Bestand des Unternehmens im Zeitablauf einhergehenden Aktionen, Aktivitäten und Ereignissen!

Damit sind die betrieblichen Entscheidungsträger gefordert, sich fundiert mit der skizzierten Eigendynamik organisatorischer Veränderungen auseinanderzusetzen. Ex definitione ist diese Eigendynamik nicht exakt planbar. Wohl aber bestehen für das Top Management des Unternehmens durchaus Optionen zur konstruktiven Beeinflussung der Vorgänge ungeplanter Modifikation im sozio-technischen System. Darauf soll im Folgenden näher eingegangen werden.

7.6.2 Informelle Organisation

7.6.2.1 Individuelle Bedürfnisse als Basisgröße

Die Entdeckung der Relevanz informeller organisationaler Gestaltungsmuster sowie nicht evidenter Prozesse für die Weiterentwicklung und den Wandel von Unternehmen wird in der Fachliteratur insbesondere mit den Erkenntnissen aus den **Hawthorne-Experimenten** (vgl. oben, Abschnitt *Human-Relations-Ansatz*) von Mayo und seinen Mitarbeitern in Verbindung gebracht (vgl. Bea und Göbel 2019, S. 96). Das erscheint insofern logisch und begründet, als die in den Fokus des **Human-Relations-Ansatzes** der Organisationstheorie gerückten individuellen Bedürfnisse der Organisationsmitglieder den Entstehungszusammenhang informeller Organisation bestimmen. Im Gegensatz zur bisher umfangreich erörterten formalen Organisationsstruktur entsteht die informelle Organisation gerade nicht durch schriftliche Abfassung (Formalisierung) und offizielle Autorisierung seitens der Unternehmensleitung. Basis informeller Organisation sind vielmehr die aus den Bedürfnissen der arbeitsteilig agierenden Individuen erwachsenden **informellen Beziehungen.** Diese informellen Beziehungen entwickeln sich ungeplant im Zuge der sachbezogenen Zusammenarbeit der Organisationsmitglieder.

Als soziale Wesen bringen die Mitarbeiter vielfältige Bedürfnisse in die Kooperation mit Kollegen und Vorgesetzten ein. Das sind beispielsweise

- Kommunikationsbedürfnisse,
- Zugehörigkeitsbedürfnisse,
- Sicherheitsbedürfnisse,
- Anerkennungsbedürfnisse sowie
- Bedürfnisse der persönlichen Weiterentwicklung.

Diese Bedürfnisse haben vielfältigen Einfluss auf die Interaktionen und die sich entwickelnden Kontakte zwischen den Organisationsmitgliedern. Das führt zur Entstehung von sozialen Strukturen, die nirgendwo in schriftlicher Weise niedergelegt sind, nämlich zur Entstehung *informeller* organisationaler Strukturen oder der informellen Organisation. Dazu gehören informelle Gruppen, informelle Meetings, informelle Werte und informelle Führer (vgl. Irle 1963; Mayntz 1958).

7.6.2.2 Entstehung informeller Gruppen

Bei informellen Gruppen handelt es sich um soziale Einheiten, die sich ungeplant aufgrund persönlicher Beziehungen zwischen den Systemmitgliedern im Laufe der Zeit innerhalb des sozio-technischen Systems herausbilden. Die persönlichen Beziehungen können einerseits auf **innerbetrieblichen Gelegenheiten**, wie etwa

- gemeinsame Pausengestaltung,
- zufälliges Zusammentreffen im Betriebsrestaurant,
- Teilnahme an betrieblichen Workshops oder Bildungsveranstaltungen,

andererseits auf **außerbetrieblichen Gemeinsamkeiten** der Individuen, beispielsweise in Bezug auf

- Hobbies,
- Fahrgemeinschaften,
- Nachbarschaft,
- Vereinszugehörigkeit,

beruhen.

In Abhängigkeit von der Art des Entstehungszusammenhanges lassen sich differente Formen informeller Gruppierungen mit verschiedenen Positionierungen zum Unternehmen abgrenzen. Das geht aus Abb. 7.42 hervor.

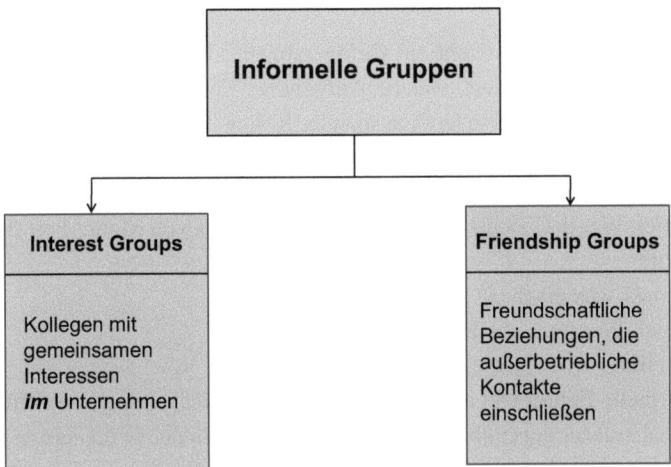

Abb. 7.42 Betriebliche Verankerung informeller Gruppen

Prinzipiell ist davon auszugehen, dass die Friendship Groups in Anbetracht ihrer umfassenden, bis in den Freizeitbereich reichenden Fundierung eine höhere Bestandskraft entfalten als die Interest Groups, welche einer gewissen Flüchtigkeit geteilter innerbetrieblicher Interessenbezüge der Mitglieder unterliegen.

7.6.2.3 Gruppenmerkmale

Darüber hinaus sind hinsichtlich der in Abb. 7.42 dargestellten Gruppentypen graduelle Differenzen in der Ausprägung der charakteristischen Kennzeichen sozialer Gruppierungen anzunehmen. Das betrifft in diesem Zusammenhang insbesondere die nachstehend erläuterten Merkmale informeller Gruppen:

(1) **Zielsetzung**

Die Zielsetzung informeller Gruppen bezieht sich, allgemein formuliert, auf die Erfüllung von Bedürfnissen der Gruppenmitglieder. Dabei steht das Bemühen um Verbesserung der Arbeitsbedingungen im Mittelpunkt. Weitere wichtige zielbildende Bedürfnisse richten sich auf das Herstellen von Sozialkontakten, das Vermitteln von Sicherheit sowie das Gewähren persönlicher Anerkennung.

(2) **Kohäsion**

Mit der Kategorie *Kohäsion* wird in der vorliegenden Betrachtung der innere Zusammenhalt der Gruppe bezeichnet. Die so verstandene Kohäsion erzeugt die informelle Gruppe durch die kollegiale Zusammenarbeit ihrer Mitglieder.

(3) **Normen**

Das gemeinsame Entwickeln und Befolgen spezifischer Normen (Werte) verkörpert ein ganz herausragendes Merkmal informeller Gruppen. Zur Debatte stehen vor allem betriebsbezogene Leistungsstandards und Verhaltenserwartungen. Hingewiesen sei etwa auf das von der Gruppe akzeptierte Arbeitstempo im Falle von Akkord-Entlohnung. Weiterhin gehört regelmäßig die gegenseitige kameradschaftliche Unterstützung zu den Normen informeller Gruppen.

(4) **Gefüge sozialer Rollen**
Innerhalb der Gruppe entsteht ein Gefüge sozialer Rollen. Darin ist, natürlich ohne jede Formalisierung, fixiert, welche Aufgaben-, Kompetenzen- und Pflichtenverteilung in der Gruppe gilt. Das Gefüge sozialer Rollen beinhaltet unter anderem Antworten auf die Fragen:
- Wer darf was machen?
  Beispiel: Wer darf sich zum Thema des Erbringens von Mehrarbeit (Überstunden) äußern?
- Wer muss was machen?
  Beispiel: Wer muss die Halle fegen?

(5) **Führerschaft**
Der informelle Führer tritt als Gruppensprecher in Erscheinung, obwohl er innerhalb der Formalstruktur gegenüber den anderen Akteuren in der Gruppierung nicht herausgehoben ist. Er darf sich dabei der Loyalität der Gruppenmitglieder gewiss sein. Mit der informellen Führung ist die **Meinungsführerschaft** im Gruppenkontext verbunden. Quellen der Zuordnung der Führungsfunktion in informellen Gruppen sind die Wertschätzung (Beliebtheit) sowie die Solidarität, welche dem informellen Führer von den übrigen Gruppenmitgliedern entgegengebracht werden. Das verleiht dem informellen Führer erhebliche Einflusschancen im sozio-technischen System.

7.6.2.4 Ebenen und Effekte

Angelehnt an differente Deutungen des Gegenstandsbereichs von Organisation (vgl. oben, Abschnitt *Interpretation des Organisationsphänomens*) lassen sich verschiedene **Ebenen informeller Organisation** abgrenzen (vgl. Lang 2004, S. 498):

- **Institutionelle Ebene**
  Auf institutioneller Ebene repräsentiert die informelle Organisation einen bestimmten **Organisationstyp**. Charakteristisch für diesen Typus von Organisation ist es, dass er auf der Basis von **Freiwilligkeit** entsteht, durch die Bedürfnisse und Interessen der Mitarbeiter bestimmt wird und der Steuerung durch inoffizielle (informelle) Regeln unterliegt.
- **Sozio-strukturelle Ebene**
  Informelle Organisation drückt sich aus als die faktische **Sozialstruktur** der Einzelwirtschaft. Diese Sozialstruktur besteht aus einem System von Regeln, welche auf die individuellen Ziele und Bedürfnisse der Mitglieder sowie ihre **Interaktionen** ausgerichtet sind. Dabei handelt es sich um ein System ungeplanter, nicht kodifizierter und inoffizieller Beziehungen zwischen den (auch offiziell) handelnden Akteuren.
- **Prozessuale Ebene**
  Auf prozessualer Ebene aktualisiert sich informelle Organisation als Prozess der zum Teil ad hoc herbeigeführten, zum Teil von einzelnen Personen oder kleinen Gruppen gezielt inszenierten Entstehung von Regelsystemen in Unternehmen und anderen Institutionen ohne den Gestaltungsanstoß und ohne die **Autorisierung** aus der Spitze der Institution.

Auf jeder der erörterten maßgeblichen Ebenen informeller Organisation vollziehen sich wenig oder gar nicht transparente Aktivitäten der Modifikation. Das betrifft zum einen konstatierbare Veränderungen innerhalb der informellen Strukturen, zum anderen jedoch auch aus den Gegebenheiten und Einflusspotenzialen der informellen Organisation hervorgehende **kritische Impulse** in die Richtung der formalen Organisationsstruktur mit dem Ziel und häufig auch der Wirkung von Veränderungen im Bereich des formalen Regelwerks.

> **Beispiel**
>
> Die bestehenden betrieblichen Regelungen bestimmen eine fixe tägliche Arbeitszeit für alle Beschäftigen. Danach beginnt die Arbeitszeit um 7.30 Uhr und endet (einschließlich Pausen) um 16.30 Uhr. Einflussreiche informelle Gruppierungen diskutieren allerdings bereits seit längerer Zeit über eine Flexibilisierung der betrieblichen Arbeitszeiten. Die informellen Führer versuchen, in dieser Hinsicht am Rande offizieller Meetings auf die Geschäftsleitung Einfluss zu nehmen. Gleichzeitig entwickelt sich in den informellen Gruppen eine Mentalität gelockerter Einhaltung der Arbeitszeiten. Die Mitglieder kommen morgens häufig später oder gehen abends früher. Zur Begründung wird kollektiv kommuniziert, es komme auf die Leistung an, nicht auf die ständige Anwesenheit. Als Folge dieser informellen Aktivitäten entwickelt und implementiert die Unternehmensleitung schließlich ein Konzept gleitender Arbeitszeit als dann akzeptierten Bestandteil der formellen Organisation. ◄

Das dargestellte fiktive Beispiel informell induzierter Organisationsdynamik verdeutlicht den hybriden Charakter struktureller Entwicklungen im sozio-technischen System. Während die formalen Regelungen jedoch nachvollziehbar und evaluierbar sind, ist der Wirkungszusammenhang informeller Organisation diffizil, intransparent und allenfalls ansatzweise einer begründeten Bewertung zugänglich.

7.6.2.5 Gestalterische Dualität

Grundsätzlich erfüllt die informelle Organisation eine **Ergänzungsfunktion** relativ zur Formalstruktur des Unternehmens. Als Folge davon resultieren duale Führungsprozesse. Das wird in Abb. 7.43 dargestellt.

Im betrachten Subsystem existiert eine formelle Arbeitsgruppe. Sie besteht aus dem Vorgesetzten und seinen Mitarbeitern A bis G. Daneben hat sich eine informelle Gruppe ungeplant im Zuge der Zusammenarbeit der Individuen entwickelt. In der formellen Gruppe ist der Führer (= Vorgesetzter) überproportional mit Macht im Sinne von Positionsmacht und Einfluss ausgestattet. Die Einflusschancen der Mitarbeiter sind tendenziell gleich verteilt. Dagegen erwachsen innerhalb der informellen Gruppierung dem informellen Führer erhöhte Einflussmöglichkeiten. Die Quellen dieser Optionen bilden die Anerkennung sowie die Solidarität der Kollegen.

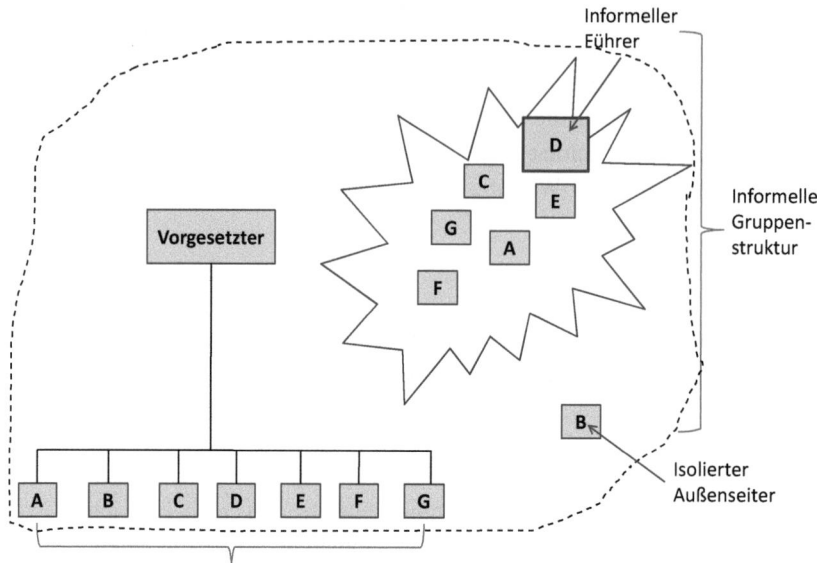

Abb. 7.43 Dualität von Führungsprozessen

Auch die übrigen Mitglieder der informellen Gruppe sind zueinander different positioniert. Bei relativ geringer Wertschätzung durch die anderen Kollegen reduzieren sich die Einfluss- und Wirkungsmöglichkeiten des Individuums innerhalb des sozio-technischen Systems. Umgangssprachlich findet sich für das angesprochene Phänomen quasi als populärer Analogieschluss zu biologischen Erkenntnissen auf dem Gebiet der Verhaltensdispositionen bei Hühnern die Doktrin von der *Hackordnung*. In der Logik dieses Bildes formuliert, legt die Anordnung der individuellen Positionen in der informellen Gruppe fest, welcher Akteur welche anderen Akteure (unsanktioniert) *hacken* darf, also größeren Einfluss geltend machen kann und mehr Macht besitzt. Der isolierte Außenseiter B ist in der Wertperspektive der informellen Gruppierung sozusagen – immer noch im Bilde des Hühnerhofs gedeutet – für alle Mitglieder der Gruppe zum *Hacken* freigegeben. Die innerbetrieblichen Handlungsmöglichkeiten von B werden dadurch (unter Umständen ganz erheblich) eingeschränkt. In der neueren Personalforschung werden die teilweise hochproblematischen Auswirkungen der sozialen Ausgrenzung in Einzelwirtschaften unter der zusammenfassenden Kategorie des *Mobbing* der analytischen Untersuchung unterzogen.

Im Hinblick auf die Entstehung sowie den Verlauf der Organisationsdynamik ist es von erheblicher Bedeutung, dass dem offiziell autorisierten Gruppenvorgesetzten, d. h. dem formellen Führer, ein in Abhängigkeit vom Kohäsionsgrad der informellen Gruppe mehr oder weniger durchsetzungsstarker informeller Führer gegenübersteht.

▶ Dem formellen Führer ist die Rolle des *Leistungsführers* zugeordnet, während der informelle Führer die Rolle des *Beliebtheitsführers* ausfüllt.

Das stellt den offiziellen Gruppen-Vorgesetzten vor erfolgsentscheidende Herausforderungen: Verhalten, Sensibilität und Geschick des Vorgesetzten wirken maßgeblich darauf ein, ob der informelle Führer relativ zum formellen Führer eher als Widersacher/Konkurrent oder eher als Partner/Unterstützer in Bezug auf die Beeinflussung der übrigen Gruppenmitglieder in Erscheinung tritt.

> **Beispiel**
>
> Exemplarisch sei in diesem Zusammenhang auf das ebenso komplizierte wie hochgradig erfolgsrelevante Verhältnis zwischen Trainer (formeller Führer) und Mannschaftsführer oder Schlüsselspieler (informeller Führer) im Bereich des Profifußballs hingewiesen. Der Trainer wird auf Dauer gravierende Veränderungen in der Spielanlage oder in der taktischen Ausrichtung der Mannschaft (Organisationsdynamik des Fußball-Profiteams) kaum gegen den Widerstand des Mannschaftsführers oder des in der Akzeptanz seitens der übrigen Akteure herausgehobenen Schlüsselspielers durchsetzen können. Daher ist die Konsensfindung zwischen Trainer und informellem Führer des Teams eine notwendige Erfolgsbedingung. Das gilt in Bezug auf die Konstellation der organisationalen Entwicklung in Unternehmen in prinzipiell analoger Weise. ◄

7.6.2.6 Ambivalente Positionierung

Ganz prinzipiell hat informelle Organisation ambivalenten Charakter. Sie kann einerseits die offiziell autorisierten Intentionen struktureller Gestaltung und Weiterentwicklung konterkarieren, blockieren und damit den einzelwirtschaftlichen Fortschritt im Extremfall verhindern. Auf der anderen Seite kann die informelle Organisation die strukturelle Weiterentwicklung des sozio-technischen Systems jedoch unterstützen, indem informelle Regelungen die verbleibenden Lücken im formalen Regelwerk konstruktiv ausfüllen und ergänzen.

Außerdem trägt informelle Organisation erheblich zur notwendigen Konsolidierung des Unternehmens nach Prozessen einschneidender (formaler) Veränderung bei. Dies geschieht insbesondere dadurch, dass auf informellem Wege die **soziale Integration** der Systemmitglieder in neuen formalen Strukturen geleistet wird. Das verbessert die Kohäsion und die **Stabilität** des Gesamtsystems. Durch den **Wandel der Bedürfnisse** und der Wertorientierungen der Organisationsmitglieder ändern sich die (bedürfnisgeprägten) informellen Organisationsmuster, was wiederum das Hinterfragen und eventuell die Modifikation formaler Regelungen zur Folge hat. Auf diese Weise animiert die informelle Organisation die **Flexibilität** der offiziellen Organisationsgestaltung und damit die Dynamik des gesamten sozio-technischen Systems. Gerade im Bereich dieser subtilen Balance zwischen Stabilität und Flexibilität liegt ein wichtiges Erfolgspotenzial der informellen Organisationsmuster begründet.

Die Amivalenz informeller Organisation wird reflektiert in den verschiedensten Begrifflichkeiten, welche zur Beschreibung dieser real vital konstatierbaren Steuerungsvariante in der betrieblichen Praxis und in der öffentlichen Debatte Verwendung finden. Nachstehend seien einige markante Begriffsbeispiele benannt (vgl. Lang 2004, S. 499):

- Old boys networks,
- Seilschaften,
- Küchenkabinett,
- (Kölscher) Klüngel,
- Graue Eminenzen,
- Harter Kern,
- Kleiner Dienstweg,
- Buschtrommel,
- Connections,
- Communities,
- Heimliche Spielregeln (vgl. Scott-Morgan 1994),
- Hidden Agenda,
- Key Player,
- Symbiotische Beziehungen,
- Absprache-Praktiken,
- Pakte, Bündnisse,
- Cliquen,
- Win-Win-Situationen,
- Fraktionsbildung,
- Eine Hand wäscht die andere.

Wenngleich einzelne der angezogenen Begrifflichkeiten (etwa Win-Win-Situation) durchaus auch außerhalb der Theorie informeller Organisation wichtige informative Bedeutung aufweisen, so wird doch unmittelbar aus der Art der Begriffsbildung das enorme Potenzial dieser Kategorien im Hinblick auf die inoffizielle Beeinflussung der Organisationsdynamik erkennbar.

7.6.3 Effekte von Selbstorganisation

7.6.3.1 Abgrenzung zur Fremdorganisation

Die Doktrin von der Selbstorganisation basiert auf einer relativ radikalen Kontrastierung gegenüber der Fremdorganisation. Als Fremdorganisation wird in diesem Zusammenhang die formale Organisationsstruktur im Sinne der von einem Organisator (oder einem Organisationsteam) rational entworfenen und vom dazu befugten Leistungsorgan autorisierten **Ordnung** eines Systems verstanden. Diese fremdorganisierte Ordnung hat die Funktion, das System mit Hilfe geeigneter Regel-Vorgaben (direktiv) zu steuern. Die Organisation wird für die Individuen und die Gruppen im System von außen, also *fremd*, bestimmt.

Konstitutiv für Selbstorganisation ist dagegen das Fehlen oder die Unwirksamkeit fremdorganisierter Ordnungsvorgaben (vgl. Bea und Göbel 2019, S. 184 ff.; Schreyögg und Geiger 2016, S. 15 f.; v. Hayek 1994). Den aufgezeigten Kontrast soll Abb. 7.44 vermitteln.

Die so abgegrenzte Selbstorganisation findet in **eigendynamischen Prozessen** statt, deren Ergebnisse nicht antizipiert werden können. Vielmehr entstehen durch das Zusam-

7.6 Nicht-geplante Dynamik

Abb. 7.44 Selbstorganisation als komplexe Antithese zur Fremdorganisation

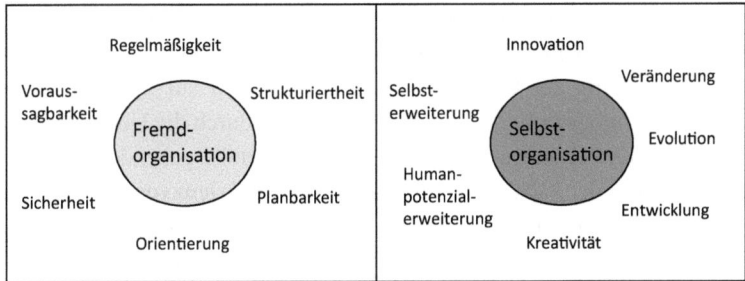

Abb. 7.45 Beiträge der Selbstorganisation zur nicht-geplanten Organisationsdynamik. (Quelle: Franken 2007, S. 38)

mentreffen vielfältiger Einflussfaktoren im **schöpferischen Vorgang** völlig neue Qualitäten von Ordnungsmustern. Damit ist Selbstorganisation per se in hohem Maße veränderungsorientiert. Das ergibt sich bereits aus den konstatierbaren Gestaltungsfreiräumen, welche sowohl auf individueller als auch auf kollektiver Ebene bestehen (vgl. Franken 2007). Die starren und für das Individuum nicht disponiblen Strukturen der Fremdorganisation werden im Falle von Selbstorganisation durch flexible, hochgradig anpassungsfähige Vorgehensweisen substituiert, die sich kontinuierlich entwickeln und permanent von den Betroffenen verändert werden können (vgl. Dietrich 2001, S. 135). In Abb. 7.45 wird die in besonderem Maße auf ungeplante Organisationsdynamik gerichtete Funktion von Selbstorganisation veranschaulicht.

Die Darstellung vermittelt den Sachverhalt erweiterter Handlungsoptionen der Selbstorganisation im Hinblick auf die intelligente Anpassung des sozio-technischen Systems. Durch Einbeziehung aller Problembetroffenen in die Lösungsfindung entstehen **Wachstumsmöglichkeiten**, welche der Organisator oder das Organisationsteam im Rahmen von Fremdorganisation nie erschließen könnte. Das reicht von

- einem durch die Selbstorganisation erzeugten positiven Innovationsklima,
- über persönliches Wachstum der Mitglieder (Selbsterweiterung) und Kreativitätsförderung
- bis hin zu Evolution und ständigen dezentral initiierten Veränderungen im System.

7.6.3.2 Das Bilden von Ordnung

Während in herkömmlich ausgerichteten Unternehmen eine künstliche Ordnung geschaffen werden soll, die ein *Ordner* anordnet und die auf dem Prinzip von Befehl und Gehorsam basiert (vgl. v. Hayek 1980, S. 59), sind die **ordnenden Kräfte** im Falle von Selbstorganisation ganz grundsätzlich anders verteilt. In Abhängigkeit von der **Allokation der ordnenden Kräfte** lassen sich zwei Arten der Selbstorganisation identifizieren (vgl. Bea und Göbel 2019, S. 187 f.):

- **Autonome Selbstorganisation**
  In Prozessen autonomer Selbstorganisation entstehen neue Qualitäten von Ordnung durch **Selbstbestimmung** der Organisationsmitglieder. Bedingung dafür ist das Einräumen entsprechend großer individueller Handlungsspielräume, welche es allen Mitgliedern erlauben, an der Gestaltung der sie betreffenden Ordnung mitzuwirken. Durch stärkere Einbeziehung der Organisationsmitglieder auch auf unteren hierarchischen Ebenen in die betriebliche Entscheidungsfindung und durch die Übertragung ganzheitlicher Aufgaben und Kompetenzen sowie die damit einhergehende erweiterte Selbststeuerungsfähigkeit der Mitglieder sind nachhaltige **Effizienzvorteile** realisierbar. Außerdem hat Selbstorganisation die Funktion der **Humanisierung** betrieblicher Arbeit, da die Fähigkeiten des Individuums in stärkerem Maße ganzheitlich eingefordert werden und sich weitreichend entfalten können.
- **Autogene Selbstorganisation**
  Prozesse autogener Selbstorganisation resultieren aus der Eigendynamik komplexer, dynamischer Systeme. Die Ordnung entsteht wie *von selbst,* da ohne menschliche Aktivitäten der Organisationsplanung im Zeitablauf in **spontaner Weise (spontane Ordnung)** bestimmte Regelmäßigkeiten und Gestaltungsmuster auftreten, welche der Lösung der jeweils anstehenden Probleme dienen.

▶ In dieser Sicht ist autogene Selbstorganisation zwar Ergebnis menschlichen Handelns, aber nicht das Resultat menschlichen Entwurfs oder menschlicher Absicht (vgl. v. Hayek 1994, S. 97 ff.).

Daher entwickeln sich die Ordnung sowie ihre Veränderungen selbstreferenziell aus dem System heraus, also gerade auf *autogenem* Wege. Das sozio-technische System und seine Subsysteme wirken auf sich selbst zurück, sie entstehen aus ihren eigenen Handlungen und beeinflussen die eigenen Handlungen.

Wesentliche betriebliche Handlungskonsequenzen aus der Doktrin der Selbstorganisation sind in Abb. 7.46 skizzenartig aufgezeigt. Dabei erfolgt die prozessuale Differenzierung nach den erörterten Vorstellungen von autonomer und autogener Selbstorganisation.

Das Tableau macht die erhebliche einzelwirtschaftliche Relevanz der verschiedenen prozessualen Ausprägungen von Selbstorganisation deutlich. Trotz fehlender Planbarkeit sowie der Außerkraftsetzung des in Einzelwirtschaften so vertrauten Top-down-Manage-

> **Ordnung entsteht „von selbst" (autogen):**
>
> - Die immanente Rationalität selbstorganisierender Prozesse führt zu wünschbaren Ergebnissen. Eine Gestaltung ist nicht nötig.
>
>   Grundsatz: *Respektiere die Selbstorganisation!*
>
> - Durch selbstorganisierende Prozesse entstehen unerwünschte, schädliche Muster, die man beeinflussen möchte.
>
>   Grundsatz: *Kanalisiere die Selbstorganisation!*
>
> **Ordnung entsteht „selbstbestimmt" (autonom):**
>
> - Bei entsprechendem Handlungsspielraum können alle Organisationsmitglieder selbst an der sie betreffenden Ordnung mitwirken. Die entstehende Ordnung wird dadurch den Bedürfnissen der Betroffenen besser angepasst und effizienter.
>
>   Grundsatz: *Kreiere die Selbstorganisation!*

Abb. 7.46 Betrieblicher Umgang mit selbstorganisierenden Prozessen. (Quelle: Bea und Göbel 2019, S. 188)

ments ist die Selbstorganisation sinnvollen gestalterischen Orientierungen zugänglich. Das Phänomen selbstreferenzieller Entwicklung sozio-technischer Systeme im Zuge autogener Selbstorganisation sollten die betrieblichen Entscheidungsträger kennen und respektieren. Beim Auftreten unerwünschter Effekte in autogen verlaufenden Prozessen besteht die Option, die **Selbstorganisation zu kanalisieren**. Das kann geschehen, indem die problemhaften Resultate innerhalb des Systems gezielt aufgearbeitet werden. In Bezug auf die autonome Selbstorganisation gilt schließlich die Verhaltensaufforderung an das Management, die Selbstorganisation durch **Erweiterung der Handlungsspielräume** zu animieren und zu kreieren. Diese Aufforderung reflektiert gerade eine zentrale Gestaltungsempfehlung im Konzept des **Lean Management**.

Einige bedeutsame Bestimmungsgründe für die Substitution von Maßnahmen des Top-down-Managements durch Prozesse der Selbstorganisation vermittelt die Abb. 7.47.

Die aufgezeigten Gründe für die stärkere Betonung von Selbstorganisation resultieren aus grundlegenden Anforderungen des organisationalen Wandels. Komplexität, Umweltveränderungen, Flexibilitätsanforderungen sowie der zu verzeichnende gesellschaftliche Wertewandel lassen die strukturelle Bewältigung der Herausforderungen verstärkt durch Selbstorganisation anstelle von direktiv ausgerichtetem Top-down-Management angezeigt, erfolgversprechend oder sogar schlicht notwendig erscheinen.

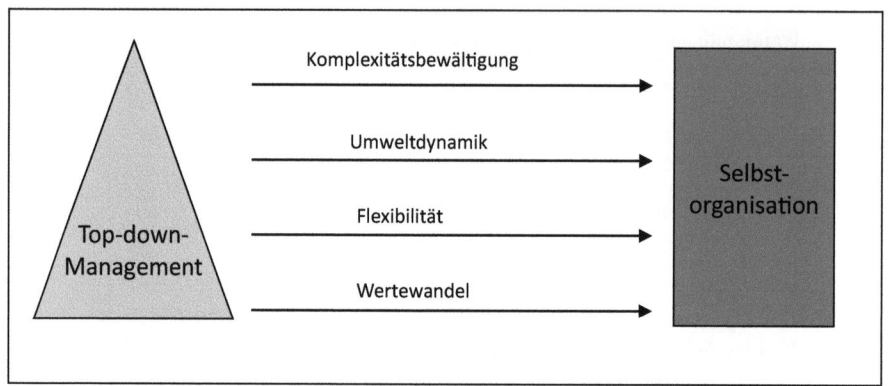

Abb. 7.47 Bestimmungsgründe für Selbstorganisation. (Quelle: nach Franken 2007, S. 8)

7.6.3.3 Ansatzpunkte autonomer Selbstorganisation

Im Hinblick auf die gestalterischen Einflussmöglichkeiten in Einzelwirtschaften steht die autonome Selbstorganisation in stärkerem Maße im Zentrum der Betrachtung als die autogene Selbstorganisation. Letztere erfordert, wie vorstehend dargelegt, insbesondere das Verstehen und das Respektieren derartiger Organisationsprozesse. Dagegen ist die autonome Selbstorganisation in weit größerem Maße der Beeinflussung, insbesondere im Sinne von Unterstützung, zugänglich. Wie bereits erörtert, erfordert die Unterstützung autonom selbstorganisierender Prozesse die Ausweitung der individuellen Handlungsspielräume. Dazu sei auf den obigen Abschnitt *Konzept des Handlungsspielraums* verwiesen, in welchem Optionen zur Ausdehnung individueller Freiräume und Aufgabenstellungen auf den Dimensionen **Tätigkeitsspielraum** sowie **Entscheidungs- und Kontrollspielraum** herausgearbeitet wurden. Die hergeleiteten Module zur Erweiterung des Handlungsspielraums sind **job enlargement, job rotation, job enrichment sowie teilautonome Gruppenarbeit**.

(1) **Teilautonome Arbeitsgruppen**

Die Implementierung teilautonomer Arbeitsgruppen ist grundsätzlich mit einer recht weitreichenden Ausdehnung des Handlungsspielraums der involvierten Akteure und folglich mit der ausgeprägten Förderung autonomer Selbstorganisation verbunden. Ein wichtiger Aspekt der Entscheidung über den Einsatz teilautonomer Gruppenarbeit bezieht sich auf die Bestimmung des **Ausmaßes an Autonomie** der Arbeitsgruppen, denn der Handlungsspielraum im Konzept teilautonomer Gruppenarbeit repräsentiert ein graduell differenzierbares Konstrukt. Das vermittelt die Matrix in Abb. 7.48.

Auf der vertikalen Matrix-Dimension sind Merkmale autonomer Selbstorganisation abgebildet, während die horizontale Dimension der Matrix ein dreistufiges Raster gradueller Differenzierung des Handlungsspielraums bereitstellt. So kann die Systemleitung beispielsweise festlegen, dass bis zu 30 % der Qualitätskontrolle selbststeuernd durch die Gruppenmitglieder (Mitarbeiter) wahrgenommen werden. Das entspricht der Gewichtung

7.6 Nicht-geplante Dynamik

Gewichtung (Punkte)	1	2	3
Erweiterte Gruppenaktivitäten/Aufgaben (max. 24 Punkte)			
Job Rotation	bis zu 30 % der Mitarbeiter	30-70 % der Mitarbeiter	70-100 % der Mitarbeiter
Informationsverarbeitung und Dokumentation	bis zu 30 % der Mitarbeiter	30-70 % der Mitarbeiter	70-100 % der Mitarbeiter
Kontakt mit Kunden/Lieferanten	bis zu 30 % der Mitarbeiter	30-70 % der Mitarbeiter	70-100 % der Mitarbeiter
Materialbereitstellung/Logistik	bis zu 30 % der Mitarbeiter	30-70 % der Mitarbeiter	70-100 % der Mitarbeiter
Qualitätskontrolle	bis zu 30 % der Mitarbeiter	30-70 % der Mitarbeiter	70-100 % der Mitarbeiter
Nacharbeit	bis zu 30 % der Mitarbeiter	30-70 % der Mitarbeiter	70-100 % der Mitarbeiter
Wartung/Instandhaltung	bis zu 30 % der Mitarbeiter	30-70 % der Mitarbeiter	70-100 % der Mitarbeiter
Organisatorische Aufgaben	bis zu 30 % der Mitarbeiter	30-70 % der Mitarbeiter	70-100 % der Mitarbeiter
Partizipation/Autonomie (max. 30 Punkte)			
Zielvereinbarung durch	Management	Management und Gruppensprecher	Management und Gruppe
Gruppensprecher	ernannt	gewählt	rotierend
Entscheidung über Job Rotation und Aufgabenverteilung	direkter Vorgesetzter	Gruppensprecher	Gruppe
Individuelle Zeitautonomie	bis zu 5 min	5-15 min	mehr als 15 min
Zeitautonomie der Gruppe	bis zu 15 min	15-60 min	mehr als 60 min
Budget(mit)verantwortung	Management	Gruppensprecher	Gruppe
Vereinbarung der Gruppenprämie durch	Management	Management und Gruppensprecher	Management und Gruppe
Einstellung/Verleih von Gruppenmitgliedern	direkter Vorgesetzter	Gruppensprecher	Gruppe
Veranlassung von Gruppengesprächen durch	Management	fester Plan	Gruppe
Inhalt von Gruppengesprächen wird festgelegt durch	Management	-	Gruppe

Abb. 7.48 Graduelle Differenzierung der Selbstorganisation in Arbeitsgruppen. (Quelle: Schreyögg und Geiger 2016, S. 152)

(Differenzierungsklasse) mit einem Punkt. Möglich ist aber auch die Zuordnung der Handlungsspielraum erweiternden Qualitätskontrolle zu 70 % oder im Extremfall sogar vollständig auf die Arbeitsgruppe. Im vorliegenden Raster entspricht das der höchstmöglichen Ausprägung von Selbstorganisation im Aufgabenbündel *Qualitätskontrolle* und wird mit drei Punkten gewichtet. Das obere Cluster von Merkmalen autonomer Selbstorganisation ist auf erweiterte Gruppenaktivitäten und Aufgaben gerichtet. Über acht Merkmale können je bis zu drei Punkte vergeben werden. Rein quantitativ signalisiert folglich ein Wert von 24 Punkten ein maximales Bekenntnis der Unternehmensleitung zur autonomen Selbstorganisation der Gruppe (nach Maßgabe des gezeigten Bezugssystems).

Das untere gezeigte Cluster von Arbeitsmerkmalen bezieht sich auf Partizipation und Autonomie. Es umfasst zehn Merkmale, für die jeweils wieder die Option einer dreistufigen Differenzierung besteht. Der höchste Selbstorganisationsgrad wird in diesem Falle mit insgesamt 30 Punkten erreicht. So kann zum Beispiel die Funktion des Gruppensprechers entweder durch Ernennung (ein Punkt), Wahl (zwei Punkte) oder Rotation personell besetzt (drei Punkte) werden. Die Rotation, wonach alle Gruppenmitglieder nach einem planmäßigen Verfahren temporär die Sprecherfunktion übernehmen, erzeugt nach den Prämissen des Rasters in Abb. 7.48 die am stärksten ausgeprägte Selbstorganisation. Es wird deutlich, dass die Unternehmensleitung im skizzierten Entscheidungszusammenhang gefordert ist, sorgfältig abzuwägen, wie viel Selbstorganisation sie zulassen will. Daran geknüpft ist die Erwartung des Ausmaßes ungeplanten organisatorischen Wandels auf der Basis von Selbstorganisation. Das sei nachstehend in Thesenform artikuliert:

▶ **These** Je weiter der Handlungsspielraum der einzelnen Organisationsmitglieder bemessen ist, umso stärker greifen die Mechanismen autonomer Selbstorganisation und umso umfangreicher werden (ceteris paribus) im Zeitablauf ungeplante strukturelle Modifikationen des Systems eintreten!

(2) **Quality Circles**

Neben den primärorganisatorischen Maßnahmen zur Erweiterung der individuellen Handlungsspielräume der Mitarbeiter, etwa im Wege von job rotation, job enlargement, job enrichment oder teilautonomer Gruppenarbeit, bietet das Instrument der *Quality Circles* vielfältige Ansatzpunkte zur Realisierung selbstorganisatorischer Vorgehensweisen. Die Kategorie der Quality Circles bezeichnet eine in besonders erfolgreichen japanischen Unternehmen entwickelte spezifische Form von Gruppenarbeit.

▶ **Quality Circles** Kleingruppen von Mitarbeitern gleicher Hierarchieebene und aus dem gleichen Unternehmensbereich, welche auf freiwilliger Basis am Entwurf von Lösungen für selbst identifizierte Problemstellungen aus dem eigenen Aufgabenumfeld arbeiten

7.6 Nicht-geplante Dynamik

In der Regel findet die Arbeit der Quality Circles aus pragmatischen Gründen außerhalb der betriebsüblichen Arbeitszeiten statt, wird jedoch als bezahlte Arbeitszeit behandelt. Das Einrichten dieser Kleingruppen lässt sich als sekundärorganisatorische Gestaltungsmaßnahme zum Zwecke der Förderung von Selbstorganisation einordnen. Die strukturelle Verortung von Quality Circles vermittelt Abb. 7.49.

Danach sind Quality Circles eine Sonderform der betrieblichen Gruppenarbeit. Sie rangieren als sekundärorganisatorische Arbeitsgruppen neben den Projektteams. Die erhebliche Verbreitung von Quality Circles in westeuropäischen und nordamerikanischen Unternehmen (vgl. Macharzina und Wolf 2018, S. 776 ff.) resultiert als Reaktion auf die **japanische Herausforderung** in den 1980er-Jahren, welche sich aus den damals konstatierbaren Wettbewerbsvorteilen japanischer Unternehmen, insbesondere in der Automobilindustrie, herleitete. Das führte zur Untersuchung der Frage nach den Erfolgsfaktoren der Unternehmensführung in Japan. Als eine maßgebliche Determinante des Erfolgs der japanischen Wirtschaft wurde das ganzheitliche Qualitätsmanagement im Sinne von **Total Quality Management (TQM)** identifiziert. In dieser ganzheitlichen Qualitätsphilosophie sind die Quality Circles instrumentell angelegt. Ihre Bedeutung liegt im Wesentlichen in der sinnvollen Verknüpfung und Integration differenter Teilaspekte von Qualität. Das soll Abb. 7.50 veranschaulichen.

Der Imperativ totaler Qualitätsorientierung findet in den Quality Circles insoweit zentrale Beachtung, als die Größe *Qualität* nicht mehr auf nur **eine** Ausprägung, beispielsweise die Beschaffenheit der bereitgestellten Leistungen (Produktqualität), beschränkt bleibt. Vielmehr rücken in umfassender Weise **verschiedene Teilqualitäten** in den Fokus innovativer Bestrebungen auf selbstorganisatorischer Grundlage. Die Qualität der Arbeitsprozesse in Form von Prozessmanagement prägt die Qualität der Produkte (beispielsweise beeinflusst durch die Nullfehlerphilosophie), und diese wiederum steht im engen Kontext mit der Qualität der Arbeitsbedingungen für die involvierten Organisationsmitglieder.

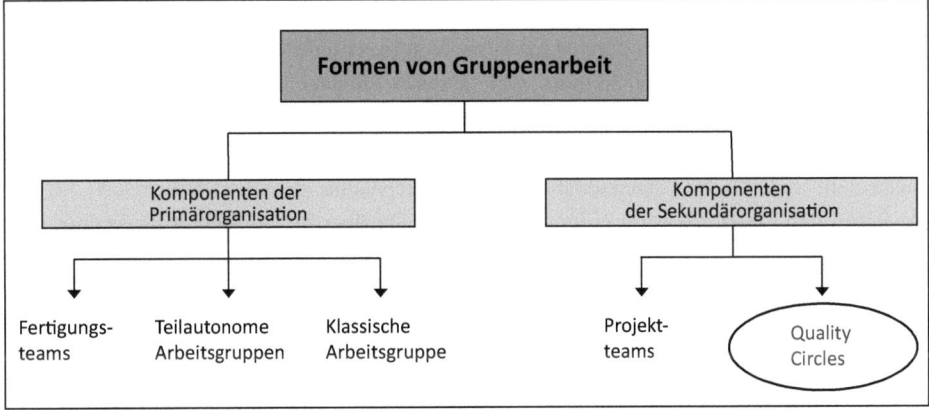

Abb. 7.49 Organisationale Positionierung von Quality Circles. (Quelle: nach Antoni 1996, S. 14)

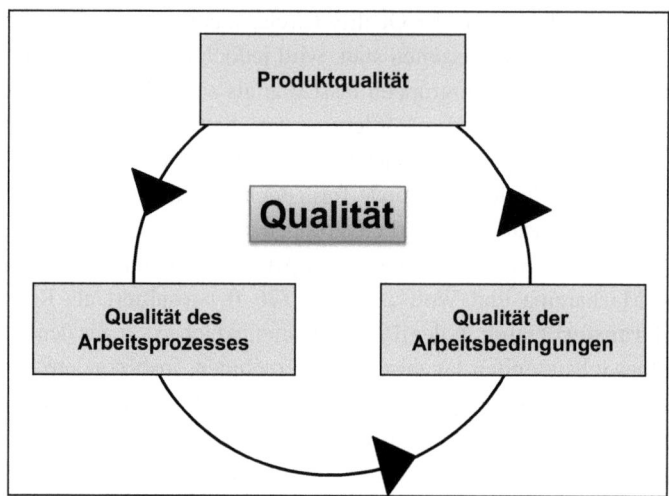

Abb. 7.50 Selbstorganisation als integrative Qualitätsphilosophie und Gegenstand der Arbeit von Quality Circles. (Quelle: nach Bergemann und Sourisseaux 1988, S. 30)

Ein wichtiger Aspekt der Quality Circles bezieht sich auf die **Problem- und Praxisnähe** ihrer Aktivitäten. Das Bezugsobjekt der Arbeit in den Zirkeln ist grundsätzlich die konkrete Arbeitssituation der Zirkelteilnehmer. Daraus ergibt sich eine unmittelbar gemeinsame Perspektive auf die bestehenden Probleme, Chancen und Risiken der Organisation und Reorganisation des eigenen Aufgabenbereichs. Relativierend bleibt anzumerken, dass die Quality Circles keine Entscheidungsbefugnisse besitzen. Sie erhalten eine entscheidungsvorbereitende, mitwirkende Funktion zugeordnet. Die definitive Entscheidung über die in Quality Circles entwickelten Alternativen zur Problemlösung obliegt einer als zuständig ausgewiesenen Linieneinheit (Instanz) im Unternehmen. Diese Instanz kann als Mehrpersonen-Gebilde ausgelegt sein. Ein Beispiel für die konzeptionelle Integration von Quality Circles in betriebliche Entscheidungsprozesse zeigt Abb. 7.51.

Die Zirkelmitglieder sind im Sinne der Teamprämisse einander formal vollkommen gleich gestellt. Auch der Moderator hat keine Vorgesetztenfunktion gegenüber dem Quality Circle. Moderatoren sind Akteure, welche durch entsprechende Qualifizierung besondere Fertigkeiten auf dem Gebiet von **Präsentations- und Moderationstechniken** erworben haben. Die Moderatoren können aus dem Kreis der Zirkelmitglieder rekrutiert oder aus einem anderen Unternehmensbereich (beispielsweise dem Personalressort) für die Arbeit in den Quality Circles eingesetzt werden. Darüber hinaus stehen für Fachfragen, welche das Know-how der Mitglieder des Zirkels überschreiten, fallweise Experten aus dem Unternehmen für die Teilnahme an Sitzungen der Quality Circles zur Verfügung. Dem Koordinator obliegen die sinnvolle Abstimmung der Ergebnisse und Aktionen aus den verschiedenen aktiven Zirkeln sowie die Funktion des informationellen Bindeglieds zwischen der Entwurfs- und Vorschlagsebene der Quality Circles und der Ebene des entscheidungsbefugten Steuerungskomitees.

7.6 Nicht-geplante Dynamik

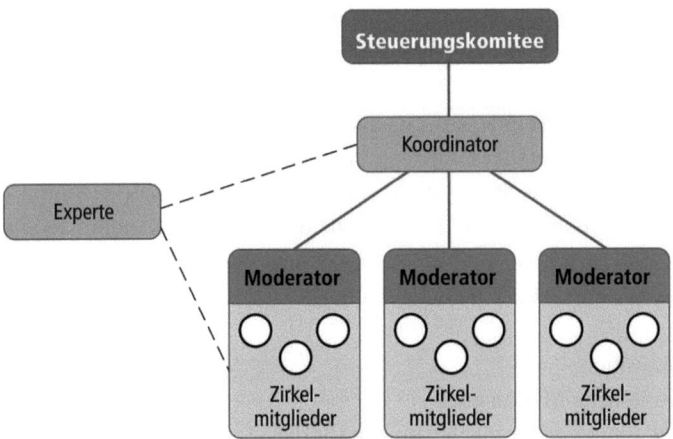

Abb. 7.51 Strukturelle Integration von Quality Circles. (Quelle: Macharzina und Wolf 2018, S. 777)

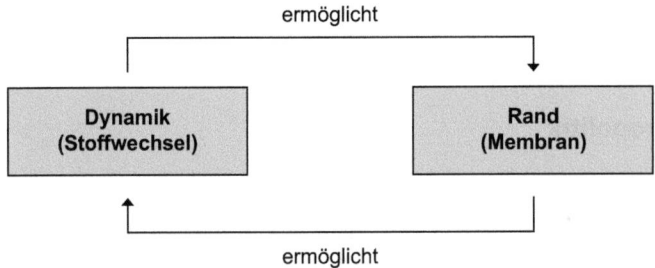

Abb. 7.52 Kreislauf von Produktion und Reproduktion einer biologischen Zelle. (Quelle: nach Franken 2007, S. 18)

Auf dem skizzierten Hintergrund erscheint der Versuch eines Analogieschlusses zu dem von Franken (2007) exemplarisch betrachteten Funktionszusammenhang autopoietischer Systeme aufschlussreich. Die Autorin diskutiert am Beispiel der biologischen Zelle die zirkuläre und endogen bestimmte Entstehungsdynamik des Systems. Die maßgeblichen systemischen Interaktionen sind in Abb. 7.52 dargestellt.

Analog zum zirkulären Wirkungszusammenhang von Produktqualität, Qualität der Arbeitsbedingungen sowie Prozessqualität gemäß Abb. 7.50 ist auch der biologische Kreislauf in Abb. 7.52 durch wechselseitige endogene Beeinflussungen geprägt. Die biologische Zelle umfasst molekulare Bestandteile, welche in einem permanenten und dynamischen Produktionsvorgang, dem sogenannten Zellstoffwechsel, miteinander verbunden sind. Der Zellstoffwechsel bringt Substanzen hervor, die wiederum in das Netz der Transformationen integriert werden. Einige dieser Substanzen bilden den Rand des Transformationsnetzes, d. h. dessen Grenze nach außen. Dieser Rand wird als Zellmembran bezeichnet. Letztere hat die Funktion der Interaktion mit der Umwelt, wodurch überhaupt erst der Zellstoffwechsel ermöglicht wird. Anders ausgedrückt: Die Zelle erzeugt die Membran, und die Membran erzeugt die Zelle. Es entsteht eine Zirkularität, die nichts anderes bedeutet als die fortlaufende Selbsterzeugung der Ordnung (Selbstorganisation) des biologischen Systems.

Das System reagiert primär auf eigene, selbst hervorgebrachte Systemzustände. Die notwendige Interaktion mit der Umwelt geschieht über die Membran (den Rand), hierüber gelangen neue Impulse in das System. Auch das Unternehmen bestimmt seinen *Rand* selbst. Gemeint sind damit sowohl die Abgrenzung als auch die Schnittstellen zur externen Umwelt. Das Unternehmen kann seine Umwelt und damit die eigenen Randbedingungen beeinflussen, etwa durch Entscheidungen über

- Produktinnovation,
- den Eintritt in neue Märkte oder
- die Bereitstellung von Serviceleistungen für die Kunden

(vgl. Franken 2007, S. 14 ff.). Daraus resultieren im Kreislauf der Selbstorganisation im weiteren Fortgang sinnvolle Anpassungen der systemischen Ordnung, d. h. Veränderungen auf dem Gebiet der Organisation des Systems.

7.6.4 Mikropolitik

Die Kategorie der Mikropolitik in Organisationen weist zweifellos einige Überschneidungen mit dem oben bereits erörterten Phänomen der informellen Organisation auf. Während das Konzept der informellen Organisation jedoch auf das inoffizielle Entstehen sozialer Beziehungen zwischen den handelnden Individuen ausgerichtet ist, rückt die die Doktrin von der Mikropolitik das Bestreben um **Durchsetzung partikularer Interessen** in das Zentrum der Betrachtung (vgl. Neuberger 2006; Küpper 2004.; Bosetzky 1991; Burns 1962). Es geht um Aufbau, Erhalt, Ausweitung und Einsatz von Machtressourcen mit dem Ziel einer aus subjektiver Sicht der handelnden Akteure vorteilhaften Veränderung von Strukturen des sozio-technischen Systems sowie, damit verbunden, von Verhaltensweisen der Systemmitglieder.

▶ **Mikropolitik** Gesamtheit der Bestrebungen von Individuen und kleinen sozialen Gruppen in Bezug auf den Aufbau, die Erhaltung, die Ausweitung sowie den Einsatz von Machtressourcen zum Zwecke der Durchsetzung selbstbezogener, partikularer Interessen im sozio-technischen System

Eben darin zeigt sich bereits das dynamisierende Element von Mikropolitik: Die **selbstbezogenen Interessen** der individuellen Akteure und mikropolitischen Gruppierungen erzeugen starke **Antriebskräfte** im Hinblick auf die Veränderung der organisationalen Bedingungen.

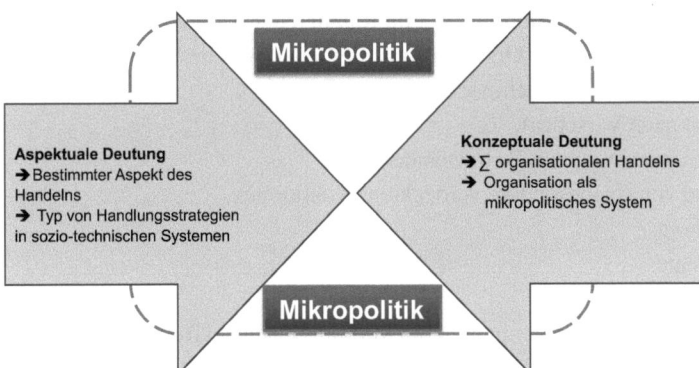

Abb. 7.53 Sichtweisen von Mikropolitik

In Anlehnung an Küpper (2004, S. 862) soll hier zwischen einer aspektualen Perspektive und einer konzeptualen Perspektive auf die Mikropolitik und ihre dynamisierende Funktion differenziert werden. Den sachlichen Hintergrund dieser Differenzierung vermittelt Abb. 7.53.

Die aufgezeigten differenten Sichtweisen der Mikropolitik sollen im Folgenden erörtert werden. In Abhängigkeit vom grundsätzlichen Verständnis des diffizilen Phänomens der Mikropolitik sind unterschiedliche Konsequenzen in Bezug auf den Umgang mit der mikropolitisch induzierten Organisationsdynamik analytisch identifizierbar.

7.6.4.1 Aspektuale Perspektive

Die aspektuale Deutung von Mikropolitik betont einen bestimmten Aspekt zweckorientierten Verhaltens (= Handeln) in Organisationen. Dieser **kennzeichnende Aspekt** des Handelns besteht in der Anwendung spezieller Techniken, welche die Entfaltung selbstbezogener Interessen (= Eigensinn) unterstützen sollen. Dabei gilt die Annahme, dass die selbstbezogenen oder eigensinnigen Interessen weder identisch noch in jeder Hinsicht konform mit den offiziell autorisierten Organisationszielen angelegt sind. Vielmehr versuchen einzelne Systemmitglieder oder kleinere soziale Gruppierungen, sich subjektive Vorteile tendenziell zu Lasten anderer Systemmitglieder oder zu Lasten von Effektivität und Effizienz des Gesamtsystems zu verschaffen. Nachstehend werden exemplarisch einige solcher mikropolitischen Techniken oder Machtmethoden aufgeführt (vgl. Küpper 2004, S. 862):

> **Beispiele mikropolitischer Techniken**
>
> - Verfälschung von Informationen,
> - Aufbau von Informationsvorsprüngen,
> - Konservierung von Informationen,
> - Blockade wichtiger Kommunikationskanäle,
> - Vernichten wichtiger Unterlagen,

- absichtliche Falschzuordnungen im Rahmen der Archivierung,
- Denunziation anderer Organisationsmitglieder, welche die Entfaltung abweichender Partikularinteressen behindern,
- Dienst nach Vorschrift,
- Geltendmachung von Besitzständen,
- Bilden von (insbesondere verdeckten) Koalitionen,
- Mobbing,
- Sabotage,
- Emotionalisierung,
- Platzieren von *Spitzeln* in anderen mikropolitischen Gruppierungen,
- Verbreiten von Gerüchten,
- Protektion,
- Erzeugen von Loyalität anderer Systemmitglieder, indem diesen Vorteile verschafft werden (Aufstieg, Anerkennung, Unterstützung, Stellvertretung bei Sonderurlaub, Individualregelungen),
- Selbstinszenierung in wichtigen unternehmensinternen Foren. ◄

Der Einsatz solcher Techniken der Mikropolitik charakterisiert einen bestimmten Typ von **Handlungsstrategien**. Dies sind Handlungsstrategien des konspirativen Schaffens partikularer Vorteile. Der effektvolle Umgang mit derartigen Handlungsstrategien wird einem bestimmten Persönlichkeitstyp zugeschrieben, nämlich dem **Mikropolitiker**. Individuen dieses Typs verstehen es, in sozio-technischen Systemen, gegebenenfalls auch gegen Widerstände anderer Akteure, die eigene Politik in machiavellistischem Stil durchzusetzen und sich auf diese Weise erhebliche Vorteile zu sichern.

Die aspektuale interpretierte Mikropolitik hat eine erheblich stimulierende Funktion im Hinblick auf die Organisationsdynamik. Motiviert durch den Anreiz der Realisierung

> Auf diesem Hintergrund wird die Organisationsdynamik in nicht geplanter Weise durch das spannungsgeladene, konfliktbesetzte Wechselspiel zwischen den stabilitätsorientierten mikropolitischen Interessen einerseits und den auf Veränderung gerichteten Partikularinteressen auf der anderen Seite hervorgebracht.

selbstbezogener Interessen, werden die involvierten Akteure mit hohem Energieeinsatz operieren. Bestehendes wird vehement in Frage gestellt, Konflikte werden heraufbeschworen und Probleme inszeniert, so dass innerhalb des Unternehmens nachhaltiger Handlungsbedarf zu bestehen scheint. Auf diese Weise werden

- neue Problemlösungen, auch und gerade in organisatorischer Hinsicht, animiert,
- mikropolitisch eingefärbt evaluiert und
- schließlich im Sinne der Mikropolitiker realisiert.

Diese Erscheinungsform der ungeplanten Organisationsdynamik ist mit gravierenden **Risiken** verbunden. Es besteht die Gefahr, dass die mikropolitischen Prozesse die formale Organisationsstruktur unterlaufen. Das beeinträchtigt die Erreichung der autorisierten Unternehmensziele und gefährdet das langfristige Überleben des sozio-technischen Systems. Insofern erscheint es aus Sicht der Unternehmensleitung rational, die Optionen organisationaler Dynamik durch aspektuale Mikropolitik einzuengen. Entsprechende Zugänge bieten etwa

- das betriebliche Controlling im Sinne einer sachorientierten, quantitativ angelegten Metafunktion,
- die Revision als Institution zur Wahrung von Regelkonformität,
- die Verbesserung von Transparenz und Klarheit der bestehenden formalen Organisationsregeln,
- die Realisierung einer offenen Kommunikations- und Informationspolitik,
- das Belohnen von Regelkonformität,
- konsequent negatives Sanktionieren von regelabweichendem Verhalten
- die Emanzipation der Organisationsmitglieder durch Management- und Verhaltenstrainings sowie
- sorgfältiges Gestalten, aktive interne Kommunikation und permanente Weiterentwicklung der Corporate Identity (Unternehmenskultur).

7.6.4.2 Konzeptuale Perspektive

Ein signifikant differentes Verständnis betrieblicher Mikropolitik resultiert aus der **konzeptualen Deutung** derartiger Willensdurchsetzung. In konzeptualer Sicht umfasst die Mikropolitik die **Gesamtheit der Handlungsstrategien** in sozio-technischen Systemen.

▶ Jedes Handeln in Organisationen ist danach mikropolitisch determiniert.

Die Organisation oder das Unternehmen als Ganzes resultiert in Lichte dieser Deutung als Summe verschiedenster mikropolitisch agierender Teilsysteme. Zur Mikropolitik zählt folglich auch die offizielle Unternehmenspolitik, da diese, genau wie andere Politiken, auf die Durchsetzung partikularer Interessen gerichtet ist, beispielsweise die Interessen der Eigentümer oder des Vorstandes.

Die formale Organisationsstruktur als Instrumentenmix zur Realisierung der betrieblichen Ziele ist in konzeptualer Perspektive ebenfalls Komponente mikropolitischer Bestrebungen. Darüber hinaus werden der Mikropolitik aber auch sämtliche Aktivitäten subsumiert, welche den formal gesetzten Standards entgegenwirken oder offizielle Regelungen unterlaufen. Insgesamt resultiert die Organisation als **Konglomerat verschiedenster Handlungsstrategien**, zwischen denen zahlreiche Interdependenzen bestehen. Die Wirkungen dieser Handlungsinterdependenzen sind nicht eindeutig prognostizierbar, woraus strategische Unsicherheit im Unternehmen in Abhängigkeit von der Erfolgswirkung konkurrierender mikropolitischer Prozesse entsteht.

Die Durchsetzung partikularer Zielbezüge in sozio-technischen Systemen erfordert den Entwurf und die Implementierung von Strukturen. Effektive Handlungsstrategien sind ohne strukturelle Fundierung nicht realisierbar. Insoweit umfasst das Organisationsgeschehen sämtliche **Prozesse, welche Handlungen und Strukturen miteinander verknüpfen.** Die Akteure generieren, nutzen und sichern in solchen Prozessen geeignete Machtbasen zur Aufrechterhaltung und Erweiterung ihrer Autonomiezonen. Gleichzeitig ermöglichen und regulieren diese Verknüpfungsprozesse das kollektive Handeln im sozio-technischen System (vgl. Felsch und Brüggemeier 1998).

In der konzeptualen Perspektive ist das
Unternehmen ein mikropolitisches System.

Folglich lässt sich Mikropolitik nicht als funktionale oder dysfunktionale Antriebskraft des organisationalen Wandels bewerten. Vielmehr sind die handelnden Akteure gefordert, die mikropolitische Qualität von Organisation zu begreifen (vgl. Mintzberg et al. 1998, S. 234 ff.). Darin liegt eine zentrale Bedingung für die relativ zu den verfolgten Interessen (Zielen) zweckrationale Einflussnahme auf organisatorische Strukturen und ihre Entwicklung im Zeitablauf.

7.6.5 Funktionalität von Regelverletzungen

7.6.5.1 Paradoxon

Bereits im Kontext konzeptual interpretierter Mikropolitik erfolgt, wie gezeigt, eine gewisse Relativierung der Aufforderung zur Regelkonformität in sozio-technischen Systemen, da sich organisatorische Regeln letztlich als Funktion der Absichten der jeweils dominierenden mikropolitischen Koalition aktualisieren. Es liegt im Wesen mikropolitischer Prozesse begründet, dass sich Widerstandskräfte gegen die geltenden Regeln formieren und diese durch geänderte Standards ablösen wollen. In dieser Perspektive resultiert ein logischer Zusammenhang wechselseitiger Beeinflussung zwischen

- Regelsetzung,
- Regelakzeptanz,
- regelwidrigem Handeln und
- Veränderung der Regeln im Sinne von Neuregelung.

Noch radikaler hinterfragt wird die Regelkonformität des Verhaltens der Organisationsmitglieder durch die These der

„**Brauchbaren Illegalität**",

welche von Luhmann in die Debatte um organisationale Dynamik eingebracht wurde (Luhmann 1999, S. 304). Diese These mutet zunächst an wie ein Paradoxon, weil doch gemeinhin *Legalität* als *richtig* empfunden wird. Schließlich bedeutet legales Handeln, dass das betrachtete zweckbestimmte Verhalten rechtmäßig im Sinne der übergeordneten (staatlichen) Normen geschieht. Legales Handeln ist folglich erwünscht, konform mit den geltenden Bestimmungen der Rechtsordnung und frei von der Gefahr negativer Sanktionierung (Bestrafung) durch die autorisierten Institutionen.

> **Beispiel**
>
> Es ist für den normalen Staatsbürger legal, per Auto mit Tempo 50 durch eine geschlossene Ortschaft zu fahren (vorausgesetzt es bestehen keine weiteren Tempoeinschränkungen, etwa aufgrund einer Spielstraße). Der Autofahrer, welcher dieses Limit einhält, braucht also weder eine Radaranlage noch ein Polizeifahrzeug zu fürchten. Sein Verhalten ist regelkonform, daher sieht das Rechtssystem keine Sanktionierung vor. ◄

Ebenso ist es legal, wenn die Mitarbeiter im Falle einer festen täglichen Arbeitszeit im Unternehmen von 7.30 Uhr bis 17.00 Uhr (inklusive Pausenzeiten) morgens um 7.25 Uhr am Arbeitsplatz erscheinen. Nicht legal ist es dagegen, erst um 8.15 Uhr die Arbeit aufzunehmen. Im Falle einer derartigen unentschuldigten Verspätung muss der betreffende Mitarbeiter mit Sanktionen seitens seines Vorgesetzten oder einer zentralen Organisationseinheit (beispielsweise des Personalwesens, welches die täglichen *Kommt-Geht-Buchungen* der Mitarbeiter überwacht) rechnen. Es ist nämlich *illegal*, die bestehenden betrieblichen Organisationsregeln zur Arbeitszeit zu verletzen. Legalität entsteht gerade durch den Glauben an die allgemeine Gültigkeit und Verbindlichkeit offiziell bestimmter Ordnungen (vgl. dazu obigen Abschnitt *Bürokratieansatz*).

In dieser Sicht erscheint die Legalität als etwas Positives. Die Rechtmäßigkeit des Verhaltens von Individuen und sozialen Gruppen ermöglicht erst das Zusammenleben von Menschen in größeren Gemeinschaften sowie die Kooperation der Mitarbeiter in Unternehmen. Kontrastierend zu den vorstehenden Überlegungen suggeriert der Begriff **Illegalität** etwas Negatives. Mit der Vokabel Illegalität werden Verstöße gegen das geltende Recht bezeichnet. Im Interesse der Aufrechterhaltung der Ordnung gilt es folglich, illegales Verhalten zu unterbinden bzw. negativ zu sanktionieren. Schließlich gefährdet Illegalität das Wohlergehen des Systems und seiner Mitglieder, d. h. das Gemeinwohl. Sollte im Gemeinwesen die Illegalität ausufern, drohen

- Chaos,
- anarchistische Zustände und
- Ohnmächtigkeit der meisten Systemmitglieder

als Folgen des fehlenden Schutzes, des morbiden Ordnungsgefüges sowie der Herrschaftslosigkeit.

7.6.5.2 Übergänge

Auf dem skizzieren Hintergrund muss die Doktrin von der brauchbaren Illegalität zunächst irritieren, erscheint doch Illegalität per se nicht nur als unbrauchbar, sondern sogar als gefährlich oder subversiv.

Was also kann an der Illegalität brauchbar sein?
Dazu bemerkt Luhmann (1999, S. 304) grundsätzlich Folgendes:

„Illegal wollen wir ein Verhalten nennen, das formale Erwartungen verletzt. Ein solches Handeln kann gleichwohl brauchbar sein."

Weiterhin plädiert Luhmann dafür, die scharfe Kontrastierung zwischen Legalität (= richtig, weiße Farbe) und Illegalität (= falsch, schwarze Farbe) aufzugeben und stattdessen *die Augen an ein gewisses Zwielicht zu gewöhnen*, in welchem zahlreiche **Grauschattierungen** erkennbar werden. Diese Schattierungen lassen sich nicht in einfacher und eindeutiger Weise als richtig oder falsch bzw. als legal oder illegal bewerten. Es sind danach insbesondere die Übergänge von einer Extremform in die andere, in denen sich brauchbare Illegalität finden lässt. Nachstehend seien exemplarisch einige *Figuren* in der Grauzone des Übergangs zwischen Legalität und Illegalität benannt (vgl. Luhmann 1999, S. 304 ff.).
Beispiele nicht eindeutig positionierbarer Verhaltensweisen

Das Individuum handelt korrekt, aber das Handeln ist peinlich

→ Ein älterer Herr trägt einen Hut auf dem Kopf und chauffiert sein eigentlich ebenso spritziges wie PS-starkes Mittelklassefahrzeug äußerst korrekt mit Tempo 50 über die große Ausfallstraße der Stadt. Hinter ihm hat bereits ein Hupkonzert begonnen. Der Enkelin auf dem Beifahrersitz ist das alles furchtbar peinlich. Als Fahrerin würde sie kräftig Gas geben, mindestens bis Tempo 70.

Die Regeln werden aus unerlaubten Motiven oder zu unerlaubten Zwecken befolgt

→ Die Fluglotsen im Airport X-Town wenden die für ihre Tätigkeit geltenden Vorschriften plötzlich mit großer Akribie an. Der Grund: Mit Dienst nach Vorschrift wollen sie Entgelterhöhungen durchsetzen.

Das rechte Handeln zur unrechten Zeit

→ Der Vorgesetzte sanktioniert das verspätete Eintreffen seines Mitarbeiters ausgerechnet an dessen Geburtstag.

Das *vertretbare* Handeln

→ Der Betriebsratsvorsitzende wird vom Geschäftsführer großzügig zum Gourmet-Abendessen eingeladen, obwohl im Unternehmen wegen des anhaltenden Auftragsrückgangs gerade Kurzarbeit geleistet werden muss.

Das formal illegale Handeln, welches in zweiter Linie strikt zu verteidigen ist

→ Das vom Kölner Kardinal Frings als legitim eingestufte illegale Beschaffen von Lebensmitteln und Heizmaterial in der Not der Nachkriegszeit (Mundraub) ging schließlich unter dem Begriff *Fringsen* in die Annalen des humanen Umgangs mit Legalität ein.

Die gewohnte Abweichung von obsoleten Normen

→ Nach den gültigen Regelungen müsste der Erholungsurlaub bis zum 31. März des Folgejahres in Anspruch genommen sein. Es ist jedoch gängige Praxis im Unternehmen, dass einige viel beschäftigte Führungskräfte ihre Urlaubsansprüche weiter in die Zukunft übertragen.

Abweichung von problematischen Normen aus Billigkeitsgründen

→ Im betrachteten Arbeitsbereich dürfte nach den geltenden Vorschriften wegen Sicherheitsaspekten nachts keine Einzelperson arbeiten. Da aber der Einsatz von zwei Mitarbeitern hohe Kosten verursacht, wird nur eine Person für die zu erledigende Nachtarbeit eingesetzt. Die Sicherheitsbedenken lässt man aus Billigkeitsgründen fallen.

Die Bagatellabweichung

Das Fahrtempo 55 in geschlossenen Ortschaften wird von vielen Verkehrsteilnehmern als völlig in Ordnung erlebt, die objektive Normabweichung hat Bagatellcharakter.

Das illegale Handeln, dessen Ahndung maßgebliche Systeminteressen verletzen würde

Von Unternehmensseite werden grundlegende Informationen über geleistete Schmiergeldzahlungen zurückgehalten, weil dadurch das Image der Unternehmung nachhaltig beschädigt würde.

In den skizzierten Fällen erscheint ein illegales Verhalten zumindest diskutabel, wenn nicht sogar sinnvoll oder wohlbegründet. Eben dieses Moment kennzeichnet die gelegentliche *Brauchbarkeit* von Illegalität. Es geht dabei um **adaptive Handlungsstrategien**, mit deren Hilfe die Organisationsmitglieder eingetretene Konstellationen problematischer oder sinnarmer Legalität bewältigen können.

7.6.5.3 Stärkung des Normenbewusstseins

Eine weitere letztlich konstruktive Funktion von Normabweichungen betonen Durkheim und Mead. Die beiden Autoren gelangen zu dem Schluss, dass konstatierbare Verstöße gegen geltende Normen zur Konsequenz der Schärfung des Normenbewusstseins in der relevanten Population führen. Solche Normenverstöße lösen **negative Sanktionen** gegen den oder die abweichenden Individuen aus und stärken auf diese Weise die Solidarität der Normbefürworter (vgl. Durkheim 1961, S. 35 ff; Mead 1918, S. 591 f.).

> **Beispiel**
>
> In der Einkaufsabteilung des Unternehmen hat es sich eingebürgert, dass mehrere relativ neu eingetretene, jüngere Einkäufer den Soll-Prozess der Beschaffung von Investitionsgütern pragmatisch verkürzen und einige Genehmigungsprozeduren einfach überspringen. Zum Ärger der älteren, *gestandenen* Einkaufsmitarbeiter sind diese Regelabweichungen bisher nie moniert worden. Jetzt aber bemerkt der Geschäftsführer die eigenmächtige Veränderung des Beschaffungsprozesses, veranstaltet eine große Kritikaktion gegenüber den Abweichlern und droht für den Fall der Wiederholung der Ignoranz des Soll-Prozesses mit Kündigung. Als Folge davon wird in den nächsten Jahren die Prozedur des Investitionsantragsverfahrens so akribisch wie nie zuvor von allen Betroffenen eingehalten. ◄

Die dargelegte Funktion der Illegalität wirkt in der langfristigen Auswirkung eher hemmend auf die Organisationsdynamik, weil letztlich die Bestätigung tradierter Normen und das Festhalten an diesen Regeln eintreten. Vielleicht wäre im fiktiven Beispielfall die Übernahme der von den neuen Einkäufern entworfenen verkürzten Beschaffungsprozedur im Interesse der Unternehmensziele rational gewesen, was aber von der Unternehmensleitung nicht erkannt wurde.

7.6.5.4 Auflösen von Widersprüchen

Das leitet über zu einer anderen brauchbaren Funktion von Illegalität. Danach sind es gerade die Regelabweichungen, welchen den Raum für neues, **schöpferisches Verhalten** schaffen und dadurch die notwendige Anpassung des sozio-technischen Systems an sich verändernde Umweltbedingungen ermöglichen und fördern (vgl. Coser 1962, S. 176 ff.). Aus dieser Einsicht resultiert eine gewisse **Toleranz** im Umgang mit Regelabweichungen im Unternehmen. Offensichtlich steht dahinter die tiefere Erkenntnis, dass die Existenz sozialer Systeme prinzipiell eine **widersprüchliche Normenorientierung** erfordert und dass, daraus folgend, im Falle der Implementierung einer widerspruchsfreien Normordnung ein gewisses Maß an Illegalität im Hinblick auf die Bewältigung fluktuierender Anforderungen unvermeidlich erscheint (vgl. Luhmann 1999, S. 305).

Soweit ein sozio-technisches System eine widerspruchfreie Normordnung zu stabilisieren versucht, gerät es eben dadurch in zunehmende Anpassungsschwierigkeiten. Das Überleben des Systems in einer wechselnden, unkontrollierbaren Konstellation von Kontextbedingungen wird immer mehr zum Problem. Von außen werden einander widersprechende Erwartungen an das System gerichtet. Dieses kann nicht alle Erwartungen erfüllen und gleichzeitig nach den eigenen Normen weiterexistieren. Mit der Zunahme des Problems der umrissenen **Erwartungen-Normen-Konflikte** werden innerhalb des sozio-technischen Systems Aktivitäten erforderlich, welche die bestehenden eigenen Regeln verletzen, aber die überlebensnotwendige Anpassung des Systems an die Umwelt herbeiführen und gewährleisten. Die damit angesprochene Illegalität erscheint in hohem Maße brauchbar. Diese Illegalität markiert eine grundlegende **Überlebensbedingung** des Unternehmens und ist gleichzeitig eine äußerst wichtige Determinante nicht geplanter Organisationsdynamik.

7.6.5.5 Persönlicher Abweichungskredit

Eine weitere Funktion brauchbarer Illegalität belegt Luhmann mit dem Terminus des *persönlichen Abweichungskredits*. Zum Zwecke der authentischen Charakterisierung und überzeugenden exemplarischen Herleitung dieser Ausdrucksform der brauchbaren Illegalität sei der Autor direkt zitiert:

> „Daneben ist zu beachten, dass manche Mitglieder des Systems einen persönlichen Kredit genießen, der es schwierig macht, sich ihnen gegenüber auf Regeln zu berufen. Dafür bietet das akademische Leben eine Fülle von Beispielen. Auch in straffer organisierten, hierarchischen Systemen können Personen von höherem Status erfolgreich Toleranz für abweichendes, ungewöhnliches, neuartiges Verhalten in Anspruch nehmen. Einen persönlichen Abweichungskredit genießt aber auch die Sekretärin, die zu Weinkrämpfen neigt, oder überhaupt jedes Mitglied, dessen besondere persönliche Empfindlichkeiten aus welchen Gründen immer geschont werden. In dieser Richtung leben sich Gewohnheiten ein, die es schwierig machen, plötzlich eine Umstellung zu verlangen und Regeln durchzusetzen. ‚Persönlicher' Kredit in diesem Sinne ist keine persönliche Eigenschaft, sondern ein Reflex der Tatsache, dass jemand mit anderen zusammen Mitglied eines sozialen Systems ist und die Mitgliedschaft nicht wegen jeder Bagatelle aufgekündigt werden kann" (Luhmann 1999, S. 310).

Der dargelegte *persönliche Abweichungskredit* macht in sehr überzeugender Form die Unausweichlichkeit und die Funktionalität von Regelverletzungen deutlich. Damit wird zugleich ein weiterer Nachweis der (partiellen) Brauchbarkeit von Illegalität in sozio-technischen Systemen geliefert. Es sind unter anderem die ganz individuellen Merkmale, Dispositionen und Strebungen der erwerbstätigen Menschen, die das strikte, uneingeschränkte und jederzeitige Einhalten legal gesetzter Normen verhindern und teilweise sinnentleeren. Anderseits darf die Illegalität im Unternehmen nicht zu weit getrieben werden. Ein Übermaß an Illegalität macht diese unbrauchbar oder gar ausgesprochen gefährlich. Wie schon Max Weber eindrucksvoll nachweisen konnte (vgl. oben, Abschnitt *Bürokratieansatz*), sind es gerade die legalen Ordnungen, welche den sozio-technischen Systeme die notwendige Stabilität sowie herausragende Erfolgspotenziale vermitteln.

Literatur

Ahlrichs, F.; Knuppertz, T.: Controlling von Geschäftsprozessen. Prozessorientierte Unternehmenssteuerung umsetzen, Stuttgart 2006

Alt, R.; Legner, C.; Österle, H.: Virtuelle Organisation – Konzept, Realität und Umsetzung, in: Heilmann, H.; Alt, R.; Österle, H. (Hrsg.). Virtuelle Organisationen, HMD Praxis der Wirtschaftsinformatik Heidelberg 04/2005, S. 7–20

Anheier, H.; Salamon, Lester M.: Genese und Schwerpunkte internationaler Forschung zum Nonprofit-Sektor. Von der Filterfunktion zum Johns Hopkins Projekt, in: Forschungsjournal Neue Soziale Bewegungen 4/1992, S. 40–58

Ansoff, H. I. (Hrsg.): Business Strategy, Harmondsworth 1969

Ansoff, H. I.: Strategic Management, London, Basingstoke 1980

Ansoff, H. I.: Managing Surprise and Discontinuity – Strategic Response to Weak Signals, in: Zeitschrift für betriebswirtschaftliche Forschung 3/1976, S. 129–159

Antoni, C. H.: Teilautonome Arbeitsgruppen: Ein Königsweg zu mehr Produktivität und einer menschengerechten Arbeit?, Weinheim 1996

Argyris, C.: Personality and Organization, New York 1957

Argyris, C.; Schön, D.: Organizational Learning: A Theory of Action Perspective, Reading/Mass. 1978

Baetge, J.; Brembt, T.: Compliance in der Finanzberichterstattung. Instrumente und organisatorische Maßnahmen zur Umsetzung, in: zfo Zeitschrift Führung + Organisation, 3/2008, S. 153–155

Balderjahn, I.; Specht, G.: Einführung in die Betriebswirtschaftslehre, 5. Auflage, Stuttgart 2007

Barnard, C.I.: The Functions of the Executive, Cambridge, Mass. 1938

Bea, F. X.; Göbel, E.: Organisation. Theorie und Gestaltung, 5. Auflage, München 2019

Bea, F. X.; Scheurer, S.; Hesselmann, S.: Projektmanagement, Stuttgart 2008

Beck, D. E.; Cowan, C. C.; Polonyi, C.: Spiral Dynamics – Leadership, Werte und Wandel: Eine Landkarte für das Business, Politik und Gesellschaft im 21. Jahrhundert, Bielefeld 2007

Benner, M. J.; Tushman, M. L.: Exploitation, exploration, and process management: The productivity dilemma revisited, in: Academy of Management Review 2/2003, S. 238–256

Bennis, W. G.: Theory and Method in Applying Behavioral Science to Planned Organizational Change, in: Bennis, W. G.; Benne, K. D.; Chin, R. (Hrsg.): The Planning of Change, 4. Auflage, Fort Worth 1984, S. 62–94

Bennis, W. G.; Benne, K. D.; Chin, R. (Hrsg.): The Planning of Change, 4. Auflage, Fort Worth 1984

Bergemann, N.; Sourisseaux, A. L. J.: Qualitätszirkel als betriebliche Kleingruppen, Heidelberg 1988

Bertalanffy, L. von: General System Theory, New York 1969

Best, E.; Weth, M.: Geschäftsprozesse optimieren. Der Praxisleitfaden für erfolgreiche Reorganisation, 2. Auflage, Wiesbaden 2009
Blake, R. S.; Mouton, J. S.: Building a dynamic organization through grid organizational development, Reading/Mass. 1969
Blanchard, K.; Carlos, J. P.; Randolph, A.: Management durch Empowerment, Reinbek 2003
Blau, P.M.; Schoenherr, F.: The Structure of Organizations, New York 1971
Blauner, R.: Alienation and Freedom, Chicago 1964
Bleicher, K. (Hrsg.): Organisation als System, Wiesbaden 1972
Bleicher, K.: Organisation – Strategien, Strukturen, Kulturen, 2. Auflage, Wiesbaden 1991
Bleicher, K.: Theorie der organisatorischen Gestaltung, in: Frese, E. (Hrsg.): Handwörterbuch der Organisation, 3. Auflage, Stuttgart 1992, S. 1883–1899
Bohner, J.: Keine Zeit, um erfolgreicher zu werden, in: Haygroup Newsletter 3/2006
Bosetzky, H.: Managementrolle: Mirkopolitiker, in: Staehle, H. W. (Hrsg.): Handbuch Management. Die 24 Rollen der Führungskraft, Wiesbaden 1991, S. 286–300
Bradford, L. P.; Gibb, J. R.; Benne, K. D. (Hrsg): Gruppentraining, T-Gruppentheorie und Laboratoriumsmethode, Stuttgart 1972
Bradford, L. P.; Gibb, J. R.; Benne, K. D.: Zwei Innovationen der Erziehung: die T-Gruppe und das Laboratorium, in: dies. (Hrsg.): Gruppentraining, T-Gruppentheorie und Laboratoriumsmethode, Stuttgart 1972, S. 19–34
Bräuer, B.: Wissensmanagement-Strategietypen in temporär intendierten Unternehmensnetzwerken, Köln 2003
Brede, H.: Prozessorientiertes Controlling, München 1998
Breuer, W.; Kreuz, C.: Shared Service-Center – Eine lohnende Investition?, in: Keuper, F.; Oecking, C. (Hrsg.): Corporate Shared Services. Bereitstellung von Dienstleistungen im Konzern, Wiesbaden 2006, S. 145–173
Brosch, D.; Mehlich, H.: E-Government und virtuelle Organisation, Wiesbaden 2005
Brown, E.: „Es sind die Finanzderivate, du Dummkopf!" – Warum Fanny, Freddie und AIG gerettet werden mussten, in: http://info.kopp-verlag.de, 05.02.2009
Brown, S. L.; Eisenhardt, K. M.: The Art of Continuous Change: Linking Complexity Theory and Time-paced Evolution in Relentlessly Shifting Organizations, in: Administrative Science Quarterly 1/1997, S. 1–34
Bruhn, M.; Georgi, D.: Kundenorientiertes Controlling von Corporate Shared Services durch Interne Kundenbarometer, in: Keuper, F.; Oecking, C. (Hrsg.): Corporate Shared Services. Bereitstellung von Dienstleistungen im Konzern, Wiesbaden 2006, S. 175–194
Bund, M.: Forschung und Entwicklung in der virtuellen Unternehmung, in: Wissensmanagement 5/1997, S. 247–253
Burghardt, M.: Einführung in Projektmanagemt: Definition, Planung, Kontrolle, Abschluss, 4. Auflage, Erlangen 2002
Burns, L.; Stalker, G. M.: The Management of Innovation, London 1961
Burns, T.: Micropolitics: Mechanism of Institutional Change, in: Administrative Science Quarterly (ASQ) 3/1962, S. 257–281
Chandler, A. D.: Strategy and Structure: Chapters in the History of the Industrial Enterprise, 19. Auflage, Cambridge (Massachusetts) 1995
Child, J.: Organization Structure and Strategies of Control: A Replication of the Aston Study, in: Administrative Science Quarterly 17/1972, S. 163–177
Clegg, S. R.; Hardy, C.; Lawrence, T. B.; Nord, W. R. (Hrsg.): Handbook of Organization Studies, Oxford 2006, S. 577–597
Cohen, W. M.; Levinthal, D. A.: Absortive capacity: A new perspective on learning and innovation, in: Administrative Science Quarterly 1/1990, S. 128–152

Coser, L. A.: Some Functions of Deviant Behavior and Normative Flexibility, in: The American Journal of Sociology 68, 1962, S. 172–181

Cronenbroeck, W.: Handbuch Internationales Projektmanagement, Berlin 2004

Cyert, R. M.; March, J. G.: A Behavioral Theory of the Firm, Englewood Cliffs, N.J., 1963

Darwin, C.: The Origin of species, 5. Auflage, London 1869

Davenport, T. H.: Process Innovation – Reengineering Work through Information Technology, Boston 1993

Davidow, W. H.; Malone, M. S.: Das virtuelle Unternehmen: Der Kunde als Co-Produzent, 2. Auflage, Frankfurt/Main, New York 1997

Denrell, J.: Random walks and substained competitive advantage, in: Management Science 7/2004, S. 922–934

Deutsche Gesellschaft für Projektmanagement (Hrsg.): Der Deutsche Project Excellence Award, Nürnberg 2/2008 (Broschüre)

Dietrich, A.: Selbstorganisation. Management aus ganzheitlicher Perspektive, Wiesbaden 2001

Dillerup, R.; Stoi, R.: Unternehmensführung, 4. Auflage, München 2013

Doppler, K.; Lauterburg, C.: Change Management. Den Unternehmenswandel gestalten, 13. Auflage, Frankfurt/Main, New York 2014

Dressler, S.: Shared Services, Business Process Outsourcing und Offshoring. Die moderne Ausgestaltung des Back-Office – Wege zu Kostensenkung und mehr Effizienz im Unternehmen, Wiesbaden 2007

Dülfer, E.: Internationales Management in unterschiedlichen Kulturbereichen, 6. Auflage, München, Wien 2001

Dülfer, E.: Internationales Management in unterschiedlichen Kulturbereichen, 5. Auflage, München, Wien 1997

Durkheim, E: Die Regeln der soziologischen Methode, Neuwied, Berlin 1961

Elias, N.: Über den Prozess der Zivilisation, Bd. I: Wandlungen des Verhaltens in den weltlichen Oberschichten des Abendlandes; Bd. II: Wandlungen in der Gesellschaft. Entwurf einer Theorie der Zivilisation, 7. Auflage, Frankfurt/Main 1980

Elsik, W.; Mayrhofer, W. (Hrsg.): Strategische Personalpolitik, München, Mering 1999,

Emery, F.E. (Hrsg.): Systems Thinking, Harmondsworth 1969

Engels, M.: Unternehmen im Unternehmen: Ein organisatorisches Konzept im internationalen Vergleich, in: Zeitschrift Führung + Organisation 4/1997, S. 218–223

Etzioni, A.: Die aktive Gesellschaft, Opladen 1975

Fayol, H.: Administration Industrielle et Générale, Paris 1916

Felsch, A.; Brüggemeier, M.: Mikropolitik, in: Grubitzsch, S.; Weber, K. (Hrsg.): Psychologische Grundbegriffe. Ein Handbuch, Hamburg 1998, S. 348–349

Fiedler, F. E.: A Theory of Leadership Effectiveness, New York 1967

Fiedler, F. E.; Chemers, M. M.: Improving Leadership Effectiveness, 2. Auflage, New York 1984

Fiedler, F. E.; Chemers, M. M.; Mahar, L.: Der Weg zum Führungserfolg, Stuttgart 1979

Fiedler, R.: Prozess-Controlling, www.projektcontroller.de, 22.08.2008

Fiedler, T.: Controlling von Projekten, 3. Auflage, Wiesbaden 2005

Fimmen, P.: Virtuelle Unternehmen: Innovative Strategien für die Internationalisierung kleiner und mittlerer Unternehmen, Düsseldorf 2008

Fineman, S.; Sims, D.; Gabriel, Y.: Organizing & organizations, 3. Auflage, London 2005

Fischer, T. M.; Vollmer, M. (Hrsg.): Erfolgreiche Führung von Shared Services, Wiesbaden 2017

Fischermanns, G.: Praxishandbuch Prozessmanagement, 8. Auflage, Wettenberg 2009

Ford, H.: Mein Leben und mein Werk, Leipzig 1923

Franken, A.: Zur einzelwirtschaftlichen Relevanz von Selbstorganisation, Aachen 2007 (unveröffentlichte Diplomarbeit)

French, R.; Rayner, C.; Rees, G.; Rumbles, S.: Organizational Behaviour, Chichester 2008
French, W. L.; Bell, C. H.: Zur Geschichte der Organisationsentwicklung, in: Sievers, B. (Hrsg.): Organisationsentwicklung als Problem, Stuttgart 1977, S. 33–42
Frese, E.; Graumann, M.; Talaulicar, T.; Theuvsen, L.: Grundlagen der Organisation. Entscheidungsorientiertes Konzept der Organisationsgestaltung, 11. Auflage, Wiesbaden 2019
Frese, E. (Hrsg.): Handwörterbuch der Organisation, 3. Auflage, Stuttgart 1992
Frost, J.: Aufbau- und Ablauforganisation, in: Schreyögg, G.; v. Werder, A. (Hrsg.): Handwörterbuch Unternehmensführung und Organisation, 4. Auflage, Stuttgart 2004, S. 45–53
Fullan, M.: Industrial Technology and Worker Integration in the Organization, in: American Sociological Review 35/1970, S. 1028–1039
Gabele, E.: Führungsmodelle, in: Gaugler, E.; Weber, W. (Hrsg.): Handwörterbuch des Personalwesens, 2. Auflage, Stuttgart 1992, S. 948–965
Gaitanides, M.: Strategie und Struktur, in: Zeitschrift für Organisation 54. Jg. 1985, S. 115–122
Gaitanides, M.; Scholz, R.; Vrohlings, A.: Prozeßmanagement – Grundlagen und Zielsetzungen, in: Gaitanides, M.; Scholz, R.; Vrohlings, A.; Raster, M. (Hrsg.): Prozeßmanagement: Konzepte, Umsetzungen und Erfahrungen des Reengineering, Wien 1994, S. 1–19
Gaitanides, M.; Scholz, R.; Vrohlings, A.; Raster, M. (Hrsg.): Prozeßmanagement: Konzepte, Umsetzungen und Erfahrungen des Reengineering, München, Wien 1994
Galbraith, J. K.: American Capitalism: The Concept of Countervailing Power. Boston 1952
Garrecht, M.: Virtuelle Unternehmen: Entstehung, Struktur und Verbreitung in der Praxis, Frankfurt/Main 2002
Gavetti, G.; Greve, H.; Levithal, D. A.; Ocasio, W.: The Behavioral Theory of the Firm: Assessment and Prospects, in: The Academy of Management Annals, Juni 2012, S. 1–40
Garvin, D. A.: Das lernende Unternehmen I. Nicht schöne Worte – Taten zählen, in: Harvard Business Manager 1/1994, S. 74–85
Gietl, G.; Lobinger, W.: Qualitätsaudit. Planung und Durchführung von Audits nach DIN EN ISO 9001:2000, München 2007
Glaschak, S. A.: Strategiebasiertes Multiprojektmanagement. Konzept – Unternehmensbefragung – Gestaltungsempfehlungen, München, Mering 2006
Glasl, F.; de la Houssaye, L (Hrsg.): Organisationsentwicklung. Das Modell des Niederländischen Instituts für Organisationsentwicklung und seine praktische Bewährung, Bern, Stuttgart 1975
Götzer, K.; Maier, B.; Schmale, R.; Rehbock, K.; Komke, T.: Dokumenten-Management. Informationen im Unternehmen effizient nutzen, 5. Auflage, Heidelberg 2013
Goldman, S.L.; Nagel, R.N.; Preiss, K.; Warnecke, H.J.: Agil im Wettbewerb: Die Strategie der virtuellen Organisation zum Nutzen des Kunden, Berlin, Heidelberg 1996
Greiner, L. E.: Evolution and revolution as organizations grow, in: Harward Business Review 4/1972, S. 37–46
Grochla, E.: Grundlagen der organisatorischen Gestaltung, Stuttgart 1982
Grochla, E.: Unternehmungsorganisation: Neue Ansätze und Konzeptionen, Reinbek/Hamburg 1972
Grotendorst, A.: Organisationsentwicklung und Bombenwurfstrategie aus Mitarbeitersicht, München 2007
Grubitzsch, S.; Weber, K. (Hrsg.): Psychologische Grundbegriffe. Ein Handbuch, Hamburg 1998
Güldenberg, S.; Eschenbach, R.: Organisatorisches Wissen und Lernen – erste Ergebnisse einer qualitativ-empirischen Erhebung, in: zfo Zeitschrift Führung + Organisation 1/1996, S. 4–9
Gulick, L.H.: Notes on the Theory of Organization, in: Gulick, L.H.; Urwick, L.F. (Hrsg.): Papers on the Science of Administration, 2. Auflage, New York 1947, S. 3–45
Gunn, R. W.; Carberry, D. P.; Frigo, R.; Behrens, S.: Shared Services, in: Management-Accounting 5/1993, S. 22–28

Gutenberg, E.: Grundlagen der Betriebswirtschaftslehre, Band I: Die Produktion, 21. Auflage, Berlin, Heidelberg, New York 1975

Haas, T.; Jansen, I.: Konzept zur Weiterentwicklung der Multiprojektsteuerung innerhalb des Konzernrechnungswesens einer Großunternehmung der Dienstleistungsbranche, Aachen 2006 (unveröffentlichter Projektbericht)

Habermas, J.: Die neue Unübersichtlichkeit – Kleine politische Schriften V, Frankfurt/Main 1985

Hall, R.H.: The Concept of Bureaucracy: An Empirical Assessment, in: The American Journal of Sociology 69/1963, S. 32–40

Hammer, M.; Champy, J.: Business Reengineering. Die Radikalkur für das Unternehmen, 7. Auflage, Frankfurt am Main 1996

Hammer, M.; Champy, J.: Reengineering the Corporation, 2. Auflage, London 2001

Harsch, M.: Multiprojektmanagement im Krankenhaus. Prozesse, Methoden, Strukturen, Wiesbaden 2018

Hauschildt, J.; Salomo, S.; Schultz, C.; Kock, A.: Innovationsmanagement, 6. Auflage, München 2016

Heilmann, H.; Alt, R.; Österle, H. (Hrsg.). Virtuelle Organisationen, HMD Praxis der Wirtschaftsinformatik Heidelberg 04/2005

Herzberg, F.; Mausner, B.; Snyderman, B.: The Motivation to Work, 2. Auflage, New York 1959

Heuskel, D.; Book, M.; Strack, R.: Unternehmensberatung, Organisation und Steuerung der, in: Schreyögg, G.; v. Werder, A. (Hrsg.): Handwörterbuch Unternehmensführung und Organisation, 4. Auflage, Stuttgart 2004, S. 1497–1510

Hewlett-Packard (Hrsg.): Das Unternehmen HP – Grundwerte, http://h40047.www4.hp.com/unternehmen/deutschland/grundwerte.html, 18.08.2008 a

Hewlett-Packard (Hrsg.): Unternehmenskultur HP Deutschland, http://welcome.hp.com/gms/de/de/sz6/companyinfo/corpobj.html, 18.06.2008

Hill, W.; Fehlbaum, R.; Ulrich, P.: Organisationslehre 2: Theoretische Ansätze und praktische Methoden der Organisation sozialer Systeme, 5. Auflage, Bern, Stuttgart, Wien 1998

Hill, W.; Fehlbaum, R.; Ulrich, P.: Organisationslehre 1: Ziele, Instrumente und Bedingungen der Organisation sozialer Systeme, 5. Auflage, Bern, Stuttgart, Wien 1994

Hinterhuber, H. H.: Strategische Unternehmensführung, Band 1: Strategisches Denken, 5. Auflage, Berlin, New York 1992

Hirzel, M.; Kühn, F.; Wollmann, P. (Hrsg.): Projektportfolio-Management: Strategisches und operatives Multiprojektmanagement in der Praxis, 2. Auflage, Wiesbaden 2009

Hönl, A.: Das Steuerungsmodell für Agilität, in: Raumsauer, C.; Kayser, D.; Schmitz, C. (Hrsg.): Erfolgsfaktor Agilität. Chancen für Unternehmen in einem volatilen Marktumfeld, Weinheim 2017, S. 239–263

Hoffmann, J.; Roock, S.: Agile Unternehmen. Veränderungsprozesse gestalten, agile Prinzipien verankern, Selbstorganisation und neue Führungsstile etablieren, Heidelberg 2018

Hoffmann, H. (Hrsg.): Die Gestaltung der Organisationsdynamik. Konfiguration und Evolution, Stuttgart 2003

Hofmann, M.: Scheitern durch Großunfälle. Lernprozesse nach Kontaminationskatastrophen, in: zfo Zeitschrift Führung + Organisation, 05/2014, S. 291–297

Hohmann, P.: Geschäftsprozesse und integrierte Anwendungssysteme: Prozessorientierung als Erfolgskonzept, Köln 1999

Höhn, R.; Böhme, G.: Führungsbrevier der Wirtschaft, 11. Auflage, Bad Harzburg 1983

Höhn, R.; Böhme, G.: Stellenbeschreibung und Führungsanweisung. Die organisatorische Aufgabe moderner Unternehmensführung, Bad Harzburg 1986

Hug, O.: Mass Customization. Standardisierung und Individualisierung als wettbewerbsstrategische Option. Ein Leitfaden für die Praxis, Saarbrücken 2013

Imai, M.: Kaizen – Der Schlüssel zum Erfolg der Japaner im Wettbewerb, 8. Auflage, Berlin 1998

Inglehart, R.: Modernisierung und Postmodernisierung. Kultureller, wirtschaftlicher und politischer Wandel in 43 Gesellschaften, Frankfurt/Main, New York 1998

Irle, M.: Soziale Systeme. Eine kritische Analyse der Theorie von formalen und informalen Organisationen, Göttingen 1963

Izumi, H.; Taylor, D. M.: Planned Organizational Change as Cultural Revolution, in: Management Development Forum 1/1998

Jäger, A.; Rödl, C.; Campos Nave, J .A.: Praxishandbuch Corporate Compliance: Grundlagen – Checklisten – Implementierung, Weinheim 2009

Jost, P. J.: Organisation und Koordination. Eine ökonomische Einführung, 2. Auflage, Wiesbaden 2009

Kagelmann, U.: Shared Services als alternative Organisationsform. Am Beispiel der Finanzfunktion im multinationalen Konzern, Wiesbaden 2001

Katz, R.; Allen, T. J.: Investigating the not invented here (NIH) syndrome: A look at the performance, tenure and communication patterns of 50 RED project groups, in: Tushman, M.; Moore, W. L. (Hrsg.): Readings in the management of innovation, Cambrige, Mass. 1988, S. 293–309

Kemmner, G. A.; Gillessen, A.: Virtuelle Unternehmen: Ein Leitfaden zum Aufbau und zur Organisation einer mittelständischen Unternehmenskooperation, Heidelberg 2000

Kemper, A.; Eickler, A.: Datenbanksysteme: Eine Einführung, 6. Auflagen, München 2006

Kern, H.; Schumann, M.: Industriearbeit und Arbeiterbewußtsein, Frankfurt/Main 1970

Keuper, F.; Groten, H. (Hrsg.): Nachhaltiges Change Management. Interdisziplinäre Fallbeispiele und Perspektiven, Wiesbaden 2007

Keuper, F.; Oecking, C. (Hrsg.): Corporate Shared Services. Bereitstellung von Dienstleistungen im Konzern, Wiesbaden 2006

Kieser, A. (Hrsg.): Organisationstheorien , 3. Auflage, Stuttgart 1999

Kieser, A.: Einflußgrößen der Unternehmensorganisation. Der Stand der empirischen Forschung und Ergebnisse einer eigenen Erhebung, Köln 1973

Kieser, A.; Ebers, M.: Organisationstheorien, 8. Auflage, Stuttgart 2019

Kieser, A.; Ebers, M.: Organisationstheorien, 6. Auflage, Stuttgart 2006

Kieser, A.; Kubicek, H.: Organisationstheorie II, Stuttgart 1978

Kieser, A.; Kubicek, H.: Organisation, 3. Auflage, Berlin, New York 1992

Kieser, A.; Walgenbach, P.: Organisation, 6. Auflage, Stuttgart 2010

King, B. G.; Felin, T.; Whetten, D.A. (Hrsg.): Studying Differences between Organizations: Comparative Approaches to Organizational Research, Bingley 2009

Kirchhoff, K. R.; Piwinger, M. (Hrsg.): Praxishandbuch Investor Relations, Wiesbaden 2005

Kirsch, W.: Die Führung von Unternehmen, München 2005

Kirsch, W.: Die Handhabung von Entscheidungsproblemen, 3. Auflage, München 1988

Kirsch, W.: Strategisches Management: Die geplante Evolution von Unternehmen, München 1997

Kirsch, W.; Esser, W. M.; Gabele, E.: Das Management des geplanten Wandels von Organisationen, Stuttgart 1979

Klimmer, M.: Unternehmensorganisation. Eine kompakte und praxisnahe Einführung mit Online-Training, 4. Auflage Herne 2016

Knebel, H.; Schneider, H.: Führungsgrundsätze: Leitlinien für die Einführung und praktische Umsetzung, 2. Auflage, Heidelberg 1994

Köhler, R.; Küpper, H. U.; Pfingsten, A. (Hrsg.): Handwörterbuch der Betriebswirtschaft, 6. Auflage, Stuttgart 2007

Kofler, T.: Das digitale Unternehmen. Systematische Vorgehensweise zur zielgerichteten Digitalisierung, Berlin 2018

Konlechner, W. S.; Güttel, W. H.: Kontinuierlicher Wandel mit Ambidexterity, in: zfo Zeitschrift Führung + Organisation 1/2009, S. 45–53
Kosiol, E.: Organisation der Unternehmung, 2. Auflage, Wiesbaden 1976
Kreikebaum, H.: Strategische Unternehmensplanung, 5. Auflage, Stuttgart, Berlin, Köln 1993
Kremer, D.: Börsenwunder Thyssen, in: Frankfurter Allgemeine Sonntagszeitung, 12.05.2019, S. 26
Kremer, S.: Herleiten der Basisanforderungen an ein Dokumenten-Management-System vor dem Hintergrund von Entscheidungen über den betrieblichen Formalisierungsgrad. Fallstudie in einem Unternehmen der pharmazeutischen Industrie, Aachen 2008 (unveröffentlichte Diplomarbeit)
Krüger, W.: Kernkompetenzbeiträge und Rollen von Shared-Service-Centern im strategiefokussierten Konzern, in: Keuper, F.; Oecking, C. (Hrsg.): Corporate Shared Services. Bereitstellung von Dienstleistungen im Konzern, Wiesbaden 2006, S. 73–96
Krüger, W.: Projektmanagement, in: Wittmann, W. et al. (Hrsg.): Handwörterbuch der Betriebswirtschaft, 5. Auflage, Stuttgart 1993, S. 3559–3570
Krüger, W.; Danner, M.: Einsatz von Shared Service Centern für Finanzfunktionen, in: CM Controller Magazin 3/2004, S. 215–220
Krüger, W.; v. Werder, A.; Grundei, J.: Center-Konzepte: Strategieorientierte Organisation von Unternehmensfunktionen, in: zfo Zeitschrift Führung + Organisation, 01/2007, S. 4–11
Krystek, U.; Moldenhauer, R.: Handbuch Krisen- und Restrukturierungsmanagement. Generelle Konzepte, Spezialprobleme, Praxisberichte, Stuttgart 2007
Krystek, U.; Redel, W.; Reppegather, S.: Grundzüge virtueller Organisation: Elemente und Erfolgsfaktoren, Chancen und Risiken, Wiesbaden 1997
Küpper, W.: Mikropolitik, in: Schreyögg, G.; v. Werder, A. (Hrsg.): Handwörterbuch Unternehmensführung und Organisation, 4. Auflage, Stuttgart 2004, S. 861–870
Kumar, B. N.; Haussmann, H. (Hrsg.): Handbuch der Internationalen Unternehmenstätigkeit, München 1992
Lang, R.: Informelle Organisation, in: Schreyögg, G.; v. Werder, A. (Hrsg.): Handwörterbuch Unternehmensführung und Organisation, 4. Auflage, Stuttgart 2004, S. 497–505
Lauer, T.: Change Management. Grundlagen und Erfolgsfaktoren, 2. Auflage, Wiesbaden 2014
Lawrence, P. R.; Lorsch, J. W.: Organization and environment: Managing differentiation and integration, Boston 1967
Lenzen, M.: Der Einsatz einer Reklamationsdatenbank zum Zwecke der Optimierung des Reklamationsprozesses im Rahmen des Kundenmanagements der AMB Generali Services GmbH, Aachen 2009 (unveröffentlichte Diplomarbeit)
Lewin, K.: Feldtheorie in den Sozialwissenschaften, Bern 1963
Lewin, K.: Frontiers in Group Dynamics, in: Human Relations 1/1947, S. 5–41
Lieber, C.: Prozessaudit im Rechnungswesen. Fallstudie: Prozess „Nicht zuordenbare Zahlungseingänge" in der Schadensbuchhaltung der AachenMünchener Versicherung AG, Aachen 2006 (unveröffentlichte Diplomarbeit)
Likert, R.: The Human Organization: Its Management and Value, New York 1967
Lindblom, C. E.: The Science of Muddling Through, in: Ansoff, H. I. (Hrsg.): Business Strategy, Harmondsworth 1969, S. 41–60
Lomnitz, G.: Multiprojektmanagement. Projekte erfolgreich planen, vernetzen und steuern, 2. Auflage, Frankfurt/Main 2004
Luhmann, N.: Einführung in die Systemtheorie, 4. Auflage, Heidelberg 2006
Luhmann, N.: Organisation und Entscheidung, Opladen, Wiesbaden 2000
Luhmann, N.: Funktionen und Folgen formaler Organisation, 5. Auflage, Berlin 1999
Luhmann, N.: Vertrauen. Ein Mechanismus der Reduktion sozialer Komplexität, 3. Auflage, Stuttgart 1989

Macharzina, K.; Wolf, J.: Unternehmensführung. Das internationale Managementwissen, Konzepte – Methoden – Praxis, 10. Auflage, Wiesbaden 2018

Madauss, B.: Handbuch Projektmanagement, 6. Auflage, Stuttgart 2000

Malik, F.: Strategie des Managements komplexer Systeme. Ein Beitrag zur Management-Kybernetik komplexer Systeme, Bern, Stuttgart 1984

March, J. G.: Exploration and Exploitation in Organizational Learning, in: Organization Science 1/1991, S. 71–87

March, J. G.; Olsen, J. P.: Ambiguity and choice in organizations, Bergen 1979

March, J.G.: A Primer on Decision Making – How Decisions Happen, New York 1994

Marr, R.; Steiner, K.: Projektmanagement, in: Schreyögg, G.; v. Werder, A. (Hrsg.): Handwörterbuch Unternehmensführung und Organisation, 4. Auflage, Stuttgart 2004, S. 1196–1207

Marx, K.: Das Kapital, in: Marx, K.; Engels, F. (Hrsg.): Ausgewählte Werke, Band III, Berlin 1978

Marx, K.; Engels, F. (Hrsg.): Ausgewählte Werke, Band III, Berlin 1978

Maschke, D.: Virtuelle Unternehmen: Analyse der Organisationsform unter besonderer Berücksichtigung der Informations- und Kommunikationstechnologie, Düsseldorf 2008

Maslow, A. H.: Motivation and Personality, 2. Auflage, New York, Evanston, London 1970

Mayer, M. C.; Whittington, R.: Strategy, structure and „systemness": National institutions and corporate change in France, Germany and UK, 1950–1993, in: Organization Studies 20/1999, S. 933–959

Mayntz, R.: Die soziale Organisation des Industriebetriebes, Stuttgart 1958

Mayo, E.: Probleme industrieller Arbeitsbedingungen, Frankfurt am Main 1945

Mayr, E.: What evolution is, New York 2001

McGrath, R. G.: Beyond contingency: From structure to structuring in the design of the contemporary organization, in: Clegg, S. R.; Hardy, C.; Lawrence, T. B.; Nord, W. R. (Hrsg.): Handbook of Organization Studies, Oxford 2006, S. 577–597

McGregor, D.: The Human Side of Enterprise, New York 1960

McWilliams, B. S.: Have you considered insourcing?, in: Across the Board, 10/1996, S. 31–34

Mead, G. H.: The Psychology of Punitive Justice, in: The American Journal of Sociology 23, 1918, S. 557–602

Mehrwald, H.: Das ‚Not Invented Here' (NIH) Syndrom in Forschung und Entwicklung, Wiesbaden 1999

Menzies, C.; Tüllner, J.; Martin, A.: Compliance Management. Nachhaltige Umsetzung in der Praxis, in: zfo Zeitschrift Führung + Organisation, 3/2008, S. 136–142

Meyer, M.: Nonprofit-Organisationen, in: Köhler, R.; Küpper, H. U.; Pfingsten, A. (Hrsg.): Handwörterbuch der Betriebswirtschaft, 6. Auflage, Stuttgart 2007, S. 1249–1258

Mintzberg, H.: The Effective Organization, Forces and Forms, in: MIT Sloan Management Review, Cambridge 2/1991, S. 54–67

Mintzberg, H.; Ahlstrand, B.; Lampel, J.: Strategy safari, New York 1998

Moeser, G.: Internationale Akquisitionen und Fusionen als Strategie des Markteintritts in Auslandsmärkte: Probleme und Chancen, in: Kumar, B. N.; Haussmann, H. (Hrsg.): Handbuch der Internationalen Unternehmenstätigkeit, München 1992, S. 549–567

Nausner, P.: Projektmanagement. Die Entwicklung und Produktion des Neuen in Form von Projekten, Wien 2006

Nelson, R. R.: Recent evolutionary theorizing about economic change, in: Ortmann, G.; Sydow, J.; Türk, K. (Hrsg.): Die Rückkehr der Gesellschaft, 2. Auflage, Opladen 2000, S. 81–123

Neuberger, O.: Mikropolitik und Moral in Organisationen, 2. Auflage, Stuttgart 2006

Nicolai, C.: Die Organisation der Zukunft. Neue Konzepte zur Organisationsgestaltung, 2. Auflage, Konstanz 2018

Nieder, P.: Aktionsforschung: Anspruch und (Versuch der) Realisierung in einem Projekt zur Verbesserung von Arbeitsbedingungen und Reduzierung von Fehlzeiten, Arbeitspapiere des Fachbereichs Wirtschaftswissenschaften der Gesamthochschule Wuppertal, Nr. 36, Wuppertal 1979

Noelle-Neumann, E.: Werden wir alle Proletarier? Wertewandel in unserer Gesellschaft, 2. Auflage, Osnabrück, Zürich 1979

Nonaka, I.; Takeuchi, H.: The Knowledge-Creating Company: How Japanese Companies Create the Dynamics of Innovation, New York, Oxford 1995

Nordsieck, F.: Grundlagen der Organisationslehre, Stuttgart 1934

Nordsieck, F:: Betriebsorganisation: Betriebsaufbau und Betriebsablauf, 3. Auflage, Stuttgart 1968

North, K.: Wissensorientierte Unternehmensführung. Wertschöpfung durch Wissen, 3. Auflage, Wiesbaden 2002

O. V.: Bürgerliches Gesetzbuch, Beck-Texte im dtv, 60. Auflage, München 2007

O. V.: Chronik einer Übernahmeschlacht, in: www.manager-magazin.de, 18.10.2004

O. V.: DIN 69901, Projektwirtschaft, Begriffe im Projektmanagement, Ausgabe 8/1987

O. V.: Extra: Der Lidl-Skandal, Spitzel Skandal „Ein Lidl-Boykott kann helfen", in: www.stern.de, vom 04.04.2008

O. V.: Geldstrafe für ehemaligen VW-Betriebsrat, in: www.welt.de, 09.08.2007 (2007b)

O. V.: Harvard Business Review 4/2004a

O. V.: Henry Ford, Zitate und Sprüche, in: http://zitate.net/autoren/henry%20ford/zitate_4.html, 03.09.2008 (2008a)

O. V.: Immer mehr Back-Office-Jobs gehen in Billiglohnländer. Bis 2010 wird jeder vierte IT-Arbeitsplatz offshore erledigt werden, in: http://www.computerwoche.de, 11.12.2008 (2008d)

O. V.: Obama verdammt Bonuszahlungen an Wall Street, in: Frankfurter Allgemeine Zeitung, 31.01.2009, S. 12

O. V.: Römische Meilensteine, in: http://www.roemerstrasse-via-claudia.de, 10.10.2008 (2008b)

O. V.: Service Level Agreement: Mythos – Ist Leistung generell nicht messbar?, in: http://www.4managers.de/themen/service-level-agreement, 30.10.2008 (2008c)

O. V.: Von der Schmiergeldaffäre zum Sexskandal, in: www.spiegel.de, 14.06.2007 (2007a)

O. V.: Widerstand gegen Staatshilfe für Schaeffler wächst, in: www.focus.de, 28.01.2009 (2009a)

O'Reilly, C. A.; Tushman, M. L.: The Ambidextrous Organization, in: Harvard Business Review 4/2004, S. 74–81

Oechsler, W. A.: Personal und Arbeit: Grundlagen des Human Resource Management und der Arbeitgeber-Arbeitnehmer-Beziehungen, 8. Auflage, München 2006

Olfert, K.: Projektmanagement, 9. Auflage, Herne 2014

Ortmann, G.; Sydow, J. (Hrsg.): Strategie und Strukturation. Strategisches Management von Unternehmen, Netzwerken und Konzernen, Wiesbaden 2001

Ortmann, G.; Sydow, J.; Türk, K. (Hrsg.): Die Rückkehr der Gesellschaft, 2. Auflage, Opladen 2000

Orwell, G.: 1984, London 1949

Österle, H.: Business Engineering – Prozeß- und Systementwicklung, Band 1, 2. Auflage, Berlin 1995

Osterloh, M.; Frost, J.: Prozeßmanagement als Kernkompetenz, 3. Auflage, Wiesbaden 2000

Osterloh, M.; Frost, J.: Prozessmanagement als Kernkompetenz, 5. Auflage, Wiesbaden 2006

Ostroff, F.: The Horizontal Organization, New York 1999

Ott, K.: Bespitzelungs-Affäre bei der Bahn. Heftige Attacken gegen Mehdorn, in: www.sueddeutsche, 01.02.2009

Ott, K.: Korruption bei Siemens. Der erste Top-Manager packt aus, in: www.sueddeutsche.de, 09.12.2006

Parkinson, N.C.: Parkinsons Gesetz und andere Untersuchungen über die Verwaltung, Reinbek/Hamburg 1966

Patzak, G.; Rattay, G.: Projektmanagement: Leitfaden zum Management von Projekten, Projektportfolios und projektorientierten Unternehmen, 4. Auflage, Wien 2004

Pfaff, D.; Gabor, G.: Rechnungswesen und Organisation, in: Schreyögg, G.; v. Werder, A. (Hrsg.): Handwörterbuch Unternehmensführung und Organisation, 4. Auflage, Stuttgart 2004, S. 1244–1252

Pfeiffer, W.; Weiss, E.: Lean Management: Grundlagen der Führung und Organisation industrieller Unternehmen, Berlin 1992

Picot, A.; Dietl, H.; Franck, E.; Fiedler, M.; Royer, S.: Organisation. Theorie und Praxis aus ökonomischer Sicht, 7. Auflage, Stuttgart 2015

Picot, A.; Reichwald, R.; Wigand, R.T.: Die grenzenlose Unternehmung: Information, Organisation und Management, 5. Auflage, Wiesbaden 2003

Pieler, D.: Neue Wege zur lernenden Organisation, 2. Auflage, Wiesbaden 2003

Piller, F. T.: Mass Customization: Ein wettbewerbsstrategisches Konzept im Informationszeitalter. 4. Auflage, Wiesbaden 2006

Porter, L. W.; Lawler, E. E.; Hackman, J. R.: Behavior in Organizations, New York 1975

Porter, M. E.: Wettbewerbsstrategie. Methoden zur Analyse von Branchen und Konkurrenten, 11. Auflage, Frankfurt/Main, New York 2008

Porter, M. E.: Wettbewerbsvorteile (Competitive Advantage): Spitzenleistungen erreichen und behaupten, 6. Auflage, Frankfurt/Main 2000

Popper, K. R.: Das Elend des Historizismus, 3. Auflage, Tübingen 1971

Prange, C.: Organisationales Lernen und Wissensmanagement. Fallbeispiele aus der Unternehmenspraxis, Wiesbaden 2002

Preuß, S.: „Wir rüsten uns für die Sturmflut", in: Frankfurter Allgemeine Zeitung, 13.05.2019, S. 26

PricewaterhouseCoopers/Martin-Luther-Universität, Halle-Wittenberg (Hrsg.): Wirtschaftskriminalität 2007 – Sicherheitslage der deutschen Wirtschaft und internationale Ergebnisse, Frankfurt/Main, Halle-Wittenberg 2007

Probst, G.; Büchel, B.: Organisationales Lernen, 2. Auflage Wiesbaden 1997

Probst, G.; Schmitt, A.: Neue Wege in der Unternehmensrestrukturierung. Vom Effizienzgedanken zum innovationsbasierten Restrukturieren, in: zfo Zeitschrift Führung + Organisation 4/2006, S. 192–197

Pugh, D.S.; Hickson, D.J. (Hrsg.): Organizational Structure in its Context. The Aston Programme I, Westmead-Farmborough 1976

Pugh, D.S.; Hickson, D.J.; Hinings, C.R.; Turner, C.: Der Bedingungsrahmen organisatorischer Strukturen, in: Grochla, E. (Hrsg.): Elemente der organisatorischen Gestaltung, Reinbek/Hamburg 1978, S. 211–242

Raumsauer, C.; Kayser, D.; Schmitz, C. (Hrsg.): Erfolgsfaktor Agilität. Chancen für Unternehmen in einem volatilen Marktumfeld, Weinheim 2017

Rayport, J.F.; Sviokla, J.J.: Die virtuelle Wertschöpfungskette – kein fauler Zauber, in: Harvard Manager 2/1996, S. 104–113

Reese, J.: Die gesellschaftliche Bedeutung des Dritten Sektors, in: Reese, J. (Hrsg.): Tagungsband zum Kongress: „Der dritte Sektor zwischen Markt und Staat" vom 30.09.1987–02.10.1987 in Kassel, S. 1–15

Remer, A.; Hucke, P.: Grundlagen der Organisation, Stuttgart 2007

Reuß, A.: Harmonisierung der Geschäftsprozesse im Rechnungswesen der AMB Generali Gruppe. Beispiel: Geschäftsprozess Kreditorenbuchhaltung, Aachen 2004 (unveröffentlichte Diplomarbeit)

Rischar, K.; Titze, C.: Qualitätszirkel. Effektive Problemlösungen durch Gruppen im Betrieb, 5. Auflage, Renningen 2002

Roethlisberger, F.J.; Dickson, W.J.: Management and the Worker, 16. Auflage, Cambridge, Mass. 1975

Rogers, C.: On Encounter Groups, New York 1970
Rumelt, P.: Strategy, Structure and Economic Performance, Boston 1974
Samuelson, P. A.: Volkswirtschaftslehre, Band I. Eine Einführung, 6. Auflage, Köln 1975
Schanz, G.: Organisationsgestaltung: Management von Arbeitsteilung und Koordination, 2. Auflage, München 1994
Schanz, G.: Partizipation, in: Frese, E. (Hrsg.): Handwörterbuch der Organisation, 3. Auflage, Stuttgart 1992, S. 1901–1914
Schein, E. H.: Prozessberatung für die Organisation der Zukunft. Der Aufbau einer helfenden Beziehung, Köln 2000
Schelle, H.: Projekte zum Erfolg führen. Projektmanagement systematisch und kompakt, 5. Auflage, München 2007
Scherm, E.; Kleiner, M.: Shared-Personal-Service-Center – Was leistet es (nicht)? Warum wollen es (trotzdem) alle haben?, in: Keuper, F.; Oecking, C. (Hrsg.): Corporate Shared Services. Bereitstellung von Dienstleistungen im Konzern, Wiesbaden 2006, S. 245–266
Scherm, E.; Pietsch, G.: Organisation. Theorie, Gestaltung, Wandel, München 2007
Schewe, G.: Corporate Compliance-(k)ein Thema für die zfo?, in: zfo Zeitschrift Führung + Organisation, 03/2008, S. 133
Schewe, G.; Kett, I.: Maßgeschneidert. Die unternehmensspezifische Situation und ihr Einfluss auf die „richtige" Form des Outsourcing, in: zfo Zeitschrift Führung + Organisation 03/2007, S. 138–145
Schiersmann, C.; Thiel, H. U.: Organisationsentwicklung. Prinzipien und Strategien von Veränderungsprozessen, Wiesbaden 2009
Schindel, V.; Wenger, E.: Führungsmodelle, in: Heinen, E. (Hrsg.): Betriebswirtschaftliche Führungslehre: Grundlagen – Strategien – Modelle; ein entscheidungsorientierter Ansatz, 2. Auflage, Wiesbaden 1992, S. 189–276
Schmelzer, H. J.; Sesselmann, W.: Geschäftsprozessmanagement in der Praxis. Kunden zufrieden stellen, Produktivität steigern, Wert erhöhen, 8. Auflage, München 2013
Scholz, C.: Strategische Organisation: Prinzipien der Vitalisierung und Virtualisierung, Landsberg/Lech 1997
Scholz, C.: Virtuelle Organisation: Konzeption und Realisation, in: zfo Zeitschrift Führung + Organisation 4/1996, S. 204–210
Scholz, C.; Stein, V.; Müller, S.: Humankapitalisten und Humankapitalvernichter. Das Humankapital der DAX30-Unternehmen im Vergleich der Jahre 2005 und 2006, Arbeitspapier des Instituts für Managementkompetenz (imk), Saarbrücken 2008
Scholz, R.; Vrohlings, A.: Prozeß-Redesign und kontinuierliche Prozeßverbesserung, in: Gaitanides, M.; Scholz, R.; Vrohlings, A.; Raster, M. (Hrsg.): Prozeßmanagement: Konzepte, Umsetzungen und Erfahrungen des Reengineering, München, Wien 1994, S. 99–122
Schrader, M.: Die digitale Transformation steckt fest, in: FAZ v. 31.12.2018, S. 18
Schramm, W.: Die betrieblichen Funktionen und ihre Organisation, Berlin, Leipzig 1936
Schreyögg, G.; Geiger, D.: Organisation. Grundlagen moderner Organisationsgestaltung. Mit Fallstudien, 6. Auflage, Wiesbaden 2016
Schreyögg, G.; v. Werder, A. (Hrsg.): Handwörterbuch Unternehmensführung und Organisation, 4. Auflage, Stuttgart 2004
Schreyögg, G.: Organisation. Grundlagen moderner Organisationsgestaltung, 4. Auflage, Wiesbaden 2003
Schürmann, C.: Steuerwunder durch Schmiergelder, www.wiso.de, 21.04.2008
Schulman, D. S.; Harmer, M. J.; Dunleavy, J. R.; Lusk, J. S.: Shared Services: Adding Value to the Business Units, New York 1999

Schwedler, K.: Der Quantensprung, Uedern 2005 (entnommen aus: http://www.paradigma-wechsel. info/downloads/10derquantensprung.pdf, 10.04.2009)

Scott, W.R.: Organization theory: An overview and an appraisal, in: Academy of Management Journal 4/1961, S. 7–26

Scott-Morgan, P.: Die heimlichen Spielregeln. Die Macht der ungeschriebenen Gesetze im Unternehmen, Frankfurt/Main, New York 1994

Seibel, W.: Funktionaler Dilettantismus. Erfolgreich scheiternde Organisationen im „Dritten Sektor" zwischen Markt und Staat, Baden-Baden 1992

Shenhar, A. J.: One size does not fit all projects: Exploring classical contingency domains, in: Management Science 3/2001, S. 394–414

Siedenbiedel, G.: Führung international operierender Unternehmen, Hamburg 2016

Siedenbiedel, G.: Corporate Compliance. Grundelemente der strukturellen Integration von Compliance-Konzepten, Herne 2014

Siedenbiedel, G.: Internationales Management. Einflussgrößen, Erfolgskriterien, Konzepte, Stuttgart 2008

Siedenbiedel, G.: Personelle Mobilität in Organisationen und organisatorischer Wandel. Eine Untersuchung potentieller Beiträge der Neuallokation von Personen und Stellen zur Organisationsentwicklung, Hannover 1984

Siedenbiedel, G.: Virtuelle Organisation und Führungsverhalten, in: Elsik, W.; Mayrhofer, W. (Hrsg.): Strategische Personalpolitik, München, Mering 1999, S. 271–306

Sievers, B.: Organisationsentwicklung als Problem, in: ders. (Hrsg.): Organisationsentwicklung als Problem, Stuttgart 1977, S. 10–31

Simon, H.A.: Administrative Behavior. A Study of Decision-Making Processes in: Administrative Organizations, 3. Auflage, New York 1976

Smith, A.: An Inquiry into the Nature and Causes of the Wealth of Nations, London 1776 (Deutsche Übersetzung: Natur und Ursachen des Volkswohlstandes, Leipzig 1933)

Smith, A.: Der Wohlstand der Nationen. Eine Untersuchung seiner Natur und seiner Ursachen. Deutsche Übersetzung der 5. Auflage des "Inquiry into the Nature and the causes of the Wealth of Nations" (letzter Hand), London 1789, München 1978

Sprenger, R.: Vertrauen führt: Worauf es im Unternehmen wirklich ankommt, 3. Auflage, Frankfurt/Main 2007

Staehle, H. W. (Hrsg.): Handbuch Management. Die 24 Rollen der Führungskraft, Wiesbaden 1991

Staehle, W.H.: Organisation und Führung sozio-technischer Systeme. Grundlagen einer Situationstheorie, Stuttgart 1973

Stauss, B.; Seidel, W.: Beschwerdemanagement. Unzufriedene Kunden als profitable Zielgruppe, 4. Auflage, München 2007

Steinbuch, P.: Projektorganisation und Projektmanagement, 2. Auflage, Ludwigshafen 2000

Steinle, C.; Eichenberg, T. (Hrsg.): Handbuch Multiprojektmanagement und -controlling: Projekte erfolgreich strukturieren und steuern, 3. Auflage Berlin 2015

Steinmann, H.; Schreyögg, G.; Koch, J.: Management. Grundlagen der Unternehmensführung, Konzepte – Funktionen – Fallstudien, 7. Auflage, Wiesbaden 2013

Stephan, M.: Offshoring von HR-Prozessen bei der SAP AG, in: zfo Zeitschrift Führung + Organisation 3/2007, S. 151–157

Stöger, R.: Prozessmanagement. Qualität, Produktivität, Konkurrenzfähigkeit, 3. Auflage, Stuttgart 2011

Sydow, J.: Management von Netzwerkorganisationen. Zum Stand der Forschung, in: Sydow. J. (Hrsg.): Management von Netzwerkorganisationen. Beiträge aus der Managementforschung, 2. Auflage, Wiesbaden 2001, S. 293–339

Sydow, J.: Zum Verhältnis von Netzwerken und Konzernen: Implikationen für das strategische Management, in: Ortmann, G.; Sydow, J. (Hrsg.): Strategie und Strukturation. Strategisches Management von Unternehmen, Netzwerken und Konzernen, Wiesbaden 2001a, S. 271–298

Takeda, H.: Das synchrone Produktionssystem. Just-in-time für das ganze Unternehmen, 7. Auflage, München 2012

Taylor, F.W.: The Principles of Scientific Management, New York 1911

Teichert, T. ; v. Wartburg, I.: Managementphilosophien und -trends, in: Schreyögg, G.; v. Werder, A. (Hrsg.): Handwörterbuch Unternehmensführung und Organisation, 4. Auflage, Stuttgart 2004, S. 798–804

Thanheiser, H.T.: The Strategy and Structure of German Enterprise, Cambridge, Mass. 1972

The Economist Intelligence Unit (Hrsg.): Shared Services: A new business architecture for Europe, London, New York 1998

Theuvsen, L.: Non-Profit-Organisationen, in: Schreyögg, G.; v. Werder, A. (Hrsg.): Handwörterbuch Unternehmensführung und Organisation, 4. Auflage, Stuttgart 2004, S. 948–955

Thompson, J.D.: Organizations in Action, New York 1967

Tietmeyer, J.; Nienaber, A. M.: Structure follows Process. Die Restrukturierung der Aufbauorganisation bei A. Y. N. Hongkong, in: zfo Zeitschrift Führung + Organisaton 3/2009, S. 180–187

Tipler, P. A.; Llewellhyn, R. A.: Moderne Physik, München, Wien 2002

Träger, T.: Organisation. Grundlage der Organisationslehre mit Beispielen, Übungsaufgaben und Musterlösungen, München 2018

Trebesch, K.: Organisationsentwicklung, in: Schreyögg, G.; v. Werder, A. (Hrsg.): Handwörterbuch Unternehmensführung und Organisation, 4. Auflage, Stuttgart 2004, S. 988–997

Trist, E.; Sofer, C.: Exploration in Group Relations, Leicester 1959

Tushman, M.; Moore, W. L. (Hrsg.): Readings in the management of innovation, Cambrige, Mass. 1988

Ulrich, H.: Die Unternehmung als produktives soziales System, 2. Auflage, Bern, Stuttgart 1970

Urwick, L. F.: The Elements of Administration, New York 1943

v. Eckardstein, D.; Schnellinger, F.: Betriebliche Personalpolitik, 3. Auflage, München 1978

v. Hayek, F. A.: Freiburger Studien, 2. Auflage, Tübingen 1994

v. Hayek, F. A.: Gesetzgebung und Freiheit, Band 1: Regeln und Ordnung, München 1980

v. Keller, E.: Management in fremden Kulturen: Ziele, Ergebnisse und methodische Probleme der kulturvergleichenden Managementforschung, Bern, Stuttgart 1982

Vahs, D.: Organisation. Ein Lehr- und Managementbuch, 10. Auflage, Stuttgart 2019

Vahs, D.: Organisation. Ein Lehr- und Managementbuch, 9. Auflage, Stuttgart 2015

Wächter, H.: Qualitätsmanagement, in: Schreyögg, G.; v. Werder, A. (Hrsg.): Handwörterbuch Unternehmensführung und Organisation, 4. Auflage, Stuttgart 2004, S. 1219–1226

Wagner, D.: Partizipation, in: Schreyögg, G.; v. Werder, A. (Hrsg.): Handwörterbuch Unternehmensführung und Organisation, 4. Auflage, Stuttgart 2004, S. 1115–1123

Walcher, D.: Kundenintegration bei adidas. Ein Ansatz zur Steigerung der Innovationseffizienz, in: zfo Zeitschrift Führung + Organisation, 4/2008, S. 242–248

Weber, M.: Wirtschaft und Gesellschaft, 5. Auflage, Tübingen 1972

Wecker, G.; van Laak, H. (Hrsg.): Compliance in der Unternehmenspraxis. Grundlagen, Organisation und Umsetzung, Wiesbaden 2008

Weik, E.; Lang, R. (Hrsg.): Moderne Organisationstheorien 1: Handlungsorientierte Ansätze, 2. Auflage, Wiesbaden 2005

Weik, E.; Lang, R. (Hrsg.): Moderne Organisationstheorien 2: Strukturorientierte Ansätze, Wiesbaden 2003

Westerhoff, T.: Corporate-Shared-Services – Das Geschäftsmodell aus strategischer Unternehmenssicht, in: Keuper, F.; Oecking, C. (Hrsg.): Corporate Shared Services. Bereitstellung von Dienstleistungen im Konzern, Wiesbaden 2006, S. 55–74

Wildemann, H. Das Just-In-Time-Konzept. Produktion und Zulieferung auf Abruf, 5. Auflage, München 2001

Willke, H.: Dezentrierte Demokratie: Prolegomena zur Revision politischer Steuerung, Frankfurt/Main 2016

Wißkirchen, F. (Hrsg.): Outsourcing-Projekte erfolgreich realisieren: Strategie, Konzept, Partnerwahl, Stuttgart 1999

Wißkirchen, F.: Shared Services Organisationen (Teil 1), in: HR Services 2/2002, S. 38–40

Wißkirchen, F.; Mertens, H.: Der Shared Services Ansatz als neue Organisationsform von Geschäftsbereichsorganisationen, in: Wißkirchen, F. (Hrsg.): Outsourcing-Projekte erfolgreich realisieren: Strategie, Konzept, Partnerwahl, Stuttgart 1999, S. 79–111

Wöhe, G.: Einführung in die Allgemeine Betriebswirtschaftslehre, 20. Auflage, München 2000

Wöhe, G.; Döring, U.: Einführung in die Allgemeine Betriebswirtschaftslehre, 23. Auflage, München 2008

Wohlgemuth, A.: Unternehmensberatung: Management-Consulting, Zürich 2003

Womack, J. P.; Jones, D. T.; Roos, D.: The Maschine that Changed the World, New York 1990

Woodward, J.: Industrial Organization: Theory and Practice, London 1965

Wunderer, R.: „Der gestiefelte Kater" als Unternehmer. Lehren aus Management und Märchen, Wiesbaden 2008

Zaccaro, J.S.; Bader, P.: E-Leadership and the Challenge of Leading E-Teams: Minimizing the Bad and Maximizing the Good, in: Organizational Dynamics 04/2003, S. 377–388

Zeiss, H.: Das Management-Holding-Konzept: Ziele und Herausforderungen der Implementierung in Konzernen, in: zfo Zeitschrift Führung + Organisation 4/2006, S. 198–206

Zvonarev, M.: Grundelemente von Multiprojektmanagement, Aachen 2007 (Diplomarbeit)

MIX
Papier aus verantwortungsvollen Quellen
Paper from responsible sources
FSC® C105338

If you have any concerns about our products,
you can contact us on
ProductSafety@springernature.com

In case Publisher is established outside the EU,
the EU authorized representative is:
**Springer Nature Customer Service Center GmbH
Europaplatz 3, 69115 Heidelberg, Germany**

Printed by Libri Plureos GmbH
in Hamburg, Germany